RaumFragen
Stadt – Region – Landschaft

Herausgegeben von

S. Kinder, Tübingen, Deutschland

O. Kühne, Saarbrücken, Deutschland

O. Schnur, Tübingen, Deutschland

Im Zuge des „spatial turns" der Sozial- und Geisteswissenschaften hat sich die Zahl der wissenschaftlichen Forschungen in diesem Bereich deutlich erhöht. Mit der Reihe „RaumFragen: Stadt – Region – Landschaft" wird Wissenschaftlerinnen und Wissenschaftlern ein Forum angeboten, innovative Ansätze der Anthropogeographie und sozialwissenschaftlichen Raumforschung zu präsentieren. Die Reihe orientiert sich an grundsätzlichen Fragen des gesellschaftlichen Raumverständnisses. Dabei ist es das Ziel, unterschiedliche Theorieansätze der anthropogeographischen und sozialwissenschaftlichen Stadt- und Regionalforschung zu integrieren. Räumliche Bezüge sollen dabei insbesondere auf mikro- und mesoskaliger Ebene liegen. Die Reihe umfasst theoretische sowie theoriegeleitete empirische Arbeiten. Dazu gehören Monographien und Sammelbände, aber auch Einführungen in Teilaspekte der stadt- und regionalbezogenen geographischen und sozialwissenschaftlichen Forschung. Ergänzend werden auch Tagungsbände und Qualifikationsarbeiten (Dissertationen, Habilitationsschriften) publiziert.

Herausgegeben von
Prof. Dr. Sebastian Kinder,
Universität Tübingen

PD Dr. Olaf Schnur,
Universität Tübingen

Prof. Dr. Dr. Olaf Kühne,
Universität Saarbrücken

Florian Daniel Weber

Soziale Stadt – Politique de la Ville – Politische Logiken

(Re-)Produktion kultureller Differen-
zierungen in quartiersbezogenen
Stadtpolitiken in Deutschland und
Frankreich

 Springer VS

Florian Daniel Weber
Erlangen, Deutschland

Zugl. Dissertation Universität Erlangen-Nürnberg, 2012

ISBN 978-3-658-00294-7   ISBN 978-3-658-00295-4 (eBook)
DOI 10.1007/978-3-658-00295-4

Die Deutsche Nationalbibliothek verzeichnet diese Publikation in der Deutschen Nationalbibliografie;
detaillierte bibliografische Daten sind im Internet über http://dnb.d-nb.de abrufbar.

Springer VS
© Springer Fachmedien Wiesbaden 2013

Springer VS ist eine Marke von Springer DE. Springer DE ist Teil der Fachverlagsgruppe Springer
Science+Business Media
www.springer-vs.de

Geleitwort

Der vorliegende Band von Florian Weber in der von Sebastian Kinder, Olaf Schnur und mir herausgegebenen Reihe „RaumFragen Stadt – Region – Landschaft" bei Springer VS fokussiert den quartiersbezogen-städtisch-räumlichen Kontext. Dabei greift der Autor den aktuellen konstruktivistischen Diskurs in der Humangeographie auf und stellt sich die Frage, wie Kultur sozial konstruiert und im Kontext von Stadtpolitiken operationalisiert wird. Florian Weber greift insbesondere die Konzepte der Ebenen-Debatte und der Pfadabhängigkeit geschickt verknüpfend auf, indem er die Situation der Konstruktion und Amalgamierung von Quartier und Kultur in Deutschland und Frankreich vergleicht. Der Autor verdeutlicht, dass in den beiden Stadtpolitiken trotz deutlich unterschiedlicher Gesellschaftskontexte in Teilen stark vergleichbare Strategien verfolgt werden. Aufgrund der hervorragenden Lesbarkeit und der verständlichen Darstellung komplexer Zusammenhänge ist das Buch für auch Personen zu empfehlen, die nicht allzu tief in die Quartierforschung eingestiegen sind.

Persönlich ist es mir eine große Freude, dass die Dissertation von Florian Weber in der Reihe „RaumFragen Stadt – Region – Landschaft" erscheint, da ich seinen akademischen Werdegang seit unserem ersten Kontakt im Rahmen der Lehrveranstaltung „Thematische Karte" im Wintersemester 2004/2005 an der Johannes Gutenberg-Universität Mainz, an der ich als Privatdozent tätig war, begleiten konnte. Schon damals ist mir Florian Weber als engagierter und reflektierter Student aufgefallen. Dieses Engagement legte er auch während eines von mir betreuten Praktikums im Ministerium für Umwelt in Saarbrücken im Sommer 2007 an den Tag, in der er wesentliche Beiträge zu einer Studie zur Zentralität im Saarland leistete. Seit dieser Zeit habe ich den wissenschaftlichen Werdegang von Florian Weber in zahlreichen Gesprächen mit großem Interesse verfolgt. In diesen Gesprächen gab er mir Impulse, mich intensiver mit dem Thema Diskurstheorie auseinanderzusetzen und diese schließlich im Kontext der Landschaftsforschung anzuwenden, eine Verknüpfung, die Florian Weber und mir ein gemeinsames Arbeitsfeld beschert hat.

Insgesamt kann sich die Leserin/der Leser dieses Buches auf eine inhaltsreiche, fundierte und zugleich spannende Lektüre freuen.

Prof. Dr. Dr. Olaf Kühne, Universität des Saarlandes, im August 2012

Vorwort

Bereits während meines Studiums an der Johannes Gutenberg-Universität Mainz sprach mich Prof. Dr. Georg Glasze an, ob ich mich mit der Rolle der französischen quartiersbezogenen Stadtpolitik *politique de la ville* im Zusammenhang mit den *banlieues*, den Vorstädten, auseinander setzen möchte. Nach ersten Recherchen zur Thematik im Rahmen meines Auslandsstudiums 2006/2007 an der Université Paris Ouest Nanterre La Défense und meiner Diplomarbeit 2009 zur Veränderung des Umgangs mit „ethnischer Differenz" in der *politique de la ville* habe ich das Themenfeld mit einem deutsch-französischen Vergleich der quartiersbezogenen Stadtpolitik *Soziale Stadt* in Deutschland und *politique de la ville* in Frankreich noch einmal deutlich erweitert. Aus unterschiedlichsten Überlegungen, neuen Ansätzen, verworfenen und erneut aufgegriffenen Ideen und vielen Diskussionen mit Kolleginnen und Kollegen ist die vorliegende Publikation entstanden.

Besonderer Dank gilt Prof. Dr. Georg Glasze, der mich seit meinem Studium gefördert hat, mir immer für Fragen zur Verfügung stand, viele hilfreiche Anregungen und konzeptionelle Hinweise gegeben hat und damit meine wissenschaftliche Arbeitsweise nachhaltig beeinflusste.

Ebenso möchte ich Prof. Dr. Robert Pütz danken, der sich bereit erklärt hat, meine Doktorarbeit als Zweitberichterstatter zu begutachten. Seine wissenschaftlichen Überlegungen haben mir viele, sehr hilfreiche Perspektiven für meine Arbeit gegeben.

Wenn man über längere Zeit an einem Thema arbeitet, reduziert sich der Blick von „außen", der nötig ist, um einseitige Schlussfolgerungen zu vermeiden. Meine Lebenspartnerin Dipl.-Geogr. Friedericke Stakelbeck verstand es immer wieder, vermeintlich klare Formulierungen und Überlegungen zu hinterfragen. Ihr danke ich besonders auch für die unaufhörliche Unterstützung und den Glauben an mich, dass das Projekt „Doktorarbeit" gelingen kann.

Durch Diskussionen und Anregungen haben auch Dr. Shadia Husseini de Araújo, Dr. Henning Füller und die gesamte Arbeitsgruppe von Prof. Glasze zu dieser Arbeit beigetragen.

Ohne meine Eltern Brigitte und Adi Weber wiederum wäre es vermutlich nicht zu dieser Arbeit gekommen. Sie haben mich zu meinem Auslandsaufenthalt in Paris ermuntert und so meine Diplomarbeit und damit letztendlich meinen Weg ans Institut für Geographie in Erlangen ermöglicht. Ich konnte immer auf ihre Unterstützung bauen. Beide haben diese Arbeit zudem Korrektur gelesen und hilfreiche Anregungen gegeben. Vielen herzlichen Dank.

Zusätzlich haben Dr. Shadia Husseini de Araújo und Lydia Dang meine Arbeit einem kritischen Blick unterzogen, was mir sehr weitergeholfen hat.

Darüber hinaus danke ich Prof. Dr. Dr. Olaf Kühne, Prof. Dr. Sebastian Kinder und PD Dr. Olaf Schnur, die mir die Publikation in der Springer VS-Reihe „Raumfragen" ermöglicht haben. Olaf Kühne hat meinen Weg die letzten Jahre begleitet, mich immer wieder unterstützt und meine Sicht mit anderen Themen und Ansätzen aufgefächert. Dankeschön!

Inhalt

1 Einleitung: Quartiersbezogene Stadtpolitiken und „kulturelle Differenzierungen" Eine Analyse politischer Logiken

1.1 Die Initiierung quartiersbezogener Stadtpolitiken zur räumlichen Bearbeitung konstatierter Problemlagen

In den 1990er Jahren werden in Deutschland in der medialen Berichterstattung sowie in politischen und wissenschaftlichen Äußerungen und Publikationen zunehmend gesellschaftliche Entwicklungen wie wachsende Arbeitslosigkeit, Gefahren des Abdriftens in Armut, eine sich vergrößernde Schere zwischen Arm und Reich und ein Anstieg sozialer Ungleichheit als gefährlich und problematisch beschrieben. In der politischen Reaktion werden die Problemlagen als räumlich in bestimmten Gebieten verortbar erfasst:

> „Der wirtschaftliche und gesellschaftliche Umbruch zieht soziale Ungleichheit nach sich (…). Diese soziale Ungleichheit tritt auch **räumlich differenziert** in Erscheinung: in einem tiefgreifenden sozialräumlichen Strukturwandel, der eine zunehmende Fragmentierung mit auf- und **abgewerteten Stadtteilen** zur Folge hat (…)." (Becker et al. 2003: 10).[1]

Diese „Fragmentierung" wird politisch als inakzeptabel eingestuft, da sie der Vorstellung der „Gleichwertigkeit der Lebensverhältnisse" (Dehne 2005: 612, Bezug auf §1 Abs. 2 ROG) zuwiderläuft. Um Benachteiligungen abzubauen, erfolgt ein politisches Gegensteuern: 1999 wird im Rahmen der Städtebauförderung das Programm „Stadtteile mit besonderem Entwicklungsbedarf – die Soziale Stadt" initiiert. Dieses soll neben einem Fokus auf städtebauliche Aufwertung die Konzentration sozialer Problemlagen vor allem in Großwohnsiedlungen und innerstädtischen Altbauquartieren bekämpfen und sozialräumlichen Segregationstendenzen entgegenwirken (u. a. Alisch 2004: 69; Döhne/Walter 1999; Engler/Meier 2009: 223; Kennel 2006: 58). Entsprechend dem politischen Grundansatz lassen sich ganz bestimmte Stadtviertel identifizieren, die Problemlagen „anhäufen", die dort zu bekämpfen sind. Entgegen sektoralen Förderpolitiken erfolgt eine dezidiert quartiersbezogene Programmausrichtung (dazu allg. Andersson/Musterd 2005).

Bereits deutlich früher, in den 1970er Jahren, vollzieht sich eine vergleichbare Entwicklung in Frankreich. 1977 warnt der damalige Premierminister Raymond Barre vor einer „sehr gefährlichen sozialen Segregation"[2], die zu einer Entstehung von „Ghettos vor den Toren unserer Städte"[3] führen könne (zit. n. Anderson/Vieillard-Baron 2003: 22). Vor allem Großwohnsiedlungen werden medial und in der politischen Diskussion als Orte identifiziert, die ins soziale Abseits geraten (u. a. Cubéro 2002: 9, 29-33). Auch in Frankreich erfolgt auf politischer Ebene eine räumliche Verortung sozialer Problemlagen. Es werden bauliche und sozialpolitische Maßnahmen ergriffen, um räumlich begrenzte Stadtviertel zu fördern und zu „kurieren"

---

1 Hervorhebung durch den Autor dieser Arbeit.
2 „une très dangereuse ségrégation sociale".
3 „… ghettos aux portes de nos villes".

(u. a. Aalbers/Beckhoven 2010; Dikeç 2006). In den 1980er Jahren verdichten sich die ersten quartiersbezogenen Maßnahmen zu einem eigenständigen Politikfeld, der *politique de la ville*.

> „Die *politique de la ville* bezeichnet die Politik, die durch die öffentliche Hand eingerichtet wurde, um die **urbanen Zonen aufzuwerten, die in Schwierigkeiten** sind, und die **Ungleichheiten zwischen den Gebieten zu reduzieren.**" (SG CIV 2011).[4]

Wie in Deutschland ist das Ziel der stadtpolitischen Intervention, sozialräumlichen Ausgrenzungstendenzen entgegenzuwirken und Ungleichheiten abzubauen. Neben Ansätzen aus Großbritannien und den Niederlanden gilt die *politique de la ville* als Vorbild für die *Soziale Stadt* (u. a. Alisch 2004: 69; Döhne/Walter 1999). In Deutschland und in Frankreich zeigt sich damit eine übergreifende Logik[5], wie gesellschaftliche Entwicklungen „problematisiert" und räumlich verortet werden. Die Entwicklungen werden als abweichend von einem gewünschten Idealzustand als Probleme bestimmter Orte erfasst, auf die es zu reagieren gilt.

Aus einer konstruktivistischen Grundperspektive heraus wird allerdings die Vorstellung der *einen* sozialen Wirklichkeit mit den *einen* klar bestimmten Problemlagen zurückgewiesen. Was gesellschaftlich gefasst wird, könnte auch anders ausfallen. Eine denkbare Möglichkeit wäre, weniger über räumliche Unterschiede zu argumentieren und beispielsweise primär über die Förderung bestimmter Zielgruppen wie Arbeitslose oder Alleinerziehende zu agieren. Zu einem bestimmten Zeitpunkt werden ganz bestimmte Aspekte erfasst, andere ausgeblendet und jeweils spezifisch bearbeitet. Diese Art, das gesellschaftlich Erfasste zu denken, wird in dieser Arbeit in Anlehnung an Arbeiten Michel Foucaults als „Problematisierung" bezeichnet (eine detaillierte Darstellung und Bestimmung der Begrifflichkeit erfolgt in Kapitel 3.2). Der quartiersbezogene Ansatz der Stadtpolitiken ist also als *eine* Möglichkeit zu verstehen, bestimmte Aspekte der sozialen Wirklichkeit aufzugreifen und zu (be)handeln.

1.2 Zum Zusammenhang von quartiersbezogenen Stadtpolitiken und Quartieren mit hohem Migrantenanteil

Neben der vergleichbaren „Problematisierungsweise" des quartiersbezogenen Ansatzes der *Sozialen Stadt* und der *politique de la ville* zeigt sich eine weitere Übereinstimmung. In (wissenschaftlichen) Analysen der Stadtpolitiken[6] wird in Bezug auf die ausgewählten Quartiere[7] ein vielfach hoher „Migrantenanteil"[8] „problematisiert" (bspw. Böltken 2008: 671; Reimann/Schuleri-Hartje 2005: 2-3 für Deutschland und Moore 2001: 113; Vieillard-Baron

---

4   „La politique de la ville désigne la politique mise en place par les pouvoirs publics afin de **revaloriser les zones urbaines en difficulté** et **réduire les inégalités entre les territoires.**"
    Fetthervorhebung durch den Autor dieser Arbeit.

5   „Logik" ist hier als aktuell gängige Vorgehensweise zu verstehen, die als „sinnvoll" und „richtig" angesehen wird.

6   Der Autor dieser Arbeit verwendet den Begriff der „Stadtpolitik" zur Bezeichnung der *Sozialen Stadt* und der *politique de la ville*.

7   Der Begriff des „Quartiers" bezieht sich auf die von den Stadtpolitiken festgelegten Fördergebiete. Der Quartiersbegriff wird in dieser Arbeit also dezidiert in der räumlichen Definition durch die *Soziale Stadt* und die *politique de la ville* gebraucht, in deren Logik ganz bestimmte Gebiete förderungsbedürftig sind.

8   Der hier verwendete Begriff des „Migrantenanteils" steht stellvertretend für die Definitionen, mit denen in Deutschland und Frankreich Unterschiede zwischen Bevölkerungsgruppen gezogen werden: In Deutschland erfolgt in der offiziellen Programmausrichtung der *Sozialen Stadt* eine Orientierung an der Kategorie „Ausländer" – also den Bürgern mit nicht-deutscher Staatsangehörigkeit und damit am Staatsbürgerrecht (siehe Becker 2003: 61 und Fußnote 13). In Frankreich wird in offiziellen Statistiken nach Franzosen und Ausländern (*étrangers*), also im Ausland Geborenen, die nicht die französische Staatsbürgerschaft besitzen, unterschieden.

1996a: 76-78 für Frankreich). Es ließe sich daher erwarten, dass MigrantInnen[9] in beiden Ländern explizit in den Stadtpolitiken thematisiert werden.

In Deutschland wird die Ausländerquote als Kriterium für den „besonderen Entwicklungsbedarf" (Becker 2003: 61) von Stadtvierteln herangezogen. Die „Integration von Migrantinnen und Migranten" wird dezidiert als Zielsetzung, verstärkt seit dem Jahr 2005, formuliert (u. a. BMVBS 2011: 9).

> „Bei [dem] Schlüssel [zur Verteilung der Mittel der *Sozialen Stadt*] kommt zu einem Drittel ein ‚Sozial- und Integrationsfaktor' zum Tragen, der sich ‚zu 2/9 nach der Arbeitslosenquote und zu 1/9 nach den **Integrationsaufgaben** richtet. Für den Faktor ‚Integrationsaufgabe' ist die **landesbezogene Zahl der Ausländer** maßgeblich." (Becker 2003: 61 und Fußnote 13).[10]
> „Die **Integration von Migrantinnen und Migranten** hat sich in den letzten Jahren zu einem Kernbereich der Programmumsetzung entwickelt. Dabei stellen sich die Förderung von Spracherwerb und Bildung, die Stärkung ethnischer Ökonomie, verbesserte Teilhabe- und Mitwirkungsmöglichkeiten für Zuwanderer sowie die interkulturelle Öffnung von sozialen Einrichtungen als zentrale Integrationsstrategien heraus." (Bundestransferstelle Soziale Stadt 2008: 47).[11]

Die Differenzierung von „Migrantinnen und Migranten" wird hier handlungsleitend und bringt ein spezifisches Vorgehen und besondere Fördermaßnahmen mit sich.

In Frankreich dagegen wurde die Ausländerquote oder eine ähnliche Maßgröße nicht als Kriterium bei den als benachteiligt eingestuften Förder-„Zonen" berücksichtigt. MigrantInnen werden in der *politique de la ville* auf nationaler Ebene nicht explizit „problematisiert".

> „Die sensiblen urbanen Zonen sind durch das **Vorhandensein von Großwohnsiedlungen** oder Quartieren mit **degradierter Bausubstanz** und durch ein **verstärktes Ungleichgewicht** zwischen Wohnen und Arbeiten gekennzeichnet. (…).
> Die Zonen urbaner Redynamisierung (…) sind mit besonderen Schwierigkeiten konfrontiert, die anhand der **Arbeitslosenquote**, dem **Anteil der Jugendlichen unter 25 Jahren** und dem **Anteil der Personen, die das Schulsystem ohne Abschluss verlassen**, gemessen werden." (Direction des Journaux Officiels 1996: 16656).[12]

Offiziell ist die *politique de la ville* keine Politik der „Integration" für MigrantInnen. Einige wissenschaftliche Untersuchungen kommen aber dennoch zu dem Schluss, dass die Stadtpolitik *indirekt* eine „Integrationspolitik" darstelle. Zwar richte sich die *politique de la ville* an alle QuartiersbewohnerInnen, jedoch würden durch den erhöhten Migrantenanteil besonders MigrantInnen von der Förderung profitieren. Zudem würden auf lokaler Ebene Maßnahmen für MigrantInnen initiiert, auch wenn dies national negiert würde (u. a. Donzelot 2006; Doytcheva 2007; Moore 2001; Weber 2009).

---

9   Der Begriff „MigrantInnen" wird als weit gefasster Begriff genutzt: zum einen zur Bezeichnung von Einwanderern, die neu nach Deutschland beziehungsweise Frankreich kommen, zum anderen auch für deren Nachfahren, die also bereits in Deutschland/Frankreich geboren wurden. Da die alternative Begrifflichkeit „Menschen mit Migrationshintergrund" recht lang und dadurch sperrig ist, wird sie zugunsten des Begriffs „MigrantInnen" vermieden. Zur Nutzung des Begriffs „MigrantInnen" siehe auch ausführlicher Fußnote 18.

10   Fetthervorhebungen durch den Autor dieser Arbeit.

11   Fetthervorhebungen durch den Autor dieser Arbeit.

12   „Les zones urbaines sensibles sont caractérisées par la **présence de grands ensembles** ou de quartiers **d'habitat dégradé** et par un **déséquilibre accentué** entre l'habitat et l'emploi. (…).
Les zones de redynamisation urbaine (…) sont confrontées à des difficultés particulières, appréciées en fonction du **taux de chômage**, du **pourcentage de jeunes de moins de vingt-cinq ans** et de la **proportion de personnes sorties du système scolaire sans diplôme**."
Eine genauere Erläuterung der Begrifflichkeiten „sensible urbane Zonen" und „Zonen urbaner Redynamisierung" erfolgt in Kapitel 2.2.2.
Fetthervorhebungen durch den Autor dieser Arbeit.

> „[D]ie *politique de la ville* [kann] als ein indirekter Versuch gewertet werden, implizit Probleme der gesellschaftlichen Integration (…) in einem doppelten Umweg zunächst als soziale Probleme zu fassen und dann diese sozialen Probleme über das Territorium zu behandeln." (Glasze/Weber 2010: 469).
>
> „Wir stehen also einer Form des peripheren und nicht zugegebenen Managements der Ethnizität gegenüber (…)."[13] (Moore 2001: 300).

Im Vergleich der deutschen und der französischen Stadtpolitik werden damit MigrantInnen zunächst deutlich unterschiedlich „problematisiert": In Deutschland wird die „Integration von Migrantinnen und Migranten" als „Kernbereich der Programmumsetzung" bezeichnet, wobei hier allerdings ein gewisser zeitlicher Wandel nachgezeichnet werden kann: Während in der klassischen Städtebauförderung und noch zu Beginn des Programms *Soziale Stadt* Gesellschaft vor allem nach sozio-ökonomischen Kriterien wie beruflicher Status, Einkommen, Vermögen oder Bildung strukturiert wurde und daran Benachteiligungen festgemacht wurden, erfolgt die Einteilung der QuartiersbewohnerInnen, verstärkt seit 2005, auch nach Kriterien wie Staatsangehörigkeit, „Migrantinnen und Migranten" sowie nach Sprache oder Religion, woran wiederum Problemlagen beziehungsweise allgemein Abweichungen gegenüber anderen QuartiersbewohnerInnen geknüpft werden.

In Frankreich dagegen wird zwar für viele Quartiere ein hoher Migrantenanteil „problematisiert", allerdings werden offiziell mit der *politique de la ville* alle QuartiersbewohnerInnen gleichermaßen gefördert. „MigrantInnen" werden nicht als Gruppe differenziert und politisch „bearbeitet". Bisherigen wissenschaftlichen Untersuchungen (u. a. Donzelot 2006; Doytcheva 2007) folgend scheinen allerdings Unterscheidungen nach entsprechenden Kriterien wie „*étrangers*"[14] oder „*personnes issues de l'immigration*"[15] seit einigen Jahren zunehmend eine Rolle zu spielen und, zumindest implizit, handlungswirksam zu werden. Gesellschaft scheint also auch in der französischen Stadtpolitik nicht nur nach sozio-ökonomischen Kriterien wie „Arbeitslosigkeit" oder „Schulabgängern ohne Abschluss" strukturiert zu werden.

Um diesen veränderten Gesellschaftsdifferenzierungen in den beiden Stadtpolitiken nachzuspüren, wird im Folgenden der Begriff der „kulturellen Differenzierungen" verwendet. „Kulturelle Differenzierungen" werden als Art und Weise verstanden, wie Gesellschaft neben weiterhin relevanten sozio-ökonomischen Unterscheidungen gerade über Differenzierungen nach Staatsangehörigkeit, „Ethnien", Hautfarbe, Sprache, Religion oder durch die Unterscheidung in „migrantisch" gegenüber „nicht-migrantisch" durch Fremd- und Selbstzuschreibungen strukturiert und differenziert wird. Der Begriff geht damit über einen engen „Kulturbegriff" und die Vorstellung klar abgrenzbarer „Kulturen" und „Ethnien" hinaus. Er bezieht sich auf aktuelle gesellschaftlich gängige Deutungsschemata (in Anlehnung an Pütz 2003: 266), bei denen „Fremdheit" aufgrund zugeschriebener Herkunft, anderer (Mutter-)Sprache, Religion oder Hautfarbe zum relevanten Distinktionsmerkmal wird (dazu auch Kapitel 3.4.4). Um hervorzuheben, dass entsprechend der konstruktivistischen Grundperspektive keine starren und wesenhaften Unterschiede gemeint sind, wird der Begriff in Anführungszeichen gesetzt. „Kulturelle Differenzierungen" werden damit als Sammelbezeichnung für aktuelle spezifische „Problematisierungen" von Gesellschaft in den Stadtpolitiken verstanden. Diese Differenzierungen können handlungswirksam werden, wenn beispielsweise das Ziel der „Integration von Migrantinnen und Migranten" verfolgt oder ein Fokus auf „Einwanderer" gelegt wird.

---

13   „On est donc bien en face d'une forme de gestion périphérique et non avouée de l'ethnicité (…)."
14   AusländerInnen.
15   Personen mit Migrationshintergrund.

1.3 Deutschland und Frankreich als Einwanderungsgesellschaften mit verschiedenen Gesellschaftskonzeptionen

Womit hängt nun die unterschiedliche Art und Weise zusammen, wie „kulturelle Differenzierungen" in Deutschland und Frankreich „problematisiert" werden? Sie ist eng gekoppelt an die jeweiligen spezifischen gesellschaftlichen Kontexte. Sowohl Frankreich als auch Deutschland sind Einwanderungsgesellschaften mit – grob vereinfachend – vergleichbaren Schwierigkeiten, deren Gesellschaftsverständnisse allerdings deutlich unterschiedlich sind, ja pointierter formuliert: radikal anders.

Deutschland wurde lange Zeit entsprechend einem völkisch-ethnischen Nationalitätsgedanken und dem deutschen Staatsbürgerschaftsrecht als „Blutsrecht" von einem breiten Spektrum der Politik nicht als Einwanderungsland angesehen (dazu u. a. Husseini de Araújo et al. 2010). Noch für den Beginn der 1990er Jahre konstatieren Mehrländer und Schultze (2001: 9-11), dass Deutschland von der Bundesregierung nicht als Einwanderungsland aufgefasst würde. Eine Veränderung setzt erst mit dem rot-grünen Politikwechsel 1998 ein. Auch die Diskussion um die Reform des Staatsangehörigkeitsrechts führt dazu, dass Deutschland in der politischen und medialen Diskussion zunehmend als Einwanderungsland und als „multikulturelle" Gesellschaft verstanden wird (siehe dazu auch Storz 2002; Thränhardt 2001; Weiss/Enderlein/Rieker 2001; Welt 2001). Gleichzeitig wird an der Vorstellung gegebener „kultureller Unterschiede" festgehalten, d.h. es werden Unterschiede zwischen einer „deutschen" Kultur und anderen Kulturen gemacht[16].

Die französischen Regierungen erfassen dagegen deutlich früher als in Deutschland Einwanderung als gesellschaftlichen Tatbestand (u. a. Berthold 2007: 10; Frybès 1992; Haut Conseil à l'intégration 1991: 11). Allerdings erfolgt, so unter anderem Dikeç (2006: 60), entsprechend der Konzeption als „die ‚eine und unteilbare' Republik"[17] eine „Integration" von Einwanderern in die Gesellschaft durch die Übernahme französischer Werte und Normen. MigrantInnen werden in diesem Verständnis in die französische Gesellschaft inkludiert. Unterschiede werden, so Vieillard-Baron (1996a: 146), im Namen der Gleichheit abgelehnt, womit die Gesellschaft nicht als „multikulturelle" Gesellschaft zu verstehen ist, in der verschiedene „Kulturen" nebeneinander leben (u. a. Dikeç 2006: 60; Lapeyronnie 1992: 9; Vieillard-Baron 1996a: 146; Weil 2005).

Die Gesellschaft wurde lange Zeit nicht als „kulturell" differenziert gedacht, was eine dezidierte Förderung von MigrantInnen weder als notwendig noch als sinnvoll erscheinen ließ (u. a. Moore 2001: 78). Zwar wurden von französischen Präsidenten mehrfach MigrantInnen „problematisiert", allerdings erfolgten Ansätze zur Lösung von Problemen, die auf MigrantInnen bezogen wurden, immer wieder unter Berufung auf die Regeln und Werte der Republik (dazu Weber 2009: 110-114). Eine dezidierte Förderung von MigrantInnen und deren Nachfahren scheint bis heute innerhalb der *politique de la ville* inakzeptabel, da sie mit der Bedrohung französischer republikanischer Werte verknüpft wird (dazu Dikeç 2006).

---

16 2011 zeigte sich dies beispielsweise an der Äußerung des Innenministers Hans-Peter Friedrich (CSU), der anführte, dass es keine historischen Belege dafür gebe, dass der Islam zu Deutschland gehöre und damit indirekt auch eine Abgrenzung zu muslimischen MigrantInnen provozierte, siehe dazu beispielsweise die Frankfurter Allgemeine Zeitung online: http://www.faz.net/artikel/C30923/innenminister-friedrich-muslime-gehoeren-zu-deutsch land-30331926.html (25.05.2011).

17 the „one and indivisible" republic.

1.4   Zur Frage des Erkenntnisinteresses: „Kulturelle Differenzierungen" in den quartiersbezogenen Stadtpolitiken in Deutschland und Frankreich

Die bisherigen Ausführungen deuten an, dass die deutsche Gesellschaft heute als „kulturell" differenziert gedacht wird, wohingegen dies in Frankreich nicht oder zumindest nicht so explizit der Fall ist. Vor diesem Hintergrund scheint es zunächst deutliche nachvollziehbare Unterschiede in den Formen zu geben, wie „kulturelle Differenzierungen" in den quartiersbezogenen Stadtpolitiken, zumindest auf nationaler Ebene, „problematisiert" werden. Doch weichen die beiden Stadtpolitiken tatsächlich so weit voneinander ab?

In diesem Spannungsfeld von ähnlichen politischen quartiersbezogenen Grundausrichtungen und unterschiedlichen Gesellschaftskonzeptionen setzt die vorliegende Arbeit mit der Frage an, ob beziehungsweise wie in den politischen Logiken, also den Begründungsmustern, der beiden Stadtpolitiken *Soziale Stadt* und *politique de la ville* „kulturelle Differenzierungen" auf unterschiedlichen administrativen Ebenen „problematisiert" werden. Welche Zusammenhänge lassen sich zwischen der aktuellen Form, Gesellschaft differenziert zu denken und dem konkreten Vorgehen innerhalb der Stadtpolitiken herausarbeiten? Die Grundfrage ist damit, ob und, wenn ja, wie „kulturell" differenziert wird und welche Ziele und Maßnahmen damit verknüpft werden. Welche Unterschiede beziehungsweise Gemeinsamkeiten sind in den politischen Ausrichtungen vorhanden? Da bisherige Untersuchungen (u. a. Weber 2009) vermuten lassen, dass sich – vor allem in Frankreich – innerhalb der Stadtpolitik deutliche Unterschiede auf unterschiedlichen administrativen Ebenen ergeben, werden die nationale, die regionale und die lokale Ebene in die Untersuchung einbezogen. Welche Abweichungen bestehen zwischen den nationalen Programmatiken und den lokalen Ausrichtungen und Umsetzungen der Stadtpolitiken? Dabei ist zu berücksichtigen, was explizit und was gegebenenfalls implizit, also ohne dezidierte Benennung, verhandelt wird.

Gerade die scheinbaren deutsch-französischen Unterschiede machen den Vergleich sinnvoll und hilfreich, da so länderspezifische Besonderheiten, aber auch übergreifende Muster durch die Kontrastierung klarer herausgearbeitet werden können. Der Blick kann so leichter auf Auffälligkeiten fallen, die ohne den Vergleich möglicherweise nicht deutlich würden. Lassen sich auch transnationale Übereinstimmungen finden, die vor dem beschriebenen Hintergrund eher ausgeschlossen worden wären?

1.5   Zum Aufbau und zum Untersuchungsansatz der Arbeit

Im Folgenden wird ein kurzer Überblick über den Aufbau der Arbeit gegeben, um nachvollziehen zu können, wie die aufgeworfenen Fragen beantwortet werden und welche Schritte dazu erforderlich sind.

Um die Entstehung und die Entwicklung der beiden Stadtpolitiken, die bisher nur in schematisch vereinfachten Zügen angeführt wurden, besser einordnen zu können, wird erst ein Blick auf Deutschland, im Anschluss ein Blick auf Frankreich geworfen. Dabei wird zunächst kurz der historische Rahmen beschrieben, vor dessen Hintergrund es zur Etablierung der jeweiligen quartiersbezogenen Stadtpolitiken gekommen ist. Im Anschluss werden die Hauptentwicklungstendenzen der Stadtpolitiken nachgezeichnet, die als notwendige Rahmung angesehen werden, um das politische Vorgehen verstehen zu können. Ein besonderer Fokus liegt auf der Frage, welche Rolle „kulturelle Differenzierungen" in den Stadtpolitiken spielen. Dabei wird analysiert, wie unterschiedliche WissenschaftlerInnen die Rolle von „kulturellen Differenzierungen" in den Stadtpolitiken bewerten, um so den aktuellen Forschungsstand nachzuzeichnen. Auf diese Weise sollen präziser konkrete Forschungslücken benannt werden, auf die im empirischen Teil der Arbeit reagiert wird.

Anschließend wird der theoretische Ansatz erläutert. Zunächst wird der Begriff der „Problematisierung" in Anschluss an Michel Foucault präzisiert, der die Untersuchung anleitet. Danach werden die zentralen Aspekte der Diskurstheorie nach Ernesto Laclau und Chantal Mouffe dargestellt, mit der es möglich wird, Veränderbarkeit und Heterogenität von Bedeutungen und damit sozialer Wirklichkeit und den Konstruktionscharakter von politischen Programmen und deren Wirkmächtigkeit zu konzeptionalisieren. So kann untersucht werden, über welche Begründungsmuster „kulturelle Differenzierungen" in den Stadtpolitiken verhandelt und wie eine Fokussierung auf „Ausländer/Zuwanderer/Einwanderer/Immigranten/ Migrantinnen und Migranten/Personen mit Migrationshintergrund – *étrangers/immigrés/personnes issues de l'immigration*"[18] beziehungsweise eine offizielle Ausblendung legitimiert wird. Die identitätstheoretische Perspektive von Laclau und Mouffe wird um konzeptionelle Überlegungen im Anschluss an die *postcolonial studies* ergänzt, um so noch stärker die Machtdurchzogenheit und die permanente (Re-)Produktion von „Identitäten" zu berücksichtigen.

In Bezug auf „kulturelle Differenzierungen" in der *politique de la ville* hat sich angedeutet, dass nicht alles explizit gesagt wird, was implizit „mitschwingt", das heißt MigrantInnen werden „problematisiert", ohne dezidiert als Zielgruppe benannt zu werden. Um auch mit nur am Rande oder implizit geäußerten Inhalten umgehen zu können, mit denen vor allem im französischen Kontext gerechnet wird, wird die Theorie um das Nicht-Sagbare in Anschluss an Michel Foucault erweitert.

Auf diesem theoretischen Fundament fußend werden die eher alltagsweltlichen Fragestellungen noch einmal geschärft und in die Terminologie des theoretischen Ansatzes übertragen. Anschließend wird dargestellt, wie die Vorgaben der Diskurstheorie in der empirischen Analyse und der Auswertung operationalisiert werden sollen. Gerade die Diskurstheorie in Anschluss an Laclau und Mouffe ist nicht einfach, wie noch erläutert wird, mit klassischen Verfahren der qualitativen Inhaltsanalyse zu vereinbaren. Daher wird auf das Verfahren der narrativen Muster-Analyse unter Einbindung des Konzepts der Polyphonie zurückgegriffen.

---

18 Im Kontext der *Sozialen Stadt* und der *politique de la ville* wird auf unterschiedliche Begrifflichkeiten rekurriert, um Bevölkerungsgruppen zu differenzieren und die Zielgruppe bestimmter Programmausrichtungen und Maßnahmen zu benennen. In Deutschland gehen Maßnahmen über die Adressierung an „Ausländer", also nach dem Staatsbürgerschaftsrecht Nicht-Deutsche, hinaus, so dass häufig die Kategorie „Personen mit Migrationshintergrund" verwendet wird, die im Ausland geborene Personen, Aussiedler, Eingebürgerte und Kinder von Eingewanderten und Eingebürgerten umfasst (siehe bspw. Reimann/Schuleri-Hartje 2005: 2) und damit erheblich breiter ist. In Frankreich wird heute in Analysen der Stadtpolitiken mit den Kategorien *étrangers* und *immigrés* gearbeitet, wobei letztere über die im Ausland geborenen auch diejenigen erfasst, die die französische Staatsbürgerschaft angenommen haben (Apur/DPVI 2007: 23). Die Kategorie *issu de l'immigration*, die in Diskussionen und Debatten, aber nicht offiziell von stadtpolitischer Seite aus genutzt wird, ist dagegen sehr vage und unpräzise, das heißt, hier werden auch Franzosen hinzugezählt, deren Vorfahren (Eltern, Großeltern) Ausländer waren.
  Die unterschiedlichen deutschen und französischen Begrifflichkeiten sind zum einen nicht trennscharf und werden zum anderen häufig synonym verwendet. In Deutschland wird nicht eindeutig zwischen Ausländern und Nachfahren von Ausländern unterschieden, sondern auch Nachfahren, die ggf. die deutsche Staatsbürgerschaft besitzen, werden politisch angesprochen. In Frankreich dagegen richten sich politische Maßnahmen der *politique de la ville* offiziell gar nicht an Ausländer, inoffiziell aber an Ausländer und Nachfahren von Ausländern, so Thesen verschiedener WissenschaftlerInnen (Details siehe Kapitel 2.2.3).
  Damit ist auch innerhalb dieser Arbeit eine eindeutige Begrifflichkeit nicht möglich. Im ersten Teil dieser Arbeit soll primär der Begriff der „MigrantInnen" genutzt werden, wobei die vagen und uneindeutigen Begriffsinhalte der verschiedenen Begrifflichkeiten subsumiert werden sollen, um eine Begriffsflut zu vermeiden, die nur scheinbar klare Differenzierungen erlaubt. Im empirischen Teil werden jeweils stärker die verwendeten Begrifflichkeiten aufgegriffen, um die konkreten Argumentationslogiken in den Stadtpolitiken nachzuzeichnen (siehe Kapitel 5).

Bereits angeklungen ist, dass verschiedene administrative Ebenen, die nationale und die lokale, aber auch die regionale Ebene, in den deutsch-französischen Vergleich mit einfließen. Die vorgenommene Differenzierung wird kurz dargestellt, bevor die vier untersuchten Fallstudien auf lokaler Ebene vorgestellt werden. Sowohl in Deutschland als auch in Frankreich wurden jeweils ein innerstädtisches Gebiet und eine Großstadt mit Großwohnsiedlungsgebieten ausgewählt, um den beiden Hauptgebietskategorien gerecht zu werden. Zur Analyse wurden zwei Korpora aus Dokumententexten und Interviews gebildet: Ziel war es zunächst, die aktuelle politische Ausrichtung und die Zielsetzungen der Stadtpolitiken nachzeichnen zu können. Dazu wurden Materialien zusammengestellt, in denen die *Soziale Stadt* und die *politique de la ville* auf den einzelnen administrativen Ebenen implementiert und präzisiert werden und die damit auch einen Handlungsrahmen für die tägliche Arbeit bilden. Darüber hinaus sollte genauer beleuchtet werden, wie aktuelle Probleme und Zielsetzungen beschrieben werden. Um auch das aktuelle Vorgehen in Maßnahmen und Projekten zu erfassen, wurden Interviews mit Verantwortlichen der Stadtpolitiken geführt.

Nach der Vorstellung der beiden Korpora folgt die empirische Auswertung. Dabei steht zunächst die *Soziale Stadt* in Deutschland mit den Ergebnissen der nationalen Ebene und der regionalen Ebene im Mittelpunkt. Daran werden die beiden Fallstudien in Frankfurt am Main und Darmstadt gespiegelt. Nach einer Hervorhebung zentraler Unterschiede und Gemeinsamkeiten zwischen den verschiedenen administrativen Ebenen wird zur *politique de la ville* in Frankreich übergegangen. Auch hier werden nacheinander Ergebnisse der nationalen und regionalen Ebene sowie die der beiden Fallstudien in Paris Belleville-Amandiers und Bondy vorgestellt und ein Vergleich gezogen. Diese Ergebnisse bilden den Ausgangspunkt für den dritten Analyseschritt, in dem Unterschiede und Gemeinsamkeiten zwischen der *Sozialen Stadt* und der *politique de la ville* auf nationaler, regionaler und lokaler Ebene herausgearbeitet und Brüche beziehungsweise Fortführungen zwischen den Ebenen im Ländervergleich beleuchtet werden. Auf diese Weise treten jeweils Besonderheiten hervor, die deutlich von den ersten Beobachtungen abweichen. Besonders in Bezug auf die Fallstudien Frankfurt Gallus-Viertel und Paris Belleville sowie Darmstadt und Bondy können transnationale Muster und übergreifende Strategien „kultureller Differenzierungen" nachgezeichnet werden, die zeigen, dass sich die Stadtpolitiken in Teilen kaum voneinander unterscheiden.

Schließlich werden für die wichtigsten Auffälligkeiten Interpretationsansätze geboten sowie eine Zusammenfassung und ein Ausblick gegeben. „Kulturelle Differenzierungen" sind in der *Sozialen Stadt* und der *politique de la ville* immanent von Bedeutung und prägen auch in Frankreich zunehmend politische Handlungsoptionen.

2   Soziale Stadt – politique de la ville – „kulturelle Differenzierungen": Entwicklungen und Forschungsstand

Im Kerngedanken sind die beiden Politiken der *Sozialen Stadt* und der *politique de la ville* vergleichbar: Bestimmte bauliche, soziale und ökonomische Entwicklungen werden als negativ eingestuft und als räumlich verortbare Probleme gefasst. Diese sollen in der quartiersbezogenen Logik genau dort durch spezifische stadtpolitische Maßnahmen bearbeitet und gelöst werden. Es greift also eine quartiersbezogene „Problematisierung" bestimmter gesellschaftlicher Entwicklungen. Diese Vorgehensweise lässt sich nicht nur in Deutschland und Frankreich nachzeichnen. Auch in anderen europäischen Ländern wie Belgien, Dänemark, Großbritannien, Italien, Niederlande und Schweden wurde und wird auf quartiersbezogene Ansätze zur Problemlösung gesetzt (BMVBS/BBR 2007: 42). Die Stadtpolitiken in Deutschland und Frankreich sind damit Teil eines stadtpolitischen Trends, der bis heute anhält (Aalbers/Beckhoven 2010). Neben dieser zentralen Gemeinsamkeit sollte allerdings nicht zu sehr generalisiert werden. Über die zeitlichen Verschiebungen des Beginns der Stadtpolitiken hinaus zeigen sich Abweichungen in sozio-ökonomischen und stadtpolitischen Entwicklungen nach dem Zweiten Weltkrieg in Deutschland und Frankreich, die entscheidend für die Ausprägungen der *Sozialen Stadt* und der *politique de la ville* sind. Vor dem Hintergrund der beschriebenen divergierenden Gesellschaftsmodelle werden zudem „kulturelle Differenzierungen" unterschiedlich „problematisiert" und handlungsrelevant.

Im Folgenden werden für Deutschland und im Anschluss für Frankreich zentrale Stadtentwicklungsprozesse der Nachkriegszeit, die Identifikation „benachteiligter" Quartiere und die Hauptentwicklungsachsen der quartiersbezogenen Stadtpolitiken beschrieben. Im Fokus steht die Frage nach der Bedeutung von „kulturellen Differenzierungen" in den Stadtpolitiken. Hierbei wird jeweils ein „Mosaik" von Positionierungen unterschiedlicher ForscherInnen entwickelt, die zur Beziehung zwischen *Sozialer Stadt* beziehungsweise *politique de la ville* und „kulturellen Differenzierungen" Stellung bezogen haben. Ziel ist es, den aktuellen Forschungsstand abzubilden und Forschungslücken zu identifizieren, die leitend für die Präzisierung der Hauptfragestellung und die empirische Analyse werden sollen.

2.1   Entstehung und Entwicklung der Stadtpolitik *Soziale Stadt*

2.1.1   *Stadtentwicklung in West- und Ostdeutschland nach dem Zweiten Weltkrieg und die Identifikation „benachteiligter" Quartiere*

Die politische Notwendigkeit zum Entstehen der Stadtpolitik *Soziale Stadt* wird neben dem Verweis auf Globalisierung und damit einhergehende Transformationsprozesse (BMVBS/BBR 2007: 42) auf sozio-ökonomische und städtebauliche Entwicklungen besonders nach dem Zweiten Weltkrieg zurückgeführt.

In Westdeutschland wird nach einer ersten Wiederaufbauphase und der Förderung des Baus von Sozialwohnungen 1956 dem Eigenheimbau Vorrang gegeben. Es beginnt eine flächenhafte Suburbanisierung im Umland der Städte. Die Stadtzentren verlieren zugunsten des Eigenheims im Grünen an Bedeutung. Ab etwa Mitte der 1960er Jahre wird auf die Flächeninanspruchnahme durch den Bau zahlreicher räumlich komprimierter Großwohnsiedlungen in den Randbereichen größerer Stadtregionen reagiert. Diese büßen jedoch vielfach bereits in der ersten Hälfte der 1980er Jahre an Attraktivität und Ansehen ein, was unter anderem auf ein mangelndes Arbeitsplatzangebot, schlechte Bausubstanz, unzureichende Infrastruktur und fehlende Anbindung an den öffentlichen Nahverkehr zurück geführt wird (Brailich et al. 2008; Häußermann/Läpple/Siebel 2008: 78-92; Heil 1974; Stakelbeck/Weber 2010: 56-57). Es folgt ein Bevölkerungsaustausch, in Folge dessen in den Großwohnsiedlungen verstärkt diejenigen wohnen, die aufgrund geringen Einkommens auf günstigen Wohnraum angewiesen sind. Darunter fallen auch MigrantInnen, die bereits ab Mitte der 1950er Jahre als so genannte „Gastarbeiter" vor allem aus Italien, Spanien, Portugal, Griechenland, der Türkei, Marokko und dem ehemaligen Jugoslawien nach Deutschland kamen und die – entgegen der ursprünglichen Annahme der deutschen Politik – nicht zurück in ihr Heimatland gingen (Bähr 2010: 283). Waren die Innenstädte zwischenzeitlich vernachlässigt worden, werden sie ab den 1970er Jahren – unter anderem im Rahmen der 1971 eingeführten Städtebauförderung – wieder aufgewertet, wobei allerdings nicht alle Gebiete gleichermaßen einem Aufwertungsprozess unterliegen (Heineberg 2001: 232-233; Stakelbeck/Weber 2010: 58).

In Ostdeutschland dagegen wird die Stadtentwicklung staatlich gelenkt. Dies verhindert ein Stadtwachstum beziehungsweise den großflächigen Eigenheimbau im suburbanen Raum, da eine entsprechende Entwicklung staatlich nicht gewünscht ist. Nach ersten notdürftigen Wiederaufbaumaßnahmen zerstörter Gebäude wird bereits ab Mitte der 1950er Jahre durch die „Industrialisierung des Bauens" Wohnraum am Stadtrand geschaffen. Es entstehen Großwohnsiedlungen in Plattenbauweise. Die Innenstädte erhalten keine stadtplanerische Priorität (Hewitt/Nipper/Nutz 1993: 444). Die Großwohnsiedlungen der DDR stellen zwar eine beachtenswerte Bauleistung dar, allerdings mit erheblichen Mängeln in Bezug auf Bausubstanz, Wohnumfeld und Infrastruktur – diese zeigen sich jedoch erst in vollem Umfang nach der Wiedervereinigung. Die Großwohnsiedlungen verlieren nach 1990 an Attraktivität zugunsten eines Eigenheims im suburbanen Raum. Hohe Leerstandsraten sind die Folge. Auch die ostdeutschen Innenstädte werden von der Stadtplanung als Problem eingeschätzt. Weitreichende Modernisierungsmaßnahmen werden als erforderlich erachtet, um deren Anziehungskraft als Wohnstandort zu erhöhen (Häußermann/Läpple/Siebel 2008: 105-109; Heineberg 2001: 233-238; Müller 1998: 389).

Neben Problemlagen in Ostdeutschland nach der Wende werden stadtpolitisch und raumplanerisch auch westdeutsche Städte und Gemeinden „problematisiert", für die Herausforderungen im Zuge des Strukturwandels seit Ende der 1970er Jahre identifiziert werden (u. a. Becker et al. 2003: 9-11; Häußermann 2001; Roggenthin 2001: 79-80; Stegen 2006: 1-2). Das politische Ziel, alle Bevölkerungsgruppen vor Armut und Ausgrenzung abzusichern, wird als nicht mehr erfüllbar erfasst. Unter anderem Arbeitsplatzverluste im sekundären Sektor und steigende Arbeitslosigkeit führen zu neuer Armut und gesellschaftlicher Spaltung (siehe u. a. Alisch/Dangschat 1993; Häußermann 2001; Häußermann/Siebel 1987: 138-148).

Politisch wird eine zunehmende sozialräumliche Polarisierung, wie in der Einleitung skizziert, konstatiert. Es werden primär innerstädtische Altbauquartiere und randstädtische Großwohnsiedlungen als „benachteiligte" Stadtviertel identifiziert (dazu u. a. Becker et al. 2003: 9-11; Roggenthin 2001: 79-80; Stegen 2006: 10-18). Diese gelten durch schlechte Bausubstanz und Infrastruktur als unattraktive Wohnviertel. Die Selektion auf dem Wohnungsmarkt führt dazu, dass besonders ärmere Bevölkerungsgruppen in diese Quartiere ziehen. Häufig steigt der

Anteil von MigrantInnen in diesen Quartieren signifikant an (Häußermann/Läpple/Siebel 2008: 253).

Politische Entscheidungsträger auf Bundesebene und kommunaler Ebene sehen in der beschriebenen Entwicklung vor allem räumliche Probleme, die folglich quartiersbezogen zu lösen sind (u. a. Göddecke-Stellmann/Kocks 2007: 391; Häußermann/Läpple/Siebel 2008: 255). Da bauliche Maßnahmen der klassischen Städtebauförderung als unzureichend zur Problemlösung in den als benachteiligt verstandenen Stadtvierteln gelten (Becker et al. 2003: 9), beschließt die Bundesregierung 1999, die Städtebauförderung um das Bund-Länder-Programm „Stadtteile mit besonderem Entwicklungsbedarf – die soziale Stadt" zu erweitern.

2.1.2   Das Programm „Stadtteile mit besonderem Entwicklungsbedarf – die soziale Stadt"[19]

Zwar stellt das Jahr 1999 den offiziellen Förderbeginn des Programms *Soziale Stadt* dar, allerdings baut es auf mehreren Vorläufern auf Länderebene aus Nordrhein-Westfalen, Hamburg sowie Nachbarländern wie Großbritannien, Niederlande und Frankreich auf (Alisch 2004: 69; Becker et al. 2003: 9; Häußermann/Läpple/Siebel 2008: 253; Stegen 2006: 3-5).

Ursprünglich als Teil des „Experimentellen Wohnungs- und Städtebaus" (ExWoSt) eher mit Versuchscharakter geplant, erhält das Programm durch den rot-grünen Politikwechsel 1998 einen höheren Stellenwert und ergänzt die traditionelle Städtebauförderung (Becker et al. 2003: 9; Haack 2005: 55-58).

Identifizierte Problemlagen und Hauptquartierstypen der Sozialen Stadt

In der Logik des Programms *Soziale Stadt* erhalten Städte oder Gemeinden nur für bestimmte Teilgebiete Fördermittel. Dies hängt zum einen mit der klassischen Städtebauförderung zusammen, die räumlich begrenzte Sanierungsgebiete ausweist. Zum anderen werden Abstiegsprozesse, wie beschrieben, in bestimmten Gebieten verortet, was eine quartiersbezogene Intervention sinnvoll erscheinen lässt.

Die Fördergebiete sind aus der Perspektive der Programminitiatoren durch vielschichtig gelagerte Probleme benachteiligt, die zu „kurieren" sind. Darunter fallen unter anderem Schwächen bei Wohnqualität und Wohnumfeld, hohe Emissionsbelastungen und fehlende Freiflächen, geringe Kaufkraft, Arbeitsplatzdichte und hohe Arbeitslosigkeit, eine hohe Sozialhilfequote, Armut, Alkohol- und Drogenprobleme sowie Schulprobleme und soziokulturelle Konflikte zwischen Teilen der QuartiersbewohnerInnen. In diesem Zuge wird auch ein erhöhter Anteil von MigrantInnen genannt (Becker et al. 2003: 11; Böltken 2008: 666; Breitfuss et al. 2004: 56; Engler/Meier 2009: 224; Häußermann/Läpple/Siebel 2008: 256; Kennel 2006: 65). In der Summe führen diese Problemlagen, so die Argumentation, zu einem schlechten Gebietsimage, hohen Abwanderungsraten und zu einer „Abwärtsbewegung" (Häußermann 2001: 153), die politisch nicht einfach hingenommen werden soll.

Eine Konzentration entsprechender Problemlagen wird vor allem für innerstädtische Altbauquartiere und Großwohnsiedlungen konstatiert. Altbauquartiere und gemischte Quartiere in den Innenstädten machen etwa 40 Prozent der Fördergebiete der *Sozialen Stadt* aus, Neubaugebiete, also vor allem Großwohnsiedlungen, etwa 55 Prozent (Becker 2003: 72).

---

19 Im Rahmen dieses Teilkapitels werden zur Einordnung des Programms *Soziale Stadt* einige zentrale Aspekte in einer Zusammenschau dargelegt. Ausführlichere Darstellungen bieten unter anderem Engler und Meier (2009), Kennel (2006) und Stegen (2006).

Die gründerzeitlichen oder altindustrialisierten innerstädtischen Altbaugebiete galten lange Zeit nicht als attraktiv. Zu hoch verdichteter, unsanierter Bausubstanz kommen fehlende Grün- und Freiflächen sowie Lärmbelastungen als Defizite hinzu (Stegen 2006: 85). Einkommensstärkere Haushalte verlassen mit der Zeit die Gebiete. Ersetzt werden sie durch einkommensschwächere Haushalte, die auf günstigen Wohnraum angewiesen sind. Hier sind es vielfach MigrantInnen, die aufgrund geringer Einkommen und Vermögen möglichst günstigen Wohnraum suchen (Böhme/Schuleri-Hartje 2009; Göddecke-Stellmann/Kocks 2007: 392-393).

Überwiegend industriell gefertigte Großwohnsiedlungen der 1960er bis 1980er Jahre stellen die zweite Hauptkategorie dar, die monofunktional als Schlafstädte in Stadtrandlage konzipiert wurden (Stakelbeck/Weber 2010: 57; Wiegandt 2009: 7). Zunächst entsprechen die Siedlungen dem Leitbild der Moderne, sie verlieren aber bereits ab Mitte der 1980er Jahre an Attraktivität. Gründe liegen unter anderem in monotoner Bausubstanz, einem unzureichenden lokalen Arbeitsarbeitsplatzangebot, schlechter infrastruktureller Ausstattung und ungünstiger Anbindung an den öffentlichen Nahverkehr. Ein hoher Anteil von Sozialwohnungen führt früh zu einer Konzentration einkommensschwacher Haushalte (Roggenthin 2001: 82). In der Außenwahrnehmung werden die Großwohnsiedlungen zu Orten der Kriminalität und Verwahrlosung (Brailich et al. 2008; Stakelbeck/Weber 2010: 57), was den Trend der Abwanderung verstärkt.

Ansatzpunkte und Grundausrichtung der Sozialen Stadt

An dieser Stelle will das Programm *Soziale Stadt* ansetzen, mit dem neben baulichen Maßnahmen auch soziale und ökonomische Projekte realisiert werden sollen. Die Bedeutung sozialer Aspekte wird auch im Verteilungsschlüssel der bereitgestellten Mittel sichtbar. Seit 2001 kommt neben der Zahl der Gebietsbevölkerung und der Zahl der Wohnungen zu einem Drittel ein „Sozial- und Integrationsfaktor" zum Tragen (vorher wurde die Arbeitslosenquote herangezogen), der sich nach der Arbeitslosenquote und nach „Integrationsaufgaben" richtet. Für den Faktor „Integrationsaufgaben" ist die Zahl der Ausländer maßgeblich. Das heißt, es wird auf Personen mit nicht-deutscher Staatsangehörigkeit als Indikator Bezug genommen (siehe bspw. Becker 2003: 61). Für westdeutsche Soziale Stadt-Gebiete wird ein durchschnittlicher Anteil an „Einwohnern mit Migrationshintergrund"[20] bei etwa 37 Prozent, in ostdeutschen Städten dagegen um fünf Prozent verzeichnet (siehe Böltken 2008: 671). Eine erhöhte Konzentration von AusländerInnen in einem bestimmten Gebiet wird als „Problem" konzeptionalisiert – bereits ein Hinweis auf die Relevanz von „kulturellen Differenzierungen" im Programm *Soziale Stadt*.

Die Ergebnisse einer ersten Befragung zur Entwicklung der *Sozialen Stadt* lassen zu Beginn der 2000er Jahre das „Zusammenleben im Stadtteil" als einen zentralen Handlungsbereich hervortreten, der in der Publikation „*Strategien für die Soziale Stadt*" (Alisch 2004; Difu 2003) aufgegriffen wird. Darin wird für „alle Modellgebiete das Zusammenleben der unterschiedlichen sozialen und *ethnischen* Gruppen als eher spannungs- und konfliktreich beschrieben"[21] (Böhme et al. 2003: 112). Diese Ergebnisse führen dazu, dass mögliche Gegenstrategien entwickelt werden (Böhme et al. 2003: 114). „Kulturelle Differenzierungen" werden vor dem Hintergrund bestimmter Konflikte handlungsleitend.

Einen erneuten Bedeutungsgewinn erlangen „kulturelle" Gesellschaftsdifferenzierungen im Jahr 2005, als die „Integration von Migrantinnen und Migranten" zu einem Maßnahmen-

---

20   von Böltken (2008: 671) entsprechend betitelt.
21   Hervorhebung durch den Autor dieser Arbeit.

schwerpunkt und entsprechend in der Verwaltungsvereinbarung verankert wird (BMVBW 2005: 9; Haack 2005: 60). 2006 werden zusätzlich Mittel zur Förderung von Modellvorhaben zur Finanzierung nicht-investiver Maßnahmen, wie Sprachkurse, über das Programm *Soziale Stadt* bereitgestellt, wobei ein Fokus auf die „Integration von Migrantinnen und Migranten" gelegt wird (siehe bspw. Göddecke-Stellmann/Kocks 2007: 393-394).

„Integration" als Schwerpunkt wird auch in neueren Publikationen des Bundesamtes für Bauwesen und Raumordnung (BBR 2008) und des Bundesministeriums für Verkehr, Bau und Stadtentwicklung (BMVBS 2009a) sichtbar, in denen an „vorbildhaften" Beispielen gezeigt wird, welche Maßnahmen innerhalb der *Sozialen Stadt* hierzu möglich scheinen.

Aus historischer Perspektive, also in einer Chronologie der Entwicklung der *Sozialen Stadt* seit Programmbeginn, lässt sich ein deutlicher Relevanzgewinn von „kulturellen" Gesellschaftsdifferenzierungen nachzeichnen.

Die Umsetzung der Sozialen Stadt
Erfolgt eine Förderung durch die *Soziale Stadt*, so ist für jedes Fördergebiet ein „integriertes Handlungskonzept" zu entwickeln (Becker/Böhme/Meyer 2003), in dem Defizite der Quartiere sowie geplante Ziele, Projekte und ProjektpartnerInnen dargestellt werden (Göddecke-Stellmann/Kocks 2007: 396).

Die Koordination auf lokaler Ebene erfolgt durch ein Quartiermanagement, das vor Ort angesiedelt werden soll (Franke 2003b). Neben der Begleitung initiierter Maßnahmen soll das Quartiermanagement Kontakte mit potentiellen Akteuren und BewohnerInnen herstellen und aufrechterhalten und den Aufbau von Netzwerken, wie Stadtteiltreffs von BewohnerInnen, unterstützen (Engler/Meier 2009: 225-226; Kennel 2006: 69-70). Das Programm zielt damit in hohem Maße auf die Weckung endogener Potentiale ab. Da in benachteiligten Quartieren die Bereitschaft zur Beteiligung als gering eingestuft wird, soll das Quartiermanagement eine aktivierende Rolle einnehmen und den Austausch zwischen den BewohnerInnen – gerade auch zwischen einheimischen Bevölkerungsgruppen und MigrantInnen – erhöhen (Böhme et al. 2003: 112-118; Franke 2003a; Roggenthin 2001: 84-85).

Seit dem Programmstart 1999 ist die Zahl der geförderten Gebiete deutlich gestiegen. Im ersten Förderjahr 1999 werden 124 Gemeinden in das Programm aufgenommen, 2009 beteiligen sich 355 Gemeinden mit insgesamt 571 Gebieten (Difu 2011b). Räumlich zeigt sich für die Programmgebiete 2010 eine relativ hohe Gleichverteilung über das gesamte Bundesgebiet. Neben Quartieren in Großstädten sind auch viele in Mittel- und Kleinstädten sowie in einigen Landgemeinden Teil der Förderung. Eine Konzentration zeigt sich in den Ballungsgebieten Rhein-Main und Ruhrgebiet, zusätzlich noch einmal für die saarländisch-französische Grenzregion. In Mecklenburg-Vorpommern hingegen werden nur sehr wenige Gebiete gefördert (siehe Abbildung 1).

Die *Soziale Stadt* hat sich seit 1999 zu einem wichtigen Element der Städtebauförderung entwickelt (u. a. Böltken 2008: 666) und durch den Gebietsbezug auch andere Programme, wie den Nationalen Integrationsplan beeinflusst. Auch dieser „problematisiert" ein quartiersbezogenes Handeln und verweist auf die Bedeutung der „Integration vor Ort" (BMVBW/BBR 2008). Die besondere Stärkung und Förderung von MigrantInnen in sozial benachteiligten Stadtquartieren wird als wichtige Zielsetzung beschrieben (BMVBW/BBR 2008: besonders 5).

Abbildung 1:   Die Programmgebiete der *Sozialen Stadt* im Jahr 2010

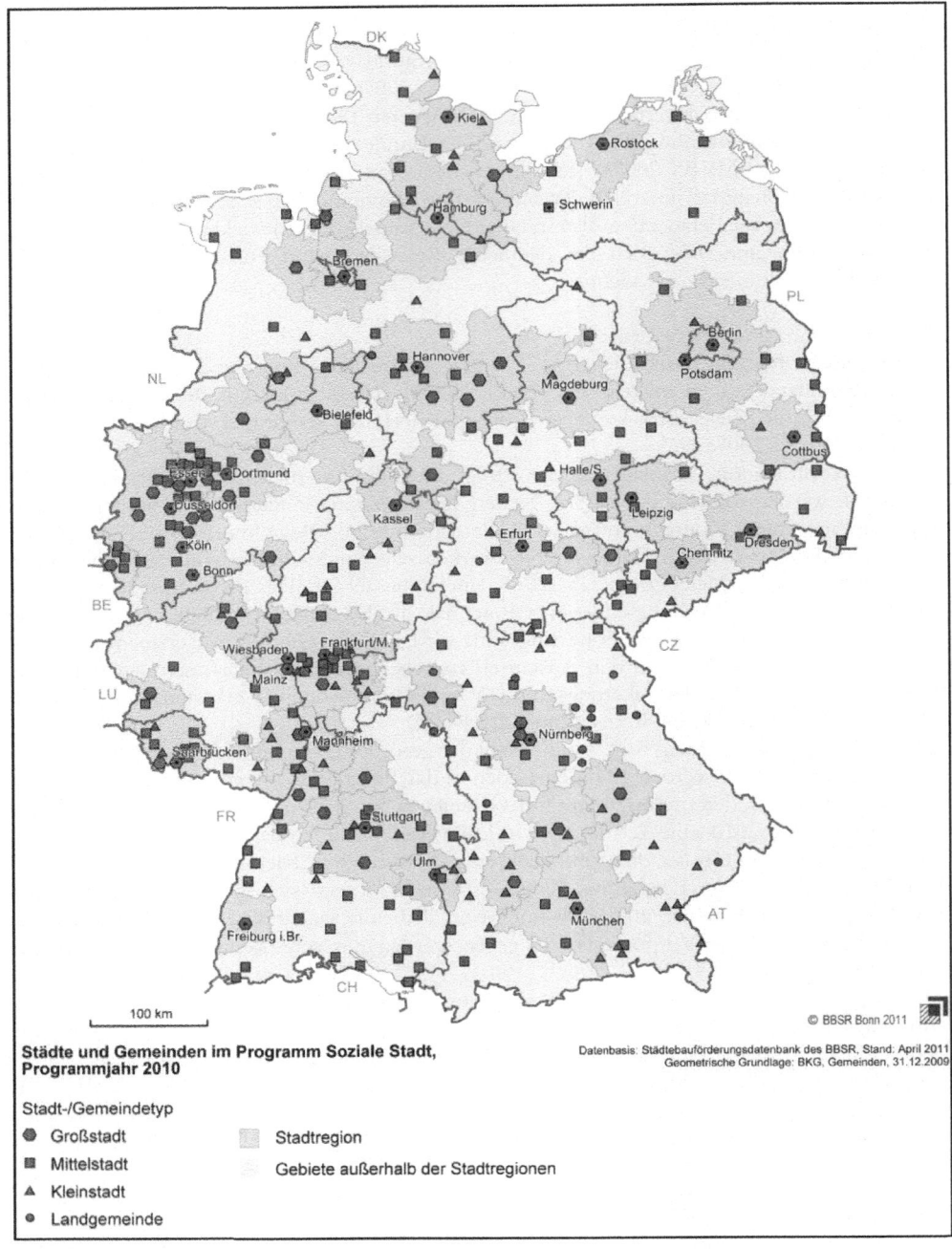

Quelle: Karte vom BBSR zur Verfügung gestellt, in Graustufen konvertiert

An den Grundbedingungen wie quartiersbezogene Ausrichtung und Einbindung einer Vielzahl an Akteuren wird seit Beginn der Programmumsetzung festgehalten, da diese bis heute als sinnvoll und zielführend bewertet werden (u. a. Breitfuss et al. 2004: 64; Engler/Meier 2009: 243; Göddecke-Stellmann/Kocks 2007: 399; Haack 2005: 59).

Innerhalb der Übersicht zur *Sozialen Stadt* wurde bereits der Bedeutungsgewinn „kultureller Differenzierungen" entlang der Schlagworte „Integration von Migrantinnen und Migranten" und „Integration vor Ort" nachgezeichnet. Im Folgenden soll beleuchtet werden, wie sich WissenschaftlerInnen zur Frage nach „kulturellen Differenzierungen" im direkten Zusammenhang mit der *Sozialen Stadt* positionieren. Auf diese Weise wird ein aktueller Forschungsstand skizziert, um Forschungslücken zu identifizieren.

2.1.3 Soziale Stadt *und „kulturelle Differenzierungen": Ein Mosaik des aktuellen Forschungsstands*

Ein grundsätzliches Problem bei dem Versuch, den aktuellen Forschungsstand nachzeichnen, ergibt sich daraus, dass vielfach keine Trennschärfe zwischen Programmimplementierung und wissenschaftlicher Bewertung gegeben ist. Häufig wird die *Soziale Stadt* auch von denjenigen untersucht und bewertet, die an der Umsetzung beteiligt sind. Im Folgenden zeigen sich daher immer wieder fließende Übergänge.

Innerhalb der Forschung zur *Sozialen Stadt* lassen sich drei große Bereiche der Positionierung zu „kulturellen Differenzierungen" herausarbeiten: Neben der Analyse von verschiedenen Problemlagen sowie bereits bestehenden Potentialen werden nach Auffassung der entsprechenden AutorInnen notwendige Zielsetzungen beschrieben.

Böltken (2008: 671) kommt zu dem Schluss, dass in *westdeutschen* Städten „Benachteiligung und hoher Ausländeranteil in vielen Fällen" übereinstimmten und damit dem Kriterium Ausländeranteil erhöhte Handlungsrelevanz zukomme[22]. Häußermann (2005: 81) konstatiert zudem eine wachsende Relevanz für *Ostdeutschland*. In diesem Kontext wird auch differenziert, welche QuartiersbewohnerInnen relevant werden: Für Westdeutschland werden vor allem Türken und „Zuwanderer" aus Osteuropa als Hauptgruppen identifiziert. In Ostdeutschland seien es primär „Zuwanderer" aus Osteuropa sowie Asien, was der unterschiedlichen Einwanderungsgeschichte geschuldet sei (Böltken 2008: 671). Eine „kulturelle Differenzierung" erfolgt also hinsichtlich unterschiedlicher Herkunftsgebiete. MigrantInnen werden durch eine nichtdeutsche Herkunft als benachteiligt „problematisiert".

Unter anderem Böhme et al. (2003: 112) beschreiben, dass Probleme im Zusammenleben unterschiedlicher „sozialer und ethnischer Gruppen" bestünden. Konflikte werden zwischen deutscher und ausländischer Bevölkerung, zwischen verschiedenen „Ethnien" (als Argument u. a. auch bei Göddecke-Stellmann/Kocks 2007: 396 zu finden) sowie zwischen den Generationen gesehen. Hier lässt sich auch die Diskussion um den Islam verorten, der von der Mehrheitsbevölkerung, so Arslan und Jessen (2005), vielfach als Bedrohung gesehen werde. MigrantInnen werden aufgrund von anderer Herkunft oder Religion von den sonstigen QuartiersbewohnerInnen differenziert und als Problem gefasst.

---

22 In der Darstellung der historischen Entwicklung des Programms *Soziale Stadt* (Kapitel 2.1.2) wurde zur einfacheren Lesbarkeit auf die Verwendung des Konjunktivs verzichtet. Positionierungen bezogen sich jeweils auf die nachfolgend genannten AutorInnen und stellten keine Wertung durch den Autor dieser Arbeit dar. Im Rahmen der Darstellung des Forschungsstands wird der Konjunktiv genutzt, um noch einmal stärker zu betonen, dass es sich um Positionierungen jeweiliger WissenschaftlerInnen handelt. In der Übersicht zur *politique de la ville* wird ebenso vorgegangen.

Auf dem Wohnungs- und Arbeitsmarkt würden MigrantInnen zur Konkurrenz für Deutsche und als „Fremde" ausgegrenzt (Böhme et al. 2003: 113). Entsprechend argumentieren auch Reimann und Schuleri-Hartje (2005: 2), die konstatieren, dass „Zuwanderer" immer weniger über den Arbeitsmarkt „integriert" würden (entsprechend auch Reimann 2008: 197). Besondere Problemlagen werden also mit MigrantInnen assoziiert. „Kulturelle Differenzierungen" werden zum Kriterium bei der Beschreibung von konstatierten Schwierigkeiten.

Während „ethnische Segregation" von Reimann und Schuleri-Hartje (2005: 3) zwar nicht per se als problematisch gesehen wird, sondern auch positive Effekte haben könne, wird sie dann als negativ bezeichnet, wenn „kein Austausch der zugewanderten Bevölkerungsgruppen mit der bereits ansässigen Quartiersbevölkerung erfolgt und diese Gebiete zu Orten sozialer Marginalisierung werden, die gegenüber anderen Stadtteilen abgeschottet sind". Entsprechend argumentiert auch Böltken (2008: 671), der ethnische Segregation trotz möglicher positiver Effekte als „Ausdruck sozialräumlicher Disparität" bezeichnet, die „nach wie vor mit Benachteiligung verbunden ist". Auch Häußermann (2001: 156) sieht in einer freiwilligen räumlichen „Segregation von Zuwanderern" kein Problem, sondern eher „Schutzräume" und „Übergangsorte" und weist ihnen „integrative[n] Charakter" zu. Wenn die Segregation allerdings erzwungen sei, könne sie zu einem benachteiligenden Faktor werden. Daraus leitet Häußermann (2001: 158) ab, es müsse das vorrangige Ziel der Stadtpolitik sein, „die gegenwärtigen Erosions- und Entmischungsprozesse zu bremsen und zu stoppen" und damit auch die räumliche Konzentration von MigrantInnen. Im Kontext von räumlich verorteten Benachteiligungen wird also nicht nur auf sozio-ökonomische Probleme rekurriert, sondern es wird dezidiert „kulturell" differenziert.

Neben Problemlagen werden MigrantInnen in der *Sozialen Stadt* mit Ressourcen verknüpft, die es zu fördern gelte. So könne beispielsweise die „Migrantenökonomie"[23] einen Beitrag zur Wirtschaftsentwicklung von Quartieren leisten (dazu bspw. Boos-Krüger/Wilk 2005; Reimann/Schuleri-Hartje 2005: 5). „Vielfalt und Multikulturalität" könnten allgemein als „Ressource" verstanden werden, wie Scheuermann (2009: 14) am Beispiel des Stadtteils Mannheimer Jungbusch ausführt. In bestimmten Projekten könne Vielfalt auch zu einer Ressource werden und bringe nicht nur Konflikte mit sich (dazu bspw. Bauer 2006 zum Projekt „Südstadtkids" in Nürnberg). QuartiersbewohnerInnen werden „kulturell" differenziert, wobei die „kulturelle" Andersartigkeit zum Vorteil und Potential werden kann.

Die identifizierten Problemlagen und Ressourcen werden zur Legitimationsgrundlage für ein gezieltes Vorgehen in Richtung von MigrantInnen. Reimann und Schuleri-Hartje (Reimann 2008: 201-204; Reimann/Schuleri-Hartje 2005: 4-7) beschreiben spezifische Handlungsfelder, die dezidiert auf die Förderung von MigrantInnen bezogen sind – „kulturelle Differenzierungen" werden handlungswirksam. Bildung und Spracherwerb komme eine entscheidende Rolle zu. Darüber hinaus stellten die Förderung der „Migrantenökonomie" und die Verbesserung der Teilhabe- und Mitwirkungsmöglichkeiten zentrale Handlungsfelder dar. Neben diesen Bereichen mit speziellen Maßnahmen für MigrantInnen seien die Verbesserung der „interkulturelle[n] Öffnung" von Verwaltungen, die Erhöhung des Sicherheitsempfindens im Quartier, die Bereitstellung von mehr Freiräumen zur Nutzung (bspw. Spiel- und Sportplätze) und das Zusammenleben im Stadtteil als Interventionsbereiche stärker zu berücksichtigen. Auch in der geringen Beteiligung von MigrantInnen wird ein Problem gesehen, das bis heute nicht ausreichend zu lösen sei und für das noch bessere Wege der Ansprache zu etablieren seien (Böhme/Schuleri-Hartje 2009: Fazit). Göddecke-Stellmann und Kocks (2007: 394) stellen heraus, dass die „gezielte Förderung bestimmter Personengruppen wie Jugendliche oder Zu-

---

23   „Betriebe, die von Migranten oder deren Nachfahren gegründet worden sind" (Pütz 2003: 257).

wanderer" gerade unter Zuhilfenahme nicht-investiver Mittel verstärkt weiterzuführen sei. Es wird eine klare Positionierung zugunsten einer spezifischen Förderpolitik – „kulturell" differenzierend – als sinnvoll und richtig vorgenommen.

Im Kontext von zu unternehmenden Maßnahmen wird auf die „Integration von Migrantinnen und Migranten" Bezug genommen, die zu verbessern sei. Häußermann empfiehlt beispielsweise in einem Artikel zur Gesamtbewertung und zu Empfehlungen der Zwischenevaluation 2003/2004, an der auch er beteiligt war, dass für die zukünftige Entwicklung der *Sozialen Stadt*, „Aufgaben der *Integration* von sozial marginalisierten Haushalten und *Migranten*" zu übernehmen und neue Konzepte und Instrumente für eine „erfolgreichere *Integrationspolitik*" (2005: 85[24]) zu entwickeln seien. Das Schlagwort der „Integration" wird mit MigrantInnen in Verbindung gebracht und als sinnvolle Zielsetzung hervorgehoben.

In der Zusammenschau der bisherigen Forschungen im Schnittfeld *Soziale Stadt* und „kulturelle Differenzierungen" fällt auf, dass Gesellschaft „kulturell" differenzierend gedacht wird, indem an beschreibbaren und erfassbaren Problemlagen sowie an möglichen Ressourcen von „MigrantInnen" angesetzt wird. Diese werden jeweils mit bestimmten Maßnahmen verknüpft, die zu ergreifen seien, um eine „erfolgreiche" „Integration" zu erreichen. Eine Differenzierung der Gesellschaft in „MigrantInnen" gegenüber „Einheimischen" ist unhinterfragt. Die (Re-)Produktion „kultureller Differenzierungen", die in den Politiken vorgenommen wird, wird nicht thematisiert. Eine ausführliche kritische Reflexion des Vorgehens innerhalb der *Sozialen Stadt* zu Fragen „kultureller Differenzierungen" und eine Fokussierung auf die (Re-)Produktionsprozesse entsprechender Differenzierungen liegt bisher nicht vor.

Vor dem beschriebenen Hintergrund der Entstehungsbedingungen und der Ausrichtung der *Sozialen Stadt* wird im Folgenden in entsprechender Reihenfolge ein Überblick über die französische Stadtentwicklung, die Etablierung der *politique de la ville* und die Rolle von „kulturellen Differenzierungen" innerhalb der Stadtpolitik gegeben.

2.2 Entstehung und Entwicklung der Stadtpolitik *politique de la ville*

2.2.1 *Stadtentwicklung in Frankreich und die Identifikation „benachteiligter" Quartiere*

Die Entstehung der französischen Stadtpolitik *politique de la ville* wird in der wissenschaftlichen Literatur über sozio-ökonomische und städtebauliche Entwicklungen begründet, die sich, wie in Deutschland, primär nach dem Zweiten Weltkrieg vollzogen haben.

Nach dem Krieg steht zunächst der Wiederaufbau der Infrastruktur und der Industrieanlagen im Vordergrund. Erst Mitte der 1950er Jahre rückt die Wohnungssituation in den Blick der Öffentlichkeit. Es steht bei weitem nicht ausreichend Wohnraum für die französische Bevölkerung zur Verfügung. Um der Wohnungsnot zu begegnen, wird auf die Schaffung neuer „moderner" Wohnungen durch den Bau von Großwohnsiedlungen in den so genannten *banlieues*, den Bereichen um die Stadtzentren herum, gesetzt (Boyer 2000: 21-31; Paulet 2004: 25-30; Soulignac 1993: 51-80; Vieillard-Baron 2001: 62-74; Weber 2007: 3). Die Schaffung von Großwohnsiedlungen, den *cités*, wird politisch in der Nachkriegszeit als adäquates Mittel zur Versorgung der Bevölkerung mit Wohnraum angesehen. Im Gegensatz zu Deutschland wird in Frankreich sehr viel früher und in deutlich größerem Ausmaß der Bau von Großwohnsiedlungen umgesetzt (Donzelot 2004: 18; Fribourg 2006: 19-22; Giraud 2000: 7-26; Paquot 2008: 14-15). Bestehende Armutssiedlungen, die *bidonvilles*, verschwinden nach und nach, bestehen aber

---

noch bis in die 1970er Jahre hinein (Glasze/Weber 2010: 460). Noch Ende der 1960er Jahre leben etwa 50 000 Menschen in solchen Siedlungen um Paris herum, jetzt allerdings vor allem MigrantInnen. Wie in Deutschland ist der wirtschaftliche Aufschwung nach dem Krieg von einer Unterversorgung mit Arbeitskräften, der durch die Anwerbung von Gastarbeitern begegnet wird, begleitet (Boyer 2000: 21-31). In den *trente glorieuses*[25] kommen Spanier, Portugiesen, Jugoslawen und Afrikaner nach Frankreich. Etwa die Hälfte der MigrantInnen stammt aus den (ehemaligen) Kolonien Frankreichs (Boyer 2000: 84-89; Paulet 2004: 25-45; Vieillard-Baron 2001: 65-91).

Sind die *cités* zunächst sozial gemischt (Donzelot 2006: 44-48; Paquot 2008: 12; Vieillard-Baron 2001: 62-91), beginnt in den 1960er/1970er Jahren ein Wandlungsprozess, an dessen Ende die Stigmatisierung der Großwohnsiedlungen steht (Bacqué/Fol 1997: 23-52; Donzelot 2004: 18-25; Le Goaziou/Rojzman 2001: 15-26; Vieillard-Baron 1994b: 139-147; 2001: 129-141). Arbeitsplatzverluste im sekundären Sektor, bedingt durch die einsetzende Deindustrialisierung, führen zu hoher Arbeitslosigkeit. Das Freizeit-, Versorgungs- und Nahverkehrsangebot ist marginal (Avenel 2004: 21; Canteux 2002; Vieillard-Baron 2001: 86). Die *grands ensembles*[26] offenbaren nach und nach bauliche Missstände und Ausstattungsmängel, was ihre Attraktivität sinken lässt (Boyer 2000: 102-104; Cubéro 2002: 28-33; Vieillard-Baron 2001: 84-85).

Verstärkt werden Problemlagen in den *cités* durch die Suburbanisierung (zum Begriff Friedrichs/Rohr 1975) und die Gentrifizierung (zum Begriff Dangschat 1988) in den Innenstädten. Die Bevölkerungsteile, die es sich leisten können, verlassen ab den 1960er/1970er Jahren die Großwohnsiedlungen. Sie wandern in den suburbanen Raum ab, wo Eigenheimgebiete entstehen (Boyer 2000: 86; Donzelot 2004: 25-31; 2006: 50-51). Zudem kommt es zu Gentrifizierung in innerstädtischen Gebieten, forciert ab den 1990er Jahren. Innerstädtische Viertel werden aufgewertet, bedingt durch den Zuzug einkommensstärkerer und die Verdrängung einkommensschwächerer Bevölkerungsgruppen (Boyer 2000: 81-82; Castro 2007: 25-40; Donzelot 2004: 31-37; Vieillard-Baron 2001: 142-171; Weber 2007: 6-7).

In den *cités* der *banlieues* bleiben die Bevölkerungsteile zurück, die aufgrund geringer finanzieller Möglichkeiten kaum Handlungsspielräume besitzen. Dazu zählen besonders MigrantInnen, die durch ein überwiegend geringes Qualifikationsniveau von der Deindustrialisierung ab den 1970er Jahren betroffen sind (Boyer 2000: 83-90; Castro 2007: 81-88; Cubéro 2002: 59-64; Lagrange/Oberti 2006; Vieillard-Baron 2001: 142-172, 270; Weber 2007: 6-7; Wihtol de Wenden 2007). Das Image der *banlieues* wird „untrennbar verknüpft mit dem der Immigration"[27] (Boyer 2000: 83).

Negativ auf das Image der *banlieues* wirken darüber hinaus Vorortunruhen. Seit 1981 folgen immer wieder Ausschreitungen oder Verfolgungsjagden zwischen Jugendlichen in gestohlenen Fahrzeugen und der Polizei (Glasze/Weber 2010: 467). Die bisher größten Ausschreitungen vollziehen sich im Oktober und November 2005 und nehmen ein landesweites Ausmaß an[28]. In den Vorortunruhen sind es vor allem Jugendliche mit „Migrationshintergrund"[29], die sich nicht in die französische Gesellschaft integriert fühlen und die auf ihre Lage aufmerksam

---

25 die dreißig Wirtschaftswunderjahre Frankreichs von Ende der 1940er Jahre bis in die 1970er Jahre.
26 Großwohnsiedlungen – bezogen auf die Bebauung als Hochhaustürme und -riegel.
27 „indissolublement liée à celle de l'immigration".
28 274 Gemeinden unterschiedlicher Größenordnungen waren betroffen (Heyraud 2010: 49).
29 In diesem Kontext von „Migrationshintergrund" zu sprechen, ist in gewisser Weise schwierig, da es sich vielfach um Jugendliche der zweiten oder dritten Einwanderergeneration handelt und diese von Geburt an die französische Staatsbürgerschaft besitzen. Die Jugendlichen werden allerdings durch „kulturelle Differenzierungen" wie andere Hautfarbe, einen ausländischen Namen oder andere Merkmale vielfach diskriminiert und fühlen sich ausgeschlossen, so dass der „Migrationshintergrund" Handlungsrelevanz besitzt. ·

machen wollen (Avenel 2004: 84-88; Boyer 2000: 113-121; Cubéro 2002: 43-48, 78-82; Drai/Mattéi 2006; Giblin 2006: 4-5; Roché 2006).

Politisch werden gesamtgesellschaftliche Probleme wie Armut, Diskriminierung und Ausgrenzung als räumlich differenziert „problematisiert". Neben innerstädtischen Gebieten werden anhand statistischer Indikatoren vor allem die *cités* in den *banlieues* als Orte mit den größten Problemlagen benannt (u. a. Vieillard-Baron 1996a: 63). In der politischen Logik soll wiederum, wie in Deutschland, in den identifizierten „Problemquartieren" zur Problemlösung angesetzt werden (Merlin 1998: 171-182; 1999: 89-102; Neef/Keim/Vieillard-Baron 2007; Tissot/Poupeau 2005; Vieillard-Baron 1996a: 13, 16; 1996b: 58; 2008). Dies geschieht in Frankreich durch die quartiersbezogene Stadtpolitik *politique de la ville*, deren Hauptentwicklungsachsen im Folgenden dargestellt werden. Welche Permanenzen und Veränderungen waren und sind prägend?

2.2.2 Die Etablierung der quartiersbezogenen Stadtpolitik politique de la ville als politisches Handlungsfeld

1977 werden in Frankreich Maßnahmen eingeleitet, die sowohl die degradierte Bausubstanz als auch die soziale Ebene betreffen und als *Habitat et Vie sociale* (HVS) bezeichnet werden (Anderson/Vieillard-Baron 2003: 112; Body-Gendrot 2007: 48-52; David 2001: 17-18; Vieillard-Baron 2001: 173-175). In Frankreich sind es zunächst nur *cités* in den *banlieues*, die von den Aktionen profitieren, da vor allem sie als problembeladen eingestuft werden. Durch die Förderung soll der Konzentration von sozioökonomischen, bildungspolitischen und städtebaulichen Problemlagen entgegengewirkt werden (Cubéro 2002: 98; Vieillard-Baron 2001: 173-175).

Die Institutionalisierung der politique de la ville
Die Vorortunruhen in der *banlieue lyonnaise*[30] 1981 verstärken den öffentlichen Druck, Problemen zu begegnen, die räumlich in den *banlieues* verortet werden (Anderson/Vieillard-Baron 2003: 173; Jaillet 2004: 7; Rey 1996: 81-84). Die Ausschreitungen des *été chaud*[31] gelten heute als erste größere Vorortunruhen Frankreichs, bei denen Jugendliche mit Migrationshintergrund ihren Anspruch auf eine Akzeptanz in der französischen Gesellschaft einfordern (Anderson/Vieillard-Baron 2003: 28; Glasze/Weber 2010: 463).

Im Nachgang der Unruhen entwickelt sich eine umfangreichere Auseinandersetzung mit den *cités* in den *banlieues* (Glasze/Weber 2010: 463). Mit dem Programm *développement social des quartiers* (DSQ, soziale Entwicklung der Stadtviertel) sollen räumliche Segregation abgemildert und das Miteinander verschiedener Bevölkerungsgruppen durch soziale Mischung gestärkt werden. Die Anzahl der geförderten Stadtviertel wird deutlich ausgeweitet (Cubéro 2002: 97-105; Merlin 1998: 134-136; Rey 1996: 84-86; Tourette 2005: 102-118; Vieillard-Baron 2001: 175-176). Damit wird mit dem französischen Universalismus, überall gleiche Maßnahmen und gleiche finanzielle Mittel zu verteilen, gebrochen. Die *politique de la ville* wird zu einer Politik der positiven territorialen Diskriminierung (Calvès 2004; Doytcheva 2007; Estèbe 2001).

Bertrand Schwartz (1983 zit. n. Moore 2001: 97-98) fordert in einem Bericht, der heute zu den Gründungstexten der *politique de la ville* zählt, zwar eine positive Diskriminierung für Ju-

---

30 *banlieue* von Lyon.
31 heißer Sommer.

gendliche mit Migrationshintergrund[32], jedoch wird diese Forderung politisch nicht umgesetzt. Allerdings wird auf eine Förderung des *développement communautaire*[33] sowie auf eine Politik der *grands frères*[34] gesetzt. BetreuerInnen, MediatorInnen, SozialarbeiterInnen und MitarbeiterInnen im Nahverkehr sollen so ausgewählt werden, dass sie die Bevölkerung der Stadtviertel repräsentieren – damit also auch MigrantInnen. Diese Vorgehensweise wurde nicht bis heute weitergeführt (Avenel 2004: 56-58; Calvès 2004: 113-114; Vieillard-Baron 1994a: 96-98; 1996a: 80-81).

Im Jahr 1984 beginnt die Vertraglegung (*contractualisation*) der *politique de la ville*. Ab diesem Moment werden Verträge zwischen dem französischen Staat und der lokalen Ebene geschlossen, in denen sich beide Seiten dazu verpflichten, erfasste Probleme zu bekämpfen. Das System der Vertraglegung wird 1988 weiter ausgebaut und von der *Délégation Interministérielle à la Ville* (DIV, interministerielle Stadtdelegation), einem interministeriellen Zusammenschluss, koordiniert. Nach neuerlichen Vorortunruhen – dieses Mal in Vaulx-en-Velin (*banlieue* von Lyon) – wird 1990 ein eigenes Stadtministerium eingerichtet. Die *politique de la ville* erhält einen institutionellen Rahmen (Anderson/Vieillard-Baron 2003: 46-47; Bauhardt 2005: 395-399; Cubéro 2002: 107-109; Merlin 1998: 142-149; Vieillard-Baron 2001: 177). Auch in diesem Fall zeigt sich ein deutlicher zeitlicher Zusammenhang zwischen erneuten Ausschreitungen und dem Ausbau der *politique de la ville* (Glasze/Weber 2010: 463).

Zwischen Aufbrechen und Reproduktion des quartiersbezogenen Ansatzes
In den 1990er Jahren lässt sich innerhalb der *politique de la ville* ein mehrfacher Wechsel zwischen Aufbrechen und Reproduktion des quartiersbezogenen Ansatzes nachzeichnen.

1991 wird das Orientierungsgesetz für die Stadt (LOV, *loi d'orientation pour la ville*) verabschiedet, das das Ideal der sozialen Mischung, der *mixité sociale*, als Ziel definiert. Jede Gemeinde mit mehr als 3 500 Einwohnern, die in einer Agglomeration von mehr als 200 000 Einwohnern liegt, muss einen Sozialwohnungsbestand von mindestens zwanzig Prozent vorweisen, um so Segregation in Agglomerationen zu begegnen (Glasze/Weber 2010: 464). Da allerdings keine Ausführungsverordnungen verabschiedet werden, können keine finanziellen Strafen bei Missachtung erhoben werden, weshalb das Gesetz weitgehend wirkungslos bleibt (Donzelot 2006: 99-112; Weber 2007: 14-16).

Im Jahr 1994 werden neue Stadtverträge, die *contrats de ville*, zur Festschreibung der Kooperation zwischen nationaler und lokaler Ebene unterzeichnet (Heyraud 2010: 31-36). Diese enthalten auch eine Handlungsachse *„intégration"* („Integration") sowie die Zielsetzung des Kampfs gegen Diskriminierungen[35] (Doytcheva 2007: 59). Die Gemeinden, die einen hohen Anteil an Ausländern aufwiesen, sollen mehr finanzielle Mittel erhalten (Morel 2002: 152-154). Eine Formulierung des Sozialministeriums bei der Konzeption der Stadtverträge unterstreicht die Ausführungen: „Der Erfolg der *politique de la ville* vollzieht sich über die Integration der Bevölkerungsgruppen mit Migrationshintergrund. Die Maßnahmen, die zu dieser Integration

---

32 Passage im Original : „… opérer des discriminations positives pour les jeunes sans qualification, les jeunes filles et les populations issues de l'immigration (la deuxième génération notamment) …" (Übersetzung: „… Maßnahmen einer positiven Diskriminierung für Jugendliche ohne Qualifikation, junge Mädchen und Bevölkerungsgruppen mit Migrationshintergrund (besonders die zweite Generation) umsetzen".

33 Gemeinschaftsentwicklung bestimmter *communities*.

34 Wortwörtlich: „große Brüder", gemeint sind allerdings BetreuerInnen, MediatorInnen etc., die ebenfalls Migrationshintergrund aufweisen und daher als besonders geeignet im Umgang mit den Jugendlichen erscheinen.

35 „la lutte contre les discriminations".

beitragen, müssen einen wichtigen Aspekt in der Verhandlung der *contrats de ville* ausmachen"[36] (*Ministère des Affaires sociales* 1993, zit. n. Morel 2002: 156). Zwar wird ein expliziter Bezug zu MigrantInnen hergestellt, allerdings entwickelt sich dieser nicht zu einem Schwerpunkt, der zwingend umgesetzt werden muss. Jede Gemeinde kann selbst über die Ausrichtung der *contrats de ville* entscheiden. Vielfach blieb es nur bei der Ankündigung von spezifischen Maßnahmen (Doytcheva 2007: 93).

1996 wird im Rahmen des Belebungspakts für die Stadt (PRV, *Pacte de relance pour la ville*) der quartiersbezogene Ansatz erneut gestärkt, in dem drei Typen der Zonierung geschaffen werden (Direction des Journaux Officiels 1996: 16656). Die sensiblen urbanen Zonen, die *zones urbaines sensibles* (ZUS), weisen in der politischen Logik die geringsten Probleme auf, die Zonen urbaner Redynamisierung, die *zones de redynamisation urbaine* (ZRU), werden durch mittelschwere Probleme gekennzeichnet, am stärksten betroffen sind die urbanen Sonderwirtschaftszonen, die *zones franches urbaines* (ZFU) (Anderson/Vieillard-Baron 2003: 62-63; DIV 2003: 1-2; Donzelot 2004: 24; 2006: 71; 2007: 379; Jacquesson 2006; Neumann 2006: 3-7; Vieillard-Baron 2001: 177). Wie bereits in der Einleitung erläutert, wird der Ausländeranteil oder eine ähnliche Kenngröße bei der Gebietsauswahl der Zonierungen offiziell nicht herangezogen (Choffel/Le Toqueux 1997; Choffel/Moreau 2001).

Bis auf einige wenige *départements* im Südwesten Frankreichs haben alle anderen mehrere ZUS. Besonders viele befinden sich in den *départements* im Nordosten sowie in denjenigen, in denen die großen Städte wie Paris, Marseille oder Lyon liegen. Viele ZFU liegen im Großraum Paris, im *département* Nord und im *département* Rhône (mit der Stadt Lyon) (siehe Abbildung 2).

Im Jahr 2000 wird das Gesetz LOV von 1991 erneut aufgegriffen (Anderson/Vieillard-Baron 2003: 63-73; David 2001: 22; Donzelot 2007: 375). Mit Hilfe des Gesetzes zur Solidarität und zur urbanen Erneuerung (loi SRU, *loi relative à la solidarité et au renouvellement urbain*) sollen alle Kommunen mit mehr als 3 500 Einwohnern, die Teil einer Agglomeration von mehr als *50 000* BewohnerInnen sind, mindestens zwanzig Prozent Sozialwohnungen aufweisen – ansonsten droht eine jährliche finanzielle Zwangsabgabe. Da das Gesetz jedoch von zahlreichen kleinen wohlhabenden Gemeinden im Umland der Städte immer wieder unterlaufen wird, wird der Ansatz weitgehend als gescheitert beurteilt (Subra 2006).

War die Förderung der Sonderwirtschaftszonen ZFU Ende der 1990er Jahre ausgesetzt worden, wird diese mit dem Regierungswechsel 2002 erneut aufgenommen (Vieillard-Baron 2001: 177). Damit wird wieder stärker auf quartiersbezogene Maßnahmen gesetzt. Seit 2003 wird durch das Gesetz Borloo versucht, dem schlechten baulichen Zustand der Großwohnsiedlungen entgegenzuwirken. Das Gesetz sieht einen massiven Abriss und Neubau im heute modernen Stil vor (dazu ANRU 2008). Durch die Abrissmaßnahmen der Politik Borloos kommt es häufig zu Bevölkerungsverschiebungen, da vielfach bei weniger neugebauten Wohneinheiten nicht alle in ihr ursprüngliches Wohngebiet zurückkehren können, beziehungsweise Mieterhöhungen eine Rückkehr nicht mehr erlauben (Glasze/Weber 2010: 465-466; Weber/Glasze/Vieillard-Baron 2012).

---

36 „La réussite de la politique de la ville passe par l'intégration des populations immigrées. Les actions qui concourent à cette intégration doivent constituer un aspect important de la négociation des contrats de ville."

Abbildung 2:   Die *zones urbaines sensibles* und *zones franches urbaines* in Frankreich (Jahr 2010)

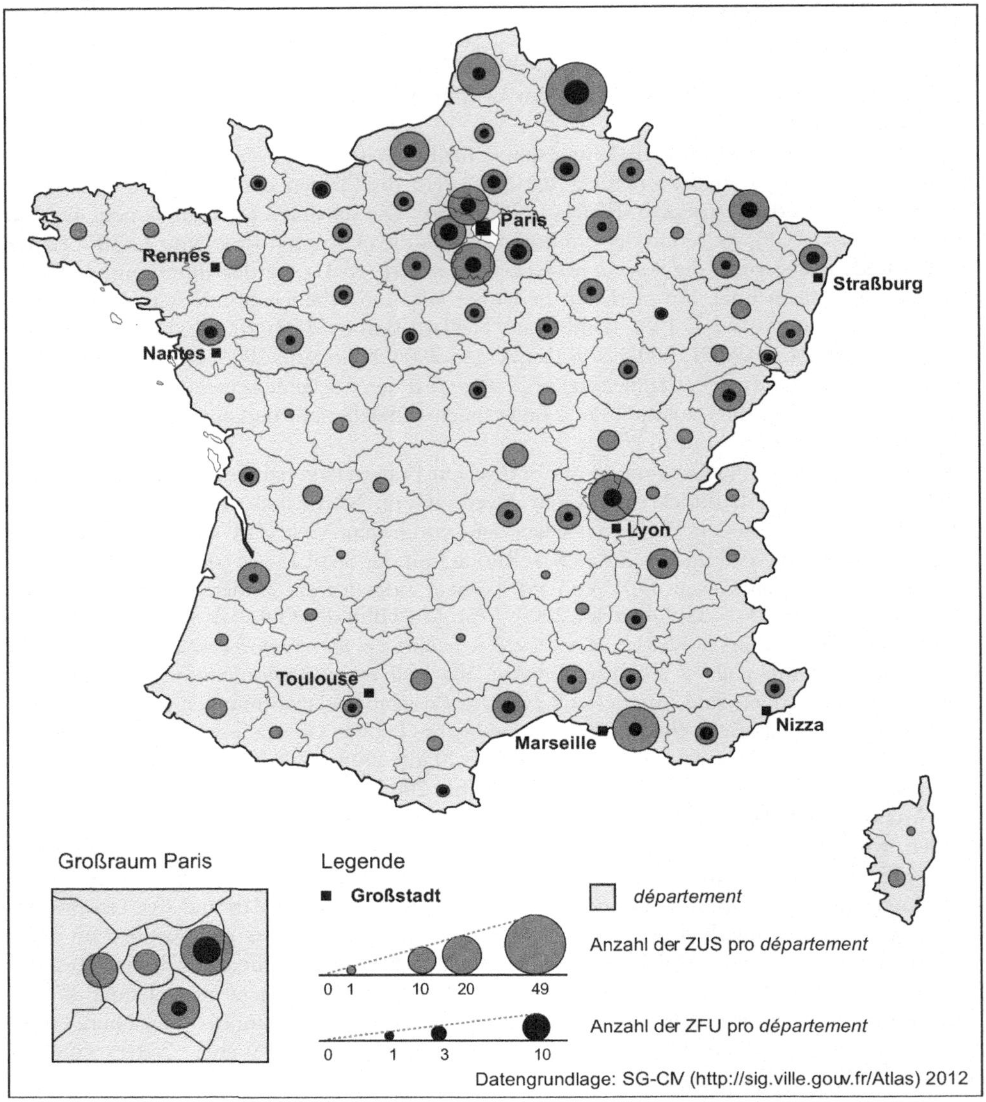

Quelle: Eigene Darstellung, erster Entwurf: Weber, Glasze und Meyer 2007, ergänzt und erweitert 2012.

Die politique de la ville *als Politik (nicht nur) für die* banlieues

Die bisher beschriebenen Entwicklungen legen den Schluss nahe, dass mit der *politique de la ville* nur Gebiete in den *banlieues* gefördert werden. Doch auch innerstädtische Gebiete werden mit spezifischen Problemlagen verknüpft – so beispielsweise die Quartiere La Goutte d'Or und Belleville-Amandiers in Paris. Die betroffenen Gebiete liegen vielfach am Rand der Innenstädte, beziehungsweise in Paris am Rand der Ringautobahn und wurden häufig noch nicht aufgewertet. Die Selektion auf dem Wohnungsmarkt führt dazu, dass vor allem ärmere Bevölkerungsteile in diese Quartiere ziehen, in denen geringe Mieten zu zahlen sind. Ausgehend von statistischen Abweichungen gegenüber dem städtischen Durchschnitt werden im Rahmen der *politique de la ville* auch hier spezifische Maßnahmen initiiert, die an der Aufwertung der Bausubstanz ansetzen sowie soziale, ökonomische und kulturelle Projekte umfassen.

Rein rechtlich ist die *politique de la ville* keine Politik, die allein auf die *banlieues* ausgerichtet ist. Gleichzeitig liegen allerdings 90 Prozent aller klassifizierten Problemviertel Frankreichs in den *banlieues* (Fourcaut 2008: 128), was den Eindruck *politique de la ville = banlieues* wiederum verstärkt (dazu auch Moore 2001: 111).

Die politique de la ville *nach den Vorortunruhen von 2005*
Die landesweiten Vorortunruhen von 2005 stellen die französische Regierung vor die Schwierigkeit, schnell politische Handlungsfähigkeit demonstrieren zu müssen. Der quartiersbezogene Ansatz wird zwar kritisch hinterfragt, allerdings kommt es grundsätzlich zu einer Weiterführung. Nachdem mit dem Gesetz Borloo 2003 eine nationale Behörde für Stadtumbau (ANRU, *Agence Nationale pour la Rénovation Urbaine*) ins Leben gerufen worden war, wird 2006 als Gegenstück für den sozialen Bereich die nationale Behörde für sozialen Zusammenhalt und Chancengleichheit (Acsé, *Agence nationale pour la cohésion sociale et l'égalité des chances*) gegründet. Diese soll verstärkt sozialen Problemen in den „Problemgebieten" begegnen. Die Acsé ist allerdings nicht absolut neu, sondern wurde aus dem FASILD[37] heraus gegründet, der seinerseits aus dem FAS[38] hervorgegangen war (Doytcheva 2007: 94). Auch wenn MigrantInnen über diese Einrichtung unter anderem durch den Kampf gegen Diskriminierungen und den Kampf für Chancengleichheit mit gefördert werden sollen, erscheinen sie nicht explizit im Titel.

Auch die Anfang 2007 in Kraft getretenen Stadtverträge für sozialen Zusammenhalt (CUCS, *contrats urbains de cohésion sociale*), die die Stadtverträge der Phase 2000 bis 2006 (*contrats de ville*) (DIV 2006a; c; 2007) ersetzen, stellen keine grundsätzliche Neuausrichtung der *politique de la ville* dar. Ausgangspunkt für jede finanzielle Förderung ist eine lokale Initiative, die die aktuelle Situation der Gemeinde beschreibt und Maßnahmenkataloge für bestimmte Hauptfelder vorlegt (DIV 2006b: 3-5; 2006c: 1; 2007). Die CUCS setzen in weiten Teilen die politische Ausrichtung der Vorjahre fort (Glasze/Weber 2010: 467). In den aktuellen CUCS stellt „*intégration*/Integration" keine der Hauptachsen dar, sondern ist zu einer „transversalen Achse" geworden (DIV 2006a; 2007). Allerdings fällt es in den Bereich der Kommunen, ob sie diese als transversales Ziel ansehen und sie entsprechend in bestimmte Maßnahmen einschreiben (Heyraud 2010: 73-74).

Im Februar 2008 wird durch den Präsidenten Nicolas Sarkozy und die Staatsministerin für die *politique de la ville* Fadela Amara ein neuer Maßnahmenkatalog, der *Plan Espoir banlieues* vorgestellt. Auch hier werden bekannte Maßnahmen fortgeführt (Comité interministériel des villes 2008; Damon 2008).

Seit dem ersten Programm *Habitat et Vie sociale* Ende der 1970er Jahre ist es sowohl zu einer deutlichen quantitativen als auch inhaltlichen Ausweitung der *politique de la ville* gekommen. Nach anfänglich 53 Vierteln unterliegen heute etwa 2 200 Viertel einer Förderung im Rahmen der CUCS. 751 Gebiete stehen als ZUS unter Beobachtung. Mit der Zeit wurde die *politique de*

---

37 Fonds d'aide et de soutien pour l'intégration et la lutte contre les discriminations (Hilfs- und Unterstützungsfonds für Integration und Kampf gegen Diskriminierung).
38 Fonds d'Action sociale pour les travailleurs musulmans d'Algérie en métropole et pour leurs familles (Hilfs- und Unterstützungsfonds für die muslimischen Arbeiter aus Algerien und für ihre Familien).

la ville institutionell etabliert, sichtbar vor allem in der Gründung der DIV[39] 1988, der Schaffung des Stadtministeriums 1990 und der Einrichtung der Agenturen ANRU und Acsé 2003 und 2006. Wie in Deutschland wird bis heute auf eine quartiersbezogene Förderung ganz bestimmter Stadtviertel gesetzt. Soziale Probleme werden als räumlich abgrenzbar erfasst. Entsprechend dieser Logik sollen sie vor Ort gelöst werden.

Welche Rolle spielen nun „kulturelle Differenzierungen" innerhalb der *politique de la ville?* Zwar lassen sich immer wieder vereinzelte Maßnahmen finden, in denen „kulturelle Differenzierungen" relevant werden, jedoch nehmen MigrantInnen in der nationalen Politikausrichtung keinen zentralen Platz ein. Während in Deutschland viele Projekte explizit auf die Förderung von MigrantInnen ausgerichtet sind, scheint sie in der Gesamtentwicklung der *politique de la ville* nur geringe Bedeutung erlangt zu haben. Im Folgenden werden, wie bei der *Sozialen Stadt*, Positionierungen unterschiedlicher AutorInnen im Schnittfeld von „kulturellen Differenzierungen" und *politique de la ville* dargestellt.

2.2.3 Politique de la ville *und „kulturelle Differenzierungen": Eine Darstellung des aktuellen Forschungsstands*

Im historischen Überblick zur *politique de la ville* wurden bereits die Maßnahmen dargestellt, in denen „kulturelle Differenzierungen" explizit „problematisiert" werden. Chronologisch war dies zunächst die Förderung des *développement communautaire* und der *grands frères* (Moore 2001: 97-98). Mehrere AutorInnen kommen hier aber zu dem Schluss, dass diese Maßnahmen politisch höchst umstritten gewesen und daher nicht fortgeführt worden seien (Avenel 2004: 56-58; Calvès 2004: 113-114; Vieillard-Baron 1994a: 96-98; 1996a: 80-81; 2005).

In den *contrats de ville* der Jahre 2000 bis 2006 wurde *„intégration*/Integration" als Handlungsstrang berücksichtigt, wodurch die Situation der MigrantInnen in den geförderten Stadtvierteln innerhalb der Stadtpolitik behandelt werden sollte, so Morel (2002: 152-154). Doytcheva (2007: 93) bemerkt allerdings, dass es vielfach nur bei Ankündigungen von Maßnahmen geblieben sei. In den aktuellen *contrats urbains de cohésion sociale* (CUCS) wird *„intégration*/Integration" als „transversale Achse" bezeichnet (DIV 2006a; 2007). Wie Städte und Gemeinden mit dieser Zielsetzung umgehen, wurde bisher nicht ausführlich wissenschaftlich untersucht.

Wie lässt sich nun begründen, dass in der *politique de la ville* nur wenig dezidiert „kulturell" differenziert wird? Welche Erklärungsmuster werden von WissenschaftlerInnen angeboten? Viele AutorInnen führen dies auf das französische Gleichheitsideal beziehungsweise den französischen Universalismus zurück. Das „Blindsein der Republik für Unterschiede"[40] (Palomares 2005: 93) habe zur Folge, dass die Gesellschaft der französischen Republik von den wechselnden Regierungen nicht als „kulturell" differenziert angesehen werde (Moore 2001: 246, 272). Vielmehr sei es in umgekehrter Weise dazu gekommen, dass in (sichtbaren) Unterschieden eine Bedrohung für die Republik gesehen werde. Diese finde in der Angst vor Kommunitarismus Ausdruck, also der Angst, dass sich Gruppen von der französischen Gesellschaft abgrenzen, eigene Traditionen vertreten und damit den französischen Republikanismus ablehnen könnten

---

39 2009 wurde die DIV in das *Secrétariat général du Comité interministériel des villes* (Generalsekretariat des interministeriellen Stadtgremiums, SG-CIV) überführt. Durch die Überführung der DIV in das SG-CIV soll die interministerielle Ausrichtung und Kooperation innerhalb der *politique de la ville* gestärkt werden, was aber, entsprechend den Aussagen mehrerer GesprächspartnerInnen, bisher nicht eingelöst wurde.

40 „l'aveuglement républicain".

(Dubet/Lapeyronnie 1992: 102-103; Moore 2001: 28). Die entsprechende Argumentation ist in gewisser Hinsicht mit der deutschen Debatte um die Entstehung von Parallelgesellschaften vergleichbar. Der politische Umgang in Frankreich mit Migration und „kultureller Diversität" wird in großem Maße als tabuisiert bezeichnet (siehe u. a. Doytcheva 2007; Moore 2001: 74; Palomares 2005).

Dies könnte zu dem Schluss führen, dass die *politique de la ville* weitgehend „blind" ist für Unterschiede und „kulturelle Differenzierungen" keine Rolle spielen und nicht zum Tragen kommen. Mehrere AutorInnen verfolgen hingegen die These, dass „kulturelle Differenzierungen" doch handlungsrelevant würden. Fourcaut (2008: 131) bringt die besondere Behandlung bestimmter Quartiere durch die *politique de la ville* mit den Ausschreitungen des Jahres 1981 in Verbindung, bei denen Jugendliche mit „Migrationshintergrund" auf ihre Situation aufmerksam machten. Implizit sei dieser Aspekt also durch die Politik aufgegriffen worden, weshalb die *politique de la ville* kaum von MigrantInnen und deren Nachfahren zu trennen sei. Trotz der Ablehnung eines Bezugs auf Kriterien wie Ausländer- oder Migrantenanteil werde mit der *politique de la ville* für MigrantInnen agiert (Donzelot 2006: 10, 24-25, 86-87; 2007: 376; Palomares 2005: 96). Die Stadtpolitik werde zu einer „Immigrations- und Integrationspolitik, die sich aber nicht beim Namen nennen wollte" (Donzelot 2007: 376), beziehungsweise, die in einer anderen Lesart systematisch um das „verminte Feld" der ethnischen oder rassischen Kategorien herumsteuere, um diese dennoch politisch zu bearbeiten (Rudder/Poiret/Vourc'h 1998: 34).

Calvès (2004), Doytcheva (2007), Hancock (2008) und Jaillet (2003) folgern, dass das politische Vorgehen über eine bestimmte Logik funktioniere: Da eine „positive ethnische Diskriminierung" in Frankreich nicht möglich sei, werde über das Territorium agiert. „Kulturelle Differenzierungen" würden über die positive territoriale Diskriminierung behandelt – zwar widerspreche diese eigentlich auch dem Prinzip der Gleichheit, allerdings sei sie einfacher zu legitimieren als eine „kulturelle Differenzierung" der Bevölkerung. Die positive territoriale Diskriminierung sei damit als der französische Weg zu verstehen, „kulturelle Differenzierungen" zu bearbeiten.

Bisherige Ausführungen betonen primär eine implizite Förderung von MigrantInnen durch die *politique de la ville*, also eine Unterstützung ohne explizite Benennung als Zielgruppe durch ein quartiersbezogenes Vorgehen in Gebieten mit hohem Migrantenanteil. Diese Einschätzung setzt sich auch in Bewertungen zu den aktuell in der Stadtpolitik verfolgten Zielsetzungen der sozialen Mischung (*la mixité sociale*) und des Kampfs gegen Diskriminierung (*la lutte contre les discriminations*) fort.

Wie in Übereinstimmung von mehreren Autoren konstatiert wird, umfasse die *mixité sociale* implizit den Wunsch, Konzentrationen von MigrantInnen zu verhindern. So solle einer Ghettobildung entgegengewirkt werden, da darin zum einen die Ursache für Fremdenfeindlichkeit und zum anderen die Bildung von Kommunitarismen als Problem gesehen werde (Donzelot 2006: 92; Palomares 2005: 100). Dies geschehe durch die Wohnungsgesellschaften der Sozialwohnungen (HLM), die teilweise durch eine spezielle Belegungspolitik eine Konzentration von MigrantInnen gleicher Herkunft verhinderten, indem sie die Aufnahme neuer BewerberInnen ablehnten (Avenel 2005: 69-70; Moore 2001: 66; Neef/Keim/Vieillard-Baron 2007: 226; Vieillard-Baron 1996a: 79). MigrantInnen sollten dispers im Raum verteilt werden (Kirszbaum 2005b: 33-34; Tissot 2007: 29, 37-38; Tissot/Poupeau 2005: 9). Obwohl „kulturelle Differenzierungen" eigentlich ein Tabu darstellten, erfolge dennoch ein Kampf gegen „ethnische Segregation" (Subra 2006: 147-148). Die soziale Mischung sei, so Kirszbaum (2005a:

117), unterschwellig als „ethnische Mischung"[41], beziehungsweise, so Vieillard-Baron (2001: 186), als „ethnisches Bevölkerungshandling"[42] zu verstehen.

Neben der sozialen Mischung wird seit 1998 verstärkt innerhalb der *politique de la ville* der Kampf gegen Diskriminierungen[43] geführt – ein ebenfalls sehr diffuses Konzept (Doytcheva 2007: 59). Den MigrantInnen und ihren Nachfahren werde, wie Lapeyronnie (2005: 209) darstellt, bis heute eine Integration[44] in die französische Gesellschaft erschwert. Das Problem von Diskriminierung sei daher immer noch ein zentrales Problem in Frankreich, weshalb es in irgendeiner Form bearbeitet werden müsse (u. a. Weil 2005: 102-104). Politisch erfolgt jedoch kein Kampf allein gegen Diskriminierung von MigrantInnen, sondern ein Kampf gegen *jegliche* Form von Diskriminierung, zwangsläufig auch der Kampf gegen Diskriminierung von MigrantInnen unter anderem aufgrund von Herkunft, Hautfarbe, Name, Sitten und Gebräuchen (Acsé o.J.: 2). Politisch werde heute die *lutte contre les discriminations* geführt und nicht explizit eine Politik für MigrantInnen innerhalb der *politique de la ville*, da bei letzterer viel expliziter von einer positiven ethnischen Diskriminierung gesprochen werden müsse (Donzelot 2006: 10).

In nationalen politischen Maßnahmen scheinen „kulturelle Differenzierungen" heute vor allem implizit verhandelt zu werden (dazu allgemein Moore 2001), das heißt, MigrantInnen werden über den Quartiersbezug gefördert, ohne explizit als zentrale Zielgruppe benannt zu werden. Dagegen würden auf lokaler Ebene Projekte umgesetzt, die auf verschiedene Weise „kulturelle Differenzierungen" berücksichtigen. Dies geschehe teilweise unter Umgehung einer offiziellen direkten Zielgruppenansprache. Besonders im Bereich der Jugendarbeit würden MigrantInnen als Leiter von Einrichtungen eingesetzt, auch wenn diese Einstellungspolitik nie ausdrücklich als Ziel formuliert wurde (Moore 2001: 189-191). Einstellungen würden also implizit nach „kulturellen Differenzierungen" vorgenommen. Stadtpolitik in Frankreich könne damit eine „starke, nicht zugegebene ethnische Dimension"[45] (Moore 2001: 217) erlangen.

Doytcheva (2007) arbeitet mittels ihrer Fallstudien in Garges-lès-Gonnesse (*département* Val-d'Oise) und Vitry sur Seine (Val-de-Marne) heraus, dass es durchaus nicht unüblich sei, auf lokaler Ebene auch Organisationen zu fördern, die sich an bestimmte Migrantengruppen richteten (Doytcheva 2007: 169-182, 213).

In der Zusammenschau der dargestellten Positionierungen zeigen sich vor allem drei zentrale Aspekte: Zunächst ist zwischen expliziter Thematisierung und implizitem Vorgehen zu differenzieren. Es deutet sich an, dass auf nationaler Ebene nicht alles im Bereich des politisch Sagbaren liegt und dementsprechend innerhalb bestimmter Maßnahmen implizit, das heißt ohne dezidierte Benennung und Hervorhebung, „kulturelle Differenzierungen" handlungswirksam werden. Zudem scheint es in zeitlicher Abfolge ein Oszillieren zwischen expliziterer und impliziterer „Problematisierung" zu geben. Darüber hinaus kommt der lokalen Ebene stärkere Bedeutung zu, da dort größere Handlungsspielräume zu bestehen scheinen.

Offiziell werden auf nationaler Ebene MigrantInnen innerhalb der *politique de la ville* damit im Gegensatz zur *Sozialen Stadt* in Deutschland nicht zu einer zentralen Zielgruppe – sie werden aber durch implizites Aufgreifen relevant. Im Folgenden werden unter Berücksichtigung bisheriger Ausführungen und vorliegender deutsch-französischer Vergleichsstudien zentrale Forschungslücken identifiziert, um so das Forschungsziel dieser Arbeit noch einmal zu präzisieren.

---

41 „mixité ethnique".
42 „une gestion ethnique du peuplement".
43 la lutte contre les discriminations.
44 intégration.
45 „une forte dimension ethnique non exprimée".

2.3   Quartierspolitiken und „kulturelle Differenzierungen": Offene Fragen im deutsch-französischen Vergleich

In der *Sozialen Stadt* in Deutschland hat sich in den letzten Jahren eine breite Debatte zu Fragen der „Integration" von „Migrantinnen und Migranten" beziehungsweise „Einwanderern" entwickelt. Es werden spezifische Maßnahmen für MigrantInnen initiiert, deren Sinn unhinterfragt ist. Es fällt auf, dass Zielvorstellungen und konkrete Maßnahmen bisher noch nicht systematisch kontrastiert wurden. Bislang ist es also nicht nachvollziehbar, ob lokale Umsetzungen möglicherweise Zielvorgaben zuwiderlaufen können. Auch wurde bisher nicht beleuchtet, inwieweit in Quartieren mit hohem Migrantenanteil „kulturelle Differenzierungen" überhaupt handlungswirksam werden – es wäre durchaus denkbar, dass gar nicht „kulturell" differenziert gefördert wird. Zudem werden in den bisherigen Veröffentlichungen für einzelne Quartiere meist nur bestimmte Maßnahmen herausgegriffen und damit kein ganzes Maßnahmenpaket eines Quartiers analysiert. Während das Programm *Soziale Stadt* im Hinblick auf seine Entwicklung, Institutionalisierung und politische Steuerungsformen (u. a. Franke 2011; Güntner 2007; Stegen 2006) detailliert untersucht wurde, liegen dazu, wie „kulturelle Differenzierungen" „problematisiert" werden, bisher keine ausführlichen Forschungsarbeiten vor.

In Frankreich nehmen „kulturelle Differenzierungen" innerhalb der *politique de la ville* offiziell nur eine Randstellung ein. Nach Phasen einer expliziteren Berücksichtigung scheinen sie momentan weniger handlungswirksam zu werden. Ausführliche Forschungsarbeiten zur *politique de la ville* und zu „kulturellen Differenzierungen" liegen in erster Linie nur mit den Arbeiten von Moore (2001) und Doytcheva (2007) vor. Darin werden jedoch Unterschiede zwischen nationalen Programmen und lokalen Maßnahmen nicht im Detail kontrastiert. Damit wird auch nicht der Frage nachgegangen, welche Beziehungen zwischen explizit national Geäußertem und lokal Umgesetztem bestehen. Es kommt hinzu, dass bisher keine Analyse vorliegt, die politische Veränderungen seit den CUCS 2007 mit einbeziehen. Die politische Ausrichtung seit 2007 unter Staatspräsident Nicolas Sarkozy hat allerdings Veränderungen mit sich gebracht, die es zu berücksichtigen gilt. Gerade im französischen Kontext liegen bisher zudem keine ausführlichen Analysen innerstädtischer Quartiere der *politique de la ville* vor, obwohl durch einen Vergleich mit Großwohnsiedlungen so Unterschiede und Gemeinsamkeiten in den ergriffenen Maßnahmen herausgearbeitet werden könnten. Auch hier kann daher eine Erweiterung bisheriger Arbeiten erfolgen.

Welche Forschungsfelder wurden bisher im deutsch-französischen Vergleich untersucht? In entsprechenden Studien wird die Frage nach unterschiedlichen Integrationsmodellen (Tucci 2004) gestellt. Analysen werden entlang der Frage nach Ausgrenzung (Loch 1998), Entstehung von „Problemvierteln" (Neef/Keim 2007) und Stigmatisierung (Gebhardt 2001) vorgenommen. Zudem liegen allgemeine Vergleiche der quartiersbezogenen Stadtpolitiken vor (BMVBS/BBR 2007; Breitfuss et al. 2004; Franke 2007; Weber 2007). Welche Unterschiede und Gemeinsamkeiten zwischen *Sozialer Stadt* und *politique de la ville* allerdings im Hinblick auf die Handlungsrelevanz von „kulturellen Differenzierungen" bestehen, wurde bisher nicht verglichen. In Einwanderungsgesellschaften wie Deutschland und Frankreich ist aber gerade die Frage nach der Art und Weise, wie „kulturelle Differenzierungen" „problematisiert" werden, von hoher gesellschaftlicher Relevanz, so dass ein Vergleich hier sinnvoll erscheint und neue Ergebnisse liefern kann.

Damit wird es zum Ziel, vor dem Hintergrund bestehender deutscher und französischer Analysen, an der jeweiligen nationalen politischen Programmatik der Stadtpolitiken anzusetzen und im Anschluss regionale und lokale Ausrichtungen in den Blick zu nehmen. Hier kann der deutsch-französische Vergleich Unterschiede und Gemeinsamkeiten herausarbeiten und prüfen, inwieweit sich *Soziale Stadt* und *politique de la ville* unterscheiden beziehungsweise ob nicht doch mehr Ähnlichkeiten bestehen, als anzunehmen wäre. Auf diese Weise kann ein Beitrag zur aktuellen Stadtforschung geleistet werden.

Im empirischen Teil der Arbeit wird der Versuch unternommen, die identifizierten Forschungslücken in Teilen zu schließen. Zuvor bedarf es allerdings eines theoretischen Rahmens, der es ermöglicht, Konzepte und aktuelle Ausrichtungen nicht als starr gegeben zu verstehen, sondern auch der Wandelbarkeit und Konstruktion politischer Maßnahmen und dem Konstruktionscharakter gesellschaftlicher Differenzierungen Rechnung zu tragen. Dies geschieht mittels der Diskurstheorie von Ernesto Laclau und Chantal Mouffe sowie konzeptioneller Ergänzungen, deren zentrale, für die Zielsetzung der Arbeit relevante Inhalte im Folgenden dargestellt werden.

3 Die Diskurstheorie von Ernesto Laclau und Chantal Mouffe

3.1 Einführende Bemerkungen zum Problematisierungsbegriff und zur Theorieauswahl

Werden die bisherigen Ausführungen zur Ausrichtung dieser Arbeit noch einmal systematisiert, so ergibt sich als übergreifendes Ziel, aufzuzeigen und herauszuarbeiten, wie „kulturelle Differenzierungen" „problematisiert" werden. Wie wird in den quartiersbezogenen Stadtpolitiken Gesellschaft strukturiert, was wird gesellschaftlich als „abweichend" erfasst und welche Argumentationsstränge lassen sich dabei unterscheiden? Was politisch beispielsweise als „Problem" oder auch „Ressource" konzeptionalisiert wird, ist nicht „einfach" klar und eindeutig, sondern kann durchaus unterschiedlich ausfallen. Um den Begriff der „Problematisierung" zu operationalisieren, wird auf Ausführungen von Michel Foucault zurückgegriffen.

Die beschriebene Hauptzielsetzung lässt sich wiederum ausdifferenzieren. In der Arbeit soll analysiert werden, welche Begrifflichkeiten und Formulierungen beziehungsweise Konzepte in der *Sozialen Stadt* und der *politique de la ville* aktuell genutzt werden, um „kulturelle Differenzierungen" zu „problematisieren" und entsprechend zu „bearbeiten". Damit soll auch untersucht werden, welche Vorgehensweisen und Maßnahmen beschrieben werden, durch die „kulturelle Differenzierungen" Handlungswirksamkeit erlangen und welche Zielsetzungen sowie politische Intentionen damit in Verbindung gebracht werden.

Dazu bedarf es einer theoretischen „Brille", mit der die beschriebenen Aspekte betrachtet werden können. Grundsätzlich entscheidend ist, dass die *Soziale Stadt* und die *politique de la ville* und damit spezifische Förderungen von Gebieten und Zielgruppen nicht einfach als gegeben und „normal" verstanden werden müssen. Ziel muss es sein, die politischen Programme und Ausrichtungen hinterfragen zu können, das heißt jenseits von normativen Setzungen beleuchten zu können, dass sie auch anders ausfallen könnten. Die theoretische Perspektive muss es erlauben, dem Konstruktionscharakter der Politiken, der bearbeiteten „Probleme" und der definierten Zielgruppen Rechnung zu tragen. Gleichzeitig sollen nicht nur aktuelle Ausrichtungen analysiert werden, sondern auch nachvollziehbar sein, welche Brüche sich in Argumentationsmustern zeigen, beziehungsweise welche alternativen Deutungsmöglichkeiten bestehen, die vielleicht nur am Rande geäußert werden. So soll auch ermöglicht werden, eine offizielle explizite Thematisierung beziehungsweise Nicht-Thematisierung „kultureller Differenzierungen" nicht einfach als „natürlich" und dem aktuellen Zeitgeist entsprechend zu deuten, sondern auch Widersprüchlichkeiten zu beleuchten.

Die Diskurstheorie von Ernesto Laclau und Chantal Mouffe bietet die Möglichkeit, der „gesellschaftlichen Produktion" von Bedeutungen (Glasze/Mattissek 2009b: 11), spezifischen Wahrheiten und damit politischen Programmen Rechnung zu tragen, die als das Ergebnis „politischer Aushandlungsprozesse" (Glasze/Mattissek 2009a: 153) verstanden werden können. Indem Laclau und Mouffe den Konstruktionscharakter sozialer Wirklichkeit (Gebhardt et al. 2007: 18; Mattissek/Reuber 2004: 229) betonen[46], wird es möglich, „gesellschaftliche Diskurse", also vorherrschende Deutungsmuster, zu hinterfragen und zu dekonstruieren, um den Blick für alternative Interpretationen zu öffnen (Mattissek/Reuber 2004: 15). Neben zentralen, markant hervorscheinenden Strukturen können so auch Brüche und Heterogenitäten analysiert werden. Damit ist die Theorie in Bezug auf das Themenfeld besonders geeignet, aufgeworfenen Fragen zu begegnen.

Um im empirischen Teil der Arbeit auf die Konzeption und Terminologie Laclaus und Mouffes zurückgreifen zu können, werden die Ausgangsüberlegungen, die zentralen Inhalte sowie notwendige Ergänzungen dargestellt: Die poststrukturalistische Theorie greift auf strukturalistische Arbeiten von Ferdinand de Saussure zur Zeichentheorie, poststrukturalistische Arbeiten von Roland Barthes und Jacques Derrida und den Diskursbegriff von Michel Foucault zurück. In Verbindung mit der marxistischen Hegemonietheorie nach Antonio Gramsci entsteht eine eigene Theorie zu politischer Identität und Hegemonie. Indem die Identitätskonzeption von Laclau und Mouffe durch konzeptionelle Überlegungen der *postcolonial studies* – insbesondere von Stuart Hall – ergänzt wird, soll es möglich werden, den Machtaspekt von Identitäten noch einmal zu schärfen und zu berücksichtigen, inwieweit mit der Unterscheidung von Bevölkerungsgruppen nicht auch bestimmte Kategorisierungen und „Identitäten" produziert und reproduziert werden. Eine Interpretation von Subjekten und Institutionen wird durch einen Bezug auf die Subjekttheorie Jacques Lacans und einer ergänzenden Konzeptionalisierung Martin Nonhoffs möglich.

Da mit der Diskurstheorie von Laclau und Mouffe das Implizite nicht konzeptionalisierbar ist, erfolgt ein Rückgriff auf Foucaults Konzeption des Nicht-Sagbaren. So soll dem „Tabuthema" „kultureller Differenzierungen" in der *politique de la ville* in Frankreich beziehungsweise auch gegebenenfalls nur ungern Gesagtem in der *Sozialen Stadt* in Deutschland begegnet werden.

3.2   Der Begriff der Problematisierung nach Foucault zur Konzeptionalisierung des politisch Erfassten

In der Einleitung ist bereits der Begriff der „Problematisierung" skizzenhaft dargestellt worden. Damit wurden die Aspekte bezeichnet, die zu einem bestimmten Zeitpunkt gesellschaftliche Relevanz erlangen und die bestimmte politische Reaktionen denkbar und sinnvoll erscheinen lassen. Dies wurde in Bezug auf die Grundlogik der quartiersbezogenen Stadtpolitiken ausgeführt, denen die Verräumlichung sozialer Probleme zugrunde liegt. Im Folgenden soll der Begriff der „Problematisierung" präzisiert werden, der von Michel Foucault (2004a; b) im Kontext des Gouvernementalitäts-Konzepts entwickelt und genutzt wurde.

Im Alltag wird die soziale Wirklichkeit als „normal" und weitgehend stabil wahrgenommen. Auch Veränderungen, die nicht einfach in die bestehende Ordnung integriert werden können, erscheinen im Nachhinein als „natürlicher" Weg. Genau an dieser Stelle setzt Michel Foucault an und hinterfragt die Vorstellung einer klaren, eindeutigen Gesellschaftsentwicklung (dazu Keller 2008: 59; Lemke 1997: 339). Foucault fragt nach den Mechanismen, wie es dazu

---

46   Die Diskurstheorie von Laclau und Mouffe ordnet sich in eine Forschungsperspektive ein, die den Konstruktionscharakter sozialer Wirklichkeit betont und in der deutschsprachigen Kulturgeographie mit der Strömung der „Neuen Kulturgeographie" in Zusammenhang gebracht wird. Im Gegensatz zu früheren Ansätzen erfolgt eine Hinwendung zu konstruktivistischen Forschungsperspektiven. Ziel ist die Sichtbarmachung oft unhinterfragter gesellschaftlicher Zusammenhänge beziehungsweise die Analyse des scheinbar Eindeutigen (dazu bspw. Blotevogel 2003; Gebhardt et al. 2007; Gebhardt/Reuber/Wolkersdorfer 2007).

kommt, dass etwas aktuell gesellschaftlich erfasst wird: „In Wirklichkeit muss, damit ein Handlungsbereich und ein Verhalten ins Feld des Denkens eintritt, eine gewisse Anzahl von Faktoren ihn oder es unsicher gemacht, ihm seine Vertrautheit genommen oder in dessen Umfeld eine gewisse Anzahl von Schwierigkeiten hervorgerufen haben." (Foucault 2005a: 732). Ab einem gewissen Punkt muss auf einen neuen Sachverhalt reagiert werden, der nicht in die bestehende Ordnung problemlos zu integrieren ist. Es kommt zu einer „wirklichen Problematisierung durch das Denken (…). Und wenn diese eintritt, nimmt sie nicht eine einzige Form an, die das direkte Ergebnis oder der notwendige Ausdruck dieser Schwierigkeiten wäre; sie ist eine oft vielgestaltige, mitunter sogar in ihren verschiedenen Aspekten widersprüchliche, eigentümliche oder spezifische Antwort auf diese Schwierigkeiten, die für sie durch eine Situation oder einen Kontext definiert sind (…). Auf ein und dieselbe Gesamtheit von Schwierigkeiten können mehrere Antworten gegeben werden. Und die meiste Zeit werden tatsächlich verschiedenartige Antworten vorgelegt" (Foucault 2005a: 732). Mit dem Begriff der Problematisierung fasst Foucault also die spezifische Erfassung und Verhandlung einer sich verändernden sozialen Wirklichkeit. Er zielt auf das „Gebiet der ‚Problematisierung': das heißt der Ausarbeitung eines Bereichs von Tatsachen, Praktiken und Denkweisen, die der Politik Probleme zu stellen scheinen" (Foucault 2005a: 727). Der Begriffsinhalt lässt sich mit Foucault auch noch einmal an einem Beispiel verdeutlichen: „Ich versuchte von Anfang an, den Prozeß der ‚Problematisierung' zu analysieren – was heißt: Wie und warum bestimmte Dinge (Verhalten, Erscheinungen, Prozesse) zum Problem wurden. Warum wurden zum Beispiel bestimmte Verhaltensformen als ‚Wahnsinn' gekennzeichnet und klassifiziert, während ähnliche Formen in einem bestimmten historischen Augenblick völlig vernachlässigt wurden (…)" (Foucault 1996 [engl. Original 1983]: 178). Die Untersuchung der „Problematisierungen (…) ist also die Art und Weise, wie man Fragen von allgemeiner Bedeutung in ihrer historisch einzigartigen Form analysiert" (Foucault 2005b: 706). Hier werden gleichzeitig Kontingenz und Verfestigung der sozialen Wirklichkeit deutlich: manche Entwicklungen erscheinen absolut stimmig, wobei sie auch anders gedacht werden könnten. Der Begriff der „Problematisierung" erlaubt es damit zu untersuchen, was (politisch) aufgegriffen wird, um darauf auf bestimmte Art und Weise zu reagieren. Das, was problematisiert wird, legt gewisse „Bearbeitungen" nahe und lässt verschiedene Handlungsweisen sinnvoll erscheinen und andere nicht (Füller/Marquardt 2010: 14).

Mit Hilfe des Begriffs der Problematisierung kann entsprechend nachgezeichnet werden, wie bestimmte „Schwierigkeiten" im Sinne Foucaults problematisiert, das heißt erfasst und politisch bearbeitet werden – konkret, ob und inwieweit innerhalb der quartiersbezogenen Stadtpolitiken „Schwierigkeiten" „kulturell" differenzierend gerahmt und entsprechend durch spezifische Maßnahmen bearbeitet werden. Gleichzeitig sind auch „Widerständigkeiten" (Füller/Marquardt 2009: 97) zu berücksichtigen, also Heterogenitäten in einer vermeintlich homogenen Entwicklung. Auf diese Weise sollen aktuelle politische Logiken[47], also von den Politiken initiierte Vorgehensweisen und vorgenommene Schlussfolgerungen, die als „sinnvoll", „kohärent" und „richtig" bewertet werden, im Detail analysiert und hinterfragt werden.

Um dem Konstruktionscharakter und gleichzeitig der Wirkmächtigkeit von Politiken theoretisch-konzeptionell genauer begegnen zu können, werden im Folgenden für die Zielsetzung der Arbeit relevante Inhalte der Diskurstheorie nach Ernesto Laclau und Chantal Mouffe dargestellt.

---

47 Der Begriff der „politischen Logiken" wird unter anderem auch von Schulte (2000: 172) bei der Analyse von Antidiskriminierungspolitiken genutzt.

3.3 Ausgangsüberlegungen für die Diskurstheorie nach Laclau und Mouffe

3.3.1 Strukturalistische und poststrukturalistische Grundlagen

Die Diskurstheorie von Ernesto Laclau und Chantal Mouffe geht von strukturalistisch-linguistischen Ansätzen aus, wonach der Zugang zur Realität über Sprache erfolgt (Mattissek/Reuber 2004: 15; Phillips/Jørgensen 2002: 8-9; Torfing 1999: 87). Mit Sprache werden Repräsentationen der sozialen Wirklichkeit erschaffen – sie trägt also zu deren Konstruktion bei. Zur Verdeutlichung verwenden Phillips und Jørgensen (2002: 9) das Beispiel einer Flut: Der Anstieg des Wassers erfolgt außerhalb der Gedanken und Sprechakte der Menschen. Sobald allerdings darüber gesprochen wird, erfolgt eine bestimmte Konstruktion von Realität, da der Anstieg des Wassers beispielsweise als Naturschauspiel, meteorologisch in Verbindung mit dem El Niño-Phänomen oder als Gottes Wille interpretiert und kommuniziert werden könnte.

Zentral für die Vorstellung, dass Sprache nicht einfach die Welt so abbilden kann, „wie sie ist", sind Ausführungen Ferdinand de Saussures (2005 [frz. Original 1913]). Saussure argumentiert, dass Zeichen aus zwei Seiten bestehen, einer Form (Signifikant) und einem Konzept (Signifikat). So verweist beispielsweise die Buchstabenabfolge „H u n d" auf das Konzept beziehungsweise die Vorstellung „Hund" (Glasze 2007: Abs. 2; 2008: 50; Phillips/Jørgensen 2002: 10). Im täglichen Sprachgebrauch bleibt die Verbindung zwischen Signifikant und Signifikat unhinterfragt – sie erscheint sinnvoll. Saussure zeigt allerdings, dass die Beziehung zwischen diesen beiden gerade nicht „natürlich" gegeben ist. Zeichen erlangen nach Saussure (2005 [frz. Original 1913]: 158-162) dadurch Bedeutung, dass sie in Verbindung zu anderen Zeichen stehen und sich von diesen unterscheiden. Darin liegt eines der zentralen Prinzipien des Strukturalismus, das für die weiteren Ausführungen entscheidende Bedeutung hat: In der Sprache gibt es keine positiven Terme, keine positiven Beschreibungen, sondern Differenzen. Ein Wort ist immer Teil eines Netzwerks zusammen mit anderen Wörtern, von denen es sich unterscheidet (Saussure 2005 [frz. Original 1913]: 159). Phillips und Jørgensen (2002: 11) sprechen in diesem Zusammenhang von einem „Fischernetz, in dem jedes Zeichen seinen Platz als einem der Knoten im Netz hat"[48]. Bedeutung und damit auch Identitäten und letztendlich „Gesellschaft" entstehen also über Differenzbeziehungen (siehe Abbildung 3).

In der Interpretation Saussures ist das beschriebene Netz tendenziell als feste Struktur zu verstehen (Phillips/Jørgensen 2002: 10). In der Folgezeit wird diese Fixierung hinterfragt. Es kommt zu Verschiebungen, die aus der Sicht Laclaus und Mouffes entscheidend für die Herausbildung einer Diskurstheorie sind (Laclau 1993: 432; Torfing 1999: 87-89).

---

48   „a fishing-net in which each sign has its place as one of the knots in the net."

Abbildung 3: Bedeutungskonstitution aus strukturalistischer Perspektive

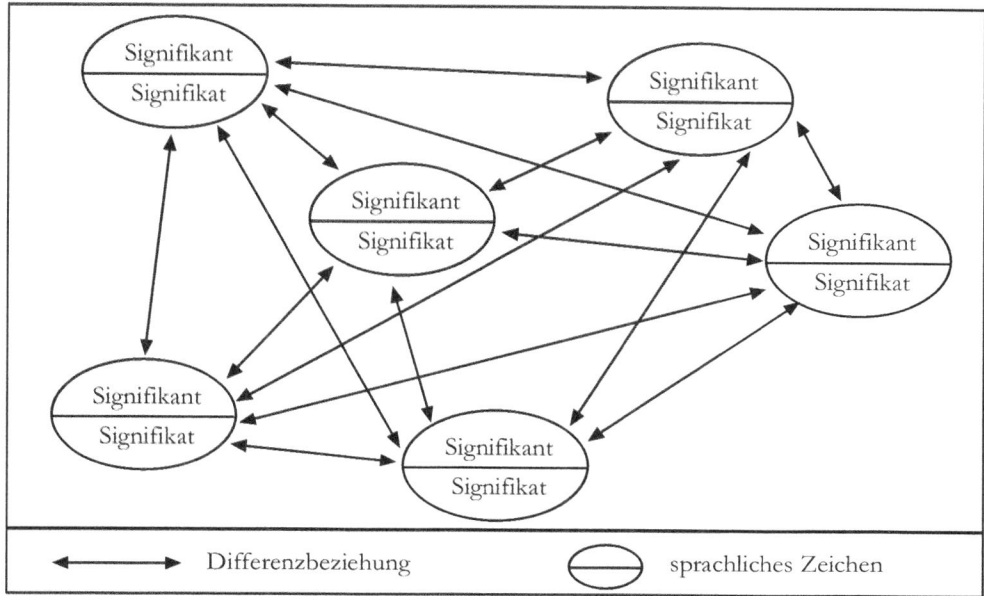

Quelle: Eigene Darstellung in Anlehnung an Saussure 2005 [frz. Original 1913]: 159 und Glasze 2008: 51

Roland Barthes orientiert sich zunächst an Saussures Arbeiten (siehe Barthes 1957), geht in seinen späteren Werken (u. a. Barthes 1987 [frz. Original 1970]) aber darüber hinaus und betont die „Mehrdeutigkeit jedes Signifikanten" (Glasze 2008: 53). Auch Jacques Derrida (1983 [frz. Original 1967]) hinterfragt die strukturalistische Sicht der Sprache als stabile und unveränderbare Struktur. Zwar hält er an der Vorstellung Saussures fest, dass Zeichen über Differenzen Bedeutung erlangen (Münker/Roesler 2000: 43), doch die Zeichen, von denen sie sich unterscheiden, können je nach Kontext verschieden sein. Phillips und Jørgensen (2002: 11) zeigen dies am Beispiel „work", das in einem Kontext das Gegenteil von „leisure", in einem anderen das Gegenteil von „passivity" sein kann. Strukturen können nicht mehr als absolut fest und geschlossen gedacht werden. Damit wandelt sich die Metapher eines Fischernetzes zugunsten eines Modells, in dem zwar alle Elemente miteinander verknüpft sind, jedoch Verbindungen verändert und durch neue ersetzt werden können. Strukturen existieren, allerdings in einem temporären Zustand (siehe Abbildung 4).

Dadurch, dass ein Signifikant nicht immer von denselben anderen Signifikanten differiert, wandeln sich Bedeutungen (Glasze 2008: 54; Laclau 1993: 434; Münker/Roesler 2000: 47; Torfing 1999: 55; Zima 1994: 41-42, 61). Es ist also immer wieder möglich, dass neue Bedeutungen entstehen (Glasze 2007: Abs. 9). Eine letztendliche Schließung, das heißt eine „wahre Bedeutung", kann ein Zeichen in dieser Lesart nicht erlangen (Glasze 2008: 55). Glasze und Mattissek (2009b: 26) verdeutlichen dies am Beispiel des „elften September". Nach 2001 hatte diese Wortfolge eine ganz andere Bedeutung als zuvor. Vor diesem Hintergrund ergibt sich auch eine erste Grundlage für die Hinterfragung scheinbar fixierter politischer Programmatiken wie die der *Sozialen Stadt* und der *politique de la ville*.

Abbildung 4:   Veränderbarkeit der Differenzbeziehungen in unterschiedlichen Kontexten

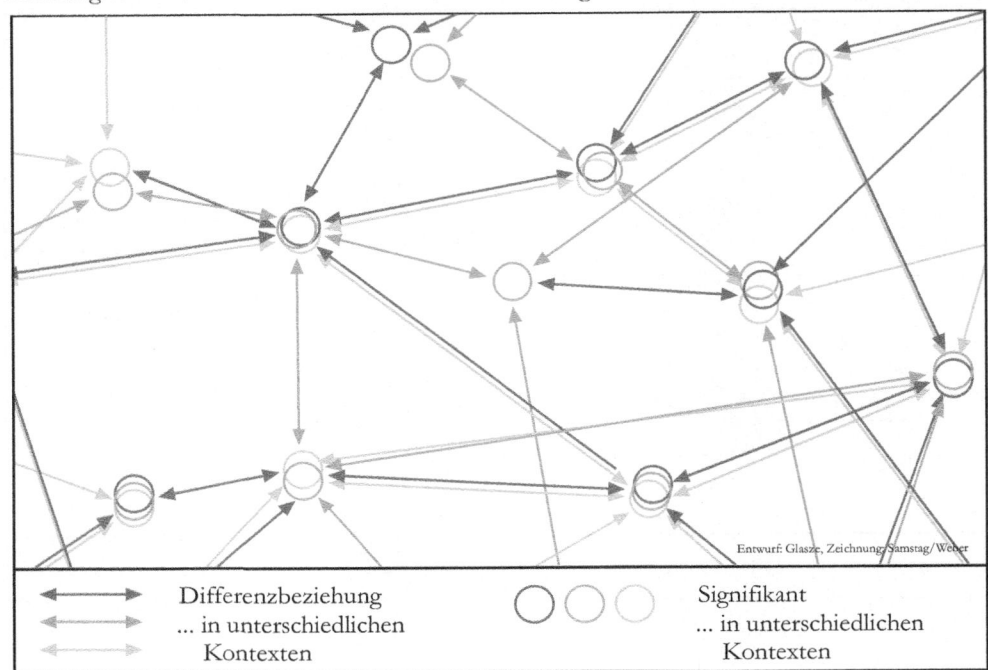

⟷	Differenzbeziehung	◯◯◯	Signifikant
	... in unterschiedlichen		... in unterschiedlichen
	Kontexten		Kontexten

Quelle: Glasze 2008: 54, leicht verändert

3.3.2   Diskursanalyse und Diskursbegriff nach Foucault

Neben strukturalistischen und poststrukturalistischen Arbeiten ist der Bezug auf die Diskurstheorie von Michel Foucault entscheidend für die Diskurstheorie von Laclau und Mouffe (dazu Keller 2007: 16; Phillips/Jørgensen 2002: 12).

In seinen Arbeiten geht Michel Foucault nicht von selbstverständlichen, historisch einfach gegebenen Forschungsgegenständen aus, sondern nimmt eine konstruktivistische Perspektive ein (dazu Füller/Marquardt 2010: 79-85). Das heißt, er deutet sie als *kontingente*, also weder notwendige noch beliebige Erscheinungen. Das, was heute als eindeutig gilt, ist Folge eines historischen Prozesses, in dem sich nur einige von vielen Möglichkeiten durchgesetzt haben. Geschichte wird mit spezifischen Brüchen gedacht (Foucault 1981 [frz. Original 1969]: 13). Foucault versucht in seinen Arbeiten, für historische Epochen eine jeweils zugrundeliegende Regelstruktur zu ermitteln, woraus sich sein Diskursbegriff ableiten lässt. Ein Diskurs beziehungsweise eine „diskursive Formation" umfasst alle Aussagen, die nach demselben Muster oder Regelsystem gebildet worden sind. Dieses Vorgehen bezeichnet er als Archäologie, also ein „Ausgraben" von Wissensordnungen früherer Zeiten. Auf diese Weise unterscheidet Foucault beispielsweise die Renaissance vom klassischen Zeitalter oder der Moderne (Keller 2007: 44; Laclau 1993: 434; Lüsebrink 1998: 30-32; Phillips/Jørgensen 2002: 12-13; Reuber/Pfaffenbach 2005: 204-205; Torfing 1999: 90-91). Die in einem Diskurs vorliegenden

Aussagen folgen spezifischen Formationsregeln. Die Idee Foucaults ist, dass nicht alles gesagt wird, was gesagt werden könnte beziehungsweise nicht in jedem Kontext alles gesagt werden kann (Keller 2007: 45-48; Laclau 1993: 434) – ein Aspekt, der von besonderer Bedeutung bei der (Nicht-)Thematisierung „kultureller Differenzierungen" in den quartiersbezogenen Stadtpolitiken ist (zur Operationalisierung siehe Kapitel 4.2.2).

Gegenüber dem archäologischen Ansatz werden in der Genealogie Foucaults „Verschiebungen gesellschaftlicher Konfliktlinien" stärker beleuchtet und „Macht-Wissen-Konstellationen" (Keller 2008: 74) analysiert. Die Verlagerung des Erkenntnisinteresses Foucaults hängt mit geäußerter Kritik an seinem archäologischen Vorgehen zusammen, in dem nicht nach Gründen für Wandlungsprozesse gefragt wurde (Keller 2008: 74). Daher werden verstärkt die Produktion und Veränderbarkeit der Diskurse und die entsprechenden Begründungszusammenhänge in das Zentrum der Analyse gestellt: „Ich setze voraus, dass in jeder Gesellschaft die Produktion des Diskurses zugleich kontrolliert, selektiert, organisiert und kanalisiert wird (...)" (Foucault 2007 [frz. Original 1971]: 10-11). Damit Aussagen zu einem bestimmten Zeitpunkt und in einem bestimmten Kontext als sinnvoll und wahr akzeptiert werden, müssen sie bestimmten Regeln folgen. Dies impliziert gleichzeitig, dass es nie absolute Wahrheiten und grundlegende Universalien geben kann (Füller/Marquardt 2010: 81; Reuber/Pfaffenbach 2005: 220). Zentral wird in dieser Phase die Verbindung zwischen Macht und Wissen (siehe „Die Ordnung der Dinge" (Foucault 1978 [frz. Original 1966])). Mit der Akzentverschiebung auf die Frage, wie es zu neuen Diskursen kommen kann (Foucault 2007 [frz. Original 1971]: 39-44), wird auch der Diskursbegriff noch einmal reformuliert: „Die Diskurse müssen als diskontinuierliche Praktiken behandelt werden, die sich überschneiden und manchmal berühren, die einander aber auch ignorieren oder ausschließen" (Foucault 2007 [frz. Original 1971]: 34). Laclau (1993: 435) merkt an, dass bei Foucault allerdings offen bleibt, wie die Grenzen zwischen den diskursiven Formationen verlaufen.

In der temporären Fixierung von Bedeutung sowie in der Konzeption diskursiver Formationen und möglicher Veränderungen durch Kämpfe um Macht und Wissen bestehen zentrale Elemente, an die Laclau und Mouffe in ihrer Diskurstheorie anschließen beziehungsweise auf die sie rekurrieren (siehe u. a. Glasze 2008: 55; Laclau/Mouffe 1985: 105).

3.4 Die Konzeption der Diskurstheorie nach Laclau und Mouffe

Im Folgenden wird gezeigt, wie Laclau und Mouffe ihre Theorie aufbauen und worin deren Stärken in Bezug auf das Forschungsziel dieser Arbeit liegen.

3.4.1 Rahmenbedingungen der Diskurstheorie

Ernesto Laclau und Chantal Mouffe sind durch marxistische Theorieentwicklungen beeinflusst. Beide stellen allerdings fest, dass diese Theorien „blinde Flecken" aufweisen, wodurch bestimmte gesellschaftliche Sachverhalte nicht adäquat beziehungsweise gar nicht beschreibbar sind (Stäheli 1999: 145). Da das Politische im Marxismus immer in Verbindung mit der wirtschaftlichen Komponente gesehen wird, entsprechend den Vorstellungen von einer Basis und einem Überbau, ist die Besonderheit politischer Strukturen nicht analysierbar (Torfing 1999: 19): Die Wirtschaft wird essentialisiert – sie stellt das letzte und entscheidende, unverrückbare Fundament dar (als Argument in Laclau 1993: 435-436; Laclau/Mouffe 2006 [engl. Original

1985]: 133-134; Torfing 1999: 19-26). Laclau und Mouffe rücken von dieser Vorstellung ab (Nonhoff 2010: 33) und entwickeln eine Theorie, die auf eine letztendliche Basis, auf der die Gesellschaft aufbaut, verzichtet (Stäheli 1999: 144).

In Anlehnung an poststrukturalistische Ansätze wird eine endgültige Fixierung von Bedeutung als unmöglich angesehen (Phillips/Jørgensen 2002: 25). Abgeschlossene Strukturen werden also in Frage gestellt. Vielmehr ist zu beobachten, dass auch in vermeintlich stabilen Verhältnissen Veränderungen auftreten können. Laclau erläutert dies beispielsweise am Ende des Kalten Krieges: Über Jahrzehnte hinweg schien die Trennung zwischen Ost und West als fest und unumstößlich – eine „Wahrheit", die heute nicht mehr gilt (Laclau 1994: 1-2). Aus dieser Unmöglichkeit einer endgültigen Bedeutungsfixierung folgt, dass auch Identitäten und gesellschaftliche Beziehungen letztendlich immer kontingent sind (Glasze 2008: 58-59). Entscheidungen, die getroffen werden, könnten also durchaus auch anders ausfallen. Es besteht keine Fügung oder bestimmte Notwendigkeit, dass ein bestimmter Weg eingeschlagen wird. Dennoch erscheinen im Alltag Strukturen fest und unhinterfragt (Torfing 1999: 65-69).

Aus diesen Ausführungen ergibt sich das Ziel der Diskursanalyse nach Laclau und Mouffe, „die Prozesse herauszustellen, in denen eine Auseinandersetzung über die Art und Weise erfolgt, wie die Bedeutung der Zeichen fixiert ist und die Prozesse, durch die bestimmte Bedeutungsfixierungen so konventionalisiert werden, dass wir sie als natürlich gegeben denken"[49] (Phillips/Jørgensen 2002: 25-26). Um diese Prozesse zu analysieren, entwickeln Laclau und Mouffe ein Theoriekonstrukt mit einem eigenen Diskursbegriff.

3.4.2   Der Diskursbegriff nach Laclau und Mouffe

Der Begriff des Diskurses nach Laclau und Mouffe entsteht in dem gerade beschriebenen paradoxen Spannungsfeld: Auf der einen Seite gibt es in Anlehnung an Derrida weder geschlossene Strukturen noch eine absolute Basis beziehungsweise ein Zentrum. Auf der anderen Seite scheinen aktuell bestehende Verhältnisse fest und wenig veränderbar.

Laclau und Mouffe erklären diese als zwei Seiten derselben Medaille. Es kommt zu einer *temporären Fixierung* von Bedeutung: „Jeder Diskurs ist als Versuch konstituiert, (…) den Strom der Differenzen zu fixieren, ein Zentrum zu konstruieren"[50] (Laclau/Mouffe 1985: 112). Aus dieser Begriffsbestimmung folgt, dass es mehrere Diskurse geben kann, die nebeneinander existieren oder sich auch ausschließen können.

Es findet ein Anschluss an den Diskursbegriff Foucaults statt, der die temporäre Bedeutungsfixierung und die Möglichkeit vielfältiger, widerstreitender Diskurse im Spiel von Macht und Wissen thematisiert hat. Der Diskursbegriff von Laclau und Mouffe ist allerdings in zwei Aspekten weiter gefasst als der Foucaults: Laclau und Mouffe lösen sich zum einen stärker als Foucault vom Bereich der Sprache. Für erstere gibt es nichts Außerdiskursives. Zwar wird damit nicht behauptet, dass es nichts außerhalb von Diskursen gäbe. Aber das, was außerhalb besteht, wird nur dann bedeutsam, wenn es in irgendeiner Form erfasst wird – siehe das bereits angeführte Beispiel des Wasseranstiegs als Naturschauspiel oder Wille Gottes (Glasze 2007: Abs. 16; Laclau 2007: 68; Laclau/Mouffe 1985: 107-108; Stäheli 1999: 147; Torfing 1999: 90-91). Zum anderen bestimmt Foucault die diskursiven Formationen über übereinstimmende

---

49   „The aim of discourse analysis is to map out the processes in which we struggle about the way in which the meaning of signs is to be fixed, and the processes by which some fixations of meaning become so conventionalised that we think of them as natural."

50   „Any discourse is constituted as an attempt (...) to arrest the flow of differences, to construct a centre."

Regelstrukturen, wobei die Grenzziehung der Diskurse relativ offen und wenig theoretisch fundiert bleibt. Genau in den Grenzen und dem Außen von Diskursen bestehen aber für Laclau und Mouffe entscheidende Faktoren, wie noch im folgenden Teilkapitel gezeigt wird (Glasze 2007: Abs. 18; Phillips/Jørgensen 2002: 26-27).

Der Diskursbegriff in der Lesart nach Laclau und Mouffe lässt sich mit Hilfe weiterer Begrifflichkeiten präzisieren. Das Scheitern dauerhafter Bedeutungsfixierungen hängt mit Widersprüchen in der aktuellen Sinnstruktur zusammen. Ungereimtheiten und Heterogenitäten können bewirken, dass der Diskurs „aufbrechen" kann (Mattissek/Reuber 2004: 237). Die unterschiedlichen Positionen, die *in* einem Diskurs geäußert werden, werden als „Momente" bezeichnet. Differenzen, die nicht diskursiv artikuliert werden, werden „Elemente" genannt und liegen im „Feld der Diskursivität", dem Feld des Bedeutungsüberschusses. Elemente sind die Zeichen, deren Bedeutung noch nicht fixiert wurde (Laclau/Mouffe 2006 [engl. Original 1985]: 141; Phillips/Jørgensen 2002: 26-27). Innerhalb des Diskurses werden Elemente in Momente überführt, um eine *temporäre* Bedeutungsfixierung zu erreichen (Glasze 2008: 60; Phillips/Jørgensen 2002: 27-28). Der Diskurs kann allerdings nie so vollständig fixiert werden, dass er nicht durch die Bedeutungsvielfalt im Feld der Diskursivität unterlaufen und verändert werden kann.

3.4.3 Die Identität von Diskursen, leere Signifikanten und das konstitutive Außen

Vor diesem Hintergrund lässt sich bestimmen, wie Identitäten mit Laclau und Mouffe zu denken sind. Die Identität eines Diskurses ergibt sich zum einen aus einer Abgrenzung von einem Außen: das „wir" entsteht durch die Abgrenzung vom „Anderen", also von dem, was das „wir" nicht ist: „Folglich stiftet nicht etwas von allen geteiltes Positives deren Einheit, sondern etwas Negatives: ihre Opposition gegenüber einem gemeinsamen Feind" (Laclau 2002 [engl. Original 1996]: 71). Stäheli (1999: 148) nutzt hier das Beispiel der Nationalität, die sich erst durch die Abgrenzung von anderen Nationalitäten konstituiert und diskursiv verfestigt. Zum anderen wird aber so die Identität des Diskurses bedroht und seine Schließung verhindert: das Außen behindert das Erreichen einer vollständigen Identität, da immer wieder Veränderungen möglich sind, wenn Elemente des Außendiskurses in den Diskurs eindringen (Glasze/Mattissek 2009a: 164-165). Das diskursive Außen ist also sowohl identitätsstiftend als auch identitätsbedrohend (Laclau 2002 [engl. Original 1996]: 66-67).

Laclau konzeptionalisiert die Identität eines Diskurses über einen „leeren Signifikanten", der genau das Bedürfnis darstellt, das Objekt zu benennen, das sowohl notwendig als auch bedrohend ist (Laclau 2002 [engl. Original 1996]: 65-78; 2007: 72; Stäheli 1999: 149). Mit Hilfe dieses Ansatzes wird es möglich, Identitäten, wie beispielsweise die einer Arbeiterklasse zu verstehen, die als Einheit im Alltag wahrgenommen werden, aber entsprechend den bisherigen Ausführungen nicht auf einer gemeinsamen Basis fußen können. Ansatzpunkt zur Erklärung bietet die Kategorie der sozialen Forderung. Einzelne Forderungen können, wenn sie nicht erfüllt werden, dazu führen, dass eine Abgrenzung von einem Außen erfolgt. Laclau (2007: 73-74) verdeutlicht dies am Beispiel von Elendssiedlungen in der Dritten Welt, in denen unterschiedliche Forderungen nach besseren Lebensverhältnissen aufkommen können. Wenn diese nicht erfüllt werden, kann es zu einer Grenzbildung kommen, da die BewohnerInnen von Mitbestimmungsmöglichkeiten abgekoppelt sind. Zudem kann sich eine Äquivalenz der Forderungen unter den Bewohnern ergeben, wodurch diese zu einer Gruppe werden. Bedeutsam ist, dass die Forderungen nicht zwingend übereinstimmen müssen. Sie können ganz unterschiedlich sein, vereinigen sich aber gegenüber einem Außen, in das die nicht erfüllten Forderungen hineinprojiziert werden. Die Forderungen gehen von individuellen in allgemeine über und ordnen sich in einer Äquivalenzkette an (siehe Abbildung 5) (Glasze 2007: Abs. 20; Laclau 2002 [engl. Original 1996]: 67; 2007: 77; Torfing 1999: 97).

Abbildung 5:   Äquivalenzkette unterschiedlicher Forderungen

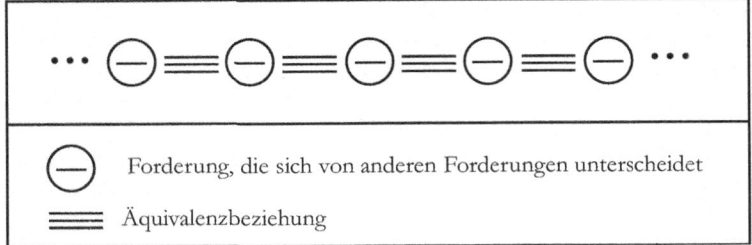

Quelle: Eigene Darstellung in Anlehnung an Laclau 2007: 130

Indem sich Äquivalenzketten der Forderungen bilden und es zur Bestimmung eines Außen und damit einer Grenze kommt, entsteht Identität. Die Identität wird durch eine partikulare Forderung repräsentiert, die die anderen Forderungen mit einschließt und sich damit in ihrer primären Bedeutung ausweitet. Aus diesen Ausführungen ergibt sich, dass sich die Identität um solche Signifikanten herum konstituiert, die in der Lage sind, möglichst universell für alle erhobenen Forderungen zu stehen beziehungsweise, die sich auf die Äquivalenzkette als Gesamtheit beziehen. Je länger die Äquivalenzkette wird, desto weniger werden diese Signifikanten an ihre ursprünglichen Forderungen gebunden sein.

Auf der einen Seite wird die Äquivalenzkette über weitere sich anreihende Forderungen immer länger. Auf der anderen Seite wird sie allerdings „inhaltlich" ärmer, da sie unter Umständen sehr heterogene Forderungen vereinen muss. Identität ist damit tendenziell als „leerer Signifikant" zu verstehen (Laclau 2007: 79-96; Stäheli 1999: 149-151): Laclau (2002 [engl. Original 1996]: 65) führt aus, dass ein leerer Signifikant ein Signifikant ohne Signifikat ist. Genau darin liegt aber ein Problem, denn wie sollte es einen Signifikanten ohne dazu gehöriges Signifikat geben? Der Signifikant wäre nicht benennbar. Der leere Signifikant ist auch nicht als Signifikant mit unterschiedlichen Bedeutungen in verschiedenen Kontexten zu sehen – sonst wäre er äquivok, also mehrdeutig (Laclau 2002 [engl. Original 1996]: 65-66; 2007: 105). Der leere Signifikant bezeichnet vielmehr das „konstitutiv Unrepräsentierbare"[51] (Laclau 2007: 105). Dieses Unrepräsentierbare ist über die Logiken der Äquivalenz und der Differenz zu verstehen: In einer Äquivalenzkette werden die Differenzen ausgelöscht. Dies wird dadurch möglich, dass alles, was im Außen liegt als Bedrohung angesehen wird, von dem es gemeinschaftlich gilt, sich abzugrenzen (Laclau 2002 [engl. Original 1996]: 68). Der leere Signifikant wird zum Repräsentanten aller Forderungen, die sich gegen die bestehende Ordnung richten (Keller 2007: 53). Das Außen ist paradoxer Weise notwendig für die Existenz jeder Identität (Glasze 2007: Abs. 20), weswegen Laclau (1990: 9) vom „konstitutiven Außen"[52] spricht. Die Grenze zwischen innen und außen ist also eine antagonistische Grenze, da keine der beiden

---

51   „constitutively irrepresentable".
52   „constitutive outside".

Seiten unabhängig von der anderen existieren kann (Glasze 2008: 66; Stäheli 1999: 150-151; Torfing 1999: 120-129).

Wie kommt es allerdings dazu, dass ein bestimmter Signifikant zum leeren Signifikanten wird und damit für die Identität des Diskurses steht? Die Äquivalenzkette, die für das Nicht-Erreichte und momentan Nicht-Erreichbare steht, kann keinen eigenen unabhängigen Signifikanten besitzen, da dieser eine Positivität besäße, die in der Grundlogik des theoretischen Ansatzes abzulehnen ist. Damit muss ein Moment innerhalb einer Äquivalenzkette allgemein für die Opposition gegenüber dem Feind beziehungsweise dem Außen stehen. Dieser bestimmte Signifikant wird von seiner Bedeutung entleert und ermöglicht das Auftreten eines leeren Signifikanten als „Signifikant eines Mangels, einer abwesenden Gesamtheit" (Laclau 2002 [engl. Original 1996]: 73).

In Anlehnung an Jacques Lacan und Slavoj Žižek wird der leere Signifikant damit zum Knotenpunkt (bei Lacan *point de capiton*[53]) in der Äquivalenzkette. Dieser schafft und hält die Identität eines bestimmten Diskurses aufrecht, in dem dieser die anderen Momente des Diskurses, also die gesamte Äquivalenzkette, repräsentiert (Glasze 2007: Abs. 23; Phillips/Jørgensen 2002: 28; Torfing 1999: 98). So kommt es zu einer temporären Bedeutungsfixierung um dieses Zentrum herum (siehe Abbildung 6).

Damit wird auch die bereits obig in Ausschnitten verwendete Formulierung Laclaus und Mouffes (1985: 112) des Diskurses noch klarer: „Jeder Diskurs ist als Versuch konstituiert, das Feld der Diskursivität zu dominieren, den Strom der Differenzen zu fixieren, ein Zentrum zu konstruieren. Wir werden die privilegierten diskursiven Punkte dieser partiellen Fixierung *Knotenpunkte* nennen"[54]. Ein Beispiel für einen Knotenpunkt ist die „grüne Bewegung", die mit dem „ökologischen Auto", „Natur", „Pazifismus", „Konsumverzicht" und „Anti-Atomstrom" verknüpft wird und damit grundsätzlich sehr unterschiedliche Inhalte subsumieren kann (Stäheli 1999: 151-152).

---

53 übersetzbar als „Polsterknopf" oder „Stepppunkt".

54 „Any discourse is constituted as an attempt to dominate the field of discursivity, to arrest the flow of differences, to construct a centre. We will call the privileged discursive points of this partial fixation, *nodal points*".

Abbildung 6:   Temporäre Bedeutungsfixierung um einen Knotenpunkt herum unter
                   Einbeziehung der antagonistischen Grenze

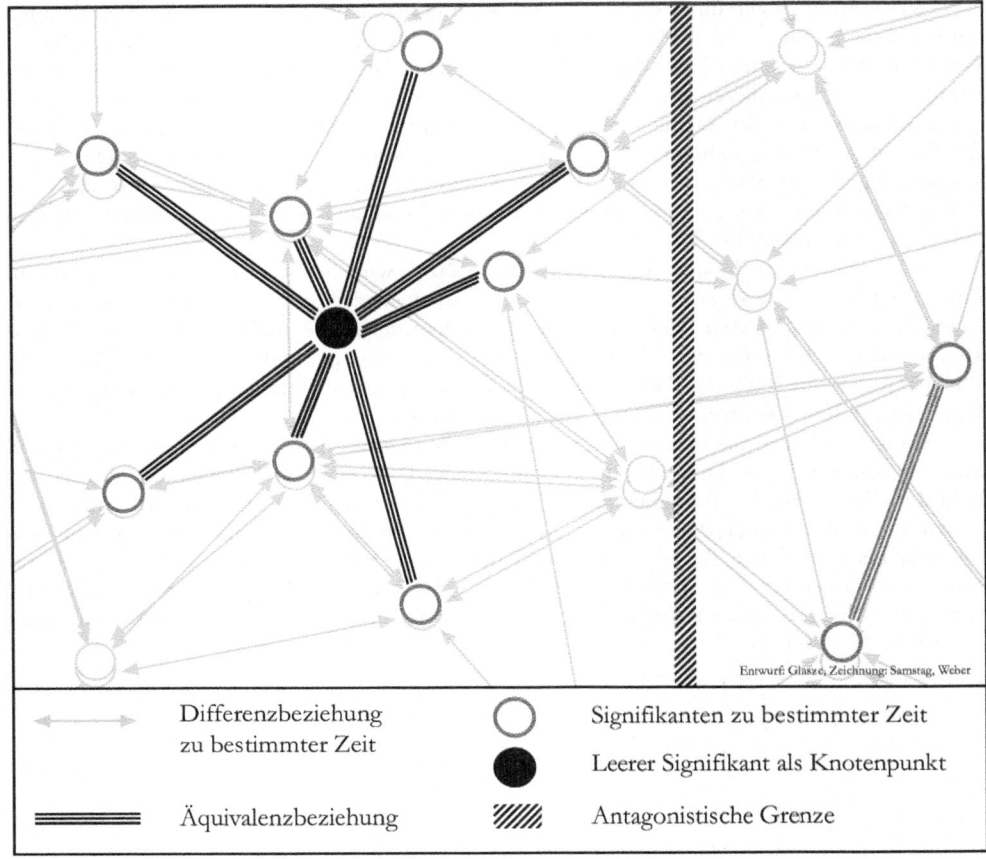

Differenzbeziehung zu bestimmter Zeit	○	Signifikanten zu bestimmter Zeit	
Äquivalenzbeziehung	●	Leerer Signifikant als Knotenpunkt	
	▨	Antagonistische Grenze	

Quelle: Glasze 2008: 67, leicht verändert

Es ist deutlich geworden, dass Identitäten sich um einen gemeinsamen Knotenpunkt herum organisieren, Differenzen zugunsten von Äquivalenzen im Inneren aufgehoben werden und eine Abgrenzung gegenüber einem Außen über eine antagonistische Grenze erfolgt. Das Außen ist zum einen notwendig, um nach innen Äquivalenz zu erzeugen, zum anderen wird aber über das Außen auch das Erlangen einer vollständigen Identität verhindert. Veränderungen sind möglich, was bei der temporären Bedeutungsfixierung noch einmal betont wurde. Die Diskurstheorie von Laclau und Mouffe bietet also den Vorteil, die Identität von Gemeinschaften nicht auf einer absoluten, unumstößlichen Basis fußend zu interpretieren (siehe auch Stavrakakis 2001).

Das identitätstheoretische Konzept von Laclau und Mouffe lässt sich entsprechend auch auf den Bereich der Stadtpolitiken anwenden. Ganz grundsätzlich werden durch die Stadtpolitiken in Deutschland und Frankreich bestimmte Sachverhalte problematisiert und darauf reagiert. Die aktuelle Steuerung wird durch bestimmte Verknüpfungen als sinnvoll legitimiert. In Verbindung mit der Frage nach „kulturellen Differenzierungen" können die Stadtpolitiken als Identitätspolitiken konzeptionalisiert werden, da diskursive Angebote beispielsweise durch Maßnahmen für bestimmte Zielgruppen wie „Migrantinnen und Migranten" gemacht werden und so auf bestimmte Weise Gesellschaft strukturiert wird.

Im Rahmen dieser Arbeit wird folglich untersucht, welche Begrifflichkeiten in den quartiersbezogenen Stadtpolitiken in Deutschland und Frankreich als zentrale Knotenpunkte fungieren und welche Momente sich in Äquivalenzketten an diese anreihen und so Beziehungen zwischen den Stadtpolitiken, „kulturellen Differenzierungen" und spezifischen Maßnahmen hergestellt und legitimiert werden.

3.4.4 Zum (verfestigten) Konstruktionscharakter von Identitäten: Eine Ergänzung der Konzeption von Identitäten durch einen Bezug auf die postcolonial studies

Das erläuterte Identitätskonzept von Laclau und Mouffe bildet die Grundlage für eine konstruktivistische Deutung von Identitäten, die keine Wesenhaftigkeiten zugrunde legt. Diese Perspektive lässt sich durch Ausführungen der *postcolonial studies*[55] ergänzen, um so das Feld „kultureller Differenzierungen" noch einmal zu präzisieren.

Allgemeine Zielsetzung von Arbeiten im Bereich der *postcolonial studies* ist es vereinfachend, Machtstrukturen aufzudecken, die teilweise verdeckt und subtil durch die Fortführung oder Etablierung bestimmter Kategorien Relevanz erlangen (Bachmann-Medick 2006: 184; Glasze 2008: 39; Lossau 2000: 158) und so den Blick für alternative Deutungsmuster zu weiten. Besonders in Frankreich spielen überdauernde Deutungsmuster aus ehemaligen Kolonialzeiten eine wichtige Rolle im Gesellschaftsverständnis (dazu bspw. Lacoste 2006; Robine 2006). (Post)koloniale Grenzziehungen sind in Teilen so erfolgreich, dass sie bleibende hegemoniale Wirkmächtigkeit erlangt haben. Obwohl heute keine „klassischen" Kolonien mehr bestehen, haben sich doch bestimmte Demarkationslinien erhalten, die auch im Kontext der Stadtpolitik relevant werden (Castro Varela/Dhawan 2005: 24-25; Loomba 1998: 10). Gerade bei der Frage, ob mit politischen Programmen nicht „kulturelle" Differenzierungen auch verstärkt werden können, erscheint es sinnvoll, bestimmte Aspekte der postkolonialen Debatte einzubeziehen.

(Gruppen-)Identitäten entlang von Differenzierungen nach Klasse, Geschlecht, Sexualität, Ethnizität und Staatsangehörigkeit haben lange Zeit eine hohe Macht entfaltet und (scheinbar) feste Verortungen mit sich gebracht (Fuchs 2007: 17; Hall 1994: 180-181). Doch allein diese Formen der Identitätszuschreibungen bestanden nicht immer, sondern haben sich erst mit der Zeit entwickelt: Vor der Identifikation mit einer bestimmten Nation erfolgte beispielsweise eine über bestimmte Stämme oder Regionen (Hall 1994: 180-181, 200). In der heutigen Zeit werden die scheinbar stabilen Kollektivitäten wie Klasse, Ethnie oder Nation im

---

55 Der Begriff der *postcolonial studies* umfasst sehr unterschiedliche Forschungsarbeiten in einem sehr breiten Feld. Vereinfachend ist den Ansätzen gemein, Prozesse der Kolonisierung und Dekolonisierung (Castro Varela/Dhawan 2005: 8) sowie die „Persistenz kolonialer Strukturen in einer formal dekolonialisierten Gegenwart" (Glasze 2008: 39) aufzuzeigen. Auch wenn es keine Kolonien mehr gibt, halten sich dennoch überlieferte Strukturen, in denen Muster des kolonialen Zeitalters reproduziert werden (Hall 1994: 199-201; Keller 2007: 55). Zentraler Referenzpunkt beziehungsweise Ausgangspunkt der *postcolonial studies* stellt die Veröffentlichung „*Orientalism*" Edward Saids (1978) dar, der den „Orient" als Konstrukt beschreibt, das sich aus Vorstellungen/Zuschreibungen aus westlicher Perspektive zusammensetzt, die sich verfestigt und so Wirkmächtigkeit erlangt haben (u. a. Bachmann-Medick 2006: 188; Glasze/Thielmann 2006: 2; Lossau 2000: 159).

Zuge der Globalisierung von gesellschaftlichen und politischen Umwälzungen untergraben (Bachmann-Medick 2006: 205-206; Ha 2004: 140). Identitäten lassen sich nicht einfach „kammern" und damit genauso wenig bestimmte „Kulturen" (dazu Glasze/Thielmann 2006: 2 sowie im Detail Bhabha 2000 [engl. Original 1994]). Gleichzeitig erlangen bestimmte Identitätskonstruktionen weiterhin eine so hohe Wirkmächtigkeit, dass sie als gegeben hingenommen und reproduziert werden. Es ist die „Suche nach sozialer Verortung" (Keupp 1997: 30), die eine stabile Identität entlang scheinbar klarer Trennlinien als notwendig zur eigenen Stabilisierung erscheinen lässt. Spaltungen und Differenzen werden versucht zu reduzieren, indem beispielsweise auf eine gemeinsame zugrundeliegende „Kultur" rekurriert wird (Hall 1994: 206-207). Gerade „kulturelle Identitäten" (Hall 1994: 199) wie Abgrenzungen in unterschiedliche Bevölkerungsgruppen nach „ethnischen" Kriterien („Schwarze", „Weiße", „die' Türken", „‚die' Maghrebiner") folgen essentialisierenden Vorstellungen und herrschen bis heute in Teilen fort. Bestimmte „kulturelle" Differenzierungen haben weiterhin politische Relevanz und werden reproduziert beziehungsweise werden durch Politik auf bestimmte Weise hergestellt. Ein Beispiel dafür sind die deutschen Islamkonferenzen, in denen sich eine Differenzierung entlang der Kategorie „Muslime" zu verfestigen scheint. Instabilitäten und Heterogenitäten verschwimmen hier zugunsten einer Großgruppe beziehungsweise Identität „Muslime" (dazu Bundesministerium des Innern 2010; entsprechende wissenschaftliche Argumentation siehe Tezcan 2007: 57). „Kulturelle Identitäten" kommen immer wieder neu zum Tragen. Sie strukturieren die Sicht auf die soziale Wirklichkeit und werden bis heute auch in (Stadt)Politiken aufgegriffen (dazu auch Glasze/Thielmann 2006: 3). Hall spricht hier von der „Rückkehr der Ethnizität" (1994: 221), das heißt die Identitätsherstellung entlang „ethnischer" Merkmale bleibt bestehen beziehungsweise erhält neue Relevanz. Nach den Vorortunruhen von 2005 wurde in Frankreich beispielsweise eine Organisation, der Zentralverband der Schwarzen CRAN[56], gegründet, die auf „kulturelle" Unterschiede rekurriert, um „der Stimme der Schwarzen Gehör zu verschaffen"[57] (Lozès 2007: Buchrückseite) und auf Diskriminierungen und Ausgrenzungen aufmerksam zu machen. Hier wird also eine antagonistische Grenze entlang der Selbstzuschreibung „noir [schwarz]" aufgebaut.

Mit Hilfe der getätigten Aussagen wird es noch einmal klarer möglich, die Kontingenz und damit die Wandelbarkeit von Identitäten und ihren Konstruktionscharakter zu berücksichtigen. Gleichzeitig kann besser nachvollzogen werden, dass auch in der heutigen Zeit bestimmte Identitäten entlang „kultureller Differenzierungen" starke (politische) Bedeutung und Handlungsrelevanz erlangen.

Anhand dieser Ausführungen kann noch einmal präzisiert werden, wie „kulturelle Differenzierungen" im Rahmen dieser Arbeit zu verstehen sind. Gesellschaftsdifferenzierungen können grundsätzlich nach ganz unterschiedlichen Kategorien erfolgen, wie beispielsweise nach beruflichem Status, Einkommen, Vermögen, Bildungsstand oder Alter. Entsprechende Unterscheidungen waren und sind bis heute auch entscheidend innerhalb der *Sozialen Stadt* und der *politique de la ville*, um Abweichungen vom jeweiligen statistischen Durchschnitt als „Normalzustand" deutlich zu machen und damit die besondere Lage der Fördergebiete zu betonen. Gleichzeitig erlangen aber weitere Gesellschaftsdifferenzierungen nach Staatsangehörigkeit, Sprache, Religion oder Hautfarbe innerhalb der Stadtpolitiken an Bedeutung, die im Anschluss an bisherige Ausführungen als „kulturelle Differenzierungen" bezeichnet werden. „Kulturelle Differenzierungen" sind nicht als „wesenhafter Unterschied" zwischen unterschiedlichen sozialen Gruppen nach „Kulturen" oder „Ethnien" zu denken, sondern sind über die Aufladung

---

56 CRAN: Conseil représentatif des associations noires de France.
57 „faire entendre (…) la voix des Noirs de France".

von Elementen, wie „Migrantinnen und Migranten", „Aussiedler", *étrangers* oder *personnes issues de l'immigration*, mit bestimmten Bedeutungen im Zuge von Fremd- und Selbstzuschreibungen und der Entstehung einer antagonistischen Grenze, also Abgrenzungen vom „Anderen", wie „Deutschen" oder „Franzosen", zu konzeptionalisieren. Es handelt sich also um temporäre, aber höchst wirkmächtige Verfestigungsprozesse, die gesellschaftliche Wirklichkeiten in einer bestimmten Art herstellen, die aber keineswegs „natürlich" gegeben sind.

Indem das Identitätskonzept von Ernesto Laclau und Chantal Mouffe um Überlegungen der *postcolonial studies* – insbesondere im Anschluss an Stuart Hall – verschnitten wird, soll es im empirischen Teil der Arbeit möglich werden zu prüfen, ob/welche Differenzierungen von politischer Seite aus vorgenommen werden. Damit verbindet sich auch die Frage, inwieweit mit der Unterscheidung von Bevölkerungsgruppen sich nicht auch eine (Re-)Produktion „kultureller Differenzierungen" vollzieht beziehungsweise vorgenommen wird.

3.4.5 Hegemonie, Dislokation und flottierende Signifikanten

Die Präzisierung der Diskurskonzeption bei Laclau und Mouffe mittels Knotenpunkte beziehungsweise leere Signifikanten hat gezeigt, wie es zu einer temporären Bedeutungsfixierung kommen kann. Bisher wurde allerdings noch nicht hinreichend geklärt, wieso manche Diskurse beziehungsweise Identitäten als so fest und unumstößlich erscheinen, dass ihre *temporäre* Fixierung in Vergessenheit gerät – gerade auch, wie oben beschrieben, „kulturelle" Identitäten.

Keine Äquivalenzsetzung ist in der Lage, eine unveränderbare Bedeutungsfestlegung zu bewirken. Ereignisse, die nicht in einen bestehenden Diskurs integriert werden können, damit bestehende Strukturen durchbrechen und die Entstehung neuer Identitäten ermöglichen, bezeichnet Laclau (1990: 39) als „Dislokation". Es geht hier also um Situationen, die in der vorliegenden Form so von Bestehendem abweichen, dass sie in einem neuen „politischen Akt" (Glasze/Mattissek 2009a: 161) entschieden werden müssen. Es kommt zu neuen Problematisierungen. Selbst äußerst stabile Diskurse können dislozieren. Worauf ist dies zurückzuführen? Die Begründung liegt in der Unentscheidbarkeit von Entscheidungen – eine Formulierung, die zunächst paradox klingt, sich aber aus den Grundannahmen Laclaus und Mouffes ergibt: Niemand kann sich zur Durchsetzung einer bestimmten Option auf eine allgemein gültige Wahrheit berufen (Laclau 1990: 31). Obwohl jede Entscheidung, die getroffen wird, kontingent ist, also grundsätzlich auch anders ausfallen könnte, finden dennoch dauerhaft Entscheidungen statt, die oft natürlich wirken. Sie erscheinen allerdings nur so, da andere Möglichkeiten in den Hintergrund gedrängt werden, wodurch die eine realisierte Möglichkeit als sinnvoll und richtig erscheint (Stäheli 1999: 153). Wie es dazu kommen kann, erläutern Laclau und Mouffe über ihre Theorie der Hegemonie.

Ausgangspunkt ist die Hegemonietheorie Antonio Gramscis (1991ff. [ital. Original 1948ff.]). Hegemonie ist nach Gramsci als die Fähigkeit der herrschenden Klasse zu verstehen, die Gesellschaft zu führen. Dies wird dadurch erreicht, dass es der herrschenden Klasse gelingt, ihre Ziele als kollektiven Willen durchzusetzen (Elfferding/Volker 1979; Glasze/Mattissek 2009a: 160; Laclau/Mouffe 2006 [engl. Original 1985]: 179; Torfing 1999: 108). Um ihre Position zu sichern, hat die dominante Klasse nach Gramsci Gewalt und Macht zur Verfügung. Wichtiger ist allerdings die Produktion von Bedeutung, also geteilter Werte und Normen, um die Machtbeziehungen zu sichern. Dadurch wird es möglich, die Machtbeziehungen als „natürlich" erscheinen zu lassen, so dass sie nicht in Frage gestellt werden. Laclau und Mouffe gehen über die Theorie Gramscis hinaus, indem sie verbleibende Essentialisierungen auflösen (zum einen das Festhalten an Klassen und zum anderen die Gesellschaftsformation, die von einem einfachen hegemonialen Zentrum ausgeht). Folglich gibt es keine objektiven Gesetze, die die Gesellschaft in unterschiedliche Gruppen einteilen (Laclau 1993: 435-436; Laclau/Mouffe 2006 [engl. Original 1985]: 140-141, 179; Mattissek 2005: 115; Phillips/Jørgensen 2002: 32-33). Ambivalenzen und Heterogenitäten können nur temporär reduziert, aber nie dauerhaft und vollständig ausgelöscht werden (Glasze/Mattissek 2009a: 160).

Hegemonie bedeutet, dass Diskurse an Dominanz gewinnen und „natürlich" erscheinen. Auf diese Weise werden spezifische gültige „Wahrheiten" generiert (Glasze/Mattissek 2009b: 12). Alternative soziale Wirklichkeiten werden unterdrückt und marginalisiert (Glasze/Mattissek 2009a: 162). Die Präsenz leerer Signifikanten ist, wie Laclau (1993: 435; 2002 [engl. Original 1996]: 74) betont, die grundlegende Bedingung für Hegemonie.

Annika Mattissek (2005: 82) verdeutlicht die Hegemonie eines Diskurses am Beispiel städtischer Sicherheitspolitiken. Sie zeigt, dass Forderungen wie Sicherheit, Ordnung, Sauberkeit und Aufenthaltsqualität, die zunächst unabhängig voneinander bestehen, in einer Äquivalenzkette aneinandergereiht werden. Dabei nimmt der Begriff der „Sicherheit" die Rolle des leeren Signifikanten ein, wodurch unter Berufung auf „Sicherheit" politische und planerische Handlungen begründet und umgesetzt werden. Diese haben wenig mit der „ursprünglichen" Bedeutung von Sicherheit im Sinne eines Schutzes vor Gewalt/Übergriffen zu tun, sondern umfassen Maßnahmen wie Aufenthaltsverbote von Unerwünschten (beispielsweise Bettlern) oder die Verbesserung des äußeren Erscheinungsbildes von Straßenzügen oder Gebäuden.

Damit können hegemoniale Diskurse beziehungsweise Identitäten als besonders erfolgreiche aufgefasst werden, die bestimmte Bedeutungen und Weltsichten als natürlich gegeben erscheinen lassen (Glasze 2007: Abs. 18; Keller 2007: 53; Mattissek/Reuber 2004: 228). So erklärt sich auch, dass „kulturelle Differenzierungen" vielfach logisch erscheinen und unhinterfragt bleiben – siehe beispielsweise die gesonderte Ansprache und „notwendige" „Integration von Migrantinnen und Migranten" – auch wenn alternative Deutungsmöglichkeiten denkbar wären.

Welche Auswirkung hat allerdings nun eine Dislokation auf den leeren Signifikanten? Da die Identität des Diskurses nur temporär fixiert ist, kann es zu einem Erstarken des Außen kommen. Der Diskurs des Außen kann sich genauso auf den leeren Signifikanten des Innen beziehen, wodurch dessen Bedeutung zwischen alternativen Grenzen verschwimmen kann. Diese Signifikanten bezeichnet Laclau (2007: 131) als „flottierende Signifikanten"[58] (siehe Abbildung 7). Im Gegensatz zum leeren Signifikanten, der zunächst von einer stabilen Grenze ausgeht, wird über den „flottierenden Signifikanten" die Verschiebungsmöglichkeit der Grenze und die Mehrzahl hegemonialer Knotenpunkte betont (Laclau 2007: 133). Auch innerhalb der Stadtpolitiken ist es durchaus denkbar, dass sich bestimmte Signifikanten sowohl auf ein Innen als auch auf ein Außen des Diskurses beziehen – eine Deutungsmöglichkeit, auf die im empirischen Teil der Arbeit zurückgegriffen wird.

---

58   „floating signifiers".

Abbildung 7: Schematische Darstellung eines flottierenden Signifikanten

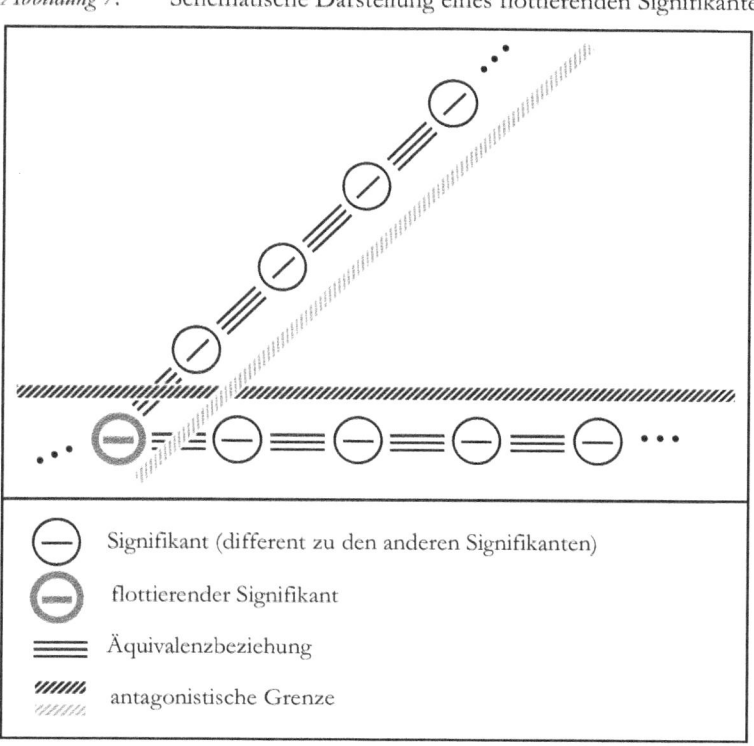

Quelle: Eigene Darstellung in Anlehnung an Laclau 2007: 131

3.4.6 Institutionen als sedimentierte Diskurse

Bisher ausgespart in der Beschreibung der Diskurstheorie nach Laclau und Mouffe wurde die Positionierung gegenüber dem Subjekt. Dabei ist die Konzeption des Subjekts allerdings entscheidend in der Frage, ob von einem autonom handelnden Subjekt ausgegangen werden kann oder ob es in bestimmte Strukturen eingebunden ist.

Zudem wird im empirischen Teil auf Interviews mit VertreterInnen der Stadtpolitiken zurückgegriffen. In bisherigen diskurstheoretischen Untersuchungen wurden vor allem Analysen vorgenommen, die von vorliegendem Textmaterialien, wie politischen Positionspapieren, Stadtratsprotokollen oder Zeitungstexten, ausgehen. Der Einsatz von Interviews ist dagegen noch nicht umfassend verbreitet. Da davon ausgegangen wird, dass in verschriftlichten Dokumenten der Stadtpolitiken – gerade in Frankreich – nicht alle Aspekte im Kontext „kultureller Differenzierungen" ausgeführt werden, die für diese Arbeit von Bedeutung sind, ist es notwendig, mittels Interviews mit Programmverantwortlichen auf unterschiedlichen administrativen Ebenen zu sprechen, um deren Sicht auf Konzepte und durchgeführte Projekte und Maßnahmen zu erschließen. Damit wird es notwendig zu thematisieren, wie deren Aussagen im Rahmen der Diskurstheorie zu werten sind.

Handlungstheoretische Ansätze gehen von einem intentional handelnden Akteur aus. Strukturalistische und poststrukturalistische Ansätze lehnen dagegen die Vorstellung eines unabhängig handelnden Akteurs ab (Mattissek/Reuber 2004: 234; Torfing 1999: 56): Laclau und Mouffe haben zwei unterschiedliche Konzeptionalisierungen des „Subjekts" entwickelt.

In „Hegemony and Socialist Strategy" gehen Laclau und Mouffe (1985) von der Konzeption von „Subjektpositionen" aus. Danach bieten Diskurse bestimmte Positionen an, an denen „Subjekte und ihre Interessen hergestellt werden" (Stäheli 1999: 154). Aus der Vielfalt von Diskursen folgt eine Pluralität von Subjektpositionen. Ein Subjekt nimmt nie nur eine einzige Position ein, sondern immer gleichzeitig mehrere in unterschiedlichen Diskursen. Auch wenn Subjektpositionen noch offener und instabiler als Rollen zu verstehen sind, lässt sich die Argumentation an folgendem Rollenbeispiel in Grundzügen verdeutlichen: Bei Wahlen ist das Subjekt „Wähler", bei einer Feier ein „Gast" und in der Familie beispielsweise „Vater". Die Idee eines einheitlichen Subjekts ist demzufolge aufzugeben. Vielfach fallen die unterschiedlichen Positionen im Alltag nicht auf, doch eine Kollision ist möglich: Am Wahltag kann beispielsweise bei einer Wählerin ein Konflikt zu Tage treten, da sie sich entscheiden muss, ob sie sich als „Christin" oder „Arbeiterin" positioniert, was ein unterschiedliches Wahlverhalten zur Folge haben kann. Welche Position einzunehmen ist, lässt sich nicht von einer höheren Ordnung ablesen. Hier zeigt sich wieder die Kontingenz der Diskurse. Gleichzeitig erscheint manche Position als die einzig logische in einer Situation, was auf hegemoniale Verfestigungen zurückzuführen ist (Laclau/Mouffe 1985: 114-122; Phillips/Jørgensen 2002: 40-41; Stäheli 1999: 154-155; Torfing 1999: 149-151).

Unter Rückgriff auf die Subjekttheorie Lacans entwickelt Laclau (siehe u. a. 1993: 436) seine Subjektkonzeption weiter. Lacan versteht das Subjekt als unvollständige Struktur, die dauerhaft darum bemüht ist, eine Einheit beziehungsweise ein Ganzes zu werden. Im Anschluss daran geht die Diskurstheorie davon aus, dass das Subjekt immer versucht, sich selbst zu finden, in dem es sich mit bestimmten Diskursen identifiziert. Die Unabschließbarkeit von Diskursen bewirkt allerdings, dass es für ein Subjekt nicht möglich ist, eine vollständige Identität zu erreichen. Es entstehen immer wieder Situationen, in denen der Mangel des Diskurses durch Unentscheidbarkeiten deutlich wird (Phillips/Jørgensen 2002: 42-43; Stäheli 1999: 155-156; Torfing 1999: 149-151). Der konstitutive Mangel verlangt nach immer neuer Füllung, die aber nie umfassend sein kann (Nonhoff 2010: 34).

Das Subjekt ist in der Diskurstheorie also über Subjektpositionen und über das Subjekt als Mangel zu verstehen. Entsprechend kann ein einzelnes Subjekt nicht in einer Lage sein, eigenständig einen Diskurs zu verändern. Es erscheint vielmehr als Teilstück in Diskursen. Die interviewten VertreterInnen der Stadtpolitik sind dementsprechend Reproduzenten verschiedener aktueller Diskurse, mit denen eine Identifikation stattfindet. Wie sind damit nun deren Aussagen zu werten? Und wie sind Institutionen wie Ministerien und Stadtplanungsämter diskurstheoretisch aufzufassen?

Obwohl, wie Glasze (2008: 68) ausführt, Laclau in neueren Veröffentlichungen (u. a. 2007) dem Konzept der Institutionalisierung eine größere Bedeutung beimisst, bleibt dennoch eine Kluft zwischen der Konzeptionalisierung von Identitäten und unterschiedlichen Institutionalisierungsformen. Einen Beitrag zum Schließen dieser Lücke leistet Martin Nonhoff (2006: 180-182), der eine Unterscheidung in diskursive institutionalisierte Gruppen und Diskurskoalitionen vornimmt. Als diskursive institutionalisierte Gruppen, die hier verkürzt Institutionen genannt werden, bezeichnet er „Felder in Diskursen, die durch relative ‚Fixiertheit' gekennzeichnet sind" (Nonhoff 2006: 180). Sie entstehen dadurch, dass es über einen längeren Zeitraum zur Reproduktion ähnlicher Muster kommt und diese damit gegen deutliche Verschiebungen geschützt sind (Nonhoff 2006: 180). Damit wird eine plötzliche Dislokation erschwert. Institutionen sind so als „sedimentierte Diskurse" zu verstehen (Glasze 2007: Abs. 24; 2008: 84; Laclau 1990: 34-35, 223). Nonhoff identifiziert für Institutionen mehrere Merkmale: Institutionen bieten zunächst bestimmte Subjektpositionen an, wobei die wichtigste die Mitgliedschaft, also „Mitglied von X" ist. Die Mitglieder der Institutionen werden über Äquivalenzketten in Beziehung gesetzt, in dem alle auf „Mitglied von X" rekurrieren (Nonhoff 2006: 184). In den Institutionen können einzelne Mitglieder im Namen der Institution Äußerungen tätigen – so genannte „Repräsentationssubjektpositionen" (Nonhoff 2006: 185).

Aus diesen Ausführungen in Anlehnung an Nonhoff ergibt sich die Rolle und Interpretationsmöglichkeit der InterviewpartnerInnen, auf die für diese Arbeit zurückgegriffen wird: Sie sind als Mitglieder-Subjekte von Institutionen zu verstehen – entweder als Teil offizieller Behörden oder als Teil der Verwaltungsstrukturen auf lokaler Ebene. Da jeweils hohe Funktionäre und Projektverantwortliche auf unterschiedlichen administrativen Ebenen befragt wurden, können sie „artikulatorische Akte" (Nonhoff 2006: 185) im Namen der Institutionen vollziehen, wodurch ihre Wahl den Anforderungen der Diskurstheorie genügt. Dies bedeutet allerdings nicht, dass die Befragten nur *einen* Diskurs widerspiegeln. Sie sind entsprechend der Subjektkonzeptionen immer in mehrere Diskurse eingebunden, wodurch sie nicht konsistent zwingend nur einen Diskurs wiedergeben können (Mattissek 2005: 120) – ein Aspekt, dem in der Methodik durch das Konzept der Polyphonie Rechnung getragen wird (Kapitel 4.2.2).

Die Einbindung von Interviews in die diskurstheoretische Analyse ist entsprechend möglich und kann eine sinnvolle Ergänzung zu den verschriftlichten Programmatiken bieten. So kann ein detaillierter Blick auf aktuelle Ausrichtungen, Projekte und Maßnahmen sowie auf Heterogenitäten und Widersprüchlichkeiten zu allgemeinen programmatischen Ausrichtungen geworfen werden. Die Trennlinie zwischen textlich und praktisch wird dadurch reduziert, dass ein Zugang zur sozialen Wirklichkeit und bestimmten Projekten und Maßnahmen durch Interviews als „Text" geschaffen wird. Dies folgt den Überlegungen Laclaus und Mouffes, die im Gegensatz zu Foucault, über den Bereich der Sprache hinausgehen und damit alles zum Diskursiven gehört, was in irgendeiner Form sprachlich und damit gesellschaftlich erfasst wird. Wie die Interviews geführt wurden, um den konzeptionellen Anforderungen der Diskurstheorie zu genügen, wird in Kapitel 4.2.3 erläutert.

Neben den Institutionen beschreibt Nonhoff eine zweite Form der Gruppierung von Subjekten, wobei Diskurskoalitionen „fluidere Formen" (2006: 188) als die oben beschriebenen Institutionen darstellen. Die individuellen Elemente, die zu einer Diskurskoalition zusammengefügt sind, sind oft wiederum Institutionen (Nonhoff 2006: 188). Elemente einer Diskurskoalition sind nicht so stark institutionalisiert und können größerem Wandel unterliegen. Die Stabilität ist damit also geringer. In Bezug auf das Forschungsfeld dieser Arbeit kann die enge Verbindung und gegenseitige Abhängigkeit der Institutionen der Stadtpolitiken auf nationaler, regionaler und lokaler Ebene als Diskurskoalition gefasst werden, wodurch deren Zusammenhänge und Beziehungen verdeutlicht werden können.

3.5 Die Thematisierung des Nicht-Sagbaren bei Foucault zur Erweiterung der theoretischen Grundlegungen

Nach den zentralen Inhalten der Diskurstheorie von Laclau und Mouffe bleibt noch ein konzeptionelles Problem, das es zu thematisieren gilt: das Nicht-Sagbare. Obwohl Laclau und Mouffe konsequenter als beispielsweise Foucault über den Bereich der Sprache hinaus gehen

(u. a. Glasze 2007: Abs. 16) und damit eigentlich auch nicht Gesagtes thematisierbar sein müsste, finden sich dazu keine detaillierten Ausführungen. Dies ist unter anderem darauf zurückzuführen, dass die beiden WissenschaftlerInnen kaum Hinweise zur empirischen Operationalisierung ihrer Theorie liefern (siehe u. a. Glasze 2007: Abs. 25). Erst seit einigen Jahren werden verstärkt Methoden zur Umsetzung der Diskurstheorie entwickelt (siehe dazu besonders Glasze/Mattissek 2009c).

Bei der Analyse des Forschungsstands und der historischen Übersicht über Entwicklungen der *politique de la ville* und der Berücksichtigung „kultureller Differenzierungen" in der Stadtpolitik hat sich dieser Bereich als „Tabuthema" angedeutet. Daher ist davon auszugehen, dass in offiziellen Programmausrichtungen, aber auch in den Interviews nicht alles explizit gesagt wird, was implizit „mitschwingt". In der Diskurstheorie von Laclau und Mouffe zeigt sich damit eine Lücke, die es zu schließen gilt, um diesem Aspekt zumindest in Ansätzen Rechnung tragen zu können. Daher wird auf die Thematisierung des Nicht-Sagbaren[59] bei Foucault zurückgegriffen, um einen Interpretationsansatz auszuarbeiten.

Primär geht es Foucault im Rahmen seiner Diskursforschung um die Dinge, die *gesagt* wurden. Da er von (wissenschaftlichen) Texten ausgeht, die er analysiert, muss folglich im Fokus das stehen, was direkt ausgedrückt wurde und textlich ableitbar ist (Sarasin 2007: 319). Es geht um „all die in einer Kultur *gesagten Dinge*, die aufbewahrt, als wertvoll erachtet, wiederverwendet, wiederholt und verändert worden sind."[60] (Foucault 2001: 1000).

Das Sagbare nach Foucault ist gleichzeitig weiter zu fassen, wie er in seiner Analyse zum Wahnsinn zeigt: „[Wir haben] Institutionen, Praktiken, eingespielte Verhaltensweisen, etwa die Art und Weise, wie Polizei, Familie oder Justiz die Irren klassifizierten, aussonderten und einsperrten; *über diese Praxis wurde kaum gesprochen*"[61] (Foucault 2002: 252-253). Auch wenn also das Thema der psychisch Kranken kaum im Bereich des Sagbaren liegt, wird es dennoch von Foucault thematisiert und analysiert. Er muss über das rein Sprachliche hinausgehen beziehungsweise, von knappen sprachlichen Äußerungen ausgehend, eine detaillierte Analyse vornehmen. Wie Mattissek und Reuber (2004: 229) betonen, ist es Foucaults Ziel, auch „die ausgeschlossenen, unterdrückten und verschütteten Diskurse aufzudecken". Damit gerät nicht nur das Gesagte, sondern auch das Nicht-Gesagte sowie Nicht-Sagbare in den Blick (Jäger 2010: 386).

In der „Archäologie des Wissens" grenzt Foucault Diskurse voneinander ab, indem er untersucht, was sagbar und was nicht sagbar ist: „Man kann schließlich zwischen mehreren Diskursen Beziehungen der reziproken Abgrenzung beschreiben, wobei jeder von ihnen sich die unterscheidenden Anzeichen seiner Besonderheit durch die Differenzierung seines Gebietes, seiner Methoden, seiner Instrumente, seines Anwendungsbereiches gibt (...). Dieser ganze Komplex von Beziehungen bildet ein Bestimmungsprinzip, das innerhalb eines gegebenen Diskurses *eine bestimmte Anzahl von Aussagen gestattet oder ausschließt (...)*[62] (Foucault 1981 [frz. Original 1969]: 98). Nicht in jedem Kontext kann also alles gesagt werden, was gesagt werden könnte (Jäger 2010: 386; Keller 2007: 45).

Das Nicht-Sagbare wird von Foucault in der „Ordnung des Diskurses" präzisiert. Er unterscheidet mehrere Prozeduren der Ausschließung: Als die sichtbarste Form bezeichnet er das Verbot. „Man weiß, daß man nicht das Recht hat, alles zu sagen, daß man nicht bei jeder Gele-

---

59 Im Französischen spricht Foucault vom *dit* und *non-dit*. Der zweite Ausdruck umfasst im Deutschen sowohl das nicht Gesagte als auch das Nicht-Sagbare. Da im Kontext dieser Arbeit vor allem der Aspekt des Nicht-Sagbaren mittels der Ausführungen Foucaults konzeptionalisiert werden soll, wird daher hier der Ausdruck des Nicht-Sagbaren verwendet.

60 Kursivhervorhebung durch den Autor dieser Arbeit.

61 Kursivhervorhebung durch den Autor dieser Arbeit.

62 Kursivhervorhebung durch den Autor dieser Arbeit.

genheit von allem sprechen kann, daß schließlich nicht jeder beliebige über alles beliebige reden kann" (Foucault 2007 [frz. Original 1971]: 11). Dieser Aspekt findet sich auch bei Laclau, der davon spricht, dass nicht alles in einem bestimmten Kontext sagbar ist (Laclau 1993: 433).

Als zweites Prinzip der Ausschließung bezeichnet Foucault eine Grenzziehung und eine Verwerfung, was er am Gegensatz Wahnsinn-Vernunft zeigt. Der Diskurs des Wahnsinns konnte nicht frei „zirkulieren" beziehungsweise „existierte" lange Zeit nicht. Damit erfolgte eine Grenzziehung zwischen Vernunft und Wahnsinn: Nur was in diesem Diskurs geäußert wurde, gehörte zum Bereich des Sagbaren (Foucault 2007 [frz. Original 1971]: 11-12).

Als drittes Ausschließungsprinzip wird der Gegensatz von Wahrem und Falschem gesehen. Das Wahre ist der herrschende Diskurs. Im Wahren ist man folglich nur, wenn den Regeln des Diskurses gefolgt wird (Foucault 2007 [frz. Original 1971]: 13-14, 25). Daraus ergibt sich eine „restriktive und zwingende Funktion" (Foucault 2007 [frz. Original 1971]: 25) des gültigen Diskurses: „Es ist immer möglich, daß man im Raum eines wilden Außen die Wahrheit sagt; aber im Wahren ist man nur, wenn man den Regeln einer diskursiven ‚Polizei' gehorcht, die man in jedem seiner Diskurse reaktivieren muß" (Foucault 2007 [frz. Original 1971]: 25). Hier zeigt sich der enge Zusammenhang von Macht und (gültigem) Wissen.

In den drei beschriebenen Prinzipien der Ausschließung wird eine deutliche Trennlinie zwischen dem, was geäußert werden kann und dem, was nicht sagbar ist, sichtbar. Indem durch Aushandlungsprozesse immer wieder bestimmt wird, was sagbar ist, wird auch bestimmt, was in einem Diskurs nicht sagbar ist beziehungsweise nicht gesagt werden darf. Bestimmte „Perspektiven, Fragestellungen und Blickrichtungen [können] auch deshalb aus dem Diskurs hinausgedrängt werden, weil institutionelle Regelungen und Verfahrensweisen dies festlegen" (Jäger 2010: 387). Es ist damit also durchaus möglich, dass recht deutlich gemacht wird, was zum Nicht-Sagbaren zählt, beispielsweise zu politischem „no-go" wie die Diskriminierung von Frauen, was von Jäger (2010: 386) als „*Tabu*diskurs" bezeichnet wird.

Darüber hinaus lässt sich ein Zwischenbereich kennzeichnen: Besonders schwierig zu analysieren ist die Unterscheidung zwischen dem Gesagten und dem implizit Mitschwingenden: Unter „einer sichtbaren Formulierung" kann eine andere „herrschen", „die sie bestimmt, sie umstößt, sie verwirrt" (Foucault 1981 [frz. Original 1969]: 159). Die gesagten Dinge können also „mehr als nur sich selbst aussagen" (Foucault 1981 [frz. Original 1969]: 160). Hier zeigt sich das implizit Gesagte, das unterschwellig in einer diskursiven expliziten Äußerung enthalten sein kann.

Gerade für das beschriebene Forschungsfeld dieser Arbeit erscheinen die Prinzipien der Ausschließung und das Implizite von nicht zu unterschätzender Bedeutung. Es muss also besonderer Wert darauf gelegt werden, zu berücksichtigen, was gesagt wurde und wird beziehungsweise was möglicherweise darüber hinausgeht, um marginalisierten Positionen mehr Gewicht verleihen zu können. Das implizit Gesagte sowie nicht hegemonial verfestige Argumentationsmuster sollen im Folgenden als bisher nicht hegemonialer Subdiskurs bezeichnet werden.

Hat Foucault im Gegensatz zu Laclau und Mouffe zumindest das Nicht-Sagbare thematisiert, bleibt auch bei ihm das Problem, dass er keinen theoretisch-methodisch konsistenten Vorschlag zur Operationalisierung entwickelt hat (siehe u. a. Bittner 2008: 43-44; Reuber/Pfaffenbach 2005: 206). In dieser Arbeit muss daher ein eigener Weg gefunden werden, dieser Problematik zu begegnen. Ein Interpretationsansatz wird im Rahmen der Operationalisierung der Diskurstheorie (siehe Kapitel 4.2.2) skizziert.

Zunächst werden aber noch einmal die Hauptfragestellung sowie die Teilfragestellungen aufgegriffen, die im Einleitungskapitel aus alltagsweltlicher Sicht formuliert wurden. Die dargestellten Fragestellungen bildeten die Basis, um entlang bisheriger Forschungsarbeiten konkrete Forschungslücken zu identifizieren, auf die im empirischen Teil dieser Arbeit reagiert wird. Vor dem Hintergrund der beschriebenen zentralen Aspekte der Diskurstheorie nach Laclau und Mouffe erscheint es jetzt möglich, die Fragestellung(en) zu präzisieren und die Terminologie zu nutzen, die dem theoretischen Ansatz zugrunde liegt. Auf diese Weise wird ein exakteres Vorgehen im empirischen Teil ermöglicht. Zudem werden die Methoden vorgestellt, mit deren Hilfe es möglich wird, die theoretische Perspektive zu operationalisieren. Darüber hinaus werden im folgenden Kapitel die verschiedenen Untersuchungsebenen und die Fallstudien sowie die aus Dokumenten und Interviews bestehenden Untersuchungskorpora vorgestellt, um einen Überblick über das empirische Vorgehen zu geben.

4 Reformulierung der Fragestellungen und methodisches Vorgehen

4.1 Präzisierung der Fragestellungen aus diskurstheoretischer Perspektive

Im Einleitungskapitel dieser Arbeit wurde gezeigt, dass mit der *Sozialen Stadt* und der *politique de la ville* Stadtpolitiken etabliert wurden, die verschiedene, aktuelle gesellschaftliche Problemlagen als räumlich verortbar problematisieren, um sie in entsprechend festgelegten Quartieren zu „bearbeiten". Bei den geförderten Gebieten fällt auf, dass diese von verschiedenen AutorInnen häufig mit einem hohen Ausländer- beziehungsweise Migrantenanteil in Verbindung gebracht werden, wobei dieser in Frankreich im Gegensatz zu Deutschland nicht offiziell als Förderkriterium berücksichtigt wird (bspw. Böltken 2008: 671; Reimann/Schuleri-Hartje 2005: 2-3 für Deutschland und Moore 2001: 113; Vieillard-Baron 1996a: 76-78 für Frankreich). Ausgehend von diesen Beobachtungen und skizzierten Unterschieden wurde die Frage aufgeworfen, wie „kulturelle Differenzierungen" in den Stadtpolitiken verankert sind und ob die beiden Stadtpolitiken so weit voneinander abweichen, wie es erste Beobachtungen nahelegen.

Vor diesem Hintergrund wurden für die deutsche und die französische Stadtpolitik aktuelle Forschungslücken identifiziert, die den Untersuchungsbereich dieser Arbeit bereits zuschärfen konnten. Es zeigte sich, dass nationale Zielvorstellungen der Programmatiken und lokales Vorgehen sowie lokale Maßnahmen bisher nicht systematisch kontrastiert wurden und damit nicht nachvollzogen werden kann, wie nationale Vorgaben lokal umgesetzt oder gegebenenfalls unterlaufen werden. Besonders für die lokale Ebene liegen bisher im Kontext der Fragestellung keine detaillierten deutsch-französischen Vergleichsanalysen für innerstädtische Viertel und Großwohnsiedlungen vor.

Die zunächst „alltagsweltlich" formulierten Fragestellungen können unter Berücksichtigung der Forschungslücken mit Hilfe des Problematisierungsbegriffs in Anschluss an Michel Foucault und der theoretischen Perspektive der Diskurstheorie von Ernesto Laclau und Chantal Mouffe geschärft und präzisiert werden. Als Hauptfragestellung ergibt sich, ob beziehungsweise wie „kulturelle Differenzierungen" in den quartiersbezogenen Stadtpolitiken in Deutschland und Frankreich auf unterschiedlichen administrativen Ebenen problematisiert werden. Diese abstrakte und weitreichende Fragestellung kann in mehrere Teilfragestellungen untergliedert werden, die im empirischen Teil dieser Arbeit beantwortet werden sollen.

Es ist zu untersuchen, in welcher Form „kulturelle Differenzierungen" politisch erfasst werden. Wird also in den Programmatiken auf unterschiedlichen administrativen Ebenen „kulturell" differenziert oder wird gerade versucht, entsprechende Differenzierungen zu vermeiden? Hier stellt sich damit die Frage, welche (hegemonialen) Diskursstränge sich in den Zielsetzungen identifizieren lassen und welche politischen Logiken, also Begründungsmuster beziehungsweise erwartete Entwicklungszusammenhänge, „durchscheinen". Welche Begrifflichkeiten und Konzepte fungieren als zentrale Knotenpunkte und welche Momente reihen sich in Äquivalenzketten daran? Ziel ist es herauszuarbeiten, welche Signifikanten den politischen Diskurs repräsentieren, welche Argumentationslogiken bestehen und was als antagonistisches Außen identifiziert werden kann – damit also die Frage, welche Differenzziehungen bestehen.

Zudem soll darauf geschaut werden, welche gesellschaftlichen Differenzierungen vorgenommen werden und wer angesprochen beziehungsweise berücksichtigt wird. Damit verbindet sich auch die Frage, inwieweit mit der Unterscheidung von Bevölkerungsgruppen eine (Re-) Produktion „kultureller Differenzierungen" einhergeht beziehungsweise vorgenommen wird.

Die Analyse der bestehenden Diskursstränge ermöglicht es, zentrale Grundstrukturen herauszuarbeiten und so einen ersten Rahmen innerhalb der Analyse zu schaffen. Hier soll allerdings nicht „stehengeblieben" werden. Als Forschungslücke wurde auch identifiziert, wie auf das politisch Erfasste mit bestimmten Maßnahmen reagiert wird. In welchen Maßnahmen werden „kulturelle Differenzierungen" problematisiert und handlungswirksam? Welche Zielsetzungen werden damit verknüpft? Ziel der Arbeit ist es also, auch die beschriebenen Argumentationen bestimmter Maßnahmen nachzuzeichnen.

Hier soll jedoch nicht davon ausgegangen werden, dass nationale Vorgaben zwingend zu bestimmten lokalen Maßnahmen führen, die eine klare Struktur repräsentieren. Vielmehr ist der Blick auch auf Widersprüchlichkeiten zu richten. Neben dem explizit Sagbaren soll geprüft werden, ob nicht bestehende Strukturen unterwandert und aufgebrochen werden. Gerade für die lokale Ebene in Frankreich wird erwartet, dass sich dort Abweichungen zur nationalen Ebene offenbaren. Zeigen sich Heterogenitäten beziehungsweise welche anderen Denkweisen dringen in hegemoniale Diskurse als Subdiskurse ein? Was wird explizit, was implizit verhandelt und was ist sagbar beziehungsweise gegebenenfalls nicht-sagbar? Gibt es dabei möglicherweise auch Signifikanten, die innerhalb verschiedener Diskursstränge genutzt werden und damit als flottierende Signifikanten verstanden werden können?

Hinter den skizzierten Teilfragestellungen, die sowohl für die deutsche als auch die französische Stadtpolitik verfolgt werden können, steht die Frage nach dem deutsch-französischen Vergleich. Welche Unterschiede und Gemeinsamkeiten ergeben sich zwischen der *Sozialen Stadt* und der *politique de la ville* auf verschiedenen administrativen Ebenen bei der Art und Weise, wie „kulturelle Differenzierungen" problematisiert werden, und welche zentralen Brüche beziehungsweise gegebenenfalls auch transnationale Diskursstränge lassen sich herausarbeiten?

Um die Fragestellungen beantworten zu können, bedarf es einer Methodik, die den theoretischen Anforderungen entspricht, die sich aus der Diskurstheorie von Laclau und Mouffe ergeben.

4.2 Methoden zur Operationalisierung der theoretischen Perspektive

4.2.1 Operationalisierung der Diskurstheorie mittels der Analyse narrativer Muster

Ernesto Laclau und Chantal Mouffe haben nur wenige Angaben darüber gemacht, in welcher Weise ihre Theorie zu operationalisieren sein könnte (Glasze 2007: Abs. 25; 2008: 78). Seit Mitte der 2000er Jahre hat die Diskurstheorie innerhalb der Geographie zunehmend Beachtung gefunden, so dass zur empirischen Umsetzung Methoden teilweise aus Nachbarwissenschaften aufgegriffen wurden (u. a. Mattissek 2008: 113-114, Fußnote 2). Dazu zählen unter anderem Verfahren der Lexikometrie zur Analyse größerer Textkorpora, Argumentationsanalysen, Aussageanalysen sowie kodierende Verfahren (dazu Teil C in Glasze/Mattissek 2009c: 233-314). Hierbei handelt es sich um Verfahren, die bisher in „klassischen" geographischen Arbeiten eher nicht zum Einsatz kamen, was die Frage danach aufwirft, womit dies zusammenhängt.

Da die Diskurstheorie, wie Mattissek (2008: 113-114) betont, sowohl objektivistische als auch handlungstheoretische Ansätze hinterfragt, kann nicht problemlos auf Methoden der qualitativen Sozialforschung zurückgegriffen werden. Es müssen Verfahren ausgewählt werden, die keine objektiven Kausalitäten und kollektiv geteilte Sinneinheiten herausarbeiten wollen oder von einem intentional handelnden Akteur ausgehen, da gerade diese Vorstellungen der konzeptionellen Grundperspektive der Diskurstheorie zuwiderlaufen (dazu Angermüller 2005a: 30-32; 2007: 101-102, Glasze 2007: Abs. 29; Nünning/Nünning 2002: 4). Im Fokus steht die Suche nach „überindividuelle[n], ‚hegemoniale[n] Muster[n] des Sprechens über einzelne Themen" (Mattissek 2008: 115). Die angewandten Methoden müssen in der Lage sein, Gemeinsamkeiten, aber auch Heterogenitäten und Veränderungen sichtbar zu machen.

In der Diskurstheorie nach Laclau und Mouffe werden Diskurse als temporäre Fixierung von Differenzbeziehungen interpretiert. Bedeutung und Identität wird als Effekt einer solchen Fixierung konzeptionalisiert. Ziel wird es, entsprechend der Bedeutungsherstellung über Differenz, Verknüpfungen zwischen sprachlichen Elementen herauszuarbeiten, über die spezifische Bedeutung in einem Kontext hergestellt wird. Angermüller (2005b: 39) erläutert, wo damit der Ansatz der Analyse liegt: Im „Scheinwerferlicht steht das Zeichen, das von verschiedenen Diskursträgern spezifisch gebraucht und angeeignet werden kann".

Um diesen Annahmen Rechnung zu tragen, schlagen Glasze, Husseini und Mose (2009) den Einsatz kodierender Verfahren vor, die sich in einen diskurstheoretischen Rahmen „übersetzen" lassen (siehe auch Glasze 2007: Abs. 27). Besonders Glasze setzt hier auf die Analyse narrativer Muster (siehe dazu auch Glasze 2007; 2012), die untersucht, wie Bedeutungen konstituiert werden, indem sprachliche Elemente in bestimmte Muster eingebunden werden und damit gewisse Regelmäßigkeiten offenbaren. Da Bedeutung in Texten nicht nur über die Verknüpfung einzelner Wörter und Wortfolgen hergestellt wird, sondern vor allem im Rahmen komplexer symbolischer Systeme, wurden in der Erzählforschung verschiedene Ansätze zur Untersuchung dieser Systeme entwickelt (im Überblick in Nünning/Nünning 2002 sowie Viehöver 2001). In Verbindung mit der Diskurstheorie geht Viehöver (2001: 178) davon aus, dass Narrationen ein zentrales diskursstrukturierendes Regelsystem bilden. Beim Sprachgebrauch werden danach bestimmte Narrationen genutzt, um durch Wiederholung Regelmäßigkeit herzustellen und Bedeutung zu fixieren. Diese Narrationen werden als Konstitution sozialer Wirklichkeit gefasst – und dies nicht nur in fiktionalen Texten. In den Sozialwissenschaften wird die Narrationsanalyse auf die Analyse nicht-fiktionaler Texte ausgeweitet und damit für Analysen aktueller gesellschaftlicher Phänomene fruchtbar gemacht (Glasze 2008: 89). Ziel der Narratologie ist eine strukturierte Erfassung der zentralen Elemente des Erzählens und ihrer Zusammenhänge, wobei der Blick auch auf die Art und Weise der Zusammenhänge gerichtet wird (Nünning/Nünning 2002: 4). Die Analyse (regelmäßiger) Verknüpfungen von Elementen in Bedeutungssystemen kann, so der Ansatz, also Hinweise auf diskursive Verfestigungen und folglich auf die Herstellung sozialer Wirklichkeit geben (Glasze/Husseini/Mose 2009: 293-294).

In einem Bezug auf Somers (1994: 616) definiert Glasze (2007: Abs. 46) narrative Muster als „regelmäßige Verknüpfungen von Elementen (…), die Beziehungen einer spezifischen Qualität herstellen" und sich in umfassendere Narrationen einfügen. Die Analyse der narrativen Muster zielt damit darauf ab, Regelmäßigkeiten in der Erzählstruktur aufzudecken und qualitative Zusammenhänge sichtbar zu machen, womit sie an die theoretischen Implikationen der Diskurstheorie von Laclau und Mouffe anschlussfähig wird. Ziel der Analyse narrativer Muster ist es, wiederkehrende Argumentationslogiken zu erfassen, mit der aktuelle Bedeutungen verfestigt werden.

Die Möglichkeiten der geschilderten Analyse lassen sich weitergehend präzisieren. In Anlehnung an Somers (1994: 616) können über narrative Muster Beziehungen einer spezifischen Qualität, also Beziehungen der Äquivalenz, der Opposition, der Kausalität oder der Temporalität herausgearbeitet werden (Glasze 2007: Abs. 44). Hierbei wird davon ausgegangen, dass Verknüpfungen identifiziert werden können, bei denen narrative Passagen gleichgesetzt werden, in einem Gegensatz, einem Begründungszusammenhang oder einem zeitlichen Verhältnis zueinander stehen (siehe Abbildung 8). Auf diese Weise wird es möglich, Äquivalenzketten und damit Knotenpunkte sowie Grenzziehungen und das Außen von hegemonialen Diskurssträngen zu identifizieren und so aktuelle Diskurse nachzuzeichnen.

Abbildung 8:   Beziehungen narrativer Muster nach Somers

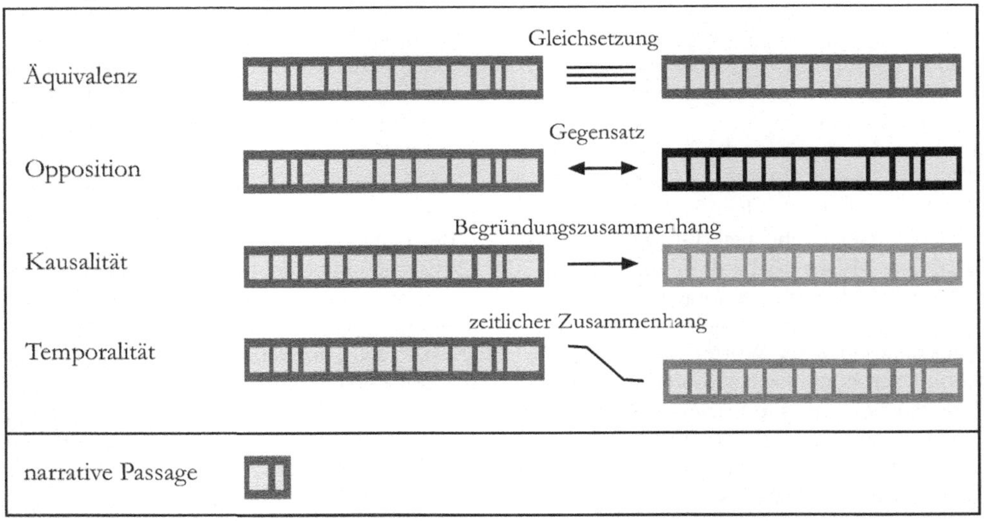

Quelle: Eigene Darstellung, inhaltliche Inspiration durch Somers 1994

Ausgangspunkt für die Analyse narrativer Muster ist die Zusammenstellung eines Textkorpus, der nach und nach auch erweitert werden kann. Es können zusätzliche Texte hinzugefügt werden, wenn sich bei der Analyse der ersten Texte zum Beispiel Verweise zu anderen ergeben, die dienlich sein könnten (Glasze 2008: 89).

Die Analyse kann über Computerprogramme zur qualitativen Datenauswertung, wie im Fall dieser Arbeit, über „Atlas.ti" erfolgen, obwohl sie aus dem Bereich der qualitativen Inhaltsanalyse stammen. Die Vorgehensweise unterscheidet sich allerdings von der bei Inhaltsanalysen, um den Anforderungen der Diskurstheorie gerecht zu werden: Wie Diaz-Bone und Schneider (2003: 469) betonen, ist darauf zu achten, dass am Anfang eine möglichst hohe Offenheit bei der Durchsicht der Texte erfolgt. Der diskursanalytische Forschungsprozess soll ohne ein vorab deduktiv festgelegtes Kategorienset begonnen werden und den Charakter des Vorläufigen behalten. Die Textpassagen, die im ersten Schritt markiert wurden, sollen erst danach zu „empirisch begründeten, diskurstheoretischen Aussagen über die Strukturiertheit, Regelhaftigkeit dieser Ordnung zusammengefügt werden" (Diaz-Bone/Schneider 2003: 474), nicht also ausgehend von vorab definierten Codes. Dieses Vorgehen soll es möglich machen, gegebenenfalls mehrmals neu anzusetzen und induktiv ein Set an narrativen Mustern zu entwickeln (Glasze 2008: 90) und auf diese Weise bestimmte Regelmäßigkeiten hervorzuheben (Glasze/Husseini/Mose 2009: 298). Im Rahmen dieser Arbeit wurden dementsprechend die untersuchten Materialien zunächst offen nach allen Passagen durchsucht, in denen in irgendeiner Weise „kulturell" differenziert wird. Danach wurde nach Regelmäßigkeiten und übergreifenden Mustern gesucht und durch mehrfaches Neukodieren und Nachkodieren versucht, zentrale Argumentationsstränge herauszuarbeiten und zu systematisieren.

Bei der Analyse erfolgen immer wieder interpretative Schritte der Auswahl, Zusammenführung und Kontrastierung, womit ganz bestimmte Ergebnisse dargestellt, andere Aspekte eher gegebenenfalls vernachlässigt werden. Ziel muss dabei eine „hohe Sensibilität für die erkenntnistheoretischen Probleme der Interpretation" (Glasze 2007: Abs. 32) sein, um den theoretischen Implikationen Rechnung zu tragen (dazu auch Glasze/Husseini/Mose 2009: 299-300). In der empirischen Untersuchung werden auch Widersprüche in Argumentationsmuster berücksichtigt, um nicht zu sehr eine homogene „Geschichte" zu (re-)produzieren. Sinnzusammenhänge werden durch ausführliche Textpassagen illustriert, um so das Vorgehen nachvollziehbarer zu machen und Interpretationsschritte offen zu legen.

4.2.2   Die Erfassung des Nicht-Sagbaren mittels der Analyse der polyphonen Struktur von Aussagen

In Erweiterung der Diskurstheorie von Laclau und Mouffe wurde unter Rückgriff auf Ausführungen Michel Foucaults versucht, das Nicht-Sagbare greifbar zu machen. Wie beschrieben, geht Foucault davon aus, dass das, was sagbar ist, immer wieder durch Aushandlungsprozesse neu bestimmt werden muss. Damit wird auch festgelegt, was in einem Diskurs nicht offen sagbar ist, beziehungsweise nicht gesagt werden darf. In einem Grenzbereich liegt das implizit Mitschwingende, also das, was unterschwellig in einer Aussage mitschwingen kann – im Kontext dieser Arbeit als nicht-hegemonialer Subdiskurs bezeichnet. Das Implizite kann Aspekte des Nicht-Sagbaren enthalten und ist damit von besonderer Bedeutung für diese Arbeit. Wie bereits in Kapitel 3.5 angedeutet, soll zur Erfassung des Impliziten und damit auch in Teilen des Nicht-Sagbaren die Analyse narrativer Muster um die Analyse der polyphonen Struktur von Aussagen erweitert werden.

Hierbei wird davon ausgegangen, dass sich die Heterogenität von Sinn auch innerhalb bestimmter Aussagen widerspiegeln kann (Mattissek 2010: 146). Die Analyse der Polyphonie von Aussagen basiert auf Überlegungen Oswald Ducrots (1984) im Anschluss an Mikhail Bakhtin (1978 [russ. Original 1929]) und wird von Angermüller (2007) und Mattissek (2008; 2010) aufgegriffen und für diskurstheoretische Analysen fruchtbar gemacht. Bakhtin setzt an der Analyse von Prosa an – seine Analyse bezieht sich auf fiktionale Texte, wobei seine Ausführungen auf nicht-fiktionale Texte übertragbar sind. Er führt aus, dass in Aussagen nicht nur *ein* Redeakt[63] vorkommen muss, sondern auch zusätzliche möglich sind und Wörter nicht zwingend nur *eine* Bedeutung aufweisen, sondern dass diese kontextabhängig ist (Bahktin 1978 [russ. Original 1929]: 177). Indem beispielsweise zwei gleichwertige Positionierungen in einer Passage vorkommen, müssen diese in irgendeiner Weise in Beziehung stehen: „sie müssen in eine konzeptionelle Bindung eintreten"[64] (Bahktin 1978 [russ. Original 1929]: 180). Im Fall von Parodie können Aussagen in Opposition zueinander stehen – schließen sich also in gewisser Weise aus, da über Parodie beispielsweise eine andere Positionierung als nicht zutreffend abge-

---

63   speech act.
64   „… they must enter into a conceptual bond".

lehnt und als solche karikiert und kenntlich gemacht wird (Bahktin 1978 [russ. Original 1929]: 185-186). Hier zeigt sich bereits, dass in einer Aussage mehrere Stimmen vorkommen können.

Ducrot (1984: 171-233) greift auf die Ausführungen Bahktins zurück und orientiert sich an der These, dass in (literarischen) Texten mehrere Stimmen gleichzeitig „sprechen" können. Er geht allerdings noch einen Schritt weiter und damit der These nach, dass innerhalb einer Aussage „auf engstem Raum" mehrere Stimmen vorhanden sein können, die sich voneinander unterscheiden (dazu Ducrot 1984: 211-212) – womit Anschlussfähigkeit zur Konzeption von Sprecherpositionen bei Laclau und Mouffe entsteht. In einer Aussage ist nicht nur *eine* Stimme, die des Sprechers/der Sprecherin, „sondern eine ganze Reihe verschiedener Stimmen präsent, die durch Verbindungswörter wie ‚nein', ‚jedoch', ‚aber', ‚sondern' oder ‚vielleicht'" (Mattissek 2010: 147), „die einen sagen … es gibt andere, die sagen …" et cetera, indirekte Rede oder den Gebrauch von Ironie auf variierendem Abstand gehalten werden (siehe Abbildung 9).

Abbildung 9:   Beispiele für die Polyphonie von Aussagen

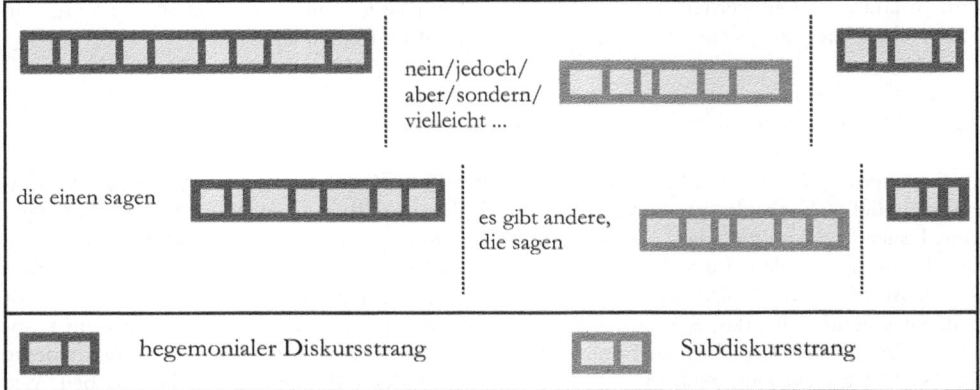

Quelle: Eigene Darstellung

Angermüller (2007: 148-149) hebt systematisiert vor allem drei Formen hervor, die besonders markant die Polyphonie von Aussagen deutlich machen. Er unterscheidet Verneinung (kenntlich gemacht durch Formen der Negierung wie „nicht", „kein" etc.), Ironie (hier ist Kontextwissen erforderlich) sowie relational verbundene Sprechperspektiven (Verbindungswörter wie „aber", „jedoch" etc.) (dazu Tabelle 1).

Tabelle 1:   Beispiele für verschiedene Formen der Polyphonie

Form der Polyphonie	Beispiel
Verneinung	Die Stadtpolitik kann **nicht** alle Probleme lösen.
Ironie	Ja, das Sprengen von Hochhausriegeln löst wunderbar alle Probleme.
relational verbundene Sprechperspektiven	**Die einen sagen**, die Stadtpolitik will soziale Probleme lösen, **andere sagen**, sie will nur beruhigen und Unruhen wie in Frankreich verhindern.

Quelle: Eigene Darstellung, inhaltlich angelehnt an Angermüller 2007: 148-149

Es kann zu einem Thema Stellung bezogen werden, allerdings auch durch die Verwendung von bestimmten Formulierungen und Verbindungswörtern angezeigt werden, dass es noch andere Deutungsmöglichkeiten geben kann – Deutungsmöglichkeiten, die durchaus sehr unterschiedlich und gegensätzlich sein können (Mattissek 2010: 145). So wird nicht nur von einer eindeutigen Sprecherposition aus gesprochen, sondern weitere Positionen können „mitsprechen" oder „im Hintergrund mitmurmeln" (Angermüller 2007: 147). Neben dem hegemonialen Diskurs können in Aussagen in Konkurrenz stehende Deutungsmöglichkeiten mitschwingen (Mattissek 2008: 138-140), was auf die innere Heterogenität von Diskursen verweist (Mattissek 2010: 147). Es ist damit im Kontext dieser Arbeit denkbar, dass bestimmte hegemoniale Diskursstränge angeführt, aber durch Subdiskurse, in denen Aspekte des bisher Nicht-Sagbaren aufgegriffen werden, aufgebrochen werden. In der Analyse der untersuchten Texte muss entsprechend darauf geachtet werden, welche unterschiedlichen Positionierungen in narrativen Mustern vorkommen mit dem Ziel, die „verschiedenen Sinnschichten [auseinander-zunehmen] (…), die sich in der Aussage spannungsvoll überlagern" (Angermüller 2007: 145) können. In der Analyse der narrativen Muster sollen vor diesem Hintergrund neben dem hegemonialen Diskurs zu den Stadtpolitiken auch abweichende Positionen erfasst und geprüft werden, ob dieser möglicherweise in Teilen unterlaufen wird.

4.2.3 Episodische Interviewführung zur möglichst offenen Erfassung von Sichtweisen der verschiedenen InterviewpartnerInnen

Die narrative Muster-Analyse erfolgt im empirischen Teil dieser Arbeit für offizielle Dokumente und Veröffentlichungen im Kontext der Stadtpolitiken. Darüber hinaus werden Interviews analysiert, die mit verschiedenen VertreterInnen der Stadtpolitik geführt wurden (im Detail siehe Kapitel 4.4). Auch diese müssen bestimmten Anforderungen der Diskurstheorie entsprechen. Problematisch ist dabei grundsätzlich der Einfluss der Forschenden, der bei Interviews nie ausgeschlossen werden kann. Insbesondere eine Interviewführung im Stil eines Frage-Antwort-Spiels und eines festen Leitfaden-Interviews ist abzulehnen, da sonst zu stark von den Vor-Annahmen des Forschers ausgegangen würde und gegebenenfalls wichtige andere Aspekte nicht zur Sprache kämen. Daher müssen die Interviews möglichst offen geführt werden. Orientierungspunkt für diese Arbeit waren narrative und episodische Interviews, die keine feste Struktur aufweisen, sondern darauf setzen, dass die InterviewpartnerInnen frei und in eigener Bewertung erzählen. Narrative Interviews werden vielfach in der Biographieforschung eingesetzt, wo die wichtigsten Lebensphasen frei beschrieben werden sollen. Erzählungen werden hier herangezogen, um Erfahrungen der InterviewpartnerInnen zu erfassen. Kommt eine Erzählung in Gang, soll sie nicht durch Nachfragen des Interviewers unterbrochen werden (siehe bspw. Flick 2007: 228-234; Meier Kruker/Rauh 2005: 67; Reuber/Pfaffenbach 2005: 139-144).

In Bezug auf die Stadtpolitiken ist es durch die Weite des Feldes nicht möglich, die InterviewpartnerInnen zu bitten, alles zu erzählen, was ihnen einfällt, da sonst eher absolute Verlorenheit produziert wird. Daher wurde versucht, möglichst lange Erzählepisoden entsprechend eines episodischen Interviews zu erhalten (Flick 2007: 238-239; 2011: 273). Grundidee ist dabei, nur Erzählanstöße zu geben, so dass dann ausführlich zum Themenbereich berichtet wird, um so Erfahrungen zu bestimmten Situationen zu erfassen (Flick 2000: 79; 2011: 273-274). Als Problem bei dieser Methode wird unter anderem angeführt, dass manche InterviewpartnerInnen größere Schwierigkeiten haben zu erzählen als andere (Flick 2007: 244). Im Rahmen dieser Arbeit wurden allerdings GesprächspartnerInnen befragt, die es aufgrund ihrer Tätigkeiten gewohnt sind, ausführlich zu berichten, beziehungsweise die daran interessiert waren, sich ausführlich zu ihren Aufgaben zu äußern, so dass bei allen Interviews problemlos größere Erzählpassagen generiert werden konnten.

Begonnen wurde aus der beschriebenen Grundperspektive heraus in den Interviews mit den beruflichen Tätigkeiten des Gesprächspartners. In der Folge wurde nur dann kurz eingegriffen, wenn die InterviewpartnerInnen nicht mehr selbst ihre Narrationen fortführten. Es wurde darauf geachtet, kaum Fragen zu stellen, sondern eher nur bestimmte Aussagen aufzugreifen und um eine detaillierte Erzählung zu bitten. Auf diese Weise wird es möglich, die Interviews in die diskurstheoretischen Vorgaben einzubeziehen und entsprechend auszuwerten. Bei der Interviewführung wurde darauf geachtet, dass durch Aufgreifen bestimmter Aspekte oder durch kurze Nachfragen die für die Arbeit relevanten Bereiche inhaltlich abgedeckt wurden. Dabei ging es grundsätzlich um als problematisch eingestufte Stadtquartiere, die Hauptaktivitäten des stadtpolitischen Vorgehens, Meilensteine in den Stadtpolitiken und speziell Ausrichtungen, Zielsetzungen und Maßnahmen, in denen „kulturelle Differenzierungen" eine Rolle spielten.

4.3 Auswahl und Begründung der Untersuchungsebenen und Untersuchungsgebiete

4.3.1   Unterschiedliche Untersuchungsebenen zur Ausdifferenzierung der politischen Vorgehensweisen

Nach der Präzisierung der Fragestellungen und der angewandten Analysemethoden durch die Analyse narrativer Muster und die Polyphonie von Aussagen wird im Folgenden dargestellt, wie im Rahmen der empirischen Analyse vorgegangen wurde, um Antworten auf die aufgeworfenen Fragen zu entwickeln.

Wie beschrieben, handelt es sich sowohl bei der *Sozialen Stadt* als auch bei der *politique de la ville* um Stadtpolitiken, die durch nationale politische Ausrichtungen und Vorgaben gesetzlich und programmatisch gerahmt werden, wobei die Umsetzung jeweils lokal in einzelnen Stadtquartieren erfolgt. Aus diesem Grund wurden unterschiedliche administrative Ebenen in die Analyse einbezogen.

Angesetzt wurde auf nationaler Ebene in Deutschland, um die aktuelle Ausrichtung und Implementierung der Stadtpolitik zu erfassen. Viele Maßnahmen, die lokal zum Tragen kommen, gehen von nationalen Zielsetzungen und Vorschlägen zu Hauptachsen der Politik aus. Daher ist es notwendig, deren Grundkonzeption nachzuzeichnen und zu prüfen, ob und wie „kulturelle Differenzierungen" problematisiert werden. Die nationale Ebene dient damit als Rahmung, um die Ergebnisse auf lokaler Ebene zu kontrastieren und so Besonderheiten herauszuarbeiten.

Als zweite Ebene wurde die regionale Ebene in der Analyse berücksichtigt. Da in Deutschland die einzelnen Bundesländer unterschiedliche Schwerpunkte und Ausrichtungen bei der *Sozialen Stadt* wählen und so die lokale Ausrichtung und Umsetzung von Maßnahmen beeinflussen, wurde für die Analyse auf *ein* Bundesland fokussiert, um nicht mit Abweichungen zwischen mehreren Bundesländern die Analyse zusätzlich zu pluralisieren. Ausgangspunkt der Überlegung war, ein Bundesland heranzuziehen, in dem der *Sozialen Stadt* innerhalb der Städtebauförderung hohe Bedeutung zugesprochen und in den letzten Jahren der Bereich nicht-investiver Förderung mehr Raum erhielt. Hierbei sollten besonders auch Maßnahmen im Bereich der „Integration von Migrantinnen und Migranten" gefördert werden. Vor diesem Hintergrund wurde das Bundesland Hessen ausgewählt, da zum einen mit der HEGISS – Hessische Gemeinschaftsinitiative Soziale Stadt e.V. – eine eigene Servicestelle zur Koordination der *Sozialen Stadt* entstand und zum anderen mit dem Förderprogramm HEGISS-Innovation über mehrere Jahre besonders nicht-investive Maßnahmen und damit auch Maßnahmen zur „Integration" gefördert und vorangetrieben wurden. Die Ausrichtung auf Landesebene ist folglich zu berücksichtigen, wenn eine Analyse auf lokaler Ebene in verschiedenen Untersuchungsgebieten erfolgen soll.

Wie in Deutschland wird auch in Frankreich zunächst auf nationaler Ebene angesetzt. In Frankreich wird die Umsetzung der Stadtpolitik als in hohem Maße *top down* orientiert beschrieben, so dass nationale Vorgaben weitreichenden Einfluss auf lokale Möglichkeiten zu haben scheinen (u. a. Dikeç 2006). Damit ist die aktuelle nationale Politikausrichtung zu erfassen, um das lokale Vorgehen daran zu spiegeln.

In Vorarbeiten zur Analyse der *politique de la ville* (u. a. Weber 2009) deutete sich an, dass auf lokaler Ebene unterschiedliche Handlungsspielräume beschrieben wurden, je nachdem welche Grundausrichtung die einzelnen Präfekturen der *départements* hatten. Die Präfektur im *département* Seine-Saint-Denis (*département* 93, nordöstlich des Zentrums von Paris) wurde als sehr offen gegenüber Wünschen und Ausrichtungen der lokalen Ebene beschrieben – auch in Bezug auf Fragen „kultureller Differenzierungen". Daher erschien es auch für Frankreich sinnvoll, die regionale Ebene bei der Analyse zu berücksichtigen und die *départements* mit einzubeziehen, in denen die lokalen Fallstudien durchgeführt wurden.

Um das Vorgehen und die Ausrichtung der Stadtpolitiken auf lokaler Ebene zu erfassen, wurden in Deutschland und Frankreich unterschiedliche Städte und Stadtquartiere genauer untersucht. Sowohl in der *Sozialen Stadt* als auch in der *politique de la ville* werden, wie in den Kapiteln 2.1.2 und 2.2.2 angeführt, jeweils zwei Hauptquartierstypen gefördert. Dabei handelt es sich um innerstädtische Altbauquartiere und um randstädtische Großwohnsiedlungen. In beiden Quartierstypen werden Unterschiede in der Ausrichtung der Stadtpolitiken vermutet, so dass jeweils beide durch Fallstudien beleuchtet wurden. Zudem liegen in Frankreich bisher keine detaillierten Analysen zu innerstädtischen Quartieren der *politique de la ville* vor, so dass hier das Ziel besteht, zu prüfen, ob sich „kulturell" differenzierende Argumentationsmuster zu innerstädtischen Quartieren gegenüber denen zu Großwohnsiedlungen unterscheiden. In den folgenden beiden Teilkapiteln wird ein detaillierter Überblick über die Auswahl, Lage, Entwicklung, Charakteristika und Förderung der untersuchten Stadtquartiere gegeben.

4.3.2 *Auswahl der Fallstudien in Deutschland: Frankfurt Gallus und die Viertel Eberstadt-Süd und Kranichstein in Darmstadt*

Zur Auswahl der Untersuchungsgebiete in Deutschland wurde zunächst die Analyse, wie oben dargestellt, auf das Bundesland Hessen fokussiert. Im nächsten Schritt erfolgte eine Ausrichtung auf Großstädte mit mehr als 100 000 EinwohnerInnen, da neben der allgemeinen Beobachtung einer Konzentration von MigrantInnen in *Soziale Stadt*-Quartieren (siehe bspw. Böltken 2008: 671-672) eine besonders hohe Rate in Großstädten konstatiert wird (dazu u. a. Reimann 2008: 195-196). Damit reduzierte sich die Anzahl der 42 hessischen Quartiere auf zehn Quartiere in den Großstädten Darmstadt, Frankfurt am Main, Kassel, Offenbach am Main und Wiesbaden. Die einzelnen Großstädte wurden daraufhin untersucht, ob der Migrantenanteil in den Quartierscharakterisierungen als erhöht erscheint. Die Fokussierung auf Quartiere, in denen der Migrantenanteil oder allgemein MigrantInnen problematisiert werden, war aufgrund der Vielfalt der Fördergebiete der *Sozialen Stadt* erforderlich: Nicht in allen spielen MigrantInnen eine Rolle. Beispielsweise liegt in der Erlanger Innenstadt die Stärkung des Einzelhandels im Zentrum des Handelns. Entsprechend wird dort auch nicht am Maßnahmenschwerpunkt der „Integration von Migrantinnen und Migranten" angesetzt und eine Untersuchung „kultureller Differenzierungen" hätte wahrscheinlich nur zum Ergebnis geführt, dass MigrantInnen in diesem Fördergebiet nicht problematisiert werden. Ein erhöhter Migrantenanteil beziehungsweise MigrantInnen bildeten allerdings nur den Ansatzpunkt. Es wurde nicht im Detail geprüft, auf welche Weise „kulturelle Differenzierungen" problematisiert werden und wie vorgegangen wird, um einen Zirkelschluss zu vermeiden, also um nicht das zu finden, wonach gesucht wird.

Zunächst fiel der Blick auf die Stadt Frankfurt als größte Stadt Hessens (knapp 690 000 EinwohnerInnen[65]), in der mit dem innerstädtischen Gallus-Viertel ein Gebiet mit hohem Migrantenanteil gefördert wird. Da das zweite Frankfurter Untersuchungsgebiet in Frankfurt-Unterliederbach zwar am Stadtrand liegt, nicht aber primär ein Großwohnsiedlungsgebiet, sondern eine Arbeitersiedlung ist, erschien es sinnvoll, dieses außen vor zu lassen und nach Großwohnsiedlungsquartieren zu suchen. Dabei wurden schließlich als Fallstudien die Quartiere Eberstadt-Süd und Kranichstein in Darmstadt (etwa 145 000 EinwohnerInnen[66]) ausgewählt. Hier wurde wie im Frankfurter Gallus-Viertel direkt eine hohe Kooperationsbereitschaft signalisiert, die erforderlich war, um mit allen wichtigen KoordinatorInnen der *Sozialen Stadt*-Gebiete ein Gespräch führen zu können. Ursprünglich sollte nur eines der beiden Darmstädter Gebiete genauer untersucht werden. Da allerdings auf Stadtseite beide Quartiere von den gleichen AnsprechpartnerInnen betreut werden und Informationen jeweils für beide Gebiete gegeben wurden sowie auf Quartiersebene ein enger Austausch zwischen den QuartiersmanagerInnen mit gemeinsamen Projekten besteht, wurden beide Quartiere in die Analyse einbezogen, um eine quartiersübergreifende Betrachtung zu ermöglichen.

Zunächst erfolgt ein Überblick über das innerstädtische Gallus-Viertel in Frankfurt, im Anschluss über die Großwohnsiedlungsgebiete Eberstadt-Süd und Kranichstein in Darmstadt.

Das innerstädtische Gallus-Viertel in Frankfurt
Zur Auswahl des Gallus-Viertels als Fallstudie trugen mehrere Passagen innerhalb der Quartiersbeschreibung und des Handlungskonzepts bei, in denen „kulturell" differenziert wird. Die als Problem gefasste „Konzentration von (…) Menschen mit Migrationshintergrund" im Stadtteil, die mit ein Kriterium zur Aufnahme in die *Soziale Stadt* darstellt, findet sich im Bestreben wieder, die „interkulturelle Integration" zu fördern (Stadtplanungsamt Frankfurt am Main 2011). Die „ethnische Vielfalt" wird als Herausforderung angesehen, die „hohe Integrationsanforderungen" mit sich bringt[67] (Stadtplanungsamt Frankfurt am Main 2006: 15).

Im Folgenden wird ein kurzer Überblick über die Entwicklung des Quartiers gegeben. Das Gallus-Viertel gehört mit knapp 27 000 EinwohnerInnen zu den größten Stadtteilen in Frankfurt am Main. Es liegt nördlich des Mains zwischen den Eisenbahntrassen zum Hauptbahnhof und dem ehemaligen Güterbahnhof und erstreckt sich westlich des Hauptbahnhofs bis zum Stadtteil Griesheim (Stadt Frankfurt am Main 2011; Stadtplanungsamt Frankfurt am Main 2006: 13) (vgl. Abbildung 10).

---

65 Homepage der Stadt Frankfurt zum Stand Viertes Quartal 2010: http://www.frankfurt.de/sixcms/detail.php?id=2811&_ffmpar[IdInhalt]=7524 (11.07.2011).

66 Homepage der Stadt Darmstadt: http://www.darmstadt.de/standort/stadtportraet/index.htm (11.07.2011).

67 Zur besseren Lesbarkeit wird auf die Verwendung des Konjunktivs verzichtet. Positionierungen beziehen sich auf die jeweils nachfolgend angegebenen Quellen und spiegeln nicht die Meinung des Autors dieser Arbeit wider.

Abbildung 10: Übersicht über das Gallus-Viertel in Frankfurt am Main

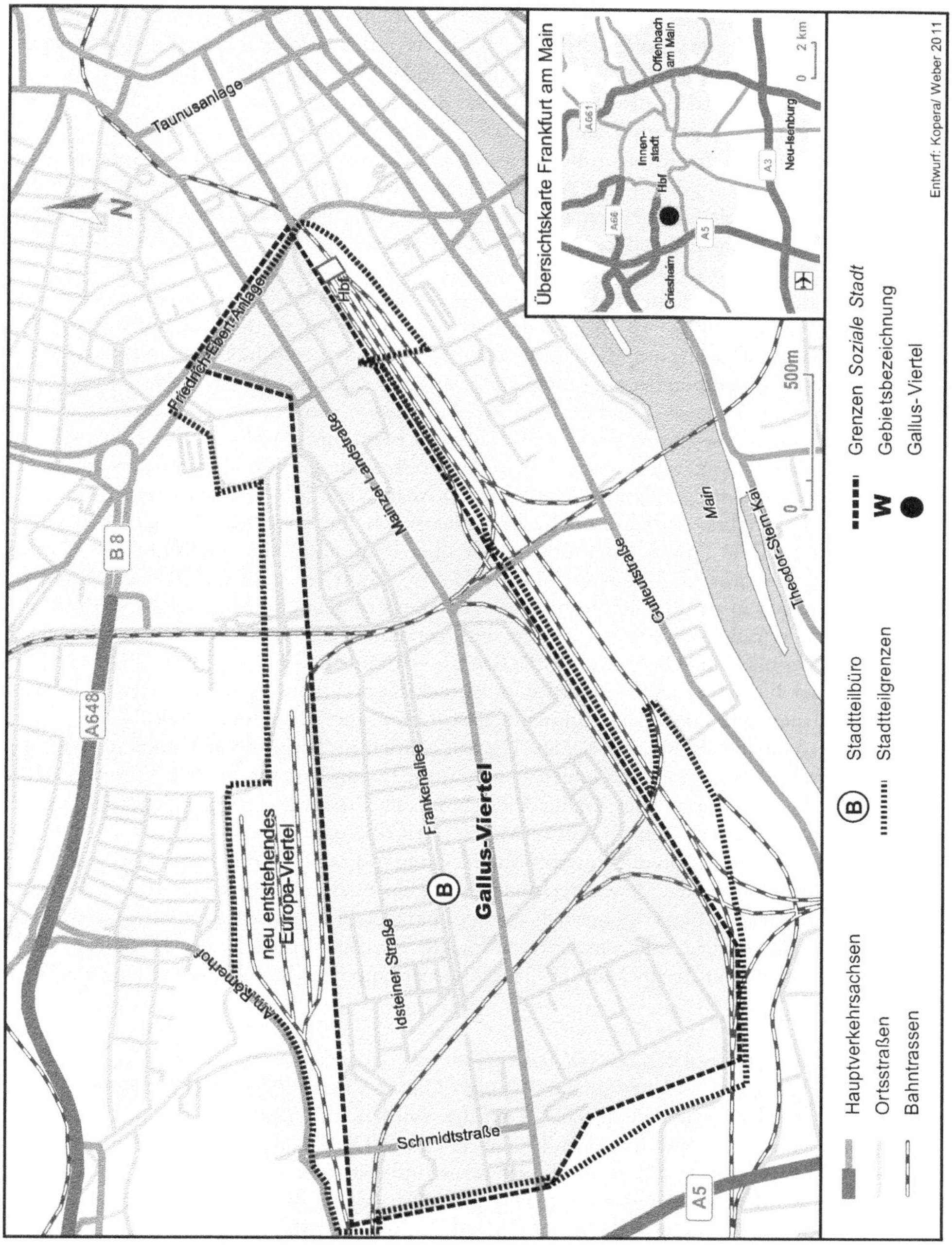

Quelle: Eigene Darstellung

Im Zuge des Baus des Hauptbahnhofs 1888 entwickelte sich der Stadtteil ab Ende des 19. Jahrhunderts als Arbeiterviertel. Neben der hohen Flächeninanspruchnahme durch Industrie- und Gewerbebetriebe entstand eine relativ dichte Wohnbebauung mit Gebäuden aus der Gründerzeit und Siedlungen der 1920er/30er Jahre und 1950er Jahre (HEGISS o.J.: 101; Stadt Frankfurt am Main 2011). Hinzukommt neuere Bebauung aus den 1990er Jahren (Stadtplanungsamt Frankfurt am Main 2006: 14). Der wirtschaftliche Strukturwandel im Zuge des Übergangs zum Postfordismus führte vor allem in der zweiten Hälfte des 20. Jahrhunderts zu einem weitreichenden Abbau von Arbeitsplätzen. Zwar kam es zur Entstehung neuer Arbeitsplätze im Dienstleistungsbereich und im Einzelhandel, allerdings wird darin nur wenig Potential für die ansässigen BewohnerInnen des Gallusviertels gesehen (HEGISS o.J.: 101-102; Stadtplanungsamt Frankfurt am Main 2006: 14-15).

Im Integrierten Handlungskonzept der *Sozialen Stadt* Gallus-Viertel (Stadtplanungsamt Frankfurt am Main 2006: 13-16) sowie auf der Homepage des Stadtplanungsamtes (Stadtplanungsamt Frankfurt am Main 2011) werden neben dem unzureichenden Arbeitsplatzangebot weitere Problembereiche dargestellt. Als kritisch wird die „Konzentration von sozial Benachteiligten" – mit ausgelöst durch hohe Arbeitslosigkeit – sowie von „gering qualifizierten Arbeitnehmer/-innen" beschrieben (Stadtplanungsamt Frankfurt am Main 2006: 16). Auch der „Anteil an Sozialhilfeempfänger/-innen" wird gegenüber dem städtischen Durchschnitt als erhöht angegeben (Stadtplanungsamt Frankfurt am Main 2006: 59). Bei den sozial Benachteiligten werden besonders „ausländische[-] Bewohnerinnen und Bewohner" angeführt, deren Anteil „mit ca. 42,3 % (Stand Ende 2004) weit über dem städtischen Durchschnitt (27 %) liegt" (Stadtplanungsamt Frankfurt am Main 2006: 15). Zwar ist der Stadtteil durch Straßenbahn und Busse gut an das Stadtzentrum angebunden, allerdings führen zahlreiche stark befahrene Verbindungsstraßen zu hohen Umwelt- und Verkehrsbelastungen. Für den Stadtteil wird insgesamt ein geringes Angebot an Grünflächen und öffentlichen Frei- und Spielflächen konstatiert. Darüber hinaus werden Modernisierungsrückstände im Wohnbestand und Wohnumfeld problematisiert (HEGISS o.J.; Stadtplanungsamt Frankfurt am Main 2011: 101).

Die unterschiedlichen beschriebenen Aspekte werden im Integrierten Handlungskonzept als „Gründe für die Auswahl des Gebietes" angeführt (Stadtplanungsamt Frankfurt am Main 2006: 15-16). Die Aufnahme des Gallus-Viertels in das Programm *Soziale Stadt* erfolgte im November 2001 mit einer Fläche von etwa 284 ha (HEGISS o.J.: 102).

Neben der Koordination der Programmumsetzung in Frankfurt durch das Stadtplanungsamt soll der Kontakt zu den BewohnerInnen durch ein Stadtteilbüro (Lage siehe Abbildung 10) und einen Quartiermanager hergestellt werden. Parallel zu baulichen Projekten wurden seit 2004 verschiedene soziale, nicht-investive Projekte durchgeführt (Caritas Frankfurt 2011; Stadtplanungsamt Frankfurt am Main 2011), die in der empirischen Analyse aufgegriffen werden (siehe Kapitel 5.2.3).

Die Großwohnsiedlungsgebiete Eberstadt-Süd und Kranichstein in Darmstadt
Nach der Beschreibung des Untersuchungsgebiets Gallus-Viertel als Beispiel für ein durch die *Soziale Stadt* gefördertes innerstädtisches Quartier werden im Folgenden die beiden Großwohnsiedlungsgebiete Eberstadt-Süd und Kranichstein in Darmstadt vorgestellt, die zum bundesdeutschen Förderbeginn 1999 beziehungsweise Ende 2000 in das Programm *Soziale Stadt* aufgenommen wurden. Ausgangspunkt für die Fokussierung auf die Großwohnsiedlungsgebiete in Darmstadt sind mehrere Passagen, in denen „kulturell" differenziert wird: Das Quartier wird als wichtiger Wohnstandort bezeichnet, dem „aufgrund eines hohen Anteils an Bewohnerinnen und Bewohnern mit Migrationshintergrund wesentliche Integrationsaufgaben zufallen"

(Wissenschaftsstadt Darmstadt/Freischlad + Holz 2009a: 8). In diesem Kontext wird ergänzt, dass erhebliche Spannungen zwischen „„alteingesessenen Bewohnern (Deutsche und Ausländer) und in den letzten Jahren zugezogenen Aussiedlern" (Wissenschaftsstadt Darmstadt/Freischlad + Holz 2003a: 15) bestehen, denen begegnet werden soll. Im empirischen Teil der Arbeit wird genauer untersucht, wie „kulturelle Differenzierungen" handlungswirksam werden (siehe Kapitel 5.2.4).

Eberstadt-Süd ist ein Stadtteil im Süden von Darmstadt, etwa sechs Kilometer von der Innenstadt Darmstadts entfernt (vgl. Abbildung 11). Das Quartier entstand als Erweiterung der Gemeinde Eberstadt in den 1960er und 1970er Jahren, im südlichen Teil vor allem als Großwohnsiedlungsquartier (Wissenschaftsstadt Darmstadt/Freischlad + Holz 2003a: 12; 2009a: 6). „Im Hochhausquartier und den arrondierenden Bebauungen aus den 1970er Jahren leben 2.965 Einwohnerinnen und Einwohner" (Wissenschaftsstadt Darmstadt/Freischlad + Holz 2009a: 6). Der südliche Bereich des Quartiers setzt sich vor allem aus „4- bis 11-geschossige[n] (…) Zeilenbauten aus den siebziger Jahren, der nördliche Teil" aus „niedrige[n] 4-geschossigen Zeilen- bzw. 14- bis 17-geschossigen Punktbauten aus den sechziger Jahren" zusammen (Wissenschaftsstadt Darmstadt/Freischlad + Holz 2003a: 14). Vor allem der südliche Teil besteht fast ausschließlich aus Sozialwohnungen, im nördlichen Teil liegt der Sozialwohnungsanteil zwischen 60 und 95 Prozent (Wissenschaftsstadt Darmstadt/Freischlad + Holz 2003a: 12, 14; 2009a: 7). Das Quartier ist durch Straßenbahn und Buslinien gut mit dem Stadtzentrum von Darmstadt verbunden (HEGISS o.J.: 61; Wissenschaftsstadt Darmstadt/Freischlad + Holz 2003a: 14). Zwar ist Eberstadt-Süd infrastrukturell besser ausgestattet als viele französische Großwohnsiedlungen, in denen keine oder fast keine Versorgungsmöglichkeiten mehr bestehen und die Verkehrsanbindung schlecht ist, dennoch werden in Eberstadt-Süd beispielsweise Jugendfreizeiteinrichtungen als unzureichend eingestuft und bauliche Mängel konstatiert (Wissenschaftsstadt Darmstadt/Freischlad + Holz 2003a: 14, 16).

Im Bericht zu den Jahren 2007 und 2008 wird angeführt, dass sich die „soziale Lage im Stadtviertel Eberstadt Süd innerhalb weniger Jahre zugespitzt [hat]" (Wissenschaftsstadt Darmstadt/Freischlad + Holz 2009a: 7). Eberstadt-Süd ist fast ein reines Wohngebiet, so dass vor Ort kaum Arbeitsplätze vorhanden sind (HEGISS o.J.: 61). Durch die Anlage des Quartiers in den 1960er und 1970er Jahren kommt es seit einigen Jahren zu Fluktuationen in der Bewohnerschaft, da die ersten BewohnerInnen ihre Wohnungen aus Altersgründen verlassen. Neue BewohnerInnen sind vor allem MigrantInnen und Russlanddeutsche, die tendenziell aufgrund schlechter finanzieller Lage nach günstigem Wohnraum suchen. Damit kommt es zu einer Konzentration sozial Benachteiligter (Wissenschaftsstadt Darmstadt/Freischlad + Holz 2003a: 15). Der Migrantenanteil wird für 2008 bei 24,1 Prozent angegeben, womit er als um acht Prozent höher als der städtische Durchschnitt von 16,1 Prozent problematisiert wird. Darin sind Russlanddeutsche nicht enthalten, da diese entsprechend ihrer Staatsangehörigkeit als Deutsche gezählt werden (Wissenschaftsstadt Darmstadt/Freischlad + Holz 2009a: 7).

Für Eberstadt-Süd wird in den Berichten zum Quartier ein hoher Problemdruck aus sozialen, kulturellen, städtebaulichen und wohnungswirtschaftlichen Problemlagen skizziert, für den „Handlungsbedarf" gesehen wird (u. a. Wissenschaftsstadt Darmstadt/Freischlad + Holz 2003a: 14-16; 2009a: 8). Bereits zum Programmstart der *Sozialen Stadt* wurde 1999 Eberstadt-Süd mit einer Fläche von 27 ha in die Förderung aufgenommen (Wissenschaftsstadt Darmstadt/Freischlad + Holz 2009a: 6). Das Gebiet umfasst vor allem den von Hochhäusern geprägten Bereich von Eberstadt-Süd (vgl. Abbildung 11).

Abbildung 11:   Übersicht über Eberstadt-Süd in Darmstadt

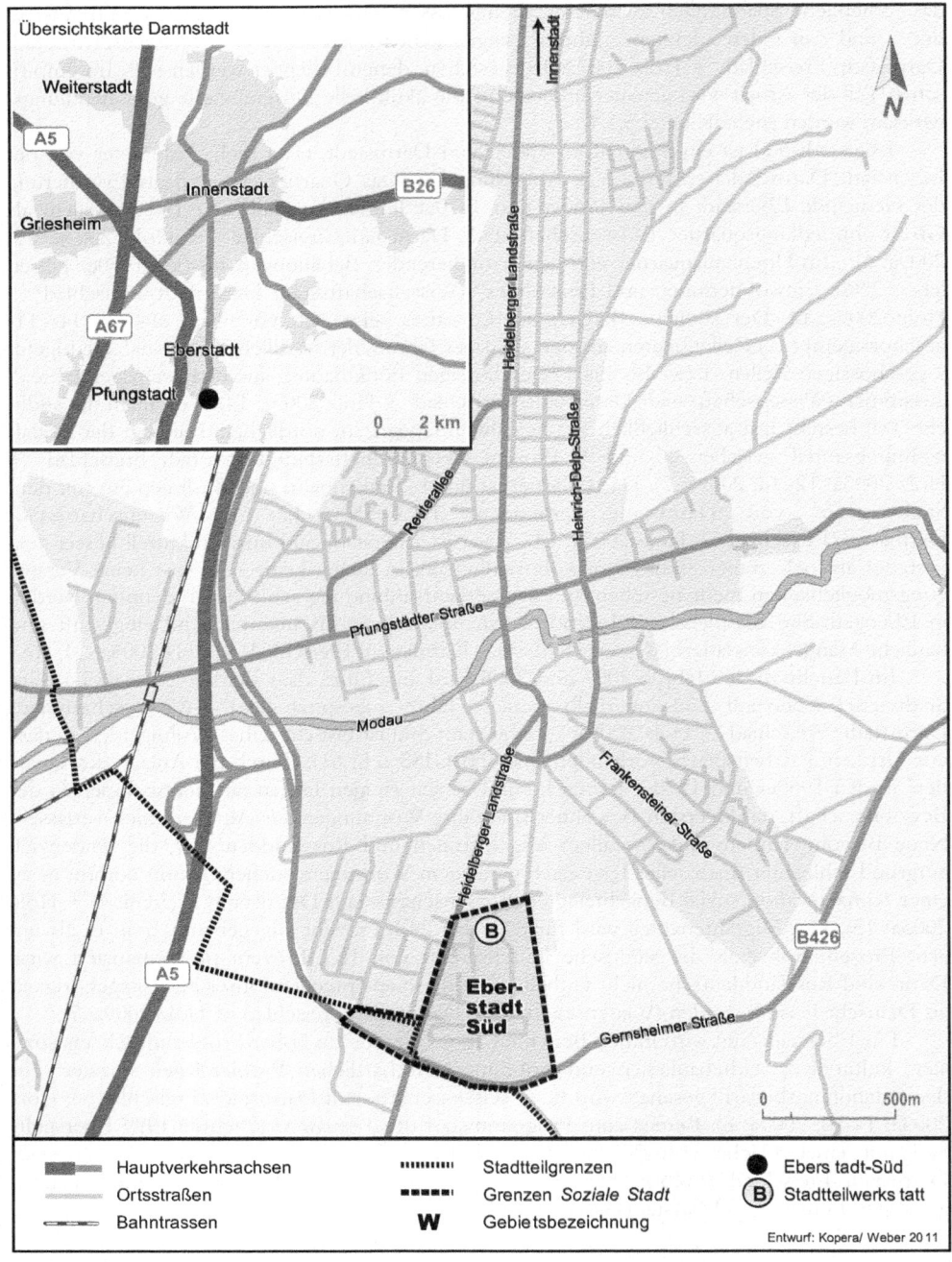

Quelle: Eigene Darstellung

Angesetzt wird mit baulichen Sanierungsmaßnahmen sowie mit sozialen Projekten, um zu verhindern, dass das Gebiet zu einem „Durchgangsquartier" wird (Wissenschaftsstadt Darmstadt/Freischlad + Holz 2009a: 8).

Die Koordination der *Sozialen Stadt* erfolgt in Darmstadt federführend durch das Stadtplanungsamt in enger Kooperation mit dem Sozialdezernat. Vor Ort werden Projekte durch eine Stadtteilwerkstatt (Lage siehe Abbildung 11) mit einem Quartiermanager betreut. Zusammen mit dem Planungsbüro Freischlad + Holz und dem Bauverein bilden die aufgeführten Akteure die Lenkungsgruppe der *Sozialen Stadt*. In Entscheidungen sollen die bestehende Stadtviertelrunde und mehrere neu gegründete Arbeitsgruppen eingebunden werden (HEGISS o.J.: 62-64; Wissenschaftsstadt Darmstadt/Freischlad + Holz 2009a: 6).

Wie in Eberstadt-Süd kommt dem Stadtteil Kranichstein „als wichtigem Wohnstandort für die Gesamtstadt (ca. 9 % der Wohnbevölkerung), bei gleichzeitig internationaler Prägung durch Bewohnerinnen und Bewohner aus mehr als 70 Nationen, die Funktion zu, wesentliche Integrationsaufgaben für die Wissenschaftsstadt Darmstadt zu übernehmen" (Wissenschaftsstadt Darmstadt/Freischlad + Holz 2009b: 7). Handlungsbedarf wird in Kranichstein durch „die Konfliktsituation zwischen alteingesessener deutscher und ausländischer Bevölkerung" gesehen (Wissenschaftsstadt Darmstadt/Freischlad + Holz 2003b: 9).

Der Stadtteil Kranichstein liegt im Nord-Osten Darmstadts, etwa fünf Kilometer von der Innenstadt entfernt (vgl. Abbildung 12). Die Grundsteinlegung für das Großwohnsiedlungsquartier der Ernst May Siedlung erfolgte 1968. In der ursprünglichen Planung war eine Trabantensiedlung am Waldrand für etwa 20 000 BewohnerInnen vorgesehen. Geplant war eine Bebauung mit „langen, bis zu 17-geschossigen Hochhausscheiben im Wechsel mit teppichartig angelegten Einfamilienhausquartieren" (Wissenschaftsstadt Darmstadt/Freischlad + Holz 2003b: 8). Der zuerst umgesetzte Teil wurde vor allem als Sozialer Wohnungsbau errichtet und ist hoch verdichtet. Nachdem allerdings feststand, dass eine Autobahnanbindung nicht erfolgen wird und deutliche Kritik an den Großformen der Bebauung aufkam, wurden die Planungen zugunsten von 3- bis 4-geschossigem Mietwohnungsbau mit Einfamilienhäusern reduziert (Wissenschaftsstadt Darmstadt 2011: 1; Wissenschaftsstadt Darmstadt/Freischlad + Holz 2003b: 8-9). Neben guten Busverbindungen ist Kranichstein heute auch durch die Straßenbahn an das Zentrum angebunden (Wissenschaftsstadt Darmstadt/Freischlad + Holz 2003b: 9).

Auch in Kranichstein werden in den Berichten zum Quartier unterschiedliche Problemlagen skizziert, die als Begründung für die Förderung im Rahmen der *Sozialen Stadt* angeführt werden. (Städte)baulich wird Handlungsbedarf bei der Schaffung von Grün-, Frei-, Sport- und Spielflächen und der Modernisierung von Wohnhäusern gesehen (HEGISS o.J.: 69; Wissenschaftsstadt Darmstadt/Freischlad + Holz 2003b: 9, 23-24). Im sozio-ökonomischen Bereich werden fehlende Angebote für Kinder und Jugendliche und ein „Rückgang konsumtiver Dienstleistungen" kritisiert (HEGISS o.J.: 69). Auch hier werden die Beschäftigungsmöglichkeiten vor Ort als unzureichend beschrieben und eine erhöhte Arbeitslosigkeit konstatiert. Soziale Konflikte werden im Hochhausteil der Siedlung verortet. Wie in Eberstadt-Süd wird auch in Kranichstein der Anteil der MigrantInnen mit 22,2 Prozent als erhöht gegenüber dem städtischen Durchschnitt von 16,3 Prozent problematisiert (HEGISS o.J.: 69; Wissenschaftsstadt Darmstadt/Freischlad + Holz 2003b: 9; 2009b: 8).

Die beschriebenen Aspekte werden als Gründe für eine Aufnahme in das Programm der *Sozialen Stadt* benannt, die Ende 2000 für ein 63 ha großes Fördergebiet erfolgte, das den Hochhauskomplex sowie umliegende Bereiche umfasst (u. a. Wissenschaftsstadt Darmstadt/Freischlad + Holz 2003b).

Abbildung 12:   Übersicht über Kranichstein in Darmstadt

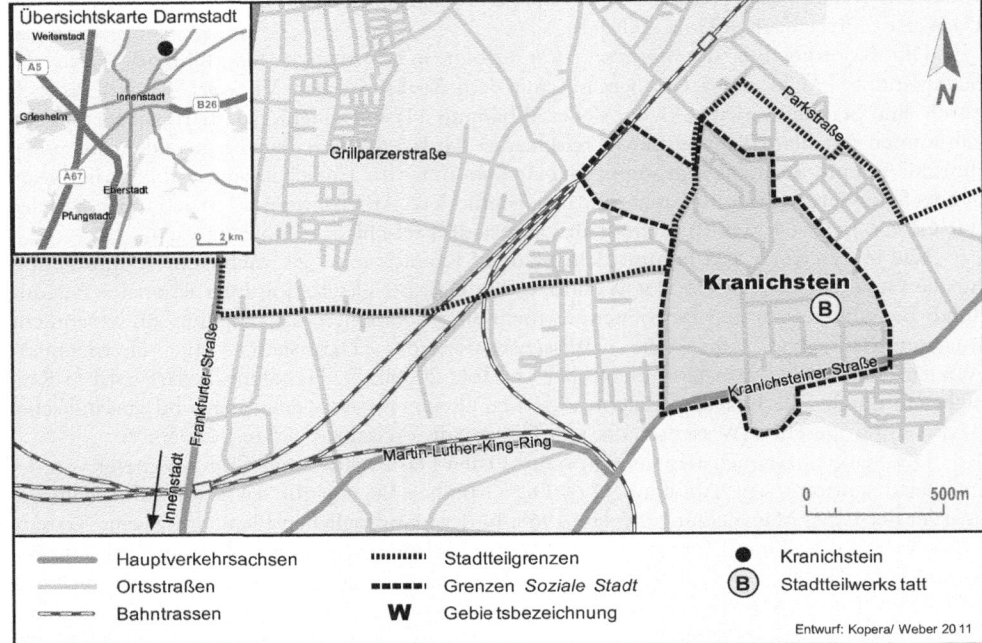

Quelle: Eigene Darstellung

Die vorgesehenen Maßnahmen in Kranichstein innerhalb der *Sozialen Stadt* decken sich in den Grundausrichtungen größtenteils mit den in Eberstadt-Süd geplanten. Auch die Lenkungsstruktur ist, da diese von denselben städtischen Koordinatoren ausgeht, weitgehend identisch. Vor Ort wird allerdings die Stadt*teil*runde eingebunden, die ganz Kranichstein abdeckt und nicht nur die Stadt*viertel*runde, wie in Eberstadt-Süd, wo nicht die ganze Gemeinde Eberstadt involviert ist (HEGISS o.J.: 71-72; Wissenschaftsstadt Darmstadt/Freischlad + Holz 2009b: 7-8).

In den Grundstrukturen der Entwicklung zu Quartieren mit Großwohnsiedlungscharakter am Stadtrand sowie in der Identifikation von Handlungsbedarf sind Eberstadt-Süd und Kranichstein vergleichbar, so dass eine gemeinsame Beleuchtung im Rahmen der empirischen Analyse sinnvoll und möglich erscheint.

4.3.3   *Auswahl der Fallstudien in Frankreich: Das* quartier *Belleville-Amandiers in Paris und die* quartiers *Blanqui und Nord in Bondy*

In Frankreich war der Großraum Paris Ausgangspunkt für Überlegungen zur Auswahl mehrerer Fallstudien. Dies hängt zum einen damit zusammen, dass die *banlieue parisienne* besonders nach dem Zweiten Weltkrieg von der Entstehung von *grands ensembles* geprägt wurde (dazu u. a. Soulignac 1993) und beschriebene Entwicklungen hier wie in einem Brennglas beobachtet werden können. Zum anderen ist die Einwanderung in den Großraum Paris bis heute besonders hoch: Paris als Hauptstadt mit mehr als 2,2 Millionen EinwohnerInnen[68] in einem weiterhin in hohem Maße zentralistisch geprägten Staat war und wird als eine der Hauptanlaufstellen für MigrantInnen angesehen, so dass hohe Migrantenanteile und „multikulturell" geprägte Stadtteile besonders für viele Quartiere in und um Paris herum konstatiert werden (Desplanques/Tabard 1991; Soulignac 1993: 34-50).

Zunächst wurde geprüft, welches innerstädtische Viertel von Paris genauer untersucht werden sollte. Innerhalb der aktuellen *politique de la ville* der Stadt werden insgesamt 14 Quartiere im Rahmen des aktuellen *contrat urbain de cohésion sociale* (CUCS) gefördert. Es wurde danach geschaut, für welche Gebiete im Bericht zu den Pariser Quartieren ein erhöhter Anteil an „Immigranten"[69] angegeben wird (aufgelistet in Apur/DPVI 2007). Wie auch bei der Auswahl der Fallstudien zur *Sozialen Stadt* wurde eine Berücksichtigung von MigrantInnen bei den Quartiersbeschreibungen als Ansatzpunkt für eine ausführliche Untersuchung gewählt. Gegenüber dem Durchschnitt der jeweiligen *arrondissements* werden besonders für die Quartiere Belleville-Amandiers, Fontaine-au-Roi, La Chapelle, La Goutte d'Or und das *quartier* Sud 13ᵉ deutliche Abweichungen sichtbar. Da vor allem Belleville-Amandiers und La Goutte d'Or als „multikulturelle" Stadtviertel gelten (u. a. in der medialen Berichterstattung und in Reiseführern), wurde versucht, die jeweiligen *chefs de projets*[70] zur Mitarbeit zu gewinnen. Da nur die *chef de projet* (Projektleiterin) von Belleville-Amandiers für ein Gespräch zur Verfügung stand, wurde die Analyse eines innerstädtischen Viertels in Frankreich auf dieses *quartier* ausgerichtet.

Innerhalb der *banlieue parisienne* erfolgte zunächst eine Fokussierung auf das nord-östlich von Paris gelegene *département* Seine-Saint-Denis (93), da dieses in der medialen Berichterstattung als besonders „multikulturell" und durch Einwanderung geprägt beschrieben wird. Bei Vorarbeiten (Weber 2009) wurde bereits die Stadt Bondy im Osten von Paris (knapp 54 000 Einwohner) (SIG DIV 2011a) untersucht, in der zwei *zones urbaines sensibles* (ZUS) liegen, für die im Stadtvertrag CUCS eine gegenüber dem städtischen Durchschnitt erhöhte „Ausländerzahl"[71] angegeben wird (u. a. SIG DIV 2011a: 8-9). Daher bot es sich im Rahmen dieser Arbeit an, an den bisherigen Untersuchungen anzuknüpfen und diese fortzuführen. Wie in Darmstadt ist auch in Bondy die Begrenzung auf *eine* der beiden ZUS als Fallstudie nicht möglich, da beide Gebiete von den gleichen Verantwortlichen begleitet und Aussagen vielfach verallgemeinernd für beide ZUS getroffen werden. Somit wird die Ausrichtung der *politique de la ville* in Bondy quartiersübergreifend untersucht.

Wie bei der Übersicht über die deutschen Fallstudien werden im Folgenden zunächst das *quartier* Belleville-Amandiers, im Anschluss die Stadt Bondy mit den beiden ZUS vorgestellt.

Das innerstädtische quartier *Belleville-Amandiers*

Das innerstädtische *quartier* Belleville-Amandiers in Paris gilt seit langem als Einwandererstadtteil. Dieser Aspekt kommt auch im aktuellen CUCS der Stadt Paris zum Tragen, in dem als eine der Hauptcharakteristiken ein erhöhter Immigrantenanteil konstatiert wird: „Population immigrée +" (26 Prozent gegenüber 18 Prozent in Paris) (Mairie de Paris 2006: 130). Im CUCS wird zwar betont, dass sich die Förderung an alle BewohnerInnen der Gebiete richtet,

---

68 Information der Homepage der Stadt Paris: http://www.paris.fr/politiques/paris-d-hier-a-aujourd-hui/demographie/plus-de-2-millions-de-parisiens/rub_5427_stand_16185_port_11661 (11.07.2011). Zwar weicht Paris damit deutlich von den Einwohnerzahlen der Städte der deutschen Fallstudien ab, da die Analyse allerdings auf einzelne Stadtquartiere und nicht jeweils auf die Gesamtstädte ausgerichtet wird, ist die Gesamteinwohnerzahl nicht von primärer Bedeutung und kein zentraler Einflussfaktor.

69 immigrés.

70 „ProjektleiterInnen" – zu vergleichen mit den QuartiermanagerInnen in Deutschland.

71 pourcentage de population d'origine étrangère.

allerdings werden auch besondere Fördergruppen benannt, darunter „Immigranten"[72] (Mairie de Paris 2006: 17). Hier ist in der empirischen Analyse danach zu fragen, ob und wie „kulturelle Differenzierungen" handlungswirksam werden. Es ist zu prüfen, warum hier eine besondere Zielgruppe „Immigranten" hervorgehoben wird und ob bestimmte spezifische Maßnahmen initiiert werden (siehe Kapitel 5.3.4).

Belleville ist ein Stadtviertel im 20. *arrondissement* im Nordosten von Paris (siehe Abbildung 13). Das Quartier ist heute durch mehrere Métro- und Buslinien infrastrukturell sehr gut angebunden. Der *Parc de Belleville* gehört zu den wenigen Grünflächen der Stadt Paris und stellt damit eine beliebte Parkanlage der Pariser Bevölkerung dar.

Bis zur Mitte des 19. Jahrhunderts bildete das Stadtviertel eine eigenständige Vorortgemeinde von Paris und entwickelte sich zu einem typischen Arbeiterviertel, einem *faubourg*, außerhalb der damaligen Stadtgrenzen. Eine Eingliederung erfolgte erst im Zuge der Haussmann'schen Stadtsanierung und Verwaltungsneugliederung in der zweiten Hälfte des 19. Jahrhunderts. Es vollzogen sich allerdings keine massiven Umgestaltungen wie in der zentralen Innenstadt, da Belleville aus dem Umgestaltungskonzept Haussmanns weitgehend ausgeklammert war (Pletsch 2000: 251, 258-259, 264). Das Viertel erfüllte vielmehr die Funktion, ärmere Bevölkerungsteile aufzunehmen, die durch die städtebaulichen Eingriffe in das bestehende Stadtbild ihre bisherigen Wohnungen verloren oder sich neue, teurere beziehungsweise sanierte Wohnungen nicht leisten konnten (Pinçon/Pinçon-Charlot 2001: 110-111).

Nach dem Ersten Weltkrieg veränderte sich die bisherige französische Arbeiterbevölkerung durch einen Zuzug von MigrantInnen, unter anderem von Armeniern und Griechen. Das Bild der EinwohnerInnen „diversifizierte" sich nach dem Zweiten Weltkrieg weiter (Mairie de Paris 2005: Kapitel 1.1.2; Pinçon/Pinçon-Charlot 2001: 110-111; Pletsch 2000: 265-266).

In den 1950er bis 1970er Jahren setzten Sanierungsmaßnahmen ein, um baulichen Missständen entgegenzuwirken. Es entstanden Hochhäuser, die vor allem für die *banlieues* typisch sind. Viele der neuen Gebäude sind als sozialer Wohnungsbau ausgelegt, so dass heute noch der Sozialwohnungsanteil bei 36 Prozent und damit recht hoch liegt (Pletsch 2000: 253-255, 263). Es sei noch einmal an die Forderung von 20 Prozent Sozialwohnungsanteil der Gesetze LOV und SRU erinnert, die viele städtische Gemeinden nicht erfüllen können beziehungsweise nicht erfüllen wollen (siehe Kapitel 2.2.2). Behutsamere Sanierungsmaßnahmen erfolgten erst seit Ende der 1980er Jahre, so dass heute ein starker Kontrast zwischen Hochhäusern und älterer, kleinteiliger Bausubstanz besteht. Die neueren Sanierungsmaßnahmen blieben nicht folgenlos für die Bewohnerstruktur Bellevilles. Seit den 1990er Jahren vollzieht sich ein Gentrifizierungsprozess (Pinçon/Pinçon-Charlot 2001: 187; Pletsch 2000: 258), so dass heute sozial Schwächere neben sozial Bessergestellten leben.

Bis heute hat Belleville den Ruf eines der ärmeren Stadtviertel von Paris. Im Bericht des *Observatoire des quartiers parisiens*[73] wird die Anzahl der Haushalte, die unterhalb der „Armutsgrenze"[74] liegen als deutlich erhöht gegenüber dem städtischen Durchschnitt beschrieben (Apur/DPVI 2007: 47). Auch die Zahl der SchülerInnen, die die Schule ohne Abschluss verlassen, wird als problematisch beschrieben. Bis heute werden zudem teilweise schlechte Wohnbedingungen und ein unzureichendes Infrastrukturangebot, unter anderem fehlende Sporteinrichtungen für Jugendliche, als Herausforderungen hervorgehoben (Mairie de Paris 2006: 130-134).

---

72   immigrés.
73   Beobachtungszentrum für die Pariser Quartiere der *politique de la ville*.
74   le seuil de pauvreté.

Abbildung 13: Übersicht über Belleville-Amandiers in Paris

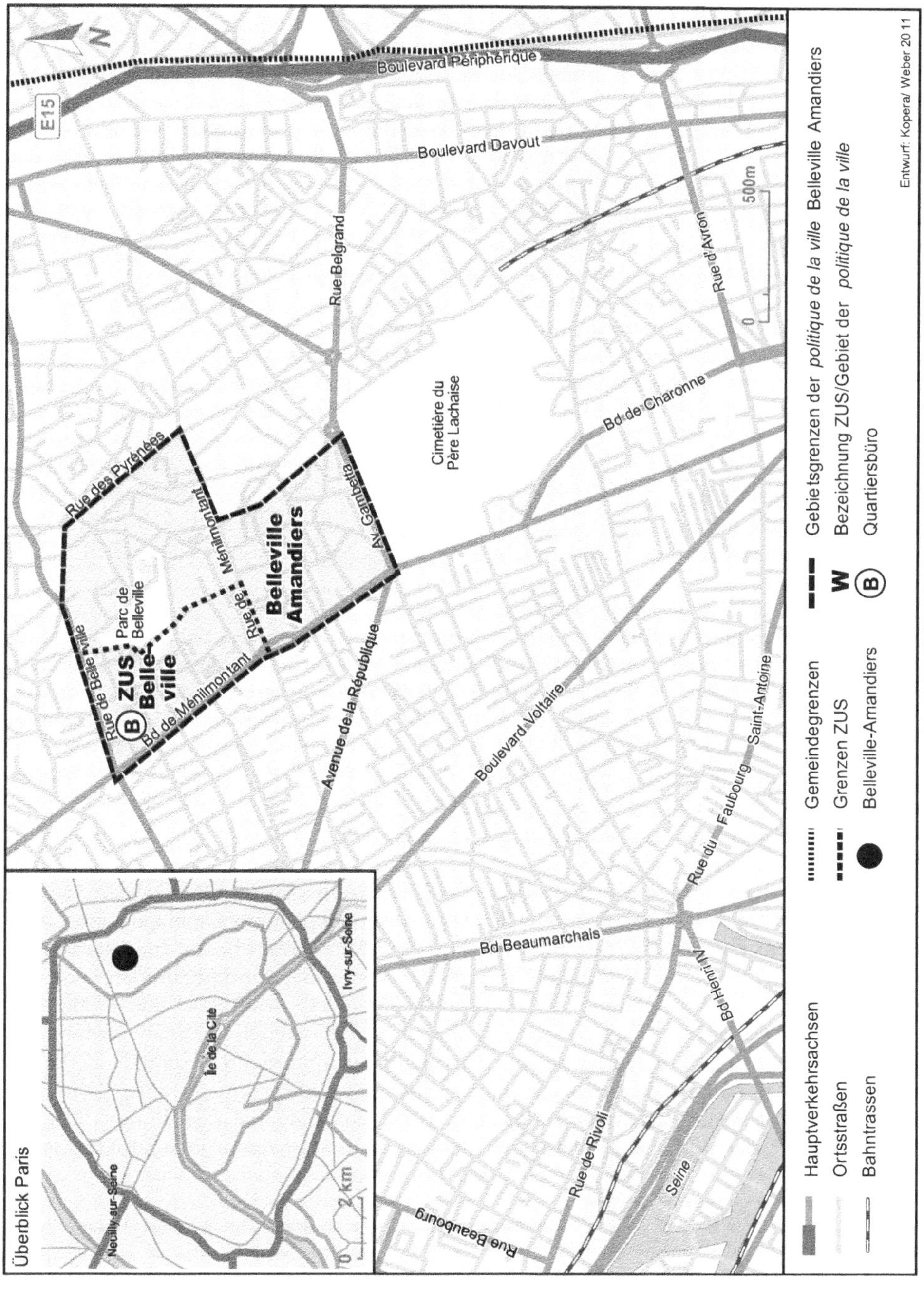

Quelle: Eigene Darstellung

Im Jahr 1995 wurde ein Vertrag zwischen der Stadt Paris und der staatlichen Förderebene unterzeichnet, so dass das Quartier in den *développement social urbain* (DSU)[75] aufgenommen wurde (Mairie de Paris 2005: préambule). 1996 wurde Belleville als ZUS mit einer Größe von 22 ha und knapp 12 000 EinwohnerInnen[76] ausgewiesen (SIG DIV 2011c). Der Bereich umfasst nur den nordwestlichen Teil von Belleville, westlich des *Parc de Belleville* (siehe Abbildung 13). Eine verstärkte Förderung setzt erst in den 2000er Jahren ein, seitdem Bertrand Delanoë Bürgermeister von Paris ist und der *politique de la ville* höheren Stellenwert einräumt. Nach der Phase des *contrat de ville* (2000-2006) wird heute der 2007 begonnene CUCS fortgeführt (Mairie de Paris 2006). Die aktuelle Förderung geht über den Bereich der ZUS hinaus und erfolgt für das *quartier* Belleville-Amandiers, ein Gebiet mit etwa 37 000 EinwohnerInnen (Mairie de Paris 2007: 6) (vgl. Abbildung 13). Die aktuellen Haupthandlungsfelder liegen, der Ausrichtung der CUCS folgend, unter anderem in den Bereichen Beschäftigung, lokale Wirtschaftsförderung, Stärkung des sozialen Zusammenhalts durch Einbindung von Akteuren wie Vereinen, Wohnumfeld, Gesundheit, Gewaltprävention und Kultur (Mairie de Paris 2006: 17, 132-134).

Die Steuerung der *politique de la ville* erfolgt in Paris für die aktuell festgelegten 14 Fördergebiete durch die 2002 unter Delanoë eingerichtete *Délégation à la Politique de la ville et à l'intégration* (DPVI) (Ville de Paris 2011). Für die einzelnen Quartiere ist jeweils ein beziehungsweise eine *chef de projet* verantwortlich, der/die die Entwicklung und die Projektarbeit begleitet. Für Belleville sind neben der *chef de projet* drei *agents de développement local*, also drei MitarbeiterInnen für die lokale Quartiersentwicklung, angestellt, die in einem Büro vor Ort (Lage siehe Abbildung 13) arbeiten und den Kontakt zu den BewohnerInnen herstellen sollen.

Die Großwohnsiedlungsgebiete Blanqui und quartier *Nord in Bondy*
Neben der Ausrichtung der *politique de la ville* im innerstädtischen *quartier* Belleville-Amandiers wurde die aktuelle Stadtpolitik der Stadt Bondy in der *banlieue parisienne* untersucht, in der zwei Großwohnsiedlungsgebiete als *zones urbaines sensibles* (ZUS) ausgewiesen sind. Ausgehend von einem mit 24 Prozent erhöhten Ausländeranteil in den ZUS (18,6 Prozent im Vergleich auf Gemeindeebene) (SIG DIV 2011a) wird in Bondy, wie auch in Paris, Handlungsbedarf bei der „Integration von Bevölkerungsgruppen ausländischer Herkunft"[77] konstatiert (Ville de Bondy 2006: u. a. 18-19, 41). Auch hier wird in der Problemanalyse der Gemeinde „kulturell" differenziert, was die Frage aufwirft, wie dabei vorgegangen wird (dazu Kapitel 5.3.5 der empirischen Analyse).

Bondy ist eine Stadt mit etwas mehr als 53 000[78] EinwohnerInnen (SIG DIV 2011a). Ursprünglich war Bondy eine kleine, hauptsächlich vom Ackerbau geprägte Gemeinde, etwa neun Kilometer von Paris entfernt (Ville de Bondy 2011a) (vgl. Abbildung 14). Im Zuge der Industrialisierung veränderte sich die Stadt deutlich durch die Ansiedlung von Industrie und den Bau von *grands ensembles*. Die Entstehung von Großwohnsiedlungen in den 1950er und 1960er Jahren, vor allem im Norden der Stadt, bewirkte, dass sich die Bevölkerung mehr als verdoppelte. Zudem wurde Bondy durch einen Kanal, eine Eisenbahnlinie und mehrere zentrale Verkehrsachsen zerschnitten, so dass die Stadt bis heute in mehrere Teile fragmentiert ist (Dhoquois 2010: 18; Leveau-Fernandez/Fernandez-Recatala 1998: 263-264; Ville de Bondy 2006: 8; 2011b). Besonders der nördliche Teil ist vom Stadtzentrum abgetrennt. Der Strukturwandel

---

75 Die Fördermaßnahmen des DSU stellen die Erweiterung des DSQ dar, bei denen über den reinen Quartiersbezug hinaus gegangen wird (daher *urbain*, d.h. städtisch).
76 Stand von 2006.
77 „Favoriser l'intégration des populations d'origine étrangère".
78 Stand 2006.

brachte auch für Bondy Arbeitsplatzverluste im sekundären Sektor mit sich. Zudem wurden bestehende Probleme wie schlechte Bausubstanz, unzureichende Freizeiteinrichtungen und infrastrukturelle Anbindung immer offensichtlicher. Die Bevölkerungsgruppen, die es sich leisten konnten, verließen die Großwohnsiedlungen und wurden durch ärmere ersetzt (dazu auch Kapitel 2.2.1). Der Anteil der MigrantInnen aus dem Maghreb[79] und dem subsaharischen Afrika stieg nach und nach immer mehr an (Dhoquois 2010; Ville de Bondy 2011b: 18).

Im Jahr 1983 wurde Bondy im Rahmen des DSQ in die Förderung der *politique de la ville* aufgenommen (Ville de Bondy 2006: 19). Der 1994 unterzeichnete *contrat de ville* brachte eine Förderung neben dem *quartier* Nord auch für das *quartier* Blanqui-Édouard-Vaillant, das innenstadtnaher liegt, mit sich. Die beiden Stadtviertel Nord und Blanqui sind bis heute die beiden Quartiere, auf die Maßnahmen fokussiert werden. 1996 wurden beide als ZUS eingestuft (zur Lage siehe Abbildung 14) (Profession Banlieue 2011; Ville de Bondy 2006: 19-20). Die dortige Arbeitslosigkeit betrifft nach den offiziellen Statistiken fast ein Viertel der BewohnerInnen (23,6 Prozent gegenüber 17,1 Prozent auf Gemeindeebene). 32,2 Prozent haben keinen Schulabschluss, auf Gemeindeebene sind es 24,2 Prozent. Wurde bereits für Belleville-Amandiers mit 36 Prozent ein hoher Sozialwohnungsanteil konstatiert, so liegt dieser in den ZUS von Bondy mit 68,1 Prozent noch einmal erheblich höher (SIG DIV 2011a[80]). Der Sozialwohnungsanteil wird indirekt als Indikator für geringe Einkommen herangezogen und damit für die Gefahr, ins soziale Abseits zu geraten. Die innenstadtnahe ZUS *quartier* Blanqui umfasst knapp 6 300 EinwohnerInnen[81] auf einer Fläche von 37 ha (SIG DIV 2011d). Im Förderbereich wechseln sich Hochhäuser mit Einfamilienhäusern ab. Das *quartier* Nord wurde zudem 1997 als *zone franche urbaine* (ZFU) klassifiziert (vgl. die Ausführungen in Kapitel 2.2.2). Die ZFU *quartier* Nord schließt etwa 9 300 EinwohnerInnen[82] auf einer Fläche von 57 ha ein (SIG DIV 2011b). Die Gebietsbegrenzung folgt weitgehend dem Hochhausbaubestand (Profession Banlieue 2011; SIG DIV 2011a). Im Zuge der *rénovation urbaine* wird seit 2006 städtebaulichen Maßnahmen zentrale Bedeutung eingeräumt (Dhoquois 2010: 20; Ville de Bondy 2010; 2011a). Zudem erfolgt eine Förderung seit 2007 durch Maßnahmen, die in den CUCS von Bondy eingeschrieben wurden (Profession Banlieue 2011). Darin wird auf eine weitergehende bauliche Erneuerung, ökonomische und soziale Maßnahmen gesetzt. Ziele sind unter anderem die „Wirtschaftsentwicklung"[83], die Verbesserung des „Bildungserfolgs"[84], die „Stärkung des sozialen Zusammenhalts"[85] und „Gewaltprävention"[86] (Ville de Bondy 2006: 24-41).

Die Koordination der *politique de la ville* in Bondy erfolgt auf Stadtseite durch eine „Generaldirektorin", die mit dem Stadtumbauprojekt und Politiken der Vertraglegungen[87] betraut ist, das heißt der *politique de la ville* im Allgemeinen. Für die direktere Projektarbeit sind ein *chef de projet* für den Stadtumbau und eine *chef de projet* CUCS angestellt, die jeweils alle Projektgebiete in Bondy betreuen. Im Rahmen der Stadtumbaumaßnahmen wurde als Anlaufstelle für die BewohnerInnen eine *maison des parents et de la famille*[88] (Lage siehe Abbildung 14) eingerichtet, in dem diese Problemlagen ansprechen können und ihnen Hilfestellungen gegeben werden sollen.

---

79 Maghreb = Marokko, Algerien und Tunesien.
80 Statistische Kenngrößen noch auf das Jahr 1999 bezogen, neuere Daten liegen bisher nicht vor.
81 Stand 2006.
82 Stand 2006.
83 développement économique.
84 la réussite éducative.
85 le développement du lien social.
86 Prévention de la délinquance.
87 Directrice générale adjointe chargée du projet de rénovation urbaine et des politiques contractuelles.
88 Einrichtung für Eltern und Familien.

Abbildung 14: Übersicht über die beiden ZUS in Bondy

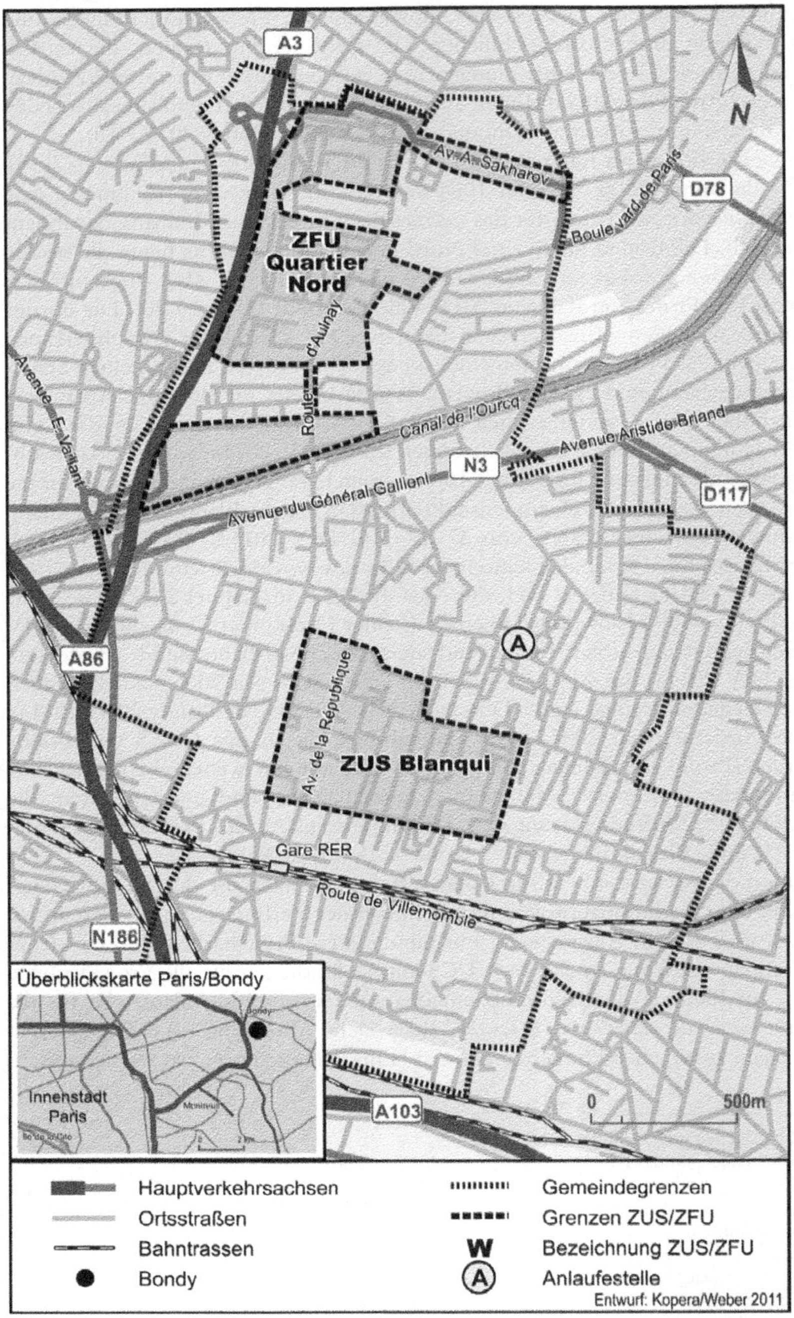

Quelle: Eigene Darstellung

4.4 Zusammenstellung der Korpora

Nach der Darstellung der verschiedenen Untersuchungsebenen und der Beschreibung der Untersuchungsgebiete in Deutschland und Frankreich bleibt die Frage zu klären, welche Untersuchungskorpora zusammengestellt wurden, die die Grundlage der empirischen Analyse bilden.

Ausgangspunkt bildet einDokumentenkorpus zur Erfassung der verschriftlichten politischen Programmatiken der *Sozialen Stadt* und der *politique de la ville*. Dabei handelt es sich vor allem um Dokumente zu den Grundausrichtungen und Leitlinien der Stadtpolitiken, wie sie in (stadt)politischen Texten, Grundsatzpapieren, Begleitforschungen, veröffentlichten Materialen, Handlungskonzepten, (Zwischen-)Berichten und Bilanzierungen/Evaluierungen der Stadtpolitiken sowie Informationen von Internetseiten zu finden sind. Mit der Zusammenstellung des Dokumentenkorpus wurde das Ziel verfolgt, einen möglichst detaillierten Einblick in die Programmatiken der Stadtpolitiken zu erhalten. Die einbezogenen Dokumente bilden bisherige Erfahrungen, Hinweise zu Zielsetzungen und weiterem Vorgehen sowie vorgeschlagene beziehungsweise umgesetzte Maßnahmen ab, mittels derer erschlossen werden soll, wie „kulturelle Differenzierungen" problematisiert werden.

Um genauer die aktuelle Ausrichtung der Stadtpolitiken und vor allem laufende Maßnahmen, Projekte und Zielsetzungen erfassen zu können, wurde ein zweites Korpus, bestehend aus transkribierten Interviews mit leitenden MitarbeiterInnen der Stadtpolitiken in Deutschland und Frankreich auf den verschiedenen administrativen Ebenen, gebildet. In Deutschland und Frankreich wurden jeweils AnsprechpartnerInnen ausgewählt und interviewt, die die Leitlinien der Stadtpolitiken bestimmen beziehungsweise umsetzen, das heißt, von der Ebene der Stadtministerien sowie Begleitinstitute über Stadtplanungsämter, die für die Verfassung der Anträge zuständig waren und sind, bis zu den KoordinatorInnen der Politiken auf lokaler Ebene. Die Interviews wurden zwischen September 2010 und Januar 2011 geführt. Zudem wurden vier bereits im November und Dezember 2008 geführte Gespräche mit Verantwortlichen der *politique de la ville* in Frankreich in das Korpus aufgenommen[89]. Auf diese Weise wird eine Feinanalyse ermöglicht, mit der über die reine Auswertung von programmatischen Texten hinausgegangen werden kann. So können auch mögliche Abweichungen von stadtpolitischen Zielsetzungen erfasst werden.

Entgegen offiziellen Dokumententexten, die oft in einen längerfristigen Entstehungskontext eingebunden sind und von mehreren Beteiligten korrigiert und angepasst werden, besteht in den Interviews tendenziell eine größere Aussagefreiheit. Zwar sind die InterviewpartnerInnen in institutionelle Kontexte eingebunden, allerdings können durchaus auch „eigene"/abweichende Positionierungen einfließen. Diese Unterschiede sind im Rahmen der empirischen Analyse zu berücksichtigen. Wenn dezidiert nicht im Namen der jeweiligen Institution gesprochen wird, wird dies hervorgehoben, was gerade in der *politique de la ville* auf nationaler Ebene im Kontext möglicher Dislokationen eine Rolle spielt (siehe Kapitel 5.3.1.8).

Die Idee, mittels Interviews aktuelle Maßnahmen und Projekte zu erfassen, bedeutet nicht, dass davon ausgegangen wird, so direkter an die „soziale Wirklichkeit" heranzukommen. Entsprechend der Lesart der Interviews als analysierbarem Text sind sie auf der gleichen Ebene wie die Dokumente angesiedelt. Abweichungen in Argumentationslinien können zwischen Dokumenten, aber auch zwischen Dokumenten und Interviews bestehen. Die Interviews erfüllen nicht den Zweck, darzustellen, wie „wirklich" vorgegangen wird. Es wird, wie in den Do-

---

89 Die Interviews wurden durch den Autor dieser Arbeit im Rahmen seiner Diplomarbeit zur grundsätzlich ähnlichen Thematik geführt und daher auch für die aktuelle Untersuchung genutzt.

kumenten, nach den jeweiligen Argumentationsmustern gesucht. Im Rahmen der empirischen Analyse untermauern die Interviews vielfach Positionierungen der Dokumente, zeigen aber auch Brüche durch neuere Einschätzungen.

Entsprechend der Grundhaltung dieser Arbeit, Problematisierungen von den Stadtpolitiken aus zu denken, soll es durch die Analyse der beiden Korpora gelingen, detailliert aktuelle politische Logiken in Deutschland und Frankreich zu erfassen. Ausführliche Darstellungen der untersuchten Dokumente und geführten Interviews folgen im empirischen Teil der Arbeit jeweils zu Beginn der Teilanalysen, damit unmittelbar nachvollzogen kann, welche Textpassagen welchen Dokumenten und Interviews zuzuordnen sind.

5 Zur (Re-)Produktion „kultureller Differenzierungen": Von Brüchen und transnationalen Diskurssträngen

5.1 Zum Aufbau der Untersuchung

Die Analyse des Forschungsstands zur *Sozialen Stadt* und zur *politique de la ville* und der Frage nach „kulturellen Differenzierungen" hat gezeigt, dass bisher keine ausführlichen Untersuchungen zu diesem Themenfeld vorliegen. Ausgehend von den beschriebenen deutsch-französischen Unterschieden kann eine detaillierte Analyse zum besseren und differenzierteren Verständnis der Steuerungslogiken der beiden quartiersbezogenen Stadtpolitiken beitragen.

Entsprechend der Zielsetzung, herauszuarbeiten, wie „kulturelle Differenzierungen" in der *Sozialen Stadt* und der *politique de la ville* problematisiert werden, wird in der empirischen Analyse wie folgt vorgegangen: Begonnen wird mit einer Analyse der *Sozialen Stadt* in Deutschland auf den unterschiedlichen administrativen Ebenen. Dazu werden zunächst die Grundausrichtung, Programmatiken und Zielsetzungen auf nationaler Ebene herausgearbeitet. Wie in der Begründung der Fallstudienauswahl bereits angeführt, wird die *Soziale Stadt* je nach Bundesland unterschiedlich implementiert. Entsprechend ist die Ausrichtung der Stadtpolitik in Hessen zu beleuchten, um zu prüfen, ob sich nationale Vorgaben fortsetzen oder gegebenenfalls unterlaufen werden. Danach wird herausgearbeitet, wie „kulturelle Differenzierungen" in den *Soziale Stadt*-Quartieren in Frankfurt am Main und Darmstadt problematisiert werden. Zentrale Unterschiede und Gemeinsamkeiten zwischen den Untersuchungsebenen werden hervorgehoben.

Im zweiten großen Analyseschritt wird die *politique de la ville* in Frankreich in Bezug auf die Frage nach „kulturellen Differenzierungen" untersucht. Ausgangspunkt bildet auch hier die nationale Ebene. In Frankreich scheinen die Präfekturen der verschiedenen *départements* wichtigen Einfluss darauf zu haben, wie viel Spielraum lokale Ausrichtungen der *politique de la ville* erhalten. Daher wird analysiert, welche Positionierungen in Paris und im *département* Seine-Saint-Denis erfolgen. Schließlich werden die Ergebnisse zu den Fallstudien in Paris Belleville-Amandiers und Bondy vorgestellt und zentrale Argumentationslinien präsentiert, bevor auch hier die unterschiedlichen administrativen Ebenen verglichen werden.

Im dritten Analyseschritt werden Programmatiken, Zielsetzungen und Maßnahmen der *Sozialen Stadt* und der *politique de la ville* auf nationaler, dann auf regionaler und zuletzt auf lokaler Ebene kontrastiert, um Unterschiede und Gemeinsamkeiten der beiden Stadtpolitiken hervorzuheben. Wie bereits in den Teilfragestellungen der Arbeit dargestellt, stehen besonders übergreifende Muster beziehungsweise größere Abweichungen im Fokus.

Vor diesem Hintergrund werden grundsätzliche Übereinstimmungen sowie Differenzen im Ländervergleich nachgezeichnet. Für die herausgearbeiteten Ergebnisse werden Interpretationsansätze geboten.

5.2   Die *Soziale Stadt* in Deutschland: „Durchfließende" Diskursstränge über die Ebenen hinweg

5.2.1   „Integration" von MigrantInnen als hegemonial verankerte Zielsetzung der Sozialen Stadt auf nationaler Ebene

Ausgangspunkt der empirischen Untersuchung bildet die Analyse der *Sozialen Stadt* auf nationaler Ebene. Wie werden „kulturelle Differenzierungen" problematisiert und in welchen Maßnahmen werden diese handlungswirksam? Um nachvollziehen zu können, auf welche Dokumente und Interviews im Text verwiesen wird, werden diese zunächst kurz dargestellt.

5.2.1.1   Dokumente und Interviews zur *Sozialen Stadt* auf nationaler Ebene

Das Programm *Soziale Stadt* wird auf nationaler Ebene durch das Deutsche Institut für Urbanistik (Difu) wissenschaftlich begleitet. Innerhalb des Difu wurde im Dezember 2003 die Bundestransferstelle Soziale Stadt eingerichtet, die den Informations- und Erfahrungsaustausch zwischen den an der Programmumsetzung Beteiligten fördern soll (Difu 2011a). In diesem Kontext wurden vom Difu mehrere Berichte veröffentlicht, die erste Bilanzen der *Sozialen Stadt* darstellen und neue Strategien enthalten (Dok-D01[90] und 02). Zudem wird seit dem Jahr 2000 vom Difu ein Newsletter herausgegeben, in dem unterschiedliche thematische Schwerpunkte gesetzt werden (Dok-D03-01 bis -24). In die wissenschaftliche Analyse des Programms ist auch das Bundesamt für Bauwesen und Raumordnung (BBR) beziehungsweise das Bundesinstitut für Bau-, Stadt- und Raumforschung (BBSR) im BBR involviert, das teilweise in Zusammenarbeit mit dem Bundesministerium für Verkehr, Bau und Stadtentwicklung (BMVBS) mehrere themenbezogene Berichte veröffentlicht hat. Es wurden Veröffentlichungen zu „guten Projektbeispielen" und Modellvorhaben (Dok-D04, 07 und 09), ein Statusbericht (Dok-D05) und ein Bericht zu zehn Jahren *Soziale Stadt* (Dok-D08) berücksichtigt. Aufgrund der engen Verbindung zwischen „Integration" und *Sozialer Stadt* wurden auch Veröffentlichungen zum Nationalen Integrationsplan in die Analyse einbezogen (Dok-D06 und 12). Darüber hinaus wurden die Verwaltungsvereinbarung aus dem Jahr 2010 (Dok-D10), in der das Programm *Soziale Stadt* gesetzlich verankert ist, die aktuelle Internetkommunikation des BMVBS zur *Sozialen Stadt* (Dok-D11) und eine verschriftlichte Rede der Integrationsbeauftragten Maria Böhmer zum Thema „Integration und Stadtentwicklung" (Dok-D13) in das Korpus aufgenommen (siehe Tabelle 2).

---

90   Zur Erläuterung der Kürzel: „Dok" steht für Dokument, „D" für Deutschland, „F" für Frankreich. Die Dokumente wurden jeweils durchnummeriert.

Tabelle 2:   Dokumente der Stadtpolitik *Soziale Stadt* – nationale Ebene

Dokumente auf nationaler Ebene			
Herausgeber/Autor	Titel	Dokumentart	Kürzel[91]
Difu, 2002	Die Soziale Stadt. Eine erste Bilanz des Bund-Länder-Programms „Stadtteile mit besonderem Entwicklungsbedarf – die soziale Stadt"	Monographie	Dok-D01
Difu, 2003	Strategien für die Soziale Stadt. Erfahrungen und Perspektiven – Umsetzung des Bund-Länder-Programms „Stadtteile mit besonderem Entwicklungsbedarf – die soziale Stadt"	Monographie	Dok-D02
Difu, 2000-2010	Soziale Stadt info: Newsletter der Bundestransferstelle Soziale Stadt im Difu, Nr. 1 bis Nr. 24, zugänglich über die Homepage http://www.sozialestadt.de/veroeffentlichungen /newsletter/ (03.02.2011)	Newsletter	Dok-D03 -01 bis -24
BBR, 2008	Integrierte Stadtentwicklung – Praxis vor Ort. Gute Beispiele zu Vernetzung und Bündelung im Programm Soziale Stadt	Monographie	Dok-D04
BMVBS, 2008	Statusbericht zum Programm Soziale Stadt	Monographie	Dok-D05
BMVBS/BBR, 2008	Integration vor Ort. Der Nationale Integrationsplan – Zwischenbilanz	Monographie	Dok-D06
BMVBS, 2009	Modellvorhaben der Sozialen Stadt. Gute Beispiele für sozial-integrative Projekte	Monographie	Dok-D07
BMVBS/BBSR, 2009	Jubiläumskongress 10 Jahre Soziale Stadt. Das Bund-Länder-Programm in der Praxis	Monographie	Dok-D08
BMVBS/BBSR, 2010	Impulse aus 26 Pilotprojekten der Nationalen Stadtentwicklungspolitik	Monographie	Dok-D09
BMVBS, 2010	Verwaltungsvereinbarung Städtebauförderung 2010, online abrufbar u. a. unter: www.bmvbs.de	Gesetzestext	Dok-D10
BMVBS, 2011	Internetkommunikation zur *Sozialen Stadt* und zu BIWAQ: www.bmvbs.de (03.02.2011)	Homepage	Dok-D11
Bundesregierung, 2007	Der Nationale Integrationsplan. Neue Wege – neue Chancen	Monographie	Dok-D12
Maria Böhmer, 2010	Rede der Integrationsbeauftragten der Bundesregierung beim vhw-forum „Integration und Stadtentwicklung" (24.03.2010): Stadtentwicklung als Integrationspolitik	Homepage des vhw (05.05.2011)	Dok-D13

Quelle: Eigene Darstellung

Als Ergänzung wurden zwei Mitarbeiterinnen der Abteilungen *Soziale Stadt*, ESF-Förderprogramme und Integration des Bundesministeriums für Verkehr, Bau und Stadtentwicklung (BMVBS) (IP-D01[92]) befragt, um Informationen zur aktuellen Ausrichtung des Programms *Soziale Stadt*, zu identifizierten Problemen und zu zukünftigen Entwicklungen zu erhal-

---

91 Zur Erläuterung der Kürzel: „Dok" steht für Dokument, „D" für Deutschland, „F" für Frankreich. Die Dokumente wurden jeweils durchnummeriert.

92 Zur Erläuterung der Kürzel: „IP" steht für InterviewpartnerIn, „D" für Deutschland, „F" für Frankreich. Die Interviews wurden jeweils durchnummeriert.

ten. Diese Informationen wurden durch ein Interview mit zwei Mitarbeitern des Deutschen Instituts für Urbanistik (Difu) vervollständigt (IP-D02), die die Stadtpolitik auf nationaler Ebene mit koordinieren, begleiten und evaluieren. Wie bei der Erläuterung des Dokumentenkorpus angeführt, wird das Programm *Soziale Stadt* zudem vom Bundesinstitut für Bau-, Stadt- und Raumforschung (BBSR) wissenschaftlich begleitet. Hier wurden eine Mitarbeiterin der Programmbegleitung *Soziale Stadt* (IP-D03), ein Mitarbeiter im Bereich Nachhaltigkeit von Stadtquartieren (IP-D04) und zwei MitarbeiterInnen der BIWAQ[93]-Begleitforschung befragt (IP-D05 und 06) (siehe Tabelle 3). Auf diese Weise sollten die zentralen Bewertungen zum Programm *Soziale Stadt* erfasst werden.

Tabelle 3:   Interviews mit Verantwortlichen der Stadtpolitik *Soziale Stadt* – nationale Ebene

Interviews auf nationaler Ebene				
InterviewpartnerIn	Datum	Ort	Dauer	Kürzel[94]
zwei Mitarbeiterinnen des BMVBS aus dem Bereich Soziale Stadt/BIWAQ/Integration	14.09.2010	Berlin	01:27 Stunden	Int-D01
zwei Mitarbeiter des Difu aus dem Bereich Soziale Stadt	16.09.2010	Berlin	01:33 Stunden	Int-D02
Mitarbeiterin des BBSR aus dem Bereich Wissenschaftliche Begleitforschung Soziale Stadt/Integration	20.09.2010	Bonn	01:12 Stunden	Int-D03
Mitarbeiter des BBSR aus dem Bereich Nachhaltige Stadtquartiere	20.09.2010	Bonn	00:47 Stunden	Int-D04
Mitarbeiter des BBSR aus dem Bereich BIWAQ	20.09.2010	Bonn	00:51 Stunden	Int-D05
Mitarbeiterin des BBSR aus dem Bereich BIWAQ	20.09.2010	Bonn	00:31 Stunden	Int-D06

Quelle: Eigene Darstellung

5.2.1.2   Ergebnis: MigrantInnen in Opposition zu Anderen

Ansatzpunkt der Analyse bildet die Frage, wie im Programm der *Sozialen Stadt* „kulturelle Differenzierungen" zum Tragen kommen. Die Quartiere der *Sozialen Stadt* werden in vielen Narrationen mit einem hohen „Anteil von Migranten", einer hohen Zahl von „Zuwanderern" (beide Dok-D13), einem „überdurchschnittliche[n] Anteil an Migrantinnen und Migranten" (Dok-D05) beziehungsweise einer hohen Anzahl an „Menschen mit Migrationshintergrund" (Dok-D06) verknüpft[95]. In den untersuchten Dokumenten wird die politisch definierte Gruppe der

---

93 BIWAQ = Bildung, Wirtschaft, Arbeit im Quartier. BIWAQ ist ein ESF-Förderprogramm, das die Bereiche Bildung, Wirtschaft und Beschäftigung in Quartieren der *Sozialen Stadt* stärken soll.

94 Zur Erläuterung der Kürzel: „Int" steht für InterviewpartnerIn, „D" für Deutschland, „F" für Frankreich. Die Interviews wurden jeweils durchnummeriert.

95 Die Ausführungen und Darstellungen der Zusammenhänge werden jeweils durch einige direkt im Anschluss folgende narrative Muster belegt. Um den Lesefluss nicht zu beeinträchtigen, wird darauf verzichtet, jeweils auf die nachfolgenden Passagen narrativer Muster durch „vgl.", „siehe" oder ähnliches zu verweisen, da der Bezug eindeutig ist.

MigrantInnen[96] dezidiert von anderen QuartiersbewohnerInnen differenziert (MigrantInnen ||[97] andere). Die Quartiere mit hohem Migrantenanteil werden als Problem beladen beschrieben: Es erfolgt eine Äquivalentsetzung mit „soziale[n] Brennpunkte[n]", „soziale[n] Probleme[n]" (beide Dok-D13) und sozialer Benachteiligung (Dok-D05 und 06). Damit stehen die Gebiete in Opposition zur Gesamtstadt (Dok-D05) und erfordern eine „gezielt[e]" Fokussierung und ein Handeln des Programms *Soziale Stadt* (Dok-D06 und 12).

Und wie sollen wir mit Quartieren umgehen, in denen ein hoher Anteil von Migranten lebt und die häufig soziale Brennpunkte sind? (...).
In vielen Großstädten gibt es jedoch Quartiere, die durch eine hohe Zahl von Zuwanderern und schwierige Lebensbedingungen geprägt sind. Hier überschneiden sich die Konzentration von Zuwanderern und soziale Probleme (...).
Dok-D13 (Rede der Integrationsbeauftragten der Bundesregierung beim vhw-Forum „Integration und Stadtentwicklung"): 1-2[98]
In den Programmgebieten der Sozialen Stadt übertrifft der Anteil von Bevölkerungsgruppen mit Migrationshintergrund meist deutlich den Durchschnitt in der jeweiligen Gesamtstadt (...). Der überdurchschnittliche Anteil an Migrantinnen und Migranten erweist sich vor allem in den alten Bundesländern als prägendes Merkmal vieler benachteiligter Stadtteile (...).
Dok-D05 (BMVBS: Statusbericht zum Programm Soziale Stadt): 47
[Das Programm Soziale Stadt] richtet sich gezielt auf sozial benachteiligte Wohnquartiere, in denen oftmals viele Menschen mit Migrationshintergrund leben.
Dok-D06 (BMVBS/BBR: Integration vor Ort. Der Nationale Integrationsplan - Zwischenbilanz): 8
Besonderer Handlungsbedarf besteht in benachteiligten Stadtteilen, in denen häufig auch viele Zugewanderte leben.
Dok-D12 (Bundesregierung: Der Nationale Integrationsplan. Neue Wege – neue Chancen): 19

5.2.1.3   Zum „Integrationsbedarf" von MigrantInnen

Wie wird diese Berücksichtigung von MigrantInnen im Programm genauer begründet? Migrantinnen und Migranten werden sowohl in den Dokumenten als auch den Interviews gleichermaßen mit, „Integrationsdefizite[n]" (Dok-D12), „Integrationsproblem[en]" (Int-D01*[99]), einer schlechteren „Integration" (Int-D02: „weniger gut integriert") und „Integrationsbedarf" (Int-D03*) verknüpft. Diese Problematik gilt aber nicht grundsätzlich für alle MigrantInnen: Für „[d]ie meisten" wird konstatiert, dass diese ihren Platz in der Gesellschaft bereits gefunden hätten, allerdings gäbe es auch noch zu viele Menschen mit „deutliche[n] Integrationsdefizite[n]" (Dok-D12). Es spiegeln sich hier entsprechend zwei Diskursstränge wider, die durch „[d]ennoch" getrennt werden, wodurch die Aussage polyphon wird (zur Polyphonie von Aussagen siehe Kapitel 4.2.2). Die „Integration" in die deutsche Gesellschaft wird als Idealzustand beschrieben und zur sinnvollen Zielsetzung (Int-D02 und 03*), um unerwünschte Entwicklungen wie „gesellschaftliche[-] Abschottung" (Dok-D12) zu vermeiden.

---

96 Der Begriff der „MigrantInnen" steht jeweils stellvertretend für die in den Dokumenten und Interviews genutzten Formulierungen, mit denen „kulturell" differenziert wird. Er soll entsprechend nicht implizieren, dass eine Gruppe der MigrantInnen gäbe, die klar benannt und abgegrenzt werden könnte.

97 Symbol zur Kennzeichnung einer Opposition/eines Antagonismus.

98 Die Angabe nach dem Doppelpunkt bezeichnet die Seite, auf der die Narration im zitierten Dokument zu finden ist.

99 Bei den mit Stern (*) gekennzeichneten Dokumenten- und Interviewverweisen werden Verknüpfungen nur innerhalb des Textflusses beschrieben und nicht noch einmal gesondert das vollständige narrative Muster aufgeführt. Auf diese Weise soll der Umfang der narrativen Muster-Blöcke überschaubar gehalten werden.

[In Deutschland] leben rund 15 Millionen mit Migrationshintergrund. Die meisten von ihnen haben längst ihren Platz in unserer Gesellschaft gefunden. **Dennoch** wissen wir aber auch um deutliche Integrationsdefizite bei einer leider noch zu großen Zahl von Menschen. (...). Das sind Defizite, die (...) in gesellschaftlicher Abschottung zum Ausdruck kommen.
Dok-D12 (Bundesregierung: Der Nationale Integrationsplan. Neue Wege – neue Chancen): 7
Also, man hat gesagt, benachteiligte Stadtteile sind solche, wo sich Menschen mit besonderen Problemlagen oder die sozial etwas schwächer sind, konzentrieren (...) und/oder solche, die auch sonst in die Gesellschaft weniger gut integriert sind, also solche mit Migrationshintergrund. Von daher war allein über diesen Zahlenschlüssel von vornherein das Thema Integration von Migranten ein wichtiges.
Int-D02 (Mitarbeiter des Difu aus dem Bereich Soziale Stadt)

Der in den bisherigen Narrationen relativ vage definierte „Integrationsbedarf" lässt sich klarer herausarbeiten: MigrantInnen werden mit einer Vielzahl spezifischer Problemlagen verknüpft, die einer „Integration" im Weg stehen. Die Problemlagen stehen im Außen des „Integrations"-Diskurses und laufen dem Diskurs einer „gelungenen Integration" zuwider. Diese können nicht einfach hingenommen werden, da sonst das Scheitern der „Integration" eingestanden werden müsste. Folgende Narrationen zeigen beispielhaft die entsprechenden Argumentationsmuster, in denen MigrantInnen mit unterschiedlichen Problemen verknüpft werden: So werden „Migrantenkinder" mit Armut, MigrantInnen mit der Benachteiligung bei Ausbildungs- und Arbeitsplätzen äquivalent gesetzt (Dok-D03-15 und 08). Schulsegregation (Dok-D02) und fehlende Sprachkenntnisse (Dok-D08) beziehungsweise die „Sprachbarriere" (Int-D03*) gefährdeten „Integration" und stehen in Opposition zu dieser. In Bezug auf Bildung wird eine Differenz zum städtischen Durchschnitt beschrieben (Dok-D12). Auch beim Ehrenamt wird eine Abweichung konstatiert – hier vom Engagement der „Deutschen" (Int-D03).

[In Gebieten der Sozialen Stadt]: Die meisten Migrantenkinder sind permanenter Armut ausgesetzt.
Dok-D03-15 (Soziale Stadt info: Newsletter Nr. 15): 8
Im Alltag sind vielfältige Benachteiligungen von Migrantinnen und Migranten zu beobachten: beim Zugang zum Wohnungsmarkt, zu Ausbildungs- und Arbeitsplätzen (...).
Dok-D03-08 (Soziale Stadt info: Newsletter Nr. 08): 4
„Schulsegregation" erweist sich immer deutlicher als ernster Gefährdungsfaktor für die kulturelle und soziale Integration in den Städten.
Dok-D02 (Difu: Strategien für die Soziale Stadt: Erfahrungen und Perspektiven): 11
Wir wissen, dass Integration von Menschen mit Migrationshintergrund schwierig ist, wenn die Sprache nicht da ist.
Dok-D08 (BMVBS/BBSR: Jubiläumskongress 10 Jahre Soziale Stadt. Das Bund-Länder-Programm in der Praxis): 8
Bildung ist ein wesentliches Kriterium für die Integration von Zuwanderern. In Stadtteilen mit einem hohen Anteil von Haushalten mit niedrigem Sozialstatus, meist auch mit hohem Zuwandereranteil, liegen die Schul- und Bildungserfolge von Kindern und Jugendlichen zumeist unter dem gesamtstädtischen Durchschnitt.
Dok-D12 (Bundesregierung: Der Nationale Integrationsplan. Neue Wege – neue Chancen): 116
[E]s steht tatsächlich fest, dass das Ehrenamt immer noch häufig von Deutschen gesteuert wird und auch ausgeübt wird. Es ist relativ schwierig, Migranten heranzuziehen.
Int-D03 (Mitarbeiterin des BBSR aus dem Bereich Wissenschaftliche Begleitforschung Soziale Stadt/Integration)

Die Differenzierung zwischen Deutschen und MigrantInnen ist Bestandteil einer Vielzahl an Narrationen: So wird beispielsweise die Quartiersbevölkerung in Deutsche und „Quartiersbevölkerung mit Migrationshintergrund" (Dok-D02) beziehungsweise Deutsch sprechende und Andere (Dok-D01) eingeteilt, womit Probleme assoziiert werden. Deutsche und MigrantInnen stehen in Opposition zueinander, obwohl eigentlich eine Mischung erwünscht ist.

Zwischen den <u>deutschen</u> Bewohnerinnen und Bewohnern und der <u>Quartiersbevölkerung mit Migrationshinter-</u><u>grund</u> erschweren <u>sprachliche</u> und kulturelle <u>Differenzen</u> die Verständigung in den meisten Modellgebieten erheblich.
Dok-D02 (Difu: Strategien für die Soziale Stadt: Erfahrungen und Perspektiven): 113
Schwierigkeiten ergeben sich vor allem durch <u>mangelnde „Sprachkenntnisse beider Seiten"</u>, also in der Kommunikation.
Dok-D01 (Difu: Die Soziale Stadt. Eine erste Bilanz des Bund-Länder-Programms): 33

Die „mangelnde[n] ‚Sprachkenntnisse beider Seiten'" (Dok-D01, siehe oben) deuten an, dass es sich um Schwierigkeiten von Deutschen wie MigrantInnen handelt. Häufig werden diese allerdings primär auf MigrantInnen bezogen und es wird auf „kulturelle Unterschiede" rekurriert: So werden „Sprachprobleme" mit dem „Hindernis für eine interkulturelle Verständigung" und einem „kulturell und sozial geprägte[n] Rollenverständnis" äquivalent gesetzt. Diese Gleichsetzung steht in Opposition zu einem „kooperative[n] Zusammenleben" (Dok-D02). In weiteren Narrationen werden MigrantInnen ein „andere[s] Kulturverständnis" (Dok-D03-11: 2*) und „bestimmte Rollenmuster" (Int-D05*) zugeschrieben, woraus sich gleichzeitig ein Antagonismus zur „deutschen Kultur" und zu „deutschen Rollenmustern" ergibt.

Ein wesentliches <u>Hindernis für die interkulturelle Verständigung</u> und damit für ein <u>kooperatives Zusammenleben</u> im Stadtteil stellen <u>Sprachprobleme</u> von Migrantinnen und Migranten dar.
Dok-D02 (Difu: Strategien für die Soziale Stadt: Erfahrungen und Perspektiven): 116
Bei [den Migrantinnen] bestehen oft große Informationsdefizite zu Fragen der Gesundheit, da mangelnde <u>Sprachkenntnisse</u> sowie das <u>kulturell und sozial geprägte Rollenverständnis</u> diesen Frauen den Zugang zu entsprechenden Informationen und einer optimalen Gesundheitsversorgung erschweren.
Dok-D02 (Difu: Strategien für die Soziale Stadt: Erfahrungen und Perspektiven): 141

Die Opposition zwischen „deutscher Kultur" und anderen „Kulturen" findet sich auch in der Gefahr einer „ethnische[n] Segregation" wieder: Segregation muss nicht zwingend ein Problem sein, wird aber dann eines, wenn kein Austausch mit der ansässigen Quartiersbevölkerung, respektive der mehrheitlich deutschen Quartiersbevölkerung, erfolge („ethnische Segregation" $\equiv$[100] fehlender Austausch $\equiv$ Abschottung $\rightarrow$[101] Problem, Dok-D03-17). Idealbild ist eine Gesellschaft, in der es zum Austausch kommt, womit der Rückzug in die „ethnischen Bezüge" (Dok-D05) und die „Entstehung von Parallelgesellschaften" (Dok-D09) dazu im Gegensatz stehen.

Ethnische Segregation kann (...) dann zu Problemen führen, <u>wenn</u> kein Austausch der zugewanderten Bevölkerungsgruppen mit der bereits ansässigen Quartiersbevölkerung erfolgt und diese Gebiete zu Orten sozialer Marginalisierung werden, die gegenüber anderen Stadtteilen <u>abgeschottet</u> sind.
Dok-D03-17 (Soziale Stadt info: Newsletter Nr. 17): 3
Zuwanderer sind am Stadtteilgeschehen häufig nur marginal beteiligt. Sprachliche und kulturelle Barrieren tragen dazu bei, dass sie sich in ihre <u>ethnischen Bezüge zurückziehen</u>.
Dok-D05 (BMVBS: Statusbericht zum Programm Soziale Stadt): 51
Die Folgen des demographischen Wandels, soziale Segregation und die <u>Entstehung von Parallelgesellschaften</u> <u>gefährden</u> die soziale Stabilität der Städte.
Dok-D09 (BMVBS/BBSR: Impulse aus 26 Pilotprojekten der Nationalen Stadtentwicklungspolitik): 21

---

100 Symbol zur Kennzeichnung einer Äquivalenz/einer Gleichsetzung.
101 Symbol für eine Kausalität/einen Begründungszusammenhang.

5.2.1.4   MigrantInnen und ihre Potentiale

Neben der Verknüpfung mit Problemlagen werden MigrantInnen auch in Narrationen einge-bunden, in denen sie als Teil Deutschlands und als Ressource beschrieben werden.
Sowohl in den untersuchten Materialien als auch in den Interviews wird betont, dass Mi-grantInnen zu einem Teil Deutschlands geworden seien (Deutschland ≡ Einwanderungsland ≡ 15,6 Mio. Menschen mit Migrationshintergrund (Int-D03* und Dok-D13: 1*)). Es sei bei allen Handelnden präsent, so beispielsweise ein Vertreter des BBSR (Int-D04). Hier werden ein „wir" und das „Zuwanderungsland" in eine Äquivalenzbeziehung gesetzt.

Und ich glaube, wie gesagt, dass das Bewusstsein einfach da ist, wir sind ein Zuwanderungsland, das ist, glau-be ich, bei allen [Handelnden] präsent.
Int-D04 (Mitarbeiter des BBSR aus dem Bereich Nachhaltige Stadtquartiere)

An die Einwanderung nach Deutschland wird in weiteren Narrationen „kulturelle Vielfalt" (Dok-D13 und Int-D01*) geknüpft und diese damit positiv konnotiert. Konkreter auf die Programmgebiete der *Sozialen Stadt* bezogen, werden diese als solche beschrieben, die eine „in hohem Maße multikulturelle Gesellschaft" widerspiegelten. Die Vielfalt des kulturellen Lebens wird als wichtige Grundlage für die Lebendigkeit und die Identität der Stadtteile betrachtet (Dok-D02).

Durch die Zuwanderung hat auch die kulturelle Vielfalt zugenommen.
Dok-D13 (Rede der Integrationsbeauftragten der Bundesregierung beim vhw-Forum „Integration und Stadtent-wicklung"): 1
Lebendigkeit und Identität der Stadtteile beruhen vor allem auf der Vielfalt ihres kulturellen Lebens. Mehr als die Hälfte der Programmgebiete spiegeln eine in hohem Maße multikulturelle Gesellschaft wider; dort leben Men-schen mit sehr unterschiedlichem kulturellem, sozialem und religiösem Hintergrund.
Dok-D02 (Difu: Strategien für die Soziale Stadt: Erfahrungen und Perspektiven): 130

MigrantInnen bringen zum einen den Vorteil mit sich, zur Vielfalt der Quartiere beizutragen, zum anderen werden sie als Ressource erfasst: „Fähigkeiten", „Leistungen" und „Engagement" (Dok-D12) gilt es zu stärken. Vielfalt wird zu einer Chance, wenn auf die „Potenziale" gesetzt werde. Diese können ökonomischer Natur sein, in Bezug auf das gemeinschaftliche Leben oder den Austausch der BewohnerInnen (Dok-D13* sowie u. a. Dok-D12: 110*, 02: 114*). So ergibt sich, dass die „Migrationstradition" auch mit „zahlreichen Beispielen erfolgreicher Integ-ration" assoziiert wird (Dok-D12, entsprechend auch in Int-D05*: „Deutschland im Bereich Integration" ≡ „nicht wenig Erfolge").

Erfolgreiche Integrationspolitik setzt auf die vielfältigen Fähigkeiten, die Leistungen und das Engagement der Migrantinnen und Migranten.
Dok-D12 (Bundesregierung: Der Nationale Integrationsplan. Neue Wege – neue Chancen): 13
Unser Land blickt auf eine lange und prägende Migrationstradition mit zahlreichen Beispielen **erfolgreicher Integration** zurück.
Dok-D12 (Bundesregierung: Der Nationale Integrationsplan. Neue Wege – neue Chancen): 12

MigrantInnen sind also in zwei unterschiedliche Diskursstränge eingebunden: auf der einen Seite werden sie in Äquivalenz mit verschiedenen Problemlagen gesetzt, auf der anderen Seite werden sie mit Potentialen, Erfolg und Leistung verbunden. Sie stehen damit sowohl im Inne-ren eines „Integrations"-Diskurses als auch im Außen, wenn sie diesem durch Problemlagen zuwiderlaufen. Dieses paradoxe Nebeneinander zeigt sich nicht nur getrennt voneinander in unterschiedlichen narrativen Mustern, sondern sogar innerhalb einzelner Argumentationen. So wird beispielsweise die „kulturelle Vielfalt" zum „Zukunftspotential", wobei gleichzeitig die „Herausforderungen" in den Blick zu nehmen seien (Dok-D11: polyphone Aussage, relational verknüpft durch „aber" (zur theoretischen Konzeptionalisierung siehe Kapitel 4.2.2, Tabelle 1)). In anderen Narrationen stehen „Hemmnis[e]" „Potenzial[en]", „Reichtum" „Ausgrenzung" beziehungsweise „Ressourcen" „Defiziten" gegenüber – getrennt durch die Wörter „sondern", statt" und „doch" (Dok-D09: 21* und 06: 5* sowie Int-D03*).

Die kulturelle Vielfalt der Städte und Gemeinden ist ein entscheidendes Zukunftspotential. Es gilt, die Vielfalt als Chance zu nutzen, **aber** auch die Herausforderungen in den Blick zu nehmen.
Dok-D11 (Internetkommunikation des BMVBS zur Sozialen Stadt und zu BIWAQ)

5.2.1.5   Die Legitimation der Zielsetzung „Integration"

MigrantInnen sind paradoxerweise zum einen in Diskursstränge eingebunden, in denen sie mit Ressourcen verknüpft werden, zum anderen in Diskursstränge, in denen sie an Probleme gebunden werden. Der Signifikant MigrantInnen, verstanden als Sammelbezeichnung für die in den Dokumenten und Interviews genutzten Begrifflichkeiten, kann aus diskurstheoretischer Perspektive damit als flottierender Signifikant verstanden werden. In den Interviews zeigt sich, dass MigrantInnen zugeschriebene Problemlagen unter Förderung „ihrer" Ressourcen beseitigt werden sollen: So beschreiben beispielsweise Mitarbeiterinnen des BMVBS und des BBSR die Aufgaben „Ressourcen [zu] stärken" (Int-D01*) und „Potentiale (…) zu befördern" (Int-D03*) als sinnvolle Vorgehensweise, um Erfolge zu erzielen. Mitarbeiter des Deutschen Instituts für Urbanistik (Difu) skizzieren einen „Idealzustand", in dem Stadtteile mit einer „bunte[n] Mischung" als etwas Besonderes gelten sollen. Um dies zu erreichen, müssten bestimmte Maßnahmen ergriffen werden, wie beispielsweise durch das Programm *Soziale Stadt*. Maßnahmen der *Sozialen Stadt* werden durch das Ziel legitimiert, „bunte" Stadtteile als Teil der Gesamtstadt zu verfestigen (Äquivalenzkette Stadtteile mit einer bunten Mischung ≡ Gesamtstadt → Maßnahmen ≡ Programm *Soziale Stadt*) (Int-D02).

Also Idealzustand wäre dann vielleicht, (…) dass man (…) sagt, der Stadtteil X ist unser besonderer Stadtteil, in dem 'ne bunte Mischung lebt aus verschiedenen Menschen (…) und wir schließen diesen Stadtteil an unsere Gesellschaft, in unsere Gesamtstadt an. Und es gibt keine Barrieren in den Köpfen. Das wäre das Idealbild. Und um da hin zu kommen, muss man halt entsprechende Maßnahmen ergreifen. Zum Beispiel das Programm Soziale Stadt so durchführen.
Int-D02 (Mitarbeiter des Difu aus dem Bereich Soziale Stadt)

Vor diesem Hintergrund kommt der „Integration" in benachteiligten Stadtteilen eine zentrale Bedeutung zu. Entscheidend für die Argumentation ist die Verankerung des „Integrations"-Ziels in der Verwaltungsvereinbarung, in der explizit geäußert wird, dass Finanzhilfen auch für Aufgaben der „Integration" aufgewandt werden können (Dok-D10: 2*, Verankerung auch im Verteilungsschlüssel der Mittel: Dok-D06: 8*). „Integration" wird als „zentrale[-] Herausforderung[-]" beschrieben und mit einem spezifischen Vorgehen verbunden (Dok-05, Verknüpfung Maßnahmen ≡ „Integration" auch beispielsweise Dok-D11* und Int-D02*). Die zu erbringende „Integrationsleistung", gekoppelt an MigrantInnen, wird auf die Programmgebiete der *Sozialen Stadt* bezogen, in denen Stigmatisierung und Diskriminierung abzubauen seien (Dok-D02 und 08: 22*). Damit ist die Beziehung zwischen „Integration" und *Sozialer Stadt* als fest veran-kert zu verstehen und als sinnvolle Zielsetzung legitimiert, um Benachteiligungen entgegen zu wirken: „Integration" $\equiv$ *Soziale Stadt* || Benachteiligungen.

Die Integration von Bevölkerungsgruppen mit Migrationshintergrund gehört zu den zentralen Herausforderungen in benachteiligten Stadtteilen.
Dok-D05 (BMVBS: Statusbericht zum Programm Soziale Stadt): 94
Die hohe Integrationsleistung der Programmgebiete, insbesondere hinsichtlich verschiedener Kulturen sowie abweichender Lebensformen und Verhaltensweisen, wird zwar von mehreren politischen Seiten betont, doch: „dies offen zu formulieren, stellt einen politischen Kraftakt dar" – wohl vor allem deshalb, weil sich daraus die Notwendigkeit ergibt, verstärkt Ressourcen bereitzustellen und dafür zu sorgen, dass Stigmatisierung und Dis-kriminierung vieler Programmgebiete abgebaut werden.
Dok-D02 (Difu: Strategien für die Soziale Stadt: Erfahrungen und Perspektiven): 73

Sowohl im Interview mit Mitarbeiterinnen des BMVBS als auch mit Mitarbeitern des Difu (Int-D01* und 02*) wird „Integration" als Aufgabe beschrieben, die im Programm *Soziale Stadt* seit Anfang an verfolgt werde. Sie sei damit nicht neu. 2005 werde sie allerdings anders ge-rahmt, als sie zum „Maßnahmenschwerpunkt" erhoben wurde. Diese Verschiebung lässt sich übergreifend in vielen Narrationen der Dokumente und Interviews nachzeichnen, in denen die Wortfolge „2005 als Maßnahmenschwerpunkt" (bspw. Dok-D03-17 und 05: 33*) und Formu-lierungen wie „Kernbereich der Programmumsetzung" (Dok-D03-24: 3*) und eines der „Kernthemen" (Int-D01*) vorkommen.

Die „Integration von Migrantinnen und Migranten" gilt als zentrale gesellschaftliche Zukunftsaufgabe. Sie wurde 2005 als Maßnahmenschwerpunkt für das Programm Soziale Stadt in die Verwaltungsvereinbarung zwischen Bund und Ländern aufgenommen.
Dok-D03-17 (Soziale Stadt info: Newsletter Nr. 17): 1

Die Äquivalenzbeziehung „Integration" $\equiv$ *Soziale Stadt* wird durch die übergreifend vergleich-baren Argumentationsmuster fixiert. Der „Integrations"-Diskurs, gekoppelt an die *Soziale Stadt*, gewinnt also an Dominanz und kann, entsprechend der Ausführungen in Kapitel 3.4.5, als hegemonial bezeichnet werden.

Der Bedeutungsgewinn von „Integration" in der *Sozialen Stadt* ist eng gekoppelt an den allgemeinen gesellschaftlichen Bedeutungsgewinn von „Integration". In einer Vielzahl an Nar-rationen wird übergreifend „Integration" als „Querschnittsaufgabe"/„Querschnittsthema", „Chefsache" (bspw. Int-D01* und Dok-D05:50*, 06: 5*) und „strategische Zukunftsaufgabe" (Dok-D03-17: 20*) bezeichnet und unter anderem mit der notwendigen Erarbeitung von „In-tegrationskonzepten" (bspw. Int-D04* und Dok-D05: 51*), „Monitorings" (Int-D03*) und Maßnahmen wie der „Einstellung von Personen mit Migrationshintergrund" (Int-D01* und Dok-D13: 3*) verknüpft. Als entscheidend für diese Entwicklungen werden die „Integrations-gipfel" im Innenministerium (Int-D03* und 04*), der „Nationale[-] Integrationsplan" sowie das Engagement aus dem Kanzleramt heraus (Int-D03*) beschrieben. Vor allem die Integrati-onsgipfel und der Nationale Integrationsplan werden eng mit dem verstärkten Integrationsziel in Beziehung gesetzt und diese Äquivalentsetzungen auf diese Weise verfestigt. Diese Entwick-lung wird als Begründung für den „Schub" des Themas „Integration" in der *Sozialen Stadt* ange-führt, wie Interviewpartnerinnen des BMVMS erläutern (Int-D01). Damit ergibt sich folgende Argumentationslogik: Nationaler Integrationsplan $\equiv$ Querschnittsthema $\rightarrow$ „Integration" $\equiv$ *Soziale Stadt.*

Politisch, und auch sicherlich dann fürs Programm *Soziale Stadt* noch mal sichtbarer geworden ist das [Thema Integration] auch durch tatsächlich den Nationalen Integrationsplan und die dortigen Aktivitäten, womit ja auch politisch dann anerkannt ist, ok, so nach dem Motto, das ist auch 'ne Aufgabe der Bundespolitik und Integration zu stärken, und das eben auch als Querschnittsthema in allen Politiken zu verankern. (…) Und damit hat es natürlich auch in der *Sozialen Stadt* noch mal sozusagen einen Schub gekriegt (…).
Int-D01 (Mitarbeiterinnen des BMVBS aus dem Bereich Soziale Stadt/BIWAQ/Integration)

Wieso erhält nun aber gerade das Programm *Soziale Stadt* die Aufgabe, „Integration" zu befördern? Entscheidend ist die gewünschte Steuerung von „Integration", die im Nationalen Integrationsplan entwickelt wird: Dieser sieht die „Integration vor Ort" als ein „Schlüsselthema für eine erfolgreiche Integration" (Dok-D06: 8*). In dieser Logik zeigt sich „vor Ort", ob „Integration gelingt oder misslingt" (Dok-D12: 24*). Die Formulierung „Integration vor Ort" wird in vielen Narrationen der analysierten Dokumente reproduziert (u. a. Dok-D12: 112-113* und 13: 3*). Auch in den Argumentationen der InterviewpartnerInnen spiegelt sich wider, dass „Integration vor Ort" ganz selbstverständlich geworden ist: Bei der „Integration vor Ort" *müsse* auf die „geographisch-räumlichen Zusammenhänge" (Int-D02) geschaut werden. In der „Stadtentwicklung" würde eng mit „Integration" zusammengearbeitet, wobei die „Integration vor Ort" eine „wichtige Rolle" spiele (Int-D01). In der polyphonen Aussage einer Mitarbeiterin des BBSR wird die zugrundeliegende Logik besonders deutlich: das Thema „Integration" könne national (durch den „Bund") befördert werden, „aber" „Integration" müsse in den „Kommunen", in den „Stadtteilen" stattfinden (Int-D03).

[I]im Nationalen Integrationsplan ist ja zum Beispiel die räumliche Bezugsebene aufgenommen worden, nach dem Motto „Integration findet vor Ort statt". Also wir müssen auf die Quartiere, auf die Nachbarschaften, auf die geographisch-räumlichen Zusammenhänge, auf die *community*-Zusammenhänge gucken.
Int-D02 (Mitarbeiter des Difu aus dem Bereich Soziale Stadt)
[W]ir [arbeiten] im Bereich der Stadtentwicklung sehr eng auch mit Integration zusammen, weil wir sehen, dass da eben gerade die Integration vor Ort eine wichtige Rolle spielt.
Int-D01 (Mitarbeiterinnen des BMVBS aus dem Bereich Soziale Stadt/BIWAQ/Integration)
Also der Bund, der kann Themen befördern und diskutieren, vielleicht auch Rahmenbedingungen setzen, wenn es darum geht Sprachförderung, Sprachkurse, flächendeckende Sprachkurse (…), **aber** im Prinzip findet ja Integration vor Ort statt und in den Kommunen, in den Stadtteilen.
Int-D03 (Mitarbeiterin des BBSR aus dem Bereich Wissenschaftliche Begleitforschung Soziale Stadt/Integration)

„Integration vor Ort" ist zu einem zentralen Schlagwort geworden. Die Formulierung kann als fest verankert aufgefasst werden, wird immer wieder reproduziert und ist daher als hegemonial verfestigt zu verstehen.

5.2.1.6 „Integration" durch die *Soziale Stadt*

Vor dem Hintergrund der Leitidee einer „Integration vor Ort" fällt dem Programm *Soziale Stadt* die Aufgabe zu, das Ziel der „Integration" zu befördern. Die Grundausrichtung der Stadtpolitik – der sozialraumorientierte Ansatz – wird mit Maßnahmen zur „Integration" verwoben (bspw. Dok-D13: 2* und Int-D03*), wobei die *Soziale Stadt* zum „wichtige[n] und zentrale[n] Handlungsinstrument der Integration" wird (Dok-D05). Die politische „Integrations"-Steuerung soll dezidiert durch „gebietsbezogene[-] Integrationsansätze[-]" und das Programm *Soziale Stadt* (Dok-D06) erfolgen: „Integration" $\equiv$ sozialraumorientierter Ansatz $\equiv$ Programm *Soziale Stadt* $\rightarrow$ Handlungsinstrument.

Desgleichen wird im Nationalen Integrationsplan, der die „Integration vor Ort" als einen Handlungsschwerpunkt ausweist und den sozialräumlichen Bezug von Integration besonders hervorhebt, das Programm Soziale Stadt als ein wichtiges und zentrales Handlungsinstrument der Integration eingeschätzt (...).
Dok-D05 (BMVBS: Statusbericht zum Programm Soziale Stadt): 50
Das Programm „Soziale Stadt" spielt eine zentrale Rolle bei gebietsbezogenen Integrationsansätzen.
Dok-D06 (BMVBS/BBR: Integration vor Ort. Der Nationale Integrationsplan - Zwischenbilanz): 18

Auch andere Programme wie das zur Aussiedlerintegration des Bundesministeriums des Innern und das ESF-Förderprogramm BIWAQ[102] fokussieren ihre Interventionen auf Gebiete der *Sozialen Stadt*, womit die Äquivalenz zwischen „Integration" ≡ sozialraumorientierter Ansatz ≡ *Soziale Stadt* verfestigt wird (u. a. Dok-D01: 23* und 11*, ebenfalls in Int-D01* und D05*). Das Agieren für „Integration" über den Gebietsbezug der *Sozialen Stadt* ist in der aktuellen politischen Ausrichtung fest verankert. Die *Soziale Stadt* wird zum Instrument eines territorialen, quartiersbezogenen „Integrationsmanagements". Diese Logik kann momentan als stabil bezeichnet werden, andere Denkmöglichkeiten werden tendenziell unterdrückt.

5.2.1.7   „Kulturelle Differenzierungen" in einer Vielzahl an Vorgehensweisen und Maßnahmen

Welche Vorgehensweisen und Maßnahmen werden nun beschrieben, um die bisher sehr vage Zielsetzung der „Integration" zu erreichen? Wie erlangt „Integration" durch die *Soziale Stadt* konkrete Handlungsrelevanz? Im Folgenden wird analysiert, wie im Rahmen der *Sozialen Stadt* aus nationaler Sicht heraus „Integration" erreicht werden soll. Es wird auf die Maßnahmen eingegangen, die in den untersuchten Materialien und Interviews immer wieder erwähnt werden und sich damit als diejenigen herauskristallisieren, denen aktuell zentrale Bedeutung beigemessen wird. Es handelt sich dabei um Modellvorhaben der *Sozialen Stadt*, spezifische Vorgehensweisen durch die Quartiermanagements, Maßnahmen, die einem Bereich Bildung, Sprache und Schule zugeordnet werden können, Projekte im Wirtschaftsbereich, Maßnahmen zur Aktivierung und Beteiligung von MigrantInnen sowie die Gewinnung fester AnsprechpartnerInnen, die Informationen weitergeben sollen.

Modellvorhaben der Sozialen Stadt*: MigrantInnen als Hauptzielgruppe*
Ein zentrales Mittel zur „Integration" stellen die Modellvorhaben der *Sozialen Stadt* dar, die 2006 eingeführt wurden, um über das Programm auch Projekte im sozial-integrativen Bereich durchzuführen, also beispielsweise Maßnahmen zum Spracherwerb oder zur Verbesserung von Bildungsabschlüssen, was zuvor problematisch war (BMVBS 2009b: 7)[103]. In den untersuchten Materialien werden die Modellvorhaben besonders auf die „Integration" beziehungsweise die „Integration von Zuwanderern" bezogen (Dok-D12, 11* und 07: 5*). Diese Weiterentwicklung der *Sozialen Stadt* wird von Interviewpartnern des BMVBS und des Difu als „Meilenstein" bezeichnet (Int-D01 und 02*).

---

102 „Bildung, Wirtschaft, Arbeit im Quartier", gefördert durch den Europäischen Sozialfonds (ESF). Ein Schwerpunkt des Programms liegt in der „Integration von Menschen mit Migrationshintergrund". Informationen zum Programm unter www.biwaq.de.

103 Im Rahmen der Mittelkürzungen werden die Modellvorhaben seit 2011 zwar nicht weitergeführt, allerdings waren zur Zeit der Interviewführung die Streichung der Modellvorhaben entweder noch gar nicht bekannt oder es wurde dennoch auf die Maßnahmen starker Bezug genommen. Daher wurden diese auch in die Analyse aufgenommen.

In benachteiligten Stadtquartieren werden die Handlungsmöglichkeiten des Programms „Soziale Stadt", insbesondere auch die erweiterten Fördermöglichkeiten im Rahmen von <u>Modellvorhaben</u>, für die <u>Integration von Zuwanderern genutzt</u>.
Dok-D12 (Bundesregierung: Der Nationale Integrationsplan. Neue Wege – neue Chancen): 117
[D]ie Bundesfinanzhilfen, die ja eigentlich investiv eingesetzt werden müssen, wurden halt ein Stück weit geöffnet, indem man gesagt hat, ein Teil der Programmmittel <u>kann auch eingesetzt werden für sozialintegrative Maßnahmen</u>, sprich im Bereich Bildung, Beschäftigung und <u>Integration</u>. (...). Also diese Weiterentwicklung des Programms seit 2006 war sicherlich auch noch mal so ein <u>Meilenstein</u>.
Int-D01 (Mitarbeiterinnen des BMVBS aus dem Bereich Soziale Stadt/BIWAQ/Integration)

Als Hauptzielgruppe der Maßnahmen werden MigrantInnen angeführt: „knapp 80 Prozent der Vorhaben richten sich" an diese (Dok-D07: 8*). MitarbeiterInnen des BMVBS betonen zusätzlich zur Zielgruppe MigrantInnen, dass „zu 70 Prozent (...) Integration von Migranten da auch als Handlungsfeld der Projekte genannt" werde (Int-D01*). Es erfolgt eine enge Koppelung der Modellvorhaben an Zuwanderer/MigrantInnen als primäre Zielgruppe und Handlungsfeld (Modellvorhaben ≡ „Integration" ≡ Zuwanderer/Migranten ≡ primäre Zielgruppe ≡ Handlungsfeld). Der Handlungsbedarf schlägt sich in spezifischen Maßnahmen und Projekten für MigrantInnen nieder.

Als Beispiele werden unter anderem „Prozesse der interkulturellen Moderation (...) bei interkulturellen Konflikten" (Dok-D12: 116*), „interkulturelle Öffnung", die „Partizipation von Migrantinnen und Migranten" (Int-D01*), Unterstützung bei „neue[n] Ansätze[n] kommunaler und stadtteilbezogener Integrationspolitik" (Dok-D11*) oder auch „Spracherwerb" (Dok-D10: 9*) angeführt. Ziel ist es, Schwierigkeiten von MigrantInnen zu beseitigen beziehungsweise den „interkulturellen" Austausch zu verbessern und Konflikte abzubauen. Damit geht es darum, MigrantInnen in den Diskurs einer „erfolgreiche[n] Integration" einzubeziehen. Vor diesem Hintergrund erscheint die Differenzierung in migrantisch versus nicht-migrantisch sinnvoll und legitim. Die „positive Diskriminierung" von MigrantInnen ist verfestigt und unhinterfragt.

Das Quartiermanagement: Spezifische Ansprache und Ausrichtung auf MigrantInnen
Innerhalb des Programms der *Sozialen Stadt* kommt dem Quartiermanagement eine wichtige Bedeutung bei der Projektkoordinierung und -umsetzung sowie bei der Vernetzung der BewohnerInnen zu. Das Quartiermanagement soll als Anlaufstelle für Probleme und Wünsche dienen (entsprechend der Ausführungen in Kapitel 2.1.2). Wie wird hier mit dem erhöhten „Anteil von Bevölkerungsgruppen mit Migrationshintergrund" (Dok-D05*) umgegangen?

Für das Quartiermanagement wird als eines der Handlungsfelder die „ethnische Integration" (Dok-D03-02*) angeführt. Diese soll unter anderem dadurch erreicht werden, dass das Quartiermanagement „aktiv[-] und aktivierend[-]" (Dok-D12*) eingreift, „Teilhabechancen" erhöht, um „Migranten mehr einzubinden" (Int-D03*) und Netzwerke stärkt (Dok-D03-08). Ein spezifischer Handlungsbedarf durch das Quartiermanagement wird auf MigrantInnen bezogen und damit auch hier kulturell differenziert.

[Beispiel eines Quartiermanagers]: Als interkultureller Stadtteilmanager stehe ich vor der Aufgabe, <u>Netzwerke der Integration von Zuwanderern aufzubauen und zu stärken</u>. Deshalb richtet sich <u>mein erster Blick auf die zugewanderten Mitbürgerinnen und Mitbürger</u>.
Dok-D03-08 (Soziale Stadt info: Newsletter Nr. 08): 24

Das als sinnvoll erachtete spezifische Handeln für MigrantInnen wird in weiteren Narrationen noch einmal deutlicher. Nachholbedarf wird in der „ethnische[n] Besetzung des lokalen Quartiersmanagements" gesehen. Diese Besetzung wird als positiv für den „Zugang und die Erreichbarkeit von Zuwanderern" dargestellt (Dok-D05). Eine vergleichbare Äquivalentsetzung ergibt sich auch bei „bikulturellen" Mitarbeitern, die zur positiven „Beteiligungsbereitschaft" beitragen könnten (Dok-D03-17: 5*) oder bei Personal, das „selber diesen Hintergrund" hätte und so „interkulturelle Kompetenz" beweise (Int-D06*). Hier erfolgt auch die Koppelung an das Sprechen einer anderen Sprache zur besseren Kommunikation (Int-D06* und 02*): „interkulturelle Kompetenz" ≡ „dass sie dann türkisch sprechen können oder arabisch oder wie auch immer" ≡ „Fremdsprache". Es wird in unterschiedliche Gruppen aufgrund verschiedener „Kulturen" und Sprachen differenziert. Dies wird noch einmal in der Aussage von MitarbeiterInnen des BMVBS deutlicher, in der „Quartiermanager und -managerinnen mit Migrationshintergrund" mit einem „anderen Zugang zur *community*" als „Erfolgsfaktor" verknüpft werden (Int-D01). Auf diese Weise werden „kulturelle Unterschiede" in der Argumentation verfestigt. Noch genauer lässt sich diese Beziehung in einer Narration nachzeichnen, in der der „Migrationshintergrund" eines Quartiermanagers als Begründung eines besseren Zugangs aufgrund des „traditionellen Hintergrunds" angeführt wird (Dok-D08). Der andere „kulturelle" Hintergrund wird also kausal für die bessere Erreichbarkeit verantwortlich gemacht. Es zeigt sich, dass auch beim Quartiermanagement eine spezifische Ansprache von MigrantInnen zur „Integration" als sinnvoll angesehen wird und handlungswirksam werden soll.

Nachholbedarf besteht auch im Hinblick auf eine ethnische Besetzung des lokalen Quartiersmanagements. Die Beschäftigung von Personen mit Migrationshintergrund ist ein wichtiges Signal an die Quartiersbevölkerung und wirkt sich positiv auf den Zugang und die Erreichbarkeit von Zuwanderern (...) aus.
Dok-D05 (BMVBS: Statusbericht zum Programm Soziale Stadt): 52
Also das ist ja auch ein Erfolgsfaktor in den Quartieren, die einen hohen Migrantenanteil haben, dass man eben auch Quartiermanager oder -managerinnen mit Migrationshintergrund hat, die eben einen anderen Zugang zur community haben. (...) [I]nterkulturelle Öffnung heißt eben auch, sich sozusagen mit den Fragen auseinandersetzen, wie kriegt man andere Zugänge, wie muss man sich selbst als Einrichtung oder auch von den Mitarbeitern aufstellen, um das sozusagen interkulturell zu öffnen.
Int-D01 (Mitarbeiterinnen des BMVBS aus dem Bereich Soziale Stadt/BIWAQ/Integration)
[Beispiel eines Quartiermanagers]: Da ich selbst einen Migrationshintergrund habe, ist es für mich eher leicht, diese Leute zu erreichen. Ich weiß, wie man mit ihnen umgeht, auch **weil** ich den traditionellen Hintergrund kenne.
Dok-D08 (BMVBS/BBSR: Jubiläumskongress 10 Jahre Soziale Stadt. Das Bund-Länder-Programm in der Praxis): 42

Im nächsten Schritt wird ein genauerer Blick auf die Maßnahmen geworfen, die in den untersuchten Materialien und Interviews angeführt werden und in denen „kulturell" differenziert wird.

Bildung, Sprache, Schule: Befähigung von MigrantInnen
Einen zentralen Platz nehmen Maßnahmen ein, die dem Bereich Bildung, Sprache und Schule zugeordnet werden können. Ansatzpunkt ist die Sprachförderung von MigrantInnen beispielsweise durch das Projekt „Mama lernt Deutsch", das als großer „Erfolg" bezeichnet wird. Durch die Vermittlung von Sprachkenntnissen sollen Migrantinnen „in die Lage versetzt werden", ihre Kinder besser zu begleiten und die eigene Selbstständigkeit zu erweitern (Dok-D02). Mit „Sprachförderung" (Dok-03-16:10*) soll die Befähigung erhöht werden. Es spiegelt sich eine neoliberale Logik wider entsprechend derer – im Sinne des Staates – selbstständig und

effizient handelnde Bürger gewünscht sind. Die Verpflichtung des Einzelnen für das eigene Leben soll gestärkt werden (dazu u. a. Beck 2000: 49; Füller 2004: 3; Mattissek 2008: 48-52). Unterstrichen wird diese Zielsetzung der Sprachverbesserung durch Elemente, die in Opposition dazu stehen: So wird der „Weg in die berufliche Integration" als „weitgehend verwehrt" beschrieben, wenn nicht „Kenntnisse und Gebrauch der Sprache der Mehrheitsgesellschaft" gegeben seien (Dok-D05). In einer anderen Narration werden Sprachprobleme als „Hindernis für die interkulturelle Verständigung" angeführt (Dok-D02: 116*). Sprachförderung und Alphabetisierung reihen sich damit in eine Äquivalenzkette zusammen mit Befähigung und Selbstständigkeit aneinander und stehen in Opposition zu einem Ausschluss vom beruflichen Leben und der gesellschaftlichen „Integration".

Diese Gefahr des Ausschlusses dient als Begründung für ein spezifisches Handeln und zeigt sich in mehreren Narrationen durch eine Kausalbeziehung: „Ein Schwerpunkt stadtteilbezogener Integrationsarbeit liegt **daher** …" (Dok-D05), „Sprachkompetenz von Migrantenkindern [wird] verstärkt gefördert, **um** …" (Dok-D02: 128*) sowie „**Um** … abzubauen, **bedarf es** …" (Dok-D03-08: 11*). Daran ketten sich jeweils verschiedene Maßnahmen wie „(vor-)schulische[-] und allgemeine[-] Bildungsförderung" (Dok-D05) und „niedrigschwellige Sprachkurse" (Dok-03-08: 11*).

„Mama lernt Deutsch" wird in zahlreichen Soziale-Stadt-Gebieten mit großem Erfolg durchgeführt (…). Migrantinnen werden durch die Vermittlung von deutschen Sprachkenntnissen in die Lage versetzt, die schulische und berufliche Integration ihrer Kinder besser zu unterstützen. Das Heranführen an die deutsche Sprache eröffnet gleichzeitig den Weg zum selbständigen Lernen und fördert Kontakte und Kommunikation zwischen Eltern und Lehrerschaft.
Dok-D02 (Difu: Strategien für die Soziale Stadt: Erfahrungen und Perspektiven): 129
Förderung von Spracherwerb und Bildung: Ohne Kenntnisse und Gebrauch der Sprache der Mehrheitsgesellschaft und ohne gleiche Bildungschancen ist Zuwanderern der Weg in die berufliche Integration weitgehend verwehrt. Ein Schwerpunkt stadtteilbezogener Integrationsarbeit liegt daher in der (vor-)schulischen und allgemeinen Bildungsförderung (…). In den Gebieten der Sozialen Stadt wird in diesem Bereich eine breite Palette von Maßnahmen umgesetzt (…).
Dok-D05 (BMVBS: Statusbericht zum Programm Soziale Stadt): 50

Zielsetzung ist zum einen die Reduktion von Defiziten, aber gleichzeitig auch der Ansatz an bestehenden Fähigkeiten und Möglichkeiten: „Um die **Potenziale** … zu erschließen, brauchen diese …" (Dok-D12: 13*). Hier spiegelt sich die Argumentation wider, die auch in der allgemeinen Begründung eines spezifischen Vorgehens im Rahmen der *Sozialen Stadt* herausgearbeitet wurde: Problemlagen sollen beseitigt und Ressourcen gestärkt werden, um eine „erfolgreiche" „Integration" zu erreichen. Die enge Verwobenheit dieser beiden Seiten wird so auch bei konkreteren Zielsetzungen reproduziert.

Neben Maßnahmen zur sprachlichen Befähigung soll der Bereich der schulischen Bildung gestärkt werden. Das große[-] Auseinanderklaffen des Bildungsniveaus von Kindern" wird von einer Mitarbeiterin des BBSR als Problem beschrieben, auf das heute durch spezifische Maßnahmen reagiert werde (Int-D03*), wie sich vor allem in den untersuchten Dokumenten nachzeichnen lässt: Schulen sollen als „Orte der Bildung und Integration" gestärkt werden, in denen „Kinder und Jugendliche unterschiedlicher sozialer und ethnischer Herkunft zusammen kommen, lernen und leben" (Dok-D05: 44*). Das Engagement zielt auf den Austausch von „deutschen und ausländischen Kindern" (Dok-D02: 27*) und damit auf das Verwischen von Grenzziehungen, wobei dazu zunächst diese Grenzen, wie hier im Gegensatz zwischen deutsch und ausländisch, verfestigt werden. Zur schulischen „Integration" wird zusätzlich auf „Migrantinnen und Migranten in der Lehrerschaft" (Dok-D12: 117*) beziehungsweise „Lehrer mit Migrationshintergrund" (Int-D05*) gesetzt. In diesem Fall wird, wie bereits beim Quartiermanagement, die Vorstellung reproduziert, dass MigrantInnen die Lage anderer MigrantInnen kennen und am besten auf diese eingehen können.

„Ethnische" Ökonomie/ „Migrantenökonomie": „Migrantische" UnternehmerInnen als „kulturell" „anders"
Eine „kulturelle Differenzierung" entlang bestimmter zugeschriebener Merkmale reproduziert sich auch im Bereich der so genannten „ethnischen Ökonomie" beziehungsweise „Migrantenökonomie". Unternehmen, die von MigrantInnen geführt werden, werden von deutschen Unternehmen abgegrenzt: Zwar leisteten erstere bereits „in hohem Maße" einen Beitrag zur deutschen Wirtschaftsentwicklung und stellten ein Potential dar, allerdings hätten sie auch noch Probleme (polyphone Aussage in Dok-D05, verknüpft durch „zugleich jedoch"). Hier werden allerdings nicht die üblichen Probleme der Selbstständigkeit, sondern „kulturelle" („weil viele migrantische Unternehmensgründer **anders ran gehen** einfach" (Int-D04)) angeführt, die ein spezifisches Handeln erforderlich machten: Es wird unter anderem auf „spezielle[-] Beratungs- und Betreuungsangebote" (Dok-D05), Hilfestellungen bei den Gründungen (Int-D04) und eine gezielte Unterstützung durch eine „kommunale Wirtschaftsförderung" gesetzt (Dok-D05: 50*, vergleichbar auch in 06: 25*). Auf diese Weise sollen die „Migrantenbetriebe" gestärkt und befähigt werden.

Mit ihnen [Ansätze zur Förderung der lokalen Ökonomie] soll auf die besonderen Probleme von Migrantenbetrieben reagiert werden, die zwar in hohem Maße die lokale Gewerbe- und Nahversorgungsstruktur stärken, **zugleich jedoch** überdurchschnittlich von Fluktuation und Insolvenzen betroffen sind. (...). Um ethnische Ökonomie nachhaltig zu stärken, bedarf es daher (...) spezieller Beratungs- und Betreuungsangebote (...). Nötig ist zudem eine größere Akzeptanz ethnischer Ökonomie in Kommunalverwaltung und Öffentlichkeit, wo ihre positiven wirtschaftlichen und sozialen Effekte für den Stadtteil häufig noch zu wenig bekannt sind (...).
Dok-D05 (BMVBS: Statusbericht zum Programm Soziale Stadt): 67
Das versuchen ja auch viele Förderprogramme, dass Migrantenökonomie gestärkt wird – beispielsweise, dass da die Gründung erleichtert wird, dass es da nochmal extra Beratungen gibt, über das normale hinaus, weil viele migrantische Unternehmensgründer anders ran gehen einfach. (...).
Int-D04 (Mitarbeiter des BBSR aus dem Bereich Nachhaltige Stadtquartiere)

Eine Interviewpartnerin des BBSR begründet die spezifische Förderung auch damit, dass gerade MigrantInnen vielfach arbeitslos seien und von Transferleistungen lebten, was Kommunen hohe Kosten bringe. Dies offen zu sagen, liege aber, so die Interviewpartnerin, bis heute für Politiker im Bereich des Nicht-Sagbaren, also dem hier politisch Heiklen (zum Begriff des Nicht-Sagbaren siehe Kapitel 3.5): „Das wird kein Politiker sagen" (Int-D03*). Das Ziel der Befähigung wird in dieser Lesart nicht nur für das Wohl von MigrantInnen relevant, sondern implizit auch für eine geringere finanzielle Last von Kommunen. Die Interviewpartnerin des BBSR verknüpft also den allgemeinen Förderungs-Diskurs mit einer unterschwellig mitschwingenden Zielsetzung, die (bisher) nicht problemlos explizit gemacht werden kann (zum Impliziten siehe die Ausführungen in den Kapiteln 3.5 und 4.2.2).

Aktivierung und Beteiligung: Besonderer Nachholbedarf von MigrantInnen
Bereits im historischen Überblick zur *Sozialen Stadt* wurde dargestellt, dass Aktivierung und Beteiligung zu zentralen Bestandteilen des Programms geworden sind (siehe Kapitel 2.1.2). Diese Zielsetzungen werden auch im Bereich „kultureller Differenzierungen" relevant. Ausgangspunkt ist die Feststellung, dass MigrantInnen sich häufig nur sehr wenig am Leben in den

Stadtteilen beteiligten (Dok-D02: 204*: „Problem der Beteiligung" ≡ „Personen mit Migrationshintergrund"). Da aber gerade die Einbindung und Beteiligung als sinnvoll und notwendig erachtet werden, wird die geringe Betätigung von MigrantInnen als Defizit erfasst (bspw. Dok-D03-23: 12*: „Verantwortung im Gemeinwesen" ist von MigrantInnen zu „übernehmen"). Innerhalb der schwer erreichbaren MigrantInnen wird wiederum differenziert: Es mache, so Vertreter des Difu, einen Unterschied, ob „das nun Türken sind oder Vietnamesen oder andere Migrantengruppen", da diese sich jeweils „unterschiedlich gut erreichen und unterschiedlich gut einbinden" ließen (Int-D02). „Kulturelle Differenzierungen" erfolgen in dieser Narration entlang unterschiedlicher Herkunftsgebiete. Abgegrenzt werden die MigrantInnen von den „Deutschen", die sich immer noch mehr ehrenamtlich engagierten (Int-D03: „Ehrenamt" ≡ „von Deutschen gesteuert" ‖ „Es ist relativ schwierig, Migranten heranzuziehen"). Strategien, um diesem unerwünschten Zustand entgegenzuwirken, werden in der „persönliche[n] Ansprache" (Dok-D09: 14*) und in „aufsuchende[n] (…) Angeboten" (Dok-D05: 51*) beziehungsweise „aufsuchende[r] Arbeit (Dok-D02: 206*) gesehen, wie sich übergreifend in mehreren Dokumenten zeigt. Entsprechend der Feststellung, dass nicht alle „Migrantengruppen" gleich gut eingebunden werden könnten, sei auch die Aktivierung an die jeweilige *community* anzupassen, so Mitarbeiter des Difu (Int-D02). Unterschiedliche „Migrantengruppen" werden mit spezifischen Eigenschaften belegt – es wird „kulturell" differenziert.

[D]er zweite Punkt ist auch die <u>Gruppe der Migranten</u>. So vielfältig und unterschiedlich sie strukturiert ist, also <u>ob das nun Türken sind oder Vietnamesen oder andere Migrantengruppen</u>, lassen sich <u>unterschiedlich gut erreichen und unterschiedlich gut einbinden</u> (…).
Int-D02 (Mitarbeiter des Difu aus dem Bereich Soziale Stadt)
[E]s steht tatsächlich fest, dass das <u>Ehrenamt</u> immer noch häufig von Deutschen gesteuert wird und auch ausgeübt wird. <u>Es ist relativ schwierig Migranten heranzuziehen</u>. Aber ich denke, man braucht die Voraussetzungen.
Int-D03 (Mitarbeiterin des BBSR aus dem Bereich Wissenschaftliche Begleitforschung Soziale Stadt/Integration)
Das heißt, das Ziel ist, zu schauen, <u>wie man am besten an die *community* dann auf lokaler Ebene rankommt</u>.
Int-D02 (Mitarbeiter des Difu aus dem Bereich Soziale Stadt)

Über die allgemeine Zielsetzung der Aktivierung und Beteiligung von MigrantInnen hinaus lässt sich das Vorgehen präzisieren. An die Prämissen der Aktivierung, Teilhabe und Mitwirkung werden spezielle „Projekte und Aktivitäten" gekoppelt, die „interkulturell" ausgerichtet werden sollen (Dok-D02: 135*). In weiteren narrativen Mustern werden unter anderem die Schaffung „interkulturelle[r] Begegnungsmöglichkeiten" (Dok-D03-24: 3*) und „interkultureller Begegnungsstätten und -zentren" (Dok-D02: 115*), die „Förderung und Überstützung zur Selbsthilfe" (Dok-D03-24: 3* und Dok-D05: „individuelle[-] Stärkung") und „mehrsprachige" Stadtteilzeitungen, Poster, Plakate und Flyer (Dok-D03-07: 3*) als Umsetzungsmöglichkeiten beschrieben. Handlungsbedarf wird auch in der Ansprache älterer MigrantInnen gesehen, die beispielsweise über „Ausländerbeiräte" erreicht werden könnten (Dok-D03-24: 10*). Neben der zentralen wiederkehrenden Formulierung der „Hilfe zur Selbsthilfe" wird in vielen Narrationen auf „niedrigschwellige" Angebote als Möglichkeit zur stärkeren Beteiligung von MigrantInnen verwiesen (bspw. Dok-03-17 und Int-D02*). Mitarbeiter des Difu verknüpfen zum Beispiel entsprechende Angebote mit einem „Kaffee-Tee-Kränzchen" und „Frauen mit Migrationshintergrund" (Int-D02*).

Eine wichtige Rolle zur „Integration" wird in den untersuchten Dokumenten sowie den Interviews auch dem Sport zugesprochen: In Sportvereinen kommen „Kinder und Jugendliche unterschiedlicher Nationalität" zusammen, so dass dort deren „Integration" (Dok-D03-08: 10* und Int-D03*) vorangetrieben werden könne. Die „Integration von Menschen mit Migrationshintergrund" wird als „Integration" „in die Aufnahmegesellschaft" (Dok-D03-22: 6*) beschrieben. Die Trennung zwischen MigrantInnen und Deutschen soll überwunden werden, wird aber in den narrativen Mustern gleichzeitig reproduziert, da „Menschen mit Migrationshintergrund" noch nicht als Teil der „Aufnahmegesellschaft" aufgefasst werden.

Das Ziel des Überwindens von Grenzen zwischen migrantisch und nicht-migrantisch wird auch in „Interkulturellen Gärten" verfolgt. Diese werden unter anderem mit der „Gestaltung plurikultureller urbaner Räume" und dem „gemeinsam[en]" Obst- und Gemüseanbau von „Migrantinnen und Migranten" und „Deutschen" (Dok-D03-17: 32*) assoziiert.

Eine weitere Strategie wird in einer Förderung „ethnischer Selbstorganisationen" (bspw. Dok-D03-17: 5* und Dok-05*) und im „Austausch mit den Muslimen" gesehen (Dok-D03-17: 16*). „Ethnische" Selbstorganisationen können, so die politische Förderungslogik, direkt durch die Stadtpolitik angesprochen werden, da diese in vielen Stadtteilen bereits vorhanden seien und nicht erst neu gegründet werden müssten (u. a. Dok-D13*). Sie sollen als Vermittler zwischen „Zugewanderten" und der „deutschen Bevölkerung" fungieren, womit sie eine „wichtige Integrationsfunktion" ausübten (Dok-03-17: 20*): Äquivalentsetzung Integration $\equiv$ Selbstorganisationen $\equiv$ „Vermittlerrolle". Auch die „Muslime" werden als Gruppe hervorgehoben, mit denen noch nicht so zusammengearbeitet werde, wie es möglich wäre und erwünscht ist. Indem diese gestärkt werden, sollen auch die zugehörigen MigrantInnen gestärkt werden. Dies deutet auf die Zielsetzung eines „Regieren durch *community*" (Rose 2000) hin. Die *community* wird zur Methode des Regierens (Rose 2000: 86). Die Förderung bestimmter Gemeinschaftsidentitäten kann also von der Politik gefördert werden, wenn dies stadtpolitisch als sinnvoll erachtet wird (dazu Tezcan 2007: 61).

Gewinnung von MultiplikatorInnen für bestimmte communities
Noch deutlicher wird die Strategie des Regierens durch *community* in Maßnahmen, die auf die Stärkung von MultiplikatorInnen gerichtet sind, durch die in bestimmte *communities* hineingewirkt werden soll.

Ausgangspunkt ist das Problem der geringen Beteiligung von MigrantInnen am Stadtteilleben und die Feststellung, dass diese nur wenig über Angebote der *Sozialen Stadt* informiert seien. Vor diesem Hintergrund wird versucht, „MultiplikatorInnen" zu gewinnen, das heißt QuartiersbewohnerInnen, die Informationen weitertragen. Zudem wird darauf gesetzt, dass sie den Programmverantwortlichen der *Sozialen Stadt* ihre Erfahrungen mitteilen, da sie „wissen, was gebraucht, was gewollt wird in diesem Stadtteil" (Dok-D08: 32*).

Indem durch die Stadtpolitik beispielsweise Angebote für Frauen initiiert werden, sollen über diese „Multiplikatoreneffekte erzielt werden", da „vor allem die Frauen (…) entscheidendes Handlungs- und Alltagswissen" weitervermittelten (Dok-D02, sowie bspw. 03-07: 3*: „Aktivierung über Multiplikatorinnen und Multiplikatoren" und 03-15: 14*: „Frauen" $\equiv$ „Multiplikatorinnen"). MultiplikatorInnen nehmen damit eine Mittlerposition zwischen offizieller Stadtpolitik und QuartiersbewohnerInnen ein (*Soziale Stadt* $\equiv$ MultiplikatorInnen $\equiv$ BewohnerInnen): Sie sollen Wissen zum Leben im Stadtteil zirkulieren lassen, womit das Ziel einer Befähigung – Hilfe zur Selbsthilfe – verbunden ist (Int-D01*: „die selbst zu befähigen"). „Migrantinnen und Migranten" sollen eine „Multiplikatorfunktion in ihre eigene *community* hinein übernehmen", was sich beispielhaft in einer Narration von Mitarbeiterinnen des BMVBS widerspiegelt (Int-D01). In dieser Logik wird der Stadtteil in unterschiedliche *communities* strukturiert. Diese seien jeweils durch eines ihrer eigenen Mitglieder am besten zu erreichen – ein klassisches Beispiel für das Regieren durch *community* (Rose 2000), wobei die Steuerung anhand „kulturell" differenzierter *communities* erfolgt.

Insbesondere mit den an Frauen gerichteten Angeboten – teilweise auch in den Schulen – können Multiplikatoreneffekte erzielt werden, denn vor allem die Frauen tragen entscheidendes Handlungs- und Alltagswissen in die Familien und Nachbarschaften.
Dok-D02 (Difu: Strategien für die Soziale Stadt: Erfahrungen und Perspektiven): 233
Ich denke, eins, was sehr erfolgreich ist und was sicherlich auch wichtig ist, ist, dass man Migrantinnen und Migranten selbst stärkt sozusagen, dass die qualifiziert werden, dass die sozusagen auch so ‘ne Art Multiplikatorenfunktion in ihre eigene *community* hinein übernehmen.
Int-D01 (Mitarbeiterinnen des BMVBS aus dem Bereich Soziale Stadt/BIWAQ/Integration)

5.2.1.8   Zusammenfassung: „Integration" als hegemonialer Knotenpunkt im *Soziale Stadt*-Diskurs mit spezifischer Handlungsrelevanz

Abschließend wird zusammengefasst, wie „kulturelle Differenzierungen" auf nationaler Ebene in der *Sozialen Stadt* problematisiert werden. Was wird politisch erfasst, um darauf zu reagieren?

Innerhalb der *Sozialen Stadt* erfolgt eine deutliche, durchgehende Differenzierung in MigrantInnen (u. a. „Zuwanderer", „Migrantinnen und Migranten") und Andere (primär: die „Deutschen") (antagonistische Grenzziehungen). Diese Unterscheidung wird nicht kritisiert oder versucht, zu vermeiden. MigrantInnen werden in unterschiedliche „Migrantengruppen", unter anderem nach Herkunft, „Ethnie" und Sprache, eingeteilt. Teilweise werden diesen bestimmte Eigenschaften, wie ein „andere[s] Kulturverständnis" oder „bestimmte Rollenmuster", zugeschrieben.

Aus der „Andersartigkeit" erwächst aber noch nicht direkte Handlungsrelevanz. Diese entsteht dadurch, dass bestimmte Quartiere mit einem hohen „Anteil von Migranten" mit „soziale[n] Brennpunkte[n]" argumentativ gekoppelt werden und in Opposition zur Gesamtstadt stehen (eine antagonistische Grenze zwischen „benachteiligten" Quartieren und der Gesamtstadt). Entsprechend werden MigrantInnen mit bestimmten Problemen wie Armut, Sprachproblemen, Bildungsrückstand, Abschottung und zu geringer Partizipation verbunden und „Integrationsbedarf" konstatiert. Gleichzeitig werden diese aber auch mit Potentialen, wie besonderen Fähigkeiten und Leistungen, verknüpft, die es zu fördern gelte, wie an „zahlreichen Beispielen erfolgreicher Integration" verdeutlicht wird (eine weitere Grenze besteht damit zwischen „kulturellen" Problemen gegenüber Ressourcen). Die „Integration" in die Gesellschaft wird zur Wunschvorstellung und Zielsetzung. MigrantInnen stehen sowohl im Inneren als auch im Außen des „Integrations"-Diskurses. Der Signifikant MigrantInnen kann als flottierender Signifikant konzeptionalisiert werden (siehe Abbildung 15).

Vor dem Hintergrund des gesellschaftlichen Bedeutungsgewinns von „Integration" ($\equiv$ „Chefsache" $\equiv$ „Querschnittsaufgabe") wird diese auch in der *Sozialen Stadt* zentral und als politisches Steuerungsinstrument legitimiert. Über den sozialraumorientierten Ansatz der *Sozialen Stadt* soll eine räumliche „Integrations"-Förderung erfolgen, um an das Gefüge der Gesamtstadt Anschluss zu finden. „Integration" wird für ganz unterschiedliche Inhalte und Zielsetzungen anschlussfähig und vor diesem Hintergrund zum leeren Signifikanten, der politisch hegemonial geworden ist und als Knotenpunkt fungiert. An diesen reihen sich spezifische Maßnahmen der *Sozialen Stadt* für MigrantInnen an, um Benachteiligungen abzubauen und Potentiale zu fördern (siehe Abbildung 15). „Kulturelle Differenzierungen" erlangen Handlungsrelevanz im Rahmen der Modellvorhaben, durch ein spezifisches Vorgehen des Quartiermanagements sowie durch Ansätze bei Sprache und Bildung. Zudem sollen besonders Unternehmen von MigrantInnen befähigt und MigrantInnen besser in das Stadtteilleben eingebunden werden. Als zentrales Mittel zur Aktivierung und Beteiligung wird auf die Gewinnung von MultiplikatorInnen zum Hineinwirken in unterschiedliche, „kulturell" verschiedene *communities* rekurriert. Das Ziel der „Integration" wird als sinnvoll und zielführend angesehen, so dass „kulturelle Differenzierungen" handlungsrelevant werden und unhinterfragt bleiben.

Abbildung 15:   MigrantInnen in der *Sozialen Stadt*

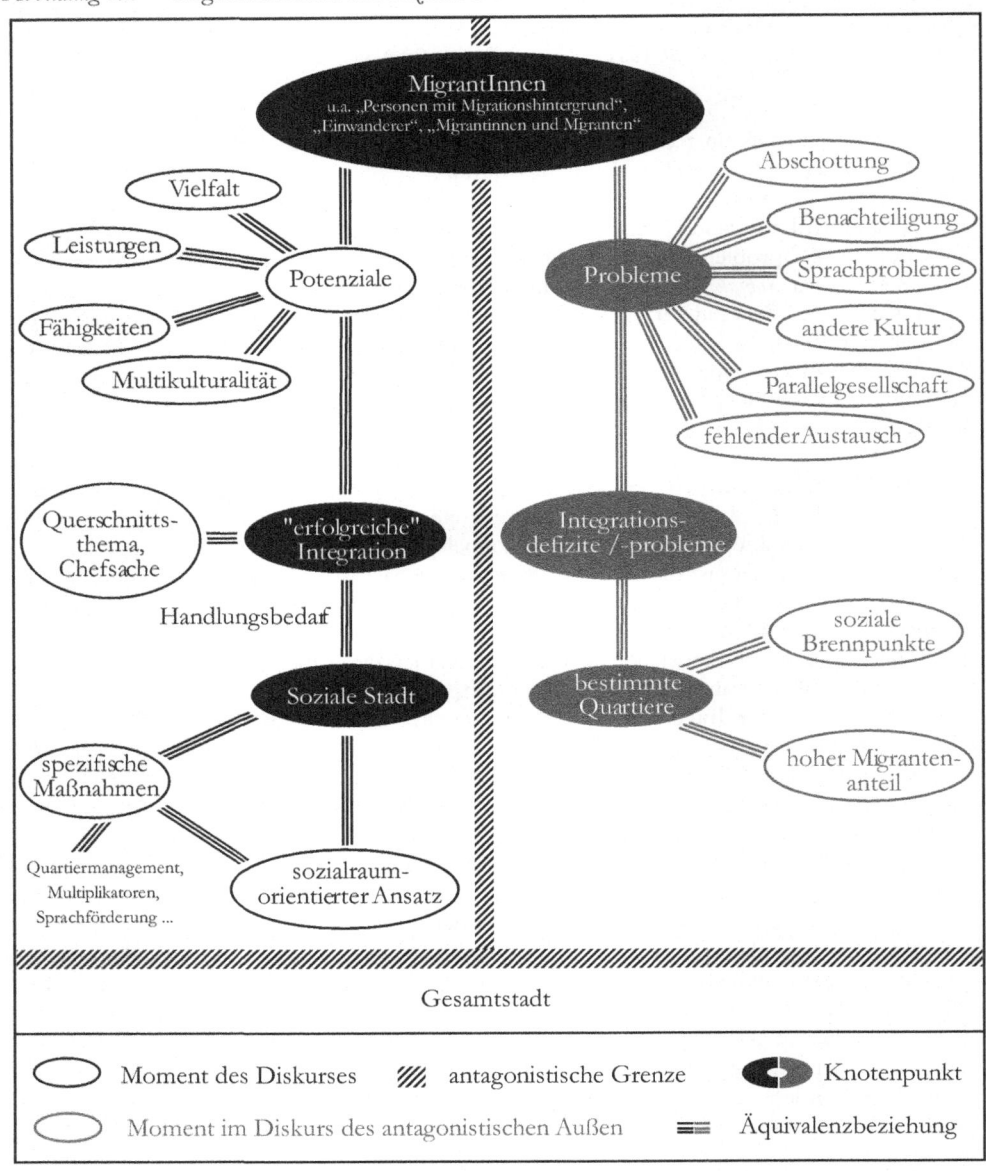

Quelle: Eigene Darstellung

5.2.2   Die Soziale Stadt *in Hessen: „Integration" von MigrantInnen als hegemonial verankerte Aufgabe mit langer Tradition*

Im Folgenden wird untersucht, ob auch auf Ebene des Bundeslands Hessen „Integration", gekoppelt an MigrantInnen, zum hegemonialen Knotenpunkt geworden ist und sich spezifische Maßnahmen anreihen oder ob abweichend argumentiert wird. Begonnen wird auch hier mit einer Darstellung analysierter Dokumente und geführter Interviews.

5.2.2.1   Dokumente und Interviews zur *Sozialen Stadt* auf Bundeslandebene

Im Bundesland Hessen wurde vom Ministerium für Wirtschaft, Verkehr und Landesentwicklung zur Koordination des Programms *Soziale Stadt* die Servicestelle HEGISS eingerichtet (Hessische Gemeinschaftsinitiative Soziale Stadt), die als Netzwerk zwischen unterschiedlichen Akteuren auf lokaler und Landesebene fungiert und Hilfestellung bei der Projektumsetzung leistet (HEGISS 2011). Ein Arbeitsbereich liegt zudem in der Bereitstellung von Informationen für die Akteure auf lokaler Ebene und in der Evaluation des Programms. Diese sind über die Homepage der HEGISS online verfügbar und gliedern sich in die Themenbereiche Grundlagen (Dok-D14 bis 16), Begleitforschung (Dok-D17 bis 21), HEGISS Innovationen (Dok-D22), Arbeitshilfen (Dok-D23 und 24), Veranstaltungen (Dok-D25 bis 35), Vorträge (Dok-D36 bis 38) und Servicestelle (Dok-D39 bis 44) auf. Sie umfassen unter anderem Leitlinien zur Umsetzung des Programms, Analysen zu verschiedenen Schwerpunkten der *Sozialen Stadt* sowie Zwischenbilanzen (siehe Tabelle 4).

Tabelle 4:   Dokumente der Stadtpolitik *Soziale Stadt* – regionale Ebene

Dokumente auf regionaler Ebene: Bundesland Hessen[104]			
Themenbereich	Titel		Kürzel
Grundlagen	-	Zehn Jahre Soziale Stadt – Schlussbilanz/Verbleibender Handlungsbedarf, 2009	Dok-D14
	-	Leitlinien zur Hessischen Gemeinschaftsinitiative Soziale Stadt, o. J.	Dok-D15
	-	Leitfaden zur Ausgestaltung der Gemeinschaftsinitiative „Soziale Stadt", 2005	Dok-D16
Begleitforschung	-	Vier Jahre Soziale Stadt in Hessen – Zwischenbilanz, 2003	Dok-D17
	-	Aktivierung der BewohnerInnen, Verbesserung der BürgerInnen-Mitwirkung und des Stadtteillebens – Schlussbericht, o. J.	Dok-D18
	-	Netzwerkanalyse und dialogische Begleitung – Schlussbericht, o. J.	Dok-D19
	-	Lokales Bildungs- und Integrationsmanagement – Schlussbericht, o. J.	Dok-D20
	-	Gemeinwesenorientierte Beschäftigungsförderung in Stadtteilen mit besonderem Entwicklungsbedarf – Schlussbericht, o. J.	Dok-D21

---

104 Alle Materialien stammen von der Servicestelle Soziale Stadt in Hessen (HEGISS), zu finden unter: http://www.hegiss.de/dokumentation (03.02.2011) (hier sortiert nach den Kategorien der HEGISS).

Fortsetzung Tabelle 4

Dokumente auf regionaler Ebene: Bundesland Hessen[105]		
Themenbereich	Titel	Kürzel
HEGISS Innovationen	Ausschreibung Neue Partnerschaften Modellvorhaben für die Soziale Stadt HEGISS-Innovationen, 2009	Dok-D22
Arbeitshilfen	- Lokale Ökonomie, 2003	Dok-D23
	- Leitfaden Förderprogramme Soziale Stadt, 2003	Dok-D24
Veranstaltungen	- Lernort Soziale Stadt, 2002	Dok-D25
	- Bewegungsräume für Jugendliche, 2002	Dok-D26
	- Schule im Stadtteil, 2002	Dok-D27
	- Steuerungsmodelle und Verwaltungsmodernisierung, 2003	Dok-D28
	- BürgerInnenbeteiligung in benachteiligten Quartieren, 2003	Dok-D29
	- Lokale Beschäftigung und Ökonomie in benachteiligten Quartieren, 2004	Dok-D30
	- Verstetigungsstrategien in der Sozialen Stadt: Charta für Nachhaltigkeit und lokale Beispiele, 2006	Dok-D31
	- Wohnraumentwicklung im Stadtteil als Gemeinschaftsinitiative, 2007	Dok-D32
	- Verstetigungsstrategien zur Sicherung von Arbeits- und Kooperationsformen wie Infrastrukturen, 2007	Dok-D33
	- Migration und Integration in Stadtteilen mit besonderem Entwicklungsbedarf, 2008	Dok-D34
	- 1. Hessisches Forum Gesundheitsförderung in der Sozialen Stadt, 2009	Dok-D35
Vorträge	- Der Hessische Weg: Soziale Stadt als Gemeinschaftsinitiative, 2010	Dok-D36
	- Stadtteilentwicklung im Kontext von Integrationskonzepten, 2010 (Vortrag im Rahmen der Veranstaltung Integration 2020 im Kreis Offenbach, Text von der Referentin zur Verfügung gestellt und bisher nicht online zu finden)	Dok-D37
	- Soziale Stadt in Hessen – Handeln, Steuern, Verstetigen, 2005	Dok-D38
Servicestelle	- Vier Jahre Soziale Stadt in Hessen – Zwischenbilanz, 2003	Dok-D39
	- Fünf Jahre Soziale Stadt in Hessen – Zwischenbilanz – Standorte –, o. J.	Dok-D40
	- Fünf Jahre Soziale Stadt in Hessen – Zwischenbilanz. Empfehlungen für die Programmfortführung, 2004	Dok-D41
	- Arbeits- und Organisationsstruktur zur Programmfortführung Soziale Stadt 2005 ff., 2005	Dok-D42
	- Fünf Jahre Soziale Stadt in Hessen – Erkenntnisse und Handlungskonsequenzen, 2005	Dok-D43
	- Wohnraumversorgung in Soziale-Stadt- Gebieten, 2010	Dok-D44

Quelle: Eigene Darstellung

Um Einblicke in aktuelle Entwicklungen sowie in die Programmhistorie zu erhalten, wurden zwei MitarbeiterInnen der Servicestelle HEGISS interviewt, die bereits über mehrere Jahre die

---

105 Alle Materialien stammen von der Servicestelle Soziale Stadt in Hessen (HEGISS), zu finden unter: http://www.hegiss.de/dokumentation (03.02.2011) (hier sortiert nach den Kategorien der HEGISS).

Soziale Stadt in Hessen begleiten (IP-D07)[106] (vgl. Tabelle 5). So sollte die spezifische Programmausrichtung im Bundesland Hessen beleuchtet werden.

Tabelle 5: Interview mit zwei Verantwortlichen der Stadtpolitik *Soziale Stadt* – regionale Ebene

Interview auf regionaler Ebene: Bundesland Hessen				
InterviewpartnerIn	Datum	Ort	Dauer	Kürzel
zwei MitarbeiterInnen der Hessischen Gemeinschaftsinitiative Soziale Stadt (HEGISS)	10.01.2011	Kassel	01:27 Stunden	Int-D07

Quelle: Eigene Darstellung

5.2.2.2 Hoher „Zuwanderungsanteil" in den Programmgebieten als Feststellung

Innerhalb der Analyse wird zunächst der Frage nachgegangen, wie die Quartiere der *Sozialen Stadt* in Hessen strukturiert werden, das heißt, ob beziehungsweise wie „kulturell" differenziert wird.

MitarbeiterInnen der HEGISS, also der Koordinierungsstelle *Soziale Stadt* in Hessen, führen aus, dass im Programm *Soziale Stadt* zunächst „schlicht festgestellt" wurde, dass in den Fördergebieten „besonders viele Menschen [-] mit Migrationshintergrund" wohnten (Int-D07*). In den untersuchten Dokumenten wird vergleichbar angeführt, dass die „Zuwanderungsquote" „überproportional[-] hoch ausfalle (Dok-D34: „in diesen Stadtteilen" ≡ „überproportionale Zuwanderungsquote"). Gebiete, die entsprechend der Grundausrichtung des Programms als problembeladen eingestuft werden, werden als solche mit einem erhöhten Anteil an MigrantInnen gefasst.

[W]ir haben in diesen Stadtteilen [der Sozialen Stadt] in aller Regel eine überproportionale Zuwanderungsquote in der Bevölkerungsstruktur zu verzeichnen (...).
Dok-D34 (HEGISS: Migration und Integration in Stadtteilen mit besonderem Entwicklungsbedarf): Einführung

Entsprechend nehme die „zugewanderte Bevölkerung" auch „von Anfang an einen hohen Stellenwert" im Programm ein – nicht nur in Hessen, sondern allgemein in den „Urstadtteile[n]" des Förderprogramms, so die MitarbeiterInnen der HEGISS (Int-D07*). Neben dem „hohe[n] Anteil von Menschen mit Transferleistungen" wird der „hohe[-] Zuwanderungsanteil" als „Begründung" angeführt, um in die *Soziale Stadt* aufgenommen zu werden. Argumentativ wird dies untermauert, indem der Sachverhalt als „vollkommen unstrittig" bezeichnet wird (Int-D07).

[D]as war ja vollkommen unstrittig, das gehörte auch immer zu der Begründung mit diesen Gebieten reinzukommen. Hoher Zuwanderungsanteil und hoher Anteil von Menschen mit Transferleistungen.
Int-D07 (MitarbeiterInnen der Hessischen Gemeinschaftsinitiative Soziale Stadt (HEGISS))

Wie auf nationaler Ebene vollzieht sich eine „kulturelle Differenzierung" bei der Strukturierung der Programmgebiete. Nicht nur allgemein „Benachteiligte", sondern dezidiert Mi-

---

106 Ziel war es, auch ein Interview mit dem zuständigen Landesministerium zu führen. Hier wurde allerdings auf die HEGISS als Koordinierungsstelle verwiesen.

grantInnen – hier primär an den Begriff „Zuwanderer" gekoppelt – werden auf Ebene des Bundeslands Hessen problematisiert. Auf diese Weise erfolgt eine Unterscheidung in MigrantInnen ‖ andere QuartiersbewohnerInnen.

Womit hängt dieser hohe Stellenwert, also diese besondere Berücksichtigung von MigrantInnen, zusammen? Wieso werden diese relevant für das Programm? Zentral ist, dass sie mit spezifischen Schwierigkeiten, aber auch potentiellen Ressourcen verknüpft werden, die ein besonderes Handeln in deren Richtung legitim erscheinen lassen.

5.2.2.3   MigrantInnen und „ihre" Probleme und Ressourcen

Während „Vielfalt" häufig in Narrationen eingebunden ist, in denen diese einen Vorteil darstellt, kann sie auch nachteilig eingeschätzt werden. Neben sozialen Problemen wird die „ethnische Vielfalt" als Herausforderung beschrieben und mit der Möglichkeit einer Überforderung der „Integrationskraft der Bewohnerschaft" verknüpft (Dok-D16: 10*). Als eines der „Problemfelder" wird auch der „interkulturelle Integrationsbedarf" benannt (Dok-D18: 48*). Entsprechend wird davon ausgegangen, dass in den Quartieren unterschiedliche „Kulturen" aufeinanderträfen, die sich nicht zwingend verstehen müssten. Besonders MigrantInnen rücken in das Blickfeld, da diese mit dem Problem von „Parallelgesellschaften" verbunden werden, die es zu „verhindern" gelte (Dok-D34: Anhang*). MigrantInnen werden als „anders" konzeptionalisiert. Diese Andersartigkeit, die MigrantInnen zugeschrieben wird, zeigt sich in weiteren narrativen Mustern noch einmal deutlicher: „Multikulti" und eine „Toleranzkultur" stehen in Opposition zu MigrantInnen, wenn diese „ihre Religionsauffassung über unsere bestehende Rechtsordnung" stellten (Dok-D37).

> Es kann kein Integrationsziel sein, in einer Gesellschaft Multikulti oder eine unspezifisch definierte Toleranzkultur zu leben, wenn daraus folgt, dass hinzuziehende Bevölkerungsgruppen z.B. ihre Religionsauffassung über unsere bestehende Rechtsordnung stellen könnten (...).
> *Dok-D37 (Vortrag Stadtteilentwicklung im Kontext von Integrationskonzepten): 6*

MigrantInnen werden dezidiert mit anderen gesellschaftlichen Grundvorstellungen in Verbindung gebracht (siehe auch Dok-D37: 8*: MigrantInnen ≡ „geprägt von signifikant anderen Wertesystemen" ‖ „Wertesystem der Bundesrepublik"). Entsprechend wurde auch auf nationaler Ebene argumentiert.

Die Problematik eines abweichenden Verhaltens kommt auch beim Erlernen der Sprache zum Tragen. So argumentieren die MitarbeiterInnen der HEGISS, dass Kindern die „Integration" „ins Ausbildungs-, Berufs- oder Schulsystem" verwehrt bleibe, wenn sie weder die Muttersprache noch eine andere Sprache – respektive die deutsche Sprache – richtig sprechen könnten (Int-D07*).

MigrantInnen werden darüber hinaus mit Problemlagen durch prekäre Lebensverhältnisse und Schwierigkeiten auf dem Arbeitsmarkt verknüpft (u. a. Int-D07*). Besonders „Ausländer und Personen mit Migrationshintergrund" stünden vor den „gravierendsten Arbeitsmarktrisiken", womit sie auch hier als zu „Anderen" unterschiedlich hervorgehoben werden (Dok-D21, auch in Int-D07*: „[m]angelnde Integration" ≡ „Arbeitsmarkt" ≡ „zweite[-], dritte[-] Generation").

Vor dem Hintergrund eines bundesweiten Arbeitsplatzdefizits in Millionenzahl konzentrieren sich die <u>gravie-</u><u>rendsten Arbeitsmarktrisiken</u> seit Jahren immer stärker auf <u>‚arbeitsmarktpolitische Problemgruppen'</u> (...). Darunter fallen (...) <u>Ausländer und Personen mit Migrationshintergrund.</u>
Dok-D21 (HEGISS: Gemeinwesenorientierte Beschäftigungsförderung in Stadtteilen mit besonderem Entwicklungsbedarf - Schlussbericht): 20

„Kulturell" wird auch im Bereich der Aktivierung und Beteiligung differenziert. Besonders MigrantInnen werden als „wenig aktive[-] BewohnerInnen-Gruppen" (Dok-D17: Kapitel 1*) und in „Stadtteilgremien" als „schwach, nahezu marginal vertreten" (Dok-D37: 3*) erfasst. Es erfolgt eine Differenzierung in „Bürger und Bürgerinnen mit Migrationshintergrund" gegenüber der „Mehrheitsgesellschaft" (Dok-D37). MigrantInnen weichen von einem gewünschten Idealzustand ab, was so nicht akzeptiert werden soll.

Verglichen mit der <u>Mehrheitsgesellschaft</u> engagieren sich <u>Bürger und Bürgerinnen mit Migrationshintergrund</u> bis dato wesentlich geringer ehrenamtlich wie professionell an der Kommunalpolitik und somit auch kaum am Stadtteilleben (...).
Dok-D37 (Vortrag Stadtteilentwicklung im Kontext von Integrationskonzepten): 4

MigrantInnen werden also mit unterschiedlichsten Problemen verknüpft, die in vielen Narrationen auf vergleichbare Weise reproduziert werden. Vor diesem Hintergrund kann die Assoziierung von MigrantInnen als Problem, entsprechend der theoretischen Darlegungen (dazu Kapitel 3.4.5), als hegemonial gefasst werden – sie erscheint „natürlich".

Neben den Problemlagen werden MigrantInnen in Narrationen eingebunden, in denen sie als Fakt beziehungsweise als Potential gesehen werden, das es zu fördern gilt. Auffällig ist die Aussage, dass Viertel mit einer „hohen Konzentration von Ausländern" nicht „per se als problematisch zu bezeichnen" seien (Dok-D44: 21*). Dies unterläuft die sonst hegemoniale Verkettung der Konzentration mit Problemlagen. Diese Aussage wird darüber gerechtfertigt, dass ein „Gegensteuern vielfach kaum möglich" sei.

„Migrantenökonomien" könnten wiederum zum Potential werden, das es „zu berücksichtigen" gelte (u. a. Dok-D42: 7*, vergleichbar auch in 21: 78*). MigrantInnen könnten also auch „Ressourcen mitbringen". Gleichzeitig wird diese Position eingeschränkt: Dies sei „nur dann der Fall", wenn die MigrantInnen „Eingang" in das „Gesellschaftsganze" fänden – ansonsten seien sie „ein Problem". In der polyphonen Aussage der MitarbeiterInnen der HEGISS werden damit beide Seiten deutlich: MigrantInnen bewegen sich zwischen Potentialen und Problemen und stellen nur dann Potentiale dar, wenn sie Eingang in aktuelle Gesellschaftsvorstellungen finden (Int-D07: die beiden Aussagen werden durch „aber" und „ansonsten" auf Distanz gehalten).

Also <u>dass die [MigrantInnen] Ressourcen mitbringen</u> und dass das alles auch Anregung sein könnte und <u>Vielfalt</u>, ja, keine Frage. Das brauchen wir nicht in Frage zu stellen, **aber** das ist nur dann der Fall, wenn sie auch wirklich in das Gesellschaftsganze tatsächlich auch Eingang finden. **Ansonsten** ist das, und das ist nicht despektierlich oder diskriminierend gemeint, ansonsten sind sie ein <u>Problem</u>.
Int-D07 (MitarbeiterInnen der Hessischen Gemeinschaftsinitiative Soziale Stadt (HEGISS))

MigrantInnen als explizites Problem liegt im Bereich des Sagbaren, also innerhalb des gültigen Diskurses (in Anlehnung an Foucault, dazu Kapitel 3.5). Dies stellt die Grundlage für ein spezifisches Handeln dar. Probleme sollen nicht einfach fortbestehen, sondern gelöst werden, was unter anderem durch das Programm *Soziale Stadt* geschehen soll. Entsprechend ist die Zielvorstellung der „Integration" auch im Bundesland Hessen verankert.

5.2.2.4   „Integration" von MigrantInnen in die Gesellschaft als Thema mit langer Tradition in Hessen

„Migration und Integration" werden eng mit der „*Sozialen Stadt*" als „zentrales Thema" ver-knüpft. Wie auf nationaler Ebene wird „Integration" in Hessen entscheidend – sowohl inner-halb des Förderprogramms als auch allgemein gesamtgesellschaftlich (Dok-D34: „Integration von zugewanderten Menschen" ≡ eine[-] der vordringlichsten Herausforderungen in der Ge-sellschaft").

> Migration und Integration ist in den Stadtteilen der Sozialen Stadt ein zentrales Thema (...). Unabhängig davon gehört die Integration von zugewanderten Menschen gegenwärtig zu einer der vordringlichsten Herausforderungen in der Gesellschaft und betrifft nahezu alle Politikfelder.
> *Dok-D34 (HEGISS: Migration und Integration in Stadtteilen mit besonderem Entwicklungsbedarf): Einführung*

In weiteren Narrationen wird die Zielsetzung der „Integration" aufgegriffen und mit zusätzli-chen Momenten gekoppelt. So soll das Programm *Soziale Stadt*, „Prozesse der Integration und des interkulturellen Austauschs [-] fördern" (Dok-D15: 22-23*), also unterschiedliche Bevölke-rungsgruppen zusammenbringen. Die „Integration" soll „Prozesse der Transformation" in das „Gesellschaftsganze" bewirken und steht in Opposition zum „Phänomen der Abspaltung" (Dok-D37: 7*). Die *Soziale Stadt* wird auf diese Weise als sinnvolles Steuerungsinstrument für „Integration" legitimiert. Vor dem Hintergrund der beschriebenen Problemlagen von Parallel-gesellschaften und anderen Werteordnungen soll eine „Integration in die demokratische Kul-tur" erfolgen (Dok-D18: 11*). MigrantInnen, die im Außen eines „erfolgreichen" „Inte-grations"-Diskurses stehen, sollen in das Innere überführt werden – entsprechend der Argu-mentation auf nationaler Ebene.

Zur Umsetzung dieser Zielsetzung werden „Anstrengungen" in verschiedenen Hand-lungsbereichen wie „Bildung", „Arbeit" und „allem, was dazugehört" als notwendig erachtet, so die MitarbeiterInnen der HEGISS. „Integration" „in das System" wird kausal mit einem spezifischen Handeln verflochten (Int-D07). Dies geschieht übergreifend vergleichbar in weite-ren Narrationen innerhalb der Dokumente, in denen „kulturell und sozial ausgerichtete Maß-nahmen" für die „Integration der Bewohner mit Migrationshintergrund" (Dok-D32: Kapitel C*) beziehungsweise „[z]ielgruppenspezifische Aktionen" für „MigrantInnen" (Dok-D18: 135*) unternommen werden sollen. Die Relevanz wird noch einmal durch die Äquivalentset-zung von „[s]oziokulturelle[-] Strategien" ≡ „Integration der MigrantInnen" ≡ „prominenter Stellenwert" unterstrichen (Dok-D39: 10*). „Kulturelle Differenzierungen" werden hand-lungswirksam.

> Da bedarf es dann schon Anstrengungen der Staaten, die Einwanderung zulassen, die Leute auch hier in das System zu integrieren und zwar mit Bildung, mit Arbeit und mit allem, was dazu gehört, mit Quartieren, die Transformationsprozesse zulassen und so (...).
> *Int-D07 (MitarbeiterInnen der Hessischen Gemeinschaftsinitiative Soziale Stadt (HEGISS))*

Soziale Stadt und „Integration" können vor dem Hintergrund dargestellter vergleichbarer Ar-gumentationsmuster auch auf Bundeslandebene als hegemonial verkettet verstanden werden. Diese Äquivalenzbeziehung wird in den untersuchten Materialien und Interviews als bereits lange verfestigt beschrieben und steht im Gegensatz zu einem erst jüngeren gesamtgesellschaft-lichen Bedeutungsgewinn von „Integration": „Integration" wird als *„das* politische Thema der Gegenwart in unserer Republik" bezeichnet, wobei „Integration", „Islamkonferenzen" und

„Integrationsgipfel[-] erst eine Tradition von „maximal 5 - 7 Jahre[n]" hätten. Die *Soziale Stadt* könne dagegen „auf rund 20 Jahre Praxis in so genannten problembelasteten Quartieren zurückschauen" (Dok-D37: 1*). Das Programm *Soziale Stadt* wird zum Vorreiter für aktuelle Maßnahmen zur „Integration". Während auf nationaler Ebene die positiven Ergebnisse der *Sozialen Stadt* als Grund für die Fokussierung auf die „Integration vor Ort" gewertet werden, wird auf hessischer Ebene argumentiert, dass der „Integrationsbericht" (Int-D07) oder der „Nationale Integrationsplan" (Dok-D37: 11*) eigentlich automatisch wieder bei der *Sozialen Stadt* ankommen müssten, da „nicht viel mehr da" sei. Diese Aussage wird zudem darüber begründet, dass die *Soziale Stadt* an „Erfolge und Erkenntnisse" geknüpft werde, von der die Integrationspolitik profitieren könne (Int-D07).

> Wenn man da in den Integrationsbericht reinguckt, sieht man auch, dass die wieder bei der *Sozialen Stadt* ankommen, weil nicht viel mehr da ist. Und man besinnt sich natürlich jetzt im Rahmen der Integrationspolitik auch auf die Erfolge und Erkenntnisse, die man im Rahmen der *Sozialen Stadt* gewonnen hat.
> *Int-D07 (MitarbeiterInnen der Hessischen Gemeinschaftsinitiative Soziale Stadt (HEGISS))*

5.2.2.5 Die Auswirkung des gesellschaftlichen Relevanzgewinns von „Integration" auf die *Soziale Stadt*

Das Handeln der *Sozialen Stadt* im Bereich „Integration" wird mit einer längeren Tradition verbunden. Gleichzeitig wird von den InterviewpartnerInnen der HEGISS angemerkt, dass vor dem Hintergrund des nationalen Bedeutungsgewinns von „Integration" das Thema in der *Sozialen Stadt* an Bedeutung gewonnen habe. „Integration" beziehungsweise „Migration" seien in der Stadtpolitik zunächst noch kein Alleinstellungsmerkmal gewesen. Es sei zwar bekannt gewesen, dass MigrantInnen einen „Hauptteil der Bevölkerung" darstellten, aber erst durch „Islamkonferenzen", durch die Verstärkung der „Sprachförderung" und weitere „Peaks" habe das Thema einen „großen Stellenwert" eingenommen (Int-D07*). Es findet eine Koppelung von „Integration" an die gestiegene gesamtgesellschaftliche Diskussion statt, was die Begründung für die Verstärkung innerhalb der *Sozialen Stadt* bildet. „Integration" wird erst in der Folge in der Stadtpolitik zu einem Maßnahmenschwerpunkt – ein Hinweis auf eine starke Diskurskoalition national-regional (zur theoretischen Konzeptionalisierung siehe Kapitel 3.4.6). Dies wird in weiteren narrativen Passagen deutlich, in denen das Thema „Integration" als „ein Thema unter anderen" bezeichnet wird, das „überlagert von politischen Aktivitäten und Mainstream" „einfach (…) an Fahrt gewonnen" habe (Int-D07). Die Äquivalenz „Integration" ≡ *Soziale Stadt* ist damit erst mit der Zeit hegemonial geworden, wobei von Anfang an MigrantInnen handlungsrelevant gewesen seien.

> [E]s war ein Thema so wie lokale Ökonomie und Nachbarschaft. Also es war ein Thema unter anderen. (…). [N]atürlich war dies Thema, dass wir da einen hohen Zuwanderungsanteil haben, immer Thema bei der Begründung mit den Programmgebieten, aber das hat einfach (…) an Fahrt gewonnen und wird jetzt überlagert von politischen Aktivitäten und Mainstream.
> *Int-D07 (MitarbeiterInnen der Hessischen Gemeinschaftsinitiative Soziale Stadt (HEGISS))*

Wie auf nationaler Ebene wird im Bundesland Hessen „Integration" heute als „Querschnittsziel[-]" (Dok-D16: 12*) beziehungsweise „(Querschnitts-)Aufgabe" (Dok-D37: 11*) und „gesamtgesellschaftliche Herausforderung" (Dok-D34: Anhang*) bezeichnet. Nationale Argumentationsmuster werden auf regionaler Ebene reproduziert.

Entsprechend setzt sich die Argumentation eines territorialen, quartiersbezogenen „Integrationsmanagements" fort, das heißt einer Zielsetzung der „Integration vor Ort". Für die „Integration der zugewanderten Bevölkerung" sollen „alle[-] für die Gebietsverbesserung in Betracht kommenden Ressourcen und Programme[-]" auf die Quartiere der *Sozialen Stadt* gebündelt werden (Dok-D15: 16*). Dort „gehören die besten Schulmodelle, die besten Lehrer, die besten Konzepte" hin, was kausal darüber begründet wird, dass in diesen Stadtteilen „die eigentliche Integrationsaufgabe von Deutschen und Nichtdeutschen geleistet" werde (Dok-D33). In dieser Narration zeigt sich auch noch einmal die „kulturelle Differenzierung" in Deutsche und Nichtdeutsche, die sich gegenüberstehen. Diese Differenzierung ist unhinterfragt und erscheint „natürlich", so dass sie hier entsprechend als hegemonial verankert gelten kann.

Hierher, in die Stadtteile mit besonderem Bildungsbedarf gehören die besten Schulmodelle, die besten Lehrer, die besten Konzepte. Hier, in diesen Stadtteilen, wird u.a. die eigentliche Integrationsaufgabe von Deutschen und Nichtdeutschen geleistet (…).
Dok-D33 (HEGISS: Verstetigungsstrategien zur Sicherung von Arbeits- und Kooperationsformen wie Infrastrukturen): 7

Neben der Verfestigung des quartiersbezogenen Ansatzes zur Steuerung von „Integration" wird in einigen narrativen Passagen auch auf ein notwendiges gesamtstädtisches Handeln verwiesen. MitarbeiterInnen der HEGISS halten ein „gesamtstädtisches Konzept" für erforderlich, da sonst das Vorgehen der *Sozialen Stadt* „ohnehin zu kurz gegriffen" sei. Ein rein quartiersbezogenes „Care-Paket" steht in Opposition zum gewünschten Erfolg (Int-D07).

Also ohne ein gesamtstädtisches Konzept [zur Integration] ist wahrscheinlich dieser Gedanke der sozial benachteiligten Stadtteile, sich um die wie um so ein Care-Paket exklusiv alleine zu kümmern, ohnehin zu kurz gegriffen.
Int-D07 (MitarbeiterInnen der Hessischen Gemeinschaftsinitiative Soziale Stadt (HEGISS))

Der quartiersbezogene Ansatz bedarf danach Ergänzung und Unterstützung durch ein gesamtstädtisches Vorgehen, so dass das Ziel „Integration" in einen umfassenderen notwendigen Handlungsrahmen gestellt wird.

5.2.2.6 Maßnahmen der *Sozialen Stadt* in Hessen: Zur Handlungsrelevanz „kultureller Differenzierungen"

In der bisherigen Analyse hat sich gezeigt, dass „Integration", bezogen auf MigrantInnen, in Hessen als Themen- und Handlungsfeld mit langer Tradition beschrieben wird. Auch hier ist es zu einer hegemonialen Verfestigung gekommen, die durch den gesamtgesellschaftlichen Bedeutungsgewinn verstärkt wurde. Im Folgenden werden beschriebene Maßnahmen analysiert, in den „kulturell" differenziert wird. Das Augenmerk liegt auf den Maßnahmen und Projekten, die in den untersuchten Dokumenten und Interviews regelmäßig dargestellt werden und so als zentral gelten können. Diese können den Bereichen Modellvorhaben, Quartiermanagement, Sprache und Bildung, Arbeitsmarkt, Aktivierung und Beteiligung sowie Gewinnung von MultiplikatorInnen zugeordnet werden. Es handelt sich damit um Felder, die vergleichbar auf nationaler Ebene beleuchtet wurden.

Modellvorhaben – auch für „Integration": Zum Auslaufen der Förderung und zu Problemen innerhalb der Vorhaben

Das national geschaffene Mittel der Modellvorhaben wurde zur Zeit der Förderung auch in Hessen genutzt. Die Ausrichtung der Modellvorhaben war auf die Zielsetzungen der Schaffung „tragfähige[r] neue[r] oder erweiterte[r] Partnerschaftsstrukturen für die Stadtteile" und „Ressourcenbündelung" ausgerichtet. Einen Schwerpunkt bildete entsprechend der nationalen Vorgabe auch das „Handlungsfeld[-]" „Integration" (Dok-D22: 2*). Während auf nationaler Ebene die Förderung der Modellvorhaben erst Ende des Jahres 2010 auslief, wurden in Hessen bereits im Jahr 2010 nicht mehr die so genannten „HEGISS-Innovation"-Vorhaben finanziert. MitarbeiterInnen der HEGISS sehen diese Entwicklung in Zusammenhang mit der unzureichenden ressortübergreifenden Zusammenarbeit. Andere Bereiche hätten sich zu wenig beteiligt, so dass viele Maßnahmen über Mittel des Städtebaus finanziert werden mussten anstatt aus anderen Politikbereichen wie Soziales oder Familie (Int-D07*). Zudem wird der Innovationsgrad der Modellvorhaben kritisch hinterfragt: Eine innovative Umsetzung („da wird das top umgesetzt") wird einer nicht innovativen und nicht modellhaften Durchführung („stellt sich die Frage, was daran erstens innovativ, modellhaft und warum wir das aus der *Sozialen Stadt* heraus finanzieren") gegenübergestellt (innovativ ‖ nicht innovativ – die beiden Narrationsstränge werden durch „die anderen" abgetrennt). Ein einfacher „Sprachförderkurs" erfülle vor diesem Hintergrund nicht die Kriterien, gefördert zu werden (Int-D07). Es wird damit auch eine kritische Position zu den Modellvorhaben eingenommen, die Maßnahmen werden hinterfragt und so auch das Ende der Modellvorhaben nicht vollständig abgelehnt.

[Modellvorhaben]: [S]agen wir mal so, <u>eine große Qualitätskontrolle ist da nicht möglich und so super läuft das auch nicht überall</u>. Also **da gibt es einfach welche**, die genießen unser Vertrauen und <u>da wird das top umgesetzt</u>, eben auch integriert, in Form von wirklich innovativen und nachhaltigen Projektpartnerschaften. Und ich sage es jetzt mal so ein bisschen flapsig, **die anderen** <u>ziehen das mit einem Sprachförderkurs durch</u>. Dann stellt sich wirklich die Frage, was daran erstens innovativ ist, modellhaft und warum wir das aus der *Sozialen Stadt* heraus finanzieren, also solche Sachen sind auch dazwischen.
Int-D07 (MitarbeiterInnen der Hessischen Gemeinschaftsinitiative Soziale Stadt (HEGISS))

Aufgabe des Quartiermanagements: Unterstützung von „Integrationsmaßnahmen"

Auf nationaler Ebene wurde herausgearbeitet, dass dem Quartiermanagement eine besondere Rolle bei der Unterstützung von „Integrationsmaßnahmen" zukommen beziehungsweise dieses speziell auf MigrantInnen Bezug nehmen soll. In den untersuchten Materialien und Interviews auf hessischer Ebene wird ein entsprechendes Vorgehen zwar weniger hervorgehoben, allerdings deuten einige Narrationen vergleichbare Zielsetzungen an. So wird das „Quartiersmanagement" an die „Kooperation mit Integrationsmaßnahmen" gekoppelt und als Beispiele für die Unterstützungsmöglichkeit Bereiche wie „Sprachförderung", „Schul- und Elternbildung", „Beschäftigung" und „Qualifizierung" genannt (Dok-D34). Für das Quartiermanagement werden „kulturelle Differenzierungen" auch als handlungsrelevant für deren Arbeit eingeschätzt.

An zahlreichen Standorten der Sozialen Stadt unterstützen das <u>Quartiermanagement</u> und die analogen Steuerungsstrukturen in der kommunalen Projektsteuerung die <u>Kooperation mit Integrationsmaßnahmen</u>, sei es im Bereich der <u>Sprachförderung, der Schul- und Elternbildung, der Beschäftigung und Qualifizierung.</u>
Dok-D34 (HEGISS: Migration und Integration in Stadtteilen mit besonderem Entwicklungsbedarf): Einführung

Sprachförderung und Angebote in Kindergärten und Schulen zur „Integrations"-Förderung
Deutlicher werden „kulturelle Differenzierungen" in Maßnahmen der *Sozialen Stadt* in den Feldern Sprache und Schule. So werden „Angebote der Erwachsenenbildung" unter anderem im Bereich der „Sprachförderung" genannt, die auf bestimmte „Zielgruppen" bezogen werden, hier „Frauen mit Migrationshintergrund" (Dok-D37: 9*). Die „frühzeitige Vermittlung von Deutschkenntnissen" wird an die „Förderung der Integration" gebunden (Dok-D19: 82*). In einer weiteren Narration werden „Deutschkenntnisse als Schlüssel zur Integration" bezeichnet (Dok-D34: Anhang*). „Integration" und Sprachkenntnisse werden gekoppelt. Legitimiert wird die Sprachförderung, die einen „ganz großen Stellenwert eingenommen" habe, in einer Narration der Mitarbeiterinnen der HEGISS über „Defizite", die „hoch kochen" (Int-D07). „Integrations"-Förderung wird an die Reduktion von Problemen gekoppelt.

[A]uch das Thema der Sprachförderung hat einen ganz großen Stellenwert eingenommen (...) jetzt, wo in der zweiten und dritten Generation die Defizite hoch kochen (...) und unsere Sozialsysteme so belastet sind, jetzt guckt man da mal drauf.
Int-D07 (MitarbeiterInnen der Hessischen Gemeinschaftsinitiative Soziale Stadt (HEGISS))

Auch im Bereich der Schule wird „kulturell" differenziert: So wird argumentiert, dass „Schulen, die sich ausdrücklich als Schule im Stadtteil verstehen" und sich „gezielt der Integration von Kindern mit Migrationshintergrund widmen" würden, mit der „sozial und ethnisch heterogenen Schülerpopulation" arbeiten müssten (Dok-D17: Kapitel 3*). SchülerInnen werden also nicht nur entlang unterschiedlichen sozialen Status', sondern auch durch unterschiedliche Herkunft – „ethnisch heterogen" – differenziert und mit dem Ziel der „Integration" verwoben. Die „Konzipierung von [-] Angeboten" zur „Integration" in „Kindergarten und Schule" wird auch im geführten Interview als sinnvoll angesehen (Int-D07*)

Unterstützung der „Migrantenökonomie": „Kulturell" differenzierter Handlungsbedarf
Die Differenzierung von Bevölkerungsgruppen in „migrantisch" und „nicht-migrantisch" setzt sich im Bereich der Wirtschaftsförderung fort. So wird konstatiert, dass das „Interesse an unternehmerischer Tätigkeit und selbstständiger Arbeit" vor allem in der „Migranten-Bevölkerung (…) sehr ausgeprägt" sei, womit ein Unterschied zu der deutschen Unternehmertätigkeit gemacht wird. Spezifische Angebote für MigrantInnen wie „Existenzberatungen" werden kausal legitimiert („um"), indem auf diese Weise „fehlende Vorkenntnisse" ausgeglichen und ein „mögliches Scheitern" verhindert werden sollen (Dok-D21).

Das Interesse an unternehmerischer Tätigkeit und selbstständiger Arbeit ist vor allem in der Migranten-Bevölkerung (...) sehr ausgeprägt. Existenzgründungsberatungen für eine erfolgreiche betriebswirtschaftliche Führung (...) müssen als zielgerichtete und kontinuierlich begleitende Unterstützung angelegt werden, um fehlende Vorkenntnisse auszugleichen und ein mögliches Scheitern zu verhindern.
Dok-D21 (HEGISS: Gemeinwesenorientierte Beschäftigungsförderung in Stadtteilen mit besonderem Entwicklungsbedarf - Schlussbericht): 30

Bisher sei das „Thema Migrantenökonomie/ethnische Ökonomie" „vernachlässigt" worden, obwohl „erheblicher Handlungsbedarf" bestehe. Dementsprechend solle die „Stabilisierung und Entwicklung einer Migrantenökonomie" einen „besonderen Förderungsschwerpunkt" darstellen (Dok-D21: 94*), womit die Förderung von MigrantInnen noch einmal betont und verfestigt wird. Unternehmerische Tätigkeit von MigrantInnen wird mit spezifischen Problemen in Verbindung gebracht, die ein besonderes Handeln erforderlich zu machen scheinen.

„Kulturell" differenzierte Herangehensweise bei Aktivierung und Beteiligung, die aber auch hinterfragt wird
Weitere Maßnahmen, in denen „kulturelle Differenzierungen" auf Ebene des Bundeslandes Hessen handlungsrelevant werden, können dem Bereich der Aktivierung und Beteiligung zugeordnet werden. EinwohnerInnen der *Sozialen Stadt*-Quartiere werden in „deutsche und nicht-deutsche Wohnbevölkerung" differenziert, wobei „Prozesse der Integration und des interkulturellen Austauschs zu fördern" seien. Der „Erfolg" von Maßnahmen wird von der Einbindung „aller betroffenen Bevölkerungsgruppen" abhängig gemacht (Dok-D15: 22*). MigrantInnen und Nicht-MigrantInnen werden gegenübergestellt und ein fehlender Austausch als Problem erfasst, auf das es zu reagieren gilt. Entsprechend können in weiteren Narrationen Zielsetzungen des Gegensteuerns nachgezeichnet werden. Neben dem Ziel, den „Dialog [zu] fördern" (Dok-D34: Anhang*) wird auf Initiativen zum „interkulturelle[n] Stadtteil" (Dok-D42: 9*) sowie „internationale Begegnungsstätten" und „stadtteilkulturelle Projekte" (Dok-D15: 18*) gesetzt. Die QuartiersbewohnerInnen werden in unterschiedliche „Nationen" und „Kulturen" differenziert, die es „interkulturell" zusammenzubringen gilt.

Spezifische Problemlagen werden auf MigrantInnen bezogen: Vor allem diese werden als „schwer erreichbar[-]" (Dok-D41: 26*) und „nichtbeteiligt[-]" (Dok-D18: 139*) bezeichnet. Besonders beim „ehrenamtlich[en]" und „professionell[en]" Engagement wird ein Nachholbedarf bei MigrantInnen konstatiert. Dieser wird durch einen Vergleich mit der „Mehrheitsgesellschaft" erfasst, die sich stärker engagiere (Dok-D37), womit wiederum MigrantInnen und Andere gegenübergestellt werden. Entsprechende Differenzierungen werden auch in Bezug auf die Vertretung von „Migrantinnen und Migranten" in „Stadtteilgremien der *Sozialen Stadt*" reproduziert (Dok-D37: 3*). Zwar gebe es auch „Vorzeigemigranten", die sich engagieren würden, diese stellten aber eine Minderheit dar (Int-D07*).

Verglichen mit der Mehrheitsgesellschaft engagieren sich Bürger und Bürgerinnen mit Migrationshintergrund bis dato wesentlich geringer ehrenamtlich wie professionell (...).
Dok-D37 (Vortrag Stadtteilentwicklung im Kontext von Integrationskonzepten): 4

Vor diesem Hintergrund ist die „stärkere Einbeziehung" von MigrantInnen gewünscht und soll gefördert werden (Dok-D18: 139*). Diese Zielsetzung wird unter anderem an „neue Methoden der Beteiligung und Strategien der Information und Beratung" (Dok-D17: Kapitel 1*), „zielgruppenspezifische Aktivierung und Beteiligung" beispielsweise durch die „Einrichtung von Treffpunkten" und „Cafés" (Dok-D18: 139*), „spezielle Unterstützungsangebote für MigrantInnen und AussiedlerInnen" (Dok-D41: 26*) sowie Maßnahmen im Bereich des Sports, dessen „Integrationskraft" [u]nbestritten sei (Dok-D37: 10*), gekettet. Wiederkehrende Strategien sind zudem die „Hilfe zur Selbsthilfe" durch die „Förderung selbsttragender Bewohnerorganisationen" (Dok-D15: 18*) sowie das Regieren durch *community* (Dok-D19: „*community building*"). Ein differenziertes Handeln für MigrantInnen erscheint als sinnvoll und zielführend und ist hegemonial verfestigt.

Beteiligung jener Gruppen, die schwer zu aktivieren sind und nur selten in formalisierten Zusammenhängen partizipieren, wie jungen Menschen und ethnische Minderheiten – hier braucht es zunächst differenzierte aktivierende Methoden und lokales „community building", um sie in Kooperationsnetzwerke einbeziehen zu können (...).
Dok-D19 (HEGISS: Netzwerkanalyse und dialogische Begleitung – Schlussbericht): 6-7

Diese Verankerung einer „notwendigen" Einbindung von MigrantInnen in die *Soziale Stadt* wird auf regionaler Ebene allerdings auch in einigen Aussagen hinterfragt. Der „Handlungsbedarf eines Engagements" der „zugewanderten Communities" könnte durchaus auch von diesen als weniger erforderlich erachtet werden und steht in Opposition zur hegemonialen Zielsetzung der „Mehrheitsgesellschaft" (Dok-D37: 4*). Während es in der Türkei „sozusagen Mentalität" sei, sich nicht um „das, was auf der anderen Seite [der] Türschwelle" stattfinde, zu kümmern, wird Beteiligung als der „kulturelle Anspruch der deutschen Bundesbürger" beschrieben (Int-D07).

> In der Türkei sagt man, kümmere Dich nicht um das, was auf der anderen Seite deiner Türschwelle stattfindet. Das ist überhaupt nicht böse gemeint, das ist sozusagen Mentalität. Da ist der kulturelle Anspruch der deutschen Bundesbürger, dass diese Menschen doch zu beteiligen seien und einzubinden seien, das ist ein frommer Wunsch von uns. Das wird auf der Seite möglicherweise gar nicht als Bedarf oder so, in der Mehrheit, ich rede jetzt von *mainstream*, ja, dass einzelne Menschen sagen, Mensch, wir müssen uns da einbringen und das ist wichtig für uns ... ja natürlich.
> *Int-D07 (MitarbeiterInnen der Hessischen Gemeinschaftsinitiative Soziale Stadt (HEGISS))*

Zum einen wird damit die Beteiligung als deutsche Wunschvorstellung kritisch betrachtet. Diese Aussagen nehmen aber nur eine Randstellung gegenüber der national hegemonialen Zielsetzung ein, womit sie eher als Subdiskurs, also als nicht dominierender Diskurs (zur theoretischen Herleitung siehe Kapitel 3.5), bezeichnet werden können. Zum anderen zeigen sich in diesen Narrationen „kulturelle Differenzierungen" entlang unterschiedlicher Kulturen, Werte, Mentalitäten – MigrantInnen erscheinen vor diesem Hintergrund als anders gegenüber „den Deutschen".

MultiplikatorInnen als „Brückenbauer" zwischen den „Kulturen"
„Kulturelle Differenzierungen" reproduzieren sich auch bei dem Ansatz der Förderung von MultiplikatorInnen. „Integrationslotsen" sollen „Mittler zwischen den Welten" beziehungsweise „Brückenbauer zwischen der Aufnahmegesellschaft und den Migranten" sein (Dok-D34).

> [Konzept der Integrationslotsen]: Sie sind als Menschen mit eigener Zuwanderungsbiografie und Integrationserfahrung oder interessierte Deutsche
> > Mittler zwischen den Welten oder
> > Brückenbauer zwischen der Aufnahmegesellschaft und den Migranten
> *Dok-D34 (HEGISS: Migration und Integration in Stadtteilen mit besonderem Entwicklungsbedarf): Anhang*

Aufgabe von „Interkulturellen Vermittler[n]" sei unter anderem, „über andere Kulturen, Religionen und Umgangsformen" zu informieren und „Angebote und Dienstleistungen von Einrichtungen für Zugewanderte zu öffnen" (Dok-D27: o. S.*). MigrantInnen stehen der „Aufnahmegesellschaft" durch eine „kulturelle" Andersartigkeit gegenüber und sind (noch) nicht Teil von dieser. Die „Integrationslotsen" haben, so die Vorstellung des Ansatzes, „Zugang zu ihrer jeweiligen community" (Dok-34: Anhang*) und sollen damit in diese hineinwirken. Die Stadtteile werden in unterschiedlichen MigrantInnen-*communities* gedacht, die spezifisch angesprochen werden können und sollen.

Wie auf nationaler Ebene wird in einer Vielzahl an Maßnahmen „kulturell" differenziert und ein zielgruppenspezifisches Handeln als sinnvoll und notwendig reproduziert.

5.2.2.7   Zusammenfassung: MigrantInnen als handlungsrelevante Zielgruppe

Zum Abschluss der Analyse auf Ebene des Bundeslandes Hessen werden zentrale Auffälligkeiten hervorgehoben. Angesetzt wurde bei der Quartiersstrukturierung der Gebiete der *Sozialen Stadt* in Hessen, die vielfach als solche mit hohem Migrantenanteil (u. a. „überproportionale Zuwanderungsquote") beschrieben werden. Dieser Anteil wird mit als Grund zur Aufnahme in das Programm angeführt. Es erfolgt eine Differenzierung in MigrantInnen und andere QuartiersbewohnerInnen, die in Opposition zueinander stehen. Erstere werden mit spezifischen Problemlagen (u. a. Sprachprobleme, andere Wertesysteme) verknüpft, durch die sie von einem Idealzustand abweichen. Gleichzeitig werden sie in Narrationen eingebunden, in denen sie eine Ressource darstellen, womit der Signifikant MigrantInnen auch hier als flottierender Signifikant konzeptionalisiert werden kann. MigrantInnen werden allerdings nur in dem Fall zur Ressource, wenn sie dadurch Eingang in die „deutsche" Gesellschaft finden.

Die dezidierten „kulturellen Differenzierungen" legitimieren entsprechend ein spezifisches politisches Gegensteuern. So wird die *Soziale Stadt* in Hessen als sinnvolles Handlungsinstrument institutionalisiert, das bereits lange Tradition habe und eine Vorreiterrolle im Bereich der „Integration" von MigrantInnen einnehme. Das Handeln der *Sozialen Stadt* habe damit auch die aktuelle nationale Integrationspolitik „befruchtet". Der nationale Bedeutungsgewinn wird als Begründung für eine Verstärkung der Thematik und des Handelns herangezogen. Theoretisch konzeptionell kann die Verknüpfung „Integration" ≡ *Soziale Stadt* als hegemonial bezeichnet werden. An den leeren Signifikanten und Knotenpunkt „Integration" „docken" Maßnahmen an, in denen dezidiert „kulturell" differenziert wird. Dies wurde unter anderem bei den über mehrere Jahre hinweg geförderten Modellvorhaben HEGISS-Innovation mit dem Themenfeld „Integration", Maßnahmen zur Sprachförderung und Qualifizierung von MigrantInnen, der Stärkung der Aktivierung und Beteiligung sowie der Gewinnung von MultiplikatorInnen zum Hineinwirken in unterschiedliche *communities* deutlich. Argumentationsmuster von Maßnahmen, die national beschrieben wurden, werden weitgehend reproduziert.

Auf hessischer Ebene deuten sich allerdings auch einige abweichende Argumentationen an. So wurde ausgeführt, dass eine „hohe Konzentration von Ausländern" nicht per se problematisch sein müsse. Die Handlungsfähigkeit des quartiersbezogenen Ansatzes der *Sozialen Stadt* wurde dadurch eingeschränkt, dass dieser nur dann erfolgreich sein könne, wenn auch eine gesamtstädtische Integrationspolitik betrieben werde. Auch im Bereich der Aktivierung und Beteiligung wurden Abweichungen sichtbar: So sei die Einbindung von MigrantInnen zwar ein Wunsch der „Mehrheitsgesellschaft", müsse aber nicht zwingend von den MigrantInnen als notwendig und sinnvoll angesehen werden. Da jedoch insgesamt hegemoniale Muster weitergeführt und diese nur in wenigen Narrationen unterlaufen werden, stellen diese Passagen momentan (noch) Subdiskurse dar, die kein explizit abweichendes Handeln mit sich bringen.

Im nächsten Schritt werden die Ergebnisse der beiden Fallstudien in Frankfurt am Main und Darmstadt dargestellt, um zu prüfen, ob nationale und regionale Steuerungslogiken und Argumentationsmuster vergleichbar reproduziert werden oder ob sich auf lokaler Ebene ausgeprägtere Abweichungen nachzeichnen lassen.

5.2.3   Fallstudie Frankfurt am Main Gallus-Viertel: „Kulturelle Differenzierungen" offiziell weniger im Fokus, aber in Maßnahmen auch handlungsrelevant

5.2.3.1   Dokumente und Interviews zur *Sozialen Stadt* Gallus

Ausgangspunkt für die Analyse der *Sozialen Stadt* im innerstädtischen Gallus-Viertel in Frankfurt am Main bildeten alle zugänglichen Dokumente, mit denen die Stadtpolitik auf spezifische lokale Problemlagen und Herausforderungen zugeschnitten wird.

Für das Gallus-Viertel in Frankfurt am Main ist dies zunächst das Integrierte Handlungskonzept, das 2006 veröffentlicht wurde und in dem die Ausgangslage des Programmgebiets, Zielsetzungen und erste Projekte beschrieben werden (Dok-D45). 2011 wurde ein Stadtteilatlas veröffentlicht, der unter anderem Informationen zu lokaler Infrastruktur wie Einrichtungen und Vereine enthält (Dok-D46). Zur Ergänzung wurden die Internetkommunikationen der Stadt Frankfurt und des Stadtplanungsamts Frankfurt zum Gallus-Viertel sowie der Caritas Frankfurt, die das Stadtteilbüro betreut, in das Dokumentenkorpus aufgenommen (Dok-D47 und 48) (siehe Tabelle 6).

Tabelle 6:   Dokumente der Stadtpolitik *Soziale Stadt* – lokale Ebene: Frankfurt am Main

Dokumente auf lokaler Ebene: Gallus-Viertel in Frankfurt am Main			
Herausgeber/Autor	Titel	Dokumentart	Kürzel
Stadt Frankfurt am Main, Stadtplanungsamt, 2006	Integriertes Handlungskonzept. Bausteine, Projekte, Perspektiven	Veröffentlichung/Bericht	Dok-D45
Stadt Frankfurt am Main, 2011	Stadtteilatlas Gallus 2011	Veröffentlichung/Bericht, auch zu finden unter www.caritas-frankfurt.de (05.05.2011)	Dok-D46
Stadt Frankfurt und Stadtplanungsamt, 2011	Informationen der Homepages des Stadtplanungsamtes und der Stadt Frankfurt zum Gallusviertel und zur Sozialen Stadt: www.stadtplanungsamt-frankfurt.de, www.frankfurt.de (03.02.2011)	Homepage	Dok-D47
Caritas Frankfurt, 2011	Informationen der Caritas: www.ocvfrankfurt.caritas.de (03.02.2011)	Homepage	Dok-D48

Quelle: Eigene Darstellung

Als Erweiterung der Dokumente wurden KoordinatorInnen der *Sozialen Stadt* auf Stadt- sowie Quartiersebene befragt. In Frankfurt erfolgt die Steuerung und Ausrichtung des Programms durch das Stadtplanungsamt. Hier wurde ein Interview mit zwei Mitarbeiterinnen geführt, die seit Beginn der *Sozialen Stadt* an der Entwicklung beteiligt sind (IP-D08). Die MitarbeiterInnen des Stadtteilbüros im Gallus-Viertel bilden die Schnittstelle zwischen QuartiersbewohnerInnen und Stadtplanungsamt. Ein Mitarbeiter des Quartiermanagements konnte Einblicke in aktuelle Projekte und Maßnahmen geben, womit genauer das lokale Vorgehen erfasst werden konnte (IP-D09) (siehe Tabelle 7).

Tabelle 7: Interviews mit Verantwortlichen der Stadtpolitik *Soziale Stadt* – lokale Ebene: Frankfurt am Main

Interviews auf lokaler Ebene: Gallus-Viertel in Frankfurt am Main				
InterviewpartnerIn	Datum	Ort	Dauer	Kürzel
zwei Mitarbeiterinnen des Stadtplanungsamtes der Stadt Frankfurt, Koordination *Soziale Stadt*	02.11.2010	Frankfurt	02:19 Stunden	Int-D08
Mitarbeiter des Quartiermanagements Frankfurt Gallus	24.11.2010	Frankfurt	01:18 Stunden	Int-D09

Quelle: Eigene Darstellung

5.2.3.2 MigrantInnen im Gallus und deren hohe „Integrationsanforderungen"

Grundlage für die Auswahl des Frankfurter Gallus-Viertel als Fallstudie ist die Berücksichtigung von MigrantInnen in den offiziellen Programmatiken der Quartiersbeschreibung (siehe dazu auch Kapitel 4.3.2). Als „Merkmale" des Gallus werden unter anderem die „Konzentration von sozial Benachteiligten" und „Migranten/-innen" angeführt (Dok-D45: 16*). In weiteren Passagen werden an das Gallus „überdurchschnittlich viele Zuwanderer", die dort seit den 1960er Jahren leben, sowie ein „Anteil ausländischer Mitbürger/-innen" von „42,3 %" gekettet. Es erfolgt eine Abgrenzung vom „gesamtstädtische[n] Durchschnitt", der bei „25,4 %" liege (Dok-D45: 36*). MigrantInnen werden darüber hinaus anhand der „Nationalität" in MigrantInnen aus dem „ehemaligen Jugoslawien", „Mitbürger/-innen türkischer Nationalität", „Marokko, Afghanistan und GUS-Staaten" differenziert (Dok-D45).

Die am stärksten vertretene Nationalität ist aus dem ehemaligen Jugoslawien (…), gefolgt von (…) Mitbürger/-innen türkischer Nationalität. Berichte aus Kitas und Grundschulen weisen darauf hin, dass der Anteil an Familien aus Marokko, Afghanistan und GUS-Staaten steigt.
Dok-D45 (Stadt Frankfurt am Main/Stadtplanungsamt: Integriertes Handlungskonzept): 36-37

Bei der Auswahl des Gallus als Quartier der *Sozialen Stadt* wird explizit auf MigrantInnen verwiesen. So wird „die Konzentration von sozial Benachteiligten, insbesondere von Menschen mit Migrationshintergrund" mit als „Anlass für die Auswahl als Gebiet der Sozialen Stadt" angeführt (Dok-D47). Auch Mitarbeiterinnen des Stadtplanungsamtes nennen als Grund für die Aufnahme „die ganzen Zuwanderer unterschiedlicher Nationalitäten" (Int-D08*).

Anlass für die Auswahl als Gebiet der Sozialen Stadt war der Mangel an gewerblichen Arbeitsplätzen, die Konzentration von sozial Benachteiligten, insbesondere von Menschen mit Migrationshintergrund (ca. 41,5 %) sowie von gering qualifizierten Arbeitnehmern.
Dok-D47 (Stadt Frankfurt am Main/Stadtplanungsamt: Information der jeweiligen Homepages zur Sozialen Stadt)

Indem MigrantInnen unter die Kategorie der „sozial Benachteiligten" gefasst werden, werden diese mit Problemen assoziiert. MigrantInnen stellen eine Herausforderung für den Stadtteil dar. So wird beispielsweise auch „die ethnische Vielfalt" an „hohe Integrationsanforderungen" geknüpft, die der Stadtteil zu erfüllen habe (Dok-D45: 15*: kausale Verknüpfung: „**Durch** die ethnische Vielfalt …"). In den untersuchten Materialien und Interviews wird übergreifend die

zu erbringende „Integrationsleistung" betont: So beschreiben Mitarbeiterinnen des Stadtplanungsamtes das Gallus-Viertel als „Einflugschneise für Frankfurt, für Migranten, die hier neu
ankommen", so dass der Stadtteil „eine große Integrationsleistung" zu leisten habe, da „immer
wieder neu Ankommende integrier[t]" werden müssten (Int-D08). Ein Mitarbeiter des Quartiermanagements verweist ebenfalls auf die „hohe Integrationsleistung", was er darüber begründet, dass „ungefähr 2000" im „Jahr wegziehen und wieder dazukommen", was „natürlich
ein Problem für den Stadtteil" sei. Auch hier kommt die „Integrations"-Notwendigkeit zum
Tragen („neue[-] Menschen immer wieder neu zu integrieren") (Int-D09). Die „Integrationsleistung" wird durchgehend reproduziert und kann daher als hegemonial bezeichnet werden.

Auf den Stadtteil bezogen, heißt es immer, es ist die Einflugschneise für Frankfurt, für Migranten, die hier neu
ankommen, das heißt Leute, die hier neu ankommen mit Migrationshintergrund oder aus dem Ausland, die
kommen sehr oft erst mal im Gallus an. (…). Insofern leistet der Stadtteil schon eine große (…) Integrationsleistung, weil er immer wieder neu Ankommende integrieren muss.
Int-D08 (Mitarbeiterinnen des Stadtplanungsamtes der Stadt Frankfurt am Main, Koordination Soziale Stadt)
[E]s sind ungefähr 2000, die im Jahr wegziehen und wieder dazukommen, ja, also so acht Prozent der Wohnbevölkerung, in dem Dreh. Ist natürlich ein Problem für den Stadtteil, weil das natürlich eine hohe Integrationsleistung des Stadtteils auch wieder erfordert, immer die neuen Menschen immer wieder neu zu integrieren, ihnen zu
zeigen, wo es was gibt, sie also in den Stadtteil einzuführen. (…). Und das ist die Schwierigkeit, diese hohe
Integrationsleistung, die gebracht werden muss (…).
Int-D09 (Mitarbeiter des Quartiermanagements Frankfurt Gallus)

„Integration" wird durch die Konzeptionalisierung als „Problem" als Aufgabe für das Gallus
verfestigt. Gleichzeitig wird der Stadtteil als „vielfältig und lebendig" beschrieben, in dem
„Menschen vieler Nationen und Kulturen zusammen leben". „Vielfalt" wird im Integrierten
Handlungskonzept Gallus als „Chance" gefasst (Dok-D45: 31*). Entsprechend wird als „Leit-
linie" die Potentialentwicklung betont, bei der auf die „interkulturelle Gegenwart" und die
„vorbildliche soziale und ethnische Integration" verwiesen wird (Dok-D45). Positive Entwicklungen erscheinen also auch möglich beziehungsweise vollziehen sich danach bereits.

[Leitlinie]: Das Gallus soll sich aus dem ihm eigenen Potential zu einem selbstbewussten Quartier entwickeln,
das stolz auf seine Industrie- und Arbeitergeschichte, seine interkulturelle Gegenwart und seine vorbildliche
soziale und ethnische Integration ist.
Dok-D45 (Stadt Frankfurt am Main/Stadtplanungsamt: Integriertes Handlungskonzept): 36

5.2.3.3   „Integration" in der *Sozialen Stadt* im Gallus-Viertel: Erfasst, aber nicht primär handlungsleitend

Die zu erbringende „Integrationsleistung" wird in den Programmatiken als Zielsetzung der
Sozialen Stadt im Gallus-Viertel aufgegriffen und mit einer Notwendigkeit, zu handeln, verbunden. Für die Stadt bestehe „die Chance, den Stadtteil über den integrativen Ansatz" der *Sozialen
Stadt* unter anderem „städtebaulich zu erneuern" und die „interkulturelle Integration zu fördern" (Dok-D47).

Für die Stadt Frankfurt am Main besteht die Chance, den Stadtteil Gallus über den integrativen Ansatz des Bund-Länder-Programms Soziale Stadt städtebaulich zu erneuern (...) und die interkulturelle Integration zu fördern (...).
Dok-D47 (Stadt Frankfurt am Main/Stadtplanungsamt: Information der jeweiligen Homepages zur Sozialen Stadt)

Das Programm *Soziale Stadt* wird auch zum Handlungsinstrument für „Integration". Entsprechend wird im Integrierten Handlungskonzept auf Projekte verwiesen, „die sich mit sozialen und kulturellen Aspekten des Gallus befassen" – dabei gerade auch in Bezug auf „Integration" – und die eine „besondere Bedeutung" für die Entwicklung des „Stadtteillebens" hätten (Dok-D45: 8*).

Diese narrativen Passagen deuten auf eine hohe Relevanz von „Integration" im Rahmen der *Sozialen Stadt* Gallus-Viertel hin. In den geführten Interviews wird primär allerdings anders argumentiert. Mitarbeiterinnen des Stadtplanungsamtes erläutern, dass Probleme nicht nur bestünden, „weil wir Zuwanderer haben oder Menschen mit Migrationshintergrund, sondern wir haben im Grunde auch echte Probleme in deutschen Familien". Als vorrangige Themen werden „Kinder, Jugendliche, Bildung in diesen benachteiligten Stadtteilen" benannt und damit weniger Probleme im Zusammenhang mit MigrantInnen (Int-D08*). Die „ganzen Zuwanderer unterschiedlicher Nationalitäten" werden zwar als Gebietskriterium angeführt und eine hohe „Integrationsleistung" als erforderlich angesehen, wie oben dargestellt (Int-D08*), allerdings entsteht daraus nicht dezidiert Handlungsrelevanz für das Stadtplanungsamt. Diese „Frage" sei nicht im Fokus, da die Mitarbeiterinnen „nicht ureigens im Integrationsdezernat" arbeiteten (Int-D08: kausale Argumentation: „weil").

[W]ir stellen uns die Frage gar nicht so [Integration], **weil** wir jetzt hier nicht ureigens im Integrationsdezernat arbeiten.
Int-D08 (Mitarbeiterinnen des Stadtplanungsamtes der Stadt Frankfurt am Main, Koordination Soziale Stadt)

Entsprechend der Grundkonzeption der *Sozialen Stadt* mit der Zielsetzung ressortübergreifender Zusammenarbeit müssten eigentlich andere „Ressorts" Aufgaben übernehmen – damit auch im Bereich „Integration". „[I]n der Realität" habe dies aber „nicht funktioniert" (Int-D08*). Zudem habe das Programm in der Stadt „nicht die Wichtigkeit erlangt", so dass die Mitarbeiterinnen des Stadtplanungsamtes „teilweise völlig auch auf Unkenntnis bei anderen Ämter[n]" stießen (Int-F08*). Die Programmentwicklung wird an Probleme gekoppelt, die einer sinnvollen Umsetzung zuwiderlaufen. „Integration" spielt vor diesem Hintergrund im Stadtplanungsamt keine zentrale Rolle.

Auch im Quartiermanagement wird ein anderer Ansatz betont, bei dem MigrantInnen nicht zu einer zentralen Zielgruppe von Maßnahmen werden. Bestimmte Projekte, bei denen die Zielgruppe klar definiert sei, beispielsweise „migrantische Frauen im Alter von so und so viel bis so und so viel", stehen dem „eigentlichen" Vorgehen gegenüber: „der Hauptzugang zu den Menschen" erfolge „über Problemlagen". Es wird aufgrund „allgemeine[r] Probleme, die durch die gesamte Gesellschaft gehen", gehandelt. Der Zugang nach „Migrationshintergrund" oder „Nationalitäten" kann entsprechend als Subdiskurs gedeutet werden: Er ist nicht zentral verankert. Im Gegenzug ist das Vorgehen nach „Arbeitsfeldern" (abgetrennt durch „sondern") als hegemonial verfestigt zu verstehen. Gleichzeitig wird angeführt, dass es „in den Projekten dann teilweise einen höheren Schnitt an Migranten" gebe, was „einfach aus der Zusammensetzung" heraus komme (Int-D09).

Also wir gehen natürlich schon bei bestimmten Projekten, wenn die Zielgruppe klar definiert ist, hier geht es irgendwie um <u>migrantische Frauen im Alter von so und so viel bis so und so viel</u>, gezielt auf diese Gruppen zu. Aber das ist nicht, denke ich, <u>der Hauptzugang zu den Menschen</u>, den wir suchen, **sondern** der definiert sich eher <u>über Problemlagen.</u> Also dass wir eher <u>wichtige Themenfelder identifizieren, die für alle Menschen wichtig</u> <u>sind</u>. Und die kann man auch bei einem hohen Migrantenanteil nicht hier dann auf eine Zielgruppe irgendwie festschreiben, sondern es sind dann eher <u>allgemeine Probleme, die durch die gesamte Gesellschaft gehen</u>. (...). Also da ist es nicht so, dass wir dann (...) nach <u>Migrationshintergrund</u> gucken oder nach bestimmten <u>Nationalitä-</u> <u>ten</u>, **sondern** es geht wirklich nach <u>Arbeitsfeldern</u> eher, mehr aufgegliedert, **aber** es ist natürlich schon so, dass wir da in den Projekten dann teilweise einen <u>höheren Schnitt an Migranten</u> haben, als es vielleicht in anderen Stadtteilen ist. Das kommt aber <u>einfach aus der Zusammensetzung</u> dann heraus.
Int-D09 (Mitarbeiter des Quartiermanagements Frankfurt Gallus)

Der höhere Migrantenanteil im Quartier führt entsprechend der Argumentation „zwangsläu-fig" dazu, dass in Maßnahmen mehr MigrantInnen gefördert werden als andere Quartiersbe-wohnerInnen, auch wenn erstere nicht spezifisch herausgegriffen würden. Diese Argumen-tation wird durch den Mitarbeiter des Quartiermanagements in zwei weiteren Narrationen verfestigt, in dem er Projekte für „ältere Menschen" oder „Senioren" beschreibt, wo es „unab-hängig" sei, „welcher Nationalität oder Ethnie sie sind" beziehungsweise er danach schaue, „wo wird Unterstützung benötigt" und nicht nach „Migrationshintergrund [-] oder nach Nati-onalität" (Int-D09*). Das entsprechende Vorgehen zeigt sich in den beschriebenen Projekten unter anderem in den Zielsetzungen des Ausbaus „nachbarschaftliche[r] Netze" (Int-D08*) und „aufsuchender Arbeit" (Int-D09*) – Maßnahmen, die auf alle QuartiersbewohnerInnen ausgerichtet seien.

Die *Soziale Stadt* im Gallus-Viertel setzt an allgemeinen „Problemlagen" an. Der hohe Migrantenanteil bewirkt, dass *implizit*, also ohne es dezidiert darauf auszurichten, in den Maß-nahmen viele MigrantInnen gefördert werden. Es deutet sich die Tendenz an, MigrantInnen nicht zur alleinigen Zielgruppe zu machen beziehungsweise MigrantInnen werden hier gar nicht explizit als wichtige Zielgruppe benannt.

Allerdings bestehen auch Maßnahmenbereiche, in denen „kulturelle Differenzierungen" stärker handlungsrelevant werden. Dazu zählen Maßnahmen der Förderprogramme Lokales Kapital für soziale Zwecke (LOS) beziehungsweise „Stärken vor Ort", die Modellvorhaben, Maßnahmen durch das Quartiermanagement sowie Maßnahmen der *Sozialen Stadt* Gallus in Bereichen, die auch national und regional aufgegriffen wurden.

5.2.3.4   „Kulturelle Differenzierungen" in unterschiedlichen Maßnahmen: Notwendig erachtetes Vorgehen gegenüber fehlenden Möglichkeiten

In der folgenden Darstellung wird herausgearbeitet, wie „kulturelle Differenzierungen" im konkreten Vorgehen problematisiert werden.

Explizite Förderung von MigrantInnen durch die Förderprogramme LOS und Stärken vor Ort
Wie bereits oben durch den Mitarbeiter des Quartiermanagements angedeutet, werden auch im Gallus-Viertel Projekte initiiert, die auf bestimmte Zielgruppen ausgerichtet sind. Dies geschah vor allem durch das Förderprogramm Lokales Kapital für soziale Zwecke (LOS) beziehungs-weise geschieht durch das Programm „Stärken vor Ort", wodurch Benachteiligungen abgebaut werden sollten und sollen.

Im Integrierten Handlungskonzept des Gallus-Viertels wird auf den Erfolg von LOS-Projekten verwiesen. Die Maßnahmen umfassten beispielsweise „Sprachkurse oder Projekte zur Integration in den Arbeitsmarkt" und wurden vor dem Hintergrund von „Sprach- und Integrationsproblemen" durchgeführt, mit denen „Arbeitssuchende" konfrontiert seien (Dok-D45: 57*). Damit wurde auf eine spezifische Behandlung von Schwierigkeiten von MigrantInnen gesetzt.

Im Rahmen der Projekte von „Stärken vor Ort" wird ebenfalls dezidiert „kulturell" differenzierter Handlungsbedarf konstatiert. So beschreiben die Mitarbeiterinnen des Stadtplanungsamtes, dass „in der Regel zehn Projekte pro Jahr" durchgeführt würden, in denen Fördermaßnahmen zur Alphabetisierung und Spracherwerb angeboten beziehungsweise „Frauen [-] mit Migrationshintergrund" zu einer „kleinen Qualifizierungsmaßnahme" angesprochen würden (Int-D08). Es findet eine Äquivalentsetzung zwischen Migrantinnen ≡ Qualifizierung/Befähigung statt. In diesen Maßnahmen wird dezidiert an Problemlagen von MigrantInnen angesetzt, um diese zu beseitigen.

[„Stärken vor Ort"]: Wir haben ja in der Regel zehn Projekte pro Jahr und da ist der häufigste Fall, dass im Grunde häufig auch Frauen natürlich mit Migrationshintergrund angesprochen werden zu einer kleinen Qualifikationsmaßnahme als Tagesmutter oder in der Kinderbetreuung oder sprachlich oder PC oder Deutschkurse oder Alphabetisierungskurse oder, oder, oder.
Int-D08 (Mitarbeiterinnen des Stadtplanungsamtes der Stadt Frankfurt am Main, Koordination Soziale Stadt)

Auch der Mitarbeiter des Quartiermanagements greift das Programm „Stärken vor Ort" heraus und stellt eine Verbindung zwischen „Zielgruppen", die durch das Programm vorgegeben werden, und „Migrantinnen von 17 bis maximal irgendwie 28" als eine der möglichen Zielgruppen her (Int-D09*). Als umgesetzte Maßnahmen werden ebenfalls „Sprachförderung", „Alphabetisierungskurse" sowie „Sprachförderung mit Maßnahmen zur Qualifizierung zur Tagesmutter" angeführt. Auffällig ist, dass auch hier das Ziel („so") der „Qualifikation" beziehungsweise das „[S]tärken" der Menschen betont wird (Int-D09: „Sprachförderung" und „Alphabetisierungskurse" ➔ „Qualifikation" ≡ Stärkung der Menschen). Die Qualifikation und die Hilfe zur Selbsthilfe werden vom Mitarbeiter des Quartiemanagements als sinnvoll bewertet. Sie sind unhinterfragt und entsprechend hegemonial verfestigt.

Also wir machen das ganz stark bei diesem Stärken vor Ort, machen wir sehr viel, was so Sprachförderung angeht, über verschiedene Arten der Projekte, über Musikprojekte, über Schreibprojekte, über Alphabetisierungskurse oder über Projekte, kombiniert zum Beispiel Sprachförderung mit Maßnahmen zur Qualifizierung zur Tagesmutter, ja, also wir versuchen so (...) einfach diese sprachliche Qualifikation, ja, zu stärken, bei den Menschen.
Int-D09 (Mitarbeiter des Quartiermanagements Frankfurt Gallus)

Hegiss-Innovation – auch zur „Integration": „Sinnvoll[-]", aber „weggekürzt"
Auch die Modellvorhaben – in Hessen HEGISS-Innovation – werden von den Interviewpartnern als sinnvolle Möglichkeit zur „Integration" gefasst. Der Mitarbeiter des Quartiermanagements beschreibt die Maßnahmen, die über HEGISS-Innovation finanziert wurden, als guten Ansatz, um „ressourcenorientiert" die „Stärkung der Menschen" voranzubringen. Durch das Ansetzen bei „persönlichen Fähigkeiten" und „Qualifizierungen" sei es gelungen, den Menschen eine „bessere Qualifikation für ihre Zukunft" zu ermöglichen. Hier nimmt er auch Bezug auf Maßnahmen zur „Integration", die hätten finanziert werden können. Im Gegensatz zu diesen Maßnahmen steht das Ende der Modellvorhaben, die es „jetzt auch nicht mehr geben"

werde (Int-D09*). Über die „klassische *Soziale Stadt*" (Int-D09*) seien entsprechende Maß-nahmen nicht mehr „förderbar". Dies ist in Zusammenhang mit der investiven Ausrichtung des Programms zu sehen. Das Ende von HEGISS-Innovation mache die Finanzierung nicht investiver-Maßnahmen schwieriger – und damit auch Maßnahmen, die in den Bereich „Integration" fallen. Die nationale Politikausrichtung eines Endes der Modellvorhaben läuft der positiven Einschätzung auf lokaler Ebene deutlich zuwider. Kritikpunkte an den Modellvorhaben, wie auf regionaler Ebene geäußert (siehe Kapitel 5.2.2.6), kommen nicht zum Tragen.

Das Quartiermanagement als Koordinator: Agieren auch für MigrantInnen
Der Mitarbeiter des Quartiermanagements verweist in mehreren Narrationen, wie gezeigt, auf den allgemeinen Ansatz über „Problemlagen". Trotzdem ergeben sich Bereiche, in denen auch vom Quartiermanagement in Bezug auf MigrantInnen agiert wird. Von diesem würden „sehr viele Projekte im sprachlichen Bereich" unternommen. Es zeigt sich eine Verknüpfung aus dem Quartiermanagement, „Trägern hier im Stadtteil" und spezifischen Maßnahmen wie „Integrationskurse, Sprachkurse, Alphabetisierungskurse". Zentral wird die Koppelung an das Spracherlernen, um „Anschluss zu finden". Aufgabe des Quartiermanagements sei es vor allem, „mit Leuten in Kontakt [zu] kommen" und diesen zu „sagen, hier sind die Anlaufstellen" (Int-D09).

[W]ir machen natürlich <u>sehr viele Projekte im sprachlichen Bereich</u> auch, also mit den Trägern hier im Stadtteil, also gerade, was so <u>Integrationskurse, Sprachkurse, Alphabetisierungskurse</u> angeht, da sind wir sehr stark in diesem Bereich. Also gerade auch, wenn wir <u>mit Leuten in Kontakt kommen</u>, auch sie dann weiter zu vermitteln und ihnen zu <u>sagen, hier sind die Anlaufstellen</u> und auch, nicht nur, um mit uns in Kontakt zu treten, sondern auch unter dem Hinblick zu sagen, natürlich auch für euch ist es wichtig, schnellen <u>Anschluss zu finden</u> und es geht halt meistens über Sprache, ja. Genau.
Int-D09 (Mitarbeiter des Quartiermanagements Frankfurt Gallus)

Das Quartiermanagement wird zum Koordinator, um MigrantInnen „an die richtigen Stellen weiter[zu]vermitteln" (Int-D09*) und auf diese Weise die „soziale und ethnische Integration" mit zu unterstützen, was offiziell im Integrierten Handlungskonzept mit als Ziel der Arbeit vor Ort bezeichnet wurde (Dok-D45: 19*).

Gleichzeitig erfolgt eine Einschränkung der Handlungsmöglichkeiten durch den Mitarbeiter des Quartiermanagements. Die Arbeit sei „schwierig", da man einen „Teil" der MigrantInnen nicht erreiche, was darüber begründet wird, dass „die sprachliche Vielfalt bei den Mitarbeitern dann doch nicht ausreicht". Ein Teil könne „über das Angebot von den Sprachen, die die Leute hier können" angesprochen werden, einen anderen Teil verliere man „natürlich". Diese beiden Diskursstränge sind durch „aber" auf Distanz gehalten, wobei ersterer durch letzteren eingeschränkt wird (Int-D09). Die Sprache wird zur Barriere, die eine Verständigung erschwert und dazu führt, dass das Idealziel, alle MigrantInnen einzubinden, als nicht umsetzbar eingeschätzt wird. Das Vorgehen des Quartiermanagement ist damit auch auf MigrantInnen ausgerichtet, um Hilfestellungen zu bieten, auch wenn dieses Ziel nicht vollständig erreichbar sei.

[E]s ist schwierig, also bei einem Teil muss man ganz klar sagen, den erreicht man dann einfach nicht, <u>weil dann auch irgendwie die sprachliche Vielfalt bei den Mitarbeitern dann doch nicht ausreicht</u> (...). Einen Teil können wir über das Angebot von den Sprachen, die die Leute hier können, irgendwie abdecken, **aber** es ist schon so, <u>dass man einen Teil natürlich verliert</u>, wo die sprachlichen ... ja, wo die Verständigung einfach nicht funktioniert, das muss man auch ganz klar sehen ...
Int-D09 (Mitarbeiter des Quartiermanagements Frankfurt Gallus)

Sprachförderung und Qualifikationsmaßnahmen für MigrantInnen

MigrantInnen werden zudem explizit in Bezug auf Sprachförderung und Qualifikation als Hilfe zur Selbsthilfe problematisiert.

In Kindertagesstätten im Gallus werden ErzieherInnen zur „gezielten Sprachförderung von Zuwandererkindern" „qualifiziert". Zudem werden „muttersprachliche Elternbegleiter" ausgebildet, um „die Eltern mit Migrationshintergrund" zu beraten (Dok-D45: 61*). Es erfolgt eine Differenzierung in MigrantInnen und Nicht-MigrantInnen, wobei für erstere spezifischer Handlungsbedarf entsteht.

Auch in den Schulen wird „kulturell" differenziert: In den „multiethnischen Klassen" beherrschten „viele Kinder die Schulsprache deutsch nicht ausreichend". Der „soziale[-] und kulturelle[-] Hintergrund vieler Kinder im Gallus" wird als Grund für ein notwendiges Handeln angeführt, durch das eine „Verbesserung der Chancen" und eine „Integration" bereits im „Primarbereich" erreicht werden soll. Angesetzt wird auch hier mit „Sprachförderung", um „Sprachprobleme" zu beseitigen (Dok-D45: 60, 64*). Die Mitarbeiterinnen des Stadtplanungsamtes führen hierzu aus, dass in initiierten Projekten „die Zielgruppe in der Regel entweder wirklich Migranten, Ausländer oder mit Migrationshintergrund" sei. Da in der „Grundschule zu 90 % Kinder mit Migrationshintergrund" seien, würde dort „ganz klar damit" gearbeitet, beispielsweise durch „Informationsmaterialien in mehreren Sprachen" oder durch „Mitarbeiter" mit „Migrationshintergrund" (Int-D08). Es wird davon ausgegangen, dass MitarbeiterInnen mit Migrationshintergrund einen besseren Zugang zu MigrantInnen erhalten und damit die Differenzierung in migrantisch versus nicht-migrantisch verfestigt.

> Also in den Projekten (...) ist die Zielgruppe in der Regel entweder wirklich Migranten, Ausländer oder mit Migrationshintergrund. Wir haben in der Grundschule zu 90 % Kinder mit Migrationshintergrund, das heißt diese ganzen Projekte, die angestoßen wurden über die *Soziale Stadt* im nicht-investiven Bereich, die arbeiten ganz klar damit, weil sie die Zielgruppe haben, ... die gehen natürlich darauf ein, indem sie dann ihre ganzen Informationsmaterialien in mehreren Sprachen, indem sie dann auch Mitarbeiter einstellen, die auch selber einen Migrationshintergrund haben, damit sie auch besser auf die zugehen können, und, und, und.
> *Int-D08 (Mitarbeiterinnen des Stadtplanungsamtes der Stadt Frankfurt am Main, Koordination Soziale Stadt)*

Der Mitarbeiter des Quartiermanagements weist zudem auf Projekte hin, durch die auch Eltern mit Migrationshintergrund „qualifiziert werden" sollen (Int-D09*), so dass diese später „anderen weiterhelfen" können – entsprechend der Vorstellung von MultiplikatorInnen.

Neben Maßnahmen in der Schule werden im Gallus-Viertel für alle MigrantInnen Projekte zur Sprachförderung und Qualifizierung umgesetzt. Die Umsetzung erfolgt durch externe Träger, beispielsweise bei „Sprachkurse[n]" des Projekts „Mama lernt Deutsch" (Dok-D45: 26, 62*) oder bei „Integrationskurse[n]", „Deutschkurse[n]" oder „Alphabetisierungskurse[n]" durch das Bundesamt für Migration und Flüchtlinge (BAMF) oder die Arbeitsagentur (Int-D09*). Ziel ist es, Benachteiligungen abzubauen und MigrantInnen zu befähigen, wie sich sowohl in den untersuchten Dokumenten als auch Interviews zeigt (Dok-D45: 26*: „Sprachkurse" → „benachteiligte Frauen" sowie Int-D09*: spezifische Fördermaßnahmen → („weil") „Frauen, denen es (...) an den sprachlichen Fähigkeiten fehlt").

Es entsteht eine Äquivalenzkette aus MigrantInnen ≡ Zielgruppe ≡ besondere Maßnahmen mit dem Ziel der Problemreduktion. Der hohe Migrantenanteil wird als Begründung für ein spezifisches Handeln angeführt, das als notwendig eingeschätzt wird, um MigrantInnen zu fördern und besser zu erreichen.

Förderung der „Beschäftigung und Ausbildung" von MigrantInnen und der „Migranten-ökonomie"/„Ethnischen Ökonomie": Legitim erachtete Förderziele, die aber (noch) nicht speziell umgesetzt werden

Auf nationaler und regionaler Ebene wurde bei den Maßnahmen der *Sozialen Stadt* die Notwendigkeit und Sinnhaftigkeit der Förderung der Ausbildung von MigrantInnen und der Unterstützung der so genannten „ethnischen Ökonomie" beziehungsweise „Migrantenökonomie" betont. Diese Zielsetzungen werden auch innerhalb des Integrierten Handlungskonzepts der *Sozialen Stadt* Gallus aufgegriffen. Durch „Qualifikation und Weiterbildung", beispielsweise durch „sprachliche[-] Verbesserung bei Jugendlichen", beziehungsweise durch die „sprachliche Integration für ausländische Jugendliche", soll die „Beschäftigung und Ausbildung" vor Ort gestärkt werden (Dok-D45: 50*). MigrantInnen stünden durch bestimmte Probleme nicht so dem Arbeitsmarkt zur Verfügung, wie es möglich wäre.

Als „Ziel" wird zudem die „Schaffung von Ausbildungsplätzen in der ‚Migranten-ökonomie'" benannt. An diese Zielsetzung werden spezielle Handlungsempfehlungen wie „gezielte Beratung und Unterstützung" und „Qualifizierungsmaßnahmen der Betriebsinhaber" gekoppelt (Dok-D45: 57, 113*). Es wird davon ausgegangen, dass „Migrantenökonomie[n]" besondere Probleme haben, denen entgegen zu wirken ist.

In den Interviews mit den Mitarbeiterinnen des Stadtplanungsamtes und dem Mitarbeiter des Quartiermanagements ist der Ansatz einer dezidierten Förderung von MigrantInnen allerdings nicht fest verankert. Es dominiert die Argumentation über „Problemlagen": Das „Wegbrechen der Arbeitsplätze" betreffe die „Migranten genauso wie die deutschen Familien im Arbeiterstadtteil" (Int-D08*). Das „Kleingewerbe" sei „ganz schwierig hier" und betreffe „nicht nur die ethnische Ökonomie" (Int-D09*). Damit wird nicht über eine Differenzierung in migrantisch gegenüber nicht-migrantisch argumentiert, sondern über ökonomische Problemlagen, die alle gleichermaßen beträfen.

In Ansätzen zeigen sich aber auch Maßnahmen, in denen im Wirtschaftsbereich „kulturell" differenziert wird. So verweist der Mitarbeiter des Quartiermanagements auf Projekte zum Aufbau nachbarschaftlicher Kontakte, bei denen sich die „Helfer" einen „Zuverdienst" verdienen könnten, „gerade [-] muslimische Frauen" (Int-D09*). Auch wenn die Maßnahmen nicht speziell auf „muslimische Frauen" ausgerichtet sind, werden sie dezidiert als Empfängerinnen einer finanziellen Vergütung genannt.

Die „ethnische Ökonomie" wird in der Argumentation der Mitarbeiterinnen des Stadtplanungsamts deshalb nicht speziell gefördert, da diese „überhaupt nicht verortet" und „auch gar nicht erreichbar" sei. Dadurch könne diese „auch als Potential gar nicht" genutzt werden. Die fehlende Verortung und mögliche Ansprache der „ethnischen Ökonomien" steht als Defizit im Außen des Diskurses. Als weitere Legitimation für eine Nicht-Behandlung wird der „Gewerbeverein" genannt, der „einfach" eine „Zusammenarbeit mit diesen ethnischen Ökonomien" ausschließe. Entsprechend sei dieses Thema ein „Baustein, der nicht gelöst" sei (Int-D08).

[A]usgeklammert werden auch die ganzen nicht organisierten gewerblichen Strukturen, ja also die ganzen ethnischen Ökonomien, die sind überhaupt nicht verortet, die kann man auch als Potential gar nicht nutzen, die sind auch gar nicht erreichbar. (…). Der Gewerbeverein selber, der aber institutionalisiert ist und auch ein Mitspracherecht sozusagen für sich reklamiert, der schließt es einfach aus, eine Zusammenarbeit mit diesen ethnischen Ökonomien. Das ist auch ein Phänomen, was wir bei uns hier haben. (…). Für uns ist es einer der Bausteine, der nicht gelöst ist in unserem Projekt.
Int-D08 (Mitarbeiterinnen des Stadtplanungsamtes der Stadt Frankfurt am Main, Koordination Soziale Stadt)

Die Förderung von „ethnischen Ökonomien" wird damit nicht abgelehnt, da eine entsprechende Herausstellung fragwürdig sein könnte, sondern da noch kein passender Ansatz gefunden wurde. Sie wird als Zielsetzung erfasst, die aber noch nicht erreicht werden konnte. Für den Mitarbeiter des Quartiermanagements könnte dementsprechend hier ein Feld sein, das noch „zu verankern und aufzugreifen" sein könnte (Int-D09). Es wird „kulturell" differenziert, auch wenn (noch) nicht spezifische Maßnahmen initiiert wurden.

> [„Ethnische Ökonomie"]: <u>Das könnte jetzt was sein noch mal, was hier passt</u>. Also wirklich zu schauen, weil das auch der Bereich ist, wo die lokale Wirtschaftsförderung nicht ansetzt. (...) Die <u>[Unternehmer]</u> kennen sich oft <u>nicht</u>, oft sind die <u>Sprachschwierigkeiten</u> da, sie gehen den ersten Weg nicht (...). <u>Also das ist was, wo wir wahrscheinlich noch mal versuchen werden, unseren Fuß auch noch mal reinzusetzen in diesen Bereich, um wirklich also dieses Thema auch hier noch mal stärker zu verankern und aufzugreifen, ja.</u>
> *Int-D09 (Mitarbeiter des Quartiermanagements Frankfurt Gallus)*

Aktivierung und Beteiligung von MigrantInnen: Zielsetzung, aber problematisch in der Umsetzung
Wie auf nationaler und regionaler Ebene werden darüber hinaus Ziele der Aktivierung und Beteiligung von MigrantInnen verfolgt.

Zur Eröffnung des Stadtteilbüros wurde ein „mehrsprachiges Faltblatt" an die BewohnerInnen des Gallus-Viertels verteilt, um diese zu informieren (Dok-D45: 24*: „mehrsprachiges Faltblatt" → „Information"). Die Ansprache der QuartiersbewohnerInnen erfolgt vor dem Hintergrund „kultureller Differenzziehungen" entlang unterschiedlicher Herkunft, die sich durch verschiedene Sprachen manifestiert. Angesetzt wird am Hindernis, dass nicht alle deutsch sprechen.

Im Rahmen des Integrierten Handlungskonzepts erfolgt zudem eine Differenzierung der BewohnerInnen entlang unterschiedlicher „Kulturen". Es bestünde zwar „Kommunikation innerhalb der einzelnen Kulturen", die „Kommunikation zwischen den verschiedenen Kulturen" sei allerdings zu fördern. Zielsetzung ist es, an den „ethnischen Vereinen" im Quartier anzusetzen, „Kontakte" aufzubauen und „Netzwerke zu unterstützen" (Dok-D45).

> Um das Verständnis und den Austausch zwischen den <u>multikulturellen Bewohnern/-innen</u> zu fördern und damit Barrieren und Missverständnissen entgegen zu treten, ist es sinnvoll, Projekte und Veranstaltungen zu konzipieren, die neben der häufig existierenden <u>Kommunikation innerhalb der einzelnen Kulturen</u> die <u>Kommunikation zwischen den verschiedenen Kulturen fördern</u>. (...). Über das Quartiersmanagement und ehrenamtliches Engagement sind die <u>Kontakte zu und zwischen den ethnischen Vereinen zu verbessern</u>, bestehende <u>Netzwerke zu unterstützen</u> und auszubauen.
> *Dok-D45 (Stadt Frankfurt am Main/Stadtplanungsamt: Integriertes Handlungskonzept): 46*

Eine Möglichkeit zum Austausch wird in „Stadtteilfesten" gesehen, bei denen auch „ethnische[-] Stadtteilgruppen" unterstützt werden sollen (Dok-D45: 69*). Neben den Zielsetzungen der Kommunikation und Vernetzung wird auf das „Engagement zivilgesellschaftlicher Akteure aus unterschiedlichen kulturellen Milieus" gesetzt. Dieses sei „stärker zu fördern", wobei eine Anbindung an das Ziel der „Integration von Migranten/-innen" erfolgt, der ein „prioritärer Stellenwert zukommen sollte" (Dok-D45: 65*). Die Strukturierung der EinwohnerInnen geschieht durch eine Kammerung in unterschiedliche Gruppierungen, die sich „kulturell" voneinander unterscheiden. Entsprechend soll ein Austausch befördert werden, der (noch) als nicht ausreichend eingeschätzt wird. Auch in diesem Kontext kommt die Zielsetzung der „Integration" zum Tragen.

Maßnahmen der „Migrationsberatung" zielen wiederum auf die Befähigung von MigrantInnen: „Ziel des Angebots" sei es, „Zuwanderer zeitnah zu selbstständigem Handeln zu befähigen" (Dok-D46: 64*: „Ziel" $\rightarrow$ „Befähigung" $\equiv$ MigrantInnen). MigrantInnen soll es durch spezielle Beratung ermöglicht werden, größere Handlungsspielräume zu erlangen.

Auf diese Erhöhung der Selbstständigkeit wird besonders in den geführten Interviews rekurriert. Die MitarbeiterInnen des Stadtplanungsamtes beschreiben das Projekt des „Mehrgenerationenhaus[es]", bei dem unter anderem „Eltern muttersprachlich zum Beispiel zu Elternbeiratsitzungen" begleitet würden, da diese dort alleine nicht hingingen ($\rightarrow$ „damit"). Diese „Begleitung" wird zum Baustein, um „Eltern" besser in das Stadtteilleben, hier das schulische Leben ihrer Kinder, einzubinden (Int-D08). Das Projekt „Mehrgenerationenhaus" wird insgesamt in hohem Maße an MigrantInnen geknüpft: So sei „die Klientel im Schwerpunkt Frauen mit Migrationshintergrund". Als Maßnahmen werden unter anderem „Existenzgründungsbausteine", eine „Ausprobierzone", Catering, ein „Hort" und „Unterstützungskurse für Kinder" angeführt. „Migration" werde dort „tatsächlich kreativ bewältigt" (Int-D08). In diesem Projekt werden „kulturelle Differenzierungen" handlungsrelevant, indem besonders „Frauen mit Migrationshintergrund" berücksichtigt werden und MigrantInnen spezielle Hilfestellungen erhalten. Auch wenn bei der Arbeit des Stadtplanungsamts MigrantInnen nicht im Fokus stehen, werden diese in Projekten berücksichtigt.

> Wir haben ein Projekt, das Mehrgenerationenhaus, die auch Förderempfänger sind über unsere Mittel und die haben eben diese Begleitung, das heißt die begleiten Eltern muttersprachlich zum Beispiel zu Elternbeiratsitzungen, **damit** die da überhaupt hingehen, ja. (…).
> Es gibt das Mehrgenerationenhaus, da ist die Klientel im Schwerpunkt Frauen mit Migrationshintergrund. Das heißt, die haben Existenzgründungsbausteine, eine Ausprobierzone, die haben im Grunde eine Kantine, da wird gecatert, da gibt es auch eine Hebamme, da gibt es einen Hort, Unterstützungskurse für die Kinder, ja. Das ist ein ganz großes Konglomerat, wo Migration im Grunde auch tatsächlich kreativ bewältigt wird.
> *Int-D08 (MitarbeiterInnen des Stadtplanungsamtes der Stadt Frankfurt am Main, Koordination Soziale Stadt)*

Die Berücksichtigung ohne explizite Problematisierung von MigrantInnen zeigt sich auch bei einem initiierten Hilfenetz im Gallus-Viertel. Der Mitarbeiter des Quartiermanagements erläutert, dass „von den neun, die das jetzt machen, [-] sieben migrantischen Hintergrund" in der „erste[n] oder zweite[n] Generation" hätten (Int-D09*). Die aktiven BewohnerInnen werden in migrantisch gegenüber nicht-migrantisch unterschieden – die Differenzierung scheint damit für die Hilfestellungen für MigrantInnen relevant zu sein, auch wenn das Hilfenetz nicht dezidiert mit MigrantInnen besetzt wurde.

„Kulturelle Differenzierungen" werden noch einmal deutlicher bei der grundsätzlichen Ansprache von QuartiersbewohnerInnen in Narrationen der MitarbeiterInnen des Stadtplanungsamtes. Zunächst wird eine Verknüpfung zwischen dem Problem der Erreichbarkeit und allen „ganz einfachen Leute[n] auf der Straße" gemacht, „egal ob jetzt migrantischen Hintergrundes oder nicht" (Int-D08*). Für die Erreichbarkeit ist es danach nicht entscheidend, ob es sich um MigrantInnen handelt. In weiteren Narrationen werden aber auch „kulturelle Differenzierungen" für die Arbeit in der *Sozialen Stadt* relevant: Der Wunsch einer stärkeren Beteiligung steht die Wahrnehmung gegenüber, dass „die vielen Menschen mit Migrationshintergrund bei uns so absorbiert [-] von der Bewältigung ihres täglichen Lebens" seien, dass sie sich nicht noch abends „ehrenamtlich" einbringen würden. Der Zielsetzung der Beteiligung aller Bevölkerungsteile stehen Probleme von MigrantInnen in der Bewältigung des Alltags gegenüber (Beteiligung von MigrantInnen || „Bewältigung des täglichen Lebens") (Int-D08).

Wir würden uns <u>mehr Beteiligung wünschen</u>, wir haben im Grunde nur die Wahrnehmung, dass <u>die vielen Menschen mit Migrationshintergrund bei uns so absorbiert sind von der Bewältigung ihres täglichen Lebens</u>, ja, dass die eigentlich für sich eher diese Kurse und Kleinprojekte nutzen, um für sich selber wirtschaftlich und familiär zu stabilisieren als dass sie noch Kraft hätten, abends sich <u>ehrenamtlich</u> in so einen Prozess einzubringen. Und ich glaube auch, dass sie gar nicht die Wahrnehmung haben, dass sie gehört werden.
Int-D08 (Mitarbeiterinnen des Stadtplanungsamtes der Stadt Frankfurt am Main, Koordination Soziale Stadt)

Die aktive Beteiligung von MigrantInnen wird als schwierig eingeschätzt. Dem Engagement eines Mitglieds einer der muslimischen Gemeinden stehen mehrere Aspekte gegenüber, die dieses erschwerten: So müsste erst ein Mitglied gefunden werde, „d[as] deutsch spricht, sich in so ein Gremium reintraut und Zeit hat". Diejenigen, die „das alles" könnten, wären bereits in „andere[n] Positionen" eingebunden (Int-D08*). Besonders die Sprachbarriere wird als Problem erfasst. Im Bewohnerbeirat seien beispielsweise durchaus BewohnerInnen „mit migrantischem Hintergrund" vertreten, die auch „immer ganz tapfer" kämen, allerdings würden diese sich nicht einbringen, „weil sie vielleicht nicht so gut deutsch können". In den Beiräten herrsche „ja auch eine bestimmte Sprachkultur" (Int-D08*: „die kommen immer ganz tapfer, aber sie beteiligen sich nicht" ‖ „bestimmte Sprachkultur"). Sprachprobleme stehen in Opposition zu einer „gelungenen" Einbindung und aktiven Einbringung.

Aktivierung und Beteiligung, gerade auch von MigrantInnen, ist im Gallus-Viertel erwünscht, allerdings stehen dem unterschiedliche Probleme gegenüber, die als nicht einfach zu lösen bewertet werden.

Die Einbindung von MigrantInnen erfolge eher über Projekte (Int-D08*). Hier sind es auch Vereine, die spezifische Angebote bieten. Maßnahmen sind beispielsweise „Kulturangebote" und „Sprachkurse" in einem „Kulturtreff", Projekte, die sich mit der „Suche nach Gemeinsamkeiten zwischen den Kulturen" beschäftigen und „Integrationsangebote" zum „Zurechtfinden im deutschen Alltag" für „Migrantinnen". Sportangebote für „Zuwandererfrauen und -mädchen" würden mit „Sprachkursen" verbunden (Dok-D45: 122-123* und 46: 54*). In den Projekten werden „kulturelle Differenzierungen" entlang von Sprachschwierigkeiten und anderen Herkunftskulturen problematisiert, die vor diesem Hintergrund ein spezifisches Handeln für MigrantInnen legitim machen.

MultiplikatorInnen, die ihre Aufgabe nicht erfüllen (können)

In enger Verbindung mit Maßnahmen zur Aktivierung und Beteiligung von MigrantInnen steht der Ansatz mit MultiplikatorInnen. Gerade dieser erscheint in vielen Narrationen übergreifend als „sinnvoll", wie bereits auf nationaler und regionaler Ebene herausgearbeitet (siehe Kapitel 5.2.1.7 und 5.2.2.6), so dass er auch hier als hegemonial bezeichnet werden kann. Im Rahmen der Ausführungen zur Beteiligung von MigrantInnen im Beirat des Gallus-Viertel wurde bereits gezeigt, dass diese die ihnen zugedachte Funktion nicht wie erhofft wahrnehmen (können) (Int-D08*). Diese Schwierigkeit wird von den Mitarbeiterinnen des Stadtplanungsamts auch für „Multiplikatoren" nachgezeichnet. Dem Wunsch der Ausübung der Multiplikatorfunktion steht das fehlende Weitertragen von Informationen im Gallus gegenüber. „Die meisten" nähmen Informationen „für sich selber mit", aber nur wenige informierten „ihre Nachbarschaften oder ihre Interessensgemeinschaften" (Int-D08).

> Und was sie auch leider nicht tun, was wir uns immer gewünscht hatten und langsam erst verstehen, dass es nicht kommen kann: Sie nehmen ihre Rolle, die wir ihnen zugedacht haben als Multiplikatoren nicht wirklich war. Also das fanden wir eigentlich immer sehr, sehr schade, ja. Die meisten nehmen schon auch für sich selber mit, ganz wenige informieren ihre Nachbarschaften oder ihre Interessensgemeinschaften um sich rum. Also sowohl in die eine, als auch in die andere Richtung. Es geht ja auch darum, dass man Belange aus seiner Nachbarschaft und aus seinem Gebiet, aus dem man kommt, dass man die in den Beirat als Thema einträgt und das ist sehr, sehr mühsam.
> *Int-D08 (Mitarbeiterinnen des Stadtplanungsamtes der Stadt Frankfurt am Main, Koordination Soziale Stadt)*

Die Arbeit mit MultiplikatorInnen ist im Gallus-Viertel zwar als sinnvoller Ansatz legitimiert, allerdings scheitere er an einer fehlenden Umsetzung. Die nicht erfolgende Multiplikatorfunktion wird erfasst, aber es wird (noch) nicht gegengesteuert.

5.2.3.5   Zusammenfassung: Offizielles Handeln in Richtung der QuartiersbewohnerInnen mit den größten Problemlagen

Welche Schlussfolgerungen ergeben sich damit zusammenfassend für das Gallus-Viertel in Frankfurt?

In den Programmatiken, besonders im Integrierten Handlungskonzept, wird die Konzentration von MigrantInnen im Gallus-Viertel als prägend für das Quartier beschrieben. Die „Zuwanderer unterschiedlicher Nationalitäten" werden mit als „Anlass für die Auswahl als Gebiet" der *Sozialen Stadt* Gallus angeführt. Es erfolgt eine explizite Äquivalentsetzung zwischen MigrantInnen und dem Programm *Soziale Stadt*. „Kulturelle Differenzierungen" bringen wiederum Handlungsrelevanz mit sich. So erfordere die „Konzentration" und Fluktuation „hohe Integrationsanforderungen", beziehungsweise das Quartier müsse eine hohe „Integrationsleistung" erbringen.

Vor diesem Hintergrund hätte erwartet werden können, dass die Arbeit des Stadtplanungsamtes und des Quartiermanagements dezidiert auf MigrantInnen ausgerichtet ist. In den geführten Interviews konnten aber andere dominierende Argumentationsmuster herausgearbeitet werden. Die Mitarbeiterinnen des Stadtplanungsamts sehen MigrantInnen nicht im Fokus ihrer Arbeit – andere Ressorts werden als zuständig benannt, wobei eingeschränkt wird, dass sich diese nicht aktiv an der *Sozialen Stadt* Gallus beteiligt hätten. Im Quartiermanagement wird primär über „Problemlagen" argumentiert, über die der „Hauptzugang" zu den QuartiersbewohnerInnen erfolge. Orientiert werde sich an allgemeinen Schwierigkeiten von *allen*

EinwohnerInnen des Gallus-Viertels und nicht speziell an MigrantInnen. Die Strukturierung des Quartiers geschieht damit nicht primär vor dem Hintergrund „kultureller Differenzierungen". Ein möglicher spezifischer Zugang zu MigrantInnen ist nicht hegemonial, sondern entsprechend der theoretischen Auslegung (siehe Kapitel 3.5) eher als Subdiskurs zu bezeichnen. Auf den nationalen und regionalen Bedeutungsgewinn von „Integration" in der *Sozialen Stadt* und den gesamtgesellschaftlichen Bedeutungsgewinn wird im Gallus-Viertel kaum rekurriert.

In unterschiedlichen Maßnahmen wird entgegen dem Grundzugang allerdings auch „kulturell" differenziert mit sich daraus ergebender Handlungsrelevanz. So wurden LOS-Projekte und Projekte von „Stärken vor Ort" beispielsweise im Bereich der Sprachförderung und des Zugangs zum Arbeitsmarkt für MigrantInnen durchgeführt, um Problemlagen zu reduzieren und diese zu qualifizieren. Besonders vom Quartiermanagement wird auf Maßnahmen zur Sprachförderung und Alphabetisierung verwiesen, um MigrantInnen zu befähigen.

In weiteren Ansätzen zeigt sich eine deutliche Diskrepanz zwischen vorgenommenen Zielen und Problemen in der Umsetzung. Dem Wunsch, „Migrantenökonomien" zu stärken, steht die Schwierigkeit gegenüber, dass diese nicht greifbar seien. Aktivierung und Beteiligung von MigrantInnen sollen befördert werden, diese aber zu einer aktiven Teilnahme zu bewegen, scheitere oft an Barrieren wie Sprachproblemen. Auch das Ziel des Informationsaustauschs durch MultiplikatorInnen wird durch die „soziale Wirklichkeit" untergraben: Viele erfüllten nicht die ihnen zugetragene Aufgabe. Im Gallus-Viertel wird deutlich, dass Zielsetzungen, die national und regional formuliert werden und dort als sinnvoll und zielführend erachtet werden, auf lokaler Ebene versucht werden, umzusetzen, aber an verschiedenen Hindernissen scheitern. Die Idealvorstellung steht in Opposition zu bisher nicht gelösten/lösbaren Erfahrungen in der Projektarbeit vor Ort.

Vor diesem Hintergrund soll im Rahmen der Analyse der Fallstudie Darmstadt geprüft werden, wie dort „kulturelle Differenzierungen" problematisiert werden, also ob auch dort ein allgemeiner Ansatz über „Problemlagen" erfolgt, beziehungsweise ob Einschränkungen von Handlungsmöglichkeiten gegenüber Grundzielsetzungen gemacht werden.

5.2.4   Fallstudien Darmstadt Eberstadt-Süd und Kranichstein: „Kulturelle Differenzierungen" als hegemonial und handlungsleitend

5.2.4.1   Dokumente und Interviews zur *Sozialen Stadt* in Darmstadt

Entwicklungen der *Sozialen Stadt* in den beiden Fördergebieten Eberstadt-Süd und Kranichstein in Darmstadt werden seit Beginn an durch das Stadtplanungsamt, das Sozialdezernat und vor allem durch ein Planungsbüro dokumentiert, so dass eine große Anzahl an analysierbaren Dokumenten zur Verfügung stand.

In Darmstadt erscheinen für die Programmgebiete Eberstadt-Süd und Kranichstein seit 2003 Berichte, in denen Probleme der Fördergebiete, der aktuelle Stand sowie umgesetzte und geplante Projekte beschrieben werden. Die Berichte entsprechen von der Konzeption dem Integrierten Handlungskonzept des Gallus-Viertels in Frankfurt, allerdings werden sie alle zwei Jahre aktualisiert (Dok-D49 bis 56). Darüber hinaus wurden in den letzten Jahren von der Stadt Darmstadt, dem Stadtplanungsamt und der Sozialverwaltung weitere Flyer und Berichte veröffentlicht, die auch über die Homepage der Stadt Darmstadt zugänglich sind. Diese umfassen unter anderem Informationen zu LOS[107]-Projekten (Dok-D57, 63, 76 und 77), öffentlichen

---

107 LOS = Lokales Kapital für soziale Zwecke. Förderung von Mikroprojekten in *Soziale Stadt*-Gebieten.

Einrichtungen in den Quartieren (Dok-D58, 60 bis 62 und 73) und Berichte zu Erfolgen, Bürgerbeteiligungen und Befragungen (Dok-D59, 65 bis 72, 74 und 75). Auch in Darmstadt wurden weitere Informationen zur *Sozialen Stadt* der Internetseite der Stadt in das Korpus aufgenommen (Dok-D64). Hinzukommen drei Flyer der Diakonie beziehungsweise der Caritas, die die Stadtteilbüros leiten (Dok-D78 bis 80) (siehe Tabelle 8).

Tabelle 8:   Dokumente der Stadtpolitik *Soziale Stadt* – lokale Ebene: Darmstadt

Dokumente auf lokaler Ebene: Eberstadt-Süd und Kranichstein in Darmstadt			
Herausgeber/Autor	Titel	Dokumentart	Kürzel
Stadtplanungsamt, Sozialdezernat, Freischlad + Holz, Stadtteilwerkstatt, Berichte jeweils im Folgejahr des Berichtzeitraums erschienen	Eberstadt-Süd	Veröffentlichung/Bericht	
	- Bericht 2001/2002		Dok-D49
	- Bericht 2003/2004		Dok-D50
	- Bericht 2005/2006		Dok-D51
	- Bericht 2007/2008		Dok-D52
	Kranichstein	Veröffentlichung/Bericht	
	- Bericht 2001/2002		Dok-D53
	- Bericht 2003/2004		Dok-D54
	- Bericht 2005/2006		Dok-D55
	- Bericht 2007/2008		Dok-D56
Wissenschaftsstadt Darmstadt	Eberstadt-Süd		
	- Was ist „LOS" in Eberstadt?, o. J.	Flyer	Dok-D57
	- Einrichtungen, o. J.	Flyer	Dok-D58
	Kranichstein		
	- 1. Europäische Auszeichnung für kinderfreundliche Städte 2009. 1. Preis Darmstadt Kranichstein, o. J.	Veröffentlichung/Bericht	Dok-D59
	- Kranichstein. Jugendeinrichtungen, o. J.	Flyer	Dok-D60
	- Kranichstein. Kindereinrichtungen, o. J.	Flyer	Dok-D61
	- Kranichstein. Schulen, o. J.	Flyer	Dok-D62
	- Was ist „LOS" in Kranichstein, o. J.	Flyer	Dok-D63
	Internetkommunikation der Stadt Darmstadt zu den beiden Soziale-Stadt-Gebieten, 2011 (03.02.2011)	Homepage www.darmstadt. de	Dok-D64
Stadtplanungsamt	Eberstadt-Süd		
	- Kinderpartizipation. Spielbereiche der Kindertagesstätte Kinderinsel, 2004	Veröffentlichung/Bericht	Dok-D65
	- Kinderpartizipation Schulhof Wilhelm-Hauff-Schule, 2002	Veröffentlichung/Bericht	Dok-D66
	- Stadtteilforscher-Aktion. Dokumentation der Aktionswoche, 2002	Veröffentlichung/Bericht	Dok-D67
	- Bewohner/innen-Befragung. Umnutzung von Erdgeschosszonen, 2001	Veröffentlichung/Bericht	Dok-D68
	Kranichstein		
	- Planungswerkstatt Leitbild Öffentlicher Raum. 1. Wertstatttermin, 2009	Veröffentlichung/Bericht	Dok-D69
	- Planungswerkstatt Leitbild Öffentlicher Raum. 2. Wertstatttermin, 2009	Veröffentlichung/Bericht	Dok-D70
	- Dokumentation Planungswerkstatt Kranichstein, 2007	Veröffentlichung/Bericht	Dok-D71

Fortsetzung Tabelle 8:

Dokumente auf lokaler Ebene: Eberstadt-Süd und Kranichstein in Darmstadt			
Herausgeber/Autor	Titel	Dokumentart	Kürzel
Stadtplanungsamt	Kranichstein		
	- Dokumentation Planungswerkstatt Kranichstein, 2008	Veröffentlichung/Bericht	Dok-D72
	- Kranichstein. Einrichtungen, o. J.	Veröffentlichung/Bericht	Dok-D73
	- Haushaltsbefragung, 2002	Veröffentlichung/Bericht	Dok-D74
	- Experten/Expertinnen Befragung, 2003	Veröffentlichung/Bericht	Dok-D75
Sozialverwaltung	Eberstadt-Süd		
	Was war „LOS" in Eberstadt Süd? 2003-2008, o. J.	Veröffentlichung/Bericht	Dok-D76
	Kranichstein		
	Was war „LOS" in Kranichstein? 2003-2008, o. J.	Veröffentlichung/Bericht	Dok-D77
Diakonie/Caritas	Eberstadt-Süd		
	Stadtteilwerkstatt Eberstadt-Süd, o. J.	Flyer	Dok-D78
	Kranichstein		
	- Stadtteilwerkstatt Kranichstein, o. J.	Flyer	Dok-D79
	- Was ist Soziale Stadt?, o. J.	Flyer	Dok-D80

Quelle: Eigene Darstellung

In Darmstadt ist neben dem Stadtplanungsamt das Sozialdezernat, wie bereits bei der Beschreibung der Quartiere Eberstadt-Süd und Kranichstein erläutert (siehe Kapitel 4.3.2), als zentrale Instanz in Entscheidungen und Ausrichtungen involviert. Durch die beiden Interviews mit einem Mitarbeiter des Stadtplanungsamts (IP-D10) und einem Mitarbeiter des Sozialdezernats (IP-D11) konnten neben den städtebaulichen Zielsetzungen des Programms detailliert soziale Ziele und Herausforderungen beleuchtet werden. Zur Erfassung der Schwierigkeiten und aktuellen Projektentwicklungen vor Ort wurden zudem MitarbeiterInnen der Quartiermanagements in Eberstadt-Süd (IP-D12) und Kranichstein (IP-D13) interviewt (siehe Tabelle 9).

Tabelle 9:   Interviews mit Verantwortlichen der Stadtpolitik *Soziale Stadt* – Darmstadt

Interviews auf lokaler Ebene: Fokus auf Eberstadt-Süd und Kranichstein in Darmstadt				
InterviewpartnerIn	Datum	Ort	Dauer	Kürzel
Mitarbeiter des Stadtplanungsamtes der Stadt Darmstadt, Koordination *Soziale Stadt*	15.12.2010	Darmstadt	01:07 Stunden	Int-D10
Mitarbeiter des Sozialdezernats der Stadt Darmstadt, Koordination *Soziale Stadt*	25.11.2010	Darmstadt	01:15 Stunden	Int-D11
Mitarbeiter des Quartiermanagements Darmstadt Eberstadt-Süd	15.12.2010	Darmstadt	01:20 Stunden	Int-D12
Mitarbeiterin des Quartiermanagements Darmstadt Kranichstein	25.11.2010	Darmstadt	01:48 Stunden	Int-D13

Quelle: Eigene Darstellung

5.2.4.2   „Überdurchschnittlich hohe[r] Anteil aus Migranten"

Wie im Frankfurter Gallus-Viertel werden die beiden Fördergebiete Darmstadts in Eberstadt-Süd und Kranichstein entlang „kultureller Differenzierungen" strukturiert. So setze sich die „Bewohnerschaft" von Eberstadt-Süd zu einem „überdurchschnittlich hohen Anteil aus Migranten" und einem „hohen Anteil aus Aussiedlern" zusammen (Dok-D19: „Bewohnerschaft" ≡ „Migranten" ≡ „Aussiedler[-]"). In einer weiterer Narration wird eine neue „Zuwanderungswelle" problematisiert, insbesondere „russlanddeutscher Spätaussiedler sowie Angehöriger ethnischer Minderheiten" (Dok-D49: „Zuwanderungswelle" ≡ „russlanddeutsche[-] Aussiedler-/innen" ≡ „ethnische[-] Minderheiten").

> Die Bewohnerschaft setzt sich zu einem überdurchschnittlich hohen Anteil aus Migranten (...) und einem hohen Anteil aus Aussiedlern (...) zusammen.
> *Dok-D19 (Hegiss: Netzwerkanalyse und dialogische Begleitung – Schlussbericht): 61*
> In die Phase des sich ‚natürlicherweise' ergebenden Bewohnerwechsels fällt eine Zuwanderungswelle insbesondere russlanddeutscher Aussiedler-/innen sowie Angehöriger ethnischer Minderheiten (...).
> *Dok-D49 (Stadtplanungsamt/Sozialdezernat: Eberstadt-Süd Bericht 2001/2002): 15*

Auch ein Mitarbeiter des Quartiermanagements differenziert in seiner Quartiersbeschreibung „kulturell": Im Gegensatz zur Gesamtstadt mit „16,1 Prozent" käme man „auf 24,1 Prozent" Migrantenanteil in Eberstadt-Süd (Int-D12*). Der höhere Anteil an MigrantInnen wird zu einem Kriterium, mit dem Abweichungen gegenüber der Stadt Darmstadt erfasst werden. Innerhalb der MigrantInnen wird in unterschiedliche Herkunftsgruppen differenziert: Es gäbe „zwei Hauptgruppen", „Menschen aus den ehemaligen GUS-Staaten und aus der Türkei". Gleichzeitig wird in diesem Zuge angemerkt, dass es „da auch nicht ganz einfach" sei, „weil es gibt natürlich auch türkische Jugendliche, die mittlerweile auch in Eberstadt geboren sind und (…) die sagen, was willst du mit der Türkei?" (Int-D12*). Die klassische Vorstellung von Herkunfts-Containerräumen wird aufgebrochen und hinterfragt. Heutige Identitätskonstruktionen sind nicht (mehr) starr und homogen.

Die Verknüpfung QuartiersbewohnerInnen ≡ viele MigrantInnen zeigt sich auch für das zweite Fördergebiet Kranichstein. Der „Standort" sei „durch einen hohen Anteil an Personen mit Migrationshintergrund" gekennzeichnet (Dok-D19: 75*). Dieser liege „deutlich über dem Anteil der Gesamtstadt" (Dok-D53: 8*), so dass auch hier eine Abweichung gegenüber dem städtischen Durchschnitt problematisiert wird. Die Mitarbeiterin des Quartiermanagements verweist ebenfalls bei der Quartiersbeschreibung auf die „zugewanderten Menschen, die eine große Zahl im Stadtteil" darstellten. Insgesamt gäbe es „zwischen 76 bis 80 verschiedene Nationen (…) plus dann die einheimische Bevölkerung". Entsprechend werde es „immer ein stark migrantisch geprägter Stadtteil" sein (Int-D13). MigrantInnen aus unterschiedlichen Nationen stehen in Opposition zur ansässigen Quartiersbevölkerung.

> Also die zugewanderten Menschen, die eine große Zahl im Stadtteil sind und auch sehr heterogen. Also wir reden immer davon, dass es ungefähr zwischen 76 bis 80 verschiedene Nationen sind, die im Stadtteil leben plus dann die einheimische Bevölkerung. (...). Es wird immer ein stark migrantisch geprägter Stadtteil sein.
> *Int-D13 (Mitarbeiterin des Quartiermanagements Darmstadt Kranichstein)*

Bei den Strukturierungen der Quartiere werden damit jeweils „kulturelle Differenzierungen" problematisiert. Diese lassen sich mit Hilfe weiterer Narrationen genauer herausarbeiten und kategorisieren.

5.2.4.3   Vielfalt als „Ressource", aber auch als Herausforderung für „Integration"

Kranichstein wird als „internationaler" (Dok-D56: 7*) Stadtteil beschrieben. Es wird eine Äquivalenz aus der Prägung des Quartiers und der „Vielfalt (…) unterschiedliche[r] Nationalitäten" hergestellt (Dok-D73: 3*). Ein Mitarbeiter der Sozialverwaltung der Stadt Darmstadt geht davon aus, dass die Vielfalt „da [in Kranichstein] viel schneller vom Gesamtstadtteil als Ressource" erkannt werde. In Opposition dazu steht Eberstadt, wo dies nicht passiere. Zwar werde es in Eberstadt-Süd, also dem Fördergebiet der *Sozialen Stadt*, „als Ressource erkannt", aber nicht vom „Rest von Eberstadt" (Int-D11*). Die Ressourcen-Orientierung innerhalb von Eberstadt-Süd wird in einer Narration des Mitarbeiters des Quartiermanagements reproduziert, der von „muslimischen Kindern" erzählt, „die aus Somalia kommen, die ein deutsches Weihnachtslied singen". Hier zeige sich, dass diese „in der Gesellschaft" angekommen seien. Man komme „gut miteinander zurecht" (Int-D12*). Deutlicher als im Frankfurter Gallus-Viertel lassen sich für Darmstadt Narrationen finden, in denen MigrantInnen als Ressource erfasst werden. Im weiteren Verlauf der Analyse ist dementsprechend zu prüfen, welche Rolle „Vielfalt als Ressource" in der Arbeit der *Sozialen Stadt* in Darmstadt einnimmt.

Gleichzeitig kommt eine Äquivalenz aus MigrantInnen und spezifischen Problemlagen zum Tragen. Aussiedlerinnen und Migrantinnen werden mit „zum Teil nur sehr geringe[n] Deutschkenntnisse[n]" beziehungsweise Migrantinnen mit einem hohen Anteil „Analphabetinnen" in Verbindung gebracht (Dok-D77: 48, 56*). „Zwei Drittel aller Sozialhilfeempfängerinnen und -empfänger" in Kranichstein seien „Migrantinnen und Migranten" (Dok-D54: 10*). Die Mitarbeiterin des Quartiermanagements koppelt kausal den hohen „Ausländeranteil" an „Menschen, die auch von Transferleistungen leben" (Int-D13: „Ausländeranteil" → „entsprechend" „Transferleistungen").

Das ist also hier *Soziale Stadt*-Gebiet, das ist der Teil, wo der höchste Ausländeranteil drin ist und **entsprechend** die meisten Menschen, die auch von Transferleistungen leben.
Int-D13 (Mitarbeiterin des Quartiermanagements Darmstadt Kranichstein)

Klassische Argumentationsmuster, wie sie in den vorherigen Kapiteln nachgezeichnet wurden, werden auch hier reproduziert. Neben dem Verweis auf „Sprache" wird auf eine „andere Kultur", was sich beispielsweise in „Zwangsverheiratung" widerspiegle, sowie Schwierigkeiten bei der „selbstständigen Bewältigung von Alltagsproblemen" rekurriert (Int-D12*). Zudem wird Eberstadt mit einer „sehr starke[n] ethnische[n] Segregation sowie der quantitativen Ausweitung „bestimmte[r] *communities*" verbunden, die zu „*handeln*" sei (Int-D11*).

Als weitere „Probleme" werden in den analysierten Dokumenten „[e]rhebliche Spannungen zwischen ‚alteingesessenen Bewohnern' (Deutsche und Ausländer)" und „zugezogenen Aussiedlern/Ausiedlerinnen" (Dok-D49: 16*) beziehungsweise Konflikte zwischen „alteingesessener deutscher und ausländischer Bevölkerung" (Dok-D53: 9*) gefasst. Die Bevölkerungsgruppen der Alteingesessenen, zu denen auch „Ausländer" gehören können, stehen in Opposition zu neu ankommenden Ausländern und Spätaussiedlern. Hier werden vor allem Neuankömmlinge hervorgehoben, die nicht mit den ansässigen BewohnerInnen der Quartiere „harmonieren".

Vor diesem Hintergrund werden MigrantInnen in mehrere Narrationen eingebunden, in denen auf die nicht erreichte „Integration" Bezug genommen wird. In einer durchgeführten Haushaltsbefragung werden „mangelnde Kommunikation und Integration der Migranten/Migrantinnen" (Dok-D53: 23*) problematisiert. In weiteren Dokumenten werden die „fehlende[-] gesellschaftliche[-] Integration spezifischer Bevölkerungsgruppen" (Dok-D49) und die „unzureichende[-] Integration von Migranten und Migrantinnen" (Dok-D65: 7*) als Probleme erfasst. Auch der Mitarbeiter des Quartiermanagements von Eberstadt-Süd setzt die „großen Dinger", also die Hauptprobleme des Quartiers, neben „städtebaulichen Probleme[n]" mit „Integration" „sowohl sozial und kulturell" äquivalent (Int-D12).

> Die für viele Personengruppen schwierige ökonomische Gesamtentwicklung der letzten Jahre (...), überlagert von der <u>fehlenden gesellschaftlichen Integration</u> spezifischer Bevölkerungsgruppen im Stadtquartier, [bildet] den Hintergrund sich entfaltender Konflikte und Probleme.
> *Dok-D49 (Stadtplanungsamt/Sozialdezernat: Eberstadt-Süd Bericht 2001/2002): 15*
> [D]ie städtebaulichen Probleme, die Probleme der <u>Integration</u>, sowohl sozial und <u>kulturell</u>, damit im Prinzip sind auch die <u>großen Dinger</u> beschrieben.
> *Int-D12 (Mitarbeiter des Quartiermanagements Darmstadt Eberstadt-Süd)*

„Integration" wird als nicht erreichtes Ziel benannt. MigrantInnen, hier als Ausländer und Aussiedler gefasst, stehen im Außen des Diskurses einer „gelungenen Integration". Entsprechend sollen in den beiden Quartieren der *Sozialen Stadt* in Darmstadt „Integrationsaufgaben" übernommen werden, um so den Übergang in das Innere des Diskurses eines „funktionierenden" Stadtquartiers zu erreichen, wie im Folgenden dargestellt wird.

5.2.4.4   Die „Integrationsaufgaben" der *Sozialen Stadt* in Darmstadt

Das „Stadtquartier Eberstadt Süd" wird als „wichtiger Wohnstandort" in der Gesamtstadt gesehen, dem „wesentliche Integrationsaufgaben" zufielen. Dies wird über den „hohen Anteil[-] an Bewohnerinnen und Bewohnern mit Migrationshintergrund" legitimiert (Dok-D51: „aufgrund"). Die „Integrationsaufgaben" werden also dezidiert an MigrantInnen gekoppelt.
  Vergleichbar wird für den „Stadtteil Kranichstein" argumentiert, dem auch „wesentliche Integrationsaufgaben" zukämen – hier über die „internationale[-] Prägung durch Bewohnerinnen und Bewohner aus mehr als 70 Nationen" begründet (Dok-D55).

> Das <u>Stadtquartier Eberstadt Süd</u> ist innerhalb der Gesamtstadt als wichtiger Wohnstandort zu sehen, dem **aufgrund** des hohen Anteils an Bewohnerinnen und Bewohnern mit Migrationshintergrund <u>wesentliche Integrationsaufgaben</u> zufallen.
> *Dok-D51 (Stadtplanungsamt/Sozialdezernat: Eberstadt-Süd Bericht 2005/2006): 8*
> Dem <u>Stadtteil Kranichstein</u> kommt als wichtigem Wohnstandort für die Gesamtstadt (...) bei gleichzeitig internationaler Prägung **durch** <u>Bewohnerinnen und Bewohner aus mehr als 70 Nationen</u>, die Funktion zu, <u>wesentliche Integrationsaufgaben</u> für die Wissenschaftsstadt Darmstadt zu übernehmen.
> *Dok-D55 (Stadtplanungsamt/Sozialdezernat: Kranichstein Bericht 2005/2006): 7*

In den untersuchten Materialien wird dementsprechend gefordert, die „Mittel- und Ressourcenverteilung" an die „erforderliche erhöhte Integrationsleistung des Stadtteils anzupassen und zu sichern" (Dok-D56: 24*) sowie die „Verbesserung des sozialen und kulturellen Lebens im Stadtteil" zu befördern, unter anderem für „Migranten und Migrantinnen" (Dok-D54: 34*). Es entsteht eine Äquivalenz aus als notwendig erachtetem Handeln und MigrantInnen.
  Während im Frankfurter Gallus-Viertel die Zielsetzungen in den untersuchten Programmatiken in den Grundlogiken von denen der MitarbeiterInnen des Stadtplanungsamts und des Quartiermanagements abwichen, wird das Ziel der „Integration" in Darmstadt auch in den geführten Interviews reproduziert.

Die Mitarbeiterin des Quartiermanagements in Kranichstein greift das „Thema Integration" auf, dass „entsprechend auch eine Rolle" spiele, da „es einen hohen Anteil an Zugewanderten, eingewanderten Menschen" im Stadtteil gäbe (Int-D13*). Das „Thema Integration" wird als „Fokus" benannt, das „die größere Rolle als die Belange von einheimischen Menschen" spiele. „[E]inheimische Menschen" stehen „eingewanderte[-] Menschen" gegenüber, denen höhere Aufmerksamkeit zu schenken sei. Die Mitarbeiterin argumentiert weiter, dass es sich um eine permanente Aufgabe handle, die zu erfüllen sei, wodurch die Arbeit für MigrantInnen noch einmal verfestigt wird (Int-D13).

> [D]as Thema Integration [ist] im Fokus und spielt die größere Rolle als die Belange von einheimischen Menschen in Bezug auf das Thema Stadtteilentwicklung. (...). Und grundsätzlich, denke ich auch, im Hinblick auf die Arbeit mit den eingewanderten Menschen, stehen wir nicht an irgendeinem Punkt, wo ich sage, so das haben wir jetzt erreicht und wir brauchen jetzt noch fünf Jahre und dann ist alles gut, sag ich mal, sondern das ist wie so eine Wellenbewegung.
> *Int-D13 (Mitarbeiterin des Quartiermanagements Darmstadt Kranichstein)*

Auch der Mitarbeiter des Quartiermanagements Eberstadt-Süd stellt unterschiedliche, MigrantInnen zugeschriebene Problemlagen in den Kontext eines notwendigen Vorgehens: Diese müssten „natürlich angegangen werden", so dass auch hier MigrantInnen handlungsrelevant werden (Int-D12: Probleme ≡ MigrantInnen ➔ „die [müssen] natürlich angegangen werden").

> Akklimatisations-Probleme, das heißt von der Sprache angefangen, bis andere Kultur, bis, was weiß ich, eine Form der selbstständigen Bewältigung von Alltagsproblemen und so was, die [müssen] natürlich angegangen werden (...).
> *Int-D12 (Mitarbeiter des Quartiermanagements Darmstadt Eberstadt-Süd)*

Vor diesem Hintergrund entsteht eine Äquivalenzbeziehung aus der *Sozialen Stadt* in den beiden Stadtquartieren in Darmstadt und der Erfüllung von „Integrationsaufgaben" in Richtung von MigrantInnen.

Auf regionaler Ebene wurde, wie beschrieben (vgl. Kapitel 5.2.2.5), kritisiert, dass in diesem Bereich eigentlich eine gesamtstädtische Rahmung und Verknüpfung zur *Sozialen Stadt* notwendig sei, um eine „erfolgreiche" „Integrationspolitik" zu betreiben. Im Gallus-Viertel zeigte sich, dass diese in Frankfurt nicht in der Form zu bestehen scheint, wie es von Seiten des Stadtplanungsamts gewünscht ist. Daher wurde auch für die Fallstudien in Darmstadt geprüft, wie die Rolle der Stadt eingeschätzt wird.

Besonders auffällig war zunächst die Positionierung eines Mitarbeiters des Stadtplanungsamts, der in Bezug auf MigrantInnen erläuterte, dass er „da gar nicht hin" wolle oder da „eigentlich gar nicht hin" solle, denn „den direkten Draht oder diese direkte Einschätzung" könnten eher „die vor Ort" geben. Antworten könne „man da ja eigentlich nicht geben" (Int-D10*). Es deutete sich ein Moment des Nicht-Sagbaren, beziehungsweise des Tabus an, „kulturell" zu differenzieren, da dies „gefährlich" beziehungsweise „heikel" sein könnte: Bestimmte Aussagen könnten also, in Anlehnung an Foucault, im aktuellen Diskurs nicht „gestattet" sein (Foucault 1981 [frz. Original 1969]: 98, dazu Kapitel 3.5). In Gesprächen mit den MitarbeiterInnen der Sozialverwaltung und der Quartiermanagements wurde allerdings deutlich, dass die Positionierung des Stadtplanungsamts nur einen randständigen Subdiskurs darstellt. „Kulturelle Differenzierungen" sind auf städtischer Ebene in Darmstadt deutlich handlungsrelevant. Es ergeben sich mehrere direkte Verknüpfungen zwischen städtischer und lokaler Ebene.

Bereits in den untersuchten Materialien deutet sich die gesamtstädtische Relevanz von „Integration" an. So wird die „Verbesserung der Integration von Minderheiten" als eine „[ü]bergreifende Maßnahme[-] der Gemeinwesenarbeit" bezeichnet (Dok-D53: 13*). Zudem wird auf die „Vernetzung" von Personen im „Bereich der Migrations-/Sozialarbeit" und auf das „Interkulturelle[-] Büro[-] der Wissenschaftsstadt Darmstadt" verwiesen (Dok-D56: 12*).

Auch in den geführten Interviews wird besonders das „Interkulturelle Büro" aufgegriffen. Der Mitarbeiter des Sozialdezernats sieht in diesem Büro einen „Erfolgsfaktor", da es so „eine kommunale Einheit" gebe, die „ausschließlich diese Thematik" besetze und „nach vorne" bringe. Das Interkulturelle Büro sei von „Beginn in der *Sozialen Stadt* mit vertreten" (Int-D11) und „eine Kollegin" für die beiden *Soziale Stadt*-Standorte auch zuständig" gewesen (Int-D11*), so dass hier die Verknüpfung städtisches Amt ≡ *Soziale Stadt* auf lokaler Ebene als hegemonial verfestigt verstanden werden kann.

[D]as hat auch damit zu tun, dass wir natürlich ein interkulturelles Büro haben, die mit großer Fachkompetenz und auch großem Einsatz da das Thema (…) an allen Ecken und Enden voranbringen und ich glaub, das ist es: ein, ja, an der Stelle ein Erfolgsfaktor, dass es eine kommunale Einheit gibt, die ausschließlich diese Thematik besetzt und nach vorne bringt und einfordert. Also das kann ich mir sogar vorstellen, dass das so ein Erfolgsfaktor ist für so was. Und die waren von Beginn an auch mit in diesen Projekten, wenn ich das richtig weiß, von Beginn an in der *Sozialen Stadt* mit vertreten.
Int-D11 (Mitarbeiter des Sozialdezernats der Stadt Darmstadt, Koordination Soziale Stadt)

Die Mitarbeiterin des Quartiermanagements Kranichstein greift ebenfalls das Interkulturelle Büro auf, da dieses die „Initiative ergriffen" habe, „zu sagen, wir brauchen Leute, die zwischen den Einheimischen, sowohl den Bürgerinnen und Bürgern als auch den Kräften der Sozialen Arbeit und den Zielgruppen vermitteln können" (Int-D13*). Einheimische und MigrantInnen stehen sich gegenüber – ein Zustand, dem im Rahmen der *Sozialen Stadt* durch Hilfestellungen des städtischen Amts entgegen gewirkt werden soll.

Über das Interkulturelle Büro hinaus wird auf einen „Arbeitskreis Migration und Soziales" verwiesen, in dem neben MitarbeiterInnen des „Jugendmigrationsdienst[es]" und der „Migrationsberatung" auch Mitarbeiter der *Sozialen Stadt* beteiligt und damit vernetzt seien (Int-D13*).

„Kulturelle Differenzierungen" werden in Darmstadt sowohl innerhalb der *Sozialen Stadt* als auch durch eine gesamtstädtische Rahmung durch das Sozialdezernat, das Interkulturelle Büro sowie weitere Einrichtungen, wie das Diakonische Werk, und verschiedene Maßnahmen verhandelt und scheint – wie auf nationaler Ebene – einen hohen Stellenwert einzunehmen. Die Äquivalenzbeziehung aus *Sozialer Stadt* und „Integration" ist hegemonial. Im Folgenden wird zur Detailanalyse umgesetzter Maßnahmen übergegangen, um genauer zu beleuchten, inwieweit „kulturelle Differenzierungen" in der *Sozialen Stadt* handlungsrelevant werden.

5.2.4.5   Zur hohen Handlungsrelevanz „kultureller Differenzierungen" in einer Vielzahl an Vorgehensweisen und Maßnahmen

Die Bereiche, in denen im Rahmen der *Sozialen Stadt* in Darmstadt agiert wird, sind vielfältig und reichen von Projekten wie LOS und „Stärken vor Ort" über ein spezifisches Handeln des Quartiermanagements, Maßnahmen im Bereich von Sprache, Bildung und Qualifikation, Aktivierung und Beteiligung bis zur Schaffung fester Ansprechpartner als MultiplikatorInnen. Es werden im Folgenden die Vorgehensweisen und Maßnahmen nachgezeichnet, die in den untersuchten Dokumenten und Interviews vorkommen, wobei sie ähnlich der Gliederung auf nationaler und regionaler Ebene vorgestellt werden, um die Vergleichbarkeit zu vereinfachen.

LOS und „Stärken vor Ort" – Maßnahmen mit und für MigrantInnen

Im Rahmen der Projekte „Lokales Kapital für soziale Zwecke" (LOS) erfolgt ein Fokus auf verschiedene Zielgruppen: So richteten sich die „überwiegenden Maßnahmen" an „Jugendliche und junge Erwachsene im Alter von unter 25 Jahren sowie an Personen mit Migrationshintergrund" (Dok-D51). Ein Förderschwerpunkt liegt auf der Zielgruppe MigrantInnen.

[LOS Programmlaufzeit bis einschließlich 2006]: Die überwiegenden Maßnahmen richteten sich an Jugendliche und junge Erwachsene im Alter von unter 25 Jahren (...) sowie an Personen mit Migrationshintergrund (...).
Dok-D51 (Stadtplanungsamt/Sozialdezernat: Eberstadt-Süd Bericht 2005/2006): 20

Im Rahmen der LOS-Projekte wird besonders die schulische und berufliche Qualifizierung und Befähigung gefördert. „[B]enachteiligte Schülerinnen und Schüler, insbesondere Schülerinnen und Schüler mit Migrationshintergrund" sollen beispielsweise unterstützt werden, einen „bestmöglichen Schulabschluss zu erreichen", ihre „Motivation" erhöht und auf ihre „Selbstverantwortung gesetzt" werden. „Lehramtstudenten/innen", die „selbst einen Migrationshintergrund mitbrachten", sollen den SchülerInnen helfen (Dok-D77: 36*). Auch hier wird davon ausgegangen, dass MigrantInnen anderen MigrantInnen am besten helfen können. Ein „kulturell" differenzierender Zugang erscheint sinnvoll. In weiteren LOS-Projekten werden „Jugendliche" und besonders „Jugendliche mit Migrationshintergrund" zur Zielgruppe, um diese bei der „Erreichung des Hauptschulabschlusses" und dem „Übergang von Schule in die berufliche Ausbildung" zu unterstützen oder Einblicke in das „professionelle Berufsbild von Webdesign und Mediengestaltung" zu geben (Dok-D77: 30*). „Frauen" wurden beispielsweise durch LOS gefördert, um „ihre Defizite in Deutschkenntnissen, EDV-Basics und Lernkompetenzen auszugleichen" (Dok-D76*). Mit Hilfe der Projekte sollen Schwierigkeiten reduziert und die FördermittelempfängerInnen gestärkt werden, entsprechend der Zielsetzung „Hilfe zur Selbsthilfe".

Die Ziele der Befähigung und der Hilfe zur Selbsthilfe sind auch bei LOS-Projekten dominant, die sich dezidiert an die definierte Zielgruppe MigrantInnen richten. An die „Sprachförderung von Spätaussiedlern und Migranten" wurde beispielsweise das „Ziel" geknüpft, für das „Berufsleben sprachlich zu qualifizieren" (Dok-D76: 17*). „Sprach- und Verständigungsprobleme[n] wurde in einem Projekt zur „[s]oziale[n] Integration von erwachsenen Spätaussiedlern" entgegengewirkt und dabei auch „beim Ausfüllen von Anträgen, bei Behördengängen und bei Telefonaten" geholfen (Dok-D76: „Integration von erwachsenen Spätaussiedlern" ≡ Hilfestellungen). Neben der zentralen Zielsetzung der Sprachförderung (ebenso im Projekt „Fit in Deutsch" für Zuwanderermädchen und -frauen (Dok-D76: 38-39*)) wird auf die Stärkung von MigrantInnen gezielt.

Soziale Integration von erwachsenen Spätaussiedlern
Bei Spätaussiedlerinnen und Spätaussiedlern wirken sich häufig Sprach- und Verständigungsprobleme bei Behörden, Arbeitgebern, in Schulen und Vereinen negativ aus (...). Über das Projekt erhielt eine Gruppe von Spätaussiedlerinnen und Spätaussiedlern Hilfe beim Ausfüllen von Anträgen, bei Behördengängen und bei Telefonaten. Geholfen wurde ihnen auch beim Überwinden bürokratischer Hemmnisse (...).
Dok-D76 (Sozialverwaltung: Eberstadt Süd. Was war „LOS" in Eberstadt Süd? 2003-2008): 16

Die entsprechende Logik wird auch bei „Alphabetisierungskurse[n] für Frauen, der Unterstützung von „Eltern mit Migrationshintergrund in ihrer Erziehungsverantwortung" (Dok-D77: 24, 56*) und der „beruflichen Eingliederung von Migranten/Migrantinnen durch Qualifikationsmaßnahmen" (Dok-D63*) reproduziert. Gerade die berufliche Befähigung von MigrantInnen nimmt in weiteren Projekten eine zentrale Bedeutung ein und wird an Ziele der „aktive[n] Teilnahme am gesellschaftlichen Leben" (Dok-D77: 48*) und der „[b]erufliche[n] Kommunikation/Qualifikation" (Dok-D77*: 53) sowie die Stärkung des „Selbstwertgefühl[s]" gekoppelt (u. a. Dok-D76: 35*).

Auch in den geführten Interviews wird auf die Bedeutung von Projektarbeit durch LOS oder „Stärken vor Ort" für MigrantInnen verwiesen. Als Beispiel führt der Mitarbeiter des Sozialdezernats das Projekt „Ich fahr' Rad" an, bei dem „Frauen mit Migrationshintergrund an das Radfahren" herangeführt wurden, um deren „Mobilität zu erhöhen" (Int-D11*).

In Darmstadt zeigt sich eine breite Palette an Projekten, die auf MigrantInnen ausgerichtet wurden und werden, um an spezifischen Problemlagen anzusetzen, die es zu beseitigen gilt, damit diese einen besseren Zugang zum gesellschaftlichen Leben und Berufsleben erlangen.

Der Projektarbeit steht allerdings das grundsätzliche Problem gegenüber, dass „keine strukturelle Antwort" auf Probleme gefunden worden sei. Nach dem Ende von Projekten blieben Problematiken bestehen (Int-D11*: „durchdachter Ansatz" des Projekts ‖ „keine strukturelle Antwort" – Diskursstränge durch „Nur" auf Distanz gehalten). Das „erfolgreich[e]" Vorgehen durch Projekte wie LOS und „Stärken vor Ort" steht in Opposition zu Problemen, die über das Förderende von limitierten Projekten hinaus fortbestehen.

Das „Thema Integration" im „Fokus" der beiden Quartiermanagements
„Kulturelle Differenzierungen" werden auch explizit im Rahmen der Quartiermanagements in Eberstadt-Süd und Kranichstein problematisiert. Der Ansatz unterscheidet sich deutlich vom Grundansatz, wie er für das Gallus-Viertel in Frankfurt beschrieben wurde.

Die „Stadtteilwerkstätten" der *Sozialen Stadt* in Eberstadt-Süd und Kranichstein werden als eine „niedrigschwellige Anlaufstelle" beschrieben, in der „in erster Linie (…) mit den eingewanderten Menschen" gearbeitet würde. Diese nähmen „einen größeren Raum" in der Arbeit ein „als die Einheimischen". Die Mitarbeiterin des Quartiermanagements Kranichstein geht noch weiter und sagt, dass sie „in 80 % der Zeit" mit „unterschiedlichen Gruppen von eingewanderten Menschen" zusammenarbeite und dabei das „Thema Integration im Fokus" sei (Int-D13: Hauptarbeit ≡ MigrantInnen).

[A]lso so die Idee der Stadtteilwerkstätten ist es, eine niedrigschwellige Anlaufstelle im Prinzip zu sein im Stadtteil. Aufgrund dessen, denke ich mal, ist es, das gilt auch für Eberstadt und für Kranichstein, für beide Stadtteile, dass die Arbeit mit den Bewohnern eigentlich bedeutet, dass wir in erster Linie, sag ich mal, von der Zahl her, von der Verteilung her eher mit den eingewanderten Menschen arbeiten, also die einen größeren Raum einnehmen in der Arbeit als die Einheimischen. Das ist einfach aufgrund der Bevölkerungszusammensetzung im Stadtteil. Also ich kann durchaus sagen, wenn man jetzt nur die Bewohnerarbeit sieht, dann arbeite ich in 80% der Zeit mit unterschiedlichen Gruppen von eingewanderten Menschen zusammen. Da ist das Thema Integration im Fokus und spielt die größere Rolle als die Belange von einheimischen Menschen (...).
Int-D13 (Mitarbeiterin des Quartiermanagements Darmstadt Kranichstein)

MigrantInnen nehmen einen zentralen Stellenwert in der Arbeit ein und werden explizit handlungsrelevant. In diesem Rahmen wird auf eine spezifische Ansprache gesetzt, wie sie auch auf nationaler Ebene als Ansatzmöglichkeit beschrieben wurde: In Kranichstein arbeitet in der Stadtteilwerkstatt ein Mitarbeiter mit „Migrationshintergrund", der „natürlich" „Kontakt zu den Menschen" bekomme und der einen „besseren Einblick" darin hätte, „was die Probleme sind und wo Bedarf besteht hinsichtlich des Angebots" (Int-D13*). Auch in den Dokumenten wird davon ausgegangen, dass der Mitarbeiter als „Migrant", die Bedürfnisse von MigrantInnen am besten kenne und darauf eingehen könne. So sollen „bedarfsorientierte[-] Angebote[-] für diese Zielgruppe" geschaffen werden (Dok-D56: 29*).

Auch im Quartiermanagement Eberstadt-Süd wird Handeln beschrieben, das dezidiert auf MigrantInnen ausgerichtet ist. Da man nicht „Integration fordern und beklagen [könne], dass Integration nicht gelinge", wenn nicht die „entsprechenden Mittel" zur Verfügung stünden, müsse von der *Sozialen Stadt* gehandelt werden. Entsprechend werden vom Mitarbeiter des Quartiermanagements an die Förderung von „Integration" eine „Reihe von sozial-kulturellen Sachen" geknüpft, die „in all den Jahren gemacht" worden seien, von „Sprachförderung bis hin zu Förderung von Nachbarschaften" und Hilfe bei „interreligiöse[n] Konflikte[n]" (Int-D12*). An den Stellen, wo das Quartiermanagement nicht selbst Maßnahmen anbiete, würde weitervermittelt, beispielsweise zum „Jugendmigrationsdienst", damit diese „Rat" geben und „Hilfsangebote[-] anbieten können" (Int-D12*: MigrantInnen ≡ Rat und Hilfe). Das Quartiermanagement agiert als Anlauf- und Vermittlungsstelle in Richtung von MigrantInnen.

Als weitere Aufgabe soll die Stadtteilwerkstatt eine „Brückenfunktion bei der Vernetzung von engagierten Herkunftsdeutschen und Zuwanderern im Stadtteil" übernehmen (Dok-D56: 29*) beziehungsweise sich mit den „Akteure[n] vor Ort", darunter auch den „Migrantenvereinen" vernetzen (Dok-D50: 18*). Die (noch) in Opposition zueinander stehenden „Herkunftsdeutschen" und die „Zuwanderer" sollen zusammengebracht werden – ein Austausch wird zum wünschenswerten Ziel. Dies wird auch noch einmal in mehreren narrativen Passagen der Mitarbeiterin des Quartiermanagements Kranichstein deutlich: Ein „Schwerpunkt" liege in der „Vernetzungsarbeit und der Arbeit mit den Bewohnern", wobei die Herausforderung sei, die Bevölkerungsgruppen „zusammenzubringen". Dies betreffe sowohl „die eingewanderten Menschen miteinander" als auch „Eingewanderte mit Einheimischen" (Int-D13). Die BewohnerInnen des Quartiers werden in gewisser Weise in „Containern" gedacht, die nebeneinander stehen, aber wenig miteinander zu tun haben – ein Zustand, der nicht bestehen bleiben soll.

[Ich] fülle diesen Bereich der Bewohnerarbeit aus und darin liegt auch der <u>Schwerpunkt</u> in der <u>Vernetzungsarbeit und der Arbeit mit den Bewohnern hier im Stadtteil</u> und im Prinzip gibt es, wenn man das breit betrachtet, die <u>Herausforderung</u> dazwischen, <u>die Bevölkerungsgruppen hier zusammenzubringen</u>. Also einmal <u>die zugewanderten Menschen</u>, die eine große Zahl im Stadtteil sind und auch sehr heterogen. Also wir reden immer davon, dass es ungefähr zwischen 76-80 verschiedene Nationen sind, die im Stadtteil leben <u>plus dann die einheimische Bevölkerung</u>. Und da eine <u>Vernetzung</u> hinzukriegen (...). [E]s ist eine <u>Herausforderung, diese Gruppen zusammenzubringen</u>, sowohl untereinander, dass die eingewanderten Menschen miteinander hier gut leben können, sag ich mal, als auch, ja, Eingewanderte mit Einheimischen, so.
Int-D13 (Mitarbeiterin des Quartiermanagements Darmstadt Kranichstein)

Zur Umsetzung dieser Zielsetzung wurde beispielsweise von der Stadtteilwerkstatt das Projekt „BIFI – BürgerInnen Fördern Integration" beantragt, bei dem „Integrationspartnerschaften zwischen Einheimischen und zugewanderten Menschen" geschlossen werden, wobei diese auf einer „gleichberechtigten Ebene" miteinander in Kontakt kommen sollen. Es soll ein gegenseitiger Lern- und Kennenlernprozess entstehen, das heißt MigrantInnen sollen nicht als Benachteiligte angesprochen werden (Int-D13*). Entgegen dem allgemeinen Ansatz bei Problemlagen wird auf „Integration" durch Austausch gesetzt.

„Kulturelle Differenzierungen" werden darüber hinaus bei der „Vernetzung der Bewohnerarbeitsgruppen" handlungsrelevant, die unter dem „Stichwort Integration, interkulturelle

Stadtteilarbeit" zusammengebracht werden sollen (Dok-D54: 25*). Ganz besonders geht es um den Einbezug der „AG Interkulturelle Stadtteilarbeit" in Eberstadt-Süd (Dok-D50: 13*) und des „Arbeitskreis[es] Migranten in Kranichstein" (Dok-D53: 12*), die begleitet werden sollen. Die aktive Teilnahme am Stadtteilleben soll ausgebaut werden. Zum einen zeigt sich, dass Arbeitsgruppen bestehen, in denen MigrantInnen vertreten sind und damit auch hier im Quartier zwischen MigrantInnen und anderen differenziert wird. Zum anderen wird auf Vernetzung und Netzwerkaufbau gesetzt, um ein starres Nebeneinander zu verhindern – also Differenzen abzubauen.

In den Quartiermanagements der *Sozialen Stadt* in Darmstadt geschieht ein „kulturell" differenzierender Zugang mit spezifischer Handlungsrelevanz. MigrantInnen stehen in Opposition zu Alteingesessenen. Diese Trennung scheint einerseits verfestigt, soll andererseits aber durch Vernetzung überwunden werden.

Sprachförderung und Qualifikation von MigrantInnen für den Arbeitsmarkt
Die Zielsetzungen der Hilfe zur Selbsthilfe und der Erhöhung der Eigenverantwortlichkeit durch Befähigung setzen sich in Maßnahmen zur Sprachförderung und Qualifikation für den Arbeitsmarkt fort.

Hegemonial verfestigt ist auch in Darmstadt der Ansatz bei Sprachförderung für MigrantInnen, was sich übergreifend in den untersuchten Dokumenten und Interviews widerspiegelt. „Ziel" sei die „Verbesserung der sprachlichen Fähigkeiten der Bevölkerung mit Migrationshintergrund" (Dok-D55: 29*: „Ziel" ≡ Sprachförderung) – beispielsweise durch das Projekt „Mama lernt Deutsch" oder „Deutsch-Intensivkurse". Es wird zudem auf „Alphabetisierungskurse für Erwachsene gesetzt (Dok-D62*). Auffällig ist, dass explizit über den Wunsch nach Sprachförderung seitens der MigrantInnen argumentiert wird: „Aufgrund wiederholter Anfragen" habe die Stadtteilwerkstatt Eberstadt-Süd bereits 1999 einen „Deutschkurs" initiiert (Dok-D49: 54*). In Kranichstein sei auf den „von Frauen geäußerten Bedarf, im thematischen Gespräch (z.B. deutsche Kultur, Alltagswissen, (…)) gezielt die deutsche Sprache einzuüben", reagiert worden (Dok-D56: 27*). In diesen Narrationen wird Sprachförderung nicht als notwendig, sondern als gewünscht legitimiert.

Die Förderung der deutschen Sprache wird in weiteren narrativen Passagen an die Ziele der „Reduzierung der Zugangsbarrieren" und „Qualifizierung[-]" gekoppelt, also an die Erhöhung der Selbstständigkeit (Dok-D56: 17*). Für die Mitarbeiterin des Quartiermanagement Kranichstein spielt „der Aspekt von Sprachförderung" „natürlich eine große Rolle", so dass ein Ansatz über „niedrigschwellige Sprachkurse" wie „Mama lernt Deutsch" als sinnvoll legitimiert und unhinterfragt ist. Über die Sprachförderung hinaus wird auf „Integrationskurse" verwiesen, durch die ein „bestimmtes Sprachniveau" erreicht werden soll und die Orientierung im „deutsche[n] Gesellschaftssystem, kulturelle[n] System, politische[n] System" geben sollen. Es müssen damit „grundsätzliche Anforderung[en]" erfüllt werden. Ziele sind eine „Normalisierung"[108] und Qualifikation (Int-D13).

---

108 Der Begriff der „Normalisierung" wird in Anlehnung an Michel Foucault genutzt. Dieser geht davon aus, dass Menschen heute weniger durch repressive Macht, also vor allem Verbote, sondern durch produktive Macht bestimmt werden, das heißt durch Formierungen in Institutionen wie Schulen oder Gefängnissen. Auf diese Weise kommt es zum Erlernen von bestimmten Verhaltensweisen, die als Norm erfasst werden und das Handeln einschränken. Produktive Macht richtet sich damit auf die „Normalisierung" von Menschen (dazu Foucault 1976 [frz. Original 1975]; Füller/Marquardt 2009: 85; Rosa/Strecker/Kottmann 2007: 288-291).

Daneben spielt der Aspekt von Sprachförderung im Stadtteil natürlich eine große Rolle und das wird sowohl von diesen Trägern Diakonisches Werk, Caritas über Projekte wie niedrigschwellige Frauenkurse [gemacht]. (...). Das sind quasi niedrigschwellige Sprachkurse oder Konversationskurse auch, die da angeboten werden. Und es läuft auch unter dem Begriff, dieser Überschrift Mama lernt Deutsch, das ist auch sehr weit verbreitet und das wird von Seiten der Stadt mit unterstützt (...).
Darüber hinaus bietet auch die Volkshochschule Integrationskurse hier an im Stadtteil. (...). Es gibt ja diese grundsätzliche Anforderung an alle Menschen, die einwandern nach Deutschland, dass sie entweder jetzt inzwischen ein bestimmtes Sprachniveau haben müssen beziehungsweise über die Integrationskurse ein bestimmtes Sprachniveau erreichen müssen (...). [I]m Prinzip sind das Sprachkurse und zusätzlich gibt es eine Orientierungseinheit in diesen Integrationskursen, wo man im Prinzip über das deutsche Gesellschaftssystem, kulturelles System, politisches System Informationen bekommt.
Int-D13 (Mitarbeiterin des Quartiermanagements Darmstadt Kranichstein)

Das Ziel der Befähigung wird auch bei Qualifizierungsmaßnahmen für den Arbeitsmarkt verfolgt. Als ein „Baustein" der Projektarbeit sollen „Jugendliche mit Zuwanderer- und Migrationshintergrund für Berufsausbildung" gewonnen werden und so deren „Integration" in „berufliche Bildung und Qualifizierung" erhöht werden (Dok-D52: 24*). Im lokalen „Qualifizierungsbüro" soll besonders die „Gruppe der russlanddeutschen Aussiedler/innen" mit „Lebensmittelpunkt" in den beiden Fördergebieten „angesprochen" werden, um ihnen Hilfestellungen zu bieten (Dok-D49: 46*). Es entsteht eine Äquivalenzkette aus MigrantInnen, Bildung und Qualifizierung. Für MigrantInnen werden in Bezug auf den Arbeitsmarkt Probleme erfasst, die nicht mit einer üblichen Förderung durch die *Soziale Stadt*, sondern durch spezifische Ansprache und Behandlung gelöst werden sollen.

Aktivierung und Beteiligung von MigrantInnen durch zahlreiche Ansätze
Besonderer Handlungsbedarf wird auch – wie schon auf nationaler und regionaler Ebene sowie im Gallus-Viertel – in Bereichen konstatiert, die als Aktivierung und Beteiligung gefasst werden können.

In mehreren Narrationen übergreifend werden die „Partizipation von Migranten", die „größere Beteiligung von Migrantinnen und Migranten" (Dok-D55: 14-15*), die „Teilhabe von eingewanderten Menschen" (Int-D13*) sowie die Beteiligung „verschiedener ethnischer (...) Gruppierungen" (Dok-D54: 16*) als Zielsetzung herausgestellt und damit verfestigt. So soll sich „deren Leben verbesser[n] und erleichter[n]" (Int-D13*). Hierbei wird nicht davon ausgegangen, dass MigrantInnen nur Schwierigkeiten haben, die es zu beseitigen gilt, sondern es wird auch auf „Ressourcen und Stärken" rekurriert: Der Mitarbeiter der Sozialverwaltung beschreibt als Aufgabe, die „Ressourcen und Stärken" der „einzelnen *communities* für den gesamten Stadtteil nutzbar" zu machen, also aktiv in die Quartiere einzubringen (Int-D11*). Entscheidend ist die Möglichkeit der Ansprache. Wenn MigrantInnen nicht „greifbar" sind, können sie nicht eingebunden werden – so wie beispielsweise „Gruppen (...) aus Afrika", von denen das Quartiermanagement in Kranichstein „nicht so viel" wisse und mit denen „der Kontakt nicht so stark" sei (Int-D13: polyphone Aussage mit zwei Diskurssträngen: „Gruppen (...) aus Afrika" – aber – „nicht so viel wissen").

[E]s gibt eigentlich mehr Gruppen noch aus Afrika hier im Stadtteil, von denen wir zum Beispiel **aber** gar nicht so viel wissen. ... hier in der Arbeit im Rahmen der *Sozialen Stadt* oder was die Stadtteilwerkstatt macht, ist der Kontakt nicht so stark.
Int-D13 (Mitarbeiterin des Quartiermanagements Darmstadt Kranichstein)

Um MigrantInnen stärker einzubinden und „greifbar" zu machen – zu institutionalisieren –, werden zum einen Vereine und Vereinsgründungen sowie Möglichkeiten des sich Treffens, zum anderen die Gründung von speziellen Arbeitsgruppen unterstützt.

Die „Gründung des Frauenvereins ‚Hoffnung' und des ‚Internationalen Eberstädter Familienvereins" hätten dazu geführt, die „Beteiligung der Bevölkerung mit Migrationshintergrund" zu intensivieren. Die Schaffung dieser Vereine wird kausal mit dem Wunschziel der „Beteiligung" verbunden (Dok-D51).

Über die Gründung des Frauenvereins ‚Hoffnung' und des ‚Internationalen Eberstädter Familienvereins' konnte (…) die Beteiligung der Bevölkerung mit Migrationshintergrund an sozialen und kulturellen Veranstaltungen intensiviert werden.
Dok-D51 (Stadtplanungsamt/Sozialdezernat: Eberstadt-Süd Bericht 2005/2006): 25

Mit dem „Internationale[n] Frauentreff" hätte „auf das Bedürfnis von Migrantinnen nach Treffpunkten im Stadtteil" reagiert werden können, womit auch „Eigeninitiative und Selbsthilfepotentiale" gestärkt würden (Dok-D55: 32*).

Auch die Arbeit bestehender Vereine wird unterstützt. In Kranichstein existierten beispielsweise „zwei afghanische Vereine", „unterschiedliche somalische Vereine" sowie „die Landsmannschaft" der AussiedlerInnen, mit denen durch das Quartiermanagement zusammengearbeitet werde – eine Zusammenarbeit, die von der Mitarbeiterin des Quartiermanagements als sinnvoll eingeschätzt wird (Int-D13*). In der Stadtteilwerkstatt in Eberstadt-Süd finden, so der Mitarbeiter des dortigen Quartiermanagements, Treffen der „russlanddeutsche[n] Kindertanzgruppe" und „somalische[-] Angebot[e]" für schulische Förderung statt (Int-D12*), so dass auch hier aktiv die Arbeit von Gruppen unterstützt wird, die sich entlang „kultureller" Differenzierungslinien konstituieren. Die aktive Förderung des Austauschs von MigrantInnen und damit ein „kulturell" differenzierender Zugang werden als erfolgreich bewertet und als Ansatz verankert.

Dies wird auch noch einmal in der Gründung spezieller Arbeitsgruppen deutlich. In Eberstadt-Süd wurde die „AG Interkulturelle Stadtteilarbeit" gegründet, deren Mitglieder sich für die „Integration und das friedliche Miteinander von Menschen unterschiedlicher kultureller Herkunft" einsetzten (Dok-D52: 10*). Für „diejenige[n], die partizipieren wollen und die an den Aktivitäten sich einbringen wollen", bestünde dementsprechend die Möglichkeit (Int-D12*). Die Schaffung dieser AG wird als Erweiterung des Handlungsspielraums von MigrantInnen angesehen und gleichzeitig mit dem Ziel der „Integration" und des Austauschs verknüpft.

In Kranichstein geschieht dies durch den AK MIKRA, den Arbeitskreis Migranten in Kranichstein, der durch das Interkulturelle Büro der Stadt Darmstadt initiiert wurde. Dort haben sich „Vertreter aus den Migrantenvereinen und Communities zusammengeschlossen". Auch hier wird die Zielsetzung der „Integration und d[es] Miteinander[s] von Menschen unterschiedlicher kultureller Herkunft" an die Arbeit des Arbeitskreises gekoppelt (Dok-D53: 16-17* und 55: 11*). Durch den AK MIKRA soll die „Aktivierung der Zuwanderer zur Mitarbeit in den Gremien des Stadtteils" gelingen (Dok-D56: 11*), das heißt, die Gründung eines speziellen Arbeitskreises für MigrantInnen soll die Chance erhöhen, dass diese sich mehr einbringen – ein Ziel, das noch als nicht erreicht angesehen wird, da sonst ein entsprechendes Vorgehen nicht notwendig wäre. Besonders deutlich wird dies in einer Narration, in der die „Kommunikation" von „Menschen aus unterschiedlichen Nationen" als „unzureichend" beschrieben wird. Dieses „Defizit" soll auch durch die AK Kommunikation abgebaut werden (Dok-D53: Kommunikation von MigrantInnen als „unzureichend" → („Ziel") Arbeit der AG Kommunikation), beispielsweise durch „Kulturabende", in denen „über die Herkunftsländer der verschiedenen im Stadtteil lebenden Zuwanderergruppen unterrichtet wird" (Dok-D55: 28*). MigrantInnen werden von Seiten der Programmverantwortlichen der *Sozialen Stadt* in Darmstadt in unterschiedliche Gruppen eingeteilt, die sich mit „ihrer" „Kultur" einbringen können – hier wird dieses Nebeneinander nicht als Problem, sondern als Potential gefasst, was sich auch im „Ziel", „den interkulturellen Schatz des Stadtteils zu heben", widerspiegelt (Dok-D54: 20*). Der „Austausch zwischen einheimischen Bewohnern und Migranten" soll erleichtert und „Interesse an anderen Kulturen" geweckt werden (Dok-72: 6*).

Im Stadtteil Kranichstein leben Menschen aus unterschiedlichen Nationen und verschiedensten sozialen Schichten, deren Kommunikation für unzureichend gehalten wird. Die AG Kommunikation hat sich zum Ziel gesetzt, dieses Defizit abzubauen.
Dok-D53 (Stadtplanungsamt/Sozialdezernat: Kranichstein Bericht 2001/2002): 18

Die Quartiersstrukturierung erfolgt in der Alltagswahrnehmung der Programmverantwortlichen klar entlang der Unterscheidung migrantisch gegenüber nicht-migrantisch. Diese Differenzierung kann auch in der Projektarbeit nachgezeichnet werden, wie vor allem im Kochprojekt „Gari Baldi", der Organisation einer „Interkulturellen Woche" mit einem Stadtteilfest und einem „Interkulturellen Garten" deutlich wird.

Mit dem Projekt „Gari Baldi", das als „multikulturelles Kochstudio" beschrieben wird, soll „Integration" praktiziert werden, indem beim gemeinsamen Kochen und Essen das „Kennenlernen andere[r] Kulturen und ihre[r] Eigenarten" ermöglicht werde (Dok-D51: 26* und 52: 28*). Grundkonzept ist, dass „vierwöchentlich eingeladen wird und immer eine andere Nation kocht" und auch über das jeweilige Land berichtet wird. Der Mitarbeiter des Sozialdezernats bezeichnet dieses Projekt als „eines der wirkungsvollsten Projekte", das „ganz großartig" sei (Int-D11).

[I]n Eberstadt-Süd (...) gibt es ein Projekt, das nennt sich Gari Baldi, das ist ein Kochprojekt, wo, glaube ich, vierwöchentlich eingeladen wird und immer eine andere Nation kocht. ... Das ist als Mini-Projekt gestartet, mittlerweile haben wir riesige Raumprobleme, weil wir gar nicht mehr alle Leute unterkriegen, die da hinkommen. ... Also es hat eine unglaublich hohe Anziehungskraft mittlerweile erhalten (...). [E]s ist eines der wirkungsvollsten Projekte, die wir in dem Zusammenhang haben ... Das ist einfach toll, wenn Sie dann so einen Abend da sind, da sind dann 40, 50 Leute und sechs somalische Frauen und Männer erzählen Ihnen etwas über Somalia, danach wird somalisch gekocht und gegessen, das hat irgendwie, das ist toll, also für die Beteiligten, die das dann machen dürfen sowieso, aber auch für jeden Gast, also das ist ganz großartig. Und da denke ich, dass über solche Projekte, die auch weiterlaufen über die *Soziale Stadt* hinaus, weil das so zum Selbstläufer wurde, kann man eine gute Ansprache kriegen und dann funktioniert das auch.
Int-D11 (Mitarbeiter des Sozialdezernats der Stadt Darmstadt, Koordination Soziale Stadt)

Die Unterscheidung in unterschiedliche „Kulturen" und „Nationen" wird positiv gerahmt und als erfolgreich gelobt. MigrantInnen könnten, so der Mitarbeiter des Quartiermanagements, „ihre Kultur" und „ihre Menschlichkeit" „in diese Gesellschaft einbringen" und so einen positiven Beitrag für das Quartier leisten, im Gegensatz zu sonst auch bestehenden Problemen (Int-D12*) Es wird auf das „Leben und Erleben" von Differenz gesetzt, womit „kulturelle Differenzierungen" reproduziert werden.

„Differenz" als etwas Positives und Gewinnbringendes wird auch in Narrationen zur „interkulturellen Woche" und zum „Stadtteilfest" fortgeführt. Das „Stadtteilfest" wird unter anderem als „multikulturelles Ereignis" beschrieben, bei dem die „Vielfalt des bürgerschaftlichen Lebens in Eberstadt Süd bestaunt" und „Gespräche zwischen und mit Bewohnerinnen und Bewohnern unterschiedlichster Herkunft initiiert" werden könnten (Dok-D52: 9*). Es verfestigt sich eine Äquivalenzkette aus gemeinsamen Festen und Vielfalt als Bereicherung durch die Möglichkeit eines Austauschs zwischen BewohnerInnen unterschiedlicher Herkunft (entsprechende Argumentation auch zu finden in Dok-D49: 58*, 50: 18*, 51: 10*, 54: 65* und 55: 28*). Gleichzeitig erfolgt eine Verknüpfung an das Ziel der „Integration der Bewohnerinnen und Bewohner mit Migrationshintergrund" (Dok-D51: 26*) – „Integration" fungiert auch hier als leerer Signifikant, an den sich ganz unterschiedliche Zielsetzungen anreihen.

Auf den positiven Austausch der QuartiersbewohnerInnen wird zudem in der Schaffung eines „Interkulturellen Garten[s]" in Kranichstein rekurriert, bei dem sich „Familien und Einzelpersonen aus 12 Nationen zusammengeschlossen" hätten (Int-D13* und Dok-D56: 36*). Die „Vielfalt der in Kranichstein lebenden Menschen" soll sich „im Projekt widerspiegeln" (Dok-D55: 31*). Mittels des Projekts sollen die „Selbsthilfeaktivitäten" gefördert, „Deutsch als gemeinsame Sprache" gesprochen und „Integration" unterstützt werden (Dok-D77: 23*). Darüber hinaus stehen „Handlungsmöglichkeiten und Erfahrungsräume für Migranten" im Mittelpunkt. Die Fokussierung erfolgt auf MigrantInnen, die durch das Projekt zusammengebracht sowie niederschwellig qualifiziert werden sollen. Es kommt zur Reproduktion des Wunschs eines Austauschs zwischen MigrantInnen sowie zwischen MigrantInnen und Einheimischen (Int-D13). Gerade im Konzept eines „interkulturellen Gartens" wird davon ausgegangen, dass „Kulturen" nebeneinander bestehen, in Austausch treten können und dadurch „Vielfalt" zur „Ressource" werden kann.

[Wir] haben auch so einen interkulturellen Garten in Kranichstein, also das ist ja auch ein Thema, was ganz stark Eingang in die Soziale Stadt gefunden hat, wo es auch um das Miteinander der verschiedenen Nationalitäten untereinander, **aber auch** wieder Miteinander von Einwanderern und Einheimischen geht. (...). Also solche Sachen sind eigentlich immer daran ausgerichtet, dass eben viele Migrantinnen und Migranten in Kranichstein leben.
Int-D13 (Mitarbeiterin des Quartiermanagements Darmstadt Kranichstein)

Regieren durch community – eine zentrale Strategie in Eberstadt-Süd und Kranichstein
Die bisherigen Ausführungen zur Aktivierung und Beteiligung von MigrantInnen haben bereits deutlich gemacht, dass diese Zielsetzungen seitens der Programmverantwortlichen der *Sozialen Stadt* in Darmstadt dezidiert gewünscht und zu verstärken sind. Gerade der Aufbau von Arbeitsgruppen zeigt, dass MigrantInnen so direkter ansprechbar gemacht werden sollen. Damit wird das Ziel verbunden, in die jeweiligen *„communities"* hineinzuwirken, also Informationen weiterzugeben. Das Prinzip des Regierens durch *community* kristallisiert sich in beiden Fördergebieten als eine zentrale Strategie heraus.

Für Eberstadt-Süd wird es als „[w]esentlich" bezeichnet, dass „eine Kommunikation wichtiger Informationen in unterschiedlichen Gemeinschaften (Communities)" erfolge und dass „die Mitglieder der AG [Interkulturelle Stadtteilarbeit] als Multiplikatoren, Vermittler und Übersetzer zur Verfügung stehen" (Dok-D51, ebenso Dok-D49: 26*).

[AG ‚Interkulturelle Stadtteilarbeit']: Wesentlich ist, dass eine Kommunikation wichtiger Informationen in unterschiedlichen Gemeinschaften (Communities) erfolgt und dass die Mitglieder der AG als Multiplikatoren, Vermittler und Übersetzer zur Verfügung stehen.
Dok-D51 (Stadtplanungsamt/Sozialdezernat: Eberstadt-Süd Bericht 2005/2006): 11

Dieses strategische Vorgehen wird auch vom Mitarbeiter des Quartiermanagements als „wichtig" bezeichnet, da ein entsprechender „Zugang dann auch zu anderen Teilen dieser jeweiligen

Gemeinschaft" gefunden werden könne (Int-D12*). Es kommt zur Verfestigung der Verknüpfung „Kommunikation" ≡ „Multiplikatoren" ≡ *communities* mit dem Ziel der Erreichung
sonst nicht direkt ansprechbarer Bevölkerungsteile.

Der *community*-Ansatz lässt sich weiter präzisieren: In der AG Interkulturelle Stadtteilarbeit
seien „Vertreter aus den Migranten-*communities* drin, das heißt aus der Türkei, aus Somalia, aus
Ägypten, Russland-Deutsche usw." (Int-D12*). Die Mitglieder der AG bilden verkleinert die
Quartiersbevölkerung ab mit dem Ziel, in alle wichtigen *communities* hineinwirken zu können.

In Kranichstein ist die Vorgehensweise vergleichbar. Dort werden Migrantenselbst-
organisationen gefördert, über die „sich verstärkt Zugangsmöglichkeiten zu einzelnen Communities" entwickeln sollen (Dok-56: 28*). Zentral ist der AK MIKRA, deren Mitglieder „relevante Informationen in ihren Communities" verbreiten und als „Multiplikator/innen und
Vermittler/innen" zur Verfügung stehen sollen (Dok-D54: 20*: AK MIKRA ≡ MultiplikatorInnen → *communities*). Auf diese Weise sollen zum einen „Bedürfnisse" der einzelnen *communities* erfasst werden, so die Mitarbeiterin des Quartiermanagements (Int-D13*). Zum anderen
sollen die Mitglieder des AK „wieder in ihre Vereinsgruppen oder in die *communities*" Informationen „zurückfüttern" (Int-D13). Damit wird auf einen Zwei-Wege-Informationsfluss gesetzt,
um MigrantInnen stärker in das Quartiersleben einzubeziehen.

[D]ann ist eben auch diese Arbeit mit dem Arbeitskreis Migrantinnen in Kranichstein ganz wichtig (...), [um] die
Leute auf Dinge hinzuweisen, die sie wieder in ihre Vereinsgruppen oder in die *communities* zurück füttern
können.
Int-D13 (Mitarbeiterin des Quartiermanagements Darmstadt Kranichstein)

Dieser Ansatz wird vom Mitarbeiter des Sozialdezernats als erfolgreich beschrieben, da „stabile
Ansprechstrukturen" geschaffen worden seien, um so mit den *communities* in Kontakt zu kom-
men (Int-D11*). Die Strategie des „Regierens durch *community*" ist in der *Sozialen Stadt* in
Darmstadt fest verankert. „Kulturelle Differenzierungen" werden dezidiert handlungswirksam.

Dies zeigt sich auch in der Ausbildung und Auswahl von Integrationsassistentinnen und
Gesundheitslotsen. Mit einem Projekt zur Elternbildung in Kranichstein sollen „Eltern mit
Migrationshintergrund in ihrer Erziehungsverantwortung" unterstützt werden. Dazu wurden
„Integrationsassistentinnen" ausgebildet, die jeweils „Kontakt zu Migrantenfamilien aufgenommen und Elterngruppen aufgebaut" haben, um dort Erziehungsfragen zu klären. So kamen „vier Gruppen, aus dem russischen, arabischen, türkischen und pakistanischen Sprach-
raum" zustande (Dok-D77: 24*). Über Integrationsassistentinnen sollen also Gruppen aufgebaut werden, in denen aus Sicht der Programmverantwortlichen der *Sozialen Stadt* wichtige
Fragen zur Erziehung von Kindern geklärt werden sollen. Auf der einen Seite ist auffällig, dass
vier Gruppen „kulturell" differenzierend gebildet wurden. Auf der anderen Seite wird deutlich,
dass ein spezifischer Beratungsbedarf bei „Eltern mit Migrationshintergrund" gesehen wird
und nicht allgemein bei sozial benachteiligten Eltern.

Das identische Vorgehen wird auch bei „Gesundheitslotsen/-innen" reproduziert, die
„anhand der Sprachgruppen Afghanisch, Arabisch, Russisch, Somalisch, Türkisch und Urdu
ausgewählt" wurden. Ziel ist es, so die „Mehrheit der Zuwanderer/innen in Kranichstein" zu
erreichen (Dok-D56: 26*). Damit wird dezidiert auf einen „kulturell" differenzierenden Zugang zu MigrantInnen gesetzt, die nach Sprachgruppen ausgewählt werden. Dieser wird als
sinnvoll und zielführend bewertet, wie mehrere Narrationen der Mitarbeiterin des Quartiermanagements Kranichstein zeigen. Es würde „ziemlich viel" mit entsprechenden Ansätzen gearbeitet, da so unter anderem „Alltagskompetenzen" gestärkt würden und die Assistentinnen
und Lotsinnen als „Multiplikatorin" Informationen weiter tragen könnten (Int-D13*). Es wird

auf feste AnsprechpartnerInnen gesetzt, um so bei „Bedarf" Informationen zu kommunizieren, beispielsweise bei „kultureller Mittlung oder Sprachmittlung". Durch das Interkulturelle Büro könnten so entweder „Leute vermittelt" werden oder diese könnten „jemanden finden" (Int-D13).

[D]ie [Mitarbeiter des Interkulturellen Büros] haben quasi einerseits jetzt einen Pool, wo man direkt, wenn man den <u>Bedarf</u> hat, an <u>kultureller Mittlung oder Sprachmittlung</u>, über die man <u>Leute vermittelt kriegt</u> und auf der anderen Seite verfügen die natürlich auch über die Kenntnisse, wer hat es gemacht und wenn man gezielt jemanden sucht, kann man in Kooperation mit dem Interkulturellen Büro <u>jemanden finden</u>.
Int-D13 (Mitarbeiterin des Quartiermanagements Darmstadt Kranichstein)

Die Schaffung von AnsprechpartnerInnen zum Hineinwirken in bestimmte „kulturell" differenziert wahrgenommene *communities* ist in Darmstadt, wie sich übergreifend in den Dokumenten und Interviews gezeigt hat, hegemonial und unhinterfragt.

Kommunale Belegungspolitik als Instrument gegen Konzentration
„Kulturell" differenzierend wurde in Darmstadt zwischenzeitlich auch im Bereich der kommunalen Belegungspolitik vorgegangen. Als eine der Aufgaben wird im Handlungsfeld „Migration und Integration" die „Verhinderung von Separierungstendenzen" angeführt (Dok-D71: 40*). Dazu erläutert der Mitarbeiter des Sozialdezernats, dass es in Eberstadt „eine sehr starke ethnische Segregation" gebe, die es zu „*handlen*" gelte. Zwischenzeitlich sei dies über die „kommunale Belegungspolitik" betrieben worden, um so „Segregation [zu] verhindern und diese *communities* auf[zu]lösen". Die Formulierung „es gab natürlich" zeigt, dass diese Strategie zwar nicht fortgeführt wird, aber auch, dass dieser Ansatz als ganz logisch von vielen angesehen wird. Der Mitarbeiter distanziert sich allerdings: Der Diskursstrang einer „nachhaltig wirksame[n] Strategie" wird durch „Ich glaube nicht" zum abgelehnten Diskursstrang. Es müsse vielmehr darum gehen „Ressourcen und Stärken dieser einzelnen *communities* für den gesamten Stadtteil nutzbar [zu] machen" (Diskursstrang durch „sondern" eingeleitet) (Int-D11).

Und dann haben wir eine sehr <u>starke ethnische Segregation</u> in Eberstadt, wo wir Antworten finden müssen und zwar nicht im Sinne von, sie zu verhindern, sondern im Sinne von sie zu <u>handlen</u>. (...). Also <u>es gab natürlich</u> <u>auch Intervention in Richtung, man muss über kommunale Belegungspolitik diese Segregation verhindern und</u> <u>diese *communities* auflösen</u>. **Ich glaube nicht**, dass das eine nachhaltig wirksame Strategie an der Stelle ist, **sondern** das es eher darum gehen muss, (...), wie lassen sich denn <u>Ressourcen und Stärken dieser einzelnen</u> <u>communities für den gesamten Stadtteil nutzbar machen</u>.
Int-D11 (Mitarbeiter des Sozialdezernats der Stadt Darmstadt, Koordination Soziale Stadt)

Damit zeigt sich noch einmal die Ressourcenorientierung in Darmstadt. MigrantInnen stellen ein Potential dar, das es durch die *Soziale Stadt* zu fördern gilt.

5.2.4.6   Zusammenfassung: „Kulturelle Differenzierungen" als dezidiert handlungsleitend

Die Stadtquartiere Eberstadt-Süd und Kranichstein in Darmstadt werden beide, wie dargestellt wurde, mit einem hohen Anteil an MigrantInnen verknüpft – einem Anteil, der deutlich höher liege als in der Gesamtstadt. Die „Vielfalt" an unterschiedlichen „Nationalitäten" wird als Ressource für die Stadtteile beschrieben und wesentlich deutlicher betont als beispielsweise in Frankfurt.

Neben einer Ressourcenorientierung werden Argumentationsmuster reproduziert, in denen MigrantInnen mit spezifischen Problemlagen in Verbindung gebracht werden, wie Sprachdefizite oder Spannungen zwischen neuankommenden MigrantInnen und alteingesessenen QuartiersbewohnerInnen. Es kommt auch hier eine „kulturelle" Differenzierung der Bewohnerschaft zum Tragen.

Vor diesem Hintergrund werden „Integrationsprobleme" konstatiert. „Integration" wird zum nicht erreichten Ziel, so dass ein besonderes Handeln für MigrantInnen als notwendig beschrieben wird – sowohl in den untersuchten Materialien als auch in den Interviews.

Es verfestigt sich eine Äquivalenzbeziehung aus der *Sozialen Stadt*, „Integrationsaufgaben" und MigrantInnen. Im Gegensatz zum Gallus-Viertel in Frankfurt wird die Aufgabe der „Integration" gesamtstädtisch gerahmt und unterstützt – eine direkte Verknüpfung zum Programm *Soziale Stadt* wird hergestellt.

Innerhalb des Programms konnten vielfältige Vorgehensweisen und Maßnahmen nachgezeichnet werden, in denen „kulturelle Differenzierungen" handlungsrelevant werden. Bei Projektmaßnahmen, die durch LOS oder „Stärken vor Ort" finanziert wurden und werden, wurden zum einen MigrantInnen vielfach als eine der zentralen Zielgruppen benannt, zum anderen wurden diese explizit zur alleinigen Zielgruppe. Angesetzt wurde und wird jeweils bei der Beseitigung von Schwierigkeiten mit den übergreifenden Zielen der Qualifizierung, Hilfe zur Selbsthilfe und Befähigung.

Auch in den Quartiermanagements in beiden Stadtquartieren wird explizit „kulturell" differenziert: So erfolge die Hauptarbeit mit „eingewanderten Menschen". Mit der Zielsetzung der Ausübung einer Brückenfunktion zwischen „Herkunftsdeutschen" und MigrantInnen wird versucht, die sonstige Trennung und „Zementierung" in „kulturell" differenzierte Bevölkerungsgruppen zu überwinden – in gewisser Weise ein Paradoxon.

In weiteren Bereichen zeigte sich noch einmal deutlicher, wie sehr ein spezifisches Handeln für MigrantInnen als notwendig erachtet wird und hegemonial verfestigt ist. So werden Maßnahmen für Spracherwerb und Qualifizierung vorangetrieben, um die Eigenverantwortlichkeit und Selbstständigkeit von MigrantInnen zu erhöhen. Im Bereich der Aktivierung und Beteiligung wird darauf gesetzt, „Ressourcen und Stärken" nutzbar zu machen. Um dies zu erreichen, müssen in der Logik der Programmverantwortlichen die MigrantInnen besser „greifbar" gemacht werden, was unter anderem durch die Gründung von Vereinen oder Arbeitsgruppen geschieht. Vielfalt und „Andersartigkeit" werden auch in Projekten wie „Gari Baldi" reproduziert, da diese als Ressource bewertet werden. Eine Angleichung an eine „deutsche Kultur" wird nicht als Ziel benannt – steht also in dezidiertem Gegensatz zu Ansätzen einer Assimilation.

Der Kommunikationsgedanke zeigt sich wie in einem Brennglas bei der Arbeit mit MultiplikatorInnen, die als zentral eingeschätzt wird, um in unterschiedliche „*communities*" hineinzuwirken. Im Gegensatz zum Gallus-Viertel in Frankfurt wird die Arbeit mit MultiplikatorInnen als umsetzbar und erfolgreich beschrieben.

„Kulturelle Differenzierungen" werden damit von der Grundausrichtung der *Sozialen Stadt* in Darmstadt, über die städtische Rahmung und die Umsetzung durch die Quartiermanagements bis hin zu konkreten Maßnahmen explizit problematisiert. Die Verknüpfung zwischen der *Sozialen Stadt* und einem spezifischen Handeln für MigrantInnen ist hegemonial verankert. Differenzierungen werden reproduziert und fixiert.

5.2.5   „Durchfließende" Diskursstränge von der nationalen zur lokalen Ebene in der Sozialen Stadt *in Deutschland*

Zum Abschluss der Analyse der *Sozialen Stadt* in Deutschland werden die Problematisierungsweisen „kultureller Differenzierungen" im Programm von der nationalen über die regionale bis zur lokalen Ebene kontrastiert, um herauszuarbeiten, inwieweit Argumentationsmuster über verschiedene Ebenen hinweg „durchfließen".

Ausgangspunkt für die Synthese bildet der Fokus auf die Übereinstimmungen in den Strukturierungen der geförderten Quartiere. Auf allen Ebenen werden die Fördergebiete vielfach als solche mit hohem „Migrantenanteil" bezeichnet beziehungsweise eine „überproportionale Zuwanderungsquote" erfasst. Auf lokaler Ebene wurden die Fallstudien nach diesem Kriterium ausgewählt, auf nationaler und regionaler Ebene hätte allerdings nicht zwingend eine Charakterisierung „kulturell" differenzierend erfolgen müssen. Die Quartiere hätten beispielsweise auch rein anhand baulicher und sozio-ökonomischer Problemlagen und nicht zwingend auch entlang von MigrantInnen gegenüber Anderen charakterisiert werden können. Auffällig ist, dass die Beschreibung der Gebiete als solche mit hohem „Migrantenanteil" jeweils in Abgrenzung von der Gesamtstadt erfolgt, das heißt, die Quartiere werden als abweichend vom städtischen Durchschnitt problematisiert.

Gleichzeitig vollzieht sich eine Koppelung dieser Gebiete an soziale „Brennpunkte" beziehungsweise Problemgebiete. Es entsteht eine Äquivalenzbeziehung aus Gebieten mit hohem „Migrantenanteil" und Benachteiligung(en). Entsprechend werden „Integrationsdefizite" und zu erbringende „Integrationsleistungen" bemängelt – ein übergreifender Diskursstrang. MigrantInnen werden mit einer nicht ausreichend vollzogenen „Integration" verknüpft. Probleme der „Integration" stehen im Außen eines Diskurses einer „gelungenen Integration", die als Idealzustand zu sehen ist.

Vor diesem Hintergrund werden MigrantInnen regelmäßig mit spezifischen Problemlagen, aber auch Ressourcen verbunden. Argumentationsmuster, in denen MigrantInnen als Ressource und Vielfalt als Chance gefasst werden, zeigen, dass deren Nutzbarmachung im Rahmen stadtpolitischer Fördermaßnahmen zunehmend gewünscht ist. Auf der anderen Seite werden Problemlagen wie Sprachschwierigkeiten, Gefahr von „Parallelgesellschaften" oder andere „Kulturen" skizziert, die dem Wunschziel „Integration" zuwiderlaufen. Es ergibt sich ein paradoxes, sehr enges Nebeneinander eines Problem- und eines Potentialansatzes, was sich vielfach sogar innerhalb einzelner polyphoner Narrationen widerspiegelt. Der Signifikant MigrantInnen kann auf allen Ebenen als flottierender Signifikant konzeptionalisiert werden.

Das beschriebene Nebeneinander ist aus Sicht der Programmverantwortlichen als negativ zu sehen, denn „Integration" soll sich eigentlich über den Abbau von Schwierigkeiten vollziehen – entsprechend der „positiven Beispiele" einer „gelungenen Integration". Aus diskurstheoretischer Perspektive ist die (noch) nicht erreichte „Integration" als konstitutiv für ein spezifisches Handeln durch das Programm *Soziale Stadt* zu interpretieren. Negativzustände – und damit auch „Integrationsdefizite" – dienen als Legitimationsgrundlage für ein quartiersbezogenes Agieren. Anders ausgedrückt bedeutet dies, dass ohne erfasste Problemlagen, die es zu kurieren gilt, ein spezielles Förderprogramm keinen „Sinn" machen würde. Vor diesem Hintergrund kann „Integration" als „sinnvolle" Zielsetzung in der *Sozialen Stadt* verankert werden. „Integration" wird auf allen Ebenen zum leeren Signifikanten, an den sich ein spezifisches Vorgehen kettet. Dieses wird wiederum an MigrantInnen geknüpft. Es entsteht eine Äquivalenzkette aus *Soziale Stadt* ≡ „Integration" ≡ MigrantInnen ≡ zielgruppenspezifisches Handeln. Diese diskursive Argumentation „fließt" von nationaler über die regionale bis hin zur lokalen

Ebene durch. Die Art und Weise, wie „kulturelle Differenzierungen" problematisiert werden, ist in Deutschland Ebenen übergreifend vergleichbar – zumindest auf den „ersten Blick".

An dieser Stelle zeigt sich die Grenze eines Vorgehens über eine reine Dokumentenanalyse. Mit Hilfe der geführten Interviews konnten Vorgehensweisen und Maßnahmen ausführlicher analysiert werden, die aktuell zum Tragen kommen und durch die Abweichungen von Zielvorstellungen in den untersuchten Dokumenten deutlich wurden. So wird von den Programmverantwortlichen des Gallus-Viertels in Frankfurt am Main primär über „Problemlagen" und ein Vorgehen nach „Arbeitsfeldern" argumentiert, womit nicht spezifisch „kulturell" differenzierend agiert wird. Die Quartiersstrukturierung und die Arbeit vor Ort laufen damit anders ab. Der als Charakteristik erfasste hohe Anteil an MigrantInnen und deren hohe Fluktuation führen nicht dazu, dass MigrantInnen, wie in Darmstadt, im Fokus der Arbeit stünden und einen Schwerpunkt bildeten.

Eine gewisse Differenz wird auch in Bezug auf die gesamtgesellschaftliche beziehungsweise städtische Rahmung deutlich. Auf nationaler und regionaler Ebene wird „Integration" als „Querschnittsaufgabe" und „Chefsache" bezeichnet. „Integration" soll „vor Ort" umgesetzt werden, womit eine Ausrichtung auf die *Soziale Stadt* als sinnvoll erfasst wird. Auf Ebene des Bundeslands Hessen wird der im Nationalen Integrationsplan aufgenommene Ansatz der „Integration vor Ort" sogar als originär aus der *Sozialen Stadt* her kommend interpretiert, da das Programm als Vorreiter bei Fragen der „Integration" fungiert habe. In Darmstadt wird die Ausrichtung der *Sozialen Stadt* auf MigrantInnen gesamtstädtisch durch ein „Interkulturelles Büro", einen „Arbeitskreis Migration und Soziales" sowie weiteres Handeln durch das Sozialdezernat und das Diakonische Werk gerahmt. Ein spezifisches Vorgehen entlang „kultureller Differenzierungen" ist hegemonial verfestigt. In Frankfurt am Main dagegen wird von den Mitarbeiterinnen des Stadtplanungsamts moniert, dass die *Soziale Stadt* in der Gesamtstadt nicht die Bedeutung erlangt habe, wie es notwendig sei. Entsprechend sei es auch nie zu einer ausreichenden Zusammenarbeit aller Ressorts gekommen – und so auch nicht in Bezug auf Fragen von „Integration" und MigrantInnen.

Übergreifende Argumentationsmuster bestehen jedoch wieder bei den unternommenen Maßnahmen, in denen auch im Gallus-Viertel „kulturell" differenzierend vorgegangen wird. Dort wird zwar ein entsprechendes Vorgehen nicht in den Mittelpunkt gerückt, dies bedeutet aber nicht, dass nicht zielgruppenspezifisch für MigrantInnen agiert würde. In den Maßnahmen ergeben sich Übereinstimmungen auf allen Untersuchungsebenen, das heißt, übergreifende Strategien kommen zum Tragen. Es handelt sich um Projekte wie LOS, „Stärken vor Ort" beziehungsweise die Modellvorhaben der *Sozialen Stadt*, ein spezifisches Handeln des Quartiermanagements und Maßnahmen im Bereich von Bildung, Sprache und Schule sowie im Wirtschaftsbereich. Darüber hinaus wird durchgehend auf Maßnahmen zur Aktivierung und Beteiligung von MigrantInnen gesetzt sowie das stadtpolitische Vorgehen über MultiplikatorInnen als sinnvoll eingeschätzt. Eine ausführlichere Darstellung der Vorgehensweisen und Maßnahmen erfolgt noch einmal im Rahmen der Kontrastierung der *Sozialen Stadt* und der *politique de la ville* (siehe Kapitel 5.4).

Für die Fallstudie Gallus-Viertel konnte allerdings auch nachgezeichnet werden, dass nicht alle Ziele, wie gewünscht, erreicht wurden und werden: „Migrantenökonomien" wurden bisher nicht „bearbeitet", wären aber noch eine mögliche Handlungsachse. Aktivierung und Beteiligung von MigrantInnen ist gewünscht, erfolge aber bisher unzureichend. MigrantInnen als MultiplikatorInnen handelten nicht so, wie erwartet wurde. Im Vergleich dazu wurden in Darmstadt entsprechende Ansätze als zielführend und erfolgreich beschrieben. Gerade in diesen Bereichen scheint ein ausgeprägtes Handeln seitens der Programmverantwortlichen erforderlich zu sein, um Erfolge erzielen zu können. Nationale und regionale Diskursstränge werden weitgehend fortgeführt. Es ergibt sich hier eine starke Diskurskoalition zwischen den unterschiedlichen administrativen Ebenen.

Zusammenfassend vereinfachend lässt sich im Programm der *Sozialen Stadt* in Deutschland ein hegemonialer Diskurs der „Integration" nachzeichnen, der an MigrantInnen gekoppelt wird und ein zielgruppenspezifisches Handeln legitimiert. Dieser Diskursstrang stimmt von nationaler über die regionale Ebene bis zur Fallstudie in Darmstadt überein. Gewisse Abweichungen ergeben sich, wie gezeigt wurde, in Frankfurt am Main durch eine andere städtische und lokale Rahmung. Fortführungen zeigen sich allerdings in unternommenen Maßnahmen, in denen wie auf den anderen Ebenen und in Darmstadt, „kulturelle Differenzierungen" handlungsrelevant werden. „Integration" wird zum Knotenpunkt, an den ganz unterschiedliche Forderungen und Maßnahmen anschlussfähig werden. Dies funktioniert vor allem auch deswegen, weil eine „Nicht"-Integration das Außen des Diskurses bildet, an den sich Zustände wie „Parallelgesellschaften" und „Separierungstendenzen" anschließen, die als unerwünscht benannt werden. Große, zentrale Brüche bleiben in den Argumentationsmustern auf den unterschiedlichen Ebenen aus. Dies wird besonders daran deutlich, dass in keinem Fall ein „kulturell" differenzierender Zugang grundsätzlich abgelehnt würde – auch wenn dieser beispielsweise als stigmatisierend eingeschätzt werden könnte. Differenzierungen werden nicht versucht zu vermeiden – auch nicht in Frankfurt am Main. In den erfassten Steuerungslogiken kommt es zu einer (Re-)Produktion „kultureller Differenzierungen".

5.3 Die *politique de la ville* in Frankreich: Auffällige Brüche zwischen unterschiedlichen Ebenen

Im Folgenden werden entsprechend der Vorgehensweise zur *Sozialen Stadt* in Deutschland zum Vergleich „kulturelle Differenzierungen" in der *politique de la ville* in Frankreich auf nationaler, regionaler und lokaler Ebene herausgearbeitet sowie zentrale Fortführungen und Differenzen nachgezeichnet.

5.3.1 *Implizite Förderung der „intégration" von MigrantInnen durch die* politique de la ville *auf nationaler Ebene*

Innerhalb der *Sozialen Stadt* erfolgt auf nationaler Ebene, wie gezeigt, nicht nur eine Verknüpfung des quartiersbezogenen Ansatzes mit allgemeinen sozialen Benachteiligungen, sondern auch dezidiert mit MigrantInnen. MigrantInnen werden als förderbedürftig mit dem Ziel der „Integration" eingestuft. Wie verhält es sich im Vergleich dazu bei der aktuellen *politique de la ville* in Frankreich auf nationaler Ebene? Werden dort auch „kulturelle Differenzierungen" problematisiert oder wird gerade nicht „kulturell" differenziert? Der dargestellte Forschungsstand deutete ein diffuses, uneinheitliches Bild an.

5.3.1.1 Dokumente und Interviews der *politique de la ville* auf nationaler Ebene

Ausgangspunkt der Analyse bildeten Dokumente, die von nationalen Behörden der *politique de la ville* herausgegeben werden. Bis 2009 erfolgte die interministerielle Koordination der *politique de la ville* auf nationaler Ebene durch die *Délégation Interministérielle à la Ville*[109] (DIV). Diese wurde in das *Secrétariat général du Comité interministériel des villes*[110] (SG-CIV) übergeführt, das aber in der Grundausrichtung die Aufgaben der DIV weiterführt und auch in der Struktur kaum umgestaltet wurde. Zielvorgaben und Ausrichtungen wurden und werden von der DIV beziehungsweise dem SG-CIV entsprechend den Vorstellungen der StadtministerInnen beziehungsweise StaatssekretärInnen entwickelt und veröffentlicht und bestimmen die jeweils aktuelle stadtpolitische Linie. In die Analyse wurden Dokumente zur Evaluierung der *contrats de ville*[111] (Dok-F01), zur Ausrichtung der *contrats urbains de cohésion sociale*[112] (CUCS) (Dok-F02 und 03) sowie ein Newsletter (Dok-F04-01 bis 61) und eine Zeitschrift der DIV (Dok-F05-01 bis 05), in denen Neuigkeiten publik gemacht werden, einbezogen. Mit der Gründung der *Agence nationale pour la cohésion sociale et l'égalité des chances*[113] (Acsé) im Jahr 2006 wurde der Bereich sozialer Maßnahmen der *politique de la ville* an diese Behörde übergeben. Daher wurden Veröffentlichungen der Acsé zum Kampf gegen Diskriminierungen (Dok-F06 und 07), die nur in gedruckter Form vorlagen, digitalisiert sowie die Internetkommunikationen der Behörde (Dok-F08 und 09) systematisch durchgesehen und alle Textpassagen ausgewählt, in denen die Themen Integration/*intégration*, Diversität/*diversité* und *politique de la ville* vorkommen. Zudem wurde

---

109 interministerielle Stadtdelegation.
110 Generalsekretariat des interministeriellen Stadtgremiums.
111 Stadtverträge.
112 Stadtverträge für sozialen Zusammenhalt.
113 Nationale Behörde für sozialen Zusammenhalt und Chancengleichheit.

der Bericht des SG-CIV aus dem Jahr 2010 zum Status der *zones urbaines sensibles* (ZUS) (Dok-F10) in das Dokumentenkorpus eingereiht (vgl. Tabelle 10).

Tabelle 10:   Dokumente der Stadtpolitik *politique de la ville* – nationale Ebene

Dokumente auf nationaler Ebene			
Herausgeber/Autor	Titel	Dokumentart	Kürzel
DIV, 2002	Pilote de l'évaluation des contrats de ville 2000-2006	Monographie	Dok-F01
DIV, 2006	Contrats urbains de cohésion sociale (CUCS). Fiches thématiques	Veröffentli-chung/Bericht, auch unter i.ville.gouv.fr	Dok-F02
DIV, 2006	Les Contrats urbains de cohésion sociale. Guide méthodologique	Veröffentli-chung/Bericht, auch unter i.ville.gouv.fr	Dok-F03
DIV, 2000-2009	Newsletter der DIV: « La lettre de la DIV » Nr. 60 (Oktober 2000) bis Nr. 120 (Februar 2009), online verfügbar unter http://ville.gouv.fr/?La-Lettre-mensuelle-de-la-DIV (03.02.2011)	Newsletter	Dok-F04 -01 bis -61
DIV, 2009-2010	Zeitschrift der DIV : « Ensemble la ville » Nr. 1 (2009) bis Nr. 4 (2010) sowie Extraheft, online verfügbar unter http://ville.gouv.fr/?Ensemble-la-ville (03.02.2011)	Zeitschrift	Dok-F05 -01 bis -05
Acsé, o. J.	Prévention et lutte contre les discriminations. Les outils de l'Acsé pour les acteurs locaux	Veröffentli-chung/Bericht	Dok-F06
Acsé, 2007	Contre les discriminations. Les collectivités agissent	Veröffentli-chung/Bericht	Dok-F07
Acsé, 2008	Internetkommunikation der Acsé: www.lacse.fr (23.12.2008)	Homepage	Dok-F08
Acsé, 2011	Internetkommunikation der Acsé: www.lacse.fr (03.02.2011)	Homepage	Dok-F09
SG-CIV, 2010	Observatoire national des zones urbaines sensibles. Rapport 2010	Monographie	Dok-F10

Quelle: Eigene Darstellung

Im Rahmen der Interviews wurde bei den Behörden auf nationaler Ebene angesetzt, die Leitlinien der *politique de la ville* mit definieren beziehungsweise umsetzen, indem sie Vorgaben an die regionale und lokale Ebene weitergeben. Dabei handelt es sich zunächst um das *Secrétariat général du Comité interministériel des villes* SG-CIV, also die ehemalige *Délégation Interministérielle à la Ville* (DIV). Bereits im November und Dezember 2008 wurden zwei Interviews mit leitenden MitarbeiterInnen der DIV (IP-F01 und 02) zur Thematik dieser Arbeit geführt, die vor dem Hintergrund der Fragestellungen neu ausgewertet wurden. Zur Erfassung der aktuellen Ausrichtung wurde im November 2010 ein leitender Mitarbeiter des SG-CIV befragt (IP-F03).

Zudem wurde ein Gespräch mit zwei leitenden Mitarbeitern der Behörde Acsé geführt, um den Bereich sozialer Maßnahmen im Rahmen der *politique de la ville* sowie Fragen der „Integration/*intégration*" im Allgemeinen zu erfassen (IP-F05). Flankiert wird die Untersuchung auf nationaler Ebene durch Ausführungen eines Mitarbeiters der *Agence Nationale pour la Rénovation Urbaine*[114] (ANRU) (IP-F04) (siehe Tabelle 11), der Behörde, die für bauliche Maßnahmen innerhalb der *politique de la ville* zuständig ist und auch Einfluss auf die Bevölkerungszusammensetzung von Quartieren im Zuge von Abriss- und Neubaumaßnahmen nehmen kann.

Tabelle 11: Interviews mit Verantwortlichen der Stadtpolitik *politique de la ville* – nationale Ebene

Interviews auf nationaler Ebene				
InterviewpartnerIn	Datum	Ort	Dauer	Kürzel
Leitender Mitarbeiter der Délégation Interministérielle à la Ville (DIV)	01.12.2008	La Plaine, 93	00:58 Stunden	Int-F01
Leitende Mitarbeiterin der Délégation Interministérielle à la Ville (DIV)	28.11.2008	La Plaine, 93	01:03 Stunden	Int-F02
Leitender Mitarbeiter des Secrétariat général du Comité interministériel à la Ville (SG-CIV)	17.11.2010	La Plaine, 93	00:44 Stunden	Int-F03
Leitender Mitarbeiter der Agence Nationale pour la Rénovation Urbaine (ANRU)	26.11.2008	Paris	00:38 Stunden	Int-F04
Zwei leitende Mitarbeiter der Agence Nationale pour la cohésion sociale et l'égalité des chances (Acsé)	08.12.2010	Paris	01:16 Stunden	Int-F05

Quelle: Eigene Darstellung

5.3.1.2 Die Grundzielsetzung der *politique de la ville*: Förderung von Problemgebieten

Angesetzt wird bei der offiziellen Terminologie der *politique de la ville*. Welche Grundzielsetzungen werden mit der Stadtpolitik verfolgt? Im Zentrum steht die Ausrichtung als quartiersbezogener Ansatz, ausgehend von der Logik, dass ganz bestimmte Gebiete der Stadt Defizite aufweisen, was sich sowohl in den untersuchten Dokumenten als auch den geführten Interviews in vergleichbarer Weise wiederfindet: Die *politique de la ville* richte sich an die „Quartiere"[115], die die „größten Probleme anhäufen"[116] (Dok-F01: 17*) beziehungsweise an „gewisse Teile der Stadt, die in Schwierigkeiten sind"[117] (Int-F02*). Zielsetzung wird es, „objektiv die Orte zu bestimmen, in denen man agieren möchte"[118] (Int-F03*), um dort „Maßnahmen zu konzentrieren"[119] (Int-F05*). Die Verknüpfung *politique de la ville* ≡ Problemgebiete wird übergreifend in einer Vielzahl an Narrationen reproduziert und kann, wie in Kapitel 3.4.5 konzeptionell erläutert, als hegemonial bezeichnet werden. Sie stellt die zentrale Legitimationsgrundlage für die Stadtpolitik dar. Daran kettet sich kausal die Zielsetzung"[120], über die Intervention „Ungleich-

---

114 Nationale Behörde für Stadtumbau.
115 les « quartiers ».
116 qui cumulent les plus grandes difficultés.
117 certaines portions de la ville qui sont en difficultés.
118 déterminer objectivement les lieux où on veut intervenir.
119 concentrer des actions.
120 [O]bjectif.

heiten zu reduzieren"[121] (Dok-F02: 24*) und „Gebiete und Bevölkerungsgruppen in die Siedlung zu reintegrieren, die ausgeschlossen sind"[122] (Dok-F01: 5*) (*politique de la ville* → Herausforderung ≡ Abweichungen beseitigen). Die Probleme bestimmter Gebiete stehen ihren Vorteilen gegenüber („Schwierigkeiten" ‖ „Vorzüge"), die es wiederherzustellen gelte, um so eine „Integration in den Rest der Stadt" zu erreichen. Solange dies nicht der Fall sei, sei die *politique de la ville* weiterzuführen (Int-F01).

[I]m Großen und Ganzen ist es eine Prioritäten-Geographie, das heißt, mehr für die Gebiete tun, die <u>Schwierigkeiten haben und ihre Vorzüge wiederherstellen</u>. (…).
[E]s ist eine Tatsache, dass diese <u>Problemgebiete</u>, die man die Gebiete der *politique de la ville* nennt, noch <u>weit davon entfernt sind, eine Integration in den Rest der Stadt erreicht zu haben</u> (…). Also, anders ausgedrückt, heißt das, dass es immer noch den <u>Bedarf eines spezifischen öffentlichen Handelns in Richtung dieser Gebiete gibt</u>.[123]
Int-F01 (Leitender Mitarbeiter der Délégation Interministérielle à la Ville (DIV))

Begründet und gerechtfertigt wird dieses Vorgehen einer „positiven *territorialen* Diskriminierung" darüber, dass die Gebiete der *politique de la ville* durch die spezielle Intervention in das „allgemeine Recht" zurückkehren[124] sollen (Dok-F01: 57*). Obwohl eine besondere Förderung eigentlich der republikanischen Gleichbehandlung („*égalité*") widerspricht, wird gerade über diese argumentiert: Ziel der *politique de la ville* sei es, den „republikanischen Pakt zu garantieren"[125] (Dok-F01: 55*), also Gleichheit, wenn nötig, wiederherzustellen (*politique de la ville* → Gleichheit herstellen). Damit könnte eigentlich auch eine spezifische Unterstützung von MigrantInnen legitimiert werden: Werden diese nicht wie alle anderen gleich behandelt, könnte eine Förderung begründet werden. Leitende Mitarbeiter der Acsé weisen aber darauf hin, dass die *politique de la ville* auf MigrantInnen „keinen Bezug" nehme (Int-F05: *politique de la ville* ‖ MigrantInnen), also keine dezidierte Förderung[126] erfolge. Ein Mitarbeiter der ANRU betont, dass in den „Auswahlkriterien" der ZUS die Dimension der „eingewanderten Bevölkerung" gestrichen würde (Int-F04).

[D]ie *politique de la ville* (…) nimmt <u>keinen Bezug</u> auf den Begriff der Immigranten oder Personen mit Migrationshintergrund.[127]
Int-F05 (Leitende Mitarbeiter der Agence Nationale pour la cohésion sociale et l'égalité des chances (Acsé))
Also, tatsächlich, de facto – wie soll ich sagen – in der Auswahl <u>der *zones urbaines sensibles*</u>, in den Auswahlkriterien, <u>streicht man gerade diese Dimension</u> der <u>eingewanderten Bevölkerung</u> (…).[128]
Int-F04 (Leitender Mitarbeiter der Agence Nationale pour la Rénovation Urbaine (ANRU))

---

121 réduire les déséquilibres.
122 réintégrer dans la Cité territoires et populations qui en sont exclus.
123 [E]n gros, c'est de la géographie prioritaire, c'est-à-dire faire plus pour les quartiers qui ont des difficultés et rétablir les qualités (…).
   [I]l y a le fait que ces quartiers en difficultés qu'on appelle (…) les quartiers de la politique de la ville sont encore loin d'avoir retrouvé une intégration dans le reste de la ville (…). Donc, en d'autres termes, ça veut dire qu'il y a toujours le besoin d'avoir une action publique spécifique en direction de ces territoires.
124 le retour dans le droit commun.
125 garantir le pacte républicain.
126 Aus dem Kontext der Aussage war zu erschließen, dass hier nicht nur ein allgemeiner Bezug, sondern spezielle Fördermaßnahmen für MigrantInnen gemeint sind.
127 [L]a politique de la ville (…) ne fait pas référence à la notion d'immigrés ou issus de l'immigration.
128 Donc, de fait, de facto - comment dire - dans la sélection des zones urbaines sensibles, dans les critères de sélection, on élimine justement cette dimension qui est la population immigrés (…).

5.3.1.3   „Kulturelle Differenzierungen" in der *politique de la ville*: Gebiete mit hohem Migrantenanteil und spezifischen Problemlagen

Die Einschätzung, dass die *politique de la ville* „keinen Bezug"[129] auf MigrantInnen nehme (u. a. Int-F05*), bedeutet allerdings nicht, dass in den untersuchten Materialien und den Interviews nicht „kulturell" differenziert würde. In mehreren Narrationen werden bestimmte Gebiete der *politique de la ville* mit einem „sehr hohen Anteil an Bevölkerungsgruppen ausländischer Herkunft" verknüpft (Dok-F10). Besonders in der Ile-de-France stellten bestimmte Gebiete „Empfangsorte" für „Bevölkerungsgruppen ausländischer Herkunft" dar (Dok-F10). Auch in den Interviews werden die Quartiere der Stadtpolitik mit einer hohen Konzentration von MigrantInnen (u. a. Int-F02) in Beziehung gesetzt. Eine Interviewpartnerin der DIV, des heutigen SG-CIV, unterstreicht diese Äquivalentsetzung durch „tatsächlich" (Int-F02). Mitarbeiter der Acsé führen aus, dass es „[i]n der Praxis" einen hohen Anteil an „Jugendlichen mit Migrationshintergrund" in den Quartieren gebe. Diese Aussage wird allerdings durch „aber" eingeschränkt und erklärt, dass dieser kein offizielles Kriterium darstelle (Int-F05). Hier stoßen damit zwei Diskursstränge aufeinander: In der offiziellen Förderung werden MigrantInnen nicht berücksichtigt (der hegemoniale Diskurs), während in den Beschreibungen die Gebiete solche mit hohem Migrantenanteil darstellen.

[ONZUS]: [G]ewisse Gebiete sind durch einen <u>sehr hohen Anteil an Bevölkerungsgruppen ausländischer Herkunft</u> charakterisiert, vor allem in der Ile-de-France (...).
Andere Gebiete, wie oft in der Ile-de-France, stellen <u>Empfangsorte für Bevölkerungsgruppen ausländischer Herkunft</u> dar.[130]
Dok-F10 (SG-CIV: Observatoire national des zones urbaines sensibles. Rapport 2010): 5
Also, **tatsächlich** gibt es, wenn Sie so wollen, heute eine <u>entscheidende Konzentration von eingewanderter Bevölkerung oder ausländischer Herkunft</u> in diesen Gebieten.[131]
Int-F02 (Leitende Mitarbeiterin der Délégation Interministérielle à la Ville (DIV))
[Acsé]: [W]ir intervenieren in den <u>definierten Gebieten</u>, also den abgegrenzten Quartieren und zu einer gewissen Zahl an thematischen Achsen. (...). <u>In der Praxis</u> gibt es einen signifikanten Teil an Jugendlichen mit Migrationshintergrund, **aber** das ist <u>nicht von vornherein ein Kriterium</u>.[132]
Int-F05 (Leitende Mitarbeiter der Agence Nationale pour la cohésion sociale et l'égalité des chances (Acsé))

„Kulturelle Differenzierungen" kommen damit doch zum Tragen: MigrantInnen werden als auffällig für die Gebiete der *politique de la ville* erfasst. Zudem werden die Quartiere mit hohem Migrantenanteil mit „prekären Bevölkerungsgruppen"[133] (Int-F01*) äquivalent gesetzt, so dass MigrantInnen mit Benachteiligungen assoziiert werden. Zwar werden in der Auswahl der ZUS MigrantInnen offiziell nicht berücksichtigt, sie werden aber dennoch relevant.

Auch wenn eigentlich im politischen Förderzugang nicht „kulturell" differenziert wird, erfolgt eine entsprechende Differenzierung auch in Frankreich. Wie in Deutschland werden

---

129 ne fait pas référence.
130 [ONZUS] : [C]ertains quartiers sont caractérisés par une très forte proportion de populations d'origine étrangère, notamment en Ile-de-France (...).
        D'autres territoires, comme souvent en Ile-de-France, constituent des lieux d'accueil de populations d'origine étrangère.
131 Donc, **de fait**, il y a, si vous voulez, aujourd'hui, il y a une concentration importante de populations immigrées ou d'origine étrangère sur ces quartiers là.
132 [Acsé] : [O]n intervient sur les territoires définis, donc les quartiers délimités et sur un certain nombre d'axes thématiques. (...). En pratique, il y a une part significative de jeunes issus de l'immigration, **mais** c'est pas un critère à priori.
133 populations précaires.

MigrantInnen in den Dokumenten und Interviews spezifische Problemlagen zugeschrieben, womit eine „kulturelle Differenzierung" der QuartiersbewohnerInnen einhergeht. So wird beispielsweise der „Zustand der Wohnungen von Haushalten der Einwanderer oder Personen mit Migrationshintergrund" als „nicht zufriedenstellend"[134] bezeichnet (Dok-F08*). Probleme werden auch in Bezug auf das „Erlernen der Sprache" [135] (Int-F05*) und der französischen „Codes"[136] (Int-F05*) festgestellt. Im Bereich Schule werden Abweichungen zwischen „SchülerInnen mit Migrationshintergrund" und „SchülerInnen mit französischen Eltern" konstatiert (Dok-F08). Es wird dezidiert „kulturell" differenziert. Ein leitender Mitarbeiter des SG-CIV kommt sogar zu dem Schluss, dass in Klassen, in denen viele kein Französisch sprechen, das Bildungswesen nicht identisch mit dem in anderen Schulen sein könne (Int-F03). Momentan würde dieses aber noch nicht an die Quartiersbevölkerung angepasst (Int-F03: „noch wichtige Anstrengungen (…) zu unternehmen") – eine Aussage, die bisher eher dem Bereich des nicht offen Aussprechbarem, dem Nicht-Sagbaren zuzuordnen gewesen wäre und einen ersten Hinweis auf mögliche Dislokationen der *politique de la ville* bietet.

> Die Schule bleibt ein Element der Integration für alle Kinder, besonders für die eingewanderten Kinder. (…). Tatsächlich bereiten 27 % der SchülerInnen mit Migrationshintergrund ein allgemeines Abitur vor gegenüber 40 % der SchülerInnen mit französischen Eltern (…).[137]
> *Dok-F08 (Internetkommunikation der Acsé, 2008)*
> [I]ch denke, dass zweifellos noch wichtige Anstrengungen im Bildungsbereich zu unternehmen sind, indem ohne Frage die Vorgehensweise den Charakteristiken der Bevölkerungsgruppen dieser Gebiete anzupassen ist. Es sind Gebiete, die stark von der Einwanderung geprägt sind (…). [I]ch glaube nicht, dass man ein Bildungswesen haben kann, dass exakt identisch ist, wenn Sie in einer Klasse 90 Prozent Kinder haben, die kein Französisch in ihren Familien sprechen, also, das Bildungswesen kann dann nicht exakt das Gleiche sein.[138]
> *Int-F03 (Leitender Mitarbeiter des Secrétariat général du Comité interministériel à la Ville (SG-CIV))*

Weitere spezifische Problemlagen von MigrantInnen werden bei Diskriminierung und Chancenungleichheit gesehen. Die grundsätzliche Diskriminierung, in einem Gebiet der *politique de la ville* zu wohnen, wird an die „Diskriminierung aufgrund des Aussehens"[139] von MigrantInnen gekoppelt (Dok-F02: 16*). In vielen Narrationen reproduziert sich die Verbindung Diskriminierung und MigrantInnen (bspw. „Diskriminierung"[140] ≡ „Herkunft"[141] (Dok-F08*); „Zugang zu gleichen Rechten"[142] ‖ „Jugendliche mit Migrationshintergrund"[143] (Int-F01*); Chancenungleichheit ≡ Frauen ≡ „die, die aus dem Ausland kommen"[144] (Dok-F10: 129*)).

---

134 La situation du logement des ménages immigrés ou issus de l'immigration demeure insatisfaisante (…).
135 [D]es problématiques qui sont liés à l'apprentissage de la langue (…).
136 les codes.
137 L'école demeure un élément d'intégration pour tous les enfants, notamment pour les enfants immigrés. (…). En effet, 27 % des élèves issus de l'immigration préparent un baccalauréat général, contre 40 % des élèves de parents français (…).
138 [J]e pense qu'il y a sans doute encore des efforts importants à faire dans le domaine éducatif en ajustant sans doute la manière de faire en caractéristiques des populations de ces quartiers. C'est des quartiers fortement marqués par l'immigration (…). [J]e ne pense pas qu'on puisse avoir un enseignement qui soit exactement identique quand vous avez dans une classe 90 pour cent des enfants qui ne parlent pas français dans leurs familles, ben, l'enseignement ne peut pas être exactement le même.
139 le délit de faciès.
140 discrimination.
141 origine.
142 accès aux mêmes droits.
143 jeunes issus de l'immigration.
144 celles originaires d'un pays étranger.

MigrantInnen werden regelmäßig als solche bezeichnet, die in höherem Maße von Arbeitslosigkeit betroffen seien und nicht so leicht Arbeit erhielten („Arbeitsmarkt für Frauen ausländischer Herkunft"[145] ≡ „schwierig"[146] (Dok-F10: 9*); „Einwanderer"[147] ≡ „weniger gegen Arbeitslosigkeit gewappnet"[148] (Dok-F04-20: 5*)).

Die bisher dargestellten Problemlagen, die direkt an MigrantInnen geknüpft werden, werden in den Materialien *explizit* benannt. In den geführten Interviews werden zudem Aspekte angeführt, die in den offiziellen Dokumenten nicht zu finden sind. Ein leitender Mitarbeiter der DIV spricht ein „großes Problem in Frankreich", „das an die Immigration geknüpft ist", sowie „Phänomene der Kommunitarisierung" an. Dies geschieht allerdings innerhalb einer polyphonen Aussage: Immigrationsproblem und Kommunitarismus bringt dieser mit **„gibt es welche**, die denken" in Verbindung (relational verbundene Sprecherpositionen entsprechend der Ausführungen in Kapitel 4.2.2), womit dieser Strang zum zurückgewiesenen Diskursstrang und entsprechend zum Subdiskurs wird. Er distanziert sich, indem er sagt, dass er „in dieser Angelegenheit sehr vorsichtig" sei (Int-F01). Eine explizite Thematisierung erscheint heikel und im Bereich des politisch Nicht-Sagbaren. Dies zeigt sich auch in einer Aussage einer Mitarbeiterin der DIV: Sie erläutert, dass „von manchen" die Vorortunruhen von 2005 mit „ethnischem, religiösem Bezug" verknüpft worden seien, womit sie sich nicht selbst mit dieser Aussage assoziiert, gleichzeitig diesen Aspekt aber anspricht (Int-F02).

Außerdem **gibt es welche**, die denken, dass es ein großes Problem in Frankreich gibt, das an die Immigration geknüpft ist, dass man sich in Richtung von Prozessen bewegt, die mit Amerika vergleichbar sind, die Phänomene der Kommunitarisierung haben, die sich entwickelt et cetera. **Ich** bin in dieser Angelegenheit sehr vorsichtig.[149]
Int-F01 (Leitender Mitarbeiter der Délégation Interministérielle à la Ville (DIV))
Es wird regelmäßig diese Frage der Ethnisierung, der Ethnizität und die Frage des Kommunitarismus, die Art des Umgangs mit Integration et cetera reaktiviert. Ich weiß nicht, ob es seit 2005 ist, es scheint mir nicht so. Was ist 2005 passiert? Unruhen, wie man sagt, die **von manchen** effektiv als Verhalten mit ethnischem, religiösem Bezug analysiert wurden.[150]
Int-F02 (Leitende Mitarbeiterin der Délégation Interministérielle à la Ville (DIV))

Mit Sprachproblemen, Bildungsrückstand, Diskriminierung sowie Kommunitarismus lässt sich eine breite Palette an Problemlagen nachzeichnen, die mit MigrantInnen assoziiert werden, und die heute im Bereich des Sagbaren liegen. Diese werden also erfasst. Aber wird darauf politisch reagiert und wenn ja, auf welche Weise? Ausgangspunkt bildet die politische Intervention für MigrantInnen, die zunächst außerhalb der *politique de la ville* ansetzt.

---

145 marché du travail des femmes d'origine étrangère.

146 difficile.

147 immigrés.

148 moins armés face au chômage.

149 Après, **il y en a** qui pensent qu'il y a un problème important en France lié à l'immigration, qu'on est sur des processus à l'américaine qui a des phénomènes de communautarisation qui se développe etc. **Moi**, je suis très modeste dans cette affaire.

150 On réactive régulièrement cette question de l'ethnicisation, de l'ethnicité et de la question du communautarisme, du mode d'approche de l'intégration et cetera. Je ne sais pas si c'est depuis 2005, il me semble que non. Qu'est-ce qui s'est passé en 2005? Des émeutes comme on dit qui ont été **par certains** analysées comme effectivement des comportements de référence ethnique, religieux (…).

5.3.1.4   Gesamtgesellschaftliche „kulturelle Differenzierungen" im Rahmen des *contrat d'accueil et d'intégration* und der Arbeit der Acsé

MigrantInnen werden explizit durch die verschärfte französische Einwanderungspolitik und die Behörde Acsé problematisiert. Seit 2007 wurde durch das Gesetz vom 24. Juli 2006 zur „Immigration und Integration"[151] die französische Einwanderungspolitik verändert (Portail du Gouvernement 2008). Neu in Frankreich ankommende MigrantInnen werden in einem Vertrag zur Aufnahme und Integration/*intégration*, dem *contrat d'accueil et d'intégration,* verpflichtet, die Gesetze und Werte der Republik zu achten, die in speziellen Kursen vermittelt werden. Auch das Erlernen der französischen Sprache ist Bestandteil des Vertrags. Damit erfolgt eine politische Fokussierung auf einen bestimmten Teil der Bevölkerung. Es wird „kulturell" differenziert entlang des Kriteriums einer anderen Staatsangehörigkeit, mit der andere Werte einhergingen. Der Vertrag ist speziell an die *primo-arrivants*, die Neuankömmlinge gekoppelt, um diese individuell zu fördern (Dok-F10: *„contrat d'accueil et d'intégration"* ≡ „individuelle[-] Ebene" ≡ „Neuankömmlinge"). Unterstützt werden nur MigrantInnen, die nicht länger als fünf Jahre in Frankreich leben, so leitende Mitarbeiter der Acsé (Int-F05: „Grenze" ≡ „fünf Jahre"). Entgegen der quartiersbezogenen Förderlogik der *politique de la ville* richte sich die *politique d'intégration*, die „Integrationspolitik", an „Personen, egal wo sie sich befinden" (Int-F05).

Der *contrat d'accueil et d'intégration* beteiligt sich am Aufbau auf individueller Ebene für die Neuankömmlinge.[152]
Dok-F10 (SG-CIV: Observatoire national des zones urbaines sensibles. Rapport 2010) : 5
[E]s gibt eine Grenze, die festgesetzt wurde, das ist der Aufenthalt von Leuten, die nicht länger als fünf Jahre in Frankreich sind.[153]
Int-F05 (Leitende Mitarbeiter der Agence Nationale pour la cohésion sociale et l'égalité des chances (Acsé))
Die Integrationspolitik/*politique d'intégration* zielt auf Personen ab, egal wo sie sich befinden.[154]
Int-F05 (Leitende Mitarbeiter der Agence Nationale pour la cohésion sociale et l'égalité des chances (Acsé))

Neben der „Normalisierung"[155] durch den *contrat d'accueil et d'intégration* wird durch die 2006 gegründete *Agence nationale pour la cohésion sociale et l'égalité des chances* (Acsé) politisch agiert. Die Acsé unternehme Maßnahmen zur *„intégration* von eingewanderten Bevölkerungsgruppen und Bevölkerungsgruppen mit Migrationshintergrund" und zum „Kampf gegen Diskriminierungen/*lutte contre les discriminations"* (Dok-F04-50). Auch die Acsé macht damit einen Unterschied zwischen Bevölkerungsgruppen ohne und mit „Migrationshintergrund" und differenziert „kulturell". MigrantInnen – nicht nur Neuankömmlinge, sondern auch solche mit „Migrationshintergrund" – sollen durch eine spezielle Förderung „integriert" werden (Dok-F04-50).

---

151 loi du 24 juillet 2006 relative à l'immigration et à l'intégration.
152 Le contrat d'accueil et d'intégration participe de l'édifice au plan individuel, pour les primo-arrivants.
153 [I]l y a une limite qui était fixée, c'est la présence au bout de cinq ans des gens en France.
154 La politique d'intégration, elle vise des personnes où qu'elles soient sur le territoire.
155 Der Begriff der „Normalisierung" wird in Anlehnung an Michel Foucault genutzt. Dieser geht davon aus, dass Menschen heute weniger durch repressive Macht, also vor allem Verbote, sondern durch produktive Macht bestimmt werden, das heißt durch Formierungen in Institutionen wie Schulen oder Gefängnissen. Auf diese Weise kommt es zum Erlernen von bestimmten Verhaltensweisen, die als Norm erfasst werden und das Handeln einschränken. Produktive Macht richtet sich damit auf die „Normalisierung" von Menschen (dazu Foucault 1976 [frz. Original 1975]; Füller/Marquardt 2009: 85; Rosa/Strecker/Kottmann 2007: 288-291).

> Die Behörde [Acsé], die 2006 eingerichtet wurde, wird Maßnahmen umsetzen, die auf Integration/*intégration* von eingewanderten Bevölkerungsgruppen und Bevölkerungsgruppen mit Migrationshintergrund, die in Frankreich wohnen, abzielen und wird zum Kampf gegen Diskriminierungen/*lutte contre les discriminations* beitragen.[156]
> *Dok-F04-50 (Newsletter der DIV Nr. 109): 3*

Sowohl die „*intégration*" als auch die *lutte contre les discriminations* werden regelmäßig als Aufgabenfelder der Acsé beschrieben (u. a. auch Dok-F07: 1* und 08*). Die allgemeinen Zielsetzungen werden in weiteren Narrationen speziell mit „eingewanderten Frauen"[157] und dem „Kampf gegen rassische und sexistische Diskriminierung"[158], dem „Kampf gegen Diskriminierungen bei Einstellungen und bei der Arbeit"[159] (Dok-F08*) und Hilfestellungen für „lokale Akteure"[160] bei der Diskriminierungsvorsorge"[161] (Dok-F09*) verbunden und so konkretisiert. Als speziell unterstützte Maßnahmen werden unter anderem die Förderung von Vereinen (Dok-F06: 2*) und besondere Unterstützungen von MigrantInnen in der Schule aufgeführt (Dok-F08*). Auch hier erfolgt jeweils eine Koppelung an die *lutte contre les discriminations* und die „*intégration*".

Die Acsé wird zudem regelmäßig mit der Zielsetzung der „Förderung der Vielfalt/*promotion de la diversité*" (u. a. Dok-F08*) verbunden. Während die *lutte contre les discriminations* eher auf die Reduktion von Problemlagen setzt, wird mit der *promotion de la diversité* die Vielfalt als Ressource betont. So trügen beispielsweise „Immigranten zur Bildung eines gemeinsamen Erbes"[162] und zur „kulturellen Vielfalt"[163] (Dok-F08*) bei. Da dieser Beitrag aber noch nicht von allen gleichermaßen gewürdigt und akzeptiert werde, sind in der Logik der Acsé spezielle Fördermaßnahmen notwendig. Dies geschieht, wie sich in den Interviews und Dokumenten gleichermaßen widerspiegelt, unter anderem durch die Förderung von Filmproduktionen (Int-F05) und kulturellen Projekten, um die bestehenden „Vorstellungen"[164] zu verändern (Dok-F08* und 09*). Dadurch soll die Vielfalt als positiv verankert werden (Int-F05: „*diversité*" ≡ „Inwertsetzung").

> [Acsé]: [W]ir arbeiten auch in Bezug auf die Medien und besonders in Bezug auf Kino, Fernsehen, Sachen wie diese, um zu versuchen, zu fördern, also, wir geben ein bisschen Geld, eine Produktionshilfe. (...). [I]n diesem Rahmen tragen wir Produktionshilfen für Filme oder Videos bei, die in Wert setzen oder die einen Aspekt der Inwertsetzung rund um die Frage der Vielfalt/*diversité* verfolgen (...) Filme zum Beispiel, die von der Beteiligung von Ausländern an der Befreiung Frankreichs im Zweiten Weltkrieg erzählen (...).[165]
> *Int-F05 (Leitende Mitarbeiter der Agence Nationale pour la cohésion sociale et l'égalité des chances (Acsé))*

---

156 L'Agence [Acsé], mise en place en 2006, mettra en oeuvre des actions visant à l'intégration des populations immigrées et issues de l'immigration résidant en France et concourra à la lutte contre les discriminations.

157 femmes immigrées.

158 la lutte contre la discrimination raciale et sexiste.

159 La lutte contre les discriminations à l'embauche et au travail.

160 les acteurs locaux.

161 la prévention des discriminations.

162 contribution des immigrés à la constitution du patrimoine commun.

163 diversité culturelle.

164 le changement des représentations.

165 [Acsé] : [O]n travaille aussi sur les médias et notamment sur le cinéma, la télé, les choses comme ca pour essayer de favoriser, donc, on met un peu de sous, une aide à la production, (…). [D]ans ce cadre là, on apporte des aides à la production pour des films ou des vidéos qui valorisent ou qui ont un aspect de valorisation autour de la question de la diversité (…) des films par exemple qui racontent la participation des étrangers à la libération de la France pendant la Seconde Guerre Mondiale (…).

Begründet wird die spezielle Förderung über die Zielsetzung der „Chancengleichheit/*égalité des chances*", also „über eine Gleichbehandlung von jedem, egal welcher sozialen oder ethnischen Herkunft"[166] (Dok-F08* und 09*). Es verfestigt sich eine Äquivalenzkette aus Acsé ≡ „*intégration*" ≡ *lutte contre les discriminations* ≡ *promotion de la diversité*, die kausal an die *égalité des chances* gebunden ist, um das spezifische Handeln zu legitimieren.

Außerhalb der *politique de la ville* hat sich heute eine explizite Förderung von MigrantInnen, primär von Neuankömmlingen, verfestigt und ist „normal" geworden – vergleichbar mit dem Bedeutungsgewinn von „Integration" von MigrantInnen in Deutschland. Während dieser Bedeutungsgewinn in Deutschland zentrale Auswirkungen auf die *Soziale Stadt* hatte, scheint sich dieser in Frankreich nicht auf die *politique de la ville* ausgewirkt zu haben, wenn von den zunächst zitierten Narrationen ausgegangen wird: Zwar werden Gebiete der *politique de la ville* in mehreren Narrationen mit hohem Migrantenanteil verknüpft, jedoch betonen unter anderem Mitarbeiter der Acsé, dass die Stadtpolitik offiziell „keinen Bezug"[167] auf MigrantInnen nehme (Int-F05*). Im Folgenden wird genauer beleuchtet, ob nicht doch bestimmte Verknüpfungen bestehen, beziehungsweise ob MigrantInnen nicht doch innerhalb der *politique de la ville* handlungsrelevant werden.

5.3.1.5   Zur Verknüpfung zwischen *politique de la ville*, „*intégration*" und *lutte contre les discriminations*

In Rahmen des 2010 veröffentlichten Berichts des *Observatoire national des zones urbaines sensibles*[168] (ONZUS) (Dok-F10*) zur Lage der *zones urbainses sensibles* werden, wie bereits dargestellt, bestimmte Gebiete als „Aufnahmegebiete von Bevölkerungsgruppen ausländischer Herkunft"[169] (Dok-F10: 5*) bezeichnet und so eine Verbindung zu MigrantInnen hergestellt. In diesem Kontext wird zudem auf den „Kampf gegen Ghettoisierung" Bezug genommen und eine stärkere Verknüpfung zwischen *politique de la ville* und Maßnahmen des *contrat d'accueil et d'intégration*[170] für erforderlich erachtet (Dok-F10: „*politique de la ville*" ≡ „Maßnahmen, die zur Aufnahme und zur *intégration* gehören"). Die Integrationspolitik ist also nicht komplett von der *politique de la ville* entkoppelt. Dies wird auch in einer Narration von Mitarbeitern der Acsé deutlich, die ausführen, dass die durch die *politique d'intégration* geförderten Personen nach der festgesetzten Zeit von fünf Jahren Aufenthalt in Frankreich in die Fördermaßnahmen der *politique de la ville* wechselten, da es sich „sehr oft (…) um dieselben Gebiete" handele (Int-F05). Es entsteht eine Äquivalenzbeziehung zwischen *politique d'intégration* und *politique de la ville*, wobei die Aufgabe der *politique de la ville* in einer Weiterförderung der Neuankömmlinge der *politique d'intégration* liegt. Der Übergang wird durch die Verortung der MigrantInnen auf dem gleichen Gebiet fließend.

---

166 un traitement équitable de chacun, quelle que soit son origine, sociale ou ethnique.
167 ne fait pas référence.
168 Nationale Beobachtungsstelle der *zones urbaines sensibles*.
169 des lieux d'accueil de populations d'origine étrangère.
170 Bezug auf den *contrat d'accueil et d'intégration* aus dem Kontext zu erschließen.

[ONZUS]: Der Kampf gegen Ghettoisierung erfordert eine stärkere Verknüpfung zwischen dem von Natur aus territorialen Handeln der *politique de la ville* und Maßnahmen, die zur Aufnahme und zur *intégration* gehören (...).[171]
Dok-F10 (SG-CIV: Observatoire national des zones urbaines sensibles. Rapport 2010): 5
Die *politique de la ville* ist eine Politik, die zuerst einmal territorial ist, aber hinter den Gebieten stehen selbstverständlich Menschen. (...). [D]ie Personen hängen im Großen und Ganzen von der Integrationspolitik/*politique d'intégration* und den Dispositiven ab, die ihnen angeboten werden. Aber ab einem gewissen Moment werden sie [von der *politique de la ville*] abhängen, werden wir sie im Feld der *politique de la ville* abholen, wenn ihr Aufenthalt dauerhaft und permanent wird. Also (...) sehr oft (...) handelt es sich um dieselben Gebiete und Konzentrationen von Bevölkerungsgruppen, die auf demselben Gebiet sind.[172]
Int-F05 (Leitende Mitarbeiter der Agence Nationale pour la cohésion sociale et l'égalité des chances (Acsé))

Auch die Arbeit der Acsé ist nicht vollständig entkoppelt von der Stadtpolitik. In verschiedenen Narrationen werden die „*intégration*" und die *lutte contre les discriminations* mit den Stadtverträgen CUCS in Beziehung gesetzt (Dok-F08, sowie u. a. Dok-F06: 6*). Die Acsé wird damit zum Mittel, um das Ziel der „*intégration*" innerhalb der *politique de la ville* zu verfolgen. Entsprechend argumentiert auch ein leitender Mitarbeiter der DIV, der eine „historische" Verbindung zwischen *politique de la ville*, „*intégration*" und Immigration herstellt, wobei die Acsé zum aktuellen Instrument wird, um „spezifische Politiken" im Feld von „*intégration*" und *lutte contre les discriminations* durchzuführen (Int-F01). Auch hier ist der Übergangsbereich fließend.

Die Acsé positioniert die *intégration* und den Kampf gegen Diskriminierungen/*lutte contre les discriminations* ins Zentrum der *contrats urbains de cohésion sociale* (Cucs) und entwickelt Programme, die für die BewohnerInnen der Quartiere bestimmt sind.[173]
Dok-F08 (Internetkommunikation der Acsé, 2008)
Also, in Bezug auf die Verbindung zwischen *politique de la ville* und *intégration*, Immigration gibt es historische Dinge, gab es vertragliche Verknüpfungen. Und dann gibt es heute dank der Acsé spezifische Politiken, die im Feld der *intégration* und des Kampfs gegen Diskriminierungen/*lutte contre les discriminations* geführt werden.[174]
Int-F01 (Leitender Mitarbeiter der Délégation Interministérielle à la Ville (DIV))

„*Intégration*", die *lutte contre les discriminations* und die *politique de la ville* werden vor diesem Hintergrund verknüpft – die zunächst vermeintlich eindeutige Grenze ist, wie die Narrationen gezeigt haben, gar nicht so klar und eindeutig.

Auch innerhalb der *politique de la ville* werden die Ziele der „*intégration*" und der *lutte contre les discriminations* reproduziert. Die Stadtverträge *contrats de ville* des Förderzeitraums 2000 bis 2006 sollten „Maßnahmen"[175] beinhalten, die die „*intégration* von Einwanderern und ihren Familien"[176] fördert. Diese Zielsetzung wird mit der „Entwicklung einer ausgewogenen

---

171 [ONZUS] : La lutte contre la ghettoïsation appelle une articulation plus forte entre l'action, territorialisée par nature, de la politique de la ville et les actions relevant de l'accueil et de l'intégration (…).

172 La politique de la ville, c'est une politique qui est avant tout territoriale, donc, derrière les territoires évidemment, il y a des personnes. (…). [L]es personnes relèvent grosso modo de la politique d'intégration et des dispositifs qui leur sont proposés quoi. Mais, à partir d'un certain moment, ils vont relever, on va les récupérer, nous, dans le champ de la politique de la ville quand leur installation devient durable et permanente quoi. Donc, (…) bien souvent (…) il s'agit des mêmes territoires et de concentrations de populations qui sont sur le même territoire.

173 L'Acsé place l'intégration et la lutte contre les discriminations au cœur des contrats urbains de cohésion sociale (Cucs) et développe des programmes destinés aux habitants des quartiers.

174 Donc, sur le lien entre politique de la ville et intégration, immigration il y a des choses historiques, il y a eu des liens contractualisés. Et puis, il y a aujourd'hui grâce à l'Acsé des politiques spécifiques conduites sur le champ de l'intégration et de la lutte contre les discriminations.

175 actions.

176 intégration des immigrés et de leurs familles.

Stadt"[177] und der Stärkung des „sozialen Zusammenhalts"[178] verbunden und so legitimiert (Dok-F01: 55*: *politique de la ville* ≡ „sie muss"[179] ≡ „*intégration*"). Die entsprechende Argumentationslogik wird in den neuen Stadtverträgen CUCS fortgeführt. In diese können auch „Ziele zugunsten der *intégration* und der *lutte contre les discriminations*"[180] (Dok-F02: 17*) eingeschrieben werden. Innerhalb der CUCS werden die „*intégration*" und die „*lutte contre les discriminations*" sogar als „transversale Achsen" bezeichnet, die in allen thematischen Bereichen „umzusetzen sind" (Dok-F02, auch Int-F01).

[CUCS]: Im Rundschreiben vom 24. Mai 2006 kommen der Kampf gegen Diskriminierungen/*lutte contre les discriminations* und die Integration/*intégration* nicht als eines der 5 Themenfelder vor, sondern als transversale Achsen, die in jedem der Felder umzusetzen sind.[181]
Dok-F02 (DIV: Contrats urbains de cohésion sociale (CUCS). Fiches thématiques): 17
Schon seit Jahren hat man immer die Integration/*intégration*, würde ich sagen, als eine transversale Achse der *politique de la ville* angesehen.[182]
Int-F01 (Leitender Mitarbeiter der Délégation Interministérielle à la Ville (DIV))

Damit soll beispielsweise der „Stellenwert der Immigration"[183] aufgewertet werden, „um die Vorstellungen zu verändern"[184] (Dok-F02: 18*). Zudem werden Maßnahmen für Neuankömmlinge wie „Sprachförderung"[185] und „Informationen über die sozialen Codes"[186] und Maßnahmen zur Staatsbürgerschaft als Möglichkeiten im CUCS aufgeführt (Dok-F02: 17*). Es wird dezidiert „kulturell" zwischen Franzosen und Neuankömmlingen differenziert.

Eine Förderung im Sinne einer positiven Diskriminierung von MigrantInnen wird also an die Signifikanten „*intégration*" und „*lutte contre les discriminations*" geknüpft. Besonders die *lutte contre les discriminations* wird in den geführten Interviews als aktueller Weg der *politique de la ville* bezeichnet, um Fragen der „*intégration*" und Migration zu behandeln (u. a. Int-F01*, 02*, 04* und 05*). So führt beispielsweise ein leitender Mitarbeiter der DIV aus, dass es immer eine „Verbindung zwischen *intégration* und *politique de la ville*"[187] gegeben habe, wobei man heute eher die „Achse des Kampfs gegen Diskriminierungen"[188] verfolge (Int-F01*). Die Zielsetzung der *lutte contre les discriminations* ist, wie vergleichbare Narrationen in den Dokumenten und Interviews belegen, hegemonial geworden. Gleichzeitig wird diese allerdings nur wenig präzisiert.

Sowohl die „*intégration*" als auch die „*lutte contre les discriminations*" sind vor diesem Hintergrund als leere Signifikanten zu verstehen, an die sich unterschiedliche Zielsetzungen anreihen können – Zielsetzungen, die nicht zwingend nur in Richtung MigrantInnen gehen müssen. Im politischen Diskurs ist besonders die *lutte contre les discriminations* relativ einfach zu verwenden, da nicht explizit von MigrantInnen gesprochen werden muss, auch wenn diese mit darunter fallen.

---

177 le développement d'une ville équilibrée.
178 renforcer le lien social.
179 elle se doit.
180 objectifs en faveur de l'intégration et de la lutte contre les discriminations.
181 Dans la circulaire du 24 mai 2006, la lutte contre les discriminations et l'intégration ne figurent pas comme un des 5 champs thématiques mais comme des axes transversaux à décliner dans chacun des champs.
182 Déjà depuis des années, on a toujours considéré que l'intégration était, je dirais, un axe transversal de la politique de la ville.
183 valoriser la place de l'immigration.
184 afin de changer les représentations.
185 apprentissage de la langue.
186 information sur les codes sociaux.
187 un lien entre intégration et politique de la ville.
188 l'axe de la lutte contre les discriminations.

5.3.1.6   Maßnahmen der *politique de la ville*: Zwischen expliziten und impliziten „kulturellen Differenzierungen"

Die bisherigen Ausführungen haben bereits angedeutet, dass eine spezifische Förderung von MigrantInnen, beispielsweise durch Sprachförderung, zum Tragen kommt. Im Folgenden wird dargestellt, in welchen Maßnahmen der *politique de la ville* auf nationaler Ebene „kulturell" differenziert wird – also jenseits des politischen Statements, dass offiziell MigrantInnen nicht berücksichtigt würden (Int-F05*). Neben expliziten Fördermaßnahmen lassen sich besonders Maßnahmen nachzeichnen, in denen implizit MigrantInnen im Fokus stehen, das heißt, in denen sie beispielsweise aufgrund einer räumlichen Konzentration „automatisch" ohne direkte Benennung zu einer zentralen Zielgruppe werden. Wie im Rahmen der *Sozialen Stadt* in Deutschland werden die Maßnahmen und Projekte vorgestellt, die regelmäßig in den Dokumenten und Interviews erwähnt werden, also verfestigt sind. Primär sind es Maßnahmen in den Bereichen Bildung und Schule, Arbeitsmarkt sowie Aktivierung und Beteiligung. Zudem stehen die Gewinnung von MultiplikatorInnen und Vorgehensweisen im Bereich der Belegungspolitik im Zuge der *mixité sociale* im Fokus der Analyse.

Spracherwerb und schulischer Erfolg: Explizite Maßnahmen zur „intégration" von MigrantInnen
Wie in Deutschland werden auch in Frankreich im Kontext von Sprache und Schule Maßnahmen in Richtung von MigrantInnen durchgeführt. Der „Spracherwerb"[189] wird als „erste Priorität"[190] und als entscheidend für die „Integrationswege von Immigranten"[191] bezeichnet. Das Erlernen der Sprache wird kausal mit „*intégration*" verwoben (Dok-F08*: „Spracherwerb" → „*intégration*"). Umgesetzt wird die Sprachförderung in „sprachlich-gesellschaftlichen Workshops". Neben der Vermittlung erster Kenntnisse der französischen Sprache werden Informationen zur französischen Gesellschaft gegeben (Dok-F08). Zielsetzung ist es, auf diese Weise zum einen auf individueller Ebene „die soziale und berufliche Selbstständigkeit"[192] zu erhöhen, zum anderen den „sozialen Zusammenhalt im Wohngebiet"[193] zu stärken (Dok-F08*). „*Intégration*" wird also mit dem Ziel der „Hilfe zur Selbsthilfe" und dem besseren Austausch der QuartiersbewohnerInnen verknüpft.

Die sprachlich-gesellschaftlichen Workshops sind Vor-Ort-Maßnahmen, die die Kenntnisse und die Aneignung von öffentlichen Dienstleistungen und Dispositiven und das Kennenlernen der Regeln und Funktionsweisen der französischen Gesellschaft fördern und gleichzeitig eine erste Sensibilisierung für die gesprochene französische Sprache bieten.[194]
Dok-F08 (Internetkommunikation der Acsé, 2008)

Auch in der Schule wird auf „*intégration*" rekurriert. Sie wird als „Integrationselement"[195], besonders für „eingewanderte Kinder"[196], bezeichnet. Im Mittelpunkt steht der „Schulerfolg"[197],

---

189 apprentissage de la langue.
190 la première priorité.
191 les parcours d'intégration des immigrés.
192 l'autonomie sociale et professionnelle.
193 lien social dans le quartier d'habitation.
194 Les ateliers socio-linguistiques sont des actions de proximité favorisant la connaissance et l'appropriation des services et dispositifs publics et des règles et modes de fonctionnement de la société française, tout en offrant une première sensibilisation à la langue française orale.
195 élément d'intégration.
196 les enfants immigrés.
197 la réussite scolaire.

der von den MigrantInnen erreicht werden soll und für den bestehende Fördermaßnahmen weiter ausgebaut werden sollen (Kinder mit Migrationshintergrund ≡ „Schulerfolg" → Ausbau der Förderung). Diese Zielsetzungen bleiben allerdings vage und nicht näher bestimmt (Dok-F08*).

Arbeitsmarkt-„intégration": Explizite und implizite Förderung von MigrantInnen
Ausgehend von der Beobachtung, dass die Arbeitslosenquote von „Immigranten und Personen mit Migrationshintergrund" beunruhigend hoch sei, werden durch die Acsé Maßnahmen für den Zugang zum Arbeitsmarkt unterstützt, unter anderem durch besondere Begleitungen bei der Arbeitssuche für Jugendliche mit Migrationshintergrund (Dok-F08*). Auch „soziale und rassische Diskriminierungen"[198] bilden die Grundlage für ein „besonderes Eingreifen"[199] der *politique de la ville* beim Arbeitsmarktzugang, beispielsweise durch spezielle Berufsberater[200] (Dok-F01: 78*). Ausgehend von spezifischen Problemlagen von MigrantInnen, wie erhöhte Arbeitslosigkeit und Diskriminierungen, wird eine besondere Förderung legitimiert, womit zwischen Franzosen und MigrantInnen unterschieden wird.

Während die bisher beschriebenen Maßnahmen *explizit* Bezug auf MigrantInnen nehmen, sind weitere Förderungen im Bereich Arbeitsmarkt *implizit* mit MigrantInnen in Verbindung zu bringen. Im Rahmen der aktuellen *politique de la ville* wird verstärkt auf individuelle Hilfestellungen und Beratungen gesetzt. Dies geschieht unter anderem durch so genannte „Patenschaften"[201] zum Berufseinstieg (Dok-F09*, vergleichbar auch in 02: 25* sowie Int-F03*), durch den „Autonomievertrag", den *contrat d'autonomie*, bei dem Jugendliche sechs Monate bei der Arbeitssuche begleitet werden (Int-F03*) und die „Talente der *cités*"[202] (Dok-F02: 5*), durch die Unternehmensgründungen von Jugendlichen in sozial benachteiligten Gebieten gefördert werden. Wenn davon ausgegangen wird, dass in den Fördergebieten der *politique de la ville* besonders viele MigrantInnen leben, können diese überproportional häufig von den beschriebenen Maßnahmen profitieren. Es erfolgt damit eine implizite Förderung. Die entsprechende Logik wird in einer Narration eines leitenden Mitarbeiters der DIV deutlich, der ausführt, dass die Talente der *cités* eher *blacks*[203] und *beurs*[204] als „blond mit blauen Augen" seien und damit der Wunsch, die „Vielfalt zu fördern" verbunden sei (Int-F01). Gegenüber einer expliziten Ausrichtung auf MigrantInnen werden diese indirekt unterstützt, wie die Verknüpfung „Talente der *cités*" ≡ „*blacks* und *beurs*" zeigt.

---

198 Les discriminations sociales et raciales.
199 une intervention particulière.
200 équipes emploi insertion.
201 Le parrainage.
202 Talents des Cités.
203 Personen mit dunkler Hautfarbe.
204 Das Wort „*beur*" ist eine Umformung des Wortes „*arabe*" (Araber, arabisch) in der französischen Jugendsprache *verlan* (von *envers* = „anders herum"). Ausgehend von französischen Begriffen werden im *verlan* Wörter umgeschrieben, mit anderen Sprachen gemischt und grammatikalisch verändert. *Verlan* wurde von Jugendlichen aus den *banlieues* erfunden (Basier/Bachmann 1984). „*Beur*" wird seit den 1980er Jahren von Nachfahren nordafrikanischer Einwanderer als Selbstbezeichnung gebraucht (Méla 1991; 1997).

Ist die Tatsache beispielsweise, die Talente der *cités* zu fördern, die eher *blacks* und *beurs* als blond mit blauen Augen sind [Absicht]? – ich weiß es nicht. Wahrscheinlich, tatsächlich gibt es – man sieht, dass es den Willen gibt, die Vielfalt zu fördern, ja.[205]
Int-F01 (Leitender Mitarbeiter der Délégation Interministérielle à la Ville (DIV))

Bewohneraustausch und Vereine von MigrantInnen: Implizite und politisch weniger hervorgehobene Wege der Förderung

Auch im Bereich der Aktivierung und Beteiligung von QuartiersbewohnerInnen der *politique de la ville* dominieren eher implizite Wege der Förderung. Die „Delegierten des Präfekten"[206] haben die Aufgabe, die „Beziehungen"[207] zwischen allen BewohnerInnen zu sichern, da „Abschottungen"[208] zu verzeichnen seien, so ein leitender Mitarbeiter des SG-CIV (Int-F03*). Der Rückzug aus sozialen Bindungen steht dem Ziel des sozialen Zusammenhalts gegenüber und ist zu bekämpfen. Gerade hier lässt sich implizit eine Verknüpfung zu MigrantInnen herstellen, da Kommunitarismus als Gefahr und Negativentwicklung gilt (u. a. Int-F01* und 02*). Indem die BewohnerInnen-Bindungen verbessert werden sollen, werden auch die mit MigrantInnen unterstützt. Unterschwellig wird damit auch ein Bezug zu MigrantInnen hergestellt. Diese Deutung kann indirekt aus den unterschiedlichen zitierten Narrationen herausgelesen werden und leitet sich folglich auch aus vorhandenem Kontextwissen ab.

Durch die aktuelle *politique de la ville* werden zudem „kulturelle oder ethnische"[209] Vereine gefördert. Hierbei handelt es sich zwar zunächst um eine explizite Förderung, allerdings erfolgen zwei Einschränkungen: Zum einen betont ein leitender Mitarbeiter des SG-CIV, dass es kein „nationales Ziel"[210] sei. Zum anderen wird eingeschränkt, indem gesagt wird, dass nur dann gefördert werde, *wenn* keine Ziele der Abschottung[211] verfolgt würden (Int-F03*: polyphone Aussage, die mit *„si/wenn"* abgegrenzt wird). Wenn durch Vereine die *„intégration* von Bevölkerungsgruppen" unterstützt werde, stehe man diesen „wohlwollend" gegenüber – gleichzeitig müsse aber aufgepasst werden, keine „islamistischen Vereine[-]" zu finanzieren. Das Feld ist politisch heikel und wird daher weniger nach außen getragen beziehungsweise weniger als offizielles Ziel der Stadtpolitik benannt. Dies wird besonders durch die Polyphonie der Aussagen anhand der mehrfachen Einschränkungen durch „[n]un ja" und „aber" deutlich (Int-F03).

Wenn man Vereine hat, sogar konfessionelle gemäßigte muslimische zum Beispiel, die zur *intégration* von Bevölkerungsgruppen durch vielfältige Aktivitäten beitragen, stehen wir dem absolut wohlwollend gegenüber. **Nun ja**, danach muss man aufpassen, dass man nicht in die Finanzierung von ein wenig islamistischen Vereinen eintritt (…). [E]s gibt keine festgesetzten Ziele in diesem Sinne, **aber** man verbietet es nicht, wenn das durch den Verein getragene Projekt interessant ist, ja, dann wird es finanziert.[212]
Int-F03 (Leitender Mitarbeiter des Secrétariat général du Comité interministériel à la Ville (SG-CIV))

---

205 Est-ce que le fait par exemple de promouvoir des talents des cités qui sont plutôt blacks et beurs que blonds, yeux bleus – je ne sais pas. Probablement, effectivement, il y a – on voit bien qu'il y a une volonté de promouvoir la diversité, oui.
206 les délégués du préfet.
207 des liens.
208 des cloisonnements.
209 culturelles ou ethniques.
210 c'est pas un objectif national.
211 objectifs communautaristes.
212 Si vous avez des associations mêmes confessionnelles musulmanes par exemple modérées qui contribuent à l'intégration des populations par diverses activités, on y est tout à fait favorable (…). [A]lors après, il faut faire attention qu'on n'entre pas dans des financement d'associations un peu islamiste (…). [I]l n'y a pas d'objectifs fixés dans ce sens, **mais** on ne l'interdit pas si le projet porté par l'association est intéressant, voilà, il est financé.

Die *politique de la ville* erlaubt es also durchaus, „kulturelle oder ethnische"[213] Vereine (Int-F03*) zu unterstützen, um die Zielsetzung der *„intégration"* von MigrantInnen zu erreichen. Es besteht kein generelles Förderungsverbot. Es wird allerdings mit möglichst geringem Aufsehen vorgegangen, um zu vermeiden, zu explizit nach außen zu tragen, dass „kulturell" differenzierend argumentiert und gefördert wird. Ähnlich verhält es sich beim Agieren über MultiplikatorInnen zum Hineinwirken in unterschiedliche *communities*.

Die adultes relais *und* femmes relais *als MultiplikatorInnen in verschiedene* communities
Auf nationaler Ebene in Deutschland wurde die Zielsetzung der Ansprache unterschiedlicher *communities* durch MultiplikatorInnen hervorgehoben. Auch in Frankreich wird das Ziel der Mediation verfolgt, allerdings wird dieses in Bezug auf MigrantInnen weniger explizit in den Mittelpunkt gerückt. Das Programm *adultes relais*[214] zielt beispielsweise auf die „kulturelle"[215] Mediation, womit implizit MigrantInnen berücksichtigt werden können (Interpretation aus dem Kontext heraus zu erschließen, Dok-F09*). Stärker auf die Förderung bestimmter *communities* ist das Programm *femmes relais*[216] ausgerichtet. Mit den *femmes relais* wird das „Ziel"[217] verfolgt, mit Personen, die einer bestimmten *community* angehören, in Verbindung zu treten (*„femmes relais"* ≡ *„community"*) – Ziel ist also das Regieren durch *community*. Allerdings werden diese Maßnahmen unter anderem durch einen leitenden Mitarbeiter des SG-CIV auf lokaler Ebene verortet („wohingegen auf lokaler Ebene") und stehen im Gegensatz zu einer bisher auf nationaler Ebene noch nicht erreichten Berücksichtigung von *communities* (Int-F03: national ‖ lokal ≡ *community*-Förderung).

Ich glaube, man muss gut erklären, dass das nicht in Frage stellt … die Herkunfts-*community*, die Herkunftskultur zu berücksichtigen steht nicht im Widerspruch zum Ziel der *intégration* in die französische Gesellschaft … Nun gut, aber, das ist … wir sind noch nicht ganz an diesem Punkt angelangt, **wohingegen** auf lokaler Ebene, da ist es klar, dass … wir haben Systeme, ich denke da zum Beispiel an die *femmes relais* in den Quartieren, das Ziel ist da ganz klar, in Beziehung mit den Leuten zu kommen, die der einen oder anderen *community* angehören.[218]
Int-F03 (Leitender Mitarbeiter des Secrétariat général du Comité interministériel à la Ville (SG-CIV))

Das Ziel der mixité sociale *als indirektes Steuerungsmittel von MigrantInnen*
Auf nationaler Ebene werden in einer weiteren politischen Steuerungsmaßnahme „kulturelle Differenzierungen" relevant – allerdings wiederum nur implizit. Im Rahmen der *mixité sociale* sollen, wie in Kapitel 2.2.2 beschrieben, in Agglomerationen zwanzig Prozent Sozialwohnungen entstehen. Auch die Maßnahmen der baulichen Umgestaltungen im Zuge des Gesetz Borloo setzen auf die Schaffung einer „gewissen sozialen Mischung"[219] (Dok-F02: 6*).

---

213 culturelles ou ethniques.
214 Aufgaben der sozialen und kulturellen Mediation werden durch das Programm *adultes relais* – Erwachsene VermittlerInnen – an BewohnerInnen der Gebiete der *politique de la ville* übergeben, die älter als 30 Jahre und vormals ohne feste Arbeit sind.
215 culturelle.
216 Frauen übernehmen durch das Programm *femmes relais* Mediationsaufgaben als Vermittlerinnen.
217 l'objectif.
218 Je crois qu'il faut bien expliquer que ca ne remet pas … prendre en compte la communauté d'origine, la culture d'origine, ce n'est pas contradictoire avec l'objectif d'intégration dans la société francaise … Bon, voilà, mais, ca c'est … on n'est pas encore tout à fait là, même si localement, clair que … on a des systèmes, je pense par exemple aux femmes relais dans les quartiers, l'objectif c'est clairement d'entrer en relation avec des gens qui appartiennent à telle ou telle communauté.
219 une certaine mixité sociale.

Diese Mischung wird in der offiziellen Terminologie mit dem Ziel verbunden, die „Quartiere in Bezug auf ihre soziale Zusammensetzung zu diversifizieren"[220] (Int-F01*). Eine leitende Mitarbeiterin der DIV koppelt diese jedoch an das Ziel einer Diversifizierung der Quartiersbevölkerung durch eine Reduktion von MigrantInnen (Int-F02). Sie erläutert dies zunächst durch den Bezug auf „andere Thesen", wodurch eine polyphone Aussage entsteht, schließt sich dann aber dieser an: „was ich persönlich darüber denke". In dieselbe Richtung argumentiert ein Mitarbeiter der ANRU, der die soziale Mischung mit einer „ethnischen" Komponente verbindet (Int-F04: „soziale Mischung" ≡ „ethnische[r] Aspekt"). In den Interviewnarrationen findet damit eine Erweiterung der „offiziellen" Deutung der *mixité sociale* statt. Die zitierten polyphonen Aussagen ermöglichen es, wie in den Kapiteln 3.5 und 4.2.2 ausgeführt, sich implizit Mitschwingendem bei der *mixité sociale* anzunähern.

Die soziale Mischung hat zum Ziel, andere Bevölkerungsgruppen herein zu holen als die, die in den Stadtvierteln sind (...). Und dann schließlich gibt es andere Thesen, die sagen (...), dass es darum geht, die Immigranten aus den Stadtvierteln herauszuholen, um die Immigranten verschwinden zu lassen. (...). Ich muss Ihnen an dieser Stelle sagen, was ich persönlich darüber denke, da es viele Thesen gibt. Ich würde also in der Tat sagen, dass der Stadtumbau anstrebte, die Bevölkerung der Stadtviertel zu diversifizieren, wir werden es mal so sagen.[221]
Int-F02 (Leitende Mitarbeiterin der Délégation Interministérielle à la Ville (DIV))
„[H]at die soziale Mischung einen kleinen ethnischen Aspekt? Ja."[222]
Int-F04 (Leitender Mitarbeiter der Agence Nationale pour la Rénovation Urbaine (ANRU))

In den beschriebenen Maßnahmen ergibt sich damit eine deutliche Spanne zwischen expliziten Fördermaßnahmen für MigrantInnen und impliziten Wegen der Berücksichtigung von „kulturellen Differenzierungen": Die Sprachförderung spricht dezidiert MigrantInnen an, die die französische Sprache nicht beherrschen. Auch die Förderung von Vereinen von MigrantInnen und die Arbeit mit den *femmes relais* geschieht explizit, wird aber national weniger als politisches Ziel nach außen getragen. Im Bereich der Zugänge zum Arbeitsmarkt werden bereits deutlicher implizit MigrantInnen berücksichtigt. Das Ziel der sozialen Mischung, der *mixité sociale*, wird politisch nicht mit MigrantInnen verknüpft, auch wenn diese implizit eine Rolle spielen. Es zeigen sich unterschiedlich weitreichend nach außen kommunizierte Verknüpfungen zwischen *politique de la ville* und „kulturellen Differenzierungen". Die tendenziell eher implizite Berücksichtigung wird über das Prinzip der Gleichheit und dem politisch heiklen Thema der „*intégration*" begründet.

5.3.1.7   Das Tabu „kultureller Differenzierungen" in der *politique de la ville*

Rechtlich wird das „Prinzip der Gleichbehandlung zwischen Personen ohne Unterscheidung nach Rasse oder ethnischer Herkunft"[223] betont (Dok-F08*). Das republikanische Gleichheitsideal steht in Opposition zu einer Fokussierung auf bestimmte Personengruppen.

---

220 … faire en sorte que ces quartiers se diversifient du point de vue de leur composition sociale.

221 Donc, la mixité sociale, c'est de faire venir d'autres types de populations que celles qui sont dans les quartiers. (…). Et donc ensuite, il y a **d'autres thèses** qui disent (…), c'est pour sortir les immigrés des quartiers pour faire disparaître les immigrés. (…). Voilà, donc, je pense que, moi, je suis obligé à un moment là de vous dire ce que j'en pense personnellement parce qu'il y a beaucoup de thèses. Je dirais donc effectivement, la rénovation urbaine visait à diversifier la population des quartiers, on va le dire comme ca.

222 „[E]st-ce que la mixité sociale a un petit aspect ethnique? Oui."

223 Principe de l'égalité de traitement entre les personnes, sans distinction de race ou d'origine ethnique.

Dies ist aber nicht die einzige Begründung für weniger explizite „kulturelle Differenzierungen" auf nationaler Ebene innerhalb der *politique de la ville*. Unter anderem Mitarbeiter der Acsé stellen eine Verbindung zur Problematik der allgemeinen Thematisierung von Fragen der „*intégration*" her: Die Grenzen zwischen „*intégration*" und *insertion*[224] würden „permanent durch die Politiken neu gemacht"[225]. Dadurch sei ihre Arbeit „schwierig"[226], da sie sich in einem „politisch ultra-sensiblen Kontext"[227] bewegten und sie schnell in „ideologische"[228] Debatten hineingezogen werden könnten (Int-F05*). Während „Integration" in Deutschland gesamtgesellschaftlich als Zielsetzung hegemonial verankert ist, stellt die „*intégration*" in Frankreich ein politisch heikles Terrain dar, auf dem permanent Deutungskämpfe ausgetragen werden.

Dies wirkt sich auch auf die *politique de la ville* aus. Einerseits ist „*intégration*" zu einer transversalen Achse der Stadtpolitik geworden. Andererseits betont beispielsweise ein Mitarbeiter der DIV, dass es „nicht einfach" sei, zu „diesen Fragen zu arbeiten"[229] (Int-F01*). Eine stärkere Berücksichtigung „kultureller Differenzierungen" im Rahmen der *grands frères* in den 1980er und 1990er Jahren (siehe Kapitel 2.2.2) sei „stark kritisiert [-] und sogar als Abdriften" angesehen worden (Int-F01).

Eine leitende Mitarbeiterin der DIV verknüpft eine „positive[-] Diskriminierung für Bevölkerungsgruppen mit Migrationshintergrund" mit einem Tabu („tabuisiert"), davon zu sprechen und sieht eine entsprechende Ausrichtung als heikel an. Eine Debatte fände zwar in den Gebieten der *politique de la ville* statt, allerdings mache diese „wenig Lärm" (Int-F02). Es lässt sich eine Äquivalenzkette aus „positiver Diskriminierung" von MigrantInnen ≡ „[T]abu" ≡ „heikel" nachzeichnen.

Diese Politik der *grands frères* ist stark kritisiert worden und sogar als Abdriften von einem gewissen Teil der öffentlichen Verantwortlichen bezeichnet worden, ja sogar übrigens auch von WissenschaftlerInnen.[230]
Int-F01 (Leitender Mitarbeiter der Délégation Interministérielle à la Ville (DIV))
Es ist nicht so, dass ich nicht darüber sprechen will, aber es ist sehr kompliziert, da es stark in Frankreich tabuisiert ist, von positiver Diskriminierung für Bevölkerungsgruppen mit Migrationshintergrund zu sprechen (…). [W]ir sind hier bei sehr, sehr heiklen Themen. Das führt nicht zu spezifischen Maßnahmen, würde ich sagen, im Sinne einer individuellen positiven Diskriminierung für Bevölkerungsgruppen – da sind wir nicht (…). Also in den Stadtvierteln der *politique de la ville* ist das eine Debatte, die wenig Lärm macht, da es sehr, sehr sensibel ist (…).[231]
Int-F02 (Leitende Mitarbeiterin der Délégation Interministérielle à la Ville (DIV))

---

224 Als „Eingliederung" für MigrantInnen zu verstehen, die länger als fünf Jahre in Frankreich sind beziehungsweise die offiziell Franzosen sind.

225 les passerelles entre intégration – insertion sont en permanence faites par les politiques.

226 difficile.

227 un contexte politique ultra-sensible.

228 des débats qui sont idéologiques.

229 Ce n'est pas simple de travailler sur ces questions là.

230 Cette politique des grands frères a été fortement critiquée et même considérée comme des dérives par un certain nombre de responsables publiques voire même de chercheurs d'ailleurs.

231 Ce n'est pas que je ne veux pas en parler, mais c'est très compliqué puisque c'est assez tabou en France de parler de discrimination positive pour les populations issues de l'immigration (…) [O]n est sur des sujets qui sont très, très délicats. Ca ne se traduit pas par des actions de type, je dirais, discrimination positive individuelle pour des populations – on n'est pas là (…). Alors sur les quartiers politique de la ville, c'est un débat qui est là aussi à bas bruit, enfin, parce que c'est très, très sensible (…).

5.3.1.8   Implizite Steuerung von „kulturellen Differenzierungen" über die quartiersbezogene *politique de la ville* und mögliche Dislokationen

Auf der einen Seite ist *„intégration"* von MigrantInnen auch innerhalb der *politique de la ville* als Zielsetzung benannt. Auf der anderen Seite wird ein spezifisches Vorgehen als heikel und in Teilen politisch gefährlich bezeichnet. Die tendenziell eher implizite Berücksichtigung „kultureller Differenzierungen" wird vor diesem Hintergrund zum taktisch gewählten politischen Steuerungsinstrument – zur Strategie, um politisch-ideologisch heiklen Debatten aus dem Weg zu gehen. So bezeichnet ein Mitarbeiter der ANRU die *politique de la ville* als Mittel zum „Umgang mit Ethnizität, der nicht so genannt wird". Die Stadtpolitik sage also nicht explizit, was sie „eigentlich" sei (Int-F04). Entsprechend argumentiert auch ein leitender Mitarbeiter des SG-CIV, also der Behörde, die aktuell die *politique de la ville* mit lenkt. Er plädiert für ein „pragmatisch[es]" Vorgehen – es sei besser, nicht davon zu sprechen, sondern einfach Maßnahmen für MigrantInnen umzusetzen, um „politische Debatten" zu vermeiden (Int-F03: „es lieber machen" ≡ „pragmatisch sein").

[D]a die *politique de la ville* schamhaft ist und nicht sagt, was sie <u>eigentlich</u> ist, ist es wahr, dass es eine Art und Weise war – wie soll ich das sagen – ein wenig die Ethnizität in Frankreich anzugehen, das ist klar. Das erschien mir ziemlich offensichtlich, also ein <u>Umgang mit Ethnizität, der nicht so genannt wird</u>.[232]
Int-F04 (Leitender Mitarbeiter der Agence Nationale pour la Rénovation Urbaine (ANRU))
Ja, ja, man spricht nicht viel davon, ... ich denke, man sollte <u>es lieber machen</u> ohne zu viel davon zu sprechen ... wenn man zu viel davon spricht, wird man <u>politische Debatten</u> provozieren ... die, nun ja, die Arbeit noch schwerer machen könnten. Ich glaube, man muss sehr <u>pragmatisch</u> sein (...).[233]
Int-F03 (Leitender Mitarbeiter des Secrétariat général du Comité interministériel à la Ville (SG-CIV))

Das implizite beziehungsweise pragmatische Vorgehen werde durch spezifisches Handeln auf lokaler Ebene umgesetzt. Während zwar der CUCS nicht dazu zwingt, spezielle Maßnahmen für MigrantInnen umzusetzen, könne *„lokal"* zielgruppenspezifischer vorgegangen werden, wie eine Mitarbeiterin der DIV ausführt (Int-F02*). Ebenso argumentiert ein leitender Mitarbeiter des SG-CIV, der die „lokale Ebene" der „offiziellen Sprache" der Stadtpolitik gegenüberstellt (Int-F03: Diskursstränge durch „aber" auf Distanz gehalten). Die offizielle nationale Ausrichtung der Stadtpolitik steht in Opposition zu einem anderen lokalen Vorgehen. Dort könne einfacher gesagt werden, dass sich die Maßnahmen an eine „farbige Bevölkerung" richteten, so ein Mitarbeiter der ANRU (Int-F04). Es entsteht eine Äquivalenzkette aus *politique de la ville* ≡ lokale Ebene ≡ Politik für MigrantInnen in Opposition zur nationalen *politique de la ville*.

---

232 [C]omme la politique de la ville est pudique qui ne dit pas son nom non plus, c'est vrai c'était une facon - comment dire - d'aborder un peu l'ethnicité en France, ca c'est clair. Fin, ca m'apparassait assez évident, donc une gestion de l'ethnicité qui ne dit pas son nom.

233 Oui, oui, on n'en parle pas trop, ... je pense qu'il vaut mieux le faire sans trop en parler ... si on en parle trop, on va sortir des débats politiques dans ... bon, qui risquent de rendre l'action encore plus difficile. Je crois qu'il faut être assez pragmatique (...).

Auf lokaler Ebene gibt es Ansätze, die nicht exakt die gleichen sind, **aber** in der offiziellen Sprache bleibt man bei einer sehr homogenen Sichtweise.[234]
Int-F03 (Leitender Mitarbeiter des Secrétariat général du Comité interministériel à la Ville (SG-CIV))
[M]an darf nicht vergessen, dass die *politique de la ville* eine Politik ist, die sehr lokal umgesetzt wird. Davon ausgehend sind es die Bürgermeister, die auch ihre Programmachsen, die betroffenen Bevölkerungsgruppen bestimmen. [W]enn man Berater trifft, die für die lokalen Gebietskörperschaften arbeiten, dann ist das, was sie über die *politique de la ville* sagen, dass es eine Politik ist, die sich an diese farbige Bevölkerung richtet (…).[235]
Int-F04 (Leitender Mitarbeiter der Agence Nationale pour la Rénovation Urbaine (ANRU))

Im Rahmen der Interviews (u. a. Int-F02*, 03* und 04*) wird das Handeln auf lokaler Ebene als Möglichkeit beschrieben, eine direktere Politik in Richtung von MigrantInnen zu betreiben, was in vergleichbarer Weise auf nationaler Ebene (noch) nicht möglich scheint. Gleichzeitig deuten einige Narrationen auf eine Dislokation der bisherigen politischen Ausrichtung hin. Bisher verfestigte Strukturen könnten aufbrechen und Veränderungen mit sich bringen.

Ein Mitarbeiter der ANRU ging beispielsweise bereits Ende 2008 davon aus, dass auch die DIV vom „sozialen Mainstream"[236] ergriffen sei und dadurch auch ein Begriff wie „ethnische Minderheit"[237] heute im Bereich des Sagbaren läge. Er stelle keinen „Tabuausdruck"[238] mehr dar und würde innerhalb der DIV genutzt (Int-F04*). Eine mögliche Dislokation der bisherigen Vorgehensweise deutet im Herbst 2010 auch ein leitender Mitarbeiter des SG-CIV an. Im Rahmen der Verknüpfung von spezifischen Problemlagen und MigrantInnen merkt dieser an, dass das Bildungswesen bei Klassen mit hohem Migrantenanteil nicht mit dem bestehenden identisch sein könne (Int-F03*). In weiteren Narrationen beschreibt er zudem bestimmte, von ihm erwartete Entwicklungen: Zum einen hinterfragt er die aktuelle Trennlinie zwischen *„intégration"* und *„politique de la ville"*. Er verknüpft dezidiert die Stadtpolitik mit dem „Ziel der *intégration* von Bevölkerungsgruppen", womit diese Äquivalenz auf nationaler Ebene nicht mehr vollständig im Bereich des Nicht-Sagbaren liegt. Allerdings betont er, dass *er persönlich* davon ausgehe, womit er nicht die offizielle Position seiner Behörde beschreibt (Int-F03: „ich finde"). Als weitere Entwicklung erwartet er, dass die Differenzierung in *communities* weitgehendere Berücksichtigung finden werde. Jedoch schränkt er auch diese Aussage ein, indem er sagt, dass diese Entwicklung *seiner Meinung* nach erfolgen werde (Int-F03). Verschiebungen im bisherigen Ansatz scheinen aber grundsätzlich möglich.

---

234 Localement, il y a des approches qui ne sont pas exactement les mêmes, **mais** dans le langage officiel, on en reste à une vision très homogène.

235 [I]l ne faut pas oublier que la politique de la ville est une politique qui se met en œuvre très localement. En partant de là, ce sont les maires qui désignent aussi leurs axes de programmes, les populations concernées (…) [Q]uand on rencontre des consultants qui travaillent pour des collectivités locales c'est ce qu'ils disent sur la politique de la ville, c'est une politique qui s'adresse à cette population de couleurs (…).

236 le mainstream social.

237 minorité ethnique.

238 un terme tabou.

Also wird man diese Trennlinie zwischen *intégration*, spezifisch behandelt, und *politique de la ville* auf der anderen Seite wahren? Also **ich** habe Zweifel daran, da **ich** finde, dass die *politique de la ville* auch ein Ziel der *intégration* von Bevölkerungsgruppen hat.[239]

[M]an unterscheidet nicht zwischen Bevölkerungsgruppen und das Konzept von *communities* ist noch nicht in die offizielle Sprache übergegangen. Das ist eine Entwicklung, die **meiner** Meinung nach stattfinden wird. (...). Nun ja, aber da sind wir noch nicht so ganz.[240]
Int-F03 (Leitender Mitarbeiter des Secrétariat général du Comité interministériel à la Ville (SG-CIV))

5.3.1.9 Zusammenfassung: Zur Handlungsrelevanz von MigrantInnen in der *politique de la ville*

Abschließend wird zusammengefasst, wie „kulturelle Differenzierungen" in Frankreich problematisiert werden. Ausgangspunkt der Analyse war der Ansatz der *politique de la ville* auf nationaler Ebene: Gefördert werden Quartiere mit den größten „Problemen", wie die Äquivalenz Stadtpolitik ≡ Problemgebiete gezeigt hat. Das Ziel, Abweichungen zu beseitigen, dient als Legitimationsgrundlage für den quartiersbezogenen Ansatz (antagonistische Grenze zwischen Problemgebieten und der Stadt im „Normalzustand", siehe Abbildung 16).

Im offiziellen Diskurs wird die *politique de la ville* nicht als Politik bezeichnet, in der MigrantInnen berücksichtigt würden. Gleichzeitig wurde in einer Vielzahl an Narrationen deutlich, dass Quartiere der Stadtpolitik als solche mit hohem Migrantenanteil beschrieben werden. Die dort lebenden MigrantInnen werden zu „prekären Bevölkerungsgruppen" und mit spezifischen Problemlagen beziehungsweise mit Benachteiligungen verknüpft (beispielsweise Sprach- und Schulprobleme, „Diskriminierung" und „Kommunitarisierung"). Damit wird „kulturell" differenziert. MigrantInnen werden als abweichend von einem „Idealzustand" problematisiert.

Vor diesem Hintergrund wurde analysiert, ob und wie politisch reagiert wird. Im aktuellen politischen Ansatz wird „*intégration*" primär außerhalb der *politique de la ville* handlungsrelevant. Neuankömmlinge erhalten eine explizite Förderung durch den *contrat d'accueil et d'intégration*, durch den sie verpflichtet und „normalisiert" werden sollen. Gleichzeitig verfolgt die Acsé Ziele der „*intégration*", der *lutte contre les discriminations* und der *promotion de la diversité*, womit Vielfalt auch als Ressource in Wert gesetzt werden soll. Der Signifikant MigrantInnen wird damit, wie in der *Sozialen Stadt* in Deutschland, zu einem flottierenden Signifikanten: Er wird sowohl mit Problemen als auch mit Potentialen verknüpft, wobei er eher in den Diskurs um bestimmte Problemlagen als in den Diskurs um Vielfalt als Ressource eingebunden zu sein scheint (siehe Abbildung 16).

Auf allgemein politischer Ebene erscheint die Förderung von „*intégration*" und der *lutte contre les discriminations* verfestigt. Innerhalb der *politique de la ville* hat dies aber bisher (noch) nicht dazu geführt, dass diese Zielsetzungen hier zentral würden. Es lassen sich allerdings auch „kulturelle Differenzierungen" nachzeichnen. Ein Beispiel war die Aussage, dass Neuankömmlinge nach fünf Jahren in die Förderung der *politique de la ville* übergingen, da sie zum Großteil in Quartieren der Stadtpolitik wohnten. Innerhalb der CUCS stellen „*intégration*" und die *lutte*

---

239 Alors, est-ce qu'on gardera cette ligne de partage intégration traitée spécifiquement et politique de la ville de l'autre côté? Bon, **moi**, j'ai un petit doute parce que **je** trouve que la politique de la ville a quand même un objectif d'intégration des populations.

240 [O]n ne distingue pas entre les populations et le concept de communautés n'est pas non plus entré dans le langage officiel. C'est une évolution qui, à mon avis, va devoir intervenir. (...). Bon, voilà, mais, ca c'est ... on n'est pas encore tout à fait là.

contre les discriminations offizielle Zielsetzungen dar. Die Trennlinie zwischen *politique d'intégration* und Stadtpolitik ist nicht eindeutig, sondern fließend. Variierende Grenzen wurden auch anhand der Analyse verschiedener Maßnahmen deutlich, die sich zwischen expliziter (beispielsweise Sprachförderung) und impliziter Förderung (u. a. die Talente der *cités*) von MigrantInnen bewegen (dazu auch Abbildung 16). Die eher implizite Problematisierung wird über das politisch heikle Thema der „*intégration*" und das Tabu begründet, offiziell anzuerkennen, dass die *politique de la ville* auch MigrantInnen fördere. „*Intégration*" und besonders die *lutte contre les discriminations* sind als leere Signifikanten zu verstehen, an die sich auch die *politique de la ville* kettet – allerdings als nicht hegemonialer Subdiskurs (siehe Abbildung 16, gestrichelte Hervorhebung des Subdiskurses). „*Intégration*" erscheint zwar einerseits im *contrat d'accueil et d'intégration* gesellschaftlich verankert, andererseits bestehen weiterhin Deutungskämpfe, so dass „*intégration*" von MigrantInnen in der Stadtpolitik tabuisiert ist. Die Nutzung des „Tabu"-Begriffs deutet gleichzeitig darauf hin, dass Dislokationen erwartet werden können, da die Begriffsverwendung des „Tabus" bereits im Bereich des Sagbaren liegt, also als solches benannt wird.

Auch weitere Narrationen haben auf mögliche Verschiebungen, Öffnungen und eindringende Subdiskurse in den hegemonialen Diskurs hingewiesen. In der aktuellen Logik der *politique de la ville* wird zugunsten von MigrantInnen agiert, ohne es zu öffentlich zu machen (Abbildung 16, gestrichelte Verknüpfungen) – damit eher als „implizites Management" der „*intégration*" zu verstehen. Auf lokaler Ebene scheint hingegen der Bereich des Sagbaren größer zu sein als auf nationaler Ebene – ein Aspekt, der in den Fallstudien auf lokaler Ebene genauer untersucht werden soll.

Abbildung 16: MigrantInnen in der *politique de la ville*

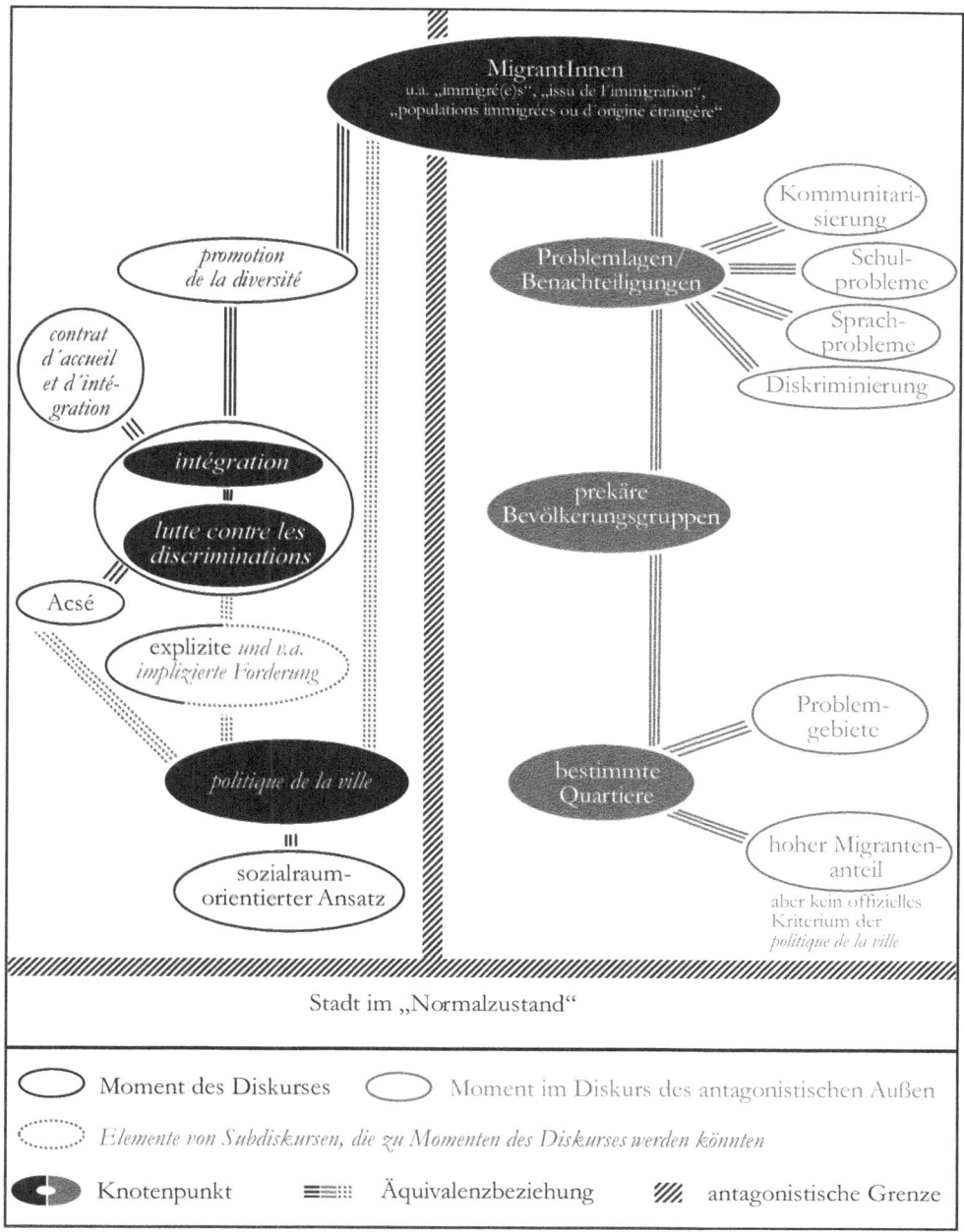

Quelle: Eigene Darstellung

Vor dem Hintergrund eher implizit wirksamer „kultureller Differenzierungen", einem Verweis auf explizitere Vorgehensweisen auf lokaler Ebene sowie einem möglichen Aufbrechen des aktuellen Vorgehens auf nationaler Ebene wird im nächsten Schritt untersucht, welche Position der Ebene der *départements* zukommt. Werden hegemoniale nationale Muster reproduziert oder erfolgt eine explizitere Berücksichtigung „kultureller Differenzierungen"? Zunächst wird das *département* Paris, danach das *département* Seine-Saint-Denis in den Blick genommen.

5.3.2   *Die* politique de la ville *im* département *Paris: MigrantInnen als „le public principal" – zum Unterlaufen nationaler Diskursstränge*

5.3.2.1   Dokumente und Interviews zur *politique de la ville* in Paris

Im *département* Paris liegen weniger Dokumente als im Bundesland Hessen vor, die in die Analyse aufgenommen werden könnten. Für die Gesamtstadt Paris liegt ein Bericht des *Observatoire des quartiers parisiens*[241] vor, in dem aktuelle Ausrichtungen der *politique de la ville* sowie Probleme und Handlungsbedarf für die einzelnen Pariser Fördergebiete beschrieben werden (Dok-F11). Die Präfektur von Paris stellt zwar einige Informationen auf ihrer Homepage (Dok-F12), aber keine eigenständigen weiteren Veröffentlichungen bereit (siehe Tabelle 12). Die etwas geringere Datenmenge hat zur Folge, dass die Ausrichtung der *politique de la ville* in Paris in höherem Maße über das geführte Interview zu erschließen ist.

Tabelle 12:   Dokumente der Stadtpolitik *politique de la ville* – regionale Ebene: Paris

Dokumente auf regionaler Ebene : *département* 75, Paris			
Herausgeber/Autor	Titel	Dokumentart	Kürzel
Apur und DPVI, 2007	Politique de la Ville. Observatoire des quartiers parisiens. Rapport 2007. La nouvelle géographie des quartiers prioritaires	Monographie	Dok-F11
Préfecture de Paris, 2011	Internetkommunikation der Préfecture de Paris: http://www.paris.pref. gouv.fr/actionsEtat/ politiqueVille/ politiquet.htm (03.02.2011)	Homepage	Dok-F12

Quelle: Eigene Darstellung

Entsprechend der jeweiligen Ausrichtungen der Präfekturen in den *départements* beziehungsweise der politischen Haltung in Paris können regional unterschiedliche Schwerpunkte in der *politique de la ville* gefördert werden. Zudem ist es von den Präfekturen beziehungsweise der Stadt Paris abhängig, wie gut sie Handlungsbedarf in ihren Fördergebieten gegenüber staatlichen Stellen deutlich machen können, um möglichst viele Fördermittel zu erhalten. In Paris übernimmt die *Délégation à la Politique de la ville et à l'intégration* (DPVI) die Koordination der Stadtpolitik und bildet die Schnittstelle zwischen nationalen Vorgaben und lokaler Umsetzung. Zur Erfassung der Positionierung der DPVI wurde eine leitende Mitarbeiterin der Behörde befragt (IP-F06) (vgl. Tabelle 13).

---

241 Beobachtungsstelle der Pariser Stadtquartiere.

Tabelle 13:   Interview mit einer Verantwortlichen der Stadtpolitik *politique de la ville* – regionale Ebene: Paris

Interview auf regionaler Ebene: *département* 75, Paris				
InterviewpartnerIn	Datum	Ort	Dauer	Kürzel
Leitende Mitarbeiterin der Délégation à la Politique de la ville et à l'Intégration (DPVI)	09.12.2010	Paris	00:58 Stunden	Int-F06

Quelle: Eigene Darstellung

5.3.2.2   Differenzierung der Bevölkerungsgruppen in Paris: MigrantInnen als Fakt

Entsprechend dem Vorgehen auf nationaler Ebene wird zunächst analysiert, ob und wenn ja, in welcher Form „kulturell" in der *politique de la ville* im *département* Paris differenziert wird.

Sowohl in den untersuchten Materialien als auch den Interviews werden bestimmte Quartiere von Paris als solche mit hohem Migrantenanteil beschrieben. Im Bericht des Beobachtungszentrums, des *Observatoire des quartiers parisiens*, der *politique de la ville* für Paris für das Jahr 2007 werden die „Fördergebiete"[242] mit einem Anteil von 22 % „Ausländern"[243] verbunden (Dok-F11: 58*). Dies ist ein erstes Indiz für die Problematisierung von MigrantInnen – würden sie keine spezielle Rolle spielen, müssten sie in der Analyse auch nicht Erwähnung finden. Eine leitende Mitarbeiterin der DPVI[244] stellt nicht nur eine Äquivalenz zwischen Quartieren der Stadtpolitik und „Ausländern", sondern auch mit „Personen mit Migrationshintergrund" her, deren Anteil in „diesen Vierteln" „erhöht[-]" sei. Diese Quartiere werden als „Aufnahmequartiere von eingewanderten Bevölkerungsgruppen" bezeichnet beziehungsweise Paris allgemein als „Aufnahmegebiet" für alle Bevölkerungsgruppen, die aus Ländern mit schwierigeren Lebensbedingungen kämen (Int-F06). Ein Beispiel für ein solches Stadtviertel stellt das *quartier* Belleville-Amandiers dar, das auch im Rahmen dieser Arbeit untersucht wird. Dieses wird in einem Bericht der DPVI als „kosmopolitisches Quartier"[245] bezeichnet, das eine „Vielzahl an Nationalitäten"[246] empfange (Dok-F11: 46*), womit eine Äquivalenzkette aus Belleville-Amandiers ≡ „kosmopolitisch" ≡ viele Nationalitäten entsteht.

[Wir haben] dort, in diesen Vierteln, einen erhöhten Anteil an Personen mit Migrationshintergrund, (...) das sind doch Aufnahmequartiere, also, nicht nur, aber nun ja, das sind doch Aufnahmequartiere von eingewanderten Bevölkerungsgruppen. (...). Paris ist ein Aufnahmegebiet für die gesamte Bevölkerung aus Ländern, wo die Lebensbedingungen, besonders die politischen, sehr, sehr kompliziert sind.[247]
Int-F06 (Leitende Mitarbeiterin der Délégation à la Politique de la ville et à l'Intégration (DPVI))

Es erfolgt eine dezidierte „kulturelle Differenzierung": Einwanderung ist in Paris ein Fakt, der berücksichtigt wird und der zur Stadtbeschreibung dazu gehört. MigrantInnen werden in Paris

---

242 quartiers prioritaires.
243 étrangers.
244 DPVI: Délégation à la politique de la ville et à l'intégration: Behörde, die in Paris eingerichtet wurde, um die politique de la ville und Ziele der intégration umzusetzen.
245 un quartier cosmopolite.
246 accueillant de nombreuses nationalités.
247 [On a] dans ces quartiers là une présence plus importante de personnes issues de l'immigration, (...) c'est quand même des quartiers d'accueil, alors, pas uniquement, mais enfin, c'est quand même des quartiers d'accueil de populations migrantes. (...) Paris est un territoire d'accueil de toute la population des pays où les conditions de vie notamment politiques sont très, très compliquées.

sowohl räumlich als auch nach Herkunft unterschieden: So wird ein erhöhter Anteil „älterer Immigranten"[248] „im Norden und Osten der Hauptstadt"[249] verortet. „Die Algerier"[250] bildeten die „erste Immigranten-*community*"[251] von Paris vor „den Tunesiern"[252] und „den Marokkanern"[253] (Dok-F11: 60*). Es wird also erfasst, aus welchen Ländern die MigrantInnen kommen, die in Paris leben.

Der erhöhte Migrantenanteil hat auch Auswirkungen auf die Quartiere. So wird in einer Narration der leitenden Mitarbeiterin der DPVI das *quartier* Goutte d'Or, das als Beispiel herangezogen wird, als Gebiet beschrieben, das „eingewanderte Bevölkerungsgruppen aufnimmt", was „konstitutiv für die Identität" sei. Diese Verknüpfung wird durch die Momente des „Reichtum[s]" und einer „echte[n] Identität von Paris" unterstrichen und damit verankert. Gleichzeitig ist diese Narration polyphon: Einem Reichtum und einer Identität durch Einwanderung steht diese als „große Katastrophe" gegenüber, getrennt durch „auch" (Int-F06). Es bestehen zwei Deutungsschemata von MigrantInnen in Paris: Sie können als Vorzug, aber auch als Problem interpretiert werden.

[Z]um Beispiel im Quartier der Goutte d'Or, das ein Quartier ist, das <u>eingewanderte Bevölkerungsgruppen auf</u>-<u>nimmt</u> [...] das ist <u>konstitutiv für die Identität</u>. Man kann beschließen, dass das eine <u>große Katastrophe</u> ist und dass das unkontrollierbar ist, man kann **auch** beschließen, dass diese räumliche Einschreibung ein <u>Reichtum</u> ist (...). Das wird so in Paris gelebt, die Tatsache, dass Bevölkerungsgruppen mit Migrationshintergrund und ihre Geschichten auf dem Gebiet auch eine <u>echte Identität von Paris</u> ist.[254]
Int-F06 (Leitende Mitarbeiterin der Délégation à la Politique de la ville et à l'Intégration (DPVI))

5.3.2.3 Zur Verknüpfung von MigrantInnen an spezifische Problemlagen

Die Verknüpfung zwischen MigrantInnen und Problemlagen, die ihnen spezifisch zugeschrieben werden, lässt sich mittels weiterer Narrationen präzisieren. Im Gegensatz zu „anderen Gebieten der *politique de la ville* in Frankreich"[255] stelle sich für Paris *besonders* die „Frage der Neuankömmlinge"[256] (Int-F06*). Diese könnten nicht einfach sich selbst überlassen werden, sondern bedürften einer gesonderten Berücksichtigung.

In einer Narration der Mitarbeiterin der DPVI werden „Personen mit Migrationshintergrund" an Probleme beim „Sprachzugang[-]", „Zugang[-] zu Arbeit" und „Ausbildung" geknüpft. Für diese wird der soziale Integrationsprozess als „absolut nicht einfach und selbstverständlich" bezeichnet. Es erfolgt eine Differenzierung in „Menschen (...), die mehr als andere Schwierigkeiten haben", womit hier MigrantInnen benannt werden, die von anderen – respektive Franzosen – abgegrenzt werden. Unterstrichen wird diese Ausführung darüber, dass dies „nicht diskriminierend" sei, es zu sagen, sondern es eine „soziale Situation" darstelle (Int-F06)

---

248 immigrés âgés.
249 dans le nord et l'est de la capitale.
250 Les Algériens.
251 la première communauté immigrée.
252 les Tunisiens.
253 les Marocains.
254 [P]ar exemple sur le quartier de la Goutte d'Or (...) qui <u>accueille des populations migrantes</u> [...:] c'est <u>constitutif de l'identité</u>. On peut décider que c'est <u>une grande catastrophe</u> et que c'est ingérable, on peut **aussi** décider que cette inscription territoriale est une <u>richesse</u> (...) [C]'est vécu comme ca à Paris, le fait que les populations d'origine immigrée et leurs histoires sur le territoire est aussi une <u>vraie identité de Paris</u>.
255 autres territoires de la politique de la ville en France.
256 la question des primo-arrivants.

– also ein Fakt, der zu berücksichtigen sei. Probleme der „*intégration*" werden auch räumlich verortet. Vor allem „an den Toren"[257] der Stadt käme es zu einer „Verstärkung der Schwierigkeiten"[258] (Int-F06*).

In jedem Fall weiß man, dass sich die <u>Personen mit Migrationshintergrund</u> in <u>Prozessen der sozialen Integration</u> befinden, die <u>absolut nicht einfach und selbstverständlich</u> sind, genau. Die Frage des <u>Sprachzugangs</u>, die Frage des <u>Zugangs zu Arbeit</u>, die <u>Ausbildung</u>. Nun ja, das ist <u>nicht diskriminierend</u>, das zu sagen, das ist eine <u>soziale Situation</u>, ja, es gibt <u>Menschen</u>, die sind, nun ja, Menschen, Kinder und Erwachsene, <u>die mehr als andere Schwierigkeiten haben</u>, Zugang zu Arbeit und auch Wohnraum zu finden.[259]
Int-F06 (Leitende Mitarbeiterin der Délégation à la Politique de la ville et à l'Intégration (DPVI))

Während die bisherigen Problemlagen allgemein an MigrantInnen gekoppelt wurden, werden in weiteren Narrationen besonders „ältere MigrantInnen"[260] hervorgehoben, die „spezifische Schwierigkeiten beim Rechtszugang, Zugang zu Wohnungen, Gesundheit, Geselligkeit und zudem am Lebensabend"[261] (Dok-F11: 61-63*) hätten. Unter den älteren MigrantInnen sind es besonders Frauen, die durch begrenzte Französischkenntnisse mit der Gefahr von „Einsamkeit"[262] und einem „Unter-sich-sein in der *community*"[263] in Verbindung gebracht werden (Dok-F11: 63*).

Auch im Bereich der Schule wird „kulturell" differenziert – einem Bereich, in dem in Frankreich eigentlich besonders die *égalité*, die Gleichbehandlung aller gewahrt bleiben soll. So werden von der Mitarbeiterin der DPVI die „Schulen der Republik im Quartier"[264] als sehr „gespalten"[265] und „nach Herkunft markiert"[266] beschrieben. Dementsprechend gäbe es auch „wenig Mischung"[267] (Int-F06*).

In den beschriebenen Narrationen werden Differenzierungen zwischen MigrantInnen gegenüber anderen – den „französischen" QuartiersbewohnerInnen – explizit gemacht und als relevant für Paris beschrieben.

Es ergibt sich eine Parallele zur nationalen Ebene, bei der der Signifikant MigrantInnen auch mit spezifischen Problemlagen und Ressourcen äquivalent gesetzt und als flottierender Signifikant konzeptionalisiert wurde. Dort erfolgte allerdings keine offizielle Verknüpfung zu MigrantInnen als Kriterium oder als zu berücksichtigende Größe. Dies ist im *département* Paris anders.

---

257 sur les portes.

258 un renforcement des difficultés.

259 En tout cas, on sait que les personnes issues de l'immigration sont dans des processus d'intégration sociale qui sont pas du tout simples et évidents, voilà. La question de l'accès à la langue, la question de l'accès à l'emploi, la formation ... Bon ca, enfin, c'est pas discriminant de le dire, c'est une situation sociale, donc, on a des gens qui sont, enfin, des gens, des enfants et des adultes, qui sont plus en difficulté que d'autres pour accéder à l'emploi et au logement aussi.

260 Les immigrés âgés.

261 des difficultés spécifiques en termes d'accès aux droits, de logement, de santé, de sociabilité ou encore de fin de vie.

262 la solitude.

263 un « entre-soi » communautaire.

264 les écoles du quartier de la République.

265 très clivés.

266 très marqué sur l'origine.

267 peu de mixité.

5.3.2.4   MigrantInnen als Indikator der *politique de la ville* in Paris

Im Bericht des *Observatoire des quartiers parisiens* werden die einzelnen Fördergebiete der *politique de la ville* in Paris nach mehreren Indikatoren bewertet. Einer dieser Indikatoren stellt der „Anteil der eingewanderten Bevölkerung"[268] dar, der damit berücksichtigt wird (Dok-F11: 15*). Während der Ausländeranteil, Migrantenanteil oder eine ähnliche Kenngröße bei der Auswahl der *zones urbaines sensibles* auf nationaler Ebene nicht mit einbezogen wurde, stellt er eine explizite Größe im *département* Paris dar. Die Äquivalenzbeziehung „Anteil der eingewanderten Bevölkerung" ≡ „Indikator" der *politique de la ville* wird in Narrationen der Mitarbeiterin der DPVI noch deutlicher. Die geringe „offizielle" Berücksichtigung, unter anderem in den ZUS, steht neueren Entwicklungen, unter anderem den Stadtverträgen *contrats de ville* und *contrats urbains de cohésion sociale,* gegenüber. Die „Präsenz von eingewanderten Bevölkerungsgruppen" sei ein „Indikator, den man überall findet" und der „in allen Kriterien" als „Fragilitätsindikator"[269] dabei sei (Int-F06). Diese Argumentation wird in einer weiteren Narration aufgegriffen, in der die Mitarbeiterin den „Anteil der eingewanderten Bevölkerung" [270] als „Fragilitätsindikator eines Gebiets" [271] bezeichnet, womit die Verknüpfung verfestigt wird (Int-F06*). In Paris wirkt sich die Äquivalenz MigrantInnen ≡ „Fragilitätsindikator" explizit auf die *politique de la ville* aus: MigrantInnen werden handlungsrelevant.

> [D]as ist doch ein <u>Indikator, den man überall findet</u>, das heißt offiziell wenig ... in der Definition der ZUS, glaube ich, gab es die Frage nach der <u>Präsenz von eingewanderten Bevölkerungsgruppen</u> nicht, (...) weil die ZUS sind doch von 1996, das sind doch 15 Jahre, die ZUS, nun ja. Nun seitdem gab es die *contrats de ville* und die *contrats urbains de cohésion sociale,* die Frage nach der Präsenz von Bevölkerungsgruppen mit Migrationshintergrund ist <u>in allen Kriterien</u> – ein <u>Fragilitätsindikator</u>. Das ist ein Fragilitätsindikator.[272]
> *Int-F06 (Leitende Mitarbeiterin der Délégation à la Politique de la ville et à l'Intégration (DPVI))*

5.3.2.5   MigrantInnen als „*le public principal*"[273] der *politique de la ville* in Paris

Im Rahmen des *contrat urbain de cohésion sociale* (CUCS) von Paris erfolgt ein Zugang zu bestimmten „Zielgruppen", den „*publics prioritaires*". „Besondere Anstrengung"[274] sei unter anderem für „die Bevölkerungsgruppen ausländischer Herkunft"[275] zu unternehmen (Dok-F11: 15*). Der CUCS als Mittel zur Reduktion von sozialräumlichen Ungleichheiten wird also mit zum Instrument einer quartiersbezogenen Förderung von MigrantInnen.

. Auch die Mitarbeiterin der DPVI argumentiert über die „*publics prioritaires*" und koppelt diese an „eingewanderte[-] Personen" als eine der Zielgruppen des CUCS. Unterstrichen wird dies über die Ausrichtung der Behörde DPVI, in der sie arbeitet, die nicht aus „Zufall" die

---

268 la part des populations immigrées.
269 MigrantInnen werden damit als „zerbrechlich", also als „benachteiligt" erfasst.
270 le pourcentage de population immigrée.
271 un indicateur de fragilité d'un territoire.
272 [C]'est quand même un indicateur qu'on trouve partout, quoi, c'est-à-dire qu'officiellement peu ... dans la définition des ZUS, je crois qu'il n'y avait pas la question de la présence de populations immigrés sauf que (...) les ZUS, c'est 1996 quand même, ca fait quand même 15 ans, les ZUS, voilà. Donc depuis, il y a eu les contrats de ville et les contrats urbains de cohésion sociale, la question de la présence de la population issue de l'immigration est dans tous les critères – indicateur de fragilité. C'est un indicateur de fragilité.
273 die vorrangige Zielgruppe.
274 l'effort particulier.
275 les populations d'origine étrangère.

„Behörde für *politique de la ville* **und** *intégration"* sei (Int-F06). *Politique de la ville* und *„intégration"* werden auf diese Weise in Beziehung zueinander gesetzt.

[D]ie sind Teil einer der <u>publics prioritaires</u>, die <u>eingewanderten Personen</u>, die sind eine vorrangige Zielgruppe des *contrat urbain de cohésion sociale.* Es ist kein Zufall, dass die Behörde für *politique de la ville* auch die Behörde für *politique de la ville* und *intégration* ist.[276]
Int-F06 (Leitende Mitarbeiterin der Délégation à la Politique de la ville et à l'Intégration (DPVI))

In einer weiteren Narration wird die Äquivalenz MigrantInnen ≡ eine Zielgruppe der *politique de la ville* aufgegriffen und verstärkt: MigrantInnen werden als „**die** Zielgruppe der Maßnahmen" bezeichnet, egal um welches Thema es sich handele. Ein Großteil der Menschen, die die Maßnahmen der *politique de la ville* in Anspruch nähmen, seien „Personen mit Migrationshintergrund". Auch hier präzisiert die Mitarbeiterin noch einmal: „[T]atsächlich" seien diese **die** zentrale Zielgruppe, „*le public principal* der Maßnahmen", die durch die *politique de la ville* umgesetzt würden (Int-F06). MigrantInnen werden entsprechend hegemonial in der Stadtpolitik von Paris verankert.

[M]an muss sagen, dass die doch **die** <u>Zielgruppe der Maßnahmen</u> sind, egal bei welchem Thema, sei es Kultur, Jugend, Kindheit, ja, egal welches Thema der Politik, der durchgeführten Maßnahmen in den Quartieren in Bezug auf die *politique la ville.* Ein Großteil der Leute, die diese Maßnahmen in Anspruch nehmen, sind <u>Personen mit Migrationshintergrund</u>. Genau. (...). Nun, das ist doch, das ist ein *public prioritaire,* aber tatsächlich, die sind <u>tatsächlich *le public principal*</u> der Maßnahmen, die in der *politique de la ville* durchgeführt werden.[277]
Int-F06 (Leitende Mitarbeiterin der Délégation à la Politique de la ville et à l'Intégration (DPVI))

Ausgehend vom erfassten erhöhten Anteil von MigrantInnen in Paris leitet sich über die Verknüpfung zu Problemlagen spezifische Handlungsrelevanz ab. *„Intégration"* wird zur zentralen Zielsetzung und als erforderlich legitimiert. Die Ausrichtung der *politique de la ville* auf MigrantInnen und die explizite Verfolgung von Zielen der *„intégration"* stehen im Gegensatz zur nationalen Politikkonzeption – der offizielle hegemoniale Gleichbehandlungsdiskurs wird unterlaufen. Die Aussagen auf nationaler Ebene, dass lokal mehr sagbar und umsetzbar sei, scheinen in Paris bereits auf regionaler Ebene zuzutreffen. Dieser These soll im Folgenden durch eine Analyse beschriebener Maßnahmen auf *département*-Ebene in Paris nachgegangen werden.

5.3.2.6   Explizite Förderung von MigrantInnen durch die *politique de la ville* in Paris

MigrantInnen als *public principal* bringen in verschiedenen Bereichen ein spezifisches Handeln mit sich. So werden in einer Narration der Mitarbeiterin der DPVI an das Handeln, das es „selbstverständlich" gäbe, Zielsetzungen und Maßnahmen des „Zugang[s] zur Sprache", also der „Sprachförderung", „Hilfestellung für Vereine", „Förderkurse[-]", die „Frage alter MigrantInnen", die „Frage der Unterkünfte" für ArbeitsmigrantInnen und die „Frage des Kampfs

---

276 [C]ela fait <u>partie d'un des publics prioritaires, les personnes immigrées,</u> c'est un public prioritaire du contrat urbain de cohésion sociale. C'est pas par hasard si la délégation à la politique de la ville est aussi <u>la délégation à la politique de la ville et à l'intégration.</u>

277 [C]e qu'il faut dire c'est que quand même **le public des actions** quelque soi le thème, que ce soit la culture, la jeunesse, l'enfance, voilà, quelque soi le thème de la politique, des actions menées dans les quartiers en matière de politique de la ville. <u>Une grande majorité du public que touchent ces actions là est un public issu de l'immigration.</u> Voilà. (...). Donc, c'est quand même, c'est un <u>public prioritaire,</u> mais de fait, c'est <u>de toute façon le public principal des actions qui sont menées en politique de la ville.</u>

gegen Diskriminierungen" geknüpft (Int-F06). Damit entsteht eine längere Äquivalenzkette aus MigrantInnen, spezifischem Handeln und Maßnahmen aus unterschiedlichen Handlungsfeldern. In all diesen Bereichen wird von der Stadt Paris und der Behörde DPVI eine gesonderte Behandlung als notwendig erachtet – es wird zwischen MigrantInnen und anderen differenziert. „Kulturelle Differenzierungen" bringen spezifisches Vorgehen mit sich.

Nun ja, es wird selbstverständlich gehandelt, in Bezug auf den Zugang zur Sprache, also sehr viel, also Sprachförderung, gut, dann gibt es die Hilfestellung für Vereine in besonderer Form, auch die Durchführung von Förderkursen, schließlich die Frage alter MigrantInnen, der Menschen die im Quartier alt werden, die Frage der Unterkünfte, die sehr stark bearbeitet wird, die doch heute Orte sind, wo die Exklusion sehr, sehr stark ist. Und dann die Frage des Kampfs gegen Diskriminierungen ebenfalls, die mit den lokalen Plänen zum Kampf gegen Diskriminierungen losgeht.[278]
Int-F06 (Leitende Mitarbeiterin der Délégation à la Politique de la ville et à l'Intégration (DPVI))

Die Maßnahmen der unterschiedlichen erwähnten Bereiche lassen sich mit Hilfe weiterer Narrationen präzisieren. Es handelt sich dabei gleichzeitig um die Maßnahmen, die in den Materialien und vor allem auch den Interviews als die aktuell wichtigsten bezeichnet werden.

Dezidierte Sprachförderung zur „intégration" und fehlende Handlungsmöglichkeiten in „nach Herkunft markiert[en]" Schulen
Ein hoher Stellenwert wird in den Dokumenten sowie dem Interview der „Sprachförderung" für MigrantInnen in Paris zugeschrieben. So werde eine „bedeutsame Anstrengung" zum „Spracherwerb" unternommen – und dies in „soziale[r] oder berufliche[r] Perspektive", das heißt sowohl für den sozialen Austausch als auch für die berufliche Tätigkeit. Die Sprachförderung wird dezidiert an eine „gute *intégration* der Pariser" gebunden, die „aus anderen Ländern kamen" (Dok-F11 sowie Int-F06*). Zum einen wird damit Sprachförderung mit „*intégration*" äquivalent gesetzt und diese Anreihung als „entscheidend" hervorgehoben. Zum anderen werden MigrantInnen hier als Pariser „aus anderen Ländern" bezeichnet, womit deren „*intégration*" in die Pariser Bevölkerung unterstrichen wird.

Eine bedeutsame Anstrengung wird für den Spracherwerb des Französischen in einer sozialen oder beruflichen Perspektive unternommen, eine Bedingung, die unentbehrlich für eine gute *intégration* der Pariser, die aus anderen Ländern kamen, erscheint.[279]
Dok-F11 (Apur/DPVI: Politique de la Ville. Observatoire des quartiers parisiens. Rapport 2007. La nouvelle géographie des quartiers prioritaires): 19

„Alphabetisierung"[280] und „Erlernen des Französischen"[281] als „Fremdsprache"[282] werden als „Basisaktivität"[283] in den Unterkünften von ArbeitsmigrantInnen benannt, wodurch die Be-

---

278 Donc, il y a évidemment de l'intervention, alors, sur l'accès à la langue, énormément, hein, donc la formation linguistique, voilà, donc il y a du soutien aux associations de manière très importante, la mise en place de cours municipaux aussi, enfin, voilà, (…) la question des vieux migrants aussi, des personnes qui vieillissent sur le territoire, la question des foyers (…) [qui] est traitée de manière très importante qui sont quand même des lieux aujourd'hui pour le coup où l'exclusion est encore très, très forte, voilà. Et puis la question de la lutte contre les discriminations également qui démarre avec des plans locaux de lutte contre les discrimations.

279 Un effort significatif est engagé pour l'apprentissage du français, dans une perspective sociale ou professionnelle, condition qui apparaît comme essentielle à une bonne intégration du Parisien venus d'autres horizons.

280 L'alphabétisation.

281 enseignement du français.

282 langue étrangère.

283 une activité de base.

wohnerInnen an „Autonomie gewinnen"[284] könnten (Dok-F11: 67*). Auch hier hat sich die Sprachförderung als notwendig hegemonial verfestigt.

Darüber hinaus wird in den Schulen ein spezifisches Handeln für MigrantInnen als sinnvoll erachtet. Vor dem Hintergrund der oben beschriebenen fehlenden Mischung in den „Schulen der Republik im Quartier"[285], da diese in hohem Maße „nach Herkunft markiert"[286] seien, müssten, so die Mitarbeiterin der DPVI, „spezifische Programme"[287] umgesetzt werden, um allen SchülerInnen die gleichen Chancen zu bieten. Heute hätte „man" aber noch nicht dieses „Handlungsinstrument"[288] (Int-F06*). Ein als zielführend erachtetes Eingreifen steht in Opposition zu fehlenden Handlungsmöglichkeiten. Die Schulen, als „kulturell" differenziert erfasst, erforderten ein differenziertes Handeln – zwar gibt es dieses (noch) nicht, aber es liegt im Bereich des Sagbaren, entsprechende Maßnahmen als notwendig zu erachten.

Maßnahmen für Frauen zum Berufszugang: Primär für Migrantinnen
Im Bereich des Berufszugangs wird in Paris „positiv diskriminiert" zugunsten einer speziellen Förderung für Frauen. Für den „Lebensweg" von Frauen bestehe ein „Begleitprogramm", um „Zugang zum Arbeitsmarkt" zu erhalten. Es wird auf die Befähigung von Frauen gesetzt, um Problemlagen zu reduzieren. Die Koppelung erfolgt „ganz besonders" an „Frauen mit Migrationshintergrund" (Int-F06).

Wir arbeiten auch rund um die Belange von Frauen, wir nennen diese Arbeit „Lebensweg von Frauen" und (...) wir haben ein allgemeines Begleitprogramm, das ihnen den Zugang zum Arbeitsmarkt ermöglicht, nun ja, zur Frage ... ja ... und das ist doch ein Programm, das besonders die Frauen mit Migrationshintergrund betrifft, ganz besonders, genau.[289]
Int-F06 (Leitende Mitarbeiterin der Délégation à la Politique de la ville et à l'Intégration (DPVI))

Zwar werden mit dem Programm nicht nur Migrantinnen angesprochen, allerdings werden diese zur zentralen Zielgruppe. Auch in Paris bestehen damit wie auf nationaler Ebene implizite Fördermaßnahmen für MigrantInnen: Das Programm ist nicht offiziell auf MigrantInnen ausgerichtet, die Narration der Mitarbeiterin der DPVI deutet aber an, dass es vor allem um diese geht.

Förderung der Vielfalt und Kampf gegen Diskriminierungen
Explizit werden „kulturelle Differenzierungen" bei der Förderung der Vielfalt und dem Kampf gegen Diskriminierungen problematisiert.

Durch die Behörde DPVI und die Stadt Paris werden jährlich Kulturprogramme umgesetzt, bei denen die „Vielfalt" gefördert werden soll. Die „Vielfalt der Kulturen" wird als „Reichtum der Stadt Paris" und als „Ressource" bezeichnet und entsprechend eine Äquivalenz hergestellt. Die Mitarbeiterin der DPVI nennt als Beispiel den Stadtteil Barbès, in dem die „afrikanische Bevölkerung" als „Reichtum" für die Stadt und als Teil der „Identität von Paris" dargestellt wurde (Int-F06).

---

284 gagner en autonomie.
285 les écoles du quartier de la République.
286 très marqué sur l'origine.
287 des programmes spécifiques.
288 on n'a pas ce type de dispositif.
289 On a aussi un travail autour des femmes, on appelle ce travail là « parcours de femmes » et donc (...) on a un programme d'accompagnement un peu général qui leur permet notamment d'accéder à l'emploi, donc, sur la question ... voilà ... et c'est quand même un programme qui touche énormément les femmes issues de l'immigration, énormément, voilà.

[I]ch denke, dass wir eine Förderung der Vielfalt betreiben, das heißt (...) in Immigration gibt es tatsächlich auch die Vielfalt der Kulturen und das ist auch ein Reichtum der Stadt Paris, diese kulturelle Vielfalt und die Vielfalt der Herkunft und es auch so zu leben, also als eine Ressource, also die Kulturen, die da sind, zu fördern (...). [E]s wird jedes Jahr dazu gearbeitet (...). [D]ieses Jahr gab es eine kulturelle Programmgestaltung rund um das afrikanische Barbès, das heißt, wie und auf welche Weise die afrikanische Bevölkerung in Barbès präsentiert wurde (...). Das ist die Förderung der Vielfalt, auch wie das ein Reichtum auch für das Gebiet ist (...). Das wird so präsentiert und das wird auf diese Weise in Paris gelebt, also die Tatsache, dass die eingewanderten Bevölkerungsgruppen und ihre Geschichten auf dem Gebiet auch eine echte Identität von Paris ist.[290]
Int-F06 (Leitende Mitarbeiterin der Délégation à la Politique de la ville et à l'Intégration (DPVI))

Barbès wird explizit mit der „afrikanische[n] Bevölkerung" verknüpft, diese hervorgehoben und in Wert gesetzt. Ganz selbstverständlich wird in unterschiedliche Gruppen nach Herkunft differenziert, die in Paris lebten und die zur Identität von Paris dazugehörten. Die Gesellschaft wird „kulturell" differenziert gedacht.

Neben der Förderung der Vielfalt wird ein „entschiedener Kampf" gegen „alle Formen von Diskriminierung"[291] geführt, damit also auch gegen Diskriminierungen von MigrantInnen (Dok-F11: 14*). Dazu werden für jedes *arrondissement* „Pläne des Kampfs gegen Diskriminierungen" aufgestellt, an denen „alle Akteure" beteiligt werden, die in den *arrondissements* relevant sind. Beispielsweise würden „Fortbildungen" durchgeführt, damit Diskriminierungen durch die Akteure vermieden würden, wie die Mitarbeiterin der DPVI ausführt (Int-F06*). Der national hegemoniale Diskursstrang der *lutte contre les discriminations* setzt sich auf regionaler Ebene fort und wird handlungsrelevant.

Kulturelle Mediation, Förderung von Vereinen und Schaffung von Begegnungsstätten für MigrantInnen
MigrantInnen werden in weiteren Maßnahmen explizit herausgegriffen und gefördert. So wird durch die Behörde DPVI die „kulturelle Mediation"[292] unterstützt, das heißt, es wird versucht, den Austausch zwischen MigrantInnen und anderen QuartiersbewohnerInnen mit Hilfe von MultiplikatorInnen zu verbessern (Int-F06*). Eine besondere Rolle komme dabei den „Vereinen des Gebiets"[293] zu, die finanzielle Unterstützung erhielten. Diese führten auch Maßnahmen für MigrantInnen durch, was durch die Verknüpfung an „eingewanderte Personen" als Zielgruppe des CUCS legitimiert wird (Int-F06*).

Durch die *politique de la ville* wurde zudem die „Gründung eines Sozialcafés, Ayem Zamen"[294] begleitet, das für den „Empfang und die Begleitung alter MigrantInnen"[295] bestimmt ist (Dok-F11: 13*). Durch das Sozialcafé soll der „soziale Zusammenhalt" aufrecht erhalten werden (Dok-F11: 19*). Es findet eine dezidierte Unterstützung von MigrantInnen statt, finanziert aus Mitteln der *politique de la ville*.

---

290 [J]e pense qu'on est sur une promotion de la diversité, c'est-à-dire (...) effectivement dans immigration, il y a aussi diversité des cultures et c'est aussi une richesse de la ville de Paris, cette diversité culturelle et d'origine et de le vivre aussi comme une ressource, donc de promouvoir la présence de cultures (...). [I]l y a un travail qui est fait chaque année (...). [C]ette année, ça été une programmation culturelle autour de Barbès L'africaine, c'est-à-dire, comment la population africaine a été présenté et de quelle manière à Barbès (...). C'est la promotion de la diversité, aussi comment c'est une ressource aussi pour le territoire (...). C'est présenté comme ça et c'est vécu comme ça à Paris, le fait que les populations d'origine immigrée et leurs histoires sur le territoire est aussi une vraie identité de Paris.
291 toutes les formes de discrimination.
292 la médiation culturelle.
293 les associations du territoire.
294 La création d'un café social, « Ayem Zamen ».
295 l'accueil et à l'accompagnement des vieux migrants.

„Kulturelle Differenzierungen" werden in Paris explizit handlungsrelevant. Es erfolgt eine explizite Förderung der *„intégration"*, die sich in spezifischen Maßnahmen für MigrantInnen niederschlägt. Die Äquivalenzbeziehung *politique de la ville* ≡ *„intégration"* ≡ MigrantInnen ist, entsprechend übergreifend vergleichbarer Narrationen, hegemonial und stellt nicht nur einen Subdiskurs wie auf nationaler Ebene dar.

5.3.2.7   Die Frage der *„intégration"* und der MigrantInnen als Tabu

Eine explizite Förderung von MigrantInnen wird neben einer aktiven Umsetzung aber auch als heikel beschrieben. So führt die Mitarbeiterin der DPVI aus, dass es „immer Schwierigkeiten" gab, „über diese Fragen [also *intégration* und MigrantInnen] zu sprechen", „auch auf nationaler Ebene" (Int-F06*). Es findet eine Verknüpfung zur „Scheu" statt. MigrantInnen als *public prioritaire* zu bezeichnen, könne leicht als Stigmatisierung aufgefasst werden, was es „sehr schwierig" mache. MigrantInnen werden in zwei Diskursstränge eingebunden: Auf der einen Seite könne man nicht sagen, dass „Menschen mit Migrationshintergrund" mehrheitlich mehr Schwierigkeiten hätten. Auf der anderen Seite könne man nicht ausblenden, dass sich MigrantInnen in einer „besonderen sozialen Situation" befänden und in einer schwierigen Lage seien. Die beiden Stränge werden durch „aber" auf Distanz gehalten, wobei ersterer als Rechtfertigung genutzt wird, um den zweiten Strang auszuformulieren (Int-F06).

> [E]s gibt eine <u>Scheu</u>, ja, es ist eindeutig, dass Frankreich diese Frage noch nicht gelöst hat, auch in den Fachdebatten, <u>wenn man sagt, dass sie ein *public prioritaire* sind, würde man sie fast stigmatisieren</u>, (...) das ist <u>sehr schwierig</u>. Man kann nicht sagen, dass die Personen mit Migrationshintergrund in der Mehrheit mehr Schwierigkeiten begegnen, nun ja (...), **aber** [m]an kann nicht verneinen, dass es eine besondere Situation für Menschen mit Migrationshintergrund gibt (...). [S]ie sind <u>mehr</u> als die anderen Bevölkerungsgruppen in einer <u>besonderen sozialen Situation</u>.[296]
> *Int-F06 (Leitende Mitarbeiterin der Délégation à la Politique de la ville et à l'Intégration (DPVI))*

Es setzt sich auf regionaler Ebene der nationale Diskursstrang des Tabus fort, Fragen „kultureller Differenzierungen" explizit zu machen – hier begründet über die Gefahr einer „Stigmatisierung". Gleichzeitig wird dieser Diskursstrang aufgebrochen und ist eher als Subdiskurs zu konzeptionalisieren, da MigrantInnen in Paris explizit angesprochen und gefördert werden.

5.3.2.8   Zusammenfassung: Explizite Förderung von MigrantInnen

Die Analyse auf regionaler Ebene im *département* von Paris hat deutlich gemacht, dass in Bezug auf die Fördergebiete der *politique de la ville* MigrantInnen explizit problematisiert werden. Es wird sowohl nach Herkunft als auch räumlich in der Verteilung von MigrantInnen „kulturell" differenziert.

MigrantInnen werden in Paris als konstitutiv für die Identität, als Reichtum und Ressource bezeichnet. Dem stehen allerdings auch spezifische Problemlagen wie Sprachdefizite, Prob-

---

296 [I]l y a une <u>timidité</u>, fin, c'est sûr que la France n'a pas résolu cette question là, y compris que même dans des débats professionnels, <u>quand on dit c'est un public prioritaire, presqu'on stigmatiserait</u>, c'est-à-dire on ... <u>c'est très compliqué</u>. On ne peut pas dire que les gens issus de l'immigration dans leur majorité rencontrent plus de difficultés, alors (...), **mais** [o]n ne peut pas nier qu'il y a une situation particulière des personnes issues de l'immigration (...) [E]lles sont <u>plus</u> que les autres populations dans une <u>situation sociale préoccupante</u>.

leme bei der Arbeitssuche, Bildungsdefizite und fehlende Mischung in der Schule gegenüber. Es vollzieht sich eine Koppelung an „Integrationsprobleme" – MigrantInnen werden von anderen QuartiersbewohnerInnen unterschieden.

Der Anteil von „Bevölkerungsgruppen ausländischer Herkunft" wird offiziell zum „Fragilitätsindikator", also zum Indikator für Benachteiligungen. Es verfestigt sich die Koppelung MigrantInnen ≡ Problemlagen. Diese bewirkt, dass eine Berücksichtigung im Vorgehen der *politique de la ville* sinnvoll erscheint. Entsprechend seien MigrantInnen im aktuellen CUCS eine der *publics prioritaires*. Durch die Mitarbeiterin der DPVI werden sie sogar als *„le public principal"* bezeichnet. Die Äquivalenzbeziehung zu einem spezifischen Vorgehen wird hegemonial verfestigt.

Maßnahmen zur *„intégration"* werden so sinnvoll und notwendig und bringen Handlungsrelevanz in expliziten Fördermaßnahmen mit sich. Damit steht das Vorgehen in Paris in Opposition zur nationalen Grundausrichtung der *politique de la ville*. Der offizielle nationale Diskurs einer Gleichbehandlung wird unterlaufen.

In Paris zeigt sich dies besonders in Maßnahmen der Förderung der Vielfalt, der Arbeit von Vereinen und der Schaffung eines Sozialcafés für ältere MigrantInnen – allesamt Maßnahmen, die dezidiert auf MigrantInnen ausgerichtet sind. Die Verknüpfung MigrantInnen ≡ *politique de la ville* ≡ spezifische Förderung erscheint in Paris hegemonial und verfestigt.

Dementsprechend ist der Tabudiskurs, MigrantInnen als *public prioritaire* zu bezeichnen, hier nur als Subdiskurs zu deuten, der auf nationaler Ebene höhere Relevanz besitzt. Vor diesem Hintergrund ist zu prüfen, wie auf lokaler Ebene in Belleville-Amandiers argumentiert wird und ob sich regionale Diskursstränge dort fortsetzen.

Bevor allerdings „kulturellen Differenzierungen" auf lokaler Ebene „nachgespürt" wird, ist das *département* Seine-Saint-Denis in den Blick zu nehmen, in dem die untersuchte Stadt Bondy liegt.

5.3.3   *Die* politique de la ville *im* département *Seine-Saint-Denis: MigrantInnen nicht explizit als Zielgruppe – zum Fortführen nationaler Argumentationsstränge*

5.3.3.1   Dokumente und Interviews der *politique de la ville* im *département* Seine-Saint-Denis

Wie bereits für das *département* Paris angeführt, liegen ebenfalls im *département* Seine-Saint-Denis weniger Dokumente als auf regionaler Ebene in Deutschland vor, so dass auch hier den Interviews größere Bedeutung zukommt.

Für das *département* Seine-Saint-Denis liegt ein Bericht zur aktuellen Situation des *départements* vor, der in das Korpus einbezogen wurde (Dok-F13). Zudem wurden die Internetkommunikation der Präfektur des *départements* Seine-Saint-Denis durchgesehen und Informationen zur *politique de la ville* herausgefiltert (Dok-F14). Darüber hinaus ist das *centre de ressource*[297] Profession Banlieue im *département* Seine-Saint-Denis sehr aktiv und bietet mehrere Veröffentlichungen zur *lutte contre les discriminations*, *intégration* und *mixité sociale*, die digitalisiert wurden (Dok-F15 bis 19) (siehe Tabelle 14). Profession Banlieue ist eine Einrichtung, die zur Qualifikation und zum Erfahrungsaustausch von Verantwortlichen der *politique de la ville* im *département* Seine-Saint-Denis beitragen will. Die Einrichtung wurde 1993 im Zuge der Vorbereitungen zu den Stadtverträgen *contrats de ville* ab 1994 eingerichtet. Sie geht von nationalen Entwicklungen und dem Wunsch auf *département*-Ebene aus, eine stärkere Vernetzung zwischen nationaler und

---

297 Informations- und Dokumentationszentrum.

département-Ebene sowie Akteuren auf lokaler Ebene herzustellen. Sie ist bis heute als wichtige Schnittstelle zwischen den verschiedenen administrativen Ebenen anzusehen.

Tabelle 14:   Dokumente der Stadtpolitik *politique de la ville* – regionale Ebene: *département* Seine-Saint-Denis

Dokumente auf regionaler Ebene: *département* 93, Seine-Saint-Denis			
Herausgeber/Autor	Titel	Dokumentart	Kürzel
Observatoire Départemental, 2010	2010. Portrait de la Seine-Saint-Denis	Monographie	Dok-F13
Préfecture de la Seine-Saint-Denis, 2011	Internetkommunikation der Préfecture de la Seine-Saint-Denis : http://www.seine-saint-denis.pref.gouv.fr (03.02.2011)	Homepage	Dok-F14
Profession Banlieue, 1998	Quelles initiatives contre le racisme « ordinaire » ?	Monographie	Dok-F15
Profession Banlieue, 2003	Agir concrètement contre les discriminations	Monographie	Dok-F16
Profession Banlieue, 2004	Religion, identité et espace public	Monographie	Dok-F17
Profession Banlieue, 2005	Mixité sociale, un concept opératoire ?	Monographie	Dok-F18
Profession Banlieue, 2007	Nouvelles migrations et politique d'intégration	Monographie	Dok-F19

Quelle: Eigene Darstellung

Zur Erfassung der aktuellen Ausrichtung der *politique de la ville* im *département* Seine-Saint-Denis wurden ein hochrangiger Mitarbeiter und eine Mitarbeiterin der Präfektur (IP-F07) interviewt, also der Stelle, die nationale Vorgaben zur lokalen Ebene weitergibt, aber auch spezifische Handlungsschwerpunkte setzen kann. Zudem wurde ein Interview mit einer leitenden Mitarbeiterin von Profession Banlieue geführt, die seit mehr als zwanzig Jahren in und zu den *banlieues* arbeitet und Einblicke in die Historie sowie aktuelle Veränderungen der Stadtpolitik geben konnte (IP-F08) (vgl. Tabelle 15).

Tabelle 15:   Interviews mit Verantwortlichen der Stadtpolitik in Frankreich – regionale Ebene: *département* Seine-Saint-Denis

Interviews auf regionaler Ebene: *département* 93, Seine-Saint-Denis				
InterviewpartnerIn	Datum	Ort	Dauer	Kürzel
Leitender Mitarbeiter und eine Mitarbeiterin der Präfektur des *département* Seine-Saint-Denis	07.12.2010	Bobigny	01:23 Stunden	Int-F07
Leitende Mitarbeiterin des *centre de ressource* Profession Banlieue	08.12.2010	Saint-Denis	01:54 Stunden	Int-F08

Quelle: Eigene Darstellung

5.3.3.2   Hegemoniale Verfestigungen zwischen dem *département* Seine-Saint-Denis und
spezifischen Problemlagen von MigrantInnen

In der medialen Berichterstattung wird das *département* Seine-Saint-Denis vielfach als problembeladen dargestellt. Angeführt werden etwa erhöhte Arbeitslosigkeit, wachsende Armut und
hohe Kriminalität. Vorortunruhen, wie die landesweiten Ausschreitungen von 2005, die in
Clichy-sous-Bois ihren Ausgang nahmen, verstärken das negative Image (dazu u. a. Kokoreff
2006; Le Goaziou/Mucchielli 2006). Bei den Unruhen von 2005 wurde medial neben dem
Verweis auf bauliche Missstände und Unsicherheit über die schwierige Lage von Einwanderern
und deren Nachfahren argumentiert (siehe dazu Glasze/Germes/Weber 2009; Weber 2009).

Die Verbindung zwischen MigrantInnen und spezifischen Problemlagen ist wiederum
auch in den untersuchten Materialien und Interviews prägend und verfestigt. Ein leitender
Mitarbeiter der Präfektur Seine-Saint-Denis beschreibt das *département* als das „schwierigste[-]
département" innerhalb der Förderung der *politique de la ville* mit „vielfältig[en], massiv[en] und
schwerwiegend[en]" Schwierigkeiten. Diese Aussage wird kausal darüber begründet, dass die
Seine-Saint-Denis ein „traditionelles Einwanderungs-*département*" sei (Schwierigkeiten → „weil"
„Einwanderungs-*département*") (Int-F07).

> Also die <u>Schwierigkeiten</u> sind <u>vielfältig, massiv und schwerwiegend</u>. Ja wirklich, hier sind wir im <u>schwierigsten</u>
> *département*, wahrscheinlich, glaube ich, in Frankreich in Bezug auf die *politique de la ville*. Schwierig, **weil** es
> ein <u>traditionelles Einwanderungs-*département*</u> ist (…).[298]
> *Int-F07 (Leitender Mitarbeiter der Präfektur des département Seine-Saint-Denis)*

Damit bestünde auch ein „Problem der *intégration*"[299], das gekoppelt wird an „Probleme am
Wohnungsmarkt"[300], „Probleme der Arbeitslosigkeit"[301], „Probleme des Einkommens"[302],
„Drogenprobleme"[303], „Probleme des Drogenhandels"[304]. Folglich sei es in der Seine-Saint-
Denis „absolut nicht idyllisch"[305] (Int-F07*). Das *département* Seine-Saint-Denis wird räumlich
an Einwanderung und die einwandernden MigrantInnen mit für sie besonders zutreffenden
Problemlagen gekoppelt, die sich in einer Äquivalenzkette aneinanderreihen. Die räumliche
Verortung und Verknüpfung wird auch in einer Narration der leitenden Mitarbeiterin von
Profession Banlieue deutlich. Diese bezieht die „Konzentration von ausländischen Bevölke-
rungsgruppen oder mit ausländischer Herkunft"[306] auf bestimmte „Quartiere"[307] und auf eine
„Verstärkung der Spannungen"[308] (Int-F08*: Konzentration MigrantInnen ≡ bestimmte Quar-
tiere ≡ Verstärkung der Spannungen).

Neben der räumlichen Differenzierung zeigt sich in den Dokumenten eine Differenzierung in Bevölkerungsgruppen, genauer eine dichotome Gegenüberstellung von MigrantInnen

---

298 Alors, les <u>difficultés</u>, elles sont <u>multiples, massives et graves</u>. Vraiment, ici, on est dans <u>le département le plus</u>
<u>difficile</u>, probablement, je crois, de France en matière de politique de la ville. Difficile parce que c'est un
<u>département traditionnel d'immigration</u> (…).
299 le problème de l'intégration.
300 problèmes de logement.
301 problèmes de chômage.
302 problèmes de revenu.
303 problèmes de drogue.
304 problèmes de trafic.
305 pas idyllique du tout.
306 une concentration de populations étrangères ou d'origine étrangère.
307 un ensemble de quartiers.
308 cette aggravation des tensions.

und Franzosen. Die „sozialen Schwierigkeiten und die Abweichung"[309] zu den „französischen Haushalten"[310] werden in den Gebieten der *politique de la ville* als stärker ausgeprägt hervorgehoben (Dok-F13: 5*).

Wie in den bisherigen Ausführungen zu auf MigrantInnen bezogenen Problemlagen in Deutschland und Frankreich werden MigrantInnen auch in der Seine-Saint-Denis mit Problemen aufgrund von Sprachproblemen, Diskriminierungen und Abweichungen durch eine „andere Kultur" verbunden. Der leitende Mitarbeiter der Präfektur stellt eine Äquivalenz aus „Problemen"[311] und fehlenden „Sprachkenntnissen"[312] her, die aber zwingend notwendig seien, um „sich in Frankreich zurecht finden zu können"[313] (Int-F07*). Auch die Debatte um Diskriminierungen und Chancengleichheit findet sich auf regionaler Ebene wieder: Die leitende Mitarbeiterin von Profession Banlieue stellt das republikanische Gleichheitsideal der Tatsache gegenüber, dass „nicht alle auf die gleiche Weise"[314] gleich seien (Diskursstränge durch „nur dass"[315] voneinander getrennt). Die mit der „richtigen Hautfarbe und den passenden Haaren"[316] stehen in Opposition zu denen, die nicht „zu den erforderlichen Kriterien passen"[317] (Int-F08*).

Die „kulturelle" Andersartigkeit kommt in den Narrationen in unterschiedlichen Bereichen zum Tragen: So sei die elterliche Autorität in „bestimmten Kulturen"[318], besonders den „mediterranen", in alleinerziehenden Haushalten in Frage gestellt, da Jungen gegenüber der Mutter schnell machen würden, was sie wollen (Int-F07*). Zudem werden bestimmte Gebiete als solche beschrieben, die zu „100 Prozent" aus „Immigranten oder Ausländern" bestünden und so die „Wiege von gewissen fundamentalistischen, islamistischen Bewegungen" darstellten (Int-F08, entsprechende Argumentation auch in Int-F07*: „schwierige Lagen"[319] ≡ „einige kleine muslimische Gruppen von Fundamentalisten"[320]) beziehungsweise die „sehr vom Islam getragen"[321] (Int-F08*) seien. Es wird dezidiert „kulturell" differenziert und essentialisierend argumentiert.

[E]s gibt Quartiere mit 100 Prozent Immigranten oder Ausländern, ja, muss ich sagen. Und daher bildet das doch die Wiege von gewissen fundamentalistischen, islamistischen Bewegungen. Nun ja, man kann es nicht leugnen.[322]
Int-F08 (Leitende Mitarbeiterin des centre de ressource Profession Banlieue)

Gegenüber den bisherigen Argumentationsmustern und Begründungszusammenhängen, die auch bei den vorherigen Teilanalysen zum Tragen kamen, wird in der Seine-Saint-Denis über einen großen Anteil an illegal im *département* Lebenden sowie über Situationen, in denen weiße

---

309 Les difficultés sociales et l'écart.
310 les ménages français.
311 les problèmes.
312 connaissances de la langue.
313 pour pouvoir se débrouiller en France.
314 pas tous égaux de la même manière.
315 sauf que.
316 la bonne couleur de peau et les bons cheveux.
317 répondre aux critères requis.
318 certaines cultures.
319 situations compliquées.
320 quelques petits groupes d'intégristes musulmans.
321 des quartiers très portés par l'Islam.
322 [I]l y a des quartiers à 100 pour cent immigrés ou étrangers, enfin, je veux dire, c'est, voilà. Et du coup, ça fait quand même le lit de certains mouvements intégristes, islamistes. Mais bon, c'est, on ne va pas le nier.

Kinder in Schulklassen zur diskriminierten Minderheit werden, argumentiert und Äquivalenzbeziehungen hergestellt (Int-F07* und 08*).

Auffällig in den Argumentationsmustern zu Problemlagen von MigrantInnen ist, dass diese auch als zugeschrieben problematisiert werden. So führt die leitende Mitarbeiterin von Profession Banlieue aus, dass „neue Debatten"[323] einen Diskurs befördern würden, indem gesagt würde, dass die aktuelle Situation „ein Problem von Immigranten"[324] sei und nicht ein soziales oder wirtschaftliches Problem. MigrantInnen würden „angeklagt, Kommunitarismus zu betreiben"[325], auch wenn diese vielfach aufgrund von Wohnungszuweisungen gar keinen Einfluss auf ihren Wohnort hätten (Int-F08*). Die Verfestigung MigrantInnen ≡ spezifische Problemlagen, die in vielen Narrationen reproduziert wird, wird in Teilen kritisch hinterfragt. Hierbei handelt es sich allerdings nur um einige wenige Aussagen, die nicht den hegemonialen Diskurs widerspiegeln und vor diesem Hintergrund eher als Subdiskurs bezeichnet werden können.

Der Problemargumentationsdiskurs ist im *département* Seine-Saint-Denis, wie die bisherigen Ausführungen belegen, hegemonial. „Kulturelle Differenzierungen" werden explizit problematisiert. Vor diesem Hintergrund wird auch in der Seine-Saint-Denis „*intégration*" als notwendige Zielsetzung und Aufgabe beschrieben.

5.3.3.3   „*Intégration*" als Zielsetzung und Aufgabe in der Seine-Saint-Denis

In den untersuchten Materialien wird „*intégration*" zum einen als eines der „bedeutsamen Themen"[326], zum anderen als „Herausforderung"[327] beschrieben, wobei diese in der Seine-Saint-Denis „weitreichender als überall sonst in der Ile-de-France[328] ausgeprägt sei. Spezifische Problemlagen von MigrantInnen „machen die *intégration* schwierig"[329] und brächten besondere Herausforderungen unter anderem in der „Schulzeit"[330], der „Ausbildung von Jugendlichen"[331] und „dem Zugang zum Arbeitsmarkt"[332] mit sich (Dok-F13: 5, 59*). Der leitende Mitarbeiter der Präfektur stellt einen kausalen Begründungszusammenhang her: Die Seine-Saint-Denis sei „ein traditionelles Einwanderungs-*département*", *dementsprechend* bräuchten die Bevölkerungsgruppen eine gewisse Zeit, „bevor sie sich in das französische System integrieren" (Int-F07).

[E]s ist schwierig, **weil** es ein traditionelles Einwanderungs-*département* ist, **also** das heißt die Bevölkerungsgruppen benötigen eine gewisse Zeit, bevor sie sich in das französische System integrieren.[333]
Int-F07 (Leitender Mitarbeiter der Präfektur des département Seine-Saint-Denis)

Die klassische Argumentationslogik wird auch in der Seine-Seine-Denis reproduziert: „*Intégration*" wird vor dem Hintergrund spezifischer Problemlagen als sinnvoll und notwendig konzeptionalisiert und „*intégration*" zur Aufgabe, die es zu verfolgen gilt. Doch auch hier wird diese

---

323 des nouveaux débats.
324 un problème d'immigrés.
325 on va les mettre en accusation de faire du communautarisme.
326 de forts enjeux.
327 défi.
328 plus importantes que partout ailleurs en Ile-de-France.
329 rendent l'intégration difficile.
330 la scolarité.
331 la formation des jeunes.
332 l'accès à l'emploi.
333 [C'est d]ifficile parce que c'est un département traditionnel d'immigration, donc ca veux dire des populations qui demandent un certain temps avant de s'intégrer dans le système français.

Aufgabe nicht nur negativ gefasst. Das *département* wird in verschiedenen Narrationen als Aufnahmegebiet für Immigranten bezeichnet, in dem Probleme bereits gelöst würden und positive Entwicklungen möglich scheinen.

Der Seine-Saint-Denis komme die „Funktion einer Durchgangsschleuse der *intégration*"[334] durch die Aufnahme von „Neuankömmlingen"[335] zu (Dok-F13). Diese Aufgabe wird positiv konnotiert, indem das *département* durch „seine Aufnahmekapazitäten"[336] zur „metropolitanen Entwicklung"[337] beitrage (Dok-F13: 9*). Im Gegensatz zu bestehenden Defiziten nehme das *département* auch „immer mehr seinen Platz in den Dynamiken der Metropole [Paris] in der Ile-de-France"[338] ein (Dok-F13: 5*: Diskursstränge durch „auch wenn"[339] getrennt). Diese Polyphonie innerhalb einer Narration durch die Verknüpfung an Probleme und Potentiale kommt ebenfalls in Interviewpassagen des Mitarbeiters der Präfektur zum Tragen: Hier steht das funktionierende „System der *intégration*" bestimmten „Schwierigkeiten" gegenüber (Int-F07: Diskursstränge jeweils durch „aber" auf Distanz gehalten). „*Intégration*" ist noch nicht vollkommen erreicht, vollziehe sich aber.

Die Seine-Saint-Denis übernimmt de facto die <u>Funktion einer Durchgangsschleuse der *intégration*</u>, da sie die <u>Neuankömmlinge</u> mit geringen Einkommen aufnimmt (...).[340]
Dok-F13 (Observatoire Départemental: Portrait de la Seine-Saint-Denis): 47
Das <u>System der *intégration*</u> läuft gar nicht mal schlecht, nun ja, es gibt <u>Schwierigkeiten</u>, schulische Schwierigkeiten, Arbeitsschwierigkeiten, Kriminalitätsprobleme, **aber** das <u>System ist gar nicht mal schlecht</u> (...).[341]
Int-F07 (Leitender Mitarbeiter der Präfektur des département Seine-Saint-Denis)

Die Betonung der Entwicklungsmöglichkeit hin zu einer „erfolgreichen" „*intégration*" ist mit den beschriebenen Argumentationsmustern in Deutschland vergleichbar. „Kulturelle Differenzierungen" werden nicht nur als „Problem" gefasst, sondern können auch positive Effekte mit sich bringen. Letztere Deutung scheint im *département* Seine-Saint-Denis bereits stark verankert, was auch mit dem als sehr hoch beschriebenen Migrantenanteil zu tun zu haben scheint.

5.3.3.4   Vielfalt als Fakt und Ressource, wenn eine „*intégration*" in die französischen Werte und Normen erfolgt

Das *département* Seine-Saint-Denis wird über eine „große Vielfalt der Herkünfte"[342] charakterisiert (Dok-F13: 17, 58*). Der Mitarbeiter der Präfektur differenziert die unterschiedlichen MigrantInnen nach Phasen ihrer Ankunft und führt unter anderem die „maghrebinische Immigration"[343] und die „subsaharische"[344] Immigration an, wobei es heute auch „Asiaten"[345]

---

334 une fonction de sas d'intégration.
335 les primo-arrivants.
336 ses capacités d'accueil.
337 développement métropolitain.
338 le département prend de plus en plus sa place dans les dynamiques de la métropole francilienne.
339 même si.
340 La Seine-Saint-Denis joue de fait une <u>fonction de sas d'intégration</u>, accueillant les <u>primo-arrivants</u> à bas revenus (...).
341 <u>Le système d'intégration</u> est en marche plutôt pas mal, enfin bon, il y a des <u>difficultés</u>, difficultés scolaires, des difficultés d'emploi, des difficultés de délinquance, **mais** le <u>système</u> est plutôt pas mal (...).
342 Une grande diversité des origines.
343 l'immigration maghrébine.
344 subsaharienne.
345 pas mal d'Asiatiques.

seien, unter anderem „Tamilen"[346] und eine „chinesische *community*"[347] (Int-F07*). Die starke Einwanderung in die Seine-Saint-Denis habe dazu geführt, dass der Migrantenanteil besonders hoch liege. Die Mitarbeiterin von Profession Banlieue merkt an, dass das *département* einen Anteil von „70 Prozent" ausländischer Bevölkerung oder ausländischer Herkunft jüngeren Datums (Int-F08*) aufweise.

Entsprechend der unterschiedlichen Herkunftsgebiete und des hohen Anteils wird das *département* sowohl in den untersuchten Dokumenten als auch den Interviews in mehreren Narrationen zudem als „multikulturelles *département*"[348] (Int-F07) bezeichnet beziehungsweise mit der „multikulturellen Gesellschaft"[349] verknüpft (Dok-F17: 50*). Dieser Aspekt, gekoppelt an die „Mischung der Bevölkerungsgruppen und Kulturen", wird dezidiert positiv dargestellt und als Vorteil gefasst. Negative Aspekte werden dem untergeordnet – so spiele das philharmonische Orchester zwar falsch, diese Aussage wird aber zum untergeordneten Diskurs, also einem Subdiskurs, da es als „bunt" positiv gerahmt wird (Int-F07).

> Es gibt Vorteile. (…). Ja, es ist ein sehr junges *département*. Es ist ein multikulturelles *département*. Es gibt, ich weiß nicht wie viele, fast 200 Nationalitäten in diesem *département* – ohne Phänomene eines kollektiven Rassismus. (…). Man merkt wirklich, dass es eine solche Mischung der Bevölkerungsgruppen und Kulturen gibt. (…). [Es gibt] ein philharmonisches Orchester, das falsch spielt, **aber** das bunt [in Bezug auf die Hautfarbe] ist.[350]
> *Int-F07 (Leitender Mitarbeiter der Präfektur des département Seine-Saint-Denis)*

Die französische Gesellschaft als „multikulturelle Gesellschaft" liegt im Bereich des Sagbaren. Gleichzeitig zeigen weitere Aussagen des leitenden Mitarbeiters der Präfektur aber, dass diese Gesellschaft nicht als solche zu verstehen ist, in der verschiedene Gemeinschaften nebeneinander her leben sollen. „*Intégration*" ist als Eingliederung „in das französische System"[351] zu verstehen (Int-F07*). Jungen und Mädchen würden heute „nach und nach aus ihren *communities* heraus"[352] kommen und sich mischen. Ihre „Herkunftsidentität"[353] reduziere sich „nach und nach"[354]. Zwar würde diese nicht verloren gehen, allerdings gäbe es keine „Abschottung"[355] mehr (Int-F07*, Diskursstränge durch „selbst wenn"[356] auf Distanz gehalten). Der Rückzug in die *community* und Isolation stehen als nicht gewünschter Zustand im Außen des Diskurses.

Vor dem Hintergrund von Problemen und Potentialen und dem Ziel der „*intégration*" werden MigrantInnen auch in der Seine-Saint-Denis zu einem politischen Thema und handlungsrelevant.

---

346 tamoules.
347 une communauté chinoise.
348 département multiculturel.
349 la société multiculturelle.
350 Il y a des avantages. (…). Donc, c'est un département très jeune. C'est un département multiculturel. Il y a, je sais pas combien, presque 200 nationalités présentes dans ce département – sans phénomènes de racisme collectif. (…). On sent vraiment qu'il y a un tel mélange de populations et de cultures. (…). [Il y a] un orchestre philharmonique qui joue faux, **mais** qui est multicolore.
351 dans le système français.
352 [L]es garçons et les filles (…) peu à peu sortent de leurs communautés.
353 leur identité d'origine.
354 peu à peu.
355 il n'y a pas ce cloisonnement.
356 meme si.

5.3.3.5 „Intégration" außerhalb der *politique de la ville* durch den *contrat d'accueil* und die *lutte contre les discriminations*

Primär wird in den untersuchten Materialien und Interviews auf die Förderung der *„intégration"* außerhalb der *politique de la ville* rekurriert – zum einen durch den *contrat d'accueil et d'intégration*, zum anderen durch die *lutte contre les discriminations*.

Durch den *contrat d'accueil et d'intégration* erfolgt eine Verknüpfung des „Ausländers, der zum ersten Mal für einen Aufenthalt in Frankreich zugelassen wurde"[357] mit einer „staatsbürgerlichen"[358] und, wenn erforderlich, „sprachlichen"[359] Ausbildung, zu der er „sich verpflichtet"[360] (Dok-F19: 5*). Daran wird die Zielsetzung gebunden, eine „republikanische *intégration*"[361] zu erreichen mit der Übernahme „gemeinsamer Werte"[362], „universalistische[r] Werte einer demokratischen, laizistischen Republik"[363] und einer „Ablehnung von Kommunitarismus"[364] (Dok-F19: 10*). Entsprechend argumentiert der Mitarbeiter der Präfektur, der den *contrat d'accueil et d'intégration* in einer Äquivalenzkette mit „Sprache erlernen"[365], „Arbeit suchen"[366] und „die französischen Institutionen lernen"[367] verknüpft (Int-F07*).

Es verfestigt sich auch auf regionaler Ebene in der Seine-Saint-Denis die Zielsetzung der „Normalisierung" von neu ankommenden MigrantInnen durch Selbstverpflichtungen. „*Intégration*" wird zur Übernahme französischer Werte und Normen – im Außen des *Intégration*-Diskurses steht unter anderem Kommunitarismus, der verhindert werden soll.

An das Ziel der *„intégration"* wird zudem die *lutte contre les discriminations* gekettet. So würde diese zu „einer bedeutenden Achse der Integrationspolitik"[368]. Im Gegensatz zur breit ausgelegten Konzeption der *lutte contre les discriminations* auf nationaler Ebene wird dezidiert auf „Jugendliche mit ausländischen Eltern"[369] verwiesen, die „Opfer von Diskriminierungen"[370] seien. Dementsprechend sei zu handeln (Dok-F16: 7*). Es kommt zur Äquivalentsetzung der *lutte contre les discriminations* mit *immigration* und „*intégration*". „*Intégration*" und die *lutte contre les discriminations* werden auch in der Seine-Saint-Denis hegemonial. „Kulturelle Differenzierungen" werden handlungsrelevant.

5.3.3.6 Primär implizite „kulturelle Differenzierungen" innerhalb der *politique de la ville*

Wie werden „kulturelle Differenzierungen" im Verhältnis dazu *innerhalb* der *politique de la ville* problematisiert? Werden MigrantInnen, wie in Paris, explizit zur Zielgruppe von Maßnahmen oder setzt sich das nationale Vorgehen einer impliziten Problematisierung fort?

---

357 l'étranger admis pour la première fois au séjour en France.
358 civique.
359 linguistique.
360 s'oblige.
361 l'intégration républicaine.
362 des valeurs communes.
363 les valeurs universalistes d'une d'une république démocratique, laïque.
364 le refus du communautarisme.
365 apprendre le français.
366 rechercher un travail.
367 apprendre les institutions françaises.
368 un axe majeur de la politique d'intégration.
369 Les jeunes nés de parents étrangers.
370 victimes des discriminations.

Explizit gemacht wird die *lutte contre les discriminations*, die als „eine bedeutende Herausforderung der *politique de la ville*"[371] benannt wird und die auch als „eine Priorität"[372] in einem Großteil der *contrats de ville* verfolgt worden sei. „Diskriminierung" wird mit „Herkunft oder physischer Erscheinung"[373] assoziiert und damit mit MigrantInnen verknüpft (Dok-F16: 4*). In den geführten Interviews wird ebenfalls auf die *lutte contre les discriminations* Bezug genommen. Allerdings steht diese Berücksichtigung, die zudem nur gering ausfalle („nur ein wenig (…) berücksichtigt"), der Ausrichtung der *politique de la ville* gegenüber, die sonst „nicht wirklich die Frage der Immigration angegangen" hätte. Die Nicht-Berücksichtigung wird in drei narrativen Passagen der leitenden Mitarbeiterin von Profession Banlieue in vergleichbarer Form vorgebracht – hier wird innerhalb eines Interviews diese Positionierung verfestigt. Begründet wird die Ausrichtung der *politique de la ville* darüber, dass die „Migrationsfrage" als eine „problematische Frage", als eine „negative Frage" aufgefasst würde (Int-F08).

> Die *politique de la ville* hat nicht wirklich die Frage der *immigration* aufgegriffen. … Sie hat nur ein wenig die *lutte contre les discriminations* berücksichtigt.[374] (…).
> [A]lso die einzige Sache, die heute in der *politique de la ville* berücksichtigt wird, das ist die *lutte contre les discriminations*.[375] (…).
> Nun ja (…), die Migrationsfrage wird in der *politique de la ville* nicht berücksichtigt. Ja, (…), sie wird als eine problematische Frage, als eine negative Frage aufgefasst.[376]
> *Int-F08 (Leitende Mitarbeiterin des centre de ressource Profession Banlieue)*

„Kulturelle Differenzierungen" werden danach in der *politique de la ville* nicht explizit behandelt. In der Seine-Saint-Denis setzt sich der nationale Diskursstrang einer impliziten Problematisierung fort. So führt der leitende Mitarbeiter der Präfektur aus, dass MigrantInnen nach dem *contrat d'accueil et d'intégration* in die „allgemeinen Dispositive"[377] der *politique de la ville* übergingen. MigrantInnen werden damit an alle „gängigen" Maßnahmen der Stadtpolitik gebunden, wie „Spracherwerb", „Arbeit", „Schulerfolg", „Gesundheit", „Kultur", „Freizeit", „Wohnungswesen"[378]. Darin käme es jeweils zu einer Mischung von „Immigranten und Nicht-Immigranten"[379] (Int-F07*).

Argumentiert wird hier wie auf nationaler Ebene: Die Mitarbeiterin der Präfektur beschreibt die Stadtpolitik als Ansatz, der „sich an Zonen, an Gebiete, also an ärmere Quartiere" richtet. „[D]e facto" gäbe es aber „einen größeren Teil ausländischer Bevölkerung in den ärmsten Quartieren", so dass dies direkt korreliere, aber wenn darauf nicht fokussiert würde. Der leitende Mitarbeiter der Präfektur unterstreicht diese Aussage, in dem er eine enge Verknüpfung hergestellt, auch wenn die Förderung nicht explizit auf diese Bevölkerungsteile ausgerichtet sei (Int-F07). Gebiete der *politique de la ville* werden mit einem hohen Migrantenanteil äquivalent gesetzt, so dass darüber viele MigrantInnen gefördert würden.

---

371 un enjeu majeur de la politique de la ville.
372 une priorité.
373 à cause de leur origine ou leur apparence physique.
374 La politique de la ville n'a pas vraiment pris la question de l'immigration. … Elle a un peu pris en compte la lutte contre les discriminations.
375 [A]lors, aujourd'hui, la seule chose qui est prise en compte dans la politique de la ville, c'est la lutte contre les discriminations.
376 Voilà, donc,(…), la question migratoire n'est pas prise en compte dans la politique de la ville. Voilà, (…), elle est prise comme une question problématique, comme une question négative.
377 les dispositifs généraux.
378 liés à l'apprentissage de la langue, à l'emploi, à la réussite scolaire, à la santé, à la culture, aux loisirs, au logement.
379 on va retrouver des immigrés et des non-immigrés mélangés en fait.

[Mitarbeiterin der Präfektur]: Die *politique de la ville* richtet sich an Zonen, an Gebiete, also an ärmere Quartiere, nur de facto gibt es einen größeren Teil ausländischer Bevölkerung in den ärmsten Quartieren. Also de facto ist das direkt korreliert, wenn auch nicht darauf fokussiert.
[Leitender Mitarbeiter der Präfektur]: Genau. Das ist nicht individualisiert, **aber** das ist sehr stark verbunden.[380]
Int-F07 (Leitender Mitarbeiter und eine Mitarbeiterin der Präfektur des département Seine-Saint-Denis)

Diese Äquivalenzbeziehung wird in einer weiteren Narration verfestigt, indem der leitende Mitarbeiter der Präfektur „die Immigranten und Nachfahren von Immigranten"[381] als einen „entscheidenden Teil der *politique de la ville*"[382] bezeichnet. „Zwei Drittel der Bevölkerungsgruppen"[383], um die sich die *politique de la ville* kümmere, kämen aus diesen Bevölkerungsteilen (Int-F07*).

Die *politique de la ville* wird zu einem Ansatz, der implizit in hohem Maße auf MigrantInnen ausgerichtet ist, auch wenn diese nicht offiziell zur Zielgruppe werden. Die Fokussierung auf MigrantInnen ist damit als nicht zentral verankerter, politischer Subdiskurs zu verstehen. Indem aber explizit gesagt wird, dass zwei Drittel der EmpfängerInnen von Maßnahmen der Stadtpolitik MigrantInnen seien, kann auch argumentiert werden, dass die *politique de la ville* zum aktuell möglichen Instrument von Maßnahmen für MigrantInnen wird, auf das regional zurückgegriffen wird.

Vor diesem Hintergrund erfolgt ein detaillierter Blick auf die ergriffenen Maßnahmen, um zu analysieren, wo explizit und wo implizit „kulturelle Differenzierungen" problematisiert werden.

5.3.3.7 Dominanz impliziter Fördermaßnahmen für MigrantInnen

Wie auf nationaler Ebene und in Paris, lassen sich in der Seine-Saint-Denis Maßnahmen in den Bereichen Bildung, Schule und Arbeitsmarkt sowie Förderung von Vereinen unterscheiden, die immer wieder zum Tragen kommen. Zudem nimmt die Belegungspolitik im Kontext der Zielsetzung der *mixité sociale* einen wichtigen Platz ein.

MigrantInnen als Teil von Maßnahmen im Bereich von Bildung, Schule und Arbeitsmarkt zur Befähigung
Eine Maßnahme, die in der *politique de la ville* verankert und dezidiert auf MigrantInnen ausgerichtet ist, ist die Sprachförderung"[384], da diese nur für diejenigen relevant wird, die nicht Französisch beherrschen (Int-F07*). Im Bereich von Bildung und Schule werden „kulturelle Differenzierungen" ansonsten eher implizit problematisiert. Mit dem Programm des „Bildungserfolgs", der „*réussite éducative*", werden Kinder und Jugendliche mit Problemlagen individuell begleitet und es werden ihnen Hilfestellungen geboten. Zu den Problemen können auch „kulturelle"[385] gehören, so der leitende Mitarbeiter der Präfektur, womit ein Bezug zu MigrantInnen hergestellt wird. In diesem Zuge würden auch Maßnahmen zur „Elternschaft"[386] initiiert

---

380 La politique de la ville s'adresse à des zones, à des territoires, donc des quartiers plus pauvres, hors, de fait, il y a une plus grande part de population d'origine étrangère, dans les quartiers les plus pauvres. Donc, en fait, c'est directement corrélé même si c'est pas ciblé.
[Leitender Mitarbeiter der Präfektur]: Voilà. C'est pas individualisé, **mais** c'est très lié, hein.
381 les immigrés et les descendants d'immigrés.
382 une partie essentielle de la politique de la ville.
383 deux tiers des populations.
384 l'apprentissage de la langue.
385 culturel.
386 actions de parentalité.

(Int-F07*). Entsprechend dem hohen Migrantenanteil in den Gebieten der *politique de la ville* in der Seine-Saint-Denis kommen diese Maßnahmen besonders MigrantInnen zugute. Auch in „kulturellen Tätigkeiten" werden MigrantInnen implizit handlungsrelevant. Ein Beispiel ist das „philharmonische[-] Orchester" in Stains (Stadt im *département* 93), das zwar falsch spiele, aber „bunt" sei und damit auch speziell MigrantInnen in den Quartieren berücksichtigt (Int-F07).

[W]ir helfen ganz besonders gewissen kulturellen Tätigkeiten (...) Konservator en wie in Stains, die sich wirklich um die umliegenden Bevölkerungsgruppen kümmern und die ein philharmonisches Orchester geschaffen haben, das falsch spielt, das aber bunt ist.[387]
Int-F07 (Leitender Mitarbeiter der Präfektur des département Seine-Saint-Denis)

Im Bereich von Maßnahmen zur beruflichen Qualifikation und Zugang zum Arbeitsmarkt ist die Vorgehensweise vergleichbar. „Vielfältige Maßnahmen"[388] im Bereich „Arbeit"[389] würden für Jugendliche ohne Qualifikationen unternommen. Ein Beispiel ist das Projekt „Schule der zweiten Chance"[390], mit dem Jugendliche ohne Abschluss für den Arbeitsmarkt befähigt werden sollen (Int-F07*) – und damit auch MigrantInnen. In diesen individualisierten Projekten zur Hilfe zur Selbsthilfe werden „kulturelle Differenzierungen" implizit problematisiert.

Explizitere Förderung der „intégration" durch Vereine
Wie auf nationaler Ebene angedeutet und im *département* Paris aufgegriffen, erfolgt auch in der Seine-Saint-Denis eine explizitere Problematisierung durch die Arbeit von Vereinen. Der leitende Mitarbeiter der Präfektur koppelt „Vereine"[391] an Maßnahmen, die in der Umsetzung beispielsweise zur „Verbesserung der Kenntnisse sowohl der französischen Sprache als auch der französischen Institutionen"[392] beitrügen (Int-F07*). Die leitende Mitarbeiterin von Profession Banlieue stellt eine Äquivalenzbeziehung zwischen Vereinen und einer „Arbeit der *intégration*"[393] her (Int-F08*). Im Rahmen der CUCS würden damit also die Frage der „*intégration*" und die Frage von „kulturellen Differenzierungen" angegangen und „nicht vollständig geleugnet". Diese Positionierung wird allerdings gleichzeitig relativiert, da in einem weiteren Diskursstrang darauf verwiesen wird, dass man sich „ohne Unterlass in diesem Bereich des doppelten Diskurses" befände, man also es gar nicht so genau wissen wolle, was mit den MigrantInnen passiere (Int-F08: weiterer Diskursstrang durch „aber" eingeleitet).

Nun gut, [die Frage der „kulturellen" Unterschiede] wird nicht vollständig geleugnet, da ich ja sage, in den Vereinen, da gibt es viele, die eine spezifischere Arbeit in Richtung dieser Bevölkerungsgruppen gemacht haben, **aber** gleichzeitig ist man ohne Unterlass in diesem Bereich des doppelten Diskurses: „also ich will nicht wissen und ich ...", genau.[394]
Int-F08 (Leitende Mitarbeiterin des centre de ressource Profession Banlieue)

---

387 [O]n aide assez significative certaines réalisations culturelles, (...) des conservatoires comme à Stains qui s'occupent vraiment des populations aux alentours et qui ont créé un orchestre philharmonique qui joue faux, mais qui est multicolore.
388 de multiples dispositifs.
389 emploi.
390 école de la deuxième chance.
391 associations.
392 perfectionnement de la connaissance à la fois de la langue francaise et des institutions francaises.
393 un travail d'intégration.
394 Enfin, [la question des différences] n'est pas niée complètement puisque je dis, dans les associations, il y en a beaucoup qui ont fait un travail plus spécifique en direction des populations, **mais** en même temps, on est sans arrêt dans cette espèce de double discours, c'est, « je ne veux pas savoir et je ... » voilà.

Die Belegungspolitik der mixité sociale *als Mittel der Dekonzentration von MigrantInnen*

Im Gegensatz zur relativ expliziten Förderung von MigrantInnen durch Vereine wird im Rahmen der Belegungspolitik und der Zielsetzung der *mixité sociale* nur implizit auf MigrantInnen Bezug genommen – was allerdings nicht bedeutet, dass dadurch nicht weitreichende Handlungsrelevanz entstehen würde.

Ausgangspunkt ist die *mixité sociale* als Zielsetzung der *politique de la ville* (siehe Kapitel 2.2.2), durch die „Prozesse sozialer und territorialer Segregation"[395] in Quartieren der *politique de la ville* aufgehalten werden sollen (Dok-F18: 5*). Entsprechend werden auch durch Kommunen „Immobilienprogramme"[396] entwickelt, um „ein wenig diese Mischung"[397] zu sichern (Int-F07*: Kommunen ≡ Immobilienprogramme ≡ Mischung sichern). Das Leitbild der *mixité* ist im aktuellen Diskurs verankert.

Die *mixité sociale* ist als leerer Signifikant zu verstehen, an den sich nicht nur „sozio-professionelle Kategorien"[398] ketten, sondern auch „die ethnische Mischung"[399] (Dok-F18: 14*). „Mischungspolitiken"[400] könnten danach „paradoxerweise zur Exklusion bestimmter ‚unerwünschter' Gruppen beitragen, angefangen bei den Immigranten oder für solche gehaltene"[401], beispielsweise durch Zugangsbeschränkungen zum „Wohnungspark"[402] (Dok-F18: 30*). Die entsprechende Argumentation lässt sich auch bei der leitenden Mitarbeiterin von Profession Banlieue nachzeichnen: Diskriminierungen hätten „durch die Losung der *mixité sociale*" zugenommen, da der Zugang für Immigranten zu Wohnungen blockiert würde. Dies geschehe zwar „nie so klar", „**aber** tatsächlich" würden „Ausländer oder [solche] von ausländischer Herkunft" deutlich länger als „Franzosen" warten (Int-F08).

Es lässt sich zeigen, dass die Diskriminierungen beim Zugang zu Wohnungen, die Diskriminierungen wurden <u>durch die Losung der *mixité sociale*</u> verstärkt. Heute wird man Ihnen sagen, nein, wir können Ihnen keine Wohnung geben, weil wir soziale Mischung brauchen und wir haben schon zu viele Immigranten hier. <u>Man sagt es nie so klar</u>, **aber** tatsächlich zeigen Studien, dass, wenn Sie <u>Ausländer oder von ausländischer Herkunft</u> sind, Sie zwei Mal so lange warten wie Franzosen.[403]
Int-F08 (Leitende Mitarbeiterin des centre de ressource Profession Banlieue)

„Kulturelle Differenzierungen" erhalten Handlungsrelevanz, indem bei der Zuteilung von Wohnungen zwischen (vermeintlichen) MigrantInnen und Franzosen differenziert wird. Dies wird in der zitierten Narration besonders durch die Polyphonie innerhalb der Aussage deutlich: Das offizielle steht dem „tatsächlich[en]" Vorgehen gegenüber, abgetrennt durch „aber".

In der Zusammenschau der beschriebenen Maßnahmen dominieren auf regionaler Ebene im *département* Seine-Saint-Denis indirekte Förderansätze, insbesondere bei der Befähigung von QuartiersbewohnerInnen und der Zielsetzung der *mixité*. Explizit werden MigrantInnen nur bei

---

395 processus de ségrégation sociale et territoriale.
396 des programmes immobiliers.
397 assurer un peu cette mixité.
398 catégories socioprofessionelles.
399 la mixité ethnique.
400 Les politiques de mixité.
401 contribuer paradoxalement à l'exclusion de certains groupes «indésirables », à commencer par les immigrés ou supposés tel.
402 parc de logements.
403 Vous pouvez montrer, les discriminations dans l'accès au logement, les discriminations ... elles ont été renforcées <u>par le mot d'ordre de mixité sociale</u>. Aujourd'hui, on va vous dire non, on ne peut pas vous donner un logement parce qu'il faut la mixité sociale et on a déjà trop d'immigrés ici. <u>On ne le dit jamais de manière aussi claire</u>, **mais de fait**, les études montrent que quand vous êtes étranger ou d'origine étrangère, vous attendez deux fois plus de temps qu'un Français.

der Sprachförderung beziehungsweise bei der Arbeit bestimmter Vereine angesprochen. Auf nationaler Ebene und regionaler Ebene in Paris wurde dieses Vorgehen mit dem Tabu der expliziten Thematisierung verknüpft. Ein ähnlicher Begründungszusammenhang wird hier reproduziert.

5.3.3.8 Begründung des eher impliziten Zugangs: „Tabu" und „Heuchelei" durch das republikanische Gleichheitsideal

Die leitende Mitarbeiterin von Profession Banlieue spricht von der „republikanische[n] Ideologie Frankreichs", wonach man „für alle das gleiche" mache und nicht nach den „spezifischen Bedürfnissen" (Int-F08). Dabei seien nicht alle gleich – „innerhalb der Gleichheit, sind wir nicht alle auf dieselbe Art und Weise"[404] gleich. Der „richtigen Hautfarbe"[405] und den „richtigen Haaren"[406] stehen diejenigen gegenüber, die nicht den „geforderten Kriterien entsprechen"[407] (Int-F08*).

> [D]as ist diese republikanische Ideologie Frankreichs, das heißt, man macht für alle das gleiche und nicht nach den spezifischen Bedürfnissen, dass man da eine spezifische Antwort hätte.[408]
> *Int-F08 (Leitende Mitarbeiterin des centre de ressource Profession Banlieue)*

Auch wenn eigentlich nicht „kulturell" differenziert werden dürfte, passiere dies – weniger jedoch in konkreten Maßnahmen (Int-F08*). Das „Prinzip der Gleichheit des ‚republikanischen Pakts'"[409] verhindere eine zielgruppenspezifische Förderung durch die *politique de la ville* (Dok-F16: 8*).

Dementsprechend bestünden „zahlreiche[-] Tabus" zur „Frage von Diskriminierung"[410], die ein spezifisches Handeln kompliziert machten (Dok-F16: 14*). Das „Tabu" wird als Hindernis für ein angepasstes Vorgehen angeführt und steht zu einem solchen in Opposition. Die leitende Mitarbeiterin von Profession Banlieue spricht von einer „totalen Heuchelei in Frankreich", was sie darüber belegt, dass MigrantInnen dezidiert nur bei einer Neuankunft berücksichtigt würden (Int-F08). Expliziten „kulturellen Differenzierungen" steht auch hier der „Tabu"-Diskurs gegenüber, der Veränderungen zu blockieren scheint.

> Also das alles, da sind wir doch in einer totalen Heuchelei in Frankreich und das ist doch, nun ja, ... die MigrantInnen werden heute nur ab dem Punkt berücksichtigt, wo sie erst seit kurzem da sind, und zwar durch den *contrat d'accueil et d'intégration* und zudem haben Sie noch die Politik gegen Diskriminierungen.[411]
> *Int-F08 (Leitende Mitarbeiterin des centre de ressource Profession Banlieue)*

---

404 sauf que dans l'égalité, on n'est pas tous égaux de la même manière.
405 la bonne couleur de peau.
406 les bons cheveux.
407 il y a ceux qui ne vont pas répondre aux critères requis.
408 [C]ela, c'est toujours cette idéologie républicaine de la France, c'est-à-dire qu'on fait à tous, pour tous la même chose et non pas en fonction des besoins spécifiques, on a une réponse spécifique.
409 le principe d'égalité du « pacte républicain ».
410 Les nombreux tabous posés sur la question de la discrimination.
411 Donc, tout ça, on est quand même dans une hypocrisie la plus totale en France et va c'est quand même, fin, oui, voilà, c'est ... les migrants aujourd'hui ne sont pris en compte qu'à partir du moment où vous êtes là depuis peu, c'est le contrat d'accueil et d'intégration et vous avez la politique contre les discriminations.

5.3.3.9 Zusammenfassung: Reproduktion nationaler Argumentationsmuster

Das *département* Seine-Saint-Denis wird, zusammenfassend, in den untersuchten Materialien und Interviews als das „schwierigste *département*" in der Förderung der *politique de la ville* beschrieben. Dies wird kausal darüber begründet, dass es sich um ein „traditionelles Einwanderungs-*département*" handele. Es erfolgt eine Äquivalenzsetzung über einen räumlichen Zusammenhang. Gebiete der *politique de la ville* korrelieren danach in der Seine-Saint-Denis besonders mit einem hohen Migrantenanteil, auch wenn diese nicht nach einem entsprechenden Kriterium ausgewählt wurden. MigrantInnen werden, wie auf nationaler Ebene und in Paris, mit spezifischen Problemlagen verknüpft – diese Argumentation reproduziert sich also auch hier. Auffällig sind Narrationen, in denen essentialisierend über „andere Kulturen" von MigrantInnen argumentiert wird. Dem stehen Narrationen gegenüber, in denen die Probleme als zugeschrieben bezeichnet werden. Die kritische Hinterfragung der Äquivalenz Probleme ≡ MigrantInnen nimmt aber wenig Raum ein und bildet entsprechend nur einen Subdiskurs. Der Problemdiskurs ist hegemonial. Vor diesem Hintergrund wird auch in der Seine-Saint-Denis „*intégration*" als erforderlich angesehen. In Teilen sei diese sogar bereits erreicht, was narrative Muster zeigen, in denen Vielfalt und die „multikulturelle Gesellschaft" als etwas Positives dargestellt werden. Multikulturalität liegt im Bereich des Sagbaren, allerdings ist diese als „*intégration*" in das französische System zu verstehen, indem ein Austausch stattfindet. *Community-building* und Kommunitarismus stehen im Außen des Diskurses.

Die Zielsetzung der „*intégration*" wird in der Seine-Saint-Denis vor allem außerhalb der *politique de la ville* betrieben, zum einen durch den *contrat d'accueil et d'intégration*, zum anderen durch die *lutte contre les discriminations*, womit das nationale Vorgehen reproduziert wird. Die dortige Verknüpfung MigrantInnen ≡ „*intégration*" erscheint „natürlich" und sinnvoll und ist entsprechend als hegemonial zu verstehen.

Die *politique de la ville* behandle dagegen Fragen der „*intégration*" und *immigration* nicht explizit, da diese bis heute heikel seien. „Kulturelle Differenzierungen" werden wie auf nationaler Ebene implizit handlungswirksam. Beispielsweise wird ausgeführt, dass Personen aus der allgemeinen *politique d'intégration* in die Fördermaßnahmen der *politique de la ville* übergingen. Zwar bestehe keine offizielle Fokussierung auf MigrantInnen, aber FörderempfängerInnen und MigrantInnen korrelierten. Die *politique de la ville* wird zu einem Instrument des impliziten „Integrationsmanagements". Dies spiegelt sich auch in den beschriebenen Maßnahmen wider: Projekte im Bereich von Bildung und Arbeitsmarkt sowie Belegungsverfahren im Zuge der *mixité sociale* nehmen nur implizit Bezug auf MigrantInnen. Als Begründung wird auch hier der „Tabu"-Diskurs angeführt, der im Gegensatz zur Ausrichtung in Paris nicht aufgebrochen wird, sondern hegemonial ist. Die explizite Problematisierung in Bezug auf spezifische Problemlagen steht einem impliziten Vorgehen gegenüber.

Vor diesem Hintergrund werden die beiden französischen Fallstudien Belleville-Amandiers und Bondy dargestellt. Zum einen ist zu untersuchen, ob sich das Unterlaufen nationaler Diskurssträng auf lokaler Ebene in Paris ebenfalls nachzeichnen lässt beziehungsweise ob in Bondy ein Aufbrechen regional reproduzierter nationaler Diskurssträng erfolgt. Ist lokal mehr sag- und umsetzbar als bisherige Ausführungen vermuten lassen? Zum anderen wird damit die Grundlage für den anschließenden deutsch-französischen Vergleich gegeben und für die Frage, inwieweit sich die Umsetzungen der Stadtpolitiken auf den verschiedenen Ebenen unterscheiden, beziehungsweise ob sich Übereinstimmungen nachzeichnen lassen.

5.3.4   Fallstudie Belleville-Amandiers: Von der „Notwendigkeit" einer zielgruppenspezifischen Förderung von MigrantInnen

5.3.4.1   Dokumente und Interviews der *politique de la ville*

Auf lokaler Ebene in Paris wurde bei der Zusammenstellung des Dokumentenkorpus am *contrat de ville* für die Jahre 2000 bis 2006 angesetzt (Dok-F20), der nach Ablauf des Förderzeitraums evaluiert wurde (Dok-F21). Die aktuelle Ausrichtung ist im *contrat urbain de Cohésion Sociale pour Paris* (Dok-F22) sowie in einer Veröffentlichung zum *quartier* Belleville-Amandiers (Dok-F23) enthalten. Zudem liegen zwei weitere Dokumente zu Zielen und lokalen PartnerInnen der *politique de la ville* vor, die digitalisiert wurden (Dok-F24 und 25) (siehe Tabelle 16).

Tabelle 16:   Dokumente der Stadtpolitik *politique de la ville* – lokale Ebene: Belleville-Amandiers

lokale Ebene: Paris Belleville-Amandiers			
Herausgeber/Autor	Titel	Dokumentart	Kürzel
Mairie de Paris	Contrat de ville de Paris. 2000-2006, o. J.	Veröffentlichung/Bericht	Dok-F20
	Le bilan du contrat de ville 2000-2006, o. J.	Veröffentlichung/Bericht	Dok-F21
	Le contrat urbain de Cohésion Sociale pour Paris. 2007-2009, 2006	Veröffentlichung/Bericht	Dok-F22
	Belleville Amandiers, o. J.	Veröffentlichung/Bericht	Dok-F23
DPVI, 2005	Projet de territoire. Quartier Politique de la Ville. Belleville Amandiers	Veröffentlichung/Bericht	Dok-F24
Mairie du 20e, 2007	Guide des partenaires locaux de la Politique de la Ville. Quartier Belleville Amandiers. 20ème arrondissement	Veröffentlichung/Bericht	Dok-F25

Quelle: Eigene Darstellung

Als Ergänzung zu den Dokumenten wurde in Belleville-Amandiers die *chef de projet* CUCS interviewt (IP-F09), die die konkreten Maßnahmen auf lokaler Ebene koordiniert und damit Auskunft über aktuelle Projekte und Zielsetzungen der *politique de la ville* geben konnte (siehe Tabelle 17).

Tabelle 17:   Interview mit einer Verantwortlichen der Stadtpolitik *politique de la ville* – lokale Ebene: Belleville-Amandiers

Interviews auf lokaler Ebene: Belleville				
InterviewpartnerIn	Datum	Ort	Dauer	Kürzel
Mitarbeiterin der Projektplanung für Belleville-Amandiers (*chef de projet* CUCS)	15.11.2010	Paris	01:43 Stunden	Int-F09

Quelle: Eigene Darstellung

5.3.4.2   Belleville-Amandiers als Aufnahmegebiet von Immigranten

Für das *département* Paris ist herausgearbeitet worden, dass in der *politique de la ville* „kulturelle Differenzierungen" explizit problematisiert werden, was sich in der Bedeutung von *„intégration"* und von MigrantInnen als *„le public principal"* der Maßnahmen der Stadtpolitik widerspiegelte. Entsprechend ist zu untersuchen, ob sich die Ausrichtung und die beschriebene Handlungsrelevanz vergleichbar im *quartier* Belleville-Amandiers fortsetzen. Angesetzt wird mit einer Erfassung der Strukturierung des Quartiers in den untersuchten Materialien und Interviews.

Belleville-Amandiers wird als Gebiet beschrieben, das eine „zahlreiche eingewanderte Bevölkerung"[412] „aufnimmt"[413] (Dok-F23: 1*). In einer weiteren Narration wird das Gebiet mit einer „starke[n] Präsenz von Ausländern und Immigranten" verknüpft (Dok-F23). Das *quartier* wird mit der Gesamtstadt Paris verglichen, in der im Durchschnitt nur 18 und nicht 26 Prozent Immigranten wohnten (Dok-F23: 1*, ebenso 22: 130*). Der Anteil wird als erhöht und abweichend vom städtischen Durchschnitt problematisiert.

Wie auf regionaler Ebene herausgearbeitet, wird der „Anteil eingewanderter Bevölkerung"[414] als einer von sechs Indikatoren herangezogen, um so „Schwierigkeiten, die bestimmte Gebiete haben können"[415], zu messen (Dok-F22: 12*). Entsprechend wird im aktuellen Vertrag CUCS als Charakteristik auch der erhöhte Anteil an MigrantInnen angeführt: „eingewanderte Bevölkerung +"[416] (Dok-F22: 130*). MigrantInnen werden in der Strukturierung des Fördergebiets der *politique de la ville* berücksichtigt – so auch bei der *chef de projet* von Belleville-Amandiers, die eine Verknüpfung aus „eine der Charakteristiken dieser Gebiete" und dem „Prozentsatz der eingewanderten Bevölkerungsgruppen" herstellt (Int-F09).

> Das *quartier* wird ebenfalls durch eine starke Präsenz von Ausländern und Immigranten charakterisiert.[417]
> *Dok-F23 (Mairie de Paris: Belleville Amandiers): 1*
> Also für uns ist das in jedem Fall eine der Charakteristiken dieser Gebiete, das ist tatsächlich der Prozentsatz der eingewanderten Bevölkerungsgruppen.[418]
> *Int-F09 (chef de projet CUCS Belleville-Amandiers)*

Die Erfassung von MigrantInnen als Teil Bellevilles steht in Zusammenhang mit einer langen Tradition von Einwanderung nach Paris. Im *contrat de ville* 2000-2006 wird Paris als „Stadt des Empfangs und des Asyls"[419] beschrieben, die unter anderem „Wirtschaftsimmigranten"[420] aufgenommen habe. Vor diesem Hintergrund werden „alte Arbeiterviertel"[421] als solche mit „langer Einwanderungstradition"[422] beschrieben (Dok-F20: 9, 70*). Im CUCS wird diese Narration aufgegriffen und fortgeführt, indem Belleville-Amandiers als „Arbeiterviertel und Immigrantenviertel"[423] mit „realer sozialer und kultureller Mischung"[424] dargestellt wird (Dok-

---

412 une population immigrée nombreuse.
413 accueille.
414 la part des populations immigrées.
415 les difficultés que peuvent connaître certains territoires.
416 Population immigrée +.
417 Le quartier se caractérise également par une forte présence d'étrangers et d'immigrés.
418 Donc, pour nous, en tout cas, c'est une des caractéristiques de ces quartiers, c'est effectivement le pourcentage de populations immigrées.
419 ville d'accueil et d'asile.
420 immigrés économiques.
421 De vieux quartiers populaires.
422 forte tradition d'immigration.
423 un quartier populaire et d'immigration.
424 avec mixité sociale et culturelle réelle.

F24: 33*). Der Verweis auf die historische Entwicklung erfolgt auch durch die *chef de projet*, die „alte städtische Quartiere" mit einer „Rolle des Empfangs von ausländischer Bevölkerung" in Verbindung bringt (Int-F09).

> [H]istorisch gesehen sind das Quartiere der *faubourgs*, das sind alte städtische Quartiere, die historisch eine Rolle des Empfangs von ausländischer Bevölkerung spielten.[425]
> *Int-F09 (chef de projet CUCS Belleville-Amandiers)*

Die Einwanderung nach Belleville wird in unterschiedliche Herkunftsgruppen und Phasen gegliedert. Nach dem Ersten Weltkrieg seien „Armenier, Griechen, Juden, Polen"[426] gekommen, wobei es nach dem Zweiten Weltkrieg zu einer „Vervielfältigung der Nationalitäten"[427] gekommen sei (Dok-F24: 8*). Von der *chef de projet* werden besonders Bevölkerungsgruppen aus „Tunesien"[428], „Afrika"[429], dem „Maghreb"[430] und seit den 1980er Jahren aus „China"[431] genannt (Int-F09*).

„Kulturelle Differenzierungen" werden in Belleville-Amandiers explizit problematisiert, indem Bezüge zur Einwanderung in den Stadtteil hergestellt und die Einwanderergruppen nach Herkunft ausdifferenziert werden.

5.3.4.3   MigrantInnen zwischen Vielfalt und Problemen

Die Einwanderung nach Paris wird in mehreren Narrationen der untersuchten Dokumente positiv gerahmt. Heute habe das *quartier* eine „multikulturelle Sichtbarkeit"[432] mit „Vorhandensein von Einrichtungen und so genanntem *ethnic business*"[433] (Dok-F24: 23*). Der „Beitrag der Bevölkerungsgruppen, die aus der ganzen Welt gekommen"[434] seien, stelle eine „Quelle der kulturellen Bereicherung"[435] dar (Dok-F20: 65*). Die „multikulturelle Bevölkerung"[436] und die „kulturelle Vielfalt, die aus der Immigration hervorgegangen"[437] seien, werden als „Vorzüge"[438] des Quartiers benannt (Dok-F22: 58* und 24: 30*). Auch die *chef de projet* greift die „Vielfalt"[439] auf, die beispielsweise auf Märkten sichtbar sei, auf denen „extrem unterschiedliche[-] Bevölkerungsgruppen"[440] anzutreffen seien (Int-F09*). „Vielfalt"[441] wird als „Quelle des Reichtums"[442] bezeichnet, den es „in Wert zu setzen"[443] gelte (Int-F22*, ebenso in Dok-F24: 50*). Gleichzei-

---

425 [H]istoriquement, c'est des quartiers de faubourg, c'est des vieux quartiers urbains qui historiquement jouent un rôle d'accueil de la population étrangère.
426 Arméniens, Grecs, Juifs, Polonais.
427 une diversification des nationalités.
428 provenance de Tunisie.
429 d'Afrique.
430 du Mahgreb.
431 de Chine.
432 Une visibilité multiculturelle.
433 la présence d'équipements et commerces dits ethniques.
434 L'apport de populations venues du monde entier.
435 source d'enrichissement culturel.
436 population multiculturelle.
437 diversité culturelle issue de l'immigration.
438 atouts.
439 diversité.
440 une multiplicité de populations extrêmement différentes.
441 diversité.
442 source de richesse.
443 à valoriser.

tig erfolgt eine Einschränkung, indem darauf verwiesen wird, dass es „danach"[444] darauf ankomme, zusammen leben zu können und sich zu respektieren (Int-F22: polyphone Aussage mit zwei Diskurssträngen, relational durch „Danach" in Beziehung gesetzt).

> [F]ür mich ist diese <u>Vielfalt</u> eine <u>Quelle des Reichtums</u>. Also für mich ist das ganz außergewöhnlich (...), es ist kosmopolitisch (...), es gibt doch nur wenige Orte, wo es solch eine Vielfalt gibt. **Danach** ist das Entscheidende, dass es gelingt, <u>zusammenzuleben</u> und <u>sich zu respektieren</u>.[445]
> *Int-F09 (chef de projet CUCS Belleville-Amandiers)*

Einer Förderung der „Vielfalt" stehen also gleichzeitig Hindernisse gegenüber. Letztere beziehen sich nicht nur auf das Zusammenleben und den gegenseitigen Respekt, sondern greifen weiter. MigrantInnen werden in Belleville-Amandiers mit spezifischen Problemlagen verknüpft. Zentral ist auch hier die Argumentation über „Sprachprobleme"[446] beziehungsweise „Sprachschwierigkeiten"[447], die beispielsweise am „Arbeitsmarkt bremsen"[448] (Dok-F20: 23-24* und 22: 19*). Besonders die Sprache wird von der *chef de projet* als „unumgänglich"[449] bezeichnet und die „Notwendigkeit, Französisch zu lernen"[450] hervorgehoben (Int-F09*).

Zudem wird in mehreren Narrationen – sowohl in den Dokumenten als auch den Interviews – auf Probleme von Bevölkerungsteilen „ohne Papiere"[451], „Armut"[452] und „isolierte ausländische BewohnerInnen"[453] Bezug genommen (Dok-F21*, Int-F09* und Dok-F24: 16*).

Es kommt zu einer Reproduktion der Argumentation über besondere „Schwierigkeiten der beruflichen Eingliederung von ausländischen Bevölkerungsgruppen"[454] in den Arbeitsmarkt, unter anderem aufgrund von „Diskriminierungen"[455] (Dok-F24: 42*).

Darüber hinaus wird Stigmatisierung, vor allem in Bezug auf Wohnbereiche und Schule, problematisiert. So bleibe Belleville-Amandiers trotz allgemeiner Attraktivität mit „bestimmten Wohnensembles" und „sozial und ethnisch geprägten Schulen" „stigmatisiert" (Dok-F24: „attraktiv" in Opposition zu „stigmatisiert"). Besonders die Schule wird von der *chef de projet* als „zentrale Herausforderung"[456] hervorgehoben, was sie am Beispiel der „Schule Bamako"[457] verdeutlicht, die so genannt würde, da dort fast nur SchülerInnen aus Mali hingingen (Int-F09*).

> Auch wenn es relativ <u>attraktiv</u> erscheint (...), bleibt Belleville Amandiers doch mit <u>bestimmten Wohnensembles</u> und <u>sozial und ethnisch geprägten Schulen stigmatisiert</u>.[458]
> *Dok-F24 (DPVI: Projet de territoire. Quartier Politique de la Ville. Belleville Amandiers): 15*

---

444 après.
445 [P]our moi, la <u>diversité</u> est <u>source de richesse</u>. Donc, pour moi, c'est assez extraordinaire (...), c'est cosmopolite (...), il y a peu d'endroits quand même où il y a une telle diversité. **Après**, le tout est <u>d'arriver à vivre ensemble, se respecter</u>.
446 problèmes (...) linguistiques.
447 difficultés linguistiques.
448 Multiples freins à l'emploi.
449 indispensable.
450 besoin d'apprendre le français.
451 sans papiers.
452 précarité bzw. in einer anderen Narration pauvre (arm).
453 résidents isolés étrangers.
454 difficultés d'insertion professionnelle des populations étrangères.
455 discriminations.
456 enjeu fondamental.
457 l'école Bamako.
458 S'il apparaît relativement <u>attractif</u> (...), Belleville Amandiers reste cependant <u>stigmatisé</u> avec des <u>groupes immobiliers</u> et des <u>écoles marqués socialement et ethniquement</u>.

5.3.4.4   „*Intégration*" als zentrales Ziel

Vielfalt als Ressource steht auch in Belleville-Amandiers Problemlagen gegenüber, die dezidiert mit MigrantInnen verknüpft werden. Entsprechend wird der im *quartier* erhöhte Migrantenanteil nicht einfach nur als Charakteristikum erfasst, sondern auch handlungsrelevant. Im *contrat de ville* von Paris wurde die „*intégration* von eingewanderten Bevölkerungsgruppen"[459] als „konstantes Ziel"[460] benannt, das „in allen Themen"[461] zu bearbeiten sei (Dok-F20: 12*). Die „*intégration* von eingewanderten Bevölkerungsgruppen"[462] stellte eine der „transversalen Prioritäten"[463] dar (Dok-F21: Kapitel 2*). Im CUCS wird diese Ausrichtung fortgeführt, indem unter den „spezifischen Kriterien"[464], die zu respektieren seien, „Ziele zugunsten der *intégration*, der *lutte contre les discriminations* und für Chancengleichheit"[465] genannt werden (Dok-F22: 17*).

Entsprechend wird der CUCS zum Instrument, um auch für bestimmte Bevölkerungsgruppen zu agieren. Zwar wird dieser als „Projekt" beschrieben, das sich „an die Gesamtheit der EinwohnerInnen der Quartiere" richte, allerdings wird erläutert, dass es „[g]leichzeitig" wichtig sei, einen „privilegierten Zugang zu bestimmten Kategorien von BewohnerInnen" zu verfolgen. Dabei handele es sich auch um „Immigranten". In dieser polyphonen Narration steht der allgemein verfolgte Ansatz der *politique de la ville* in Opposition zu dem, der über diesen Zugang hinaus in Paris verfolgt wird (Dok-F22: Diskursstränge durch „Gleichzeitig" auf Distanz gehalten).

> Das Projekt des *contrat urbain de cohésion sociale* richtet sich an die Gesamtheit der EinwohnerInnen der Quartiere. **Gleichzeitig** scheint es wichtig zu sein, einen privilegierten Zugang zu bestimmten Kategorien von BewohnerInnen zu haben, der auch die familiäre Dimension ihres Lebenskontextes berücksichtigt. Es handelt sich um Immigranten, Jugendliche und ältere Personen (...).[466]
> Dok-F22 (Mairie de Paris: Le contrat urbain de Cohésion Sociale pour Paris. 2007-2009): 17

Es wird ein personenbezogener Zugang legitimiert, der auch auf MigrantInnen bezogen wird. Der nationale Diskursstrang einer Gleichbehandlung aller wird unterwandert. Wie bereits auf regionaler Ebene werden „*publics prioritaires*", also vorrangige Zielgruppen benannt, wobei besonders für die „eingewanderten Bevölkerungsgruppen"[467] zu handeln sei (Dok-F22: 11*). Die Übernahme regionaler Argumentationsmuster deutet auf eine enge Verbindung zwischen *département*-Ebene und lokaler Ebene hin und damit auf eine starke Diskurskoalition: Verantwortliche auf Quartiersebene erhalten Rahmung und Unterstützung durch die Ausrichtung auf regionaler Ebene.

„*Intégration*" wird zum explizit benannten Ziel und MigrantInnen zur Zielgruppe der *politique de la ville*. Es entsteht eine Äquivalenzkette aus MigrantInnen ≡ *public prioritaire* ≡ *politique de*

---

459 L'intégration des populations immigrées.
460 un objectif constant.
461 dans tous les thèmes.
462 L'intégration des populations immigrées.
463 priorités transversales.
464 critères spécifiques.
465 objectifs en faveur de l'intégration, de la lutte contre les discriminations et pour l'égalité des chances.
466 Le projet du contrat urbain de cohésion sociale s'adresse à l'ensemble des habitants des quartiers. Il semble **en même temps** important d'avoir une approche privilégiée pour certaines catégories d'habitants qui prenne également en compte la dimension familiale de leur contexte de vie. Il s'agit des immigrés, des jeunes et des personnes âgées (...).
467 populations d'origine immigrée.

la ville ≡ „*intégration*", womit die Argumentationslogiken der regionalen Ebene fortgeführt werden.

Vor diesem Hintergrund ist zu untersuchen, ob sich die Benennung von MigrantInnen als Zielgruppe der Stadtpolitik im konkreten Handeln der Programmverantwortlichen niederschlägt. Werden MigrantInnen explizit berücksichtigt oder wie wird in der stadtpolitischen Steuerung vorgegangen?

5.3.4.5 Vom offiziellen Ansatz bei den größten Problemlagen zur expliziten Förderung von MigrantInnen

Ausgangspunkt des Vorgehens der *politique de la ville* in Belleville-Amandiers sei eine Analyse der „Bedarfe"[468], wozu „Diagnosen"[469] gemacht würden (Int-F09*). Entsprechend des quartiersbezogenen Ansatzes der Stadtpolitik werde an „sehr lokalen Problematiken" angesetzt (Dok-F21*)

Die *chef de projet* von Belleville-Amandiers argumentiert, dass „zugunsten der Bevölkerungsgruppen" gehandelt würde, „die am weitesten von den Dispositiven entfernt" seien beziehungsweise man wende sich „an die Leute, die am fragilsten" seien – dies sei das „Kriterium" (Int-F09).

> Also wir intervenieren (...) <u>zugunsten der Bevölkerungsgruppen, die am weitesten von den Dispositiven entfernt sind</u>. Wir wenden uns <u>an die Leute, die am fragilsten sind</u>. Genau das ist unser <u>Kriterium</u>. Es sind die Leute, die am fragilsten sind.[470]
> *Int-F09 (chef de projet CUCS Belleville-Amandiers)*

Es entsteht eine Äquivalenzbeziehung aus dem Vorgehen der Stadtpolitik und Personen, die am stärksten benachteiligt sind. Diese Verknüpfung wird in einer weiteren Narration entsprechend verfestigt, indem betont wird, dass man sich „allgemein"[471] „an die fragilsten und am weitesten von den Dispositiven entfernten Personen"[472] richte, beispielsweise in Bezug auf den Bereich „Arbeit" (Int-F09*).

Damit ergibt sich in der Grundargumentation eine Parallele zur Argumentation im Gallus-Viertel in Frankfurt, wo von den InterviewpartnerInnen als Grundkonzept der Ansatz bei allgemein vorhandenen Problemlagen beschrieben wurde. In Belleville-Amandiers ist der Begründungszusammenhang allerdings anders gelagert: Die offizielle Ausrichtung auf alle QuartiersbewohnerInnen scheint angeführt zu werden, damit in Einzelfällen auch eine spezifische Förderung von MigrantInnen gerechtfertigt werden kann. Die offizielle Gleichbehandlung aller durch die *politique de la ville* scheint eine entsprechende Argumentation notwendig zu machen: In mehreren Narrationen der *chef de projet* wird der allgemeine Zugang betont, der durch ein spezifisches Vorgehen unterlaufen und aufgebrochen wird. So gebe es Projekte, in denen eine Konzentration auf ein „eingewandertes Publikum" erfolge, um sie zu unterstützen, „**aber**" es gebe auch andere Projekte, in denen das Publikum „nicht zwingend Immigranten" sei. „[A]llgemein", wende man sich an „die fragilsten Personen", „**wobei aber** die Tatsache, dass

---

468 besoins.
469 des diagnostics.
470 Donc, on intervient (…) en direction des populations qui sont les plus éloignées des dispositifs. On s'adresse aux gens qui sont les plus en fragilité, voilà. Donc, c'est ça, notre critère. C'est les gens les plus en fragilité.
471 de manière générale.
472 aux personnes les plus fragiles et les plus éloignées des dispositifs.

es eine bedeutsame eingewanderte Bevölkerung" gebe, mit sich bringe, dass „tatsächlich viel mehr Aktionen in Richtung der eingewanderten Bevölkerungsgruppen" unternommen würden (Int-F09).

Es gibt Projekte, in denen wir uns auf ein eingewandertes Publikum konzentrieren, um ihnen zu helfen, um sie bei der Arbeitssuche zu begleiten, **aber** es gibt andere Projekte, in denen das Publikum nicht zwingend Immigranten ist, wo es eine Mischung von Personen gibt. (...).[473]
[D]as hängt ein wenig von den Projekten ab, aber allgemein wenden wir uns an die fragilsten Personen und die am weitesten von den Dispositiven entfernten (...) **wobei aber** die Tatsache, dass es eine bedeutsame einge-wanderte Bevölkerung gibt, bewirkt, dass es tatsächlich viel mehr Aktionen in Richtung der eingewanderten Bevölkerungsgruppen gibt (...).[474]
Int-F09 (chef de projet CUCS Belleville-Amandiers)

In diesen beiden polyphonen Aussagen werden die jeweiligen Diskurssträge durch „aber" und „wobei aber" auf Distanz gehalten und der direkte Zugang zu MigrantInnen als gängiges Vor-gehen hervorgehoben.

    Das spezifische Agieren für MigrantInnen wird über die momentane Situation legitimiert, die dieses erforderlich mache. So sei „die Frage der besseren Zusammenarbeit mit den chinesi-schen Bevölkerungsgruppen"[475] in der „Aktualität"[476] der Projekte begründet (Int-F09*). Auch hier wird die anscheinende Notwendigkeit der Rechtfertigung sichtbar, da die *chef de projet* be-tont, dass man sich mit allen beschäftige, **aber** die „Aktualität" bewirke, dass bestimmte Pro-jekte umgesetzt würden (Int-F09).

Wir beschäftigen uns mit allen, **aber** die Aktualität bewirkt, dass wir diesen oder jenen Projekttyp betreiben.[477]
Int-F09 (chef de projet CUCS Belleville-Amandiers)

In den Argumentationsmustern der *chef de projet* nehmen die „chinesischen Bevölkerungsgrup-pen" insgesamt einen wichtigen Platz ein. So habe man „entschieden, mehr mit den chinesi-schen *communities* zusammenzuarbeiten"[478] (Int-F09*). Zwar gebe es Immigranten, die „über-haupt kein Problem der *intégration*", des „Schulerfolgs" oder der „Ausbildung" hätten, **aber** die „chinesischen Bevölkerungsgruppen" müssten „Französisch lernen" (Int-F09).

Effektiv wird es Immigranten geben, die überhaupt kein Problem der *intégration* oder gar kein Probleme des Schulerfolgs ... oder der Ausbildung haben. Genau, **aber** dagegen gibt es die chinesischen Bevölkerungsgrup-pen, die Französisch lernen müssen, also die letzten Einwanderungswellen, die ankommen (...).[479]
Int-F09 (chef de projet CUCS Belleville-Amandiers)

---

473 Il y a des projets où on va plutôt se concentrer sur un public immigré pour les aider, à les accompagner à l'emploi, **mais** il y a d'autres projets où le public ne sera pas forcément immigrés, où il y aura un mélange de personnes. (...).

474 [C]'est un peu selon les projets, mais de manière générale, on s'adresse aux personnes les plus fragiles et les plus éloignées des dispositifs (...), **alors** le fait qu' il y a une population immigrée importante fait qu'il y aura effectivement beaucoup plus d'actions en faveur des populations immigrés (...).

475 la question de mieux travailler en lien avec les populations chinoises.

476 dans l'actualité de nos projets.

477 Nous, on est préoccupé par tout le monde, **mais** l'actualité fait qu'on va plutôt mener tel ou tel type de projet.

478 on a décidé de travailler plus en lien avec les communautés chinoises.

479 [E]ffectivement, il va y avoir des immigrés qui n'ont pas aucun problème d'intégration ou aucun problème de réussite scolaire ... ou de formation. Voilà, **mais** par contre, il va y avoir les populations chinoses qui ont besoin d'apprendre le français, les dernières vagues de migrations donc qui viennent (...).

Chinesische MigrantInnen werden explizit als Zielgruppe von Maßnahmen der Stadtpolitik hervorgehoben, um an Problemlagen anzusetzen, die diesen zugeschrieben werden – wie beispielsweise Sprachprobleme. Der nationale Diskursstrang einer Gleichbehandlung wird auf lokaler Ebene aufgebrochen, wobei er gleichzeitig in den Argumentationen präsent ist. Ohne hier explizit benannt zu werden, scheint der nationale „Tabu"-Diskurs des Nicht-Sagbaren auch hier zum Tragen zu kommen. Entsprechend kann der Verweis auf die Ausrichtung auf alle QuartiersbewohnerInnen als Absicherung für ein auch „kulturell" differenzierendes Vorgehen interpretiert werden.

5.3.4.6 Handlungswirksamkeit von „kulturellen Differenzierungen" in unterschiedlichen Maßnahmen

Im Folgenden werden die Maßnahmen analysiert, die in Belleville-Amandiers unternommen und in denen „kulturelle Differenzierungen" problematisiert und handlungsrelevant werden. Auch hier wurde versucht, sie Bereichen zuzuordnen, die bereits auf nationaler und regionaler Ebene dargestellt wurden, um eine bessere Vergleichbarkeit zu ermöglichen.

Kampf gegen Diskriminierungen, Zugang zu Rechten und Förderung der diversité: *Handlungsbedarf für MigrantInnen*

Im Stadtvertrag *contrat de ville* der Jahre 2000 bis 2006 wurde der Kampf gegen Diskriminierungen, die *lutte contre les discriminations*, fest verankert, der auch im aktuellen CUCS einen hohen Stellenwert einnimmt. Als eine der „operativen Achsen"[480] wurde das Ziel formuliert, „Immigranten besser zu empfangen" und „gegen jede Form der Diskriminierung anzukämpfen"[481] (Dok-F20: 11*). Der Kampf gegen Diskriminierungen lässt sich in mehreren Narrationen präzisieren und wird auf die „*lutte contre les discriminations* bei der Anstellung"[482] (Dok-F20: 12*), „eingewanderte Frauen"[483] (Dok-F20: 13*) und „die Jugendlichen mit Migrationshintergrund"[484] (Dok-F20: 47*) bezogen. Durch „die Entwicklung von Maßnahmen"[485] im Bereich der Arbeitssuche soll die „*intégration* von eingewanderten Bevölkerungsteilen"[486] gestärkt werden (Dok-F20: 12*). Auch die „*lutte contre les discriminations* in Bezug auf Frauen"[487] wird an „spezifische Maßnahmen"[488] geknüpft (Dok-F20: 13*).

Im aktuellen CUCS wird auf die „*intégration*" von Frauen Bezug genommen, für die „in jeder Thematik und in den lokalen Projekten"[489] Maßnahmen initiiert werden sollen (Dok-F22: 17*). Für „Jugendliche mit Migrationshintergrund"[490] wird besonders hervorgehoben, dass diese von „ungerechten Diskriminierungen"[491] betroffen seien, denen entgegen zu wirken sei, damit diese einen „Zugang zur Staatsbürgerschaft"[492] erhielten. Gleichzeitig findet eine Koppe-

---

480 Axes opérationnels.
481 lutter contre toute forme de discrimination.
482 lutte contre les discriminations à l'embauche.
483 femmes immigrées.
484 les jeunes issus de l'immigration.
485 le développement d'actions.
486 L'intégration des populations immigrées.
487 lutte contre les discriminations à l'égard des femmes.
488 actions spécifiques.
489 dans chaque thématique et dans les projets locaux.
490 jeunes issus de l'immigration.
491 discriminations injustes.
492 accès à la citoyenneté.

lung an „Rechte und Pflichten"[493] statt, die die Jugendlichen durch die „Zugehörigkeit"[494] zur Gesellschaft zu akzeptieren hätten (Dok-F20: 47*). Es müsse daher eine „Sensibilisierung"[495] für die „staatsbürgerlichen Werte"[496] erfolgen (Dok-F22: 28*).

Darüber hinaus wird das Ziel des „Zugangs zu Rechten" hervorgehoben, das durch Maßnahmen „zugunsten sehr armer migrantischer Bevölkerungsgruppen" unterstützt werden soll, um so „sozialen Zusammenhalt[-]" und „Staatsbürgerschaft" zu entwickeln (Dok-F22). Der „Zugang zu Rechten"[497] wird kausal mit der „*lutte contre les discriminations*" verkettet, da die Rechte durch Maßnahmen des Kampfs gegen Diskriminierungen erlangt werden sollen (Dok-F22: 22*: „Zugang zu Rechten" → *lutte contre les discriminations* ≡ Maßnahmen).

Entwicklung des sozialen Zusammenhalts und der Staatsbürgerschaft: (...) Unterstützung von Maßnahmen des Zugangs zu Rechten zugunsten sehr armer migrantischer Bevölkerungsgruppen.[498]
Dok-F22 (Mairie de Paris: Le contrat urbain de Cohésion Sociale pour Paris. 2007-2009): 134

„*Intégration*" soll aber nicht nur durch die *lutte contre les discriminations* erreicht werden, sondern auch durch die Inwertsetzung von MigrantInnen. Dies soll zum einen durch die Förderung der „Herkunftskulturen"[499] durch „kulturelle Initiativen"[500] (Dok-F24: 28*), zum anderen durch die „Förderung der kulturellen Vielfalt"[501] durch die Wertschätzung der „Erfahrungen der Quartiere"[502] (Dok-F22: 37*) erfolgen. Die französische Gesellschaft wird dezidiert „kulturell" differenziert gedacht. Unterschiedliche „Kulturen" werden als Bereicherung für die Quartiere gefasst und sollen gefördert werden.

Befähigung von MigrantInnen durch Bildung und Spracherwerb
Weniger an Potentialen als an zu beseitigenden Schwierigkeiten wird mit Maßnahmen angesetzt, die dem Spracherwerb und der Bildung von MigrantInnen dienen sollen. „*Intégration* der eingewanderten Bevölkerungsgruppen"[503] geschehe unter anderem durch „die Verbesserung des Erlernens der französischen Sprache"[504], da diese „eine der Bedingungen für Autonomie und des Zugangs zu Rechten"[505] darstelle, wie im CUCS ausgeführt wird (Dok-F22: 12*). In einer weiteren Narration wird „das Beherrschen der französischen Sprache"[506] mit „einer notwendigen persönlichen Autonomie und minimaler Eingliederung eingewanderter Bevölkerungsgruppen"[507] äquivalent gesetzt (Dok-F22: 27*). Die französische Sprache wird zum Mittel der Befähigung. Spezifische „Maßnahmen"[508] (Dok-F22: 12, 29*), die umgesetzt werden sollen, folgen der Zielsetzung einer Hilfe zur Selbsthilfe. Im Rahmen der aktuellen *politique de la ville*

---

493 des droits et des devoirs.
494 appartenance.
495 une nécessaire sensibilisation.
496 valeurs citoyennes.
497 accès au droit.
498 Développement du lien social et citoyenneté : (...) Soutien aux actions d'accès au droit en direction de populations migrantes très précarisées.
499 les cultures d'origine.
500 initiatives culturelles.
501 Promouvoir la diversité culturelle.
502 la mémoire des quartiers.
503 L'intégration des populations immigrées.
504 l'amélioration de l'acquisition de la langue française.
505 une des conditions de l'autonomie et de l'accès aux droits.
506 La maîtrise de la langue française.
507 une nécessaire autonomie personnelle et d'insertion minimale des populations immigrées.
508 actions.

geschieht dies in Belleville-Amandiers, der *chef de projet* folgend, durch „Projekte sprachlicher Bildung"[509], um „den Zugang zur französischen Sprache, das Üben der französischen Sprache zu erleichtern" (Int-F09). So kämen beispielsweise „maghrebinische Mütter"[510], die bereits älter seien, um Französisch zu lernen (Int-F09*). Die *chef de projet* betont allerdings, dass es nicht genug Projekte gebe, beziehungsweise, dass die Finanzierung nicht ausreiche (Int-F09). Die als erforderlich erachtete Sprachförderung steht in keinem Verhältnis zu dem Angebot.

Also in Bezug auf die eingewanderten Bevölkerungsgruppen gibt es besonders Projekte sprachlicher Bildung, also beispielsweise um den Zugang zur französischen Sprache, das Üben der französischen Sprache zu erleichtern. Das ist Teil der Projekte. (...). [I]n Bezug auf die sprachliche Bildung haben wir nicht genug Projekte, wir haben nicht genügend Finanzierungsmittel in Bezug auf die sprachliche Bildung.[511]
Int-F09 (chef de projet CUCS Belleville-Amandiers)

Das Ziel der Befähigung wird auch durch Maßnahmen zur „Alphabetisierung"[512] für Frauen (Dok-F20: 24*) und „Präventionsmaßnahmen"[513] im Gesundheitsbereich, beispielsweise bei der Vorbeugung gegen Tuberkulose (Dok-F24: 56*) verfolgt. Es erfolgt ein „kulturell" differenzierender Zugang, obwohl die Bereiche Alphabetisierung und Gesundheitsvorsorge grundsätzlich für alle QuartiersbewohnerInnen relevant werden könnten. Sie werden allerdings spezifisch ausgelegt, was die Formulierung „für ein migrantisches Publikum adaptiert"[514] unterstreicht (Dok-F24: 56*).

MigrantInnen werden darüber hinaus im Bereich der Schule handlungsrelevant. Es wird auf „Empfangsklassen für nicht-frankophone neu ankommende Jugendliche"[515] verwiesen, denen eine „besondere Beachtung"[516] zu schenken sei, beispielsweise beim „Empfang"[517], „in Bezug auf die Eltern"[518], der „Zugänglichkeit zu bestimmten Dokumenten"[519] und der „Vereinfachung der Kommunikation"[520] (Dok-F20: 61*). Auch die *chef de projet* erläutert spezifische Maßnahmen „in Zusammenhang mit der Schule"[521], wo auf „kulturelle Mediation"[522] gesetzt würde. So würden beispielsweise Vereine den „Bezug zwischen den Familien und der Schule"[523] herstellen, indem die grundlegenden „Codes"[524], also Regeln, erklärt würden (Int-F09*). Gerade im Schulbereich, in dem besonders auf die Gleichbehandlung aller verwiesen wird – siehe beispielsweise die Argumentation auf regionaler Ebene (vgl. Int-F06* in Kapitel 5.3.2.6) – werden jugendliche MigrantInnen gefördert – ein deutlicher Bruch zu nationalen und regionalen Argumentationsmustern.

---

509 Les projets de formation linguistique.
510 mamans maghrébines.
511 Donc, sur les populations immigrées, ben, notamment, il va y avoir des projets d'ordre linguistique, par exemple faciliter l'accès à la langue française, la pratique de la langue française. Cela fait partie des projets. (…) [S]ur la formation linguistique, on n'a pas assez de projets, on n'a pas assez de financements sur la formation linguistique.
512 alphabétisation.
513 actions de prévention.
514 adaptées au public migrant.
515 Des classes d'accueil pour les jeunes primo-arrivants non francophones.
516 une attention particulière.
517 l'accueil.
518 en direction des parents.
519 l'accessibilité de certains documents.
520 la facilitation de la communication.
521 en lien avec l'école.
522 médiation culturelle.
523 le lien entre les familles et l'école.
524 les codes de fonctionnement.

Das Ziel der „Eingliederung" von MigrantInnen in den Arbeitsmarkt
Ein spezifischer Zugang zu MigrantInnen erfolgt zudem im Bereich des Arbeitsmarkts. Ausgangspunkt ist die Feststellung, dass Belleville-Amandiers durch „Schwierigkeiten der beruflichen Eingliederung ausländischer Bevölkerungsgruppen"[525] „charakterisiert"[526] sei (Dok-F24: 42*). Um die „Eingliederung durch das Wirtschaftliche"[527] zu stärken, werden unter anderem „Alphabetisierungsworkshops"[528] angeboten. Auf diese Weise sollen Problemlagen abgebaut werden (Dok-F20: 20*). Das „Ziel der wirtschaftlichen *intégration* eingewanderter Bevölkerungsgruppen"[529] wird darüber hinaus durch die Förderung von „Unternehmensgründungen"[530] unterstützt (Dok-F21*).

Die wirtschaftliche „Eingliederung" wird zum Instrument, um auch die „soziale Integration eingewanderter Bevölkerungsgruppen" zu erreichen. Es entsteht eine Äquivalenzbeziehung aus spezifischen „Maßnahmen" und „soziale[r] Integration", wobei diese durch eine „wirtschaftliche[-] Aktivität" erreicht werden soll. Beispielsweise wird auf „[s]pezifische Angebote" für Unternehmen von MigrantInnen gesetzt, um deren „Vorstellungen" hinsichtlich des „Platzes in der französischen Gesellschaft" und der „Möglichkeiten ihrer *intégration*" zu verändern (Dok-F20).

[I]n jedem der Gebiete werden M̲a̲ß̲n̲a̲h̲m̲e̲n̲ nachgefragt, die die s̲o̲z̲i̲a̲l̲e̲ ̲I̲n̲t̲e̲g̲r̲a̲t̲i̲o̲n̲ ̲e̲i̲n̲g̲e̲w̲a̲n̲d̲e̲r̲t̲e̲r̲ ̲B̲e̲v̲ö̲l̲k̲e̲-̲ ̲r̲u̲n̲g̲s̲g̲r̲u̲p̲p̲e̲n̲ durch die Entwicklung einer w̲i̲r̲t̲s̲c̲h̲a̲f̲t̲l̲i̲c̲h̲e̲n̲ ̲A̲k̲t̲i̲v̲i̲t̲ä̲t̲ unterstützen. S̲p̲e̲z̲i̲f̲i̲s̲c̲h̲e̲ ̲A̲n̲g̲e̲b̲o̲t̲e̲ können organisiert werden, die es diesen Unternehmen erlauben, die sozialen und fiskalischen Gesetzgebungen sowie die anzuwendenden Normen kennenzulernen und die V̲o̲r̲s̲t̲e̲l̲l̲u̲n̲g̲e̲n̲ zu verändern, die sie hinsichtlich ihres P̲l̲a̲t̲z̲e̲s̲ ̲i̲n̲ ̲d̲e̲r̲ ̲f̲r̲a̲n̲z̲ö̲s̲i̲s̲c̲h̲e̲n̲ ̲G̲e̲s̲e̲l̲l̲s̲c̲h̲a̲f̲t̲ und der M̲ö̲g̲l̲i̲c̲h̲k̲e̲i̲t̲e̲n̲ ̲i̲h̲r̲e̲r̲ *i̲n̲t̲é̲g̲r̲a̲t̲i̲o̲n̲* haben.[531]
Dok-F20 (Mairie de Paris: Contrat de ville de Paris. 2000-2006): 21

MigrantInnen sollen befähigt werden, damit sie selbstständig besser ihren Platz in der französischen Gesellschaft finden und sich „integrieren". Eine wirtschaftliche „Eingliederung" wird mit einer gesellschaftlichen verkettet.

Förderung der Beteiligung von MigrantInnen als notwendige Zielsetzung
Auch im Bereich der Aktivierung und Beteiligung erfolgt in Belleville-Amandiers ein „kulturell" differenzierender Zugang. Ziel sei es, „die Entwicklung von Festen"[532] zu fördern, um den „sozialen Zusammenhalt zwischen den BewohnerInnen, den Generationen und den *communities*"[533] zu stärken. Die Quartiersbevölkerung wird in unterschiedlichen *communities* gedacht – eine Differenz zur nationalen Ebene, wo der Verweis auf *communities* meist in engem Zusammenhang mit der Gefahr von Kommunitarismus steht (siehe Kapitel 5.3.1.3). Explizit wird zudem auf einen „Bereich des interkulturellen Austauschs"[534] verwiesen (Dok-F20: 91*). Es

---

525 des difficultés d'insertion professionnelle des populations étrangères.
526 se caractérise.
527 l'insertion par l'économique.
528 ateliers d'alphabétisation.
529 L'objectif d'intégration économique des populations immigrées.
530 création d'entreprises.
531 [D]ans chacun des quartiers, des a̲c̲t̲i̲o̲n̲s̲ visant à favoriser l̲'̲i̲n̲t̲é̲g̲r̲a̲t̲i̲o̲n̲ ̲s̲o̲c̲i̲a̲l̲e̲ ̲d̲e̲s̲ ̲p̲o̲p̲u̲l̲a̲t̲i̲o̲n̲s̲ ̲i̲m̲m̲i̲g̲r̲é̲e̲s̲ par le développement d'une a̲c̲t̲i̲v̲i̲t̲é̲ ̲é̲c̲o̲n̲o̲m̲i̲q̲u̲e̲ seront recherchées. Des f̲o̲r̲m̲a̲t̲i̲o̲n̲s̲ ̲s̲p̲é̲c̲i̲f̲i̲q̲u̲e̲s̲ pourront être organisées, permettant de mieux faire connaître à ces entreprises les législations sociales et fiscales ainsi que les normes applicables et de t̲r̲a̲n̲s̲f̲o̲r̲m̲e̲r̲ ̲l̲e̲s̲ ̲r̲e̲p̲r̲é̲s̲e̲n̲t̲a̲t̲i̲o̲n̲s̲ qu'elles ont de l̲e̲u̲r̲ ̲p̲l̲a̲c̲e̲ ̲d̲a̲n̲s̲ ̲l̲a̲ ̲s̲o̲c̲i̲é̲t̲é̲ ̲f̲r̲a̲n̲ç̲a̲i̲s̲e̲ ̲e̲t̲ ̲d̲e̲s̲ ̲m̲o̲y̲e̲n̲s̲ ̲d̲e̲ ̲l̲e̲u̲r̲ ̲i̲n̲t̲é̲g̲r̲a̲t̲i̲o̲n̲.
532 le développement d'événements festifs.
533 le lien social entre les habitants, les générations et les communautés.
534 espace d'échanges interculturels.

ergibt sich eine Parallele zur regionalen Ebene, wo Feste zur Inwertsetzung unterschiedlicher Kulturen beschrieben wurden (dazu Kapitel 5.3.2.6).

Auf nationaler und regionaler Ebene wurde auf die Rolle von Vereinen verwiesen, durch die Hilfestellungen für MigrantInnen gegeben werden könnten. In Belleville-Amandiers nehmen diese entsprechend der Vermutungen beziehungsweise Einschätzungen eine wichtige Rolle in der Umsetzung der *politique de la ville* ein. Die „Vereine"[535] stellten in Paris „einen Partner unumgänglicher Wichtigkeit"[536] dar – unter anderem im Bereich der „*intégration*" (Dok-F20: 101*). Im *contrat de ville* werden „zahlreiche Vereine"[537] genannt, die finanziert wurden, um „Maßnahmen zur sprachlichen Bildung"[538] und des „Zugangs zu Rechten"[539] umzusetzen (Dok-F21*). Auch im aktuellen CUCS werden Maßnahmen von Vereinen in Richtung von MigrantInnen angeführt, beispielsweise in Bezug auf den „Empfang alter MigrantInnen"[540] (Dok-F22: 22*).

Insgesamt besteht in Belleville-Amandiers eine Vielzahl an Vereinen, die sich für MigrantInnen einsetzen. Durch diese werden unter anderem die „*intégration* in die französische Gesellschaft"[541] von „migrantischen Familien"[542] (Dok-F25: 15, 21*), das Durchbrechen der „Isolierung von Familien ausländischer Herkunft"[543] (Dok-F25: 20*), die Schaffung eines „gegenseitigen Verständnisses zwischen den *communities* unterschiedlicher Kulturen und der französischen Gesellschaft"[544] (Dok-F25: 38*) und die Verteidigung der „Rechtsgleichheit zwischen ImmigrantInnen und Franzosen"[545] (Dok-F25: 62*) angestrebt. In diesen Zielsetzungen zeigt sich eine Gegenüberstellung von Franzosen und MigrantInnen, die nicht so im Austausch stehen wie gewünscht. Es werden Differenzen beschrieben, die es zu überwinden gilt.

Auch die *chef de projet* von Belleville-Amandiers nimmt Bezug auf Vereine. Die Programmverantwortlichen würden viel mit diesen zusammenarbeiten. Begründet wird dies damit, dass sie die „Fähigkeiten" hätten, um mit den „ausländischen Bevölkerungsgruppen" umzugehen, um ihnen in verschiedenen Bereichen zu helfen. Entsprechend gebe es „solche Projekte" (Int-F09). Die Vereine übernehmen damit Aufgaben der Befähigung von MigrantInnen, die diese besonders gut umsetzen könnten. Sie werden zum Bindeglied zwischen den QuartiersbewohnerInnen – respektive auch MigrantInnen – und den Verantwortlichen der *politique de la ville*, wobei die Vereine als ganz entscheidend für die Stadtpolitik eingeschätzt werden (Int-F09*: „[Die *politique de la ville*] wird sehr durch die Vereine getragen"[546]).

[W]ir arbeiten viel mit den Vereinen. Also die Projekte hängen viel von den Vereinen ab. Nun ja, es gibt Vereine, die die Fähigkeiten haben, den ausländischen Bevölkerungsgruppen beim Erlernen der Sprache, dem Schreiben von Lebensläufen, dem Finden einer Arbeit zu helfen. Genau. Wir haben solche Projekte.[547]
Int-F09 (chef de projet CUCS Belleville-Amandiers)

---

535 associations.
536 un partenaire d'une importance incontournable.
537 de nombreuses associations.
538 actions de formations linguistiques.
539 accès aux droits.
540 accueil des vieux migrants.
541 l'intégration dans la société française.
542 familles migrantes.
543 Rompre l'isolement des familles d'origine étrangère.
544 Développer une compréhension réciproque entre les communautés de différentes cultures et la société francaise.
545 Défendre l'égalité des droits entre immigré-es et français-es dans une société interculturelle.
546 C'est vraiment chez nous la politique de la ville. Elle est très portée par le monde associatif.
547 [N]ous, on travaille beaucoup avec les associations. Donc, les projets dépendent beaucoup aussi des associations. Donc, il y a des associations qui ont des savoir-faire avec les populations étrangères pour les aider à maîtriser la langue française, à écrire des CV, à chercher du travail. Voilà. On a des projets comme ça.

Es wurde bereits auf die heutige Bedeutung von AsiatInnen beziehungsweise ChinesInnen in der Strukturierung des Quartiers, unter anderem durch die *chef de projet*, hingewiesen. Diese werden auch bei den Zielsetzungen mehrerer Vereine als Zielgruppe benannt. So strebt ein „franko-chinesischer Verein"[548] *„intégration"* an, indem Beziehungen „zwischen der chinesischen Bevölkerung und dem umliegenden französischen Milieu"[549] hergestellt werden sollen (Dok-F25: 84*). Ein weiterer Verein knüpft die „soziokulturelle Eingliederung von Immigranten chinesischer Herkunft"[550] an die Förderung von „Sprachkursen"[551] und „Hilfestellungen gegenüber [französischen] Institutionen"[552] (Dok-F25: 85*). Von einer weiteren Einrichtung werden „spezifische Maßnahmen"[553] für die im CUCS benannte Zielgruppe der „Immigranten"[554] in Bezug auf „asiatische Neuankömmlinge"[555] im Schulbereich unternommen (Dok-F22: 30*).

Asiatische beziehungsweise chinesische MigrantInnen werden explizit handlungsrelevant und gesondert gefördert. Dies folgt der aktuellen Zielsetzung der *politique de la ville* in Belleville-Amandiers, „mehr in Verbindung mit den chinesischen *communities* zu arbeiten"[556] (Int-F09*). Als weiteres Projekt beschreibt die *chef de projet* eine „sehr partizipative[-] Methode" der „soziale[n] Kartographie", durch die die „chinesischen Bevölkerungsgruppen" „ein wenig besser die Orte identifizieren" sollen, an denen sie „Informationen" finden, „Französisch lernen" und „sich über ihre Rechte [-] informieren" können (Int-F09). Ziel ist die Erhöhung der Selbstbefähigung der ChinesInnen, bei denen in diesen Bereichen momentan (noch) Nachholbedarf gesehen wird.

> Hier entwickeln wir eine Zusammenarbeit mit den chinesischen *communities*. Wir arbeiten mit einer sehr partizipativen Methode, die sich soziale Kartographie nennt, also wir machen Kartographie (...). Nun ja, (...) wir werden versuchen, dass die chinesischen Bevölkerungsgruppen, die in diesen Quartieren wohnen, ein wenig besser die Orte identifizieren, wo sie hingehen können, um sich zu versorgen, um sich Informationen zu beschaffen, Französisch zu lernen, sich über ihre Rechte zu informieren, ja genau.[557]
> *Int-F09 (chef de projet CUCS Belleville-Amandiers)*

Als zusätzliche Instrumente zur Aktivierung und Beteiligung von MigrantInnen werden in Belleville-Amandiers ein Sozialcafé und Sozialzentren gefördert. Auf regionaler Ebene wurde bereits das Sozialcafé Ayem Zamen angeführt, das „älteren MigrantInnen"[558] Hilfestellungen bieten soll (Dok-F22: 8* und 25: 34*). Auch die „Sozialzentren" übernähmen Aufgaben der *„intégration"*, indem sie „jedem neuen Migranten" bei Schwierigkeiten helfen sollen (Dok-F24: 28*).

---

548 association franco-chinoise.
549 des liens entre la population chinoise et le milieu environnant français.
550 l'insertion socioculturelle des immigrés d'origine chinoise.
551 cours de français.
552 démarches auprès des institutions.
553 actions spécifiques.
554 immigrés.
555 des primo-arrivants asiatiques.
556 on a décidé de travailler plus en lien avec les communautés chinoises.
557 Là, on développe un travail en lien avec les communautés chinoises. On va travailler sur une méthode très participative qui s'appelle la cartographie sociale, donc on fait de la cartographie (...). Donc, (...) on va essayer de faire en sorte que les populations chinoises qui habitent dans ces quartiers identifient un peu mieux les endroits où ils peuvent aller chercher de la ressource, aller chercher de l'information, apprendre le français, se renseigner sur leurs droits, fin, voilà.
558 les migrants âgés.

MediatorInnen und relais *als Methoden zum Regieren durch* community

In enger Koppelung an die Zielsetzungen der Aktivierung und Beteiligung von MigrantInnen steht auch in Belleville-Amandiers das Vorgehen der Schaffung von MultiplikatorInnen, um in unterschiedliche Migrantengruppen hineinzuwirken, was über die Maßnahmen der *adultes relais* und *femmes relais* sowie durch den Aufbau von MediatorInnen geschieht.

Die „*intégration* von eingewanderten Bevölkerungsgruppen"[559] wird explizit an „Maßnahmen der *adultes relais*"[560] geknüpft, durch die „die sozialen Beziehungen"[561] unter den QuartiersbewohnerInnen verbessert werden sollen (Dok-F20: 12, 32*). Durch die *femmes relais* würde eine „Arbeit der Begleitung von Personen ausländischer Herkunft in ihren sozialen und administrativen Belangen"[562] unternommen (Dok-F20: 32*). Es vollzieht sich eine explizite Ausrichtung auf „migrantische[-] Gruppen im 20."[563] *arrondissement*, deren „Autonomie"[564] erhöht werden soll (Dok-F25: 64-65*). Ein „kulturell" differenzierendes Handeln wird als erfolgversprechend und zielführend eingeschätzt – im Gegensatz zur Grundausrichtung der *politique de la ville* einer nicht differenzierenden Stadtpolitik. Von der *chef de projet* wird vor allem der Ansatz mit MediatorInnen als aktuelles Vorgehen der Stadtpolitik in Belleville-Amandiers beschrieben. Vor dem Hintergrund des Wunschs, die „chinesischen *communities*"[565] (Int-F09*) mehr einzubeziehen, würden „MediatorInnen" gebraucht, die eine Verbindung herstellten – sonst kann in dieser Lesart ein „Regieren durch *community*" nicht gelingen. Begründet wird dieses Vorgehen darüber, dass diese „stärker zurückgezogen" seien. Es bestünde ein „System (…), das in der *community* funktioniert". Dieses Leben ohne Bezug zur französischen Gesellschaft wird zu einem Zustand, der nicht fortbestehen soll. Entsprechend wird auf MultiplikatorInnen gesetzt, die zwischen ChinesInnen und Franzosen vermitteln und „Informationen [-] verteilen" sollen. Die Beteiligung der „chinesischen *communities*" wird explizit zur Zielsetzung, die durch die Einbindung von ChinesInnen in die Steuerung der *politique de la ville* erfolgen soll (Int-F09).

[E]s stimmt, dass wir in Bezug auf die chinesischen *communities* Mediatoren brauchen (...), da es eine neuere Immigration ist und weil es auch eine Immigration ist, die – man muss immer vorsichtig sein – stärker zurückgezogen scheint (...). [W]ir haben zum Beispiel den Eindruck von Chinesen, die ihren Handel einrichten, die Arbeit schaffen, die andere Chinesen anstellen, die nicht Französisch sprechen müssen, da es in jedem Fall ein System gibt, das in der *community* funktioniert. Und da haben wir zum Beispiel eine Reflexionsgruppe dazu eingerichtet und wir haben ein *relais*, wir haben in unserer Gruppe einen Chinesen, der sehr gut Französisch spricht und der uns hilft, eine Verknüpfung aufzubauen, Informationen zu verteilen, ja genau. Und dann haben wir in unserer Gruppe Franzosen, die chinesisch sprechen, die in Vereinen drin sind und die also die chinesischen Bevölkerungsgruppen kennen.[566]
Int-F09 (chef de projet CUCS Belleville-Amandiers)

---

559 L'intégration des populations immigrées.
560 actions des adultes relais.
561 les rapports sociaux.
562 le travail d'accompagnement des personnes d'origine étrangère dans leurs démarches sociales et administratives.
563 des publics migrants du 20ème.
564 l'autonomie.
565 les communautés chinoises.
566 [C]'est vrai que par rapport aux communautés chinoises, on a besoin de médiateurs (…) parce que c'est une immigration plus récente et que c'est une immigration aussi qui semble – faut être toujours prudente – qui semble plus refermée (…). [O]n a l'image par exemple de Chinois qui créent leurs commerces, qui créent de l'emploi, qui vont embaucher d'autres Chinois, qui ne vont pas avoir besoin de parler français puisque de toute façon, il y a un système qui fonctionne dans la communauté. Et là, par exemple, on essaie de, là par exemple, on a annoncé un groupe de réflexion là-dessus et on a un relais, on a dans notre groupe un Chinois qui parle très bien le français et qui nous aide à faire le relais, à diffuser de l'information, voilà. Et puis, on a aussi dans notre groupe des Français qui parlent le chinois, qui sont dans des associations et qui donc connaissent des populations chinoises, voilà.

Als zentrale Hürde des Austauschs wird die Sprachbarriere angesehen, so dass als Vorgehensweise auf „Franzosen, die chinesisch sprechen"[567] und „Chinesen, die Französisch sprechen"[568] gesetzt wird. Diese sollen zwischen den beiden in Opposition zueinander stehenden Gruppen vermitteln (Int-F09*). Darin wird der Wunsch der Einbindung aller QuartiersbewohnerInnen in den Stadtteil besonders sichtbar – ein Ziel, das auch einen „kulturell" differenzierenden Zugang zu legitimieren scheint und sinnvoll erscheinen lässt.

5.3.4.7   Zusammenfassung: Explizite „kulturelle Differenzierungen" in Belleville-Amandiers

Abschließend werden die zentralen Ergebnisse in einer Zusammenschau dargestellt. Belleville-Amandiers wird in den untersuchten Materialien und Interviews als Gebiet mit einem hohen Anteil an „Ausländern" und „Immigranten" beschrieben. Der Anteil an MigrantInnen liege über dem städtischen Durchschnitt. Er markiert eine Abweichung, die als Charakteristikum erfasst wird. Die heutige Prägung durch MigrantInnen wird an die bereits lange bestehende Tradition der „Einwanderung" nach Belleville-Amandiers gekoppelt, wobei historisch unterschiedliche Phasen und Zuwanderergruppen unterschieden werden.

Auf der einen Seite ergeben sich daraus Vorzüge: Das Quartier wird als multikulturell und kulturelle Vielfalt als „Reichtum" dargestellt. Auf der anderen Seite bestehen Äquivalenzbeziehungen zu verschiedenen Problemlagen: So werden MigrantInnen an Sprachprobleme, Probleme beim Zugang zum Arbeitsmarkt, Armut und Isolation gekettet. Der Signifikant MigrantInnen flottiert zwischen Potentialen und Problemen und ist in vergleichbare Argumentationsmuster eingebunden, wie für die anderen deutschen und französischen Ebenen und Fallstudien beschrieben.

Auch in Belleville-Amandiers erwächst daraus Handlungsrelevanz. „*Intégration*" wird als Ziel und als eine der „transversalen Prioritäten" benannt und entsprechend auch hier hegemonial verankert. „*Intégration*" wird zu einem Knotenpunkt, an den sich unterschiedlichste Forderungen anschließen können. MigrantInnen werden als spezifische Zielgruppe der *politique de la ville* legitimiert. Entsprechend ergeben sich unterschiedliche Bereiche, in denen Maßnahmen für MigrantInnen initiiert werden. Auffällig war zunächst die Argumentation der *chef de projet* zum Vorgehen der Stadtpolitik in Belleville-Amandiers. Sie beschrieb ihren Ansatz als von den größten Problemlagen ausgehend, also von denjenigen, die „am fragilsten" seien, womit sich eine Parallele zur Ausrichtung der *Sozialen Stadt* im Gallus-Viertel in Frankfurt andeutete. Der Bezug auf alle QuartiersbewohnerInnen mit Problemlagen dient allerdings eher als Rechtfertigung für ein in Teilen zielgruppenspezifisches Vorgehen, um so dem Ideal der Gleichbehandlung nicht zu offensichtlich zuwiderzulaufen. In mehreren Narrationen wurde der allgemeine Zugang durch den Verweis auf die „Aktualität" unterlaufen, die mit sich bringe, dass bestimmte Zielgruppen einer besonderen Förderung bedürften – vor allem chinesische MigrantInnen.

„Kulturelle Differenzierungen" werden in vielen Bereichen dezidiert problematisiert, die der Befähigung von MigrantInnen dienen sollen. So wird in Belleville-Amandiers die *lutte contre les discriminations* auf MigrantInnen bezogen, ebenso Maßnahmen des besseren Zugangs zu allgemeinen Rechten und zur Förderung der Vielfalt. Zur Stärkung der Selbstbefähigung werden Projekte zur Sprachförderung, Alphabetisierung, Gesundheitsprävention und zur „Eingliederung" in den Arbeitsmarkt initiiert. Auch in der Schule wird spezifisch gefördert, da nicht Französisch sprechende Neuankömmlinge gesondert unterstützt werden sollen. Zielsetzungen

---

567 des Français qui parlent le chinois.
568 des Chinois qui parlent le français.

der Aktivierung und Beteiligung von MigrantInnen werden besonders durch die Förderung von Vereinen sowie durch ein Sozialcafé für ältere MigrantInnen verfolgt. Wie in Deutschland soll eine Nicht-Beteiligung nicht einfach hingenommen werden. Vor diesem Hintergrund sollen *relais* und MediatorInnen den Kontakt zu sonst nicht erreichten Bevölkerungsteilen herstellen und zwischen diesen und den Verantwortlichen der *politique de la ville* vermitteln. Besonders in diesem Vorgehen wird deutlich, dass dezidiert „kulturell" differenzierend vorgegangen wird, da die „chinesischen *communities*" besser in das Stadtteilleben eingebunden werden sollen. MultiplikatorInnen sollen ein Regieren durch *community* ermöglichen.

„Kulturelle Differenzierungen" werden somit von der grundsätzlichen Ausrichtung bis hin zu konkreten Maßnahmen in der *politique de la ville* von Belleville-Amandiers dezidiert problematisiert und handlungsrelevant – ein deutlicher Bruch zur nationalen Ebene und eine Weiterführung regionaler Diskursstränge. Der nationale Verweis auf ein explizites Vorgehen auf lokaler Ebene und ein Unterlaufen des Tabudiskurses konnten in Belleville-Amandiers deutlich nachgezeichnet werden. Es ergeben sich umfassendere Handlungsspielräume auf lokaler Ebene. Entsprechend scheint der Bereich des Sagbaren größer zu sein, wobei der Verweis auf den Ansatz bei Problemlagen, der mehrfach unterwandert wird, auch einen Hinweis auf „kulturelle Differenzierungen" als heikel nahelegt. Die These einer expliziten Problematisierung auf lokaler Ebene ist anhand der Fallstudie Bondy zu überprüfen.

5.3.5   Fallstudien in Bondy: Vom „pragmatischen" Vorgehen zugunsten von MigrantInnen

Auf regionaler Ebene hatte sich für das *département* Seine-Saint-Denis gezeigt, dass „kulturelle Differenzierungen" vor allem implizit problematisiert werden. In vielen Projekten werden MigrantInnen zwar als Hauptteil der FördermittelempfängerInnen angeführt, allerdings werden sie nicht als alleinige Zielgruppe benannt. Es kommt in großen Teil zur Reproduktion nationaler Argumentationsmuster. Vor diesem Hintergrund ist zu untersuchen, ob es auf lokaler Ebene in der Stadt Bondy zu einem Aufbrechen kommt und Übereinstimmungen zu Belleville-Amandiers nachgezeichnet werden können oder ob hegemoniale nationale Diskursstränge überwiegen.

5.3.5.1   Dokumente und Interviews der *politique de la ville* in Bondy

Wie in Paris wurden auch für die Stadt Bondy bisherige und aktuelle Verträge vom *grand projet de ville*[569], über die *convention cadre intercommunale*[570] bis zum aktuellen CUCS mit der Konkretisierung der *politique de la ville* erfasst (Dok-F26 bis 28). Diese wurden durch Veröffentlichungen ergänzt, in denen Aufforderungen zur Beteiligung an der *politique de la ville* (Dok-F29), Teilprojekte wie im Bereich der Bildung und des sozialen Zusammenhalts (Dok-F30 und 32), Zwischenstände (Dok-31, 33 und 34) und neue Projekte (Dok-D35) beschrieben werden. Hinzu kommt eine Internetkommunikation von Profession Banlieue zur *politique de la ville* in Bondy (Dok-F36) (siehe Tabelle 18).

---

569 Urbane Großprojekte, die im Rahmen der *contrats de ville* in mehreren Gemeinden Frankreichs durchgeführt wurden und die vor allem bauliche Sanierungsmaßnahmen umfassten.

570 Interkommunaler Rahmenvertrag mehrerer Gemeinden, die gemeinsame Ziele bei der Umsetzung der *politique de la ville* verfolgen.

Tabelle 18:   Dokumente der Stadtpolitik *politique de la ville* – lokale Ebene: Bondy

lokale Ebene: Bondy			
Herausgeber/Autor	Titel	Dokumentart	Kürzel
Préfecture und maires der unterzeichnenden Gemeinden, 2001	Grand projet de ville. Pantin – Bobigny – Bondy 2001-2006	Veröffentlichung/Bericht	Dok-F26
Vertrag der Gemeinden, o. J.	Convention cadre intercommunale au titre de la politique de la ville entres les villes de Bobigny, Bondy, Drancy, Pantin et Romainville, l'État, le Conseil général, le Conseil régional et le FAS pour la période 2000-2006	Veröffentlichung/Bericht	Dok-F27
Ville de Bondy	Contrat Urbain de Cohésion Sociale 2007-2009, 2007	Veröffentlichung/Bericht	Dok-F28
	Contrat urbain de cohésion sociale. Programmation 2010. Appel à projets, 2009	Offizieller Ausschreibungstext	Dok-F29
	Le Contrat Urbain de Cohésion Sociale: un projet en faveur du développement local solidaire et durable, 2009	Veröffentlichung/Bericht	Dok-F30
	Premiers éléments de synthèse sur la politique de la ville en prévision du débat d'orientations budgétaires, 2009	Veröffentlichung/Bericht	Dok-F31
	Projet de Réussite Éducative 2008, 2008	Veröffentlichung/Bericht	Dok-F32
	La politique de la ville à Bondy. Rapport, 2010	Evaluationsbericht, per Mail erhalten	Dok-F33
	Bondy. Zone Humaine Sensible, 2010	Power-Point-Präsentation, per Mail erhalten	Dok-F34
	Appel à projets « Expérimentation relative à la mise en œuvre de projets sociaux à l'issue des opérations de relogement des projets de rénovation urbaine », 2010	Power-Point-Präsentation, per Mail erhalten	Dok-F35
Profession Banlieue, 2011	Bondy: Présentation de la politique de la ville, Informationen zur *politique de la ville* in Bondy, www.professionbanlieue.org (03.02.2011)	Homepage	Dok-F36

Quelle: Eigene Darstellung

Da zur Zeit der Feldforschung in Bondy die Position des *chef de projet* frei und noch nicht neu besetzt war, wurde auf ein Interview mit der *chef de projet* CUCS aus dem Jahr 2008 zurückgegriffen (IP-F10) und dieses neu ausgewertet. Zur Erfassung der aktuellen Ausrichtung der *politique de la ville* wurde im November 2010 eine leitende Mitarbeiterin der Stadt Bondy im Bereich Stadtverträge (damit also auch CUCS) und Stadtumbau befragt (IP-F11) (vgl. Tabelle 19), die einen detaillierten Einblick in strategische Ziele der Stadt Bondy und die Entwicklung der *politique de la ville* geben konnte.

Tabelle 19: Interviews mit Verantwortlichen der Stadtpolitik *politique de la ville* – lokale Ebene: Bondy

Interviews auf lokaler Ebene: Bondy				
InterviewpartnerIn	Datum	Ort	Dauer	Kürzel
Mitarbeiterin der Projektplanung für Bondy (*chef de projet* CUCS)	26.11.2008	Bondy	01:37 Stunden	Int-F10
Leitende Mitarbeiterin der Projektplanung und *rénovation urbaine* in Bondy	16.11.2010	Bondy	01:46 Stunden	Int-F11

Quelle: Eigene Darstellung

5.3.5.2 MigrantInnen als Teil der Quartiersstrukturierungen

Ausgangspunkt für die Fokussierung auf die Stadt Bondy in der *banlieue parisienne* war, wie in Kapitel 4.3.3 skizziert, die Berücksichtigung des „Ausländeranteil[s]" und von „Bevölkerungsgruppen ausländischer Herkunft" in den vorliegenden Berichten zur dort umgesetzten *politique de la ville* sowie erste eigene Analysen.

In den untersuchten Materialien wird für die Stadt Bondy der „Anteil der ausländischen Bevölkerung an der Gesamtbevölkerung"[571] mit 18,6 % angegeben, gemessen im Jahr 1999 (Dok-F36*). Im aktuellen CUCS wird der Ausländeranteil für die beiden ZUS ausgewiesen, der im *quartier* Blanqui bei 18,3 % und im *quartier* Nord bei 26,8 % liege (Dok-F28: 18-19*). Während der Anteil in der einen ZUS in etwa dem städtischen Durchschnitt entspricht, ist er in der nördlichen ZUS um circa acht Prozent erhöht, was im CUCS entsprechend erfasst wird (Dok-F28: 8*: „Prozentsatz der ausländischen Bevölkerung"[572] ≡ „erhöht"[573]. Übergreifend wird der „Anteil an Ausländern"[574] als „beträchtlich"[575] beschrieben (Dok-F27: 10*).

In den bisherigen Narrationen wurde nur auf „Ausländer" Bezug genommen. Darüber hinaus wird darauf hingewiesen, dass „die *französische* Bevölkerung ausländischer Herkunft" einen „integrale[n] Teil des lokalen Lebens ausmache und dementsprechend zu „berücksichtig[en]" sei (Dok-F27).

Als integraler Teil des lokalen Lebens muss ebenfalls die französische Bevölkerung ausländischer Herkunft berücksichtigt werden.[576]
Dok-F27 (Vertrag der Gemeinden: Convention cadre intercommunale): 12

Es werden damit sowohl „Ausländer" als auch Franzosen „ausländischer Herkunft" erfasst, die in Narrationen eingebunden werden, in denen sie zum einen positiv, zum anderen geknüpft an Problemlagen gerahmt werden. Es kommt zu einer Reproduktion von Argumentationsmustern, die MigrantInnen in Opposition zueinander stehenden Diskurssträngen verorten.

Auf der einen Seite wird Bondy mit einer „sehr große[n] kulturelle[n] Vielfalt" äquivalent gesetzt, wobei die Vielfalt als „Quelle des Reichtums" bezeichnet wird. Gleichzeitig erfolgt eine

---

571 Part de la population étrangère dans la population.
572 pourcentage de population d'origine étrangère.
573 élevé.
574 la part d'étrangers.
575 importante.
576 Partie intégrante de la vie locale, il faut également prendre en compte la population française d'origine étrangère.

Einschränkung, da daraus auch „Konfrontationen" erwachsen könnten (Dok-F27: polyphone Narration: „auch wenn"). „Vielfalt" kann positiv sein, muss aber nicht.

Eine sehr große kulturelle Vielfalt prägt Bobigny, Bondy, Drancy, Pantin und Romainville, die mehr als 70 Nationalitäten zählen. (...). Diese Vielfalt ist eine Quelle des Reichtums, **auch wenn** sie manchmal die Tendenz hat, Konfrontationen zu nähren.[577]
Dok-F27 (Vertrag der Gemeinden: Convention cadre intercommunale): 12

Eine positive Rahmung geschieht durch die leitende Mitarbeiterin der Stadt Bondy im Bereich der *politique de la ville*, die den Stadtrat von Bondy anführt, in dem Frauen vertreten seien, die „auf anderen Kontinenten geboren"[578] seien. Dies sei ein Beispiel für eine „positive *intégration*"[579] (Int-F11*).

Auf der anderen Seite wird die „ausländische Bevölkerung"[580] im CUCS mit verschiedenen Problemen verknüpft, wie zu geringen „Basiskenntnissen"[581] und nicht „angepassten Berufsausbildungen"[582], so dass diese „auf dem Arbeitsmarkt in Schwierigkeiten"[583] seien (Dok-F28: 14*). Die *chef de projet* CUCS erläutert, dass wenn „man auf dem Gebiet"[584] sei, man feststelle, dass es Bevölkerungsgruppen gebe, die „nicht die Sprache sprechen, die nicht Französisch sprechen können, die nicht genau wissen, wie man einen Bus nimmt (…), die nicht autonom sind"[585] (Int-F10*). Darüber hinaus wird ein „Phänomen der Diskriminierung"[586] gegenüber „Personen ausländischer Herkunft oder Ausländern"[587] (Dok-F28: 14*) sowie „strukturelle Arbeitslosigkeit"[588], die besonders „mehrere Generationen"[589] von MigrantInnen betreffe (Int-F11*), als Probleme benannt. Entsprechende Verknüpfungen liegen im Bereich des Sagbaren.

Zudem wird auf Schule und Bildung eingegangen. Die Stadt Bondy beziehungsweise besonders die Gebiete der ZUS konzentrierten „eine Mehrheit an SchülerInnen aus einem benachteiligten Milieu"[590], wobei eine Koppelung an „Familien ausländischer Herkunft und/oder Großfamilien"[591] erfolgt (Dok-F32: 17*). Es bestehe eine „weniger leichte kulturelle *intégration* für Familien mit Migrationshintergrund"[592] (Dok-F26: 2*). Es wird explizit „kulturell" differenziert: Größere Schwierigkeiten werden für MigrantInnen konstatiert. Entsprechend äußert sich die leitende Mitarbeiterin der *politique de la ville*, die das „Problem der Sozialisation von Kindern von Eltern ausländischer Herkunft" als „tiefgreifendes Problem" bezeichnet. Familien

---

577 Une très grande diversité culturelle caractérise Bobigny, Bondy, Drancy, Pantin et Romainville qui comptent plus de 70 nationalités. (…). Cette diversité est source de richesses **même si** parfois elle a tendance à nourrir des confrontations.
578 nées sur d'autres continents.
579 l'intégration positive.
580 la population étrangère.
581 les savoirs de base.
582 formations professionnelles adaptées.
583 en difficulté sur le marché du travail.
584 on est sur le territoire.
585 qui ne maîtrisent pas la langue, qui ne savent pas parler le français, qui ne savent pas clairement prendre un bus (…) qui ne sont pas autonomes.
586 un phénomène de discrimination.
587 les personnes d'origine étrangères ou étrangères.
588 chômage structurel.
589 plusieurs générations.
590 une majorité d'élèves provenant d'un milieu défavorisé.
591 souvent issus de familles d'origine étrangère ou/et souvent de familles nombreuses.
592 une intégration culturelle moins facile pour les familles issues de l'immigration.

aus Subsahara-Afrika hätten „kulturelle[-] Werte[-], die vollständig anders als die der westlichen Gesellschaft" seien (Int-F11). Westliche Familien stehen in Opposition zu denen, die anderen „Kulturkreisen" zugeordnet werden. Es werden Unterschiede benannt, die als grundlegend eingeschätzt werden und entscheidende Schwierigkeiten mit sich brächten.

> Das Problem der Sozialisation von Kindern von Eltern ausländischer Herkunft ist ein tiefgreifendes Problem. Das Problem des Verständnisses von Elternschaft durch Familien, die aus dem subsaharischen Afrika mit Bezügen und kulturellen Werten, die vollständig anders als die der westlichen Gesellschaft sind, kommen, ist nicht zum Lachen. Das ist eine grundlegende Arbeit.[593]
> Int-F11 (Leitende Mitarbeiterin der Projektplanung und rénovation urbaine in Bondy)

Als weiteres Problem wird „Kommunitarismus"[594] benannt, das heißt „*communities*"[595] würden sich aufgrund von „Ablehnung"[596] gegen die Gesellschaft, die sie aufnähme, richten, was „komplett negativ"[597] sei (Int-F11*).

Vor diesem Hintergrund wird als grundsätzliche Herausforderung ein „Problem der *intégration*"[598] beziehungsweise die „Thematik der *intégration*"[599] benannt (Int-F11* und F10*). Es entsteht eine Äquivalenzkette aus „*intégration*" ≡ „strukturelles Problem der Arbeit"[600] ≡ „Ausgeschlossenheit vom Arbeitsmarkt, von der Schule, von der französischen Sprache"[601] (Int-F11*).

„Kulturelle Differenzierungen" werden explizit problematisiert, die eine dezidierte Förderung als notwendig erscheinen lassen. Im Folgenden wird untersucht, ob und gegebenenfalls wie die entsprechenden Problematisierungen handlungsrelevant werden.

5.3.5.3 Territoriale, quartiersbezogene Förderung, die Zielgruppe der MigrantInnen und das Ziel der „*intégration*"

Ausgehend von der Grunddefinition der *politique de la ville* wird diese auch im CUCS von Bondy zunächst als Vorgehen aufgrund eines Vertrags zwischen dem „Staat, lokalen Gebietskörperschaften und ihren Partnern"[602] bezeichnet, das durch „territorialisierte Politiken"[603] und „urbane Erneuerung"[604] erfolgen soll. Die *politique de la ville* wird als „Politik der Ausbesserung"[605] gefasst. In dieser Logik erhalten bestimmte Raumausschnitte Hilfen, um eine Angleichung an die Gesamtstadt zu erreichen. Gleichzeitig wird im CUCS eine mögliche Ausrichtung

---

593 Le problème de la socialisation de l'enfant de parents d'origine étrangère, c'est un problème de fond. Le problème de la compréhension de la parentalité par des familles qui viennent de l'Afrique subsaharienne avec des références et des valeurs culturelles complètement différentes de celles de la société occidentale, c'est pas de l'anecdote. C'est un travail de fond.

594 communautarisme.

595 communautés.

596 rejet

597 complètement négatif.

598 problème d'intégration.

599 la thématique d'intégration.

600 problème structurel de pauvreté.

601 éloignement de l'emploi, de l'école, de la langue française.

602 l'État, les collectivités locales et leurs partenaires.

603 des politiques territorialisées.

604 renouvellement urbain.

605 une politique de réparation.

„auf eine spezifische Zielgruppe"[606] angeführt (Dok-F28: 5*). Als solche werden „die Bevölkerungsgruppen mit Migrationshintergrund" benannt, das heißt, es entsteht eine Äquivalenz aus *politique de la ville* ≡ Ausrichtung auf Zielgruppen ≡ MigrantInnen (Dok-F28).

> Die *politique de la ville* in Bondy richtet sich an eine <u>spezifische Bevölkerung</u> (...) <u>die Bevölkerungsgruppen mit Migrationshintergrund.</u>[607]
> Dok-F28 (Ville de Bondy: Contrat Urbain de Cohésion Sociale 2007-2009): 20

Diese Erfassung von MigrantInnen als eine der Zielgruppen bringt es mit sich, dass explizite Zielsetzungen der „*intégration*" in den untersuchten Materialien und Interviews formuliert werden. Bereits im *grand projet de ville* der Gemeinden Pantin-Bobigny-Bondy ab dem Jahr 2000 wurde an das Ziel, „das tägliche Leben der QuartiersbewohnerInnen zu verbessern"[608], „*intégration*" von MigrantInnen geknüpft (Dok-F27: 20*). Diese Aufgabe setzt sich im CUCS von Bondy fort, wo als fünfte Handlungsachse „die *intégration* von Bevölkerungsgruppen ausländischer Herkunft" festgelegt wird, die es zu fördern gelte (Dok-F28).

> Achse 5: Förderung der *intégration* von Bevölkerungsgruppen ausländischer Herkunft.[609]
> Dok-F28 (Ville de Bondy: Contrat Urbain de Cohésion Sociale 2007-2009): 21

An diese „*intégration*" wird in einer weiteren Narration das „bessere Zusammenleben"[610] gekoppelt. Dazu müssten die „Werkzeuge"[611] geschaffen werden und die „Mittel"[612] aufgebracht werden, um so aus den „kulturellen Unterschieden einen Reichtum für die Stadt zu machen"[613]. Es entsteht eine kausale Verknüpfung an ein „notwendiges Einbringen von Akteuren zugunsten der *intégration*"[614] (Dok-F29: 6*: Zusammenleben ≡ Reichtum → Einbringen für „*intégration*"). Auch in den Projektaufrufen des CUCS wird in mehreren Jahren die „Förderung der *intégration* von ausländischen Bevölkerungsgruppen"[615] als eines der „Handlungsfelder"[616] benannt und so als festes Ziel verankert (Dok-F30: 2* und 31: 2-3*).

Entsprechend greift die *chef de projet* CUCS „*intégration*" auf, die für die „ausländische Bevölkerung"[617] zu verbessern sei (Int-F10*).

5.3.5.4   „*Intégration*" als transversale, fest verankerte Zielsetzung

Auf regionaler Ebene wurde im *département* Seine-Saint-Denis „*intégration*" zwar auch als wichtige Herausforderung beschrieben, allerdings wurde diese Aufgabe als solche gesehen, die primär außerhalb der *politique de la ville* durch den *contrat d'accueil et d'intégration* übernommen würde. Nur implizit wird die Stadtpolitik zu einer Politik der „*intégration*". In Bondy ist dagegen

---

606 un public spécifique.
607 La politique de la ville à Bondy s'adresse à une population spécifique (...) les populations issues de l'immigration.
608 améliorer la vie quotidienne des habitants du quartier.
609 Axe 5 : Favoriser l'intégration des populations d'origine étrangère.
610 le mieux vivre ensemble.
611 les outils.
612 les moyens.
613 faire des différences culturelles une richesse pour la ville.
614 un nécessaire investissement des acteurs en faveur de l'intégration.
615 favoriser l'intégration des populations d'origines étrangères.
616 les thèmes d'actions.
617 la population étrangère.

die Argumentationslogik deutlich anders gelagert. Hier wird diese zur *zentralen* Aufgabe, die notwendigerweise zu verfolgen sei.

Bereits in der *convention cadre intercommunale* wurde „*intégration*" als „transversale Herausforderung"[618] gefasst, die in den „prioritären Zielen"[619] und der „Gesamtheit der Maßnahmen"[620] umzusetzen sei (Dok-F27: 12*). Demzufolge sei „*intégration*" auch „multidimensional". Zum einen würden „diese Bevölkerungsgruppen", also MigrantInnen, von allgemeinen Maßnahmen der *politique de la ville* profitieren, also in Bezug auf „Bildung im weiten Sinne, Zugang zu Arbeit, Gesundheit, Zugang zu Rechten, Beteiligung der BewohnerInnen". „Gleichwohl" bestünden „spezifische Problematiken", die „gezieltere Maßnahmen" für „eingewanderte[-] Bevölkerungsgruppen" notwendig machten, wie „Hilfe beim Erlernen der Sprache, kulturelle Mediation, Inwertsetzung verschiedener kultureller Erbe". Durch den mit „Gleichwohl" eingeleiteten Diskursstrang wird eine allgemeine Förderung für alle als alleinige Vorgehensweise unterlaufen und aufgebrochen (Dok-F27). Es wird ein spezifisches Handeln für MigrantInnen legitimiert und zielgruppenspezifisch agiert.

> Die *intégration* von ausländischen Bevölkerungsgruppen ist selbstverständlich multidimensional; in Gemeinden, in denen der Anteil ausländischer Bevölkerungsgruppen hoch ist, betrifft die Gesamtheit der von der öffentlichen Hand unternommenen Maßnahmen diese Bevölkerungsgruppen und trägt zu deren *intégration* bei: (…) Bildung im weiten Sinne (…), Zugang zu Arbeit, Gesundheit, (…), Zugang zu Rechten, Beteiligung der BewohnerInnen. Gleichwohl machten spezifische Problematiken gezieltere Maßnahmen für die Problematiken der eingewanderten Bevölkerungsgruppen notwendig: Hilfe beim Erlernen der Sprache, kulturelle Mediation, Inwertsetzung verschiedener kultureller Erbe (…).[621]
> *Dok-F27 (Vertrag der Gemeinden: Convention cadre intercommunale): 12*

Die entsprechende Ausrichtung findet sich im aktuellen CUCS wieder. Dort werden die „*intégration* ausländischer Bevölkerungsgruppen"[622] und die „*lutte contre les discriminations*" als „transversale Zielsetzungen"[623] aufgeführt, die bevorzugt zu bearbeiten seien (Dok-F28: 36*). Es erfolgt eine Koppelung an Bereiche, in denen Maßnahmen für diese Aufgabe zu unternehmen seien. So werden unter anderem „sprachlich-gesellschaftliche Ausbildung, Verbesserung des Empfangs ausländischer Bevölkerungsgruppen (…), Arbeit rund um die persönlichen Lebenswege (…), administrative, soziale und kulturelle Mediation, Kampf gegen Diskriminierungen, Kampf gegen Rassismus und Antisemitismus"[624] aufgezählt und entsprechend in einer Äquivalenzkette mit „*intégration*" verknüpft (Dok-F28: 41*).

Die nachgezeichneten Argumentationsmuster finden sich auch in den geführten Interviews wieder. Die *chef de projet* CUCS hebt hervor, dass die „verschiedenen Aspekte der *intégrati-*

---

618 enjeu transversal.

619 objectifs prioritaires.

620 L'ensemble des actions.

621 L'intégration des populations étrangères est évidemment multidimensionnelle ; dans des communes où la proportion de populations étrangères est importante, l'ensemble des actions menées par les pouvoirs publics concernent ces populations et contribuent à leur intégration : (…) éducation au sens large (…), accès à l'emploi, santé, (…), accès aux droits, la participation des habitants. **Néanmoins**, des problématiques spécifiques ont appelé des actions plus ciblées sur les problématiques des publics immigrés : l'aide à la maîtrise de langue, la médiation culturelle, la valorisation des différents patrimoines culturels (…).

622 l'intégration des populations étrangères.

623 des objectifs transversaux.

624 Apprentissage sociolinguistique, amélioration de l'accueil des populations étrangères (…), travail autour des parcours personnels (…), médiation administrative, sociale et culturelle (…), lutte contre les discriminations, lutte contre le racisme et l'antisémitisme.

on"[625] in „all unseren Thematiken"[626] zu finden seien (Int-F10*). Dies betreffe unter anderem „wirtschaftliche Entwicklung", „Gesundheit", „Erziehung", „Gewaltprävention", „Wohnen und Lebenswelt", in denen es überall einen „Aspekt der *intégration*" gebe. In allen wichtigen Bereichen der Stadtpolitik komme es zu einer Berücksichtigung. Es ergibt sich eine Äquivalenzkette aus *„intégration"* ≡ transversal ≡ Beachtung in allen Bereichen. Die *chef de projet* begründet ihre Ausführungen dadurch („weil"), dass es „für eine Stadt wie Bondy" notwendig sei, *„intégration"* zu berücksichtigen – anders mache es „keinen Sinn". Es sei „nicht logisch", „in den Hauptmaßnahmen nicht" daran zu denken. Entsprechend wird *„intégration"* auch hier zur „transversale[n] Thematik" (Int-F10).

Und daher gibt es in all unseren Thematiken, sei es wirtschaftliche Entwicklung, sei es Gesundheit, sei es Erziehung, sie es Gewaltprävention oder Wohnen und Lebenswelt immer einen Aspekt der *intégration*, **weil** es für eine Stadt wie Bondy keinen Sinn macht, nicht daran zu denken, dass es dahinter auch die Thematiken der *intégration* gibt (...). [A]lso es gibt immer diese Thematik dahinter (...). Es wird immer der Fall für alle Thematiken sein, es wird immer *intégration* geben (...). Ich denke, es ist eine transversale Thematik zu allen anderen ... Ich denke, es ist wirklich in allen Thematiken zugrundeliegend. Man kann in einer Stadt der Seine-Saint-Denis nicht anders vorgehen, das wäre nicht logisch, in den Hauptmaßnahmen nicht daran zu denken.[627]
Int-F10 (chef de projet CUCS Bondy)

Ein zielgruppen*un*spezifisches Vorgehen steht im Außen des Diskurses und wird als nicht sinnvoll zurückgewiesen. Die dezidierte Handlungsrelevanz „kultureller Differenzierungen" wird darüber legitimiert, dass die Erfahrungen vor Ort genau ein entsprechendes Vorgehen erforderlich machten. Die *politique de la ville* wird explizit zu einem Instrument der *„intégration"* von MigrantInnen.

5.3.5.5   Zur Handlungsrelevanz „kultureller Differenzierungen" in unterschiedlichen Maßnahmen

Im Folgenden wird ein genauerer Blick auf die Maßnahmen geworfen, in denen „kulturelle Differenzierungen" handlungsrelevant wird. Begonnen wird mit dem *contrat d'accueil et d'intégration*, gefolgt von Maßnahmen zum Kampf gegen Diskriminierungen und der Förderung der Vielfalt. Hinzu kommen Förderungen im Bereich Spracherwerb, Arbeitsmarktzugang und Unterstützung von Jugendlichen. Es handelt sich damit um Bereiche, die in ähnlicher Form national und regional sowie in Belleville-Amandiers zum Tragen kamen. Entsprechend verhält es sich auch bei Maßnahmen zur stärkeren Aktivierung und Beteiligung von MigrantInnen und der Arbeit mit MultiplikatorInnen.

---

625 ces différents points d'intégration.
626 toutes nos thématiques.
627 Et du coup, dans toutes nos thématiques que ce soit développement économique, que ce soit santé, que ce soit éducation, que ce soit prévention de la délinquance ou habitat et cadre de vie (...), il y a toujours une notion d'intégration **parce que** pour une ville comme Bondy sans penser qu'il y a derrière aussi des thématiques d'intégration, ça n'a pas de sens (...). [D]onc il y a toujours cette thématique derrière (...). Ce sera toujours le cas pour toutes les thématiques, il y aura toujours l'intégration (...). Je pense que ce sera une thématique transversale à toutes les autres ... Je pense que c'est vraiment sous-jacent à toutes les thématiques. On ne peut pas faire autrement dans une ville de Seine-Saint-Denis, ce ne serait pas logique de ne pas y penser dans nos principales actions.

Der contrat d'accueil et d'intégration *als im CUCS verankertes Instrument zur „intégration" von MigrantInnen*

Wurde der *contrat d'accueil et d'intégration* auf regionaler Ebene im *département* Seine-Saint-Denis vor allem als Mittel beschrieben, das außerhalb der *politique de la ville* ansetzt, besteht in Bondy eine enge Verknüpfung. Im CUCS wird der *contrat* als Maßnahmenpaket beschrieben, das von der Gemeinde umzusetzen sei, um den „Empfang von Neuankömmlingen zu formalisieren". Den Neuankömmlingen sollen „die öffentlichen Dienste" und „die zuständigen lokalen AnsprechpartnerInnen" vorgestellt werden, die ihnen „bei ihrer Ansiedelung und ihrer sozialen und beruflichen Eingliederung [-] helfen" könnten. Zudem sollen für diese „Informationsmaßnahmen zum Zugang zu Rechten und Betreuung" entwickelt werden (Dok-F28). Für die Gemeinde Bondy entstehen Pflichten, die zu erfüllen sind und die explizit im CUCS aufgeführt werden. Der *contrat d'accueil et d'intégration* wird an die *politique de la ville* in Bondy geknüpft und als eine Vorgehensweise zur „*intégration*" von MigrantInnen genutzt.

[D]as Rundschreiben (...) vom 13. Januar 2005 bezüglich der Generalisierung des Empfangs von Neuankömmlingen und des *contrat d'accueil et d'intégration* (...) fordert die Kommunen auf, den Empfang von Neuankömmlingen zu formalisieren:
- indem ihnen die öffentlichen Dienste und die zuständigen lokalen AnsprechpartnerInnen vorgestellt werden, um
ihnen bei ihrer Ansiedelung und ihrer sozialen und beruflichen Eingliederung zu helfen;
- indem sie für diese Informationsmaßnahmen zum Zugang zu Rechten und Betreuung entwickeln.[628]
Dok-F28 (Ville de Bondy: Contrat Urbain de Cohésion Sociale 2007-2009): 41

Kampf gegen Diskriminierungen und Förderung der Vielfalt

Bei der Analyse auf nationaler und regionaler Ebene wurde für die *politique de la ville* herausgearbeitet, dass heute die *lutte contre les discriminations* zum leeren Signifikanten und hegemonial geworden ist. Es können sich unterschiedliche Momente an diesen Knotenpunkt anreihen, ohne dass nur eine Beziehung zu MigrantInnen hergestellt würde. Bei der Fallstudie zu Belleville-Amandiers wurde hingegen deutlich, dass primär „kulturelle Differenzierungen" problematisiert werden. Entsprechend verhält es sich in Bondy: Es findet eine Koppelung des „Empfangs ausländischer Bevölkerungsgruppen"[629] an die „*lutte contre les discriminations*" statt (Dok-F27: 15*). In einer weiteren Narration wird diese ebenfalls deutlich: Die Förderung der „*intégration*" ausländischer Bevölkerungsgruppen" soll durch „Politiken der *lutte contre les discriminations* und der republikanischen *intégration*" erfolgen. Damit wird das Ziel verbunden, „Bondy lebenswerter für die Gesamtheit seiner Bevölkerung zu machen" (Dok-F28).

Die Ambition ist es, Bondy für jeden Tag lebenswerter für die Gesamtheit seiner Bevölkerung zu machen (...),
[i]ndem die *intégration* von Bevölkerungsgruppen ausländischer Herkunft durch die Politiken der *lutte contre les
discriminations* und der republikanischen *intégration* gefördert werden (...).[630]
Dok-F28 (Ville de Bondy: Contrat Urbain de Cohésion Sociale 2007-2009): 26

---

628 [L]a circulaire (…) du 13 janvier 2005 relative à la généralisation de l'accueil des primo-arrivants et du contrat
d'accueil et d'intégration (…) invente les communes à formaliser l'accueil des primo-arrivants :
- en leur présentant les services publics et les interlocuteurs locaux compétents pour les aider dans leur installation
et leur insertion sociale et professionnelle ;
- en développant à leur adresse des actions d'information sur l'accès aux droits et aux soins.
629 l'accueil des populations étrangères.
630 L'ambition est de rendre Bondy plus agréable à vivre tous les jours pour l'ensemble de sa population (…) [e]n
favorisant l'intégration des populations d'origine étrangère par des politiques de lutte contre les discriminations et
d'intégration républicaine (…).

Entsprechend werden die „*lutte contre les discriminations*", der „Kampf gegen Rassismus und Antisemitismus"[631] und das „Prinzip der Gleichheit der Staatsbürger"[632] zu zentralen Themen und „Hauptachsen"[633], zu denen Projekte initiiert werden sollen (Dok-F28: 26, 41*).

Neben der Beseitigung von Ungleichheiten wird die Vielfalt als Reichtum in der *politique de la ville* verankert. Im aktuellen CUCS werden Maßnahmen unterstützt, die dazu beitragen sollen, aus „kulturellen Unterschieden einen Reichtum für die Stadt zu machen"[634] „Diese Multikulturalität"[635] erfordere ein „Engagement der Akteure zugunsten der *intégration*"[636] (Dok-F28: 41*). Auch die *chef de projet* CUCS fordert eine „echte Inwertsetzung der Herkunftskulturen der Personen und auch eine echte Aneignung eines Teils oder der Kultur"[637], wozu Projekte zu entwickeln seien (Int-F10*). „Kulturelle Differenzierungen" werden nicht als Bedrohung für die französische Republik gerahmt, sondern als Bereicherung für die Stadt Bondy.

Sprachförderung als zentrales Instrument zur „intégration"
Wie auf allen beschriebenen Ebenen und Fallstudien setzt sich in Bondy die Bedeutung des Spracherwerbs fort. In mehreren Narrationen wird übergreifend eine Äquivalenz aus „*intégration* ausländischer Bevölkerungsgruppen und ausländischer Herkunft"[638] und dem „Beherrschen der Sprache und der Kenntnis der französischen Gesellschaft"[639] hergestellt (u. a. Dok-F29: 6* und F33: 8*). Die Fähigkeit, die französische Sprache zu sprechen, wird zur Grundbedingung für „*intégration*", die sonst nicht erreicht werden könne. Vor diesem Hintergrund werden der „Zugang zu sprachlicher Bildung"[640] und „sprachlich-gesellschaftliches Lernen"[641] zur „Priorität"[642] des CUCS (Dok-F28: 41*).

In Bondy werden die Ziel der „*intégration*" und der Aneignung der Stadt Bondy durch „sprachlich-gesellschaftliche Workshops" verfolgt, in denen „Alphabetisierung, Spracherwerb [-] und Erklärung der Regeln [also Basiswissen]" erfolgen, so die *chef de projet* CUCS. Auf diese Weise sollen die TeilnehmerInnen „autonom [-] werden" (Int-F10).

> Wir versuchen, in Bezug auf *intégration*, wirklich den Personen ausländischer Herkunft oder Ausländern es zu ermöglichen, sich die Stadt Bondy anzueignen (...). Also bei uns läuft das über sprachlich-gesellschaftliche Workshops (...), also Workshops, die Alphabetisierung, Spracherwerb (...) und Erklärung der Regeln, der Regeln der Stadt und der Regeln der Republik mischen (...). Es geht wirklich darum, einer Person, die die Regeln nicht kennt, die die Sprache nicht kennt, zu ermöglichen, autonom zu werden.[643]
> *Int-F10 (chef de projet CUCS Bondy)*

---

631 lutte contre le racisme et l'antisémitisme.
632 le principe d'égalité des citoyens.
633 axes majeurs.
634 faire des différences culturelles une richesse pour la ville.
635 Cette multiculturalité.
636 un investissement des acteurs en faveur de l'intégration.
637 une vraie valorisation de la culture d'origine des personnes et aussi une vraie appropriation d'une partie ou de la culture.
638 intégration des populations étrangères et d'origine étrangère.
639 la maîtrise de la langue et la connaissance de la société française / maîtriser la langue et la société françaises.
640 l'accès à la formation linguistique.
641 Apprentissage sociolinguistique.
642 priorité.
643 Nous, en terme d'intégration, c'est vraiment essayer de (…) permettre aux personnes d'origine étrangère ou étrangères de s'approprier la ville de Bondy (…). Donc, nous, ça passe par des ateliers sociolinguistiques (…) qui sont des ateliers qui mélangent alphabétisation, apprentissage de la langue (…) et explications des codes, des codes de la ville et des codes de la République (…).C'est vraiment permettre à une personne qui ne connaît pas les codes, qui ne connaît pas la langue, de devenir autonome.

Mit diesen Maßnahmen wird also auf die Steigerung der Selbstverantwortlichkeit beziehungsweise der Hilfe zur Selbsthilfe gesetzt. MigrantInnen zugeschriebene Probleme sollen abgebaut werden. In diesem Zusammenhang weist die leitende Mitarbeiterin der *politique de la ville* allerdings darauf hin, dass das Angebot an Maßnahmen unzureichend sei. Gerade in Bondy Nord lebten viele Menschen, die Bedarf hätten, ohne dass diese die Möglichkeit hätten, in einem Projekt zur Sprachförderung einen Platz zu erhalten. Die „Frage der Immigration" würde daher bis heute nicht „strukturell angegangen"[644] (Int-F11*). Bestehende Maßnahmen werden als sinnvoll und richtig bewertet, allerdings reichten diese nicht aus.

Neben der allgemeinen Sprachförderung wird besonderer Handlungsbedarf für Kinder und Jugendliche konstatiert. Vor dem Hintergrund der Feststellung im CUCS, dass in den Quartieren der ZUS „eine Mehrheit der SchülerInnen"[645] aus einem „sozial benachteiligten Milieu, oft aus Familien ausländischer Herkunft"[646] kämen, sollen Maßnahmen, die „das Erlernen und das Beherrschen der französischen Sprache, mündlich und schriftlich" fördern, besser umgesetzt werden. Durch „Projekte der individualisierten Unterstützung und Begleitung"[647] sollen „Probleme, die an das Erlernen der Sprache geknüpft sind"[648], beseitigt werden (Dok-F28: 12, 31-32*). Durch individualisierte Hilfe sollen Schwierigkeiten bekämpft werden, die einem Schulerfolg von MigrantInnen im Weg stünden. Fehlende Sprachkenntnisse stellen die erste Hürde dar, die es zu nehmen gelte.

Über die SchülerInnen hinaus wird bei den Eltern angesetzt. Um einen besseren Austausch zwischen Schulen und Eltern herzustellen, sollen Maßnahmen zur Förderung der französischen Sprache unterstützt werden (Dok-F28: 34*). In Projekten zum „Schulerfolg"[649] und zum „Bildungserfolg"[650] werden zudem die Ziele verfolgt, die „Bedeutung der Elternschaft in Frankreich"[651] zu erklären und „die französische Gesellschaft und ihre Hauptinstitutionen"[652] besser zu kennen (Dok-F29: 4* und 32: 34*). Auch die leitende Mitarbeiterin der *politique de la ville* nennt die Aufgabe, klar zu machen, was es bedeute, „Eltern im westlichen Kulturkreis"[653] zu sein. Diese Zielsetzung wird kausal mit der „*intégration*" ihrer Kinder verknüpft und dadurch legitimiert (Int-F11*: „Was bedeutet es Eltern im Okzident zu sein?"[654] ≡ „sich die [notwendigen] Fragen stellen"[655] → „wenn man will, dass sich ihre Kinder integrieren"[656]). Die Interviewpartnerin stellt eine Differenz zwischen Eltern im Okzident gegenüber der Elternschaft in anderen Gebieten her. Diese „kulturelle Differenzierung" bringt dezidiert Handlungsrelevanz mit sich, da letztere nicht zur französischen Gesellschaft und deren Ausrichtung passe und daher auf diese auszurichten sei.

---

644 Donc, on ne va pas structurellement affronter la question de l'immigration.
645 une majorité d'élèves.
646 d'un milieu défavorisé, souvent issus de familles d'origine étrangère.
647 les projets de soutien et d'accompagnement personnalisé.
648 des problématiques liées à l'apprentissage de la langue.
649 Réussite scolaire.
650 Réussite Éducative.
651 la notion de parentalité en France.
652 la société française et ses principales institutions.
653 parents en Occident.
654 Qu'est-ce que c'est être parents en Occident?
655 se poser les questions.
656 si on veut que leurs enfants s'intègrent.

Zugang zum Arbeitsmarkt durch Sprachförderung und individualisierte Förderung von Jugendlichen
Im Rahmen des CUCS wird auch im Bereich des Zugangs zum Arbeitsmarkt „kulturell" differenziert. „Arbeitssuchende"[657] sollen durch eine „individualisierte Begleitung"[658] durch Maßnahmen wie „Sprachförderung und Förderung einer Grundausbildung"[659] befähigt werden (Dok-F28: 28-29*). In aktuellen Projekten werden „sprachliche Bildung"[660] und der „Erwerb des DILF"[661], eines Grundnachweises des Erlernens der französischen Sprache, gefördert (Dok-F29: 2*). Fehlende Sprachkenntnisse werden auch in Bezug auf den Arbeitsmarkt zum Ansatzpunkt von Maßnahmen, um so die Fähigkeiten der FörderempfängerInnen zu erhöhen.

Individualisiert, also personenbezogen, wird darüber hinaus durch den *contrat d'autonomie*, angesetzt, der im Rahmen des *Plan Espoir Banlieues* aufgelegt wurde. Wie bereits auf nationaler Ebene dargestellt (siehe Kapitel 5.3.1.6), richten sich diese Maßnahmen an alle Jugendlichen, allerdings profitieren besonders MigrantInnen von dieser Förderung. Die *chef de projet* erläutert, dass in Bondy dieses Förderinstrument genutzt werde und entsprechend viele MigrantInnen Hilfe erhielten (Int-F10*). Wie beim *contrat d'accueil* werden in Bondy mit dem *contrat d'autonomie* Maßnahmen genutzt, die aktuell zur Verfügung stehen, um über diese auch MigrantInnen zu unterstützen.

Aktivierung und Beteiligung von MigrantInnen als Zielsetzung zur besseren Teilhabe am Stadtteilleben
Ein weiteres Maßnahmenfeld, in dem „kulturelle Differenzierungen" problematisiert werden, ist der Bereich der Aktivierung und Beteiligung. Innerhalb des CUCS wird im Rahmen der „Begleitung der *intégration*"[662] von Bevölkerungsgruppen auch die „Einbindung in das kollektive Leben"[663] als Zielsetzung formuliert – ein Ziel also, das erreicht werden soll (Dok-F28: 48*). In Bondy lassen sich mehrere Maßnahmen unterscheiden, in denen zum einen MigrantInnen mit angesprochen werden, zum anderen in denen sie zur expliziten Zielgruppe werden.

2006 wurde in Bondy ein *maison des parents*[664] eingerichtet, eine Einrichtung, die auf die Begleitung und Unterstützung von Familien zielt. Damit soll zudem ein besserer Austausch zwischen Eltern ermöglicht werden – und hier auch ein besserer „interkultureller Austausch"[665] (Dok-F28: 34*). Das *maison des parents* soll so ebenfalls zur Anlaufstelle für MigrantInnen werden, die – entsprechend der oben beschriebenen Projekte im Bereich von Schule und Bildung – befähigt und stärker beteiligt werden sollen.

Neben diesem Ansatz zur Einbindung von MigrantInnen wird auf die Arbeit von Sozialzentren gesetzt. Als Beispiel beschreibt die leitende Mitarbeiterin der *politique de la ville* das Projekt eines „Näh-Workshops"[666], bei dem „Frauen aus wirtschaftlich unterentwickelten Staaten"[667] zum Nähen zusammenkämen. So würden diese eher in das Gemeinschaftsleben einbezogen und sie würden „wenigstens einmal pro Tag von zu Hause rausgehen"[668] (Int-F11*). Es wird davon ausgegangen, dass MigrantInnen weniger in das Stadtteilleben eingebunden sind – ein Zustand, der so nicht bestehen bleiben soll.

---

657 des demandeurs d'emploi.
658 un accompagnement personnalisé.
659 les actions de formation linguistique et le développement de formation de base.
660 des formations linguistiques.
661 l'accès au DILF (diplôme initial de langue française).
662 suivi de l'intégration.
663 l'implication dans la vie collective.
664 wörtliche Übersetzung: Haus der Eltern.
665 échanges interculturels.
666 un atelier de couture.
667 Les femmes des pays du Sud.
668 au moins elles sortent de chez elles une fois par jour.

In einem kommunalen Gesundheitszentrum werden Präventionsmaßnahmen für „afrikanische Immigranten" umgesetzt (Int-F10*). Die Argumentation über die Notwendigkeit von
Gesundheitsvorsorge von MigrantInnen wird in einer weiteren Narration reproduziert: Die *chef
de projet* CUCS beschreibt das Beispiel des Vereins *La Marmite*, der eine „Gesundheits- und
Ernährungspräventionsstelle" sei. Besonders für „die afrikanischen ImmigrantInnen" würden
dort Präventionsmaßnahmen, wie Aids-Prävention, durchgeführt (Int-F10). In dieser Logik
sind MigrantInnen mit besonderen gesundheitlichen Risiken konfrontiert, über die diese auf-
geklärt werden sollen. Es erfolgt ein dezidiert „kulturell" differenzierender Zugang.

> Wir haben auch einen <u>Verein</u> – „La Marmite" [der Kochtopf] –, der eine <u>Gesundheits- und Ernährungsprä-
> ventionsstelle</u> ist, die gerade vor allem <u>Aids-Prävention</u>, besonders für die <u>afrikanischen ImmigrantInnen</u>, macht
> (...), die diese auch zum Krankenhaus bringen, die sie begleiten, die auch Mediation betreibt, die aber auch
> Themenabende und Kochen anbietet.[669]
> *Int-F10 (chef de projet CUCS Bondy)*

An diesem Beispiel wird zudem deutlich, dass in Bondy über Vereine gehandelt wird. Diese
könnten am besten an den Belangen der BewohnerInnen ansetzen, so die *chef de projet* (Int-
F10*). Mittels der durch die *politique de la ville* in Bondy geförderten Vereine wird auch das Ziel
der „*intégration*" verfolgt und zielgruppenspezifisch differenzierend vorgegangen. Es ergeben
sich deutlich sichtbare Parallelen zur *politique de la ville* in Belleville-Amandiers, wo die Ziele der
Aktivierung und Beteiligung auf ähnliche Weise verfolgt werden.

MediatorInnen und relais als MultiplikatorInnen in unterschiedliche Bevölkerungsgruppen
Eine weitere Übereinstimmung zwischen Belleville-Amandiers und Bondy ergibt sich in den
bestehenden Strategien der Arbeit mit MediatorInnen und *relais*. Zur „*intégration* ausländischer
Bevölkerungsgruppen"[670] wird auf Maßnahmen gesetzt, die „auf die Problematiken der eingewanderten Bevölkerungsgruppen"[671] ausgerichtet seien. Dazu zähle auch „administrative, soziale und kulturelle Mediation"[672], also Hilfestellungen für MigrantInnen, die nicht vollständig
selbstständig seien (Dok-F27: 12* und 28: 41*). Entsprechend wird auf die „Schaffung vielfältiger Informationsmittler"[673] gesetzt, durch die die „Selbstverantwortlichkeit"[674] erhöht werden
soll (Dok-F35: 11*). Einzelne sollen Informationen an diejenigen weitertragen, die Hilfe benötigen.

Als eines der Instrumente wird auch in Bondy durch die *chef de projet* auf die *femmes relais*
rekurriert, die im Rahmen des CUCS finanziert werden. Die *femmes relais* begleiteten Menschen,
„die Schwierigkeiten haben, sei es bei der Sprache oder beim Verständnis unterschiedlicher
Vorgehensweisen in ihren unterschiedlichen Lebensmomenten", beispielsweise beim Arzt oder
bei bürokratischen Aufgaben (Int-F10). Durch das entsprechende Vorgehen sollen Hilfestellungen geboten und Problemlagen reduziert werden – allerdings schränkt die leitende Mitarbeiterin der *politique de la ville* die Wirksamkeit dieses Ansatzes dadurch ein, dass es nicht ausreichend Stellen für den Bedarf gebe (Int-F11: Diskursstrang durch „aber" eingeleitet).

---

669 On a aussi une <u>association</u> – La marmite – qui est un local de <u>prévention santé et culinaire</u>. C'est un peu spécial
    qui fait de <u>la prévention notamment par rapport au SIDA</u> pour les publics <u>notamment immigrants africains</u> qui les
    emmènent aussi à l'hôpital, qui les accompagnent, qui fait de la médiation pour le coup, mais qui fait aussi des soi-
    rées à thème et des repas.
670 L'intégration des populations étrangères.
671 ciblées sur les problématiques des publics immigrés.
672 médiation administrative, sociale et culturelle.
673 création de relais d'information multiples.
674 auto-responsabilité.

[W]ir haben alles, was so administrative und soziale Mediation ist, also beispielsweise die *femmes relais*, die die Personen begleiten, die Schwierigkeiten haben, sei es bei der Sprache oder beim Verständnis unterschiedlicher Vorgehensweisen in ihren unterschiedlichen Lebensmomenten. Das kann im Krankenhaus sein, das kann beim Arzt sein, das kann in der Schule sein, das kann bei der Post sein oder danach sogar in den verschiedenen Diensten des Staates oder in allen Bedarfslagen von Menschen (...). Also (...) die *femmes relais* sind ein Dienst der Stadt, der auch im Rahmen des CUCS finanziert wird.[675]
Int-F10 (chef de projet CUCS Bondy)
Wir haben auch die *femmes relais*, die sich kümmern, **aber** wir haben dabei nur zweieinhalb Stellen für die ganze Stadt, um bei Verwaltungsschritten zu helfen. Wir machen von allem ein bisschen.[676]
Int-F11 (Leitende Mitarbeiterin der Projektplanung und rénovation urbaine in Bondy)

Jenseits der Frage nach der Erreichbarkeit von Zielsetzungen ergibt sich ein spezifischer Zugang zu MigrantInnen, um deren Selbstverantwortlichkeit zu erhöhen beziehungsweise um weitere MigrantInnen durch MultiplikatorInnen zu erreichen und so in das Stadtteilleben einzubeziehen.

5.3.5.6 Begründung des Vorgehens: Ein pragmatischer Ansatz auf lokaler Ebene

„Kulturelle Differenzierungen" werden in einem breiten Spektrum an Maßnahmen handlungsrelevant. Wie wird dieses sehr explizite Vorgehen in Bondy begründet?

Die *chef de projet* CUCS legitimiert den spezifischen Zugang über ein „pragmatisches" Vorgehen: Je mehr man sich „der lokalen Ebene" nähere, umso „pragmatischer" werde man. Dann könnten Probleme wie fehlende Sprachkenntnisse oder Probleme, wie man einen Bus zu nehmen habe, nicht ausgeblendet werden. „[Z]u einem bestimmten Zeitpunkt" könne man „nicht bestreiten, dass es für besondere Bevölkerungsgruppen gilt" und „dass man auf diese Probleme reagieren muss". Entsprechend müsse man diese „berücksichtigen" (Int-F10).

Also ich denke, dass man in jedem Fall, je mehr man sich der lokalen Ebene nähert, umso pragmatischer wird. Zu einem gegebenen Zeitpunkt erkennt man, wenn man vor Ort ist, dass es Bevölkerungsgruppen gibt, die (...) die Sprache nicht beherrschen, die nicht französisch sprechen können, die nicht wissen, wie man einen Bus nimmt und in die Stadt fährt oder sogar wie man in ein anderes Viertel fährt, (...) die nicht autonom sind und die in ihrem Viertel bleiben. (...). Also zu einem bestimmten Zeitpunkt, wenn man dem gegenübersteht, dann kann man nicht bestreiten, dass es für besondere Bevölkerungsgruppen gilt und dass man auf diese Probleme reagieren muss. (...). Man darf diese Probleme nicht bestreiten, man muss sie berücksichtigen können und diese in Angriff nehmen (...).[677]
Int-F10 (chef de projet CUCS Bondy)

---

675 [O]n a tout ce qui est médiation administrative et sociale donc les femmes relais qui accompagnent les personnes qui ont des difficultés que ce soit de langue ou de compréhension des différentes procédures dans leurs différents moments. Cela peut être à l'hôpital, ça peut être chez le médecin, ça peut être à l'école, ça peut être à la poste ou même après dans les différents services d'État civil ou dans tous les besoins des personnes (...). Donc, (...) les femmes relais, c'est un service de la ville qui est financé aussi dans le cadre du CUCS.

676 On a des femmes relais aussi qui s'occupent, **mais** on n'en a que deux postes et demi sur toute la ville pour aider dans les démarches administratives. On fait tout un tout petit peu.

677 [J]e pense que de toute façon quand plus on se rapproche du territoire plus on est pragmatique. Il y a un moment donné où on connaît, on est sur le territoire, il y a des populations qui (...) ne maîtrisent pas la langue, qui ne savent pas parler le français, qui ne savent pas clairement prendre un bus et aller dans une ville ou même aller dans un autre quartier, (...) qui ne sont pas autonomes (...) et qui restent dans leur quartier. (...) Donc à un moment donné quand on est face à ça, on ne peut pas nier que c'est pour des populations en particulier et qu'il faut répondre à tous ces problèmes. (...). Il ne faut pas nier tous ces problèmes, il faut pouvoir les prendre en compte et travailler dessus (...).

Problemlagen werden insofern „kulturell" differenzierend gerahmt, als dass sie einer Gruppe von MigrantInnen zugeschrieben werden und durch spezifische Maßnahmen für eine solche Gruppe bekämpft werden sollen. Probleme, die auf MigrantInnen bezogen werden, werden als Begründung für ein pragmatisches Vorgehen und spezifische Maßnahmen angeführt. Dieser Ansatz steht in Opposition zu einem Ausblenden dieser Sachverhalte, was nicht denkbar sei.

Eine explizite Berücksichtigung von MigrantInnen werde möglich, „wenn man auf intelligente Personen, intelligente Präfekten"[678] stoße, die Wahlfreiheit und Entscheidungsfreiheit ließen. Da dies in der Seine-Saint-Denis der Fall sei, hätte „in den CUCS, in Bezug auf *intégration*"[679] aufgenommen werden können, was gewünscht gewesen sei. Diese Aussage wird dadurch untermauert, dass der Staat nicht sagen würde, es sei nicht nützlich, wenn „Projekte der *intégration*"[680] unternommen würden, die „in die großen Thematiken"[681] hineinpassten. „[M]it der Zeit"[682] hätte der Staat „eine gewisse Intelligenz"[683] entwickelt, zu erkennen, dass das, was die Gemeinden unternähmen, sinnvoll sei, da diese „auf dem Gebiet"[684] stärker mit bestehenden Problemen konfrontiert seien (Int-F10*). Die Entscheidungsträger auf regionaler Ebene werden zu Verbündeten, die einem zielgruppenspezifischen Vorgehen nicht im Weg stehen. Es deutet sich eine starke Diskurskoalition zwischen der regionalen und der lokalen Ebene an. Es kommt zu einem Unterlaufen der offiziellen nationalen Ausrichtung der *politique de la ville*. Die Förderung von MigrantInnen zur „*intégration*" liegt im Bereich des Sagbaren.

5.3.5.7   Der nationale Diskurs des „Tabu[s]" im Gegensatz zum lokalen Vorgehen

Neben expliziten „kulturellen Differenzierungen" macht die *chef de projet* eine klare Trennung zwischen dem, was national *sagbar* sei, und dem was lokal möglich sei. Bis heute habe der „Staat", das heißt die wechselnden Regierungen, „große Schwierigkeiten", das Thema „*intégration* in Frankreich" zu behandeln. Dieses sei noch sehr „tabu", obwohl gerade in den *banlieues* sehr viele Immigranten und ihre Nachfahren lebten. Auch die *chef de projet* spricht also von einem „Tabu", wodurch der „Tabu"-Diskurs aufgegriffen und reproduziert wird. Gleichzeitig wird das „Tabu" unterwandert, da – wie auf nationaler Ebene – durch die Benennung als Tabu der bestehende Diskurs disloziert. Von der Position der *chef de projet* aus ist allerdings nicht von einem Aufbrechen des Diskurses auf nationaler Ebene auszugehen: „das ist wirklich tabu". Auch der *Plan Espoir banlieues* umgehe es, „*intégration*" auf die Agenda zu setzen (Int-F10: *Plan Espoir banlieues* ‖ politisch gefährliches Thema der „*intégration*").

---

678 Quand on tombe sur des personnes intelligentes, des préfets intelligents.
679 Donc, nous dans le CUCS, en terme d'intégration, on a mis ce qu'on voulait vraiment.
680 des projets d'intégration.
681 dans les grandes thématiques.
682 avec le temps.
683 une sorte d'intelligence.
684 sur le territoire.

„Ich denke, ganz ehrlich, dass *intégration* in Frankreich noch sehr tabu ist – als Staat hat man große Schwierig-keiten, darüber zu sprechen (…). Wir haben den Beweis, da es schwierig ist, besonders das Problem der *ban-lieues* zu lösen, da es doch in allen benachteiligten Stadtvierteln einen großen Teil von Personen ausländischer Herkunft gibt. Und das ist etwas, bei dem die Leute Schwierigkeiten haben, es auszusprechen – das ist wirklich tabu – man spricht fast nicht von *intégration*. Die Gesellschaft versucht, das Thema zu vermeiden, als ob die Personen sich ohne jede Hilfe von selbst integrieren würden (…). [D]as ist wahr, wenn man vom *Plan Espoir banlieues* spricht, dann sind das keine Themen, die zwangsläufig gefördert werden, da es politisch gefährlich ist, denke ich."[685]
Int-F10 (chef de projet CUCS Bondy)

In Bezug auf „*intégration*" als Inhalt der politischen Debatte lässt sich aus der zitierten Narration eine Opposition zwischen „*intégration*" und der staatlichen Ebene ableiten: „*intégration*" ≡ *ban-lieues* ≡ MigrantInnen ‖ Staat. Das, was auf lokaler Ebene mit Unterstützung der regionaler Ebene bei der Art und Weise, wie „kulturelle Differenzierungen" problematisiert werden, möglich sei, weicht von dem ab, was in der Wahrnehmung der in Bondy Verantwortlichen auf nationaler Ebene sagbar erscheint. Der nationale Gleichbehandlungsdiskurs wird weiterhin als hegemonial wahrgenommen, was eine dezidierte Thematisierung von „*intégration*" und spezifischer Maßnahmen für MigrantInnen heikel macht.

Entsprechend wird von der *chef de projet* die Vorstellung einer expliziten „Politik der posi-tiven Diskriminierung für Personen mit Migrationshintergrund" zurückgewiesen, da „der Staat das nie machen würde". National eine bestimmte „Kultur", wie zum Beispiel die maghrebini-sche Kultur, in Wert zu setzen, erscheint unmöglich und wird als „Tabu-Thema" bezeichnet. Lokal wäre es wiederum einfacher. Damit wird auch in dieser Narration die Unterscheidung von nationaler Ebene ‖ lokaler Ebene deutlich, wobei sich die Politik einer „positiven ethni-schen Diskriminierung" nur an letztere ankoppeln kann (Int-F10: „Lokal könnte es der Bür-germeister leichter tun").

„Eine Politik der positiven Diskriminierung für Personen mit Migrationshintergrund wäre in Frankreich unmöglich (…). Ich denke, dass der Staat das nie machen würde (…). Eine Herkunftskultur in Wert setzen, beispielsweise, wäre schwierig, national durchzubekommen – weil das wirklich ein schwieriges Thema, ein Tabu-Thema ist (…). Ich denke, es wäre politisch schwierig für einen Minister, davon zu sprechen, ja wirklich (…). Lokal könnte es der Bürgermeister leichter tun. Der Bürgermeister könnte es viel einfacher tun, da er von Personen, die in der Stadt wohnen, gewählt ist."[686]
Int-F10 (chef de projet CUCS Bondy)

---

685 „Je pense qu'en clair l'intégration en France, c'est encore quelque chose de très tabou – on a en terme d'État beaucoup de mal à en parler (…). [O]n a la preuve c'est qu'on a du mal à régler notamment le problème des banlieues puisqu'il y a quand même dans tous les quartiers défavorisés, il y a quand même une forte part de personnes d'origine étrangère. Et c'est quelque chose que les gens ont du mal à nommer (…) – c'est vraiment quelque chose de tabou – on n'en parle pas trop d'intégration. La société essaie d'éviter le sujet comme si les personnes sans aucune aide allaient s'intégrer par elles-mêmes (…). [C]'est vrai quand on parle du Plan Espoir Banlieues, ce n'est pas des thématiques qui sont forcément valorisées parce que dangereuses, je pense, politiquement."

686 „Une politique de discrimination positive en faveur des personnes issues de l'immigration, en France, ce serait impossible (…). Je pense que l'État ne ferait jamais ça de toute façon (…). Valoriser une culture d'origine, par exemple, ce serait difficile à faire passer nationalement – parce que c'est vraiment un sujet difficile, c'est un sujet tabou (…). Je pense que ce serait vraiment politiquement, ce serait difficile pour un ministre de parler de ça, vraiment (…). Localement, le maire pourrait le faire plus facilement. Le maire pourrait le faire beaucoup plus facilement parce qu'il est élu par les personnes qui vivent sur une ville."

Eine Förderung von MigrantInnen erfolge vielfach durch die *politique de la ville*, ohne dass in allen Fällen MigrantInnen „nach dem Gesichtspunkt ihrer Immigration"[687] angesprochen würden (Int-F11*).

Die nationale Ausrichtung wird von der leitenden Mitarbeiterin der *politique de la ville* damit begründet, dass „wir von der Idee der republikanischen Gleichheit ausgehen"[688]. Sobald jemand in Frankreich sei, würde er „gleich zu den anderen"[689] und alle müssten auf die gleiche Weise behandelt werden. Dabei seien allerdings nicht alle gleich (Int-F11*: „Idee der republikanischen Gleichheit" || „**nein**, wir sind nicht gleich"[690] – Diskursstränge durch „nein" auf Distanz gehalten, wobei der erste Diskursstrang durch den zweiten unterlaufen wird).

Die *chef de projet* argumentiert auf vergleichbare Weise: „*Intégration*" solle „ablaufen, aber ohne dass man sie zwangsläufig sieht". „Personen ausländischer Herkunft" sollten sich am besten vom einen zum anderen Tag perfekt in die französische Gesellschaft „integrieren" und die französischen Normen und Werte annehmen. Eine mögliche Akzeptanz von *communities* liegt im Außen des Diskurses als momentan (noch) nicht denkbar (Int-F10). In dieser Narration dominiert die Vorstellung einer Assimilation in die französischen „Werte und Normen", durch die „automatisch" eine „*intégration*" gelinge.

> „Man erkennt nicht die Existenz von *communities* an oder Unterschiede ausländischer Herkunft. *Intégration* soll ablaufen, aber ohne dass man sie zwangsläufig sieht (…). [I]n Frankreich hat man doch ein Problem mit *intégration* und die Personen, die ankommen, müssen ganz die französischen Werte und Normen annehmen – das ist ein wenig das Problem in Frankreich. Ich denke, dass wir uns noch in diesem alten Mechanismus befinden, in dem sich Personen ausländischer Herkunft von einem zum nächsten Tag perfekt und ganz integrieren sollen."[691]
> *Int-F10 (chef de projet CUCS Bondy)*

Der Gleichheitsansatz bringe es mit sich, dass beispielsweise die Förderung von Strukturen von „Schirmherrschaften"[692] oder „gegenseitiger Hilfe"[693] problematisch seien, die „religiöse oder spirituelle Ausrichtung"[694] hätten (Int-F11*). So würde die Unterstützung von „religiösen" Vereinen sehr kritisch gesehen (Int-F11: Laizität || religiöse Vereine).

> [D]ie Sozialisten sind die glühenden Verteidiger der Laizität … also sie beargwöhnen jedes Mal, wenn wir einen Verein mit ins Boot nehmen, der religiös ausgerichtet sein könnte.[695]
> *Int-F11 (Leitende Mitarbeiterin der Projektplanung und rénovation urbaine in Bondy)*

Je spezifischer die Förderung also wird, beziehungsweise je mehr sie republikanischen Idealen zuwiderläuft, umso problematischer wird auch die Umsetzung auf lokaler Ebene. Von den Interviewpartnerinnen als sinnvoll und notwendig angesehene „kulturell" differenzierende

---

687 du point de vue de leur immigration.

688 nous partons de l'idée de l'égalité républicaine.

689 égal aux autres.

690 non, on n'est pas égaux.

691 [O]n ne reconnaît pas l'existence de communautés ou de distinctions d'origine étrangère. L'intégration veut qu'elle se fasse mais sans qu'on la voit forcément (…). [E]n France, on a quand même un souci avec l'intégration et le fait qu'il faudrait que les personnes qui arrivent s'imprègnent totalement des valeurs et des normes françaises – c'est ça un peu le souci en France. Je pense qu'on est dans cet ancien mécanisme où il faudrait que, oui, les personnes qui sont d'origine étrangère du jour au lendemain s'intègrent parfaitement et au fond."

692 patronage.

693 entraide.

694 à connotation religieuse ou spirituelle.

695 [L]es socialistes sont les ardents défenseurs de la laïcité … donc, ils regardent d'un très mauvais œil chaque fois qu'on amène une association qui pourrait être d'obédience religieuse.

Handlungsmöglichkeiten können damit nicht in allen Bereichen, so wie gewünscht, erfolgen. Diesen laufen bis heute gesellschaftliche Konzepte und entsprechend die Grundausrichtung der *politique de la ville* zuwider.

5.3.5.8   Zusammenfassung: Weitreichende Handlungsrelevanz „kultureller Differenzierungen"

Zum Abschluss der Analyse der Ausrichtung der *politique de la ville* in Bondy werden zentrale Aspekte hervorgehoben.

In den untersuchten Materialien und Interviews wurden ein erhöhter Anteil „ausländischer Bevölkerung" sowie die „französische Bevölkerung ausländischer Herkunft" als „integraler Teil" des lokalen Lebens beschrieben – ein Aspekt, den es im Rahmen der *politique de la ville* in Bondy zu berücksichtigen gelte. „Kulturelle Differenzierungen" werden zum einen als kulturelle Vielfalt und damit als Reichtum gefasst. Zum anderen erfolgt eine Koppelung an Problemlagen, wie geringe Sprach- und „Basiskenntnisse[-]", Probleme am Arbeitsmarkt, Diskriminierungen sowie Unterschiede durch andere „Kulturen". Es werden spezifische Schwierigkeiten für MigrantInnen konstatiert, die an ein Problem der „*intégration*" geknüpft werden. Vor diesem Hintergrund wird eine Förderung als notwendig legitimiert. Im CUCS wird über einen quartiersbezogenen Ansatz hinaus eine Ausrichtung auf „spezifische Zielgruppe[n]" vorgenommen, unter anderem auf „Bevölkerungsgruppen mit Migrationshintergrund". Es entsteht eine Äquivalenzkette aus *politique de la ville* ≡ Ausrichtung auf Zielgruppen ≡ MigrantInnen.

Als eine der Handlungsachsen wird im CUCS die „Förderung der *intégration* von Bevölkerungsgruppen ausländischer Herkunft verankert" und die „*intégration*" zu einem der Handlungsfelder. Es ergibt sich „kulturell" differenzierende Handlungsrelevanz. Im CUCS stellen „*intégration*" und die „*lutte contre les discrimations*" „transversale Zielsetzungen" dar, die in allen Thematiken umzusetzen seien. Ein zielgruppenspezifisches Handeln wird von der *chef de projet* als „logisch" und notwendig beschrieben. Die Erfahrungen vor Ort erforderten ein entsprechendes Vorgehen – in einer Stadt wie Bondy wäre alles andere nicht sinnvoll. Es entsteht eine hegemonial verfestigte Äquivalenzbeziehung aus *politique de la ville* und „*intégration* von Bevölkerungsgruppen ausländischer Herkunft", was sich auch in den beschriebenen Maßnahmen widerspiegelt.

Der *contrat d'accueil et d'intégration* wird im CUCS mit aufgeführt und auf das als notwendig eingeschätzte Engagement von Kommunen verwiesen. Im Rahmen der *lutte contre les discriminations* vollzieht sich eine explizite Koppelung an den Empfang ausländischer Bevölkerungsgruppen, den es zu unterstützen gelte. Einen hohen Stellenwert nehmen zudem Maßnahmen zur Sprachförderung ein, denen „Priorität" zukäme, womit MigrantInnen befähigt und in ihrer Selbstverantwortlichkeit gestärkt werden sollen. Spezifische Fördermaßnahmen werden auch für SchülerInnen und Eltern umgesetzt, um deren Sprachkompetenzen zu vergrößern beziehungsweise um zu erklären, was die „Elternschaft" in Frankreich ausmache. Eine weitere Säule bildet die Verbesserung der Zugangschancen zum Arbeitsmarkt, wo auch mit Sprachförderung gehandelt wird. Zudem werden Maßnahmen unterstützt, mit denen die Aktivierung und Beteiligung von MigrantInnen erhöht werden sollen. Hier wird besonders auch auf das Engagement von Vereinen gesetzt. Schließlich wird in Bondy über MediatorInnen und *relais* agiert, um MigrantInnen bei Alltagsproblemen zu helfen. Der Ansatz eines Regierens durch *community* wird reproduziert.

„Kulturelle Differenzierungen" werden in Bondy handlungsrelevant, womit sich eine Parallele zur Ausrichtung der *politique de la ville* in Belleville-Amandiers ergibt. Begründet wird dieser Ansatz über ein „pragmatisches" Vorgehen auf lokaler Ebene. Das Ausblenden bestehender Probleme sei nicht möglich – eine Berücksichtigung müsse zwingend geschehen. Auffällig ist, dass eine Unterstützung durch Verantwortliche auf regionaler Ebene, also in der Präfektur, erfolge, was vor dem Hintergrund der Analyse der regionalen Ebene in der Seine-Saint-Denis und eines eher impliziten „Managements" von *„intégration"* nicht zu erwarten war. Es wird eine klare Trennung zwischen dem, was national sagbar sei und dem, was lokal möglich sei, gezogen. Die „konkrete" Politik auf lokaler Ebene steht in Opposition zur Grundausrichtung der *politique de la ville* auf nationaler Ebene, was einen Bruch in den Argumentationsmustern markiert. Der nationale Subdiskurs einer Berücksichtigung „kultureller Differenzierungen" ist hier, wie sich übergreifend in Narrationen der Dokumente und Interviews widerspiegelt, hegemonial. Doch auch auf lokaler Ebene werden Grenzen eines spezifisches Vorgehens gezogen: Die „Idee der republikanischen Gleichheit" mache manche Formen einer spezifischen Förderung bis heute schwierig, wie beispielsweise die Einbindung „religiös" definierter Vereine. Die Möglichkeit eines Aufbrechens auf nationaler Ebene wird von den Verantwortlichen auf lokaler Ebene als nicht wahrscheinlich zurückgewiesen.

5.3.6 *Auffällige Brüche zwischen unterschiedlichen Ebenen in der* politique de la ville *in Frankreich*

Als Resümee „kultureller Differenzierungen" in der *politique de la ville* auf nationaler, regionaler und lokaler Ebene in Frankreich werden im Folgenden ebenenübergreifende Argumentationsmuster, aber auch hervorscheinende Brüche zwischen unterschiedlichen Ebenen nachgezeichnet. Ziel ist es, gemeinsame Steuerungslogiken sowie auffällige Differenzen zwischen den Ebenen zu verdeutlichen.

Entsprechend der Grundausrichtung der *politique de la ville* werden Gebiete mit den größten Problemen gefördert, ermittelt über qualitative und quantitative Indikatoren, um Abweichungen zu beseitigen und die Quartiere zu „kurieren". Auf nationaler Ebene spielt dabei der Anteil von MigrantInnen oder eine ähnliche Maßgröße offiziell keine Rolle. Gleichwohl werden die Quartiere der *politique de la ville* auf allen Ebenen durchgehend als solche charakterisiert, in denen häufig viele MigrantInnen lebten. Gerade auch auf nationaler Ebene findet eine Koppelung der Gebiete der Stadtpolitik an einen hohen „Migrantenanteil" statt. In den *départements* Paris und Seine-Saint-Denis werden MigrantInnen sogar zum konstitutiven Element und als Teil der „Identität" der *départements* erfasst. Auf lokaler Ebene setzt sich diese enge Koppelung fort: Belleville-Amandiers wird als „Immigrantenviertel", Bondy als von „ausländischer Bevölkerung" geprägt beschrieben. Es zeigen sich übergreifende diskursive Muster in den Beschreibungen der Fördergebiete der *politique de la ville*.

MigrantInnen werden in den untersuchten Materialien und Interviews zum einen als Potential erfasst, zum anderen auch als Problem. An die Äquivalenzbeziehung aus Quartieren der Stadtpolitik und MigrantInnen ketten sich also sowohl bestimmte Schwierigkeiten, die es durch die *politique de la ville* zu beheben gilt, als auch Ressourcen, die genutzt werden können, um Negativentwicklungen zu beseitigen. Auch hier ist auffällig, dass die Argumentationsmuster von nationaler Ebene bis hin zur lokalen Ebene in großen Teilen vergleichbar sind. Die Äquivalenzketten, in die MigrantInnen eingebunden werden, und damit die entsprechenden Diskursstränge stimmen weitgehend überein – auch im Vergleich zu den Argumentationen in der *Sozialen Stadt* in Deutschland. Der Signifikant MigrantInnen stellt einen flottierenden Signifikanten dar – wobei das Ziel die Überführung vom Außen des Diskurses in das Innere eines Gesellschaftsdiskurses einer „gelungenen Integration" ist. Zentral ist, dass die Gesellschaft in Frankreich von der nationalen bis zur lokalen Ebene „kulturell" differenziert gedacht wird. Das Gleichheitsideal ist nicht so hegemonial, dass es dezidiert vermieden würde, MigrantInnen mit bestimmten Sachverhalten zu verketten. Der Bereich des Sagbaren geht also recht weit.

Dies wirft die Frage nach „kulturellen Differenzierungen" innerhalb der *politique de la ville* auf. Dabei ergeben sich Ebenen übergreifende Diskursstränge, aber auch markante Brüche. Auf nationaler Ebene ist die *politique de la ville* in der offiziellen Ausrichtung nur sehr begrenzt explizit an MigrantInnen gekoppelt. „*Intégration*" und *lutte contre les discriminations* werden zwar als Zielsetzungen benannt, allerdings können diese beiden Signifikanten als leere Signifikanten verstanden werden, die weitgehend von einer „eindeutigen" Bedeutung entleert sind. Es können sich sehr unterschiedliche Momente anschließen, so dass nicht nur Ziele in Richtung von MigrantInnen verfolgt werden. „Kulturelle Differenzierungen" werden vor allem implizit problematisiert, so beispielsweise, wenn von einem fließenden Übergang von Personen aus der *politique d'intégration* zur *politique de la ville* gesprochen wird. Die Verknüpfung aus MigrantInnen und Stadtpolitik kann vor diesem Hintergrund als nicht hegemonialer Subdiskurs bezeichnet werden. Eine explizite Koppelung aus MigrantInnen und politischem Vorgehen besteht (bisher) nur außerhalb der *politique de la ville* im Rahmen des *contrat d'accueil et d'intégration* und Maßnahmen der Acsé.

Diese Argumentationsmuster setzen sich vergleichbar auf regionaler Ebene im *département* Seine-Saint-Denis fort. Dort kommt es zu einer Reproduktion der Argumentation eines stillschweigenden Übergangs von MigrantInnen aus der *politique d'intégration* in die Stadtpolitik. MigrantInnen werden nicht dezidiert als Zielgruppe der *politique de la ville* benannt, auch wenn diese zwei Drittel der FördermittelempfängerInnen ausmachten. Trotz einer entsprechenden Korrelation erfolge offiziell keine Fokussierung. Die *politique de la ville* als Instrument zur Förderung von MigrantInnen stellt einen politischen Subdiskurs dar: „Kulturelle Differenzierungen" werden hauptsächlich implizit problematisiert, wobei das aktuelle Vorgehen als die maximal mögliche Handlungsweise gelten kann.

In deutlichem Kontrast dazu steht die Ausrichtung der *politique de la ville* im *département* Paris. Der „Anteil der eingewanderten Bevölkerung" wird zum „Fragilitätsindikator" und MigrantInnen zu „*le public principal* der Maßnahmen". MigrantInnen werden dezidiert handlungsrelevant. Die Argumentationslogik aus MigrantInnen ≡ *politique de la ville* ≡ „*intégration*" → zielgruppenspezifisches Agieren ist hegemonial verfestigt. Der offizielle nationale Gleichbehandlungsdiskurs wird unterlaufen – bereits auf regionaler Ebene ist der Bereich des Sagbaren deutlich größer. Es kommt zu einem Bruch zur nationalen Ebene.

In Belleville-Amandiers setzt sich die Logik der Steuerung der *département*-Ebene fort. Ein zielgruppenspezifisches Vorgehen für MigrantInnen wird in Verbindung mit erfassten Schwierigkeiten legitimiert. Zwar wird im offiziellen Ansatz bei denjenigen mit den größten Problemlagen angesetzt, allerdings stellt dieser Diskursstrang eher eine Legitimationsgrundlage für ein in Teilen spezifisches Handeln unter anderem für MigrantInnen dar, was besonders in der aktuellen Ausrichtung auf ChinesInnen deutlich wird. Der nationale Diskurs wird aufgebrochen, auch wenn dieser in den Argumentationen präsent ist.

Die Ausrichtung in Belleville-Amandiers ist in vielen Aspekten mit der in Bondy vergleichbar. „*Intégration*", bezogen auf MigrantInnen, wird als transversale Handlungsachse bezeichnet und ist fest verankert. Eine alleinige Förderung für alle wird in den Argumentationsmustern aufgegriffen und explizit untergraben, da besondere Maßnahmen für MigrantInnen als erforderlich eingeschätzt werden. Eine Berücksichtigung wird in Bondy als logisch und notwendig bezeichnet. Damit vollzieht sich auf lokaler Ebene ein deutlicher Bruch zur nationalen sowie zur regionalen Ebene.

Die *politique de la ville* wird auf lokaler Ebene im Rahmen der beiden untersuchten Fallstudien zum Handlungsinstrument auch für MigrantInnen. Je nach *département* ergeben sich unterschiedliche Bruchlinien zwischen nationaler, regionaler und lokaler Ebene: Während ein Bruch in Bezug auf das *département* Paris bereits zwischen nationaler und regionaler Ebene nachgezeichnet werden kann, vollzieht sich dieser für das *département* Seine-Saint-Denis zwischen regionaler und lokaler Ebene. Zentral ist übergreifend eine markante Differenz zwischen der offiziellen politischen Ausrichtung auf nationaler Ebene und dem Handeln auf lokaler Ebene. Lokal ist deutlich mehr sag- und umsetzbar.

Gleichzeitig ist es jedoch nicht ganz so „einfach": Von der nationalen über die regionale bis hin zur lokalen Ebene lassen sich in den umgesetzten Maßnahmen bestimmte Strategien nachzeichnen, die Ebenen übergreifend übereinstimmen (noch einmal ausführlicher in den folgenden Teilkapiteln von 5.4). Diese Steuerungslogiken liegen im Bereich des Möglichen, auch wenn es zu einem Nebeneinander von expliziter und impliziter Förderung kommt.

Entscheidend zum Verständnis dieses Oszillierens zwischen impliziter und expliziter politischer Problematisierung ist der „Tabu"-Diskurs, der auf allen Ebenen Eingang in die Argumentationsmuster findet – allerdings nimmt dieser unterschiedlichen „Raum" ein. Auf nationaler Ebene wird „*intégration*" als politisch heikles Thema bezeichnet, um das permanent Deutungskämpfe ausgetragen würden. Eine zu direkte explizite Verhandlung wird als gefährlich angesehen, wie das Beispiel der *grands frères* zeigte. Vor dem Hintergrund des „Tabus" einer expliziten Benennung von MigrantInnen als Zielgruppe der *politique de la ville* kann das implizite Vorgehen als Möglichkeit verstanden werden, um politisch-ideologischen Debatten aus dem Weg zu gehen. Lokal könne leichter mehr umgesetzt werden als national sagbar ist.

Im *département* Paris und auf lokaler Ebene in Belleville-Amandiers und Bondy nimmt der „Tabu"-Diskurs im Vergleich dazu einen geringen Platz ein: Zwar wird jeweils auf das „Tabu" rekurriert, MigrantInnen zur Zielgruppe zu machen, allerdings wird der „Tabu"-Diskurs zum Subdiskurs. Er wird unterlaufen, indem zielgruppenspezifische Maßnahmen als sinnvoll und notwendig legitimiert werden. Der „Tabu"-Diskursstrang ist präsent, aber nicht so hegemonial, dass er ein Agieren in Richtung von MigrantInnen verhindern würde. Die nationale Positionierung weitreichenderer Handlungsmöglichkeiten auf lokaler Ebene lässt sich im Rahmen der Fallstudien damit nachzeichnen.

Es kommt hinzu, dass sich auf nationaler Ebene mögliche Dislokationen andeuten. Beispielsweise wird die Trennlinie zwischen *politique d'intégration* und *politique de la ville* durch den leitenden Mitarbeiter des SG-CIV kritisiert und eine bisher fehlende Ausrichtung auf *communities* und die Nicht-Berücksichtigung von MigrantInnen im französischen Schulsystem als nicht sinnvoll hinterfragt. Der Gleichbehandlungsdiskurs innerhalb der *politique de la ville* wird in diesen Narrationen aufgebrochen. Ein grundsätzliches Aufbrechen ist denkbar, vollzieht sich aber bisher (noch) nicht.

Es besteht ein Nebeneinander impliziter und expliziter „kultureller Differenzierungen", wobei diese permanent produziert und reproduziert werden, auch wenn offiziell die *politique de la ville* keine Politik für MigrantInnen ist. Auch in Frankreich werden damit zusammenfassend gesellschaftliche Schwierigkeiten in zunehmendem Maße „kulturell" gerahmt. Während der Bruch gegenüber einer dezidiert republikanischen, nicht „kulturell" differenzierenden Argumentation auf nationaler Ebene durch die explizite Thematisierung eines „Tabus" verarbeitet wird, geschieht dies auf der Ebene der lokalen Maßnahmen durch deren Legitimation als „pragmatische Lösung".

5.4 Systematische Herausarbeitung zentraler Unterschiede und Gemeinsamkeiten im Ländervergleich

Nach der Darstellung, wie „kulturelle Differenzierungen" in der *Sozialen Stadt* in Deutschland und im Anschluss in der *politique de la ville* in Frankreich problematisiert werden, werden im letzten Analyseschritt Unterschiede und Gemeinsamkeiten *zwischen* den beiden Stadtpolitiken herausgearbeitet. Begonnen wird mit einer Kontrastierung der Programmatiken, Zielsetzungen und Maßnahmen der *Sozialen Stadt* und der *politique de la ville* auf nationaler, dann auf regionaler und zuletzt auf lokaler Ebene, um so übergreifende Argumentationsmuster sowie größere Abweichungen hervorzuheben. Daran anschließend werden ebenen- und länderübergreifend grundlegende Programmatiken gegenüber Vorgehensweisen und Maßnahmen in Beziehung zueinander gesetzt, um so zentrale transnationaler Muster sowie Brüche herauszustellen. Für die dargestellten Ergebnisse werden verschiedene Interpretationsansätze geboten.

5.4.1 *Zum deutsch-französischen Vergleich auf nationaler Ebene: Unterschiede in Ausrichtung und offiziellen Zielsetzungen, wie „kulturelle Differenzierungen" problematisiert werden*

Ausgangspunkt des Ländervergleichs bildet die Frage, welche zentralen Differenzen und Gemeinsamkeiten sich in der deutschen und der französischen Stadtpolitik auf nationaler Ebene dabei ergeben, wie „kulturelle Differenzierungen" problematisiert werden.

Im Programm *Soziale Stadt* erfolgt für viele Fördergebiete eine dezidierte Verknüpfung mit einem hohen Migrantenanteil. Daran ketten sich spezifische Problemlagen von MigrantInnen, aber auch Ressourcen. Die vorgenommenen „kulturellen Differenzierungen" bilden die Legitimationsgrundlage für eine besondere Förderung zugunsten von MigrantInnen.

In Frankreich wird in der offiziellen Terminologie keine Verbindung zu MigrantInnen hergestellt. Die Analyse hat allerdings gezeigt, dass viele Gebiete der *politique de la ville* mit hohem „Anteil von Migranten" beschrieben werden. Auch hier findet eine Äquivalentsetzung zu Problemlagen und Potentialen statt. Die Gesellschaft wird als „kulturell" differenziert gedacht, da sonst eine entsprechende Unterscheidung in Franzosen und MigrantInnen nicht sinnvoll erscheinen und nicht problematisiert würde.

Jenseits eines offiziellen Förderkriteriums beziehungsweise einer offiziellen Berücksichtigung lässt sich also eine vergleichbare Argumentationslogik nachzeichnen: Der Signifikant MigrantInnen kann sowohl in Deutschland als auch in Frankreich als flottierender Signifikant konzeptionalisiert werden, der mit *Sozialer Stadt* und *politique de la ville* politisch explizit beziehungsweise implizit verbunden wird.

In Deutschland führt diese Beziehung zu besonderem „Integrationsbedarf" von MigrantInnen und der Zielsetzung einer „erfolgreichen Integration". Im Zuge des gesamtgesellschaftlichen Bedeutungsgewinns von „Integration" ist diese innerhalb der *Sozialen Stadt* hegemonial geworden und als leerer Signifikant und Knotenpunkt zu verstehen. Spezifische Maßnahmen für MigrantInnen erscheinen sinnvoll und notwendig.

Auch in Frankreich werden MigrantInnen politisch berücksichtigt, allerdings offiziell vor allem außerhalb der *politique de la ville*. Wie in Deutschland hat sich die „*intégration*" als gesellschaftliche Zielsetzung verfestigt, wie Entwicklungen und Maßnahmen des *contrat d'accueil et d'intégration* und der Behörde Acsé gezeigt haben. Es wird in Frankreich also nicht dezidiert vermieden, „kulturell" zu differenzieren. MigrantInnen werden als förderwürdig problematisiert.

„Integration/*intégration*" hat in Deutschland und Frankreich übereinstimmend an Relevanz gewonnen. Auffällig ist, dass sich dieser Bedeutungsgewinn unterschiedlich auf die Stadtpolitiken ausgewirkt hat. „Integration" soll in Deutschland sozialraumorientiert geschehen, so dass die *Soziale Stadt* zum „geeigneten" politischen Steuerungsinstrument und die Stadtpolitik zur expliziten „Integrationspolitik" geworden ist. In Frankreich werden zwar „kulturelle Differenzierungen" auch innerhalb der *politique de la ville* handlungsrelevant, allerdings eher durch implizite als durch explizite Fördermaßnahmen. Offiziell wird mit der *politique de la ville* das Ziel verfolgt, „benachteiligte" Quartiere an den städtischen Durchschnitt anzugleichen. Eine explizitere Berücksichtigung „kultureller Differenzierungen" erscheint politisch heikel. Auffällig ist zudem, dass eine Diskrepanz zwischen offiziellem politischem Diskurs auf nationaler Ebene und lokalem Vorgehen geäußert wird. Die *politique de la ville* ist in Verbindung mit der weiterhin bestehenden Tabuisierung „kultureller Differenzierungen" als eher implizite Politik der „*intégration*" zu begreifen. Einige Narrationen legen allerdings mögliche Dislokationen nahe, so dass es zu einer weiteren Angleichung der Stadtpolitiken in Deutschland und Frankreich kommen könnte.

Gleichzeitig zeigen sich bereits heute bestehende Übereinstimmungen bei verschiedenen Maßnahmen (siehe Tabelle 20). Sowohl in der *Sozialen Stadt* als auch in der *politique de la ville* werden die Notwendigkeit einer Sprachförderung und einer Erhöhung des schulischen Erfolgs von MigrantInnen betont. Auf diese Weise sollen jeweils die Selbstständigkeit von MigrantInnen verbessert und diese befähigt werden, so dass sie größere Handlungsspielräume erlangen. Auch im Bereich des Arbeitsmarkts lassen sich Parallelen nachzeichnen: Durch spezielle Angebote soll die Qualifikation von MigrantInnen gesteigert werden, beispielsweise mittels kommunaler Wirtschaftsförderung oder spezieller Berufsberatung. Zudem ergeben sich Kongruenzen in den Strategien der Aktivierung und Beteiligung und Gewinnung von MultiplikatorInnen – sei es durch explizite oder auch durch implizite Wege der Förderung.

Tabelle 20: Übereinstimmende Strategien „kultureller Differenzierungen" auf nationaler Ebene

Bereich	Deutschland	Frankreich
gesamt-gesellschaftlich	Förderung der „Integration", u. a. durch die Nationale Integrationspolitik	*contrat d'accueil et d'intégration* zur Förderung der „Neuankömmlinge", Acsé: „*intégration*", *lutte contre les discriminations, promotion de la diversité*
quartiersbezogene Ansätze	*Soziale Stadt*: sozialraumorientierte Steuerung von „Integration", territoriales „Integrationsmanagement" („Integration vor Ort") → **explizite** Fördermaßnahmen	aktuelle *politique de la ville*: Ziele zugunsten der „*intégration*" und der *lutte contre les discriminations* → „pragmatisches Vorgehen" – Oszillieren zwischen **expliziter** und **impliziter**[696] Förderung

---

696 Fördermaßnahmen, in denen implizit „kulturell" differenziert wird, werden durch eine andere Schrift hervorgehoben.

Fortsetzung Tabelle 20:

Bereich	Deutschland	Frankreich
Sprache und Bildung	Alphabetisierung und **Sprachförderung** wie „Mama lernt Deutsch", niedrigschwellige Sprachkurse, Sprachkompetenz von „Migrantenkindern" erhöhen, vorschulische Bildungsförderung, schulische „Integration" → MigrantInnen in der Lehrerschaft, Lehrer mit Migrationshintergrund → **Selbstständigkeit** erhöhen, **Befähigung**	**Sprachförderung**, Informationen zu den gesellschaftlichen Codes, Förderung von „sprachlich-gesellschaftlichen Workshops" zur *„intégration"*, schulischer Erfolg → Ausbau der Förderung gewünscht → soziale und berufliche **Selbstständigkeit** erhöhen → **Hilfe zur Selbsthilfe** und Austausch der QuartiersbewohnerInnen
Arbeitsmarkt	„Migrantenökonomie": spezielle Beratungs- und Betreuungsangebote, Unterstützung gezielt durch kommunale Wirtschaftsförderung → **Befähigung, Qualifizierung**	Begleitung bei der Arbeitssuche für Jugendliche mit Migrationshintergrund, spezielle Berufsberater **Patenschaften, *contrat d'autonomie*, Talente der *cités*** → **Qualifikation** zum beruflichen Erfolg
Aktivierung und Beteiligung	Beteiligung von MigrantInnen erhöhen durch: persönliche Ansprache, aufsuchende Arbeit, interkulturell ausgerichtete Projekte, Begegnungsmöglichkeiten, mehrsprachige Ansprache, niedrigschwellige Angebote, Sport, „Interkulturelle Gärten" zum „Kulturaustausch" → **Einbinden** in das Quartiersleben, **Hilfe zur Selbsthilfe/Befähigung**, Förderung „ethnischer Selbstorganisationen" → Vermittler → Regieren durch *community*	**Delegierte des Präfekten für Bewohneraustausch**, „kulturelle" oder „ethnische" Vereine können gefördert werden → **Einbinden** von MigrantInnen, **Hilfe zur Selbsthilfe/Befähigung**
MultiplikatorInnen	in *communities* hineinwirken, z. B. durch „Stadtteilmütter" → **Regieren durch *community***	***adultes relais* als MediatorInnen**, *femmes relais* ≡ *community*-Bezug → **Regieren durch *community***

Quelle: Eigene Darstellung

Im Folgenden werden zentrale Auffälligkeiten in Bezug auf Unterschiede und übergreifende Strategien auf regionaler Ebene zwischen der Ausrichtung der *Sozialen Stadt* in Hessen, der *politique de la ville* in Paris und der *politique de la ville* in der Seine-Saint-Denis kontrastiert und Verknüpfungen zur nationalen Ebene hergestellt.

5.4.2   Zum deutsch-französischen Vergleich auf regionaler Ebene: Deutliche Fortsetzungen beziehungsweise Reproduktion, aber auch Unterlaufen nationaler Diskursstränge

Auf regionaler Ebene in Deutschland und Frankreich fällt auf, dass – wie auf nationaler Ebene – die Fördergebiete der Stadtpolitiken regelmäßig mit MigrantInnen in Beziehung gesetzt werden. In Hessen stellt der Migrantenanteil mit eine Begründung zur Aufnahme dar. In Paris werden MigrantInnen in der *politique de la ville* räumlich und nach Herkunft differenziert und als konstitutiv für die Identität von Paris bezeichnet. Die Seine-Saint-Denis wird wiederum als traditionelles Einwanderungs-*département* beschrieben, woher mitunter die besonders schwierige Lage der Fördergebiete der Stadtpolitik rühre.

MigrantInnen werden jeweils berücksichtigt und von anderen QuartiersbewohnerInnen differenziert. Der Diskurs des französischen Gleichheitsideals ist nicht so hegemonial, dass eine entsprechende Unterscheidung tabuisiert wäre. Gerade auch in Frankreich stehen MigrantInnen den „französischen" QuartiersbewohnerInnen beziehungsweise den „französischen" Haushalten gegenüber. In den Grundargumentationsmustern ergeben sich deutliche deutsch-französische Übereinstimmungen. Es wird „kulturell" differenziert.

Vor diesem Hintergrund entsteht übereinstimmend Handlungsrelevanz. Sowohl in Deutschland als auch in Frankreich wird das Ziel der „Integration" beziehungsweise *„intégration"* verfolgt und dieses jeweils zum leeren Signifikanten und Knotenpunkt. Allerdings ergeben sich unterschiedliche Konsequenzen *innerhalb* der Stadtpolitiken (dazu Tabelle 21).

In der *Sozialen Stadt* in Hessen werden MigrantInnen zu einem zentralen Thema. Es hat sich eine Verknüpfung zwischen der *Sozialen Stadt* und „Integration" herausgebildet, die bereits seit längerem bestehe, aber mit dem gesamtgesellschaftlichen Bedeutungsgewinn von „Integration" an Bedeutung gewonnen habe – sie ist hegemonial verfestigt. Nationale Argumentationslogiken und narrative Muster werden weitgehend reproduziert.

Damit ergibt sich eine auffällige Übereinstimmung zu Paris: Dort werden MigrantInnen explizit als zu berücksichtigende Größe erfasst. Der „Anteil der eingewanderten Bevölkerung" wird als „Fragilitätsindikator" herangezogen. MigrantInnen werden handlungsrelevant und zu *„le public principal"* der *politique de la ville* in Paris. *„Intégration"* von MigrantInnen wird dezidiert zur Zielsetzung. Der nationale Gleichbehandlungsdiskurs wird aufgebrochen.

Auffällig ist, dass in Frankreich auf regionaler Ebene ein größerer Unterschied *zwischen* den *départements* besteht: In der Seine-Saint-Denis ergibt sich eine deutlich geringere explizite Handlungsrelevanz von MigrantInnen innerhalb der *politique de la ville*. Es kommt eher zu einer Reproduktion des nationalen Diskurses: Eine Förderung erfolgt vor allem außerhalb der Stadtpolitik durch den *contrat d'accueil et d'intégration* sowie Maßnahmen der Acsé. Innerhalb werden Fragen der *„intégration"* und *immigration* nur begrenzt behandelt und MigrantInnen nicht explizit als Zielgruppe benannt. Hier setzt sich eine implizite Förderung der *„intégration"* durch den quartiersbezogenen Ansatz der *politique de la ville* fort.

Während in Paris der „Tabu"-Diskurs unterlaufen wird und nur einen Subdiskurs darstellt, wird dieser in der Seine-Saint-Denis dafür als Begründung angeführt, dass keine zielgruppenspezifische Förderung möglich sei (siehe dazu Vergleich Tabelle 21). Der „Tabu"-Diskurs, der bereits auf nationaler Ebene zum Tragen kam, wird in beiden *départements* aufgegriffen, erhält aber unterschiedliche Relevanz und Deutung.

Schematisch vereinfachend kommt es innerhalb der *Sozialen Stadt* in Deutschland zu einer Fortführung nationaler hegemonialer Diskursstränge. Auch in Frankreich reproduziert sich im *département* Seine-Saint-Denis weitgehend der nationale französische Diskurs, so dass Wege einer impliziten Problematisierung dominieren. Im Gegensatz dazu wird der nationale Diskurs im *département* Paris aufgebrochen. Entsprechend gibt es explizitere Förderwege als in der Seine-Saint-Denis und eine ähnliche Ausrichtung wie in der *Sozialen Stadt*, die auf regionaler Ebene so nicht zu erwarten waren.

Neben diesen unterschiedlichen Brüchen und Weiterführungen ergeben sich Übereinstimmungen zwischen dem Bundesland Hessen und den *départements* Paris und Seine-Saint-Denis in den durchgeführten Maßnahmen (siehe Tabelle 21): Übergreifend wird zur Befähigung auf Sprachförderung gesetzt. Der Ansatz bei Bildungsdefiziten wird durch explizite und implizite Förderwege verfolgt, ebenso bei Maßnahmen im Bereich Arbeitsmarkt. Parallelen zeigen sich auch bei Maßnahmen, die auf die Aktivierung und Beteiligung abzielen, durch die die Erreichbarkeit erhöht und Hilfen zur Selbsthilfe geboten werden sollen. Bezogen auf die Arbeit mit MultiplikatorInnen lassen sich ähnliche Ansätze in Hessen und Paris nachzeichnen (siehe Tabelle 21). Wie auf nationaler Ebene können damit schematisch vereinfachend in mehreren Maßnahmenbereichen Vergleiche gezogen werden, die darauf hindeuten, dass transnational übergreifend darin jeweils sinnvolle Ansatzpunkte gesehen werden.

Tabelle 21:   Übereinstimmende Strategien „kultureller Differenzierungen" auf regionaler Ebene

Bereich	Bundesland Hessen	*département* 75	*département* 93
gesamt-gesellschaftlich	Islamkonferenzen, Nationaler Integrationsplan → bedeutungsfördernd für die *Soziale Stadt*		*contrat d'accueil et d'intégration* und *lutte contre les discriminations* ≡ *immigration* ≡ *„intégration"*
quartiersbezogene Ansätze	*Soziale Stadt* zur „Integration", frühe Relevanz von MigrantInnen, heute hegemonial geworden → Fortsetzung nationaler Argumentationsmuster	MigrantInnen als „Fragilitätsindikator", CUCS: „Bevölkerungsgruppen ausländischer Herkunft" im Fokus, MigrantInnen als *„le public principal"* → Förderung von MigrantInnen hegemonial verfestigt, gleichzeitig Verweis auf „Tabu", aber nur Subdiskurs	MigrantInnen als Teil allgemeiner Fördermaßnahmen der *politique de la ville* → primär **implizite Fokussierung** → *politique de la ville* als aktuell mögliches Handlungsinstrument → Begründung über „republikanische Ideologie" und „Tabu[-]", Blockade eines zielgruppenspezifischen Handelns
Sprache und Bildung	Sprachförderung, Angebote in Kindergarten und Schule zur „Integration" → **Defizitreduktion, Befähigung**	Sprachförderung zur *„intégration"*, Alphabetisierung → **Autonomie erhöhen**	Sprachförderung, **réussite éducative** → **Befähigung**
Arbeitsmarkt	„Migrantenökonomie" fördern, z. B. durch Existenzberatungen → **Problemen begegnen**	**Förderung des Berufszugangs für Frauen, besonders für MigrantInnen**	**„Schule der zweiten Chance"** → **Befähigung**

Fortsetzung Tabelle 21:

Bereich	Bundesland Hessen	*département* 75	*département* 93
Aktivierung und Beteiligung	„interkulturellen Austausch" fördern, ehrenamtliches Engagement erhöhen, zielgruppenspezifische Aktivierung und Beteiligung, → **Hilfe zur Selbsthilfe**, **Regieren durch** *community*	Kulturprogramme zur Förderung der Vielfalt als Reichtum, Unterstützung von Vereinen, die Maßnahmen für MigrantInnen unternehmen, Sozialcafé für ältere MigrantInnen → **Erreichbarkeit** erhöhen	**buntes, philharmonisches Orchester in Stains**, Arbeit von Vereinen
MultiplikatorInnen	„Integrationslotsen" als „Brückenbauer" → in *communities* **hineinwirken**	kulturelle Mediation → MigrantInnen **einbinden**	

Quelle: Eigene Darstellung

Vor dem Hintergrund markanter Brüche zwischen nationaler Ebene und *département*-Ebene in Paris sowie länderübergreifender Argumentationsmuster im Rahmen geplanter und unternommener Maßnahmen ist zu prüfen, welche Diskurssstränge auf lokaler Ebene reproduziert oder unterlaufen werden. Ein zentrales Augenmerk liegt auch hier auf den aktuellen Maßnahmen und dabei möglichen transnationalen Übereinstimmungen.

5.4.3   Zum deutsch-französischen Vergleich auf lokaler Ebene: Transnational übereinstimmende Diskurssstränge und Strategien

Alle vier Fallstudien sind vor dem Hintergrund ausgewählt worden, dass in den Quartiersstrukturierungen „kulturell" differenziert wird. Auffällig ist, dass überall auf vergleichbare Weise argumentiert wird. In allen Quartieren wird eine erhöhte Konzentration von MigrantInnen – bezeichnet als „Zuwanderer", „Ausländer", „Immigranten", BewohnerInnen „ausländischer Herkunft", „*étrangers*", „*immigré(e)s*", „*personnes issues de l'immigration*" – erfasst und eine Differenz zur Gesamtstadt hergestellt. Gleichzeitig wird jeweils in unterschiedliche Staatsangehörigkeiten, beziehungsweise nach Herkunft differenziert. MigrantInnen werden zu einer der Charakteristiken der Quartiere, die im Rahmen der Stadtpolitiken Berücksichtigung finden. Es entsteht eine Äquivalenzkette aus MigrantInnen und *Soziale Stadt*-Gebiete beziehungsweise Gebiete der *politique de la ville*.

Auffällige Parallelen ergeben sich auch in den Argumentationsmustern zu Potentialen und Problemen, in die MigrantInnen eingebunden werden. Übergreifend wird die „Vielfalt" der Quartiere als Chance beziehungsweise Reichtum bezeichnet. Die Stadtteile werden als „bunt" und „multikulturell" beschrieben. Unterschiedliche „Nationalitäten" werden als Bereicherung dargestellt. Entsprechend wird diese „Vielfalt" positiv gerahmt. Gleichzeitig bringt diese erfasste „kulturelle" Heterogenität auch Schwierigkeiten mit sich: In allen Quartieren wird als zentrale Problematik auf Sprachprobleme rekurriert, mit denen MigrantInnen konfrontiert seien. Zudem wird die Bewältigung des Alltagslebens zur Herausforderung, was unter anderem auch durch die Verknüpfungen mit Armut, Isolation, Diskriminierungen, fehlenden Grundkenntnissen sowie Konflikten zwischen QuartiersbewohnerInnen deutlich wird. In diesem Zusammen-

hang wird zudem auf andere „Kulturen" verwiesen, durch die sich MigrantInnen von alteingesessenen Deutschen beziehungsweise Franzosen unterschieden. Bevölkerungsgruppen werden
entlang „kultureller" Merkmale untergliedert und diese Differenzierungen reproduziert.
MigrantInnen oszillieren jeweils zwischen vergleichbaren Potentialen und Problemen – nach
Laclau und Mouffe ist der Signifikant MigrantInnen als flottierender Signifikant zu fassen.

Vor diesem Hintergrund wird „Integration" beziehungsweise *intégration* als nicht er-
reicht problematisiert und als Zielsetzung in den Stadtpolitiken erfasst. So soll „Integration" im
Gallus-Viertel in Frankfurt am Main, entsprechend der Ausführungen in den untersuchten
Dokumenten, über die *Soziale Stadt* betrieben werden. In Darmstadt sind „Integrationsaufgaben" im Rahmen des Programms zu übernehmen. „Integration" wird als Fokus in Bezug auf
MigrantInnen beschrieben. Die *politique de la ville* in Belleville-Amandiers verfolgt wiederum
„Ziele zugunsten der *intégration*, der *lutte contre les discriminations* und für Chancengleichheit" mit
einem Fokus auf „Immigranten". Auch in Bondy werden MigrantInnen zur Zielgruppe und
„intégration" zur Zielsetzung (siehe Tabelle 22).

Die Argumentationsmuster stimmen auf den ersten Blick weitgehend überein. Für das
Frankfurter Gallus-Viertel wurde allerdings im Rahmen der untersuchten Interviews herausgearbeitet, dass primär an „Problemlagen" angesetzt wird. MigrantInnen werden nicht dezidiert
als wichtige Zielgruppe benannt. Die *Quartierszusammensetzung* bringe es mit sich, dass in vielen
Maßnahmen MigrantInnen gefördert würden. Ein spezifischer Zugang wird eher zum Subdiskurs. Die Analyse in Belleville-Amandiers deutete zunächst eine Parallele zu Frankfurt an, da
ebenfalls über eine offizielle Ausrichtung auf die am stärksten Benachteiligten argumentiert
wurde. Diese Positionierung scheint jedoch als Legitimationsgrundlage zu dienen, um auch
zielgruppenspezifische Maßnahmen für MigrantInnen, momentan besonders für ChinesInnen,
zu initiieren. Der nationale Diskurs einer Gleichbehandlung wird unterwandert. Es ergeben
sich entscheidende transnationale Parallelen zwischen den Fallstudien in Darmstadt, Belleville-
Amandiers und Bondy, wo jeweils „kulturelle Differenzierungen" explizit handlungsrelevant
und als Fokus der Quartiersarbeit beschrieben werden. Während damit nationale und regionale
Argumentationsmuster in Darmstadt weitgehend reproduziert werden, kommt es in Belleville-
Amandiers und Bondy zu einem Unterlaufen nationaler Diskursstränge. Es ergeben sich deutlich größere Handlungsspielräume auf lokaler Ebene, womit auch der Bereich des Sagbaren
umfassender ist. Ein spezifisches Handeln über die Stadtpolitiken wird auf lokaler Ebene als
sinnvoll und notwendig legitimiert, was auf nationaler Ebene (noch) weitgehend im Bereich
des Nicht-Sagbaren liegt. Gleichzeitig schwingt implizit beziehungsweise explizit das „Tabu"
mit, Fragen von *„intégration"* und MigrantInnen zu stellen und diese zu verhandeln.

In den unternommenen Vorgehensweisen und Maßnahmen werden Übereinstimmungen
noch einmal deutlicher, in denen sich übergreifende transnationale Strategien, wie bereits auf
nationaler und regionaler Ebene, identifizieren lassen (dazu als Übersicht Tabelle 22).

Entsprechend der durchgehenden Konstatierung von Sprachproblemen wird in allen untersuchten Stadtquartieren auf Sprachförderung gesetzt. In den deutschen Fallstudien geschieht
dies unter anderem durch das Projekt „Mama lernt Deutsch". In den französischen Fallstudien
werden „Projekte sprachlicher Bildung" und sprachlich-gesellschaftliche Workshops initiiert.
Zentral ist auch der Bezug auf Maßnahmen zur Alphabetisierung von MigrantInnen. Im Gallus-Viertel und in Darmstadt wird zusätzlich auf Integrationskurse rekurriert. Neben der allgemeinen Sprachförderung erfolgen übergreifend spezifische Zugänge im Schulbereich. Neben
SchülerInnen werden auch die Eltern angesprochen, beispielsweise durch Informationsmaterialien in mehreren Sprachen, muttersprachliche Elternbegleiter, kulturelle Mediation, aber
auch durch Sprachförderung. Durchgehend zielen die unternommenen Maßnahmen auf die

Beseitigung von Benachteiligungen und Problemlagen und auf die Erhöhung der „Autonomie" beziehungsweise Befähigung. Ein expliziter Zugang zu MigrantInnen wird also kausal über die Zielsetzung der Erhöhung der Selbstständigkeit legitimiert und „kulturelle Differenzierungen" damit handlungsrelevant. Es bestätigt sich die These eines „aktivierenden Staats", der auf selbstständig handelnde BürgerInnen zielt (siehe u. a. Beck 2000: 49; Füller 2004: 3; Mattissek 2008: 48-52).

An Schwierigkeiten wird auch im Bereich des Arbeitsmarktzugangs angesetzt. MigrantInnen werden mit Problemen verknüpft, die sie daran hinderten, eine feste Anstellung zu finden. Vor diesem Hintergrund soll unter anderem die sprachliche Qualifikation verbessert werden. Es überwiegen Projekte, in denen Hilfe zur Selbsthilfe gegeben wird, das heißt, durch Unterstützungen soll der Zugang zu Arbeit und so auch Einkommen erleichtert werden. Neben Maßnahmen, die auf die Zielgruppe MigrantInnen ausgerichtet sind, werden diese implizit beispielsweise durch Zuverdienstmöglichkeiten unter anderem für „muslimische Frauen" im Gallus-Viertel oder im Rahmen des *contrat d'autonomie* in Bondy berücksichtigt.

Auffällige übereinstimmende Zielsetzungen und Strategien zeigen sich zudem im Bereich der Aktivierung und Beteiligung. Durchgehend geschieht eine Differenzierung in MigrantInnen und andere, wobei erstere als weniger aktiv und beteiligt erfasst werden. Die Quartiere werden in unterschiedlichen Bevölkerungsgruppen und „Kulturen" gedacht. Ziel wird es, unterschiedliche Gruppen und „*communities*" besser einzubinden und den „interkulturellen" Austausch zu erhöhen. Auch wenn dies teilweise, wie in Frankfurt am Main, als schwierig eingeschätzt wird, soll die Einbindung von MigrantInnen in das Stadtteilleben gesteigert werden. Dabei wird jeweils die Arbeit von Vereinen als sinnvoll bewertet, durch die der Zugang am ehesten erfolge könne. „Kulturelle Differenzierungen" werden damit nicht nur reproduziert, sondern auch produziert, indem von einem Nebeneinander unterschiedlicher „Kulturen" ausgegangen wird, die es zusammenzubringen gilt. Vielfalt wird als Chance gefasst, wenn beispielsweise wie im Projekt „Gari Baldi" in Darmstadt Eberstadt-Süd, „Kulturen" und „Nationen" in Austausch treten sollen.

Noch deutlicher wird die Produktion „kultureller Differenzierungen" in der Arbeit mit MultiplikatorInnen. Während dieser Ansatz in Frankfurt am Main nicht so funktioniert, wie gewünscht, wird er in Darmstadt, Belleville-Amandiers und Bondy als erfolgreich und ebenfalls sinnvoll angesehen. Über VermittlerInnen, Lotsen, *relais* und MediatorInnen soll in bestimmte *communities* hineingewirkt werden, um Informationen an die BewohnerInnen weiterzutragen, die sonst von den Stadtpolitiken nicht erreicht würden. Es wird dezidiert auf ein Regieren durch *community* gesetzt. Die *community* wird zur Methode und Möglichkeit der Steuerung (Rose 2000: 86). Dazu wird versucht, die Gruppierungen anzusprechen, denen besondere Probleme zugeschrieben werden, wie den ChinesInnen in Belleville-Amandiers oder die die größten Migrantengruppen bilden, wie in Darmstadt. Die Schaffung von festen, ansprechbaren „Gemeinschaften" wird als notwendig legitimiert – so auch in Belleville-Amandiers, wo die „Greifbarmachung" der chinesischen *communities* durch MediatorInnen geschehen soll (dazu allgemein Tezcan 2007: 61). Zentral ist die Gewinnung fester AnsprechpartnerInnen, um in Austausch treten zu können (entsprechend der Argumentation bei Tezcan 2007: 58-59). Unterscheidungen entlang „kultureller Differenzierungen" werden produziert und reproduziert. Der Ansatz wird überall als zielführend eingeschätzt und ist unhinterfragt.

Zusammenfassend ergeben sich damit in mehreren Bereichen transnationale politische Steuerungslogiken und Strategien, wie „kulturelle Differenzierungen" auf lokaler Ebene problematisiert werden (siehe Tabelle 22).

Tabelle 22:   Übereinstimmende Strategien „kultureller Differenzierungen" auf lokaler Ebene

Bereich	Frankfurt Gallus-Viertel	Darmstadt
quartiersbezogene Ansätze	Ansatz bei Problemlagen, MigrantInnen nicht als wichtige Zielgruppe benannt, spezifischer Zugang nur als **Subdiskurs**	„Integration" und Arbeit für MigrantInnen als hegemonial verfestigt, MigrantInnen **explizit** handlungsrelevant, weitgehende **Reproduktion** nationaler und regionaler Argumentationsmuster
Sprache und Bildung	Sprachförderung (u.a. „Mama lernt Deutsch"), Alphabetisierungskurse, Integrationskurse → **Benachteiligungen abbauen, befähigen,** Schule: Sprachförderung, Informationsmaterialien in mehreren Sprachen, Mitarbeiter mit „Migrationshintergrund", muttersprachliche Elternbegleiter → **Befähigung** von Eltern	Sprachförderung (z.B. „Mama lernt Deutsch"), Integrationskurse → bestimmtes Sprachniveau erreichen → niedrigschwelliger Zugang → **„Normalisierung"** und **Befähigung**
Arbeitsmarkt	**Zuverdienstmöglichkeiten u.a. für „muslimische Frauen"** – aber nicht alleinige Zielgruppe, Förderung von „ethnischen Ökonomien" als sinnvoll angesehen, aber nicht umgesetzt → **Hilfe zur Selbsthilfe**	Qualifizierungsmaßnahmen zur beruflichen „Integration" → spezifische Förderung von MigrantInnen
Aktivierung und Beteiligung	mehrsprachiges Faltblatt bei Eröffnung des Stadtteilbüros, Differenzierung in Sprachen und „Kulturen" → Aktivierung gewünscht, aber schwierig, Eltern mehrsprachig begleiten → **Einbindung** erhöhen, Hilfenetz für BewohnerInnen mit mehreren MigrantInnen besetzt, Arbeit über Vereine und Projekte	Partizipation und Beteiligung von MigrantInnen erhöhen, Gründung von Vereinen und Arbeitsgruppen zur Institutionalisierung und **Greifbarmachung** von MigrantInnen, Austausch zwischen „Kulturen"/ „Nationen" soll verbessert werden (z.B. durch Gari Baldi, Interkulturelle Woche, Interkulturelle Gärten) → Vielfalt als etwas Positives, soll von allen erkannt werden
MultiplikatorInnen	Arbeit mit MultiplikatorInnen gewünscht <> funktioniert aber nicht wie erhofft	Erfassung von Bedürfnissen von *communities* und Kommunikation in diese durch MultiplikatorInnen und „Vermittler/-innen" durch AGs, Integrationsassistentinnen und Gesundheitslotsen → bestimmte Migrantengruppen „formen" und erreichen → **Regieren durch *community*** → als erfolgreich beschrieben

Weitere Spalten der Tabelle 22:

Paris Belleville-Amandiers	Bondy
explizite Berücksichtigung von „*intégration*" und „Immigranten", *lutte contre les discriminations* fest verankert, offizielle Ausrichtung auf Benachteiligte als Legitimation für ein in Teilen **spezifisches Vorgehen** → direkter Zugang zu MigrantInnen als gängige Praxis, **Unterlaufen** des nationalen Diskurses	MigrantInnen als dezidierte **Zielgruppe**, „*intégration*" als transversal, *lutte contre les discriminations* fest verankert spezifisches Vorgehen legitimiert, **Unterlaufen** des nationalen Diskurses
Sprachförderung → „Projekte sprachlicher Bildung" → **Autonomie, „Eingliederung", Befähigung** <> Angebot nicht ausreichend, Alphabetisierung, Präventionsmaßnahmen im Gesundheitsbereich, Schule: kulturelle Mediation, Arbeit von Vereinen	Spracherwerb zur „*intégration*", sprachlich-gesellschaftliche Workshops → **Autonomie** erhöhen <> Angebot unzureichend, Sprachförderung in der Schule sowie Förderung von Eltern zum **Abbau von Benachteiligungen**
lutte contre les discriminations bei der Anstellung, Alphabetisierungsworkshops, Förderung von Unternehmensgründungen → **Hilfe zur Selbsthilfe, Erhöhung der Selbstständigkeit**	Sprachliche Befähigung, ***contrat d'autonomie*** → Stärkung von Jugendlichen
„Herkunftskulturen" in Wert setzen durch Förderung „kulturelle[r] Initiativen" → „Kulturen" als Bereicherung, interkulturellen Austausch von Bevölkerungsgruppen und *communities* befördern, Arbeit durch Vereine (besonderer Fokus auf Asiaten/ Chinesen) → Beteiligung erhöhen, Beispiel „soziale Kartographie" → **Hilfe zur Selbsthilfe**, Sozialcafé und Sozialzentren → spezifisches Agieren für MigrantInnen	Multikulturalität als „Reichtum" befördern → Projekte initiieren, ***maison des parents*** → MigrantInnen helfen, Näh-Workshop im Sozialzentrum → migrantische Frauen in das Gemeinschaftsleben einbinden, Gesundheitszentrum: Präventionsmaßnahmen für „afrikanische Immigranten", Arbeit von Vereinen
adultes relais zur „*intégration*" von eingewanderten Bevölkerungsgruppen", Arbeit der *femmes relais* für „migrantische Gruppen" → Begleitung bei Alltagsproblemen, MediatorInnen für die „chinesischen *communities*" → **Regieren durch *community***	kulturelle Mediation → Hilfestellungen für MigrantInnen, *femmes relais* <> sinnvoll, aber nicht genügend Personal

Quelle: Eigene Darstellung

Bisher nicht explizit aufgegriffen wurde die Frage nach Unterschieden und Abweichungen zwischen den innerstädtischen Quartieren und den Großwohnsiedlungsgebieten. Zum einen wurden beide Gebietstypen berücksichtigt, da sie in den Stadtpolitiken jeweils die Hauptkategorien darstellen. Zum anderen wurden sie einbezogen, da durch Randlage, geringere Infrastruktur, schlechtere Verkehrsanbindung und tendenzielle Stigmatisierung für Großwohnsiedlungen größere Schwierigkeiten erwartet werden könnten, was durch den Vergleich geprüft werden sollte. Bezogen auf die Fragestellung, wie „kulturelle Differenzierungen" problematisiert werden, lassen sich allerdings für die vier Fallstudien nur wenige entscheidende Unterschiede feststellen. Wie dargestellt, kommen vergleichbare Problematisierungsweisen zum Tragen, die in sehr ähnlichen Strategien handlungsrelevant werden. In Bezug auf die deutschen Fallstudien ergeben sich Abweichungen in Bezug auf die städtische Rahmung: Für das Frankfurter Gallus-Viertel wurde von den Mitarbeiterinnen des Stadtplanungsamts eine geringe Bedeutung der *Sozialen Stadt* seitens der Stadt Frankfurt am Main konstatiert, so dass das Programm nie die erforderliche Relevanz erlangt habe. Entsprechend sei es nie zu einer ausreichenden ressortübergreifenden Zusammenarbeit gekommen. In Darmstadt dagegen wird die Arbeit der *Sozialen Stadt* als gesamtstädtisch gerahmt dargestellt, unter anderem durch die Arbeit des Sozialdezernats und des Interkulturellen Büros. Größere Schwierigkeiten werden für das innerstädtische Gebiet beschrieben und nicht für die beiden Großwohnsiedlungsquartiere.

In Frankreich wird jeweils auf unzureichende Mittel rekurriert, weshalb nicht alle Problemlagen „angegangen" werden könnten. In Bezug auf die Frage, wie „kulturelle Differenzierungen" problematisiert werden, lassen sich keine zentralen Unterschiede zwischen Belleville-Amandiers und Bondy nachzeichnen. Vorherige Vermutungen eines höheren Problemdrucks und daraus auch resultierendem anderen Vorgehen in den Großwohnsiedlungsgebieten lassen sich nicht bestätigen – ein Ergebnis, das ebenfalls nicht zwingend zu erwarten war.

5.4.4   *Unterschiede und Parallelen zwischen Programmatiken gegenüber Vorgehensweisen und Maßnahmen in Deutschland und Frankreich*

In den bisherigen Ausführungen hat sich gezeigt, dass sich vor allem in Bezug auf die *politique de la ville* Abweichungen zwischen politischen Programmatiken gegenüber aktuellen Vorgehensweisen und Maßnahmen identifizieren lassen. Um noch einmal deutlicher markante Unterschiede sowie transnationale Logiken sichtbar zu machen, die auch *ebenenübergreifend* bestehen, werden im letzten Schritt politische Vorgaben mit aktuellem Handeln und umgesetzten Maßnahmen und Projekten in Beziehung gesetzt.

Zunächst sei dazu auf die Einleitung rückverwiesen, in der als Ausgangspunkt und Spannungsfeld der Arbeit unterschiedliche Gesellschaftskonzeptionen und entsprechende „Deutungen" von Einwanderung in Deutschland und Frankreich beschrieben wurden. Lange Zeit nicht als Einwanderungsgesellschaft angesehen, wird die deutsche Gesellschaft zunehmend seit dem Politikwechsel 1998 im politischen und medialen Diskurs als „kulturell" differenziert beschrieben. Politisch wird dies besonders in Islamkonferenzen und dem Nationalen Integrationsplan sichtbar. In Frankreich wird dagegen Einwanderung deutlich früher als gesellschaftlicher Fakt erfasst – es sei auf die lange Tradition französischer Kolonien verwiesen. Das französische Gleichheitsideal ist allerdings als hegemonial zu konzeptionalisieren, so dass die Gesellschaft nicht als „multikulturelles" Nebeneinander zu denken ist. Es zeigen sich zwei im ersten Moment voneinander abweichende Gesellschaftskonzeptionen mit unterschiedlichen Hintergründen und Mustern. Dies macht zunächst einen deutsch-französischen Vergleich der

Sozialen Stadt und der *politique de la ville* höchstens vor dem Hintergrund eines zu erwartenden starken Kontrasts sinnvoll.

In Bezug auf die offiziellen Programmatiken der Stadtpolitiken scheint sich diese (nahe-liegende) Vermutung zunächst zu bestätigen. Die Analyse der Programmatiken auf nationaler Ebene lässt deutliche Unterschiede, deutliche Differenzen hervorscheinen. In der *Sozialen Stadt* werden „kulturelle Differenzierungen" explizit problematisiert. In den untersuchten Materialien ist es zu einer hegemonial verfestigten Äquivalenzkette aus MigrantInnen und Benachteiligungen gekommen, die ein spezifisches Handeln legitimieren. Seit 2005 ist „Integration" zum Maßnahmenschwerpunkt geworden und eng mit der „Integration vor Ort" des Nationalen Integrationsplans verwoben. Ein Agieren für MigrantInnen durch den sozialraumorientierten Ansatz der *Sozialen Stadt* ist unhinterfragt. Die *politique de la ville* ist dagegen keine Politik, die offiziell auch auf MigrantInnen ausgerichtet ist – zum einen, da eine zielgruppenspezifische Förderung dem Gleichheitsideal zuwider laufen würde, zum anderen, da davon ausgegangen wird, dass sich „*intégration*" „automatisch" durch die Übernahme „französischer" Normen und Werte vollziehe. Vor diesem Hintergrund erfolgt auch keine offizielle Berücksichtigung eines Kriteriums wie „Ausländeranteil" oder einer ähnlichen Maßgröße. „*Intégration*" und *lutte contre les discriminations* werden zwar als Zielsetzungen benannt, allerdings müssen diese Signifikanten nicht ausschließlich nur mit „kulturellen Differenzierungen" verknüpft werden. Beide sind als leere Signifikanten zu verstehen, an die sich Ziele der „*intégration*" und der *lutte contre les discriminations* von allen Bevölkerungsgruppen binden können. Auch im *Plan Espoir Banlieues*, der im Nachgang der Unruhen von 2005 initiiert wurde, werden MigrantInnen nicht explizit als Zielgruppe hervorgehoben – was durchaus hätte erfolgen können, wenn die Unruhen als „ethnisch-religiös" konnotierte Ausschreitungen „gelesen" werden. In der offiziellen politischen Logik wird zwar durchaus stärker individuell personenbezogen agiert, siehe beispielsweise die „Talente der *cités*" oder die „Autonomieverträge", allerdings nicht zielgruppenorientiert, also auch nicht in Richtung unterschiedlicher „kulturell" differenzierter *communities*.

Werden jedoch die regionale und die lokale Ebene in die Analyse einbezogen, zeigen sich bereits deutliche Übereinstimmungen in den Programmatiken der *Sozialen Stadt* und der *politique de la ville*. In den politischen Programmatiken im *département* Paris werden MigrantInnen zum „Fragilitätsindikator" und zu einem der „*publics prioritaires*" und damit explizit problematisiert. Entsprechend werden spezifische Maßnahmen als notwendig legitimiert – es ergibt sich eine deutliche Parallele zur Argumentation im Bundesland Hessen. Auch auf lokaler Ebene wird in den Programmatiken übergreifend auf „kulturelle Differenzierungen" rekurriert. Die Argumentationsmuster stimmen in großen Teilen überein: „Integration"/„*Intégration*", gekoppelt an MigrantInnen, wird zur zu verfolgenden Zielsetzung.

Noch einmal deutlicher werden ebenen- *und* länderübergreifende Übereinstimmungen durch einen Blick auf konkrete Vorgehensweisen und umgesetzte Maßnahmen, was vor allem durch die geführten Interviews detaillierter erschlossen werden konnte.

Werden die jeweiligen Detailanalysen der unterschiedlichen Ebenen in Beziehung zueinander gesetzt und verglichen, dann zeigt sich, dass Sprach- und Bildungsförderung, Maßnahmen im Bereich von Wirtschaft und Arbeitsmarkt, Projekte zur besseren Aktivierung und Beteiligung weniger erreichter QuartiersbewohnerInnen sowie die Gewinnung von MultiplikatorInnen übergreifend auch „kulturell" differenzierend problematisiert und handlungsrelevant werden.

Mit der Förderung von Spracherwerb, Alphabetisierung und Maßnahmen im Bereich der Schule zur Bildungsverbesserung werden von nationaler bis lokaler Ebenen in der *Sozialen Stadt* und der *politique de la ville* die Ziele verfolgt, MigrantInnen durch Hilfe zur Selbsthilfe zu befähigen. Auf diese Weise soll deren Autonomie erhöht und ein besserer Zugang zu anderen QuartiersbewohnerInnen und dem Stadtteilleben ermöglicht werden. Besonders Kenntnisse der deutschen beziehungsweise französischen Sprache werden übergreifend als Schlüssel zum „Erfolg" für MigrantInnen angesehen. Diese Argumentationsmuster sind hegemonial verfestigt.

Entsprechend verhält es sich im Bereich von Wirtschaft und Arbeitsmarkt. Durch spezielle Qualifikations- und Beratungsangebote sollen zum einen arbeitsuchende MigrantInnen, zum anderen MigrantInnen, die als UnternehmerInnen tätig sind, gefördert werden. Es wird jeweils davon ausgegangen, dass MigrantInnen vor spezifische Probleme gestellt sind, die ein gesondertes Handeln erforderlich machen. Zwar werden auf französischer Seite MigrantInnen vielfach in allgemeinen Maßnahmen, wie dem *contrat d'autonomie,* mitgefördert, allerdings wird fast immer auch auf spezifische Vorgehensweisen rekurriert, wie Begleitungen bei der Arbeitssuche für „Jugendliche mit Migrationshintergrund" oder sprachliche Befähigung zum Arbeitsmarktzugang und damit ein „kulturell" differenzierender Zugang legitimiert.

Auch im Bereich der Aktivierung und Beteiligung wird sowohl in der *Sozialen Stadt* als auch in der *politique de la ville* ebenenübergreifend zwischen MigrantInnen und anderen QuartiersbewohnerInnen unterschieden. So wird auf die höhere Einbindung von MigrantInnen gesetzt, da diese besonders schwer zu erreichen und unzureichend eingebunden seien. Auf diese Weise sollen Probleme beseitigt, diese befähigt werden und so einen besseren Zugang zum Quartiersleben erhalten. Im Ziel der interkulturellen Ansprache wird deutlich, dass davon ausgegangen wird, dass mehrere „Kulturen" nebeneinander her leben, die es zusammenzubringen gilt. Dazu wird auf die Arbeit von ethnischen Selbstorganisationen, beziehungsweise besonders von Vereinen gesetzt, die auch in Frankreich spezifische Ziele zugunsten von MigrantInnen verfolgen können.

In enger Verbindung mit der Zielsetzung der Einbindung von MigrantInnen steht das Vorgehen über die Gewinnung von MultiplikatorInnen. Sowohl in Deutschland als auch in Frankreich wird darauf gesetzt, bestimmte „Migrantengruppen" oder „*communities*" besser greifbar zu machen und in diese durch feste AnsprechpartnerInnen hineinzuwirken. In der *Sozialen Stadt* geschieht dies beispielsweise durch das Projekt „Stadtteilmütter", in der *politique de la ville* durch die *femmes relais* oder „kulturelle MeditatorInnen". Es wird in hohem Maße „kulturell" differenziert, indem Gruppen entlang „kultureller" Unterschiede angesprochen werden.

Zusammenfassend lassen sich vor diesem Hintergrund *transnational* übergreifende Diskursstränge und verfestigte Äquivalenzbeziehungen nachzeichnen, die sich auch über die Untersuchungsebenen hinweg erstrecken. Die Handlungsrelevanz von „kulturellen Differenzierungen" ist deutlich stärker vergleichbar als vor dem Hintergrund scheinbarer deutsch-französischer Unterschiede zu vermuten gewesen wäre. Dieses Ergebnis zeigt damit auch, dass sich noch über die Feststellung einer expliziten gegenüber einer impliziten Problematisierung in der *Sozialen Stadt* gegenüber der *politique de la ville* hinaus in ganz konkreten Handlungsansätzen übereinstimmende Logiken und Strategien nachzeichnen lassen, in denen „kulturell" differenziert wird. Die quartiersbezogenen Ansätze der *Sozialen Stadt* und der *politique de la ville,* die offiziell in der Grundausrichtung beziehungsweise den Programmatiken bei weitem nicht die gleichen offiziellen Ziele in Bezug auf MigrantInnen verfolgen, werden beide auch zum Handlungsinstrument eines „kulturell" differenzierenden Zugriffs.

5.5 Interpretation der Ergebnisse und Schlussfolgerungen

Abschließend werden die zentralen Ergebnisse eingeordnet und interpretiert. Welche grundsätzlichen Auffälligkeiten bestehen? In diesem Zuge wird auch versucht, Erklärungsansätze für die wichtigsten Beobachtungen zu entwickeln. Im Fokus stehen dabei die Fragen, wie gedeutet werden kann, dass in Frankreich die offizielle Politikausrichtung von lokalem Vorgehen abweicht und sich im deutsch-französischen Vergleich unerwartete Übereinstimmungen zeigen, also transnationale Logiken sichtbar werden.

5.5.1 *Auffälligkeiten: Agieren über den Quartiersansatz und „kulturell" differenzierende Gesellschaftsbeschreibungen*

Ausgangspunkt dieser Arbeit war die Beobachtung, dass in Frankreich in den 1970er/1980er Jahren mit der *politique de la ville* und in Deutschland in den 1990er Jahren mit der *Sozialen Stadt* in Grundsätzen vergleichbare quartiersbezogene Ansätze etabliert wurden. Bis heute sind die beiden Stadtpolitiken in ihren Grundkonzepten unverändert und diese hegemonial verfestigt. Es wird davon ausgegangen, dass ganz bestimmte Gebiete Problemlagen aufweisen, die es genau dort zu „kurieren" gilt. In Deutschland sollen Quartiere unterstützt werden, die benachteiligt und abgekoppelt von gesamtstädtischen Entwicklungen sind. In Frankreich ist die Logik vergleichbar gelagert, geht aber noch ein Stück weiter: Bei den *zones franches urbaines* wird mit quantitativ messbaren Indikatoren, wie dem Arbeitslosenanteil oder dem Anteil der Schulabgänger ohne Abschluss, gearbeitet, um Abweichungen „objektiv" zu bestimmen. Der französische Ansatz ist noch deutlicher auf die „Greifbarmachung" von Abweichungen ausgerichtet. Vor dem Hintergrund der Benennung benachteiligter Quartiere wird es legitim, genau dort Mittel und Maßnahmen zu konzentrieren. Damit wird es gleichzeitig zum Ziel, Probleme quartiersbezogen zu lösen, die teilweise gesamtgesellschaftliche Relevanz besitzen. Die Stärkung der lokalen Wirtschaft und die Schaffung von lokalen Arbeitsplätzen sind beispielsweise in hohem Maße von wirtschaftlichen Gesamtentwicklungen abhängig und kaum ausschließlich lokal lösbar. Nichtsdestotrotz wurde und wird das Vorgehen mittels der quartiersbezogenen Ansätze nicht grundsätzlich in seinem territorialisierten Vorgehen hinterfragt, sondern fortgeführt.

An diesen Ansatz wird zusätzlich ein zielgruppenspezifisches oder individualisiertes Vorgehen gekoppelt. Über die quartiersbezogene Förderung hinaus werden also innerhalb der Fördergebiete zusätzlich bestimmte, zu fördernde BewohnerInnen herausgegriffen. In Deutschland geschieht beispielsweise eine Ausrichtung auf benachteiligte Frauen, Jugendliche sowie MigrantInnen. In Frankreich wird zum einen auch auf bestimmte Zielgruppen wie ältere BewohnerInnen, Frauen und MigrantInnen fokussiert, zum anderen werden zunehmend diejenigen gefördert, die sich selbst helfen wollen – im Sinne einer neoliberalen Logik beziehungsweise einer Neoliberalisierung des Städtischen. Darunter fallen unter anderem die Maßnahmen der „Talente der *cités*" und der *contrat d'autonomie*, bei denen durch individualisierte Begleitung die zu Fördernden befähigt werden sollen. Innerhalb der positiven *territorialen* Diskriminierung geschieht zusätzlich eine *personenbezogene* beziehungsweise *zielgruppenspezifische* positive Diskriminierung.

In der Koppelung dieser Ansätze werden wiederum „kulturelle Differenzierungen" in Deutschland und Frankreich problematisiert. Vor dem Hintergrund der zunehmenden politischen Verhandlung von „Integration" in Deutschland ist im Zuge des Nationalen Integrationsplans „Integration vor Ort" zu einem zentralen Schlagwort geworden. Das Programm

Soziale Stadt wird dabei explizit zu einem wichtigen Instrument und Ansatzpunkt. „Integration" soll über den quartiersbezogenen Ansatz vorangebracht werden. Dazu erfolgt eine Fokussierung auf die Zielgruppe „Einwanderer", „Zuwanderer", „Aussiedler", „Migrantinnen und Migranten". Die Logik in Frankreich ist ähnlich gelagert: „*Intégration*" wird zwar offiziell durch den *contrat d'accueil et d'intégration* ohne Gebietsfokussierung betrieben, allerdings wird beispielsweise von dem leitenden Mitarbeiter des SG-CIV und der leitenden Mitarbeiterin der DIV darauf verwiesen, dass „*intégration*" auch eine Aufgabe der *politique de la ville* sei und diese lokal bereits betrieben würde. Die Stadtpolitik auf lokaler Ebene wird zum (impliziten) Instrument der „*intégration*" von MigrantInnen. Zielgruppenspezifische Maßnahmen liegen im Bereich des Sagbaren, beziehungsweise werden sogar als sinnvoll und zielführend eingeschätzt. Sowohl *Soziale Stadt* als auch *politique de la ville* werden zu Ansätzen, in denen „kulturelle Differenzierungen" handlungsrelevant werden. „Probleme" und „Ressourcen" von MigrantInnen sollen quartiersbezogen bearbeitet und gelöst beziehungsweise in Wert gesetzt werden. Der zentrale Unterschied liegt in der Abweichung nationaler Programmatiken gegenüber lokalen Vorgehensweisen in Frankreich, das heißt Programmatiken werden lokal anders gewichtet, anders interpretiert und so unterlaufen.

Neben dieser zentralen Auffälligkeit der Übereinstimmung in der Ausrichtung des quartiersbezogenen Handelns ergeben sich markante Parallelen in Bezug auf die vorgenommenen Gesellschaftsdifferenzierungen in den Stadtpolitiken. Unabhängig davon, ob MigrantInnen explizit als Zielgruppe benannt werden, werden innerhalb der *Sozialen Stadt* und der *politique de la ville* übergreifend „kulturelle Differenzierungen" in MigrantInnen/Zugewanderte und andere/alteingesessene QuartiersbewohnerInnen vorgenommen. Diese stehen jeweils in Opposition zueinander. MigrantInnen werden in den Strukturierungen der Quartiere als „abweichend" erfasst. Obwohl in der Stadtpolitik in Frankreich auf nationaler Ebene offiziell MigrantInnen nicht als Indikator oder zu berücksichtigende Maßgröße benannt werden, werden Sie, wie in Kapitel 5.3.1.3 beschrieben, in Argumentationsmuster eingebunden, in denen sie als „Problem" oder „Ressource" gefasst werden. Transnational übergreifend sind Quartiersstrukturierungen auch nach „kulturellen Differenzierungen" hegemonial. Diese bleiben unhinterfragt und werden reproduziert.

Die QuartiersbewohnerInnen der Fördergebiete werden in der *Sozialen Stadt* und der *politique de la ville* durchgehend in unterschiedliche Gruppierungen nach Herkunft oder Sprache differenziert – beispielsweise in „Türken", „Jugoslawen" und „Russlanddeutsche", beziehungsweise in MigrantInnen aus dem Maghreb, Subsahara-Afrika und China. Diese Kategorisierungen werden von den Stadtpolitiken zur Bearbeitung aufgegriffen. So wird in Darmstadt unter anderem versucht, einen Zugang zu den wichtigsten *communities*, differenziert nach Sprache (u. a. Afghanisch, Arabisch, Russisch, Somalisch, Türkisch), zu erhalten, in Belleville-Amandiers wird sich darum bemüht, die „chinesischen" *communities* besser in das Quartiersleben einzubinden.

„Kulturalistische" Weltbeschreibungen und ein „kulturalistisches" Argumentieren geschehen damit sowohl in der *Sozialen Stadt* als auch in der *politique de la ville*. Das französische Gleichheitsideal ist nicht so dominant, dass ein entsprechendes Argumentieren im Bereich des Nicht-Sagbaren wäre. „Kulturelle Differenzierungen" liegen im „Mainstream" und werden in den Stadtpolitiken reproduziert. Insgesamt scheint eine „kulturell" differenzierende Deutung gesellschaftlicher Problemlagen inzwischen sowohl in Deutschland als auch in Frankreich hegemonial, so dass „kulturelle" Differenzierungen auch innerhalb der Stadtpolitiken zunehmend als normal und sinnvoll betrachtet werden.

Es kommt aktiv zur Produktion von Differenzierungen, wenn beispielsweise bestimmte Gruppen nach Herkunft durch feste AnsprechpartnerInnen greifbar gemacht werden sollen – was in Deutschland und Frankreich gleichermaßen geschieht und als sinnvoll angesehen wird.

Unterscheidungen werden durch politische Förderungen damit in Teilen verstärkt und „zementiert" und nicht überwunden – in gewisser Weise ein Paradoxon, wenn das bessere Miteinander aller QuartiersbewohnerInnen in Verbindung mit einem „Ausbleichen" von Unterschieden Zielsetzung ist.

Werden die beiden Hauptbeobachtungen noch einmal zusammengefasst, wird zum einen deutlich, dass die *Soziale Stadt* und die *politique de la ville* beide über den Quartiersbezug „kulturelle Differenzierungen" problematisieren. Diese werden ähnlich gelagert handlungsrelevant, indem offizielle nationale Programmatiken in Frankreich lokal unterlaufen werden. Zum anderen erfolgen übergreifend Quartiersstrukturierungen „kulturell" differenzierend, vor allem nach nationalstaatlichen „Demarkationslinien". Dies wirft die Frage auf, wie die zentralen Auffälligkeiten erklärt werden können. Im Folgenden werden dazu drei Deutungsmöglichkeiten entwickelt.

5.5.2 Deutungsmöglichkeiten: „Kulturalisierung" auf lokaler Ebene als gängige Form der Gesellschaftsdifferenzierung, Pfadabhängigkeiten und die administrativen Ebenen als politische Instrumente

Angesetzt wird mit einem Erklärungsversuch für die übergreifenden transnationalen Logiken und Strategien auf lokaler Ebene in Bezug auf die Handlungsrelevanz „kultureller Differenzierungen" in den Stadtpolitiken.

In der *Sozialen Stadt* steht ein zielgruppenspezifisches Vorgehen nicht im Widerspruch zur nationalen Politikausrichtung, sondern ist im Gegenteil legitimiert. Innerhalb der *politique de la ville* dagegen ist eine Legitimation erforderlich. In Belleville-Amandiers argumentiert die *chef de projet*, dass die „Aktualität"[697] bewirke, dass nicht nur Maßnahmen für alle, sondern auch speziell für MigrantInnen unternommen würden – in dieser Fallstudie zentral ausgerichtet auf ChinesInnen. Die Argumentation in Bondy ist ähnlich gelagert: Dort mache es „keinen Sinn"[698], nicht an die Belange von MigrantInnen zu denken. In einer Stadt der Seine-Saint-Denis sei es „nicht logisch"[699], anders vorzugehen.

Die Gesellschaft, beziehungsweise vor allem die jeweiligen Quartiere werden „kulturalisiert" wahrgenommen, das heißt, speziell MigrantInnen werden als abweichend und anders erfasst. Im Gegensatz zu anderen denkbaren Erklärungsansätzen für Benachteiligungen durch Armut oder schlechtere Bildung werden diese an MigrantInnen aufgrund „kultureller" Andersartigkeit/Fremdheit gekoppelt. Vor dem Hintergrund einer zunehmend auch medialen „Kulturalisierung" – es sei beispielsweise auf die mediale Wirkung von Samuel Huntingtons „Clash of Civilizations" verwiesen (1997) – wird eine Differenzierung „MigrantInnen" gegenüber „anderen" zum gängigen, „natürlichen" (Denk-)Schema. Es wird entsprechend für die Verantwortlichen vor Ort „zwingend" erforderlich, zielgruppenspezifisch für MigrantInnen zu handeln – eine Nicht-Berücksichtigung wird als nicht denkbar zurückgewiesen. Die Quartiere mit einer „kulturell" differenzierenden „Brille" wahrzunehmen, wird als „logisch" reproduziert. Vor diesem Hintergrund wird der „Tabu"-Diskurs „notwendigerweise" untergraben, da dieser der Wahrnehmung der Situation vor Ort zuwiderläuft. Eine „kulturell" differenzierende Quar-

---

697 l'actualité.
698 ça n'a pas de sens.
699 pas logique.

tiersstrukturierung wird „logischerweise" mit einem spezifischen Handeln für MigrantInnen verwoben.

Wenn davon ausgegangen wird, dass auf lokaler Ebene „kulturelle" Gesellschaftsdifferenzierungen auch in Frankreich zentrale Wirkmächtigkeit entfalten, ergibt sich die Frage, wie erklärt werden kann, dass es auf nationaler Ebene bis heute nicht zu stärkeren Dislokationen gekommen ist.

Ein Erklärungsansatz für den geringeren Spielraum, beziehungsweise das Vorgehen über Maßnahmen in der *politique de la ville* auf nationaler und regionaler Ebene in der Seine-Saint-Denis, in denen implizit MigrantInnen gefördert werden, liegt in denkbaren „Pfadabhängigkeiten"[700]. Vorherige Entwicklungen haben danach entscheidenden Einfluss auf zukünftige, das heißt „Pfadabhängigkeiten" engen die möglichen Handlungsalternativen ein und beeinflussen künftige „Entwicklungsrichtung[en]" maßgeblich (Beyer 2005: 6, siehe dazu auch Mayntz 2002: 27-30). Diese Konzeptionalisierung ist anschlussfähig an die Argumentationen von Laclau und Mouffe, nach denen hegemoniale Diskurse als natürlich gegeben erscheinen können und Wirkmächtigkeit erlangen – alternative Deutungsmuster erscheinen dann nicht plausibel, also auch nicht neue potentielle Entwicklungsrichtungen.

In Deutschland wird auf politisch-gesellschaftlicher Ebene die Einwanderungssituation zunehmend akzeptiert. Diese Entwicklung kann auch als Pfadabhängigkeit gedeutet werden, wenn davon ausgegangen wird, dass entsprechend eines völkisch-ethnischen Nationalitätsverständnisses heute in Deutschland unterschiedliche „Kulturen" aufeinandertreffen und eine „multikulturelle" Gesellschaft in einem Nebeneinander von „Kulturen" bilden. In Frankreich scheint das Gleichheitsideal bis heute in Teilen hegemonial verankert und wirkmächtig zu sein. Zwar ist es zu einem Aufbrechen im Rahmen der politisch-gesellschaftlichen Diskussion um „*intégration*", unter anderem im Rahmen des *contrat d'accueil et d'intégration* gekommen, allerdings wirkt sich diese Diskussion (bisher) nicht entscheidend auf die politischen Programmatiken der *politique de la ville* aus. Bis heute kommt es zu einer weitgehenden Reproduktion des Sagbaren: MigrantInnen werden erfasst, allerdings werden sie nicht explizit als wichtige Zielgruppe benannt. Eine Ausrichtung auch auf MigrantInnen durch spezifische Maßnahmen wird nicht dezidiert nach außen kommuniziert. Entsprechend scheint sich im Sinne eines historisch eingeschlagenen „Entwicklungspfad[s]" (Beyer 2005: 7) das „Blindsein" für Unterschiede in der *politique de la ville* fortzuführen. Während auf nationaler Ebene damit „Pfadabhängigkeiten" reproduziert werden, kommt es auf lokaler Ebene zu Veränderungen – dort ist das Grundverständnis der *politique de la ville* als nicht zielgruppenspezifische Politik nicht so starr verankert. Politische Vorgaben können unterlaufen werden.

Gleichzeitig lassen sich die Unterschiede zwischen nationaler und lokaler Ebene auch anders interpretieren. In der bisherigen Argumentation wurden die untersuchten Ebenen – national, regional, lokal – als gegeben gesetzt. In Anlehnung an die Debatte um *politics of scale* (dazu u. a. Wissen/Röttger/Heeg 2008) können diese aber auch als „Gegenstand und Ergebnis sozialer Praktiken" und damit „als gesellschaftlich produziert" (Wissen 2008: 19) konzeptionalisiert und in ihrer „soziale[n] ‚Gemachtheit'" (Füller/Michel 2008: 144) beleuchtet werden. Nach Laclau und Mouffe können die verschiedenen Ebenen als sedimentierte Diskurse gefasst werden, die nicht „natürlich" gegeben sind und entsprechend auch Wandlungsprozessen unterliegen können. Zwischen den „produzierten" beziehungsweise „hergestellten" Ebenen können komplexe Verflechtungen bestehen – diese existieren also nicht zwingend einfach unverbun-

---

700 Die Einführung und Nutzung des Begriffs der „Pfadabhängigkeit" wird auf die beiden Wissenschaftler W. Brian Arthur und Paul David zurückgeführt. Seitdem ist der Begriff breit rezipiert worden – dazu in der Übersicht Jürgen Beyer (2005: 7-13).

den nebeneinander her. Dies wirft wiederum Fragen nach Macht und Herrschaft auf, also auch danach, welche Kompetenzen welche Ebenen innehaben (Wissen 2008: 8-11).

Vor diesem Hintergrund könnte die nationale Ebene in Frankreich als „Standmauer" für die französischen Werte und Normen verstanden werden, die national „verteidigt" werden. Aufgaben der „*intégration*" von MigrantInnen könnten in dieser Lesart als „strategisch" an die lokale Ebene übertragen gedeutet werden. Entsprechend wäre es eine politische Strategie, dass bis heute auf unterschiedlichen Ebenen Unterschiedliches verhandelt wird und im Bereich des Sagbaren liegt. Mehrere zitierte Narrationen auf nationaler Ebene könnten in diese Richtung interpretiert werden, in denen darauf hingewiesen wird, dass heute lokal, beispielsweise durch Vereine, „kulturell" differenzierend agiert würde (siehe Kapitel 5.3.1.6). Die verschiedenen Ebenen könnten demzufolge zur Legitimation eines ganz bestimmten Handelns genutzt werden. Vor dem Hintergrund weiterhin politisch heikler Debatten um MigrantInnen und „*intégration*" auf nationaler Ebene wird die lokale Ebene zum politischen Instrument der Umsetzung von Zielen, die von MinisterInnen der Regierungen und MitarbeiterInnen des SG-CIV oder der Acsé weniger nach außen kommuniziert werden. Auf *département*-Ebene scheinen unterschiedliche Reichweiten zu bestehen, inwieweit MigrantInnen dezidiert als Zielgruppe der *politique de la ville* benannt werden. Nationale Vorgaben werden teilweise unterlaufen und nicht fortgeführt. Der französische Ansatz ginge also eher in die Richtung einer Bearbeitung auf lokaler Ebene, ohne zu viel in politischen Auseinandersetzungen darüber zu sprechen – er wäre damit also ein taktisch gewähltes Mittel.

Die skizzierten Deutungsmöglichkeiten für zentrale Auffälligkeiten im deutsch-französischen Vergleich können zusammenfassend metaphorisch als mehrere Scheinwerfer verstanden werden, die unterschiedliche Aspekte ausleuchten – sei es über die „kulturell" differenzierende Wahrnehmung der Quartiere als hegemonial verfestigt, die Beständigkeit nationaler Argumentationsmuster in Frankreich aufgrund von „Pfadabhängigkeiten" oder über die Interpretation der lokalen Ebene als aktiv gewähltes Handlungsinstrument eines „kulturell" differenzierenden Zugriffs, wohingegen die nationale Ebene als „Festung" des französischen Gleichheitsideals dient.

6 Schlussbetrachtung
Von vermeintlich eindeutigen Unterschieden zwischen der *Sozialen Stadt* und der *politique de la ville*

6.1 Zusammenfassung zentraler Ergebnisse

Ausgehend von der politischen Erfassung einer Verschärfung gesellschaftlicher Problemlagen wie wachsende Arbeitslosigkeit, Armut und soziale Ungleichheit kommt es seit den späten 1970er Jahren in der Stadtentwicklung in mehreren europäischen Ländern zur Etablierung quartiersbezogener Ansätze (Aalbers/Beckhoven 2010: 1-2). Die konstatierten Probleme werden räumlich in bestimmten Quartieren verortet, das heißt, diese werden als „benachteiligt" identifiziert. Vor diesem Hintergrund wird ein quartiersbezogenes Handeln als erforderlich angesehen.

In Frankreich beginnt eine entsprechende politische Ausrichtung im Jahr 1977 (Anderson/Vieillard-Baron 2003: 22). Nach ersten Vorortunruhen 1981 werden die Maßnahmen ausgeweitet. Das Feld der *politique de la ville* wird etabliert und besteht, trotz mehrfacher Neuausrichtungen, in seiner quartiersbezogenen Grundorientierung bis heute. Ende der 1990er Jahre kommt es in Deutschland zu einer vergleichbaren Entwicklung. Das Instrument der „klassischen" Städtebauförderung wird als nicht zielführend angesehen, um auch sozialen und wirtschaftlichen Problemlagen in Quartieren zu begegnen, die als problembeladen bewertet werden (dazu u. a. Becker et al. 2003). 1999 wird das Programm *Soziale Stadt* in die Städtebauförderung mit dem Ziel aufgenommen, quartiersbezogen Lösungsmöglichkeiten für identifizierte Schwierigkeiten zu entwickeln.

Die Problematisierung gesellschaftlichen Handlungsbedarfs als gebietsbezogen verortbar ist damit in Deutschland und Frankreich vergleichbar. Neben dieser Übereinstimmung zeigt sich eine weitere Parallele. Die Quartiere der *Sozialen Stadt* und der *politique de la ville* werden in (wissenschaftlichen) Analysen häufig als solche dargestellt, in denen besonders viele MigrantInnen lebten. Dies legt die Vermutung nahe, dass MigrantInnen in den Stadtpolitiken eine wichtige Rolle spielen. An dieser Stelle lässt sich allerdings ein markanter Unterschied zwischen der deutschen und der französischen Stadtpolitik feststellen: Während MigrantInnen in der *Sozialen Stadt* zur Zielgruppe werden und spezifische Fördermaßnahmen für sie entwickelt werden (können), werden sie in der *politique de la ville* nicht als Kriterium berücksichtigt. Offiziell ist das französische Programm nicht speziell auf MigrantInnen ausgerichtet, es richtet sich an alle QuartiersbewohnerInnen der Fördergebiete. Gleichwohl gehen verschiedene AutorInnen davon aus, dass die *politique de la ville* implizit gerade auch für MigrantInnen eingerichtet wurde.

Zur Begründung wurde auf unterschiedliche Gesellschaftskonzeptionen in Deutschland und Frankreich verwiesen. Trotz einer zunehmenden Einwanderung nach dem Zweiten Weltkrieg und einer „kulturellen" Pluralisierung wurde die Bundesrepublik Deutschland von den wechselnden Regierungen bis in die späten 1990er Jahre nicht als Einwanderungsland bezeichnet. Erst mit dem rot-grünen Politikwechsel 1998 wurde Deutschland als solches beschrieben.

In der Folge kam es zur Initiierung eines Nationalen Integrationsplans, Islamkonferenzen und einem Bedeutungsgewinn von (städtischen) Integrationskonzepten. In Frankreich wurde hingegen Einwanderung wesentlich früher als gesellschaftlicher Tatbestand erfasst. Allerdings ist die französische Gesellschaft nicht als „multikulturell" zu verstehen, sondern als „kulturell" geeint in der „einen und unteilbaren" Republik. Eine spezifische Förderung von MigrantInnen innerhalb der *politique de la ville* würde damit republikanischen Grundsätzen zuwiderlaufen, so dass Hilfestellungen eher nur implizit erfolgen können.

In den Stadtpolitiken erfolgten in den Anfangsjahren vor allem Differenzierungen aufgrund baulicher Problemlagen sowie sozio-ökonomischer Kriterien wie Einkommen oder Bildung. Im Rahmen dieser Arbeit wurde die These formuliert, dass in der *Sozialen Stadt* und der *politique de la ville* heute zunehmend, explizit beziehungsweise implizit, „kulturelle Differenzierungen" – gefasst als Unterscheidungen nach Staatsangehörigkeit, Hautfarbe oder Religion – an Bedeutung gewinnen. In Verbindung mit den unterschiedlichen Gesellschaftskonzeptionen wurde vor diesem Hintergrund die Frage hergeleitet, wie aktuell „kulturelle Differenzierungen" in der deutschen und der französischen Stadtpolitik „problematisiert" werden. Weichen die *Soziale Stadt* und die *politique de la ville* so weit voneinander ab, wie zunächst anzunehmen, oder bestehen doch Übereinstimmungen? Da vermutet wurde, dass unterschiedliche Spielräume auf verschiedenen administrativen Ebenen bestehen, wurden die nationale, die regionale und die lokale Ebene in die Analyse einbezogen.

Zur Beantwortung der Fragestellungen wurden zunächst zentrale Entwicklungen der *Sozialen Stadt* und der *politique de la ville* beschrieben und jeweils ein Fokus auf den bisherigen Forschungsstand im Schnittfeld von Stadtpolitiken und „kulturelle Differenzierungen" gelegt (siehe Kapitel 2). Mit der Initiierung des Programms *Soziale Stadt* 1999 erfolgte eine Erweiterung der klassischen Städtebauförderung, in der bauliche Maßnahmen im Vordergrund stehen, um soziale und ökonomische Problemlagen zu behandeln. Eingebunden in eine zunächst breite Palette sehr unterschiedlicher Zielsetzungen wurde die „Integration von Migrantinnen und Migranten" 2005 als einer der Maßnahmenschwerpunkte hervorgehoben (Kapitel 2.1.2). In der Darstellung des aktuellen Forschungsstands zur *Sozialen Stadt* und „kulturellen Differenzierungen" (Kapitel 2.1.3) wurde deutlich, dass von Unterschieden zwischen „MigrantInnen" und „Einheimischen" ausgegangen wird und entsprechende Gesellschaftsdifferenzierungen damit nicht hinterfragt, sondern (re-)produziert werden. Eine detaillierte Erfassung und kritische Reflexion eines „kulturell" differenzierenden Handelns der *Sozialen Stadt* auf unterschiedlichen Ebenen lag bisher nicht vor. Im Vergleich dazu wurde im Anschluss die Entwicklung und Ausrichtung der *politique de la ville* beleuchtet (Kapitel 2.2.2). Von ersten, in der Anzahl der Fördergebiete noch begrenzten Ansätzen entwickelte sich seit den 1980er Jahren ein eigenes, fest verankertes Politikfeld. In Bezug auf die Frage nach „kulturellen Differenzierungen" in der Stadtpolitik wurde hervorgehoben, dass zwischen expliziter Handlungsrelevanz und implizitem Agieren für MigrantInnen zu unterscheiden ist, eng gekoppelt an das grundsätzlich offizielle „Blindsein" für „kulturelle" Differenzierungen der französischen Republik (Palomares 2005: 93). Zudem deutete sich an, dass es größere Handlungsspielräume auf lokaler Ebene zu geben scheint, allerdings lagen bisher keine systematischen Analysen der Stadtpolitik auf unterschiedlichen Ebenen vor (Kapitel 2.2.3). Forschungsarbeiten im deutsch-französischen Vergleich blendeten ebenfalls die Frage nach „kulturellen Differenzierungen" in den Stadtpolitiken auf verschiedenen Ebenen weitgehend aus (Kapitel 2.3).

Die identifizierten Forschungslücken bildeten die Grundlage für die Präzisierung der Zielsetzung dieser Arbeit (siehe Kapitel 3.1). Ein Fokus wurde auf die Einbeziehung und Kontrastierung von politischen Programmatiken gegenüber konkreten Vorgehensweisen und Maßnahmen gerichtet. Um die empirischen Ergebnisse einordnen und deuten zu können, wurde zunächst der theoretische Ansatz, die theoretische „Brille" der Arbeit dargestellt. Ausgangspunkt war die Präzisierung des Begriffs der Problematisierung, der in Anlehnung an Michel Foucault entwickelt wurde (siehe Kapitel 3.2). Mit dem Begriff wird es möglich zu untersuchen, was politisch aktuell aufgegriffen wird, um darauf in spezifischer Art und Weise zu reagieren. Der Begriff der Problematisierung erlaubt es nachzuzeichnen, wie „kulturelle Differenzierungen" in den Stadtpolitiken verhandelt und welche Handlungsnotwendigkeiten daraus abgeleitet werden.

Im Anschluss wurden für die Arbeit relevante Aspekte der Diskurstheorie von Ernesto Laclau und Chantal Mouffe dargestellt (Kapitel 3.3 und 3.4). Zentrales Element der Theorie ist die Ablehnung der Fixierung von Bedeutung und damit auch von Gesellschaft über ein letztendliches Fundament. Während Bedeutung wandelbar und niemals endgültig feststehend ist, kommt es im Alltag zu temporären Bedeutungsfixierungen, von Laclau und Mouffe als Diskurs bezeichnet. Die Identität von Diskursen entsteht zum einen über die Aneinanderreihung von Elementen um einen zentralen Knotenpunkt herum und zum anderen über eine Abgrenzung von einem Außen, das konstitutiv für die eigene Identität ist. Um die Konstruktion von Identitäten, die immer in spezifische Machtverhältnisse verwoben sind, zu präzisieren, erfolgte eine Erweiterung um Überlegungen, insbesondere von Stuart Hall, im Kontext der *postcolonial studies* (Kapitel 3.4.4). So konnte der Aspekt der Produktion und Reproduktion „kultureller Differenzierungen" geschärft werden. „Normal" erscheinende, unhinterfragte Diskurse werden in Anschluss an Laclau und Mouffe als hegemoniale, also machtvolle, Diskurse bezeichnet. Auch hier sind aber Veränderungen, Dislokationen, denkbar. Mit der theoretischen Perspektive wird es möglich, politische Programme und Ausrichtungen nicht einfach als gegeben zu verstehen, sondern sie in ihrem Konstruktionscharakter zu beleuchten und aktuelle normative Setzungen zu hinterfragen. Auf diese Weise können auch Brüche in Argumentationsmustern beleuchtet werden, also Heterogenitäten in vermeintlich eindeutigen politischen Konzepten.

Um das Nicht-Sagbare und Implizite – bei Laclau und Mouffe nicht explizit thematisiert – erfassen zu können, wurde auf Überlegungen Foucaults zurückgegriffen. So können auch Subdiskurse nachgezeichnet werden, die (noch) nicht hegemonial sind (Kapitel 3.5).

Auf Grundlage der theoretischen Ausführungen wurden die Fragestellungen zugeschärft (siehe Kapitel 4.1). Untersucht werden sollte, ob beziehungsweise wie „kulturelle Differenzierungen" in der *Sozialen Stadt* und der *politique de la ville* problematisiert werden, wobei zum einen unterschiedliche administrative Ebenen kontrastiert, zum anderen Unterschiede und Gemeinsamkeiten im Ländervergleich herausgearbeitet werden sollten. In das Zentrum rückten damit Fragen nach hegemonialen Knotenpunkten in den Programmatiken und konkreten Vorgehensweisen und Maßnahmen, nach markanten Weiterführungen und Brüchen in Diskurssträngen sowie nach noch nicht machtvollen Subdiskursen.

Die theoretischen Prämissen wurden mittels zweier Methoden operationalisiert. Zum einen wurde auf die Analyse narrativer Muster gesetzt, um regelmäßige Muster des Erzählens, also wiederkehrende Argumentationslogiken, herauszuarbeiten (Kapitel 4.2.1). Zur Erfassung des Nicht-Sagbaren erfolgte zum anderen eine Erweiterung um die Analyse der polyphonen Struktur von Aussagen. Dabei wird davon ausgegangen, dass sich Heterogenitäten, also unterschiedliche Positionierungen, auch innerhalb einzelner Aussagen widerspiegeln können, wobei auf diese Weise hegemoniale und eher marginalisierte Deutungen erfasst werden können (Kapitel 4.2.2).

Nach der Skizzierung des Vorgehens der Datenerfassung mittels episodischer Interviews (Kapitel 4.2.3), um so Prämissen der Diskurstheorie zu entsprechen, wurde die Auswahl der

Untersuchungsebenen und -gebiete dargestellt und begründet (Kapitel 4.3). Die Einbeziehung der nationalen Ebene diente als Rahmung, um daran die Ergebnisse der regionalen und lokalen Ebene zu kontrastieren. Da die Ausrichtung der *Sozialen Stadt* von Bundesland zu Bundesland variiert, wurde die regionale Ebene mit in die Analyse einbezogen und auf das Bundesland Hessen ausgerichtet, in dem nicht-investive Maßnahmen über mehrere Jahre hinweg einen großen Stellenwert eingenommen haben. In Frankreich wurden die *départements* Paris und Seine-Saint-Denis, in denen die lokalen Fallstudien liegen, in die Analyse integriert, da die *politique de la ville* auch abhängig von den *départements* unterschiedlich gerahmt wird. Zur Auswahl der Untersuchungsgebiete auf lokaler Ebene wurde nach Quartieren gesucht, in denen ein erhöhter Migrantenanteil beziehungsweise MigrantInnen problematisiert werden. Im Bundesland Hessen erfolgte eine Ausrichtung auf das innerstädtische Gallus-Viertel in Frankfurt am Main und die Großwohnsiedlungsgebiete Eberstadt-Süd und Kranichstein in Darmstadt (Kapitel 4.3.2). In Frankreich wurde in Paris das innerstädtische *quartier* Belleville-Amandiers als Fallstudie ausgewählt. Als Beispiel für ein französisches Großwohnsiedlungsgebiet in der *banlieue* wurde Bondy mit den *quartiers* Blanqui und Nord herangezogen (Kapitel 4.3.3).

Um dem Vorhaben gerecht zu werden, sowohl politische Programmatiken als auch aktuelle Vorgehensweisen und Maßnahmen zu beleuchten, wurden zwei Korpora gebildet. Mit der Zusammenstellung eines Dokumentenkorpus wurden Dokumente der Stadtpolitiken gebündelt, mit denen diese konstituiert und in denen Zielsetzungen und weiteres Vorgehen dargestellt wurden und werden. Zur ausführlicheren Erfassung laufender Projekte und möglicher Abweichungen von politischen Vorgaben wurde ein zweites Korpus aus Interviews mit Verantwortlichen der Stadtpolitiken in Deutschland und Frankreich zusammengestellt (Kapitel 4.4).

Im nächsten Schritt wurden die Ergebnisse der länderbezogenen Analysen vorgestellt und zentrale Unterschiede und Gemeinsamkeiten zwischen den Untersuchungsebenen hervorgehoben (Kapitel 5).

Bei der Untersuchung der *Sozialen Stadt* in Deutschland (Kapitel 5.2.1) auf nationaler Ebene wurde deutlich, dass in den Fördergebieten in hohem Maße MigrantInnen von anderen QuartiersbewohnerInnen differenziert werden. Der Signifikant MigrantInnen flottiert zwischen spezifischen Schwierigkeiten und Potentialen, wobei Probleme in der Zukunft gelöst werden sollen. Vor diesem Hintergrund wird das Ziel der „Integration" von MigrantInnen zu einer zentralen Herausforderung, die durch das Programm *Soziale Stadt* zu behandeln ist. Besonders im Zuge des gesamtgesellschaftlichen Bedeutungsgewinns von „Integration" und der Entwicklung zum Maßnahmenschwerpunkt im Jahr 2005 wird die Äquivalenzbeziehung „Integration von Migrantinnen und Migranten" ≡ Querschnittsaufgabe ≡ *Soziale Stadt* ≡ zielgruppenspezifisches Handeln verfestigt. „Integration" ist als leerer Signifikant zu begreifen, an den sich eine Vielzahl von Maßnahmen der Stadtpolitik angliedern lässt, in denen „kulturelle Differenzierungen" handlungswirksam werden. Differenzierungen nach unterschiedlichen Herkunftsgebieten, Migrantengruppen, „Ethnien" und damit „kulturelle" Unterschiede werden (re-)produziert und nicht hinterfragt.

Auf regionaler Ebene im Bundesland Hessen (Kapitel 5.2.2) werden die Fördergebiete als solche beschrieben, in denen besonders viele „Menschen mit Migrationshintergrund" leben. MigrantInnen werden mit spezifischen Problemen und Ressourcen verknüpft, die ein zielgruppenspezifisches Handeln legitimieren. Während die *Soziale Stadt* in Hessen bereits seit Programmbeginn Ziele der „Integration" von MigrantInnen verfolgt habe, seien diese mit der Entwicklung zum Maßnahmenschwerpunkt im Zuge des gesamtgesellschaftlichen Bedeutungsgewinns stärker in den Fokus der Arbeit gerückt. Eine der Aufgaben liege in der „Integration" von „Deutschen" und „Nichtdeutschen". Indem aber zwischen „Deutschen" und „Nichtdeutschen" differenziert wird, werden Unterschiede zunächst reproduziert, obwohl sie gerade mit spezifischem Handeln überwunden werden sollen. „Kulturelle Differenzierungen" werden in einer Vielzahl an Maßnahmen handlungsrelevant, wobei Argumentationsmuster der nationalen Ebene weitgehend fortgeführt werden.

Auf lokaler Ebene wurde in Bezug auf das Gallus-Viertel in Frankfurt am Main deutlich (Kapitel 5.2.3), dass MigrantInnen als wichtige Charakteristik erfasst und als Herausforderungen für das Quartier benannt werden. Vergleichbar mit den Argumentationsmustern auf nationaler und regionaler Ebene werden MigrantInnen mit Problemen und Ressourcen verknüpft, die es im Rahmen der *Sozialen Stadt* zu berücksichtigen gelte. Vor allem in den untersuchten Dokumenten wird „Integration" von MigrantInnen als wichtige Zielsetzung beschrieben. In den geführten Interviews wurde hingegen stärker über allgemeine Problemlagen argumentiert und ein zielgruppenspezifisches Handeln für MigrantInnen als Randerscheinung gekennzeichnet. Dennoch konnten in verschiedenen Bereichen auch Maßnahmen herausgestellt werden, in denen „kulturelle Differenzierungen" handlungsrelevant werden, das heißt, die Orientierung an Problemlagen hat nicht zur Folge, dass aktiv vermieden würde, Differenzierungen zu (re-)produzieren.

Im Vergleich dazu wurden „kulturelle Differenzierungen" in Darmstadt als durchgehend hegemonial und handlungsleitend herausgearbeitet (Kapitel 5.2.4), ausgehend von der Verknüpfung von Eberstadt-Süd und Kranichstein mit einem „überdurchschnittlich hohen Anteil aus Migranten" und einem „hohen Anteil aus Aussiedlern". Die „kulturelle Vielfalt" wird als Ressource, aber auch als Herausforderung gerahmt. Es zeigte sich, dass „Integration" von MigrantInnen einen Fokus bildet. Zur Hauptzielgruppe des Engagements des Quartiermanagements werden MigrantInnen, denen besondere Aufmerksamkeit zu widmen sei und spezifische Hilfestellungen zukommen sollten. Diese Fokussierung schlägt sich in einer Vielzahl an Vorgehensweisen und Maßnahmen nieder, die dezidiert auf MigrantInnen ausgerichtet sind, um Problemlagen zu beseitigen und deren Selbstverantwortlichkeit zu erhöhen. Mit der Gewinnung zentraler AnsprechpartnerInnen aus unterschiedlichen Gruppierungen und *communities* werden Differenzierungen nicht nur reproduziert, sondern aktiv produziert und verfestigt.

In der Kontrastierung der verschiedenen Ebenen (Kapitel 5.2.5) wurde deutlich, dass in der *Sozialen Stadt* Diskursstränge weitgehend von der nationalen bis zur lokalen Ebene übereinstimmen und durchfließen. Gewisse Abweichungen ergeben sich in Bezug auf die Fallstudie in Frankfurt am Main, wobei gezeigt wurde, dass im Rahmen der Maßnahmen und Projekte auch dort „kulturell" differenzierend gehandelt wird.

Im zweiten großen Analyseschritt wurde die *politique de la ville* auf nationaler, regionaler und lokaler Ebene untersucht. In Bezug auf die nationale Ebene wurde herausgestellt (Kapitel 5.3.1), dass zwar eine positive *territoriale* Diskriminierung zur Problembekämpfung legitimiert werden kann, obwohl auch diese eigentlich dem Gleichheitsideal zuwiderläuft, aber eine positive Diskriminierung von MigrantInnen weiterhin nicht im Bereich des Sagbaren liegt. Gleichwohl werden die Fördergebiete mit einem hohen Anteil an MigrantInnen in Verbindung gebracht. Wie in Deutschland werden MigrantInnen zudem in einer Vielzahl an Narrationen explizit mit spezifischen Problemlagen verbunden. In der Stadtpolitik werden zwar „*intégration*" und die „*lutte contre les discriminations*" als Zielsetzungen benannt, allerdings kaum explizit mit MigrantInnen verknüpft. „Kulturelle Differenzierungen" schwingen in der Stadtpolitik eher implizit mit, was auch in den untersuchten Maßnahmen deutlich wird. Beispiele sind die weniger nach außen kommunizierte Förderung von Vereinen mit Zielen der „*intégration*" von MigrantInnen sowie die *mixité sociale*, die offiziell nur das Ziel der sozio-ökonomischen Mischung von QuartiersbewohnerInnen und nicht die Entmischung der Konzentration von MigrantInnen anstrebt. Begründet wird die eher implizite Förderung durch das hegemoniale Gleichheitsideal, wodurch eine Förderung von MigrantInnen tabuisiert sei. Umsetzungen würden sich eher auf lokaler Ebene vollziehen, ohne dass national zu sehr darüber gesprochen würde. Gleichzeitig deuteten mehrere Narrationen auf ein mögliches Dislozieren des aktuellen Diskurses hin.

Die Analyse der Ausrichtung der *politique de la ville* auf regionaler Ebene machte deutlich, dass zentrale Abweichungen und Brüche zwischen nationaler Ebene und dem *département* Paris bestehen (Kapitel 5.3.2). Die Fördergebiete in Paris werden als „Aufnahmequartiere von eingewanderten Bevölkerungsgruppen" beschrieben, gekoppelt an eine „Vielzahl an Nationalitäten" (Int-F06* und Dok-F11: 46*). Einwanderung wird als Fakt kommuniziert, mit dem umzugehen sei. Vor dem Hintergrund von spezifischen Problemlagen wird der „Anteil der eingewanderten Bevölkerung" als „Fragilitätsindikator" (Int-F06*) bezeichnet, also als Kenngröße für Benachteiligungen problematisiert. MigrantInnen werden explizit als Zielgruppe der Stadtpolitik benannt und ein spezifisches Handeln für sinnvoll befunden. Entsprechend konnte in verschiedenen Maßnahmenbereichen explizite Handlungsrelevanz „kultureller Differenzierungen" nachgezeichnet werden. Auch wenn der „Tabu"-Diskurs aufgegriffen und so auch hier berücksichtigt wird, ist er nicht hegemonial verankert, sondern wird durch ein abweichendes Vorgehen untergraben und stellt nur einen Subdiskurs dar.

Im Gegensatz dazu werden nationale Argumentationsmuster im *département* Seine-Saint-Denis weitgehend fortgeführt (Kapitel 5.3.3). Zwar werden MigrantInnen mit spezifischen Problemlagen und Ressourcen verknüpft, allerdings führt diese Benennung nicht dazu, dass diese als zentrale Zielgruppe der *politique de la ville* benannt würden. Es setzt sich der nationale Diskursstrang einer impliziten Problematisierung fort. Zwei Drittel der Bevölkerungsgruppen, die von Maßnahmen der Stadtpolitik profitierten, seien MigrantInnen, womit sich eine starke Korrelation aus Fördergebieten und MigrantInnen ergebe, auch wenn offiziell keine Fokussierung erfolge. Die *politique de la ville* wird zum aktuell möglichen Handlungsrahmen auch für MigrantInnen. Vor diesem Hintergrund dominieren in der Seine-Saint-Denis Maßnahmen, in denen „kulturelle Differenzierungen" implizit problematisiert werden. Als Begründungszusammenhang wird auch hier auf das „Tabu" beziehungsweise die „Heuchelei" verwiesen, die *politique de la ville* explizit an MigrantInnen zu koppeln. Der Bereich des Sagbaren ist begrenzter als im *département* Paris.

Nach den herausgearbeiteten Unterschieden in der Fortführung nationaler Diskussstränge in den *départements* Paris und Seine-Saint-Denis wurde geprüft, welche Argumentationsmuster in den untersuchten Quartieren auf lokaler Ebene dominieren.

Das *quartier* Belleville-Amandiers wird explizit als Aufnahmegebiet von Immigranten beschrieben (Kapitel 5.3.4). MigrantInnen werden zum unübersehbaren Charakteristikum – wie auf regionaler Ebene eng gekoppelt an die lange Tradition von Einwanderung nach Paris. MigrantInnen werden in Belleville-Amandiers als Teil des Quartiers beschrieben und zu einem *public prioritaire* der *politique de la ville*. Zwar wurde dargestellt, dass die *chef de projet* die Stadtpolitik als Ansatz beschreibt, der sich an die am stärksten benachteiligten richte, jedoch dient diese Argumentation eher als Rechtfertigung für ein in Teilen zielgruppenspezifisches Handeln. So bringe es die „Aktualität" mit sich, dass beispielsweise stärker für die chinesischen *communities* agiert würde. In den untersuchten Maßnahmen zeigte sich, dass vielfach dezidiert zugunsten von MigrantInnen gehandelt wird. „Kulturelle Differenzierungen" werden explizit handlungsrelevant. Der „Tabu"-Diskurs kommt nur implizit am Rande zum Tragen und wird, wie bereits auf regionaler Ebene, unterwandert.

In Bondy (siehe Kapitel 5.3.5) werden MigrantInnen ebenfalls als prägend für die Quartiere der *politique de la ville* beschrieben. Über den quartiersbezogenen Ansatz der Stadtpolitik hinaus wird eine Fokussierung auf bestimmte Zielgruppen legitimiert, darunter „die Bevölkerungsgruppen mit Migrationshintergrund" (Dok-F28*). „*Intégration*" von MigrantInnen konnte insgesamt als transversale, hegemoniale Zielsetzung in Bondy herausgearbeitet werden – ein spezifisches Handeln für MigrantInnen ist als sinnvoll und zielführend gesetzt. Entsprechend wurden unterschiedliche Maßnahmenbereiche beschrieben, in denen „kulturelle Differenzierungen" handlungsrelevant werden. Begründet wird dieser Ansatz über ein pragmatisches Vorgehen auf lokaler Ebene, das von der Präfektur der Seine-Saint-Denis unterstützt würde. Der nationale „Tabu"-Diskurs wird unterlaufen. Gleichzeitig wird auf diesen rekurriert, indem das lokale Vorgehen vom national Sagbaren abgegrenzt wird.

Im Vergleich der verschiedenen administrativen Ebenen in Frankreich wurden deutliche Brüche sichtbar gemacht (Kapitel 5.3.6), wobei sich diese allerdings nicht zwischen den gleichen Ebenen vollziehen: Nationale Argumentationsmuster werden in der Seine-Saint-Denis fortgeführt und erst auf lokaler Ebene aufgebrochen, wohingegen diese bereits auf *département*-Ebene in Paris unterlaufen werden. Als weiteres zentrales Ergebnis wurde herausgestellt, dass politische Programmatiken in Frankreich von lokalen Vorgehensweisen und Maßnahmen unterwandert werden.

Die zunächst länderbezogen vorgenommenen Analysen wurden im dritten Schritt in Beziehung zueinander gesetzt (Kapitel 5.4). Im deutsch-französischen Vergleich auf nationaler Ebene konnten neben markanten Unterschieden in den offiziellen Grundausrichtungen Übereinstimmungen in den „kulturell" differenzierenden Beschreibungen der Fördergebiete sowie in bestimmten Maßnahmen herausgearbeitet werden (Kapitel 5.4.1). Zentral ist, dass im Vergleich zu einer expliziten Problematisierung in Deutschland diese in Frankreich vielfach implizit, also weniger explizit, in Vorgehensweisen und Projekten zum Tragen kommt.

Auf regionaler Ebene (Kapitel 5.4.2) zeigte sich, dass nationale Diskursstränge im Bundesland Hessen und im *département* Seine-Saint-Denis weitgehend reproduziert werden. Eine explizite Problematisierung in Hessen steht einer impliziten Problematisierung in der Seine-Saint-Denis gegenüber. Die Ausrichtung der *politique de la ville* im *départment* Paris dagegen, die sich deutlich von der auf nationaler Ebene unterscheidet, wird mit der in der *Sozialen Stadt* vergleichbar: MigrantInnen werden zur Zielgruppe und spezifisch handlungsrelevant. Gleichzeitig konnten innerhalb der konkreten Maßnahmen übergreifende Strategien des Bundeslandes Hessen und der beiden *départements* herausgearbeitet werden, die auf transnational vergleichbare Ansätze hindeuteten.

In der Zusammenschau der vier Fallstudien auf lokaler Ebene (Kapitel 5.4.3) konnten wiederum deutliche Übereinstimmungen hervorgehoben werden. Auffällige Parallelen zeigten sich in den Quartiersstrukturierungen nach „kulturellen" Unterschieden, MigrantInnen zugeschriebenen Problemlagen und Ressourcen sowie der offiziell verfolgten Zielsetzung der „Integration"/„*intégration*" von MigrantInnen. Die Argumentationsmuster stimmen weitgehend überein. Gewisse Einschränkungen ergaben sich für das Gallus-Viertel, in dem eher über Problemlagen argumentiert wurde, wobei in spezifischen Maßnahmen auch „kulturelle Differenzierungen" reproduziert werden. Entscheidend ist die Identifikation transnationaler Diskursstränge in aktuellen Strategien. Die Steuerungslogiken sind in großem Maße vergleichbar und funktionieren nach dem gleichen Schema – eine Schlussfolgerung, die so nicht zu erwarten war.

Vor diesem Hintergrund wurden politische Programmatiken und Maßnahmen im Länder- und Ebenenvergleich in Beziehung gesetzt (Kapitel 5.4.4). Im Gegensatz zu markanten Unterschieden auf nationaler Ebene konnten überraschend klare Übereinstimmungen in den Programmatiken der *Sozialen Stadt* und der *politique de la ville* auf regionaler und vor allem lokaler Ebene herausgestellt werden. Der Vergleich der Maßnahmen auf allen Untersuchungsebenen in Deutschland und Frankreich machte deutlich, dass in der Förderung von Spracherwerb, Alphabetisierung und Bildungsförderung, in Maßnahmen im Bereich von Wirtschaft und Arbeitsmarkt, Aktivierung und Beteiligung und der Gewinnung von MultiplikatorInnen „kulturell" differenzierende Ansätze vorliegen. In vielen Teilen setzen diese Maßnahmen auf eine Hilfe zur Selbsthilfe, eine Erhöhung der Selbstständigkeit, Normalisierung sowie auf das Prinzip einer Steuerung über *communities* – insgesamt also Ansätze, die Tendenzen einer Neoliberalisierung in den stadtpolitischen Ansätzen zugerechnet werden können. Die Ansätze kommen über die drei Untersuchungsebenen und die beiden Länder hinweg zur Anwendung. Es ließen sich damit transnational übergreifende Strategien kenntlich machen.

Abschließend wurden die zentralen Ergebnisse eingeordnet und Deutungsversuche unternommen (Kapitel 5.5). Im Rahmen der Beschreibung markanter Auffälligkeiten (Kapitel 5.5.1) wurde zum einen hervorgehoben, dass in der *Sozialen Stadt* und der *politique de la ville* über den Quartiersansatz hinaus jeweils individualisiert und/oder zielgruppenspezifisch agiert wird. In gewisser Weise kommt es zu einer „Stapelung" von Förderungen innerhalb identifizierter „Problemgebiete". Dabei werden auch „kulturelle Differenzierungen" problematisiert und handlungsrelevant – in einem Oszillieren zwischen expliziter und impliziter Berücksichtigung. Zum anderen konnte verdeutlicht werden, dass in beiden Stadtpolitiken Differenzierungen entlang „kultureller Unterschiede" vorgenommen werden und verfestigt sind. Ein „kulturalistisches" Argumentieren vollzieht sich auch in der *politique de la ville* – unabhängig davon, dass das französische Ideal *von der Gleichheit aller* ausgeht und dieses weiterhin in der Stadtpolitik hohe Wirkmächtigkeit entfaltet.

Auf der Basis dieser Ergebnisse wurden drei Deutungsmöglichkeiten entwickelt (Kapitel 5.5.2). Die explizite Problematisierung auf lokaler Ebene könnte über das allgemein gesellschaftliche „kulturalistische" Argumentieren interpretiert werden. So wird in Belleville-Amandiers und Bondy über die Aktualität und die Notwendigkeit argumentiert, MigrantInnen als „abweichend" zu erfassen und für diese zu handeln. Eine Nicht-Berücksichtigung wird als nicht logisch zurückgewiesen. Der geringere Spielraum auf nationaler Ebene im Bereich des Sagbaren wurde auf der einen Seite über Pfadabhängigkeiten gedeutet, das heißt, frühere Entwicklungen könnten danach bis heute nachwirken und aktuelles Handeln beeinflussen. Während in Deutschland Fragen der „Integration" und „Migration" an Bedeutung gewinnen, reproduzierte sich in Frankreich ein Blindsein für „kulturelle" Unterschiede in der *politique de la ville*, so dass diese nicht explizit als Politik auch für MigrantInnen benannt werden kann. Auf der anderen Seite wurde im Anschluss an die Debatte um *politics of scale* die Differenz zwischen nationaler und lokaler Ebene darüber eingeordnet, dass es eine politische Strategie sein könnte, Aufgaben der „*intégration*" von MigrantInnen der lokalen Ebene zu überlassen. Die nationale Ebene könnte danach als „Festung" republikanischer Werte verstanden werden. Die Ebenen wurden damit weniger starr, sondern als geschaffenes Konstrukt und politisches Instrument gelesen.

Jenseits von vermeintlich eindeutigen deutsch-französischen Unterschieden wurde in dieser Arbeit herausgestellt, dass mit dem Blick auf unterschiedliche Ebenen und konkrete Maßnahmen Parallelen und transnational übergreifende politische Logiken identifiziert werden konnten. Programmatiken werden immer wieder in Teilen durch abweichendes Vorgehen unterlaufen und aufgebrochen. Viele Maßnahmen stellen dagegen eine übergreifend vergleichbare Konstante dar.

6.2 Bewertung der Ergebnisse

Welche Konsequenzen lassen sich aus diesen Ergebnissen für die Praxis in den beiden Stadtpolitiken ableiten? Zunächst kann und soll es nicht Ziel dieser Arbeit sein, Vorgehensweisen, Ansätze und Maßnahmen zu benennen, die als „Allheilmittel" anzusehen sind. Das Ergebnis, welches gleiche Strategien im Ebenen- und Ländervergleich zeigt, kann nur als Indiz dafür verstanden werden, welche Maßnahmen sowohl in Deutschland als auch in Frankreich als diejenigen bewertet werden, die zurzeit im Rahmen der Stadtpolitiken als plausibel eingeschätzt beziehungsweise die (weiterhin) (re-)produziert werden. Gesellschaft „kulturell" differenziert zu bewerten und darauf spezifisch zu reagieren, ist sowohl in Deutschland als auch in Frankreich innerhalb konkreter Maßnahmen hegemonial verankert.

Es kann entsprechend grundsätzlicher die Frage nach dem Umgang mit „kulturellen Differenzierungen" aufgeworfen werden. Sowohl im Rahmen der *Sozialen Stadt* als auch der *politique de la ville* werden diese immer wieder (re-)produziert. Es wird in unterschiedliche, nach Herkunft, Religion oder Sprache unterteilte Gruppen differenziert. Dies scheint heute ganz selbstverständlich zu geschehen, wird nicht hinterfragt und liegt anscheinend im internationalen „Mainstream", wie sich auch in anderen quartiersbezogenen europäischen Stadtpolitiken (dazu Andersson/Musterd 2005) oder an lokalen „multicultural policies" und „programs" in Kanada zeigt (dazu Edgington/Hutton 2001). Bei letzteren werden beispielsweise Beschäftigungsprogramme für bestimmte „Kulturen"[701] und spezielle Angebote für nicht Englisch-Sprechende, ausgerichtet auf unterschiedliche Sprachgruppen, als „logisch" und „sinnvoll" angesehen. Spezifische Zugänge zu MigrantInnen, die als gegebene Gruppen identifiziert werden, werden als „notwendig"[702] erachtet (Edgington/Hutton 2001: 149, 151-152, 156). StadtplanerInnen beziehungsweise Projektverantwortliche nehmen vor diesem Hintergrund Einfluss darauf, wie Individuen angesprochen werden (bspw. als „Muslime", „Somalier" oder allgemein als „MigrantInnen"). Damit werden Individuen bestimmte Identitäten zugesprochen, diese festgeschrieben und letztlich Gesellschaft strukturiert.

In Deutschland vollzieht sich im Zuge der Ansprache von QuartiersbewohnerInnen als MigrantInnen vielfach, wie gezeigt wurde, ein unkritischer Umgang: MigrantInnen sind „einfach" vorhanden und bedürfen, so die politische Logik, einer gesonderten Behandlung. In Frankreich werden dagegen teilweise „kulturelle Differenzierungen", wie auf nationaler Ebene, offiziell ausgeblendet, um die Gleichheit aller BewohnerInnen zu wahren. Kann es allerdings zielführend sein, politisch die Augen vor einer alltagsweltlich „kulturell" differenzierten Gesellschaft zu verschließen, bei der unter anderem Hautfarbe und ausländisch klingende Namen Einfluss auf Chancen beispielsweise beim Zugang zu Wohnungen, bei der Arbeitssuche oder beim Eintritt in Diskotheken haben (dazu bspw. SOS Racisme 2012)? Auf lokaler Ebene zeigt sich in Frankreich, dass vor dem Hintergrund des Wunsches, für MigrantInnen differenziert zu agieren, offizielle Grundausrichtungen unterlaufen werden. Zudem deuten auf nationaler Ebene in Frankreich erste Narrationen darauf hin, dass auch die nationalen Programmatiken in Teilen Veränderungen erfahren könnten und in Zukunft *Soziale Stadt* und *politique de la ville* vielleicht noch weniger voneinander abweichen als es zurzeit der Fall zu sein scheint. In der Konsequenz könnten „kulturelle Differenzierungen" noch stärker handlungsleitend und (re-)produziert werden.

Wie ist diese Entwicklung zu bewerten? Auf der einen Seite können die aktuellen Gesellschaftsdifferenzierungen, bei denen „kulturelle" Unterscheidungen hegemonial verankert sind,

---

701 culturally sensitive employment programs.
702 necessary.

als Anerkennung und Bearbeitung gesellschaftlicher Wirklichkeiten gedeutet werden. Einwanderungswellen nach Deutschland beziehungsweise Frankreich haben die Vorstellung „kulturell" homogener Nationen aufgeweicht. Vor diesem Hintergrund bildet die Staatsangehörigkeit eine höchst wirkmächtige Kategorie, anhand derer differenziert wird (entsprechend in Everts 2008: 203; Rogers 2003: 282-283, 288). In Statistiken werden „MigrantInnen" als Problemgruppen, wie auch „Arbeitslose" oder „Jugendliche ohne Schulabschluss", identifiziert und zu Zielgruppen stadtpolitischer Interventionen. Ein spezifisches Handeln wird als sinnvoll angesehen. Entsprechend sollen Probleme beispielsweise durch Sprachförderung reduziert oder die Ansprache „kulturell" differenzierter Gruppen vereinfacht werden. Ein solcher Zugang ist „gut gemeint" und erscheint vielfach als „plausibel". Gleichzeitig wird „Andersartigkeit" heute als Vorteil für Stadtgesellschaften gedeutet, wie die Diskussion um „kulturelle Vielfalt"/„*diversité culturelle*" zeigt: Unterschiedliche Herkunft, Werte, Sitten und Gebräuche werden zur Bereicherung, wenn die Potentiale von MigrantInnen nur „richtig" gefördert werden und MigrantInnen-Gruppen konfliktfrei nebeneinander leben, so die Logik (u. a. Barou 2002; Scheuermann 2009). So erscheint auch hier ein spezifischer Zugang zielführend.

Auf der anderen Seite bergen „kulturell" differenzierende Ansätze allerdings auch die Gefahr von Essentialisierungen und Stigmatisierungen (entsprechende Interpretation auch in Husseini de Araújo/Weber 2012). Identitäten sind fragmentiert. Dies gilt gerade auch für „kulturelle" Identitäten, die nur vermeintlich eindeutig sind (siehe u. a. Everts 2008: 207; Prato 2009: 1). Eine Identifikation als „MigrantIn" muss nicht stattfinden, beziehungsweise eine entsprechende Ansprache wird in Teilen auch dezidiert als ausgrenzend und diskriminierend zurückgewiesen (dazu bspw. Husseini de Araújo/Weber 2011). Gleichwohl wird politisch davon ausgegangen, dass es MigrantInnen und migrantische *communities* gibt, die angesprochen werden könnten – ein normatives Ziel, so Amin (2002: 959, 967, 971). Vermeintlich „kulturelle" Unterschiede zu anderen Gemeinschaften werden verfestigt und festgeschrieben, wobei es sich hierbei gerade häufig um Fremdzuschreibungen durch die Politiken von außen und nicht (immer) um Selbstbeschreibungen handelt (zum Aspekt der „kulturellen" Identität als permanenter Konstruktionsprozess siehe Everts 2008: 208-209). Stadtpolitische Förderansätze gehen damit in Teilen von einem „essentialisierenden" Kulturverständnis aus. Es wird in homogenen Gruppen gedacht, die „kulturell" voneinander abgegrenzt werden könnten. Auf diese Weise werden Differenzen „zementiert" und gerade *nicht* reduziert. Es droht die Stigmatisierung von QuartiersbewohnerInnen aufgrund ihnen zugeschriebener Kriterien (Argumentation in Anlehnung an Pütz 2004: 20).

Aus einer kritischen Perspektive heraus ergibt sich damit ein Drahtseilakt zwischen einer als sinnvoll erachteten Förderung für MigrantInnen und einer Schaffung trennender gesellschaftlicher Demarkationslinien und Diskriminierungen. Diese Arbeit soll dazu beitragen, einen Scheinwerfer auf aktuelle „kulturelle Differenzierungen" zu richten und die Sensibilität dafür zu erhöhen, inwieweit ein spezifisches Handeln zielführend und sinnvoll ist, beziehungsweise welche Trennlinien damit auch verfestigt werden und zu Stigmatisierungen führen können.

Literatur

Aalbers, M. B./Beckhoven, E. van (2010): The integrated approach in neighbourhood renewal: more than just a philosophy? In: Tijdschrift voor Economische en Sociale Geografie 101 (4), 449-461.

Acsé (Agence nationale pour la cohésion sociale et l'égalité des chances) (o.J.): Prévention et lutte contre les discriminations. Les outils de l'Acsé pour les acteurs locaux. Paris.

Alisch, M. (2004): Wachsende Stadt und soziale Stadt. In: Altrock, U./Schubert, D. (Hg.): Wachsende Stadt. Wiesbaden, 67-76.

Alisch, M./Dangschat, J. S. (1993): Die solidarische Stadt – Ursachen von Armut und Strategien für einen sozialen Ausgleich. Darmstadt.

Amin, A. (2002): Ethnicity and the multicultural city: living with diversity. In: Environment and Planning A 34, 959-980.

Anderson, A./Vieillard-Baron, H. (2003): La politique de la ville. Histoire et organisation. Paris.

Andersson, R./Musterd, S. (2005): Area-Based Policies: a Critical Appraisal. In: Tijdschrift voor Economische en Sociale Geografie 96 (4), 377-389.

Angermüller, J. (2005a): Diskursanalyse – ein Ansatz für die interpretativ-hermeneutische Wissenssoziologie? In: Soziologische Revue 28 (1), 29-33.

Angermüller, J. (2005b): Sozialwissenschaftliche Diskursanalyse in Deutschland. Zwischen Rekonstruktion und Dekonstruktion. In: Keller, R. et al. (Hg.): Die diskursive Konstruktion von Wirklichkeit. Konstanz, 23-48.

Angermüller, J. (2007): Nach dem Strukturalismus. Theoriediskurs und intellektuelles Feld in Frankreich. Bielefeld.

ANRU (Agence Nationale pour la Rénovation Urbaine) (2008): Périmètre d'intervention. http://www.anru.fr/-Perimetre-d-intervention-.html (zuletzt abgerufen am 02.01.2009).

Apur/DPVI (Atelier Parisien d'Urbanisme/Délégation à la politique de la ville et à l'intégration) (2007): Politique de la ville. Observatoire des quartiers parisiens. Rapport 2007. La nouvelle géographie des quartiers prioritaires. Paris.

Arslan, B./Jessen, F. (2005): Der Islam im Stadtteil – Chance oder Bedrohung? In: Soziale Stadt info 17, 16-17.

Avenel, C. (2004): Sociologie des quartiers sensibles. Paris.

Avenel, C. (2005): La mixité dans la ville et dans les grands ensembles. Entre mythe social et instrument politique. In: Informations sociales 125, 62-71.

Bachmann-Medick, D. (2006): Cultural Turns. Neuorientierungen in den Kulturwissenschaften. Reinbek bei Hamburg.

Bacqué, M.-H./Fol, S. (1997): Le devenir des banlieues rouges. Paris.

Bahktin, M. (1978): Discourse Typology in Prose. In: Matejka, L./Pomorska, K. (Hg.): Readings in Russian Poetics. Formalist and structuralist views. Ann Arbor, 176-196.

Bähr, J. (2010): Bevölkerungsgeographie. Stuttgart.

Barou, J. (2002): La diversité culturelle dans la ville, fondement du lien social. In: Les cahiers du DSU 2002 (34), 4-6.

Barthes, R. (1957): Mythologies. Paris.

Barthes, R. (1987): S/Z. Frankfurt am Main [frz. Original 1970].

Basier, L./Bachmann, C. (1984): Le verlan: argot d'école ou langue des Keums? In: Mots – Les langages du politique 8 (1), 169-187.

Bauer, I. (2006): „Südstadtkids" – von benachteiligten Jugendlichen aus Migrationskontexten zu Multiplikatoren mit gefragten Kompetenzen in der Stadtteilarbeit. In: Glasze, G./Thielmann, J. (Hg.): „Orient" versus „Okzident"? Zum Verhältnis von Kultur und Raum in einer globalisierten Welt (= Mainzer Kontaktstudium Geographie 10). Mainz, 103-114.

Bauhardt, C. (2005): Die politique de la ville in Frankreich. In: Greiffenhagen, S./Neller, K. (Hg.): Praxis ohne Theorie? Wissenschaftliche Diskurse zum Bund-Länder-Programm „Stadtteile mit besonderem Entwicklungsbedarf – die Soziale Stadt". Wiesbaden, 393-406.

BBR (Bundesamt für Bauwesen und Raumordnung) (2008): Integrierte Stadtentwicklung – Praxis vor Ort. Bonn.

Beck, U. (2000): Wohin führt der Weg, der mit dem Ende der Vollbeschäftigungsgesellschaft beginnt? In: Beck, U. (Hg.): Die Zukunft von Arbeit und Demokratie. Frankfurt am Main, 7-66.

Becker, H. (2003): „Besonderer Entwicklungsbedarf" – die Programmgebiete der Sozialen Stadt. In: Difu (Deutsches Institut für Urbanistik) (Hg.): Strategien für die Soziale Stadt. Berlin, 56-73.

Becker, H./Böhme, C./Meyer, U. (2003): Integrierte Handlungskonzepte – Steuerung und Koordinierungsinstrument für die soziale Stadtentwicklung. In: Difu (Deutsches Institut für Urbanistik) (Hg.): Strategien für die Soziale Stadt. Berlin, 74-97.

Becker, H. et al. (2003): Das Programm Soziale Stadt: von der traditionellen Stadterneuerung zur integrativen Stadtteilentwicklung. In: Difu (Deutsches Institut für Urbanistik) (Hg.): Strategien für die Soziale Stadt. Berlin, 8-29.

Berthold, I. (2007): Immigration und Integration in Frankreich. Historische, politische und gesellschaftliche Aspekte vor dem Hintergrund der Unruhen in den Banlieues im Herbst 2005. Saarbrücken.

Beyer, J. (2005): Pfadabhängigkeit ist nicht gleich Pfadabhängigkeit! Wider den impliziten Konservatismus eines gängigen Konzepts. In: Zeitschrift für Soziologie 34 (1), 5-21.

Bhabha, H. K. (2000): Die Verortung der Kultur. Tübingen [engl. Original 1994].

Bittner, M. (2008): Aufstand in den banlieues. Der Versuch einer Verbindung von Diskursanalyse und dokumentarischer Methode. Berlin.

Blotevogel, H. (2003): „Neue Kulturgeographie". Entwicklung, Dimensionen, Potenziale und Risiken einer kulturalistischen Humangeographie. In: Berichte zur deutschen Landeskunde 77 (1), 7-34.

BMVBS (Bundesministerium für Verkehr, Bau und Stadtentwicklung) (2009a): Jubiläumskongress 10 Jahre Soziale Stadt – Das Bund-Länder-Programm in der Praxis. edoc.difu.de/edoc.php?id=8C2Y5MEL (zuletzt abgerufen am 11.01.2010).

BMVBS (Bundesministerium für Verkehr, Bau und Stadtentwicklung) (2009b): Modellvorhaben der Sozialen Stadt. Gute Beispiele für sozial-integrative Projekte. Berlin.

BMVBS (Bundesministerium für Verkehr, Bau und Stadtentwicklung) (2011): Verwaltungsvereinbarung Städtebauförderung 2011. http://www.bmvbs.de/cae/servlet/contentblob/65374/publicationFile/36450/verwaltungsver einbarung-staedtebaufoerderung-2011.pdf (zuletzt abgerufen am 25.05.2011).

BMVBS/BBR (Bundesministerium für Verkehr, Bau und Stadtentwicklung/Bundesamt für Bauwesen und Raumordnung) (Hg. 2007): Integrierte Stadtentwicklung als Erfolgsbedingung einer nachhaltigen Stadt. Hintergrundstudie zur „Leipzig Charta zur nachhaltigen europäischen Stadt" der deutschen EU-Ratspräsidentschaft. Berlin/Bonn. BBR-Online-Publikation 8/2007: http://www.bbsr.bund.de/nn_23582/BBSR/DE/Veroeffentlich ungen/BBSROnline/2007/DL__EU__08__07,templateId=raw,property=publicationFile.pdf/DL_EU_08_07. pdf (27.05.2011).

BMVBW (Bundesministerium für Verkehr, Bau- und Wohnungswesen) (2005): Verwaltungsvereinbarung über die Gewährung von Finanzhilfen des Bundes an die Länder nach Artikel 104 a Absatz 4 des Grundgesetzes zur Förderung städtebaulicher Maßnahmen (VV-Städtebauförderung 2005). http://www.sozialestadt.de/programm /grundlagen/ (31.05.2011).

BMVBW/BBR (Bundesministerium für Verkehr, Bau- und Wohnungswesen/Bundesamt für Bauwesen und Raumordnung) (2008): Integration vor Ort. Der Nationale Integrationsplan – Zwischenbilanz. Berlin.

Body-Gendrot, S. (2007): La politique de la ville: Une utopie ou une nécessité? In: Body-Gendrot, S./Wihtol de Wenden, C. (Hg.): Sortir des banlieues. Pour en finir avec la tyrannie des territoires. Paris, 48-78.

Böhme, C. et al. (2003): Handlungsfelder integrierter Stadtteilentwicklung. In: Difu (Deutsches Institut für Urbanistik) (Hg.): Strategien für die Soziale Stadt. Erfahrungen und Perspektiven – Umsetzung des Bund-Länder-Programms „Stadtteile mit besonderem Entwicklungsbedarf – die soziale Stadt". Berlin, 98-147.

Böhme, C./Schuleri-Hartje, U.-K. (2009): Zusammenleben in Stadtteilen mit besonderem Entwicklungsbedarf. http://www.sozialestadt.de/veroeffentlichungen/newsletter/zusammenleben.shtml (zuletzt abgerufen am 01.09.2009).

Böltken, F. (2008): Vergleichende Stadtforschung, benachteiligte Viertel und die „Soziale Stadt". In: Informationen zur Raumentwicklung 2008 (11/12), 665-676.

Boos-Krüger, A./Wilk, B. (2005): Integration und Migrantenökonomie – Eine kritische Begriffsanalyse. In: Soziale Stadt info 17, 9-15.

Boyer, J.-C. (2000): Les banlieues en France: territoires et sociétés. Paris.

Brailich, A. et al. (2008): Die diskursive Konstitution von Großwohnsiedlungen in Deutschland, Frankreich und Polen. In: Europa Regional 16 (3), 113-128.

Breitfuss, A. et al. (2004): Städtestrategien gegen Armut und soziale Ausgrenzung. Herausforderungen für eine sozialverträgliche Stadterneuerungs- und Stadtentwicklungspolitik. Wien.

Bundesministerium des Innern (2010): Deutsche Islam Konferenz. Muslime in Deutschland – deutsche Muslime (= Offizieller Flyer zur Islamkonferenz). Online verfügbar: http://www.deutsche-islam-konferenz.de/cln_117/ SharedDocs/Anlagen/DE/DIK/Downloads/DokumentePlenum/20081101-flyer-dik-de,templateId=raw,prop erty=publicationFile.pdf/20081101-flyer-dik-de.pdf (zuletzt abgerufen am 15.06.2011).

Bundestransferstelle Soziale Stadt (2008): Statusbericht 2008 zum Programm Soziale Stadt. Berlin.

Calvès, G. (2004): La discrimination positive. Paris.

Canteux, C. (2002): Les cités dans l'imaginaire. In: Urbanisme 322, 75-76.

Caritas Frankfurt (2011): Das Quartiersmanagement Gallus. http://www.caritas-frankfurt.de/48728.html (zuletzt abgerufen am 12.07.2011).

Castro, R. (2007): Faut-il passer la banlieue au Kärcher? Paris.

Castro Varela, M. do Mar/Dhawan, N. (2005): Postkoloniale Theorie: eine kritische Einführung. Bielefeld.

Choffel, P./Le Toqueux, J.-L. (1997): Une approche statistique des quartiers de la politique de la ville. In: Collectif (Hg.): En marge de la ville, au coeur de la société: ces quartiers dont on parle. Paris, 11-36.

Choffel, P./Moreau, J. (2001): Politique de la ville: quelles données statistiques pour les quartiers prioritaires? In: Revue française des Affaires sociales 55 (3), 39-53.

Comité interministériel des villes (2008): Espoir Banlieues. Une dynamique pour la France. Saint-Denis.

Cubéro, J. (2002): L'émergence des banlieues: au coeur de la fracture sociale. Toulouse.

Damon, J. (2008): Les grandes lignes du plan Espoir Banlieues. In: Regards sur l'actualité 342, 5-16.

Dangschat, J. (1988): Gentrification. Der Wandel innenstadtnaher Wohnviertel. In: Friedrichs, J. (Hg.): Soziologische Stadtforschung. Sonderheft 29 der Kölner Zeitschrift für Soziologie und Sozialpsychologie. Köln, 272-292.

David, J. (2001): Politique de la ville: chronologie. In: Revue française des Affaires sociales 55 (3), 17-22.

Dehne, P. (2005): Leitbilder in der räumlichen Entwicklung. In: ARL (Akademie für Raumforschung und Landesplanung) (Hg.): Handwörterbuch der Raumordnung. Hannover, 608-614.

Derrida, J. (1983): Grammatologie. Frankfurt am Main [frz. Original 1967].

Desplanques, G./Tabard, N. (1991): La localisation de la population étrangère. In: Economie et Statistique 242, 51-62.

Dhoquois, A. (2010): Bondy. Zone humaine sensible. Paris.

Diaz-Bone, R./Schneider, W. (2003): Qualitative Diskursanalysesoftware und Diskursanalyse – Zwei Praxisbeispiele. In: Keller, R. et al. (Hg.): Handbuch Sozialwissenschaftliche Diskursanalyse. Band II: Forschungspraxis. Opladen, 457-494.

Difu (Deutsches Institut für Urbanistik) (Hg. 2003): Strategien für die Soziale Stadt. Erfahrungen und Perspektiven – Umsetzung des Bund-Länder-Programms „Stadtteile mit besonderem Entwicklungsbedarf – die soziale Stadt". Berlin.

Difu (Deutsches Institut für Urbanistik) (2011a): Bundestransferstelle Soziale Stadt. http://www.sozialestadt.de/ bundestransferstelle/ (zuletzt abgerufen am 20.07.2011).

Difu (Deutsches Institut für Urbanistik) (2011b): Programm Soziale Stadt. http://www.sozialestadt.de/programm/ (zuletzt abgerufen am 23.05.2011).

Dikeç, M. (2006): Two Decades of French Urban Policy: From Social Development of Neighbourhoods to the Republican Penal State. In: Antipode 38 (1), 59-81.

Direction des Journaux Officiels (1996): Loi n° 96-987 du 14 novembre 1996 relative à la mise en oeuvre du pacte de relance pour la ville. In: Journal officiel de la République Française du 15 novembre 1996, 16656-16667.

DIV (Délégation Interministérielle à la Ville) (2003): Historique législatif des ZUS – ZRU – ZFU. http://i.ville.gouv.fr/ divbib/doc/creationdesZUS.pdf (04.09.2007).

DIV (Délégation Interministérielle à la Ville) (2006a): Fiches thématiques: Contrats urbains de cohésion sociale (CUCS). http://i.ville.gouv.fr/divbib/doc/CUCS_fiches_thematiques.pdf (05.09.2007).

DIV (Délégation Interministérielle à la Ville) (2006b): Guide méthodologique. Orientations générales. Contrats urbains de Cohésion sociale. Saint-Denis.

DIV (Délégation Interministérielle à la Ville) (2006c): La future politique de la ville se met en place. In: La lettre de la DIV 112, 1-3.

DIV (Délégation Interministérielle à la Ville) (2007): Les CUCS. http://www.ville.gouv.fr/politique-de-la-ville/ cucs.htm (03.09.2007).

Döhne, H.-J./Walter, K. (1999): Aufgabe und Chance einer neuen Stadtentwicklungspolitik. Ziele und Konzeption des Bund-Länder-Programms „Stadtteile mit besonderem Handlungsbedarf – die soziale Stadt". http://www.sozialestadt.de/veroeffentlichungen/arbeitspapiere/band1/4_aufgabe-und-chance.shtml (zuletzt abgerufen am 05.08.2009).

Donzelot, J. (2004): La ville à trois vitesses: relégation, périurbanisation, gentrification. In: Esprit (Hg.): La ville à trois vitesses: gentrification, relégation, périurbanisation. Paris, 14-39.

Donzelot, J. (2006): Quand la ville se défait. Quelle politique face à la crise des banlieues? Paris.

Donzelot, J. (2007): Stadtpolitik in Frankreich. In: Informationen zur Raumentwicklung 6, 371-380.

Doytcheva, M. (2007): Une discrimination positive à la française: ethnicité et territoire dans les politiques de la ville. Paris.

Drai, R./Mattéi, J.-F. (2006): La République brûle-t-elle? Essai sur les violences urbaines françaises. Paris.

Dubet, F./Lapeyronnie, D. (1992): Les quartiers d'exil. Paris.

Ducrot, O. (1984): Le dire et le dit. Paris.

Edgington, D. W./Hutton, T. A. (2001): Multiculturalisme et gouvernement local dans le grand Vancouver/Multiculturalism and local Government in Greater Vancouver. In: Hommes et terres du nord 2001 (3), 147-158.

Elfferding, W./Volker, E. (1979): Società civile, Hegemonie und Intellektuelle bei Gramsci. In: Haug, W. F. et al. (Hg.): Theorien über Ideologie. Berlin, 61-82.

Engler, P./Meier, S. (2009): Das Bund-Länder-Programm „Soziale Stadt" – Beispiele aus Bayern und Niedersachsen. In: Popp, H./Obermaier, G. (Hg.): Raumstrukturen und aktuelle Entwicklungsprozesse in Deutschland (= Bayreuther Kontaktstudium Geographie 5). Bayreuth, 223-245.

Estèbe, P. (2001): La politique de la ville: de la discrimination positive à la cohésion territoriale. http://www.acadiereflex.org/publications/txt136.pdf (18.06.2007).

Everts, J. (2008): Konsum und Multikulturalität im Stadtteil. Eine sozialgeographische Analyse migrantengeführter Lebensmittelgeschäfte. Bielefeld.

Flick, U. (2000): Episodic Interviewing. In: Bauer, M./Gaskell, G. (Hg.): Qualitative researching with text, image and sound – a handbook. London, 75-92.

Flick, U. (2007): Qualitative Sozialforschung: eine Einführung. Reinbek bei Hamburg.

Flick, U. (2011): Das Episodische Interview. In: Oelerich, G./Otto, H.-U. (Hg.): Empirische Forschung und Soziale Arbeit. Ein Studienbuch. Wiesbaden, 273-280.

Foucault, M. (1976): Überwachen und Strafen: die Geburt des Gefängnisses. Frankfurt am Main [frz. Original 1975].

Foucault, M. (1978): Die Ordnung der Dinge: eine Archäologie der Humanwissenschaften. Frankfurt am Main [frz. Original 1966].

Foucault, M. (1981): Archäologie des Wissens. Frankfurt am Main [frz. Original 1969].

Foucault, M. (1996): Diskurs und Wahrheit: Die Problematisierung der Parrhesia. Berkeley-Vorlesungen 1983. Berlin [engl. Original 1983].

Foucault, M. (2001): Die Geburt einer Welt. In: Defert, D./Ewald, F. (Hg.): Schriften in vier Bänden. Dits et Écrits. Band 1: 1954-1969. Frankfurt am Main, 999-1003.

Foucault, M. (2002): Ein Problem interessiert mich seit langem: das Problem des Strafsystems. In: Defert, D./Ewald, F. (Hg.): Schriften in vier Bänden. Dits et Écrits. Band 2: 1970-1975. Frankfurt am Main, 250-255.

Foucault, M. (2004a): Geschichte der Gouvernementalität I. Sicherheit, Territorium, Bevölkerung. Vorlesung am Collège de France 1977-1978. Frankfurt am Main.

Foucault, M. (2004b): Geschichte der Gouvernementalität II: Die Geburt der Biopolitik. Vorlesung am Collège de France 1978-1979. Frankfurt am Main.

Foucault, M. (2005a): Polemik, Politik und Problematisierungen. In: Defert, D./Ewald, F. (Hg.): Schriften in vier Bänden. Dits et Écrits. Band 4: 1980-1988. Frankfurt am Main, 724-734.

Foucault, M. (2005b): Was ist Aufklärung? In: Defert, D./Ewald, F. (Hg.): Schriften in vier Bänden. Dits et Écrits. Band 4: 1980-1988. Frankfurt am Main, 687-707.

Foucault, M. (2007): Die Ordnung des Diskurses. Frankfurt am Main [frz. Original 1971].

Fourcaut, A. (2008): Pour en finir avec la banlieue. In: Paquot, T. (Hg.): Banlieues/Une anthologie. Lausanne, 121-131.

Franke, T. (2003a): Aktivierung und Beteiligung. In: Difu (Deutsches Institut für Urbanistik) (Hg.): Strategien für die Soziale Stadt. Berlin, 192-207.

Franke, T. (2003b): Quartiermanagement – Schlüsselinstrument integrierter Stadtteilentwicklung. In: Difu (Deutsches Institut für Urbanistik) (Hg.): Strategien für die Soziale Stadt. Berlin, 170-191.

Franke, T. (2007): Integrierte Stadtentwicklungspolitik für benachteiligte Stadtteile in Europa. In: Difu-Berichte 3/2007, 5.

Franke, T. (2011): Raumorientiertes Verwaltungshandeln und integrierte Quartiersentwicklung. Doppelter Gebietsbezug zwischen „Behälterräumen" und „Alltagsorten". Wiesbaden.

Fribourg, A.-M. (2006): Évolution des politiques du logement en France. In: Regards sur l'actualité 320, 19-29.

Friedrichs, J./Rohr, H.-G. von (1975): Ein Konzept der Suburbanisierung. In: Beiträge zum Problem der Suburbanisierung (= ARL Forschungs- und Sitzungsberichte 102). Hannover, 25-37.

Frybès, M. (1992): France. Un équilibre pragmatique fragile. In: Lapeyronnie, D. (Hg.): Immigrés en Europe. Paris, 83-110.

Fuchs, M. (2007): Diversity und Differenz – Konzeptionelle Überlegungen. In: Krell, G. et al. (Hg.): Diversity Studies. Grundlagen und disziplinäre Ansätze. Frankfurt am Main/New York, 17-34.

Füller, H. (2004): Führung als konzertierte Aktion. Eine Anwendung des Begriffs der Gouvernementalität von Michel Foucault auf das Bund-Länder-Programm „Soziale Stadt" (= unveröffentlichte Diplomarbeit, Freie Universität Berlin). Berlin.

Füller, H./Marquardt, N. (2009): Gouvernementalität in der humangeographischen Diskursforschung. In: Glasze, G./Mattissek, A. (Hg.): Handbuch Diskurs und Raum. Theorien und Methoden für die Humangeographie sowie die sozial- und kulturwissenschaftliche Raumforschung. Bielefeld, 83-106.

Füller, H./Marquardt, N. (2010): Die Sicherstellung von Urbanität. Innerstädtische Restrukturierung und soziale Kontrolle in Downtown Los Angeles. Münster.

Füller, H./Michel, B. (2008): Zur poststrukturalistischen Kritik des Scale-Konzepts. Für eine (topologische) Machtanalyse. In: Wissen, M./Röttger, B./Heeg, S. (Hg.): Politics of Scale. Räume der Globalisierung und Perspektiven emanzipatorischer Politik. Münster, 144-168.

Gebhardt, D. (2001): „Gefährlich fremde Orte" – Ghetto Diskurse in Berlin und Marseille. In: Best, U./Gebhardt, D. (Hg.): Ghetto-Diskurse. Geographie der Stigmatisierung in Marseille und Berlin (= Praxis Kultur- und Sozialgeographie). Potsdam, 11-89.

Gebhardt, H. et al. (2007): Neue Kulturgeographie? Perspektiven, Potentiale und Probleme. In: Geographische Rundschau 59 (7/8), 12-20.

Gebhardt, H./Reuber, P./Wolkersdorfer, G. (2007): Neue Kulturgeographie. In: Gebhardt, H. et al. (Hg.): Geographie: physische Geographie und Humangeographie. München, 574-575.

Giblin, B. (2006): Ghettos américains, banlieues françaises. In: Hérodote. Revue de géographie et de géopolitique 122, 3-9.

Giraud, M. (2000): Les grands ensembles, histoire de milieux, milieu d'histoires. La construction du sens de l'espace. La relation densité-nature en banlieue lyonnaise. Paris.

Glasze, G. (2007): Vorschläge zur Operationalisierung der Diskurstheorie von Laclau und Mouffe in einer Triangulation von lexikometrischen und interpretativen Methoden. In: FQS – Forum Qualitative Sozialforschung 8 (2), 73 Absätze. http://www.qualitative-research.net/fqs-texte/2-07/07-2-14-d.htm (02.11.2008).

Glasze, G. (2008): Diskurs, Hegemonie, Raum. Die Konstitution der Frankophonie als „internationale Gemeinschaft" und „geokultureller Raum". (= Habilitationsschrift am Fachbereich Chemie, Pharmazie und Geowissenschaften). Mainz = Glasze 2012.

Glasze, G. (2012, im Druck): Politische Räume. Die diskursive Konstitution eines »geokulturellen Raums« – die Frankophonie. Bielefeld.

Glasze, G./Germes, M./Weber, F. (2009): Krise der Vorstädte oder Krise der Gesellschaft? In: Geographie und Schule 177, 17-25.

Glasze, G./Husseini, S./Mose, J. (2009): Kodierende Verfahren in der Diskursforschung. In: Glasze, G./Mattissek, A. (Hg.): Handbuch Diskurs und Raum. Theorien und Methoden für die Humangeographie sowie die sozial- und kulturwissenschaftliche Raumforschung. Bielefeld, 293-314.

Glasze, G./Mattissek, A. (2009a): Die Hegemonie- und Diskurstheorie von Laclau und Mouffe. In: Glasze, G./Mattissek, A. (Hg.): Handbuch Diskurs und Raum. Theorien und Methoden für die Humangeographie sowie die sozial- und kulturwissenschaftliche Raumforschung. Bielefeld, 153-179.

Glasze, G./Mattissek, A. (2009b): Diskursforschung in der Humangeographie: Konzeptionelle Grundlagen und empirische Operationalisierung. In: Glasze, G./Mattissek, A. (Hg.): Handbuch Diskurs und Raum. Theorien und Methoden für die Humangeographie sowie die sozial- und kulturwissenschaftliche Raumforschung. Bielefeld, 11-59.

Glasze, G./Mattissek, A. (Hg. 2009c): Handbuch Diskurs und Raum. Theorien und Methoden für die Humangeographie sowie die sozial- und kulturwissenschaftliche Raumforschung. Bielefeld.

Glasze, G./Thielmann, J. (2006): Einführung: Zum Verhältnis von Kultur und Raum. In: Glasze, G./Thielmann, J. (Hg.): „Orient" versus „Okzident"? Zum Verhältnis von Kultur und Raum in einer globalisierten Welt (= Mainzer Kontaktstudium Geographie 10). Mainz, 1-7.

Glasze, G./Weber, F. (2010): Drei Jahrzehnte area-basierte Stadtpolitik in Frankreich: die politique de la ville. In: Raumforschung und Raumordnung 68 (6), 459-470.

Göddecke-Stellmann, J./Kocks, M. (2007): Die Soziale Stadt – acht Jahre Städtebauförderung für eine sozial orientierte Stadtpolitik. In: Informationen zur Raumentwicklung 2007 (6), 391-403.

Gramsci, A. (1991ff.): Gefängnishefte. Hamburg [ital. Original 1948ff.].

Güntner, S. (2007): Soziale Stadtpolitik. Institutionen, Netzwerke und Diskurse in der Politikgestaltung. Bielefeld.

Ha, K. N. (2004): Ethnizität und Migration reloaded. Kulturelle Identität, Differenz und Hybridität im postkolonialen Diskurs. Berlin.

Haack, S. (2005): Evaluierung des Programms „Soziale Stadt" – Hintergründe, Vorgehensweise, Bausteine. In: Informationen zur Raumentwicklung 2005 (2/3), 55-62.

Hall, S. (1994): Rassismus und kulturelle Identität. Ausgewählte Schriften 2. Hamburg.

Hancock, C. (2008): Décoloniser les représentations: esquisse d'une géographie culturelle de nos „Autres". In: Annales de Géographie 660-661, 116-128.

Häußermann, H. (2001): Die 'soziale Stadt' in der Krise. In: Berichte zur deutschen Landeskunde 75 (2/3), 147-159.

Häußermann, H. (2005): Das Programm „Stadtteile mit besonderem Entwicklungbedarf – die soziale Stadt". Gesamtbewertung und Empfehlungen der Zwischenevaluation 2003/2004. In: Informationen zur Raumentwicklung 2005 (2/3), 75-86.

Häußermann, H./Läpple, D./Siebel, W. (2008): Stadtpolitik. Frankfurt am Main.

Häußermann, H./Siebel, W. (1987): Neue Urbanität. Frankfurt am Main.

Haut Conseil à l'intégration (1991): Pour un modèle français d'intégration. Premier rapport annuel. Paris.

HEGISS (Hessische Gemeinschaftsinitiative Soziale Stadt) (2011): Profil des Progamms. http://www.hegiss.de/profil-des-programms (zuletzt abgerufen am 20.07.2011).

HEGISS (Hessische Gemeinschaftsinitiative Soziale Stadt) (o.J.): Netzwerkanalyse und dialogische Begleitung – Schlussbericht. HEGISS-Materialien. Begleitforschung 4. http://www.hegiss.de/he_download/Begleitforschung/Begleitforschung_04.pdf (zuletzt abgerufen am 07.07.2011).

Heil, K. (1974): Neue Wohnquartiere am Stadtrand. In: Pehnt, W. (Hg.): Die Stadt in der Bundesrepublik Deutschland. Stuttgart, 181-200.

Heineberg, H. (2001): Grundriß Allgemeine Geographie: Stadtgeographie (= Grundriß Allgemeine Geographie). Paderborn et al..

Hewitt, K./Nipper, J./Nutz, M. (1993): Städte nach dem Krieg. In: Geographische Rundschau 45 (7-8), 438-445.

Heyraud, E. (2010): La politique de la ville. Maîtriser les dispositifs et les enjeux. Paris.

Huntington, S. (1997): Kampf der Kulturen. Die Neugestaltung der Weltpolitik im 21. Jahrhundert. Frankfurt am Main/Wien.

Husseini de Araújo, S./Weber, F. (2011): Erfolgreiche Wirtschaftsförderung oder Stigmatisierung? Die Unterstützung von „Migrantenökonomien" aus der Perspektive von stadtpolitischen Institutionen und Selbstständigen mit Migrationshintergrund in Nürnberg. In: Diefenbacher, M./Zahlaus, S. (Hg.): Dageblieben! Zuwanderung nach Nürnberg gestern und heute. Nürnberg, 261-274.

Husseini de Araújo, S./Weber, F. (2012): „Migrantenökonomien" zwischen Wirtschaftsförderung und Diskriminierung – eine empirische Fallstudie am Beispiel der Stadt Nürnberg. In: Forschungs- und Sitzungsberichte der ARL – Ergebnispräsentation der Arbeit des Arbeitskreises „Räumliche Auswirkungen der internationalen Migration, Artikel wurde im Arbeitskreis diskutiert und wird in den Evaluationsprozess übergehen.

Husseini de Araújo, S./Weber, F. et al. (2010): Städtische Integrationspolitiken in der Diskussion: ein Tagungsbericht. In: Mitteilungen der Fränkischen Geographischen Gesellschaft 57, 1-16.

Jacquesson, F. (2006): Les zones urbaines sensibles franciliennes: des réalités diverses. In: à la page 271, 1-8.

Jäger, M. (2010): Diskursanalyse: Ein Verfahren zur kritischen Rekonstruktion von Machtbeziehungen. In: Becker, R./Kortendiek, B. (Hg.): Handbuch Frauen- und Geschlechterforschung. Theorie, Methoden, Empirie. Wiesbaden, 386-391.

Jaillet, M.-C. (2003): La politique de la ville en France: histoire et bilan In: Regards sur l'actualité 296, 5-24.

Jaillet, M. C. (2004): La politique de la ville en France: histoire et bilan. In: Le point SuR 2, 5-18.

Keller, R. (2007): Diskursforschung. Eine Einführung für SozialwissenschaftlerInnen. Opladen.

Keller, R. (2008): Michel Foucault. Konstanz.

Kennel, C. (2006): Das Bund-Länder-Programm „Die soziale Stadt" – vom Versuch, Politikinnovationen in etablierten Strukturen umzusetzen. In: Blumenthal, J. von/Bröchler, S. (Hg.): Von Government zu Governance. Analysen zum Regieren im modernen Staat. Münster, 57-84.

Keupp, H. (1997): Diskursarena Identität: Lernprozesse in der Identitätsforschung. In: Keupp, H./Höfer, R. (Hg.): Identitätsarbeit heute. Klassische und aktuelle Perspektiven der Identitätsforschung. Frankfurt am Main, 11-39.

Kirszbaum, T. (2005a): Le principe de mixité à l'épreuve de l'ethnicité dans les politiques locales de l'habitat. In: Bekkar, R. (Hg.): Ethnicité et lien social. Politiques publiques et stratégies résidentielles. Paris, 117-139.

Kirszbaum, T. (2005b): Les limites de la mixité comme stratégie d'intégration. In: Les Cahiers de Profession Banlieue 2005 (3), 27-37.

Kokoreff, M. (2006): Comprendre le sens des émeutes de l'automne 2005. In: Regards sur l'actualité 319, 15-25.

Laclau, E. (1990): New Reflections on the Revolution of Our Time. London/New York.

Laclau, E. (1993): Discourse. In: Gooding, R. E./Pettit, P. (Hg.): The Blackwell Companion to Contemporary Political Philosophy. Oxford, 431-437.

Laclau, E. (1994): Introduction. In: Laclau, E. (Hg.): The Making of Political Identities. London, 1-8.

Laclau, E. (2002): Emanzipation und Differenz. Wien [engl. Original 1996].

Laclau, E. (2007): On Populist Reason. London/New York.

Laclau, E./Mouffe, C. (1985): Hegemony and Socialist Strategy. Towards a Radical Democratic Politics. London/New York.

Laclau, E./Mouffe, C. (2006): Hegemonie und radikale Demokratie. Zur Dekonstruktion des Marxismus. Wien [engl. Original 1985].

Lacoste, Y. (2006): La question postcoloniale. In: Hérodote 120, 5-27.

Lagrange, H./Oberti, M. (2006): Intégration, ségrégation et justice sociale. In: Lagrange, H./Oberti, M. (Hg.): Émeutes urbaines et protestations. Une singularité française. Paris, 11-36.

Lapeyronnie, D. (1992): Les politiques locales d'intégration des immigrés en Europe. In: Lapeyronnie, D. (Hg.): Immigrés en Europe. Paris, 5-18.

Lapeyronnie, D. (2005): La banlieue comme théâtre colonial, ou la fracture coloniale dans les quartiers. In: Blanchard, P./Bancel, N./Lemaire, S. (Hg.): La fracture coloniale: la société française au prisme de l'héritage colonial. Paris, 209-218.

Le Goaziou, V./Mucchielli, L. (Hg. 2006): Quand les banlieues brûlent ... Retour sur les émeutes de novembre 2005. Paris.

Le Goaziou, V./Rojzman, C. (2001): Les banlieues. Paris.

Lemke, T. (1997): Eine Kritik der politischen Vernunft. Foucaults Analyse der modernen Gouvernementalität. Berlin/Hamburg.

Leveau-Fernandez, M./Fernandez-Recatala, D. (1998): Seine-Saint-Denis. Le guide. Paris.

Loch, D. (1998): Soziale Ausgrenzung und Anerkennungskonflikte in Frankreich und Deutschland. In: Heitmeyer, W./Dollase, R./Backes, O. (Hg.): Die Krise der Städte. Analysen zu den Folgen desintegrativer Stadtentwicklung für das ethnisch-kulturelle Zusammenleben. Frankfurt am Main, 266-296.

Loomba, A. (1998): Colonialism/Postcolonialism. London/New York.

Lossau, J. (2000): Anders denken. Postkolonialismus, Geopolitik und Politische Geographie. In: Erdkunde 54 (2), 157-168.

Lozès, P. (2007): Nous, les noirs de France. Paris.

Lüsebrink, H.-J. (1998): Begriffsgeschichte, Diskursanalyse und Narrativität. In: Reichardt, R. (Hg.): Aufklärung und Historische Semantik. Interdisziplinäre Beiträge zur westeuropäischen Kulturgeschichte. Berlin, 29-44.

Mairie de Paris (2005): Projet de territoire. Quartier Politique de la ville Belleville Amandiers. Paris.

Mairie de Paris (2006): Le Contrat urbain de Cohésion sociale. Paris. 2007-2009. Paris.

Mairie de Paris (2007): Guide des partenaires locaux de la Politique de la Ville. Quartier Belleville Amandiers – 20ème arrondissement. Paris.

Mattissek, A. (2005): Diskursive Konstitution von Sicherheit im öffentlichen Raum am Beispiel Frankfurt am Main. In: Glasze, G./Pütz, R./Rolfes, M. (Hg.): Diskurs – Stadt – Kriminalität. Städtische (Un-)Sicherheiten aus der Perspektive von Stadtforschung und Kritischer Kriminalgeographie. Bielefeld, 105-136.

Mattissek, A. (2008): Die neoliberale Stadt. Diskursive Repräsentationen im Stadtmarketing deutscher Großstädte. Bielefeld.

Mattissek, A. (2010): Stadtmarketing in der neoliberalen Stadt. Potentiale von Gouvernementalitäts- und Diskursanalyse für die Untersuchung aktueller Prozesse der Stadtentwicklung. In: Dyk, S. van/Angermüller, J. (Hg.): Diskursanalyse meets Gouvernementalitätsforschung. Perspektiven auf das Verhältnis von Subjekt, Sprache, Macht und Wissen. Frankfurt am Main/New York, 129-154.

Mattissek, A./Reuber, P. (2004): Die Diskursanalyse als Methode in der Geographie – Ansätze und Potentiale. In: Geographische Zeitschrift 92 (4), 227-242.

Mayntz, R. (2002): Zur Theoriefähigkeit makro-sozialer Analysen. In: Mayntz, R. (Hg.): Akteure – Mechanismen – Modelle. Zur Theoriefähigkeit makro-sozialer Analysen. Frankfurt am Main/New York, 7-43.

Mehrländer, U./Schultze, G. (2001): „.... und es bewegt sich doch ..." Von der Ausländer- zur Einwanderungspolitik. In: Mehrländer, U./Schultze, G. (Hg.): Einwanderungsland Deutschland. Neue Wege nachhaltiger Integration. Bonn, 9-22.

Meier Kruker, V./Rauh, J. (2005): Arbeitsmethoden der Humangeographie. Darmstadt.

Méla, V. (1991): Le verlan ou le langage du miroir. In: Langages 25 (101), 73-94.

Méla, V. (1997): Verlan 2000. In: Langue française 114 (1), 16-34.

Merlin, P. (1998): Les banlieues des villes françaises. Paris.

Merlin, P. (1999): Les banlieues. Paris.

Moore, D. (2001): Ethnicité et Politique de la ville. En France et en Grande-Bretagne. Paris.

Morel, S. (2002): École, territoires et identités. Les politiques publiques françaises à l'épreuve de l'ethnicité. Paris.

Müller, B. (1998): Regionalplanung in den ostdeutschen Ländern. Rahmenbedingungen, Erfahrungen, Weiterentwicklung. In: Raumforschung und Raumordnung 56 (5/6), 389-405.

Münker, S./Roesler, A. (2000): Poststrukturalismus. Stuttgart.

Neef, R./Keim, R. (2007): „Wir sind keine Sozialen". Marginalisierung und Ressourcen in deutschen und französischen Problemvierteln. Konstanz.

Neef, R./Keim, R./Vieillard-Baron, H. (2007): Drei französische Problemviertel. In: Neef, R./Keim, R./Vieillard-Baron, H. (Hg.): „Wir sind keine Sozialen". Marginalisierung und Ressourcen in deutschen und französischen Problemvierteln. Konstanz, 219-281.

Neumann, W. (2006): Gesellschaftliche Integration gescheitert? Stadtpolitik in Frankreich vor Herausforderungen in einer neuen Dimension. In: Aktuelle Frankreich-Analysen 21, 2-12.

Nonhoff, M. (2006): Politischer Diskurs und Hegemonie. Das Projekt „Soziale Marktwirtschaft". Bielefeld.

Nonhoff, M. (2010): Chantal Mouffe und Ernesto Laclau: Konfliktivität und Dynamik des Politischen. In: Bröckling, U./Feustel, R. (Hg.): Das Politische denken. Zeitgenössische Positionen. Bielefeld, 33-57.

Nünning, A./Nünning, V. (2002): Von der strukturalistischen Narratologie zur „postklassischen" Erzähltheorie: Ein Überblick über neue Ansätze und Entwicklungstendenzen. In: Nünning, A./Nünning, V. (Hg.): Neue Ansätze in der Erzähltheorie. Trier, 1-33.

Palomares, E. (2005): L'ethnicisation des politiques locales et sociales. In: ContreTemps 13, 93-102.

Paquot, T. (2008): Banlieues, un singulier pluriel. In: Paquot, T. (Hg.): Banlieues/Une anthologie. Lausanne, 1-20.

Paulet, J.-P. (2004): Les banlieues françaises. Paris.

Phillips, L./Jørgensen, M. W. (2002): Discourse Analysis as Theory and Method. London.

Pinçon, M./Pinçon-Charlot, M. (2001): Paris mosaiques. Promenades urbaines. Paris.

Pletsch, A. (2000): Paris auf sieben Wegen. Ein geographischer Reiseführer. Darmstadt.

Portail du Gouvernement (2008): La politique d'intégration. http://www.gouvernement.fr/gouvernement/la-politique-d-integration-0 (zuletzt abgerufen am 04.10.2011).

Prato, G. B. (2009): Introduction – Beyond Multiculturalism: Anthropology at the Intersections Between the Local, the National and the Global. In: Prato, G. B. (Hg.): Beyond Multiculturalism. Views from Anthropology. Farnham, 1-19.

Profession Banlieue (2011): Bondy: Présentation de la politique de la ville. http://www.professionban lieue.org/c__8_35_PolitiqueVille_662__5__Bondy.html (zuletzt abgerufen am 07.07.2011).

Pütz, R. (2003): Berliner Unternehmer türkischer Herkunft: „Ethnic" Business? In: Die Erde 134 (3), 257-275.

Pütz, R. (2004): Transkulturalität als Praxis. Unternehmer türkischer Herkunft in Berlin. Bielefeld.

Reimann, B. (2008): Integration von Zuwanderern im Quartier: Ausgangslage, Herausforderungen und Perspektiven. In: Schnur, O./Gebhart, D. (Hg.): Quartiersforschung. Zwischen Theorie und Praxis. Wiesbaden, 193-208.

Reimann, B./Schuleri-Hartje, U.-K. (2005): Integration von Migrantinnen und Migranten im Stadtteil. In: Soziale Stadt info 17, 2-7.

Reuber, P./Pfaffenbach, C. (2005): Methoden der empirischen Humangeographie: Beobachtung und Befragung. Braunschweig.

Rey, H. (1996): La peur des banlieues. Paris.

Robine, J. (2006): Les „indigènes de la République": nation et question postcoloniale. Territoires des enfants de l'immigration et rivalité de pouvoir. In: Hérodote 120, 118-148.

Roché, S. (2006): Le frisson de l'émeute. Paris.

Rogers, A. (2003): Citizenship, Multiculturalism, and the European City. In: Bridge, G./Watson, S. (Hg.): A Companion to The City. Malden, 282-291.

Roggenthin, H. (2001): Stadtteile mit besonderem Entwicklungsbedarf – die Soziale Stadt. In: Roggenthin, H. (Hg.): Stadt – der Lebensraum der Zukunft? Gegenwärtige raumbezogene Prozesse in Verdichtungsräumen der Erde (= Mainzer Kontaktstudium Geographie 7). Mainz, 79-87.

Rosa, H./Strecker, D./Kottmann, A. (2007): Soziologische Theorien. Stuttgart.

Rose, N. (2000): Tod des Sozialen? Eine Neubestimmung der Grenzen des Regierens. In: Bröckling, U./Krasmann, S./Lemke, T. (Hg.): Gouvernementalität der Gegenwart. Studien zur Ökonomisierung des Sozialen. Frankfurt am Main, 72-109.

Rudder, V. de/Poiret, C./Vourc'h, F. (1998): À Marseille, la „préférence locale" contre les discriminations à l'embauche. In: Hommes et migrations 1211, 28-48.

Said, E. W. (1978): Orientalism. London.

Sarasin, P. (2007): War Michel Foucault ein Kulturwissenschaftler? In: Därmann, I./Jamme, C. (Hg.): Kulturwissenschaften. Konzepte, Theorien, Autoren. Paderborn/München, 313-329.

Saussure, F. de (2005): Cours de linguistique générale. Paris [frz. Original 1913].

Scheuermann, M. (2009): Integration von Zuwanderern in Mannheim-Jungbusch. Die Vielfalt managen. In: Soziale Stadt info 23, 11-14.

Schulte, A. (2000): Zwischen Diskriminierung und Demokratisierung. Aufsätze zu Politiken der Migration, Integration und Multikulturalität in Westeuropa. Frankfurt am Main.

SG CIV (Secrétariat Général du Comité interministériel des villes) (2011): L'essentiel de la politique de la ville. http://www.ville.gouv.fr/?L-essentiel-de-la-politique-de-la (zuletzt abgerufen am 16.09.2011).

SIG DIV (GIS-Informationssystem der Délégation Interministérielle à la Ville) (2011a): CUCS: Bondy. http://sig.ville.gouv.fr/Territoire/CS1115 (zuletzt abgerufen am 07.07.2011).

SIG DIV (GIS-Informationssystem der Délégation Interministérielle à la Ville) (2011b): ZFU: Quartier Nord. http://sig.ville.gouv.fr/Territoire/11270ZF (zuletzt abgerufen am 19.07.2011).

SIG DIV(GIS-Informationssystem der Délégation Interministérielle à la Ville) (2011c): ZUS: Belleville. http://sig.ville.gouv.fr/Territoire/1100440 (zuletzt abgerufen am 18.07.2011).

SIG DIV (GIS-Informationssystem der Délégation Interministérielle à la Ville) (2011d): ZUS: Quartier Blanqui. http://sig.ville.gouv.fr/Territoire/1127010 (zuletzt abgerufen am 19.07.2011).

Somers, M. (1994): The narrative constitution of identity: A relational and network approach. In: Theory and Society 23 (5), 605-649.

SOS Racisme (2012): Le testing. http://www.sos-racisme.org/content/le-testing (zuletzt abgerufen am 27.03.2012).

Soulignac, F. (1993): La banlieue parisienne: cent cinquante ans de transformations. Paris.

Stadt Frankfurt am Main (2011): Gallus. http://www.frankfurt.de/sixcms/detail.php?id=2835&_ffmpar [_id_inhalt]=12904 (zuletzt abgerufen am 12.07.2011).

Stadtplanungsamt Frankfurt am Main (2006): Integriertes Handlungskonzept. Bausteine, Projekte, Perspektiven. Frankfurt am Main. Soziale Stadt Gallusviertel. Frankfurt am Main. http://www.stadtplanungsamt-frankfurt.de/show.php?ID=7371&psid=xgyxzssivt (07.07.2011).

Stadtplanungsamt Frankfurt am Main (2011): Soziale Stadt Gallus. http://www.stadtplanungsamt-frankfurt.de/soziale_stadt_gallus_5501.html (zuletzt abgerufen am 11.07.2011).

Stäheli, U. (1999): Die politische Theorie der Hegemonie: Ernesto Laclau und Chantal Mouffe. In: Brocz, A./Schaal, G. S. (Hg.): Politische Theorien der Gegenwart. Opladen, 141-166.

Stakelbeck, F./Weber, F. (2010): Heidelberg – Mannheim – Ludwigshafen: Stadtentwicklung zwischen Idealstadtmodellen, Leitbildern und historischem Einfluss. In: Mitteilungen der Fränkischen Geographischen Gesellschaft 57, 51-86.

Stavrakakis, Y. (2001): Identity, political. In: Foweraker, J./Clarke, B. (Hg.): Encyclopedia of contemporary democratic thought. London, 333-337.

Stegen, R. (2006): Die Soziale Stadt. Quartiersentwicklung zwischen Städtebauförderung, integrierter Stadtpolitik und Bewohnerinteressen. Berlin.

Storz, H. (2002): Einwanderungsland Deutschland. In: Storz, H./Reißlandt, C. (Hg.): Staatsbürgerschaft im Einwanderungsland Deutschland. Handbuch für die interkulturelle Praxis in der Sozialen Arbeit, im Bildungsbereich, im Stadtteil. Opladen, 21-51.

Subra, P. (2006): Heurs et malheurs d'une loi antiségrégation: les enjeux géopolitiques de la loi Solidarité et renouvellement urbain (SRU). In: Hérodote 122, 138-171.

Tezcan, L. (2007): Kultur, Gouvernementalität der Religion und der Integrationsdiskurs. In: Wohlrab-Sahr, M./Tezcan, L. (Hg.): Konfliktfeld Islam in Europa (= Soziale Welt Sonderband 17). Baden-Baden, 51-74.

Thränhardt, D. (2001): Einwanderungsland Deutschland – von der Tabuisierung zur Realität. In: Mehrländer, U./Schultze, G. (Hg.): Einwanderungsland Deutschland. Neue Wege nachhaltiger Integration. Bonn, 41-63.

Tissot, S. (2007): L'Etat et les quartiers. Genèse d'une catégorie de l'action publique. Paris.

Tissot, S./Poupeau, F. (2005): La spatialisation des problèmes sociaux. In: Actes de la recherche en sciences sociales 159, 4-9.

Torfing, J. (1999): New theories of discourse: Laclau, Mouffe and Žižek. Oxford.

Tourette, F. (2005): Développement social urbain et politique de la ville. Paris.

Tucci, I. (2004): Konfliktuelle Integration? Die sozialen Konsequenzen der Lage der türkischen Bevölkerung in Deutschland und der nordafrikanischen Bevölkerung in Frankreich. In: Berliner Journal für Soziologie 14 (3), 299-317.

Viehöver, W. (2001): Diskurse als Narrationen. In: Keller, R. et al. (Hg.): Handbuch Sozialwissenschaftliche Diskursanalyse. Band 1: Theorien und Methoden. Opladen, 177-206.

Vieillard-Baron, H. (1994a): Des banlieues aux ethnies: In: Annales de la recherche urbaine 64, 96-102.

Vieillard-Baron, H. (1994b): Les banlieues françaises: ou le ghetto impossible. La Tour-d'Aigues.

Vieillard-Baron, H. (1996a): Banlieue, ghetto impossible? La Tour d'Aigues.

Vieillard-Baron, H. (1996b): Les Banlieues. Un exposé pour comprendre. Un essai pour réfléchir. Paris.

Vieillard-Baron, H. (2001): Les Banlieues. Des singularités françaises aux réalités mondiales. Paris.

Vieillard-Baron, H. (2005): Les ethnies en banlieue: définition, représentation, imposition. In: Bekkar, R. (Hg.): Ethnicité et lien social. Politiques publiques et stratégies résidentielles. Paris, 233-264.

Vieillard-Baron, H. (2008): La banlieue: question de définition. In: Paquot, T. (Hg.): Banlieues/Une anthologie. Lausanne, 21-34.

Ville de Bondy (2006): Contrat Urbain de Cohésion Sociale 2007-2009. http://i.ville.gouv.fr/reference/4382 (zuletzt abgerufen am 07.07.2011).

Ville de Bondy (2010): Bondy change ... Images du projet de rénovation urbaine. Bondy.

Ville de Bondy (2011a): Découvrir Bondy. Une ville en mouvement. http://www.ville-bondy.fr/cadre-de-vie/decouvrir-bondy/ (zuletzt abgerufen am 19.07.2011).

Ville de Bondy (2011b): Histoire de la ville. http://www.ville-bondy.fr/cadre-de-vie/decouvrir-bondy/histoire-de-la-ville/ (zuletzt abgerufen am 07.07.2011).

Ville de Paris (2011): Présentation de la délégation. http://www.paris.fr/politiques/organigramme-des-directions-services/delegation-a-la-politique-de-la-ville-et-a-l-integration-dpvi/presentation-de-la-delegation/rub_5890_stand_12765_port_13214 (zuletzt abgerufen am 18.07.2011).

Weber, F./Glasze, G./Vieillard-Baron, H. (2012): Krise der banlieues und die politique de la ville in Frankreich. In: Geographische Rundschau 64 (6), 50-56.

Weber, F. D. (2007): La politique de la ville en France et la ville sociale en Allemagne – une étude comparative. Paris/Saint-Denis. Onlinepublikation: http://i.ville.gouv.fr/divbib/doc/EtudeFweber.pdf (16.12.2009).

Weber, F. D. (2009): Banlieues – politique de la ville – Ethnizität. Die französische Stadtpolitik und der Umgang mit ethnischer Differenz. Unveröffentlichte Diplomarbeit. Geographisches Institut der Johannes Gutenberg-Universität. Mainz.

Weil, P. (2005): La République et sa diversité. Immigration, intégration, discriminations. Paris.

Weiss, K./Enderlein, O./Rieker, P. (2001): Junge Flüchtlinge in multikultureller Gesellschaft. Opladen.

Welt, J. (2001): Von der gesellschaftlichen Selbsttäuschung zum Zuwanderungs- und Integrationskonzept. In: Mehr-länder, U./Schultze, G. (Hg.): Einwanderungsland Deutschland. Neue Wege nachhaltiger Integration. Bonn, 23-40.

Wiegandt, C.-C. (2009): Leitbilder der Stadtentwicklung in Deutschland. In: Geographie und Schule 31 (182), 4-12.

Wihtol de Wenden, C. (2007): Une histoire des banlieues: La fabrique des territoires urbains. In: Body-Gendrot, S./Wihtol de Wenden, C. (Hg.): Sortir des banlieues. Pour en finir avec la tyrannie des territoires. Paris, 17-47.

Wissen, M. (2008): Zur räumlichen Dimensionierung sozialer Prozesse. Die Scale-Debatte in der angloamerikanischen Radical Geography – eine Einleitung. In: Wissen, M./Röttger, B./Heeg, S. (Hg.): Politics of Scale. Räume der Globalisierung und Perspektiven emanzipatorischer Politik. Münster, 8-32.

Wissen, M./Röttger, B./Heeg, S. (Hg. 2008): Politics of Scale. Räume der Globalisierung und Perspektiven emanzipatorischer Politik. Münster.

Wissenschaftsstadt Darmstadt (2011): Die Entwicklung Darmstadts seit 1955. http://www.darmstadt.de/fileadmin/ Dokumente/PDF/bildung-wissenschaft/forschung/Die_Entwicklung_Darmstadts_seit_1955.pdf (zuletzt ab-gerufen am 13.07.2011).

Wissenschaftsstadt Darmstadt/Freischlad + Holz (2003a): Darmstadt Eberstadt-Süd. Bericht 2001/2002. Darmstadt.

Wissenschaftsstadt Darmstadt/Freischlad + Holz (2003b): Darmstadt Kranichstein. Bericht 2001/2002. Darmstadt.

Wissenschaftsstadt Darmstadt/Freischlad + Holz (2009a): Darmstadt Eberstadt-Süd. Bericht 2007/2008. Darmstadt.

Wissenschaftsstadt Darmstadt/Freischlad + Holz (2009b): Darmstadt Kranichstein. Bericht 2007/2008. Darmstadt.

Zima, P. V. (1994): Die Dekonstruktion: Einführung und Kritik. Tübingen.

The manufacturer's authorised representative in the EU is Springer
Nature Customer Service Centre GmbH, Europaplatz 3, 69115 Heidelberg,
Germany. If you have any concerns regarding our products, please
contact ProductSafety@springernature.com

Printed and bound by CPI Group (UK) Ltd, Croydon, CR0 4YY
23/04/2026
02095638-0007